香取群書集成

第九巻

香取神宮拝殿　　（池谷眞男氏　撮影）

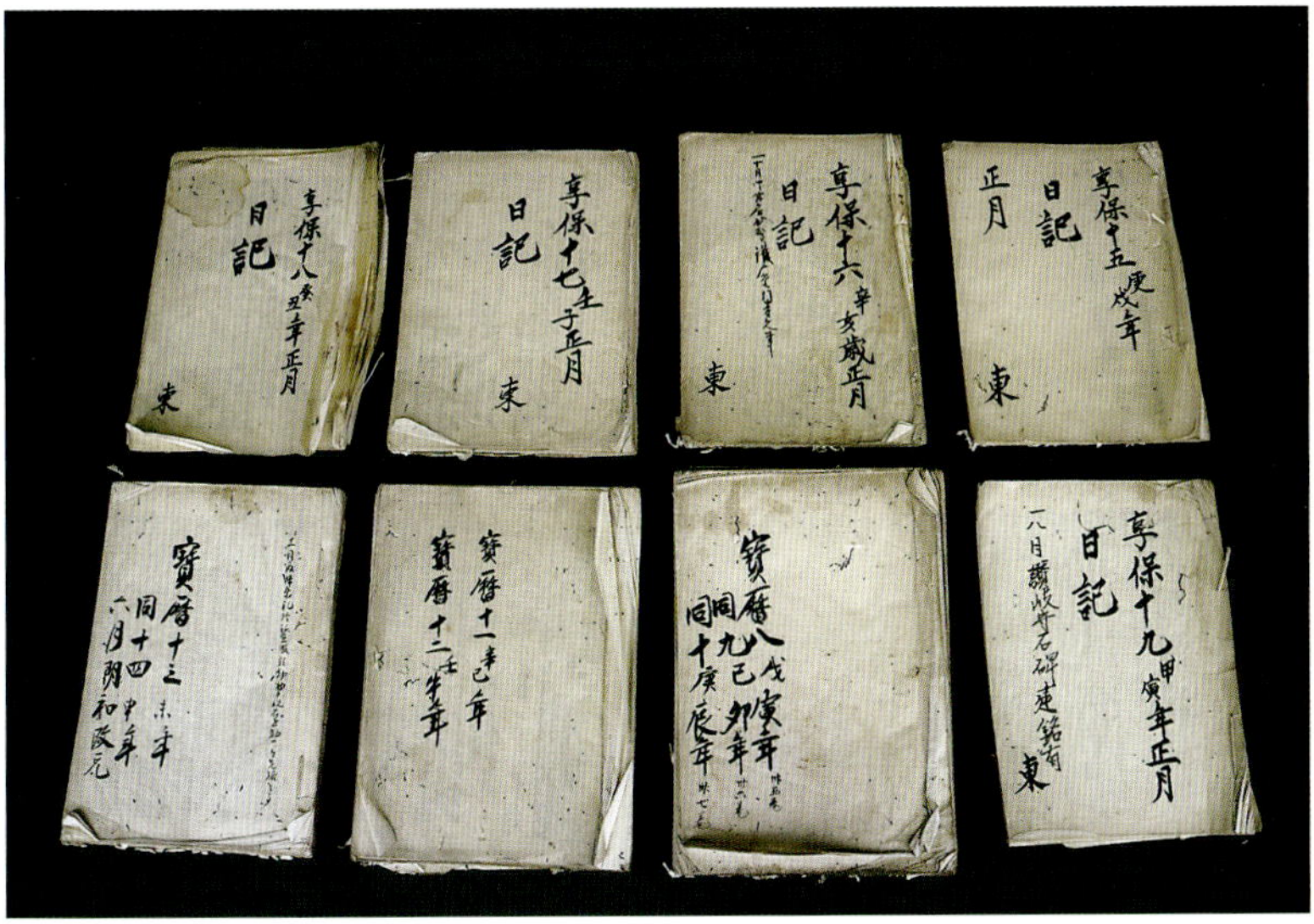

新出　香取大禰宜家日記本表紙

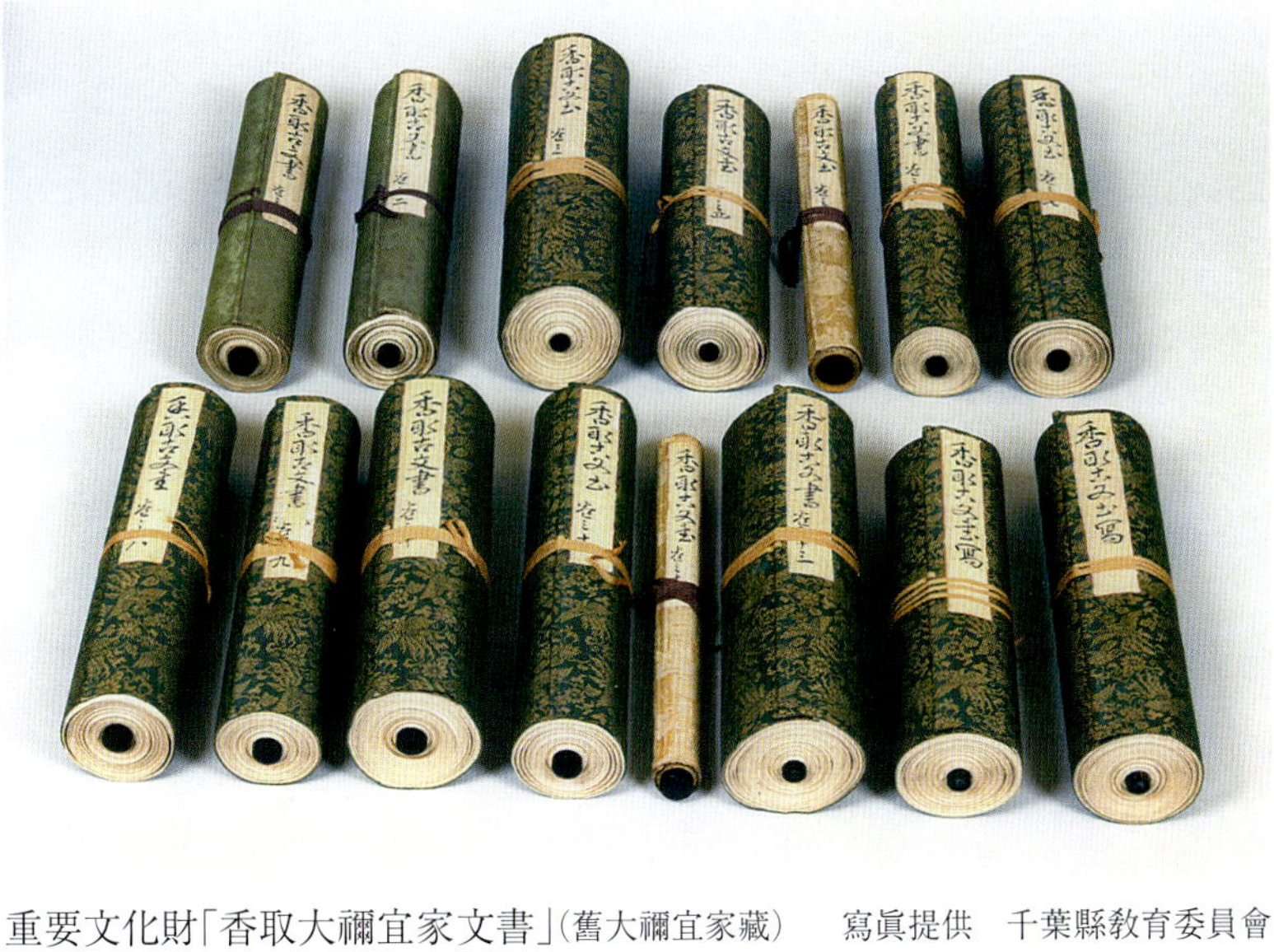

重要文化財「香取大禰宜家文書」(舊大禰宜家藏)　　寫眞提供　千葉縣教育委員會

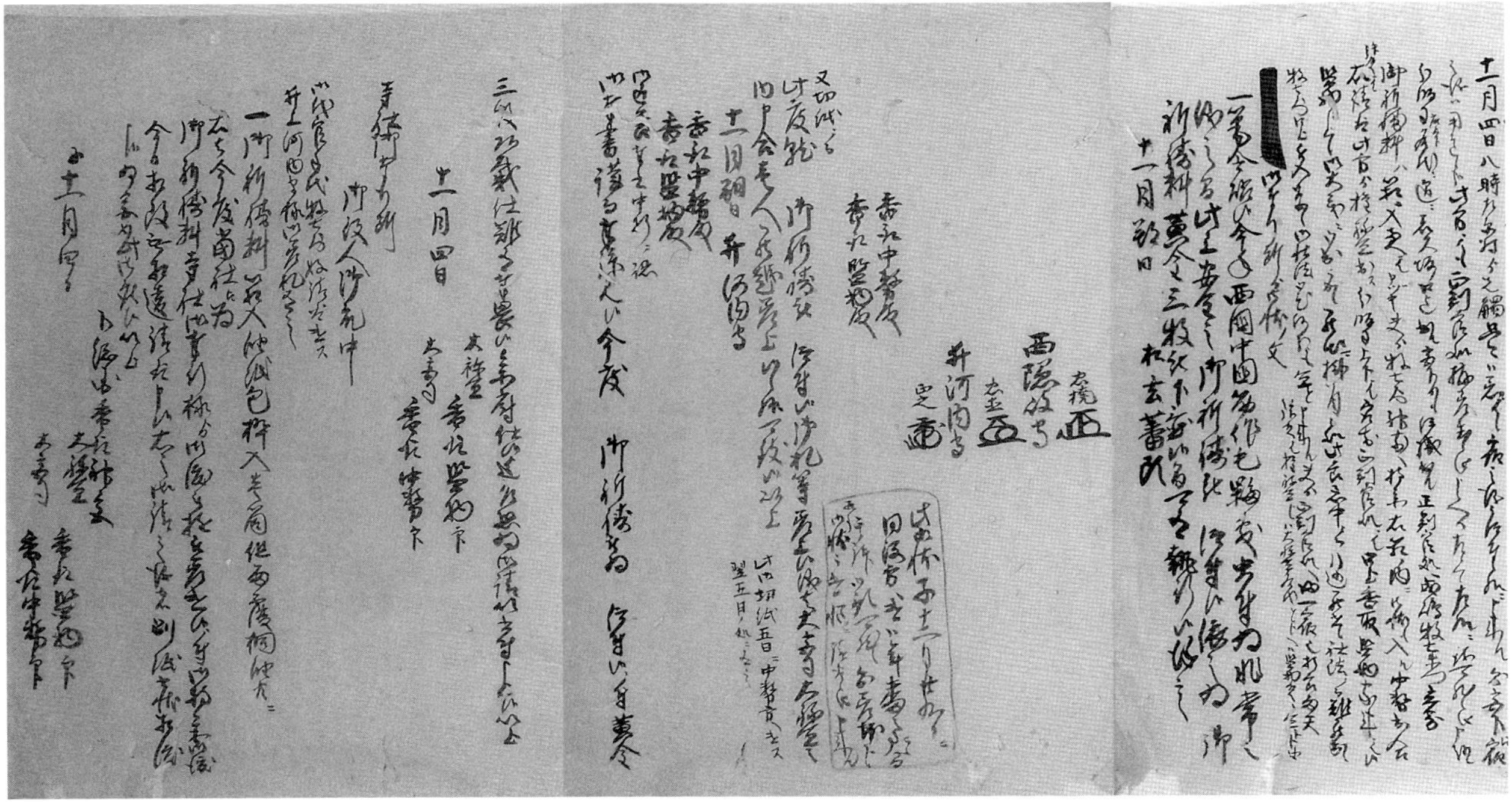

享保十七年十一月條

（本文113〜114頁）

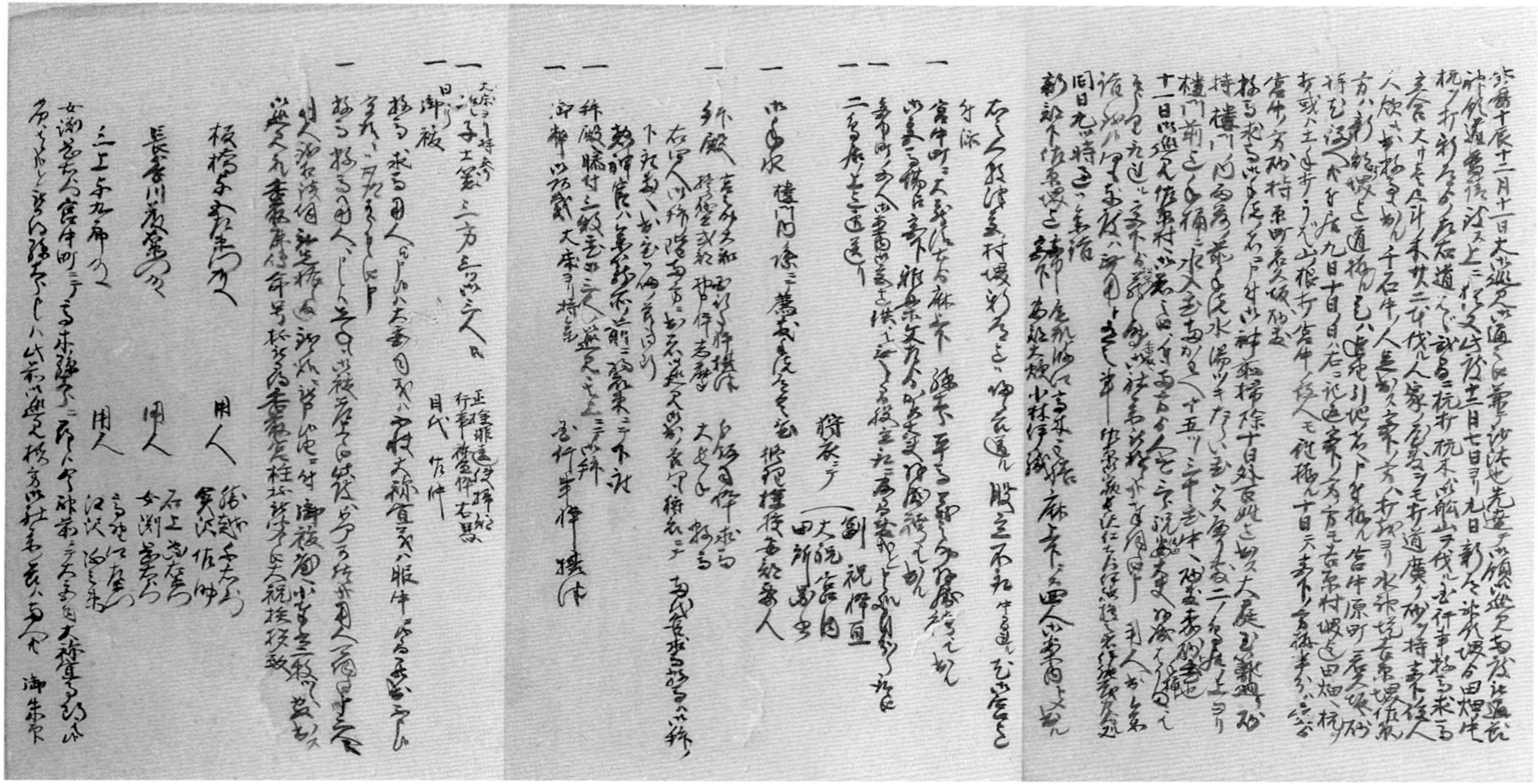

寶曆十年十二月條　　（本文263〜264頁）

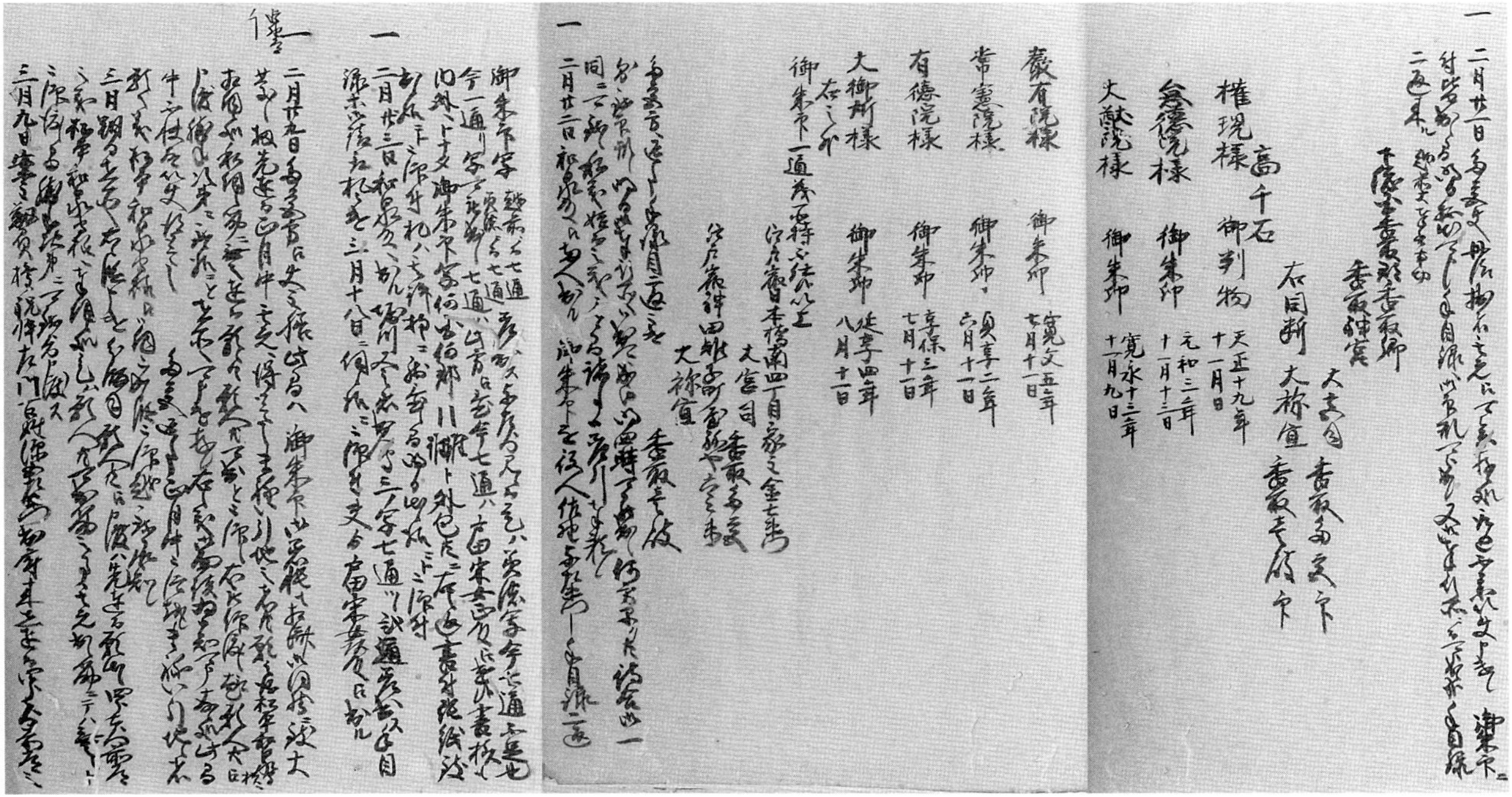

寶暦十一年二月條

（本文277〜278頁）

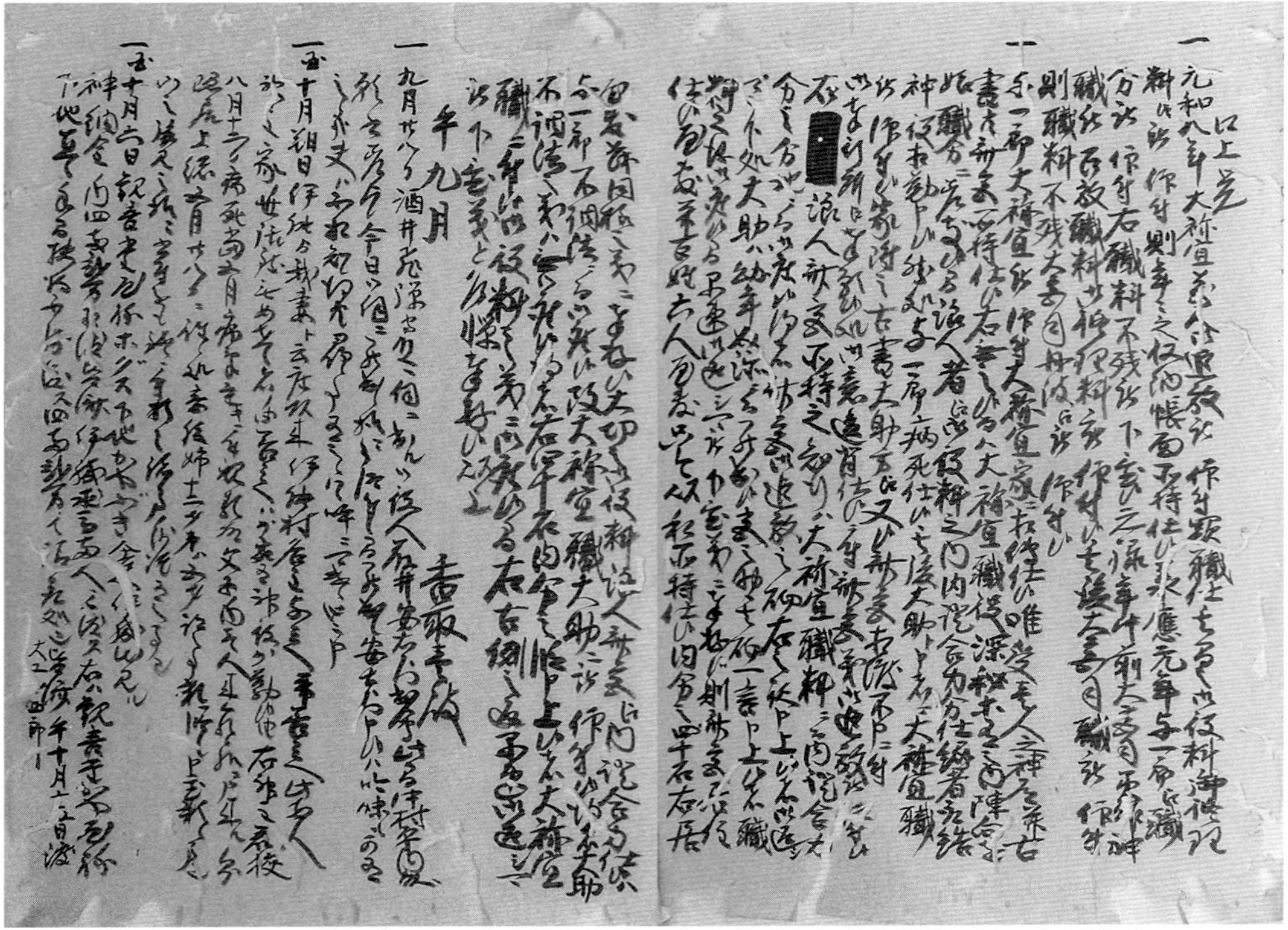

寶暦十二年九月條　　（本文335～336頁）

香取大禰宜家日記

序

昭和十年代後半に、『香取群書集成』第一巻・第二巻が刊行されたが、当時は物資不足で困難な状況下での出版であった。その為、第三巻は、昭和五十五年の刊行であり、実に三十六年ぶりの発行であった。第三巻の刊行目前に編纂委員で、東北大学名誉教授であった豊田武先生が急逝されたが、刊行業務を担当された小倉学・伊藤泰和両委員はもとより、石川晶康氏と尾崎保博主事両名の労も多とする処である。

今回刊行される「香取大禰宜家日記」は、平成七年四月に第六巻として発刊され、この巻では、元禄の御造営が現在の御本殿であり、当時その維持が図られたことが、この日記に詳細に記されている。続く第七・八巻では、「泰平」の世と云われた江戸時代に、古えよりの祭祀を守り、御社殿の維持と一社の経営をしていくことがどれほど苦難であったか、この史料は詳しくその実際を今日に伝えてくれているのである。

そして今回、第九巻は「香取大禰宜家日記」の完結編となるものである。第八巻の刊行より十年を経過したが、この間、欠本とされてきた享保十五年〜同十九年、宝暦八年〜同十年、更に続く宝暦十一年〜同十四年の日記が旧大禰宜家香取一郎氏書庫より発見されて、急遽、第九巻に収録することになった。しかし、この刊行の遅れが却って充実した「香取大禰宜家日記」として世に出ることとなったのである。これらの詳細については、解題の中により詳細に書き記されているので、ここでは重複を避けることとする。

そのような経緯で第八巻に続くものとして『香取群書集成』第九巻として刊行するのであるが、第八巻の解題に掲げた「表1 香取大禰宜日記の概要」と「表2 香取大禰宜家日記の概要・奥書」の書き替え、各冊の通し番号の変更も考慮しなければならなくなったのである。

第九巻各冊の概要の中で特筆しておきたいのは、八代将軍吉宗の「享保改革」、そして享保十五年にあった「香取の大火」のことであり、出火元に始まり、大火になっていく過程が記録され、加えて八月には「御本社」の「廻水」により根元が朽ち始め、二十九日より翌日にかけ、雨と大風により「宮林」の多くの木が倒れ、津宮村では四十もの家屋の倒壊という甚大な被害のことも記されている。

既刊の第一巻より第五巻迄の内容については、次巻にその概要と年表指目を併せて述べることとする。

第九巻の発刊に当り、史誌編纂委員の石川晶康・川島孝一・小川一義の各氏に対し、そして編纂事務を担当してきた雪松直主事に対しても、深甚なる謝意を表し、加えて株式会社八木書店に委託して発刊するに際し、同様の敬意を表したい。

『香取群書集成』は次巻、第十巻「造営日記」を主題として、終巻を予定している。

平成二十九年四月例祭の日

香取神宮名誉宮司　髙橋昭二

凡　例

一、本叢書は、香取神宮に関する古来の史料・文献、下総における国学者の著作等を蒐集分類して逐次刊行し、香取神宮の歴史、先賢の業績を明らかにせんとするものである。

一、本叢書の編纂・刊行は、香取神宮史誌編纂委員会がこれを担当し、本巻については主として石川晶康・川島孝一・小川一義の各委員が担当した。

一、今次刊行の第九巻は、既に旧大禰宜家所蔵の近世の記録全十七冊を「大禰宜家日記」と題し刊行したが、先年、旧大禰宜家香取一郎氏宅の撤去予定の物置から、木箱四函に収納された厖大な古文書・古記録類が発見された。それにより欠本部分の享保十五年より同十九年迄の日記、既刊八巻に続く、宝暦八年正月より同十四年五月迄の八冊分を、その第四として刊行するものである。この記録の概観については解題を参照されたい。なお、旧大禰宜家香取一郎氏所蔵「香取大禰宜家文書」を参考史料として収録した。

一、印行については、出来得る限り原本に忠実であることを原則とした。字体は正字を基本としたが、適宜、原本に従い改めたものもある。

一、原本の中で常套句などを┣━━といった線で省略し、表示した部分もそのままとした。「惣━━角┣━━」とあれば、前後の記載から「惣検校・角案主」を指すことは明白であり、このような場合は一々の注記は省略した。

一、説明のための傍注は（　）内に示し、字句の校訂に関わるものは〔　〕で示した。原本の欠損部分等は□または［　］等の記号により表示した。また本文の空白部分は（アキマ、）と注記した箇所と、そのまま空けてある箇所もある。本史料は近世史料に一般的な傾向として、同一語句を音の通じる種々の漢字で表現するものや、筆者の特徴や書き癖によって、今日の通常の表記とは相違する漢字を充てているものも多い。このような場合、特に（　）等で注記するまでもなく、その音から容易に判断できるものについては、原本を生かしそのままとした。「留守」を「留主」とするような例である。

一、句読点は読解のために必要と思われる範囲で、適宜これを補った。並列点も同様の意味で、便宜的に付したものである。

一、本文は二段組とし、上欄に当該頁中の主要な案件を標出した。尚、下段に該当するものには＊を付してある。

解題

『香取群書集成』第八巻を以て旧大禰宜家所蔵「大禰宜家日記」の刊行は、一旦完結した。しかし、第八巻の解題に注記した通り、享保十五年～同十九年・宝暦八年～同十年（卅五・卅六・卅七巻）は欠本であった。ところが平成二十二年、旧大禰宜家 香取一郎氏宅の撤去予定の物置より、木箱四函に収められた厖大な古記録・古文書が発見された。その内の古記録には、判型の大小異なる二種のものが存在していた。小型の古記録は、宝暦十一年以降、明和・安永・天明・寛政・享和・文化・文政・天保・嘉永と、江戸時代の年号を、さらに明治二・三年との年号をもつものである。これらのものは綴じが離れてしまっているものが多く、保存状態はあまり芳しいものではなかった。しかしながら、恐らくはこの判型の記録が、大禰宜家の「家継ぎの日次記」なのであろう。他方、判型の大きなものは、先年『香取群書集成』第六・七・八巻に収録した「大禰宜家日記」とほぼ同型ではあるが、筆跡は荒く、書き込みなども見え、「従是在所之日記」のような挿入部分もあり、編集の様子が窺える。この判型のものは、清書には至らない前段階の「中清書本」（小宮木代良『江戸幕府の日記と儀礼史料』）ともいうべきものであろう。このなかに、先に刊行した「大禰宜家日記」では欠本であった部分があり、今回その欠本部分を補うものとして刊行するものである。本書に収録するものの概観は、次の通りである。

1　享保十五庚戌年（一七三〇）　大禰宜香取監物実行　行年卅九
祖父同讃岐守胤雪　七十六
実父同内膳胤信　六十一

2　享保十六辛亥年（一七三一）
大禰宜香取監物実行　行年四十歳
祖父同讃岐守胤雪　七十七歳
実父同内膳胤信　六十二歳

3　享保十七壬子年（一七三二）
大禰宜香取監物実行　行歳四十一
実父香取内膳胤信　行歳六十三

4　享保十八癸丑年（一七三三）
大禰宜香取監物実行　行歳四十二
父内膳胤信　六十四歳

5　享保十九甲寅年（一七三四）
大禰宜香取監物実行　行歳四十三
父隠居内膳胤信　六十五歳

6 (i) 宝暦八戊寅年（一七五八）
「卅五巻」
香取大禰宜和泉実香　行年二十八歳
父上総実行　六十七歳

(ii) 宝暦九己卯年（一七五九）
「卅六巻」
香取大禰宜和泉実香　二十九歳
父上総実行　六十八歳

(iii) 宝暦十庚辰年（一七六〇）
「卅七巻」
○従是在所之日記　八月～十二月
大禰宜香取壹岐　三十歳
父上総実行　六十九歳

7 (i) 宝暦十一辛巳年（一七六一）
香取大禰宜壹岐実香　三十一齢
父上総実行　七十齢

(ii)宝暦十二壬午年(一七六二)	香取大禰宜壹岐実香	三十二齢
	父上総実行	七十一齢
8 (i)宝暦十三巳亥年(一七六三)	香取大禰宜壹岐実香	三十三齢
	隠居上総実行	七十二齢
(ii)宝暦十四甲申年(一七六四)	五月	

第九巻　各冊の概要

【第一冊】

〔享保十五年（一七三〇）〕

既刊の享保十四年（一七二九）及び享保二十年（一七三五）の間にあたる享保十五年の記事である。享保十五年より同十九年迄の五冊は、清書本ではなく、中書本と考えられる。

本年の記事中、特に重要なものを挙げておくと、まずは七月五日夜半から翌日にかけての香取での大火である。宮中町の田冷喜左衛門の雪隠の出火元に始まり、住人の店共類焼、大火となっていく過程が記録されており、その中には、「孫太郎屋敷と正判官間ノ屋敷前ノ家ヲバ▒▒▒つぶし火消ス」とあり、所謂、破壊消防にあたる手段がとられている。類焼に逢う者が修理料金を拝借願うことも見えている。

二月。「諸神塚」近くに、不断所が商人の店を出し、これを拡張しているため、通行の邪魔になっていることが問題となっている。七月にも金剛宝寺裏の道の拡幅が計画されている。その背景には、参詣者の増加に伴う商店の開設、拡張があったことは間違いない。四月には、商人源蔵の寄進により、鳥居・楼門の土留が石造りに改修されている。その作業は五月に鳥居・左右楼門・左右石垣などを寄進して本格化し、六月には鳥居脇の石垣の傾斜をどの程度にするか、用材をどのように調達するかが議論されている。

八月には「御本社」の柱の根元が「廻水」で朽ち始めているので、その補修を放置すれば大普請になるので、修理を急ぐこととなっている。この月は多雨で、二十九日から翌日にかけては雨が降り続くだけでなく、大風も吹き、「宮林」の多くの木が倒れ、倒木によって塞がれた道は、九月二日、「惣人足」によって復旧しなければならなかった。津宮村では四十もの家屋が倒壊するという甚大な被害を受けたのである。

【第二冊】

〔享保十六年（一七三一）〕

五月より七月迄は、社殿の立て替え等に備える「修理料金」は相当な額にのぼっていると考えられるが、この資金は社家に対する融資に充てられた。そもそも、「修理料金」は幕府・将軍家が香取神宮の本殿のみならず、多くの建物の建造のための資金、寄進のための基金という意味をもつものであった。そこで、社家が融資を願い出た時には、大宮司・大禰宜はその旨を幕府の寺社奉行に報告し、その許可を得る必要があった。寺社奉行はほぼそのまま許可を与えるのが通例であった。すなわち、修理料金は香取神宮の金融機関の役割を果たしていたのである。五月以降には、この修理料金の返納や、新たな貸付に関する記事が集中的に現れている。

また、八月から九月にかけての、雨と強風による宮林の倒木に関する記事の中に、「元禄十三年」の修復以降、徐々に神木が減じ「宮林薄成る」とあり、その対策として松や杉の間に桜を植えようといった意見が紹介されている。宮林を美しいものとすれば参詣者も増加し、「御宮繁盛」につながるというのである。

【第三冊】

〔享保十七年（一七三二）〕

本年は西日本が虫害（ウンカ）による凶作で、より深刻な飢餓に見舞われた「享保の大飢饉」の年である。十一月、幕府は香取神宮に使節を派遣し、「西国・中国筋」での「虫付」に対して、作柄が安定するように「御祈禱料黄金三枚」を「御祈禱ハ箱ニ入、両人ニてカツキ夫〻牧右衛門神前へ持参」とあり、箱に入れて献じている。この将軍家からの御祈禱料の具体的な使途は、翌年（第四冊）三月に詳しく記されている。『徳川実紀』に「こたび西国蝗災をもて、日光准后に高家長沢資親をして御いのりの事仰進る。この外伊勢をはじめ、山城の石清水、出雲の大社、豊前の宇佐、常陸の鹿島、〔下総〕香取等にもいのりの事仰下さる」とある。

また、この年は幕府による諸国の人口調査、「子の年の人別改」が実施された年でもある。寺社領にも「人別帳」の提出が求められ、香取神宮は八月に寺社領人別帳を提出しているが、その内容は、男女合わせて、大禰宜領に三八八人・大宮司領二八一人、その他僧侶などを加えて総人数は八七一人であった。

社殿の修復なども盛んに行なわれており、閏五月には「末社六ケ所」（市神・馬場殿・諏訪・花園・天降・かしま）の屋根の葺替え、九月には住民たちの寄進によって津宮の東・西の鳥居が建てられている。

神事では、五月五日の流鏑馬の神事についての詳しい情報が記されている。同神事は大宮司・大禰宜立合いのもと、神事を執行する「天下国家之神事」であり、祭祀に使用する武具の修補を修理料金によって賄っている。その「覚」として、武具の一覧が作成されており、神事の実際を知ることができる。

【第四冊】

〔享保十八年（一七三三）〕

本年の主要な事業は側高社の修復であった。七月には側高社の竹林から百本弱を伐採して、入札の結果、四両三分で払下げ、これを修復費用とし、十二月には屋根の葺替えが実現している。この屋根葺を請負った職人は江戸から招かれた者で、余った用材を用いて押手社の葺替えも行なっている。

参詣者の増加にともなって「店」も増え、大型化していった。寺院などがその支配地の一部を商人に貸して賃料をとるという形で、商店が次々に営業を始めていたのである。三月には金剛宝寺の裏側の店が拡張された結果、「大道」の行き来が不自由になってしまうという問題が生じている。参詣者の増加に応じ、賑やかになることにより、「道普請」や「掃除」が欠かせないものとなり、喧嘩・口論が起こっている。


【第五冊】

〔享保十九年（一七三四）〕

二月には、地元の佐原新宿名主が「阿波囃子」を香取社へ奉納、大倉村・一分目村・今市村より「押舞」を奉納し、「人数大勢ニ而津宮村ゟ当所迄相継候」とあり、様々な芸能が奉納されていて、神前が一層賑ったことがみえる。

この年、前半の興味ある出来事としては、三月に幕府の峯岡山牧（現・南房総市）から五疋の馬が脱走し、その捜索のため、近隣のすべての地域での大掛りな馬の調査、一頭毎の毛色・年齢、持ち主の調査が行なわれたことである。農民の所有する馬だけでなく、「馬喰共方差出候案紙」に記すように「馬喰（博労）」の保有する馬まで、全てが調査されている。その結果、一連の記事は、馬だけでなく、この時期の神領やその周辺の村と農民の実態を具体的に知ることの出来る情報となっているのである。また、六月には、「野馬御僉儀御代官手代止宿の入用」「柴草御見分の入用」など、「野馬僉議」のためにかかった費用をどのように処理するか、すなわち、「人別」で徴収するか「高掛」とするかが議題となっている。

また、本年八月には気候変動により、「度々ノ風雨で大水」が発生し、「所所山水多し、田畑夏中ゟ損シ」とあり、「津宮町」では「船ニて通ル」といった具体的な情報が記載されている。

【第六冊】

〔宝暦八・九・十年（一七五八〜六〇）〕

『大禰宜家日記』の平均的な一年分の記述量に比べ、この第六冊の記述は簡潔であり、量的にはかなり少ない。原表紙に卅五巻・卅六巻・卅七巻と記され、従来欠本とされていた冊子であるが、この冊子は清書本と考えられ、今回発見された函の中に混在したかと思われる。

宝暦八年（一七五八）九月は、田沼意次が五千石を加増され、合計一万石を与えられて大名になった年である。やがて、田沼は将軍家重の信任厚く、異例な昇進を続け、「田沼時代」と呼ばれるように権力を高めていくが、宝暦八〜九年は、まだ、その幕閣の一人として出発した段階にあたっている。

〔宝暦八年〕（卅五巻）

本殿・参籠所水屋の屋根の葺替えが進められている。多くの建造物の維持は常に課題となっている。目立つのは、「見世（店）」の増加で、臨時のものだけでなく恒常的な店舗が出来している。四月には諸神塚周辺の「海苔うり」の銚子高部村伝七・いどの村市三郎、「鰹節うり」の水戸礒浜甚蔵などの商人の名も見え、種々の流通経済活動が盛況を呈している。そして「中見世」の商人からは一種の営業税として「一間ニ五十文ツヽ、年番役人」が徴収している。八月に原町の馬市や宮中での角力の興行に対しても「役銭」が課されている。神社経営の面から言えば、参詣者の寄進・商業課税が、主要な財源となってきたということである。

六月には「御本社後通」の屋根が、二十八年以前の儘なので、屋根の葺替えが行なわれているが、その工事に際して、一時的に「遷宮」が行なわれている。そして、その際の具体的な方法が詳しく記録されている。特に、大禰宜と大宮司の役割の分担が厳格に守られている様子を知ることができる。大禰宜の側からすれば、遷宮の際に「従往古大宮司ハ内陣へは決而不入候処」という原則を守ること、要するに、大宮司家は内陣には決して入れない。内陣における神事は大禰宜家にのみ認められている特権であることを強調しているのである。

〔宝暦九年（一七五九）〕（卅六巻）

二月、木製の玉籬（垣）の修造方法の決定と、その工事の請負業者を撰定するための入札に関する記事が注目される。「神前玉籬、是迄ハ横板ニ而早ク朽候、立板ナラハ能有之候」とあり、これまでは朽ちやすい横板であったのを立板にすることが検討されている。入札の結果、「九両ト弐百文」で「山田善右衛門」がこれを請負っている。

三月以降は、享保十六年（一七三一）以降宝暦八年（一七五八）迄の、物成以下元金高勘定帳の木材を、その売却に関する情報を整理して「帳面」を作成することとなり、それまでは大禰宜・大宮司以下の社家毎に作成されてきた「修理帳面引合、修理料勘定大宮司帳と引合ひ合ず」と資料の引合わせの困難な作業が進められている。

境内の商業施設の増加もますます盛んで、諸神塚周辺には「かみゆい（髪結）」の店も登場し、問題となっている。「古来ゟ」の「祭礼道」は絵図では「七尺五寸」とされているが、現状では「六尺」ほどに狭まっていることが問題となっている。また、かつて道であった箇所を復旧したいという申し出をする者（「道願人」）も現われ、開通した場合には通行料を徴収しようという提言もあり、そのための「見分」が実施されている。一方、葬送に伴う穢れで道を利用できないことも大きな問題となっている。本年の後半の記事は、このような「道」をめぐっての問題が主たる内容となっており、なかでも、農民からの具体的な要求がたびたび記録されているのである（九月〜十二月）。十二月記事の後に、つけたしで十月より十二月迄の記事が続く。

〔宝暦十年（一七六〇）〕（卅七巻）

この年は、九代将軍家重が隠居し、家治が十代将軍（将軍宣下は九月二日）となり、側用人に田沼意次が登用された年である。新将軍の誕生を祝すための出府、登城しての祝賀などの詳しい記事が注目される（九月十三日〜十月十八日）。

二月、江戸は大火により大きな損害を蒙った。その大火の具体的な様子が二月四日から十四日に記されている。複数の出火場所、延焼の範囲、風向き、焼け落ちた橋（新大橋・永代橋）、米七十五万三千俵・木綿問屋等十万駄焼失など、被災状況が詳しく記録されている。江戸の火災情報に詳しい『武江年表』より詳細な状況を記録していることに驚く。

その同じ二月、惣検校香取民部が大宮司に対し、惣検校職に付随する土地の一部が修理料と大宮司領に混入しているから、これを返還して欲しいと願い出た。これは拒絶されたのであろう（二月四日）。四月には惣検校香取民部は大宮司多宮を相手に寺社奉行に出訴した。寺社奉行からこれに対する返答を求められた大宮司は、反論の文書を提出している。内容は、元禄十一年以降の大宮司職の相続の経緯に伴って、修理料の中に惣検校職分の土地が組み込まれていったことを主張し、現状が合法的であるという趣旨であった。しかし、争点が余りにも多岐に亘っていたこともあり、双方の主張に、それぞれ根拠もあり、寺社奉行は強く内済を勧めた。そして八月に内済が実現した。八月二十九日条にその文書（「差上申済口証文事」）が書き留められている。

この間、五月には十四日夜より十八日迄、大規模な祈雨の祭祀が行なわれている。村々の熱心な要請に応えて「雨乞之御祈禱」が五日間にわたって神前に於て行なわれることとなり、「十四日夜」から御祈禱を行なうと、「其夜中」には「大雨」となった。雨乞祈禱の効験はすぐあらわれ、地元の各村より雨乞祈禱の初穂が相ついだ。地域が一体となって行なわれた神事であることが伝わってくる記事である。

【従是在所之日記】

十一月九日条の次に、「従是在所之日記」と題する一連の記事が続く。長い江戸での活動に対し、その間の、地元香取での出来事を記録した部分ということであろうか。

とりわけ、注目すべき記事としては、幕府の将軍代替り巡検使に対する接遇に関わるもので、近隣の村々とのやり取りや、幕府の権威を笠にきた横柄な巡見使の態度に、大宮司・大禰宜以下の神職の困惑した様子も詳しく活写されている。巡検使の問に対して、「社家は八十余人」、「祭礼」は年に「九十余」などとすげなく答えている。

【第七冊】

第七冊は宝暦十一年・宝暦十二年、二年分を一冊とし、冒頭に主要項目が列挙されている。

〔宝暦十一年（一七六一）〕

正月、この年の年頭の幕閣への挨拶は、在江戸の大禰宜香取壹岐が勤めている。十五日の記事の前に「従是先江戸日記」とあり、江戸滞在中には通常の日記とは別に「江戸日記」が書かれていたことがわかる。前年の「従是在所之日記」の「在所之日記」と比較すると興味深い。

二月、追野の四郎右衛門前の道の通行を大宮司方が妨げているとの訴えが大禰宜に提起された。道の部分が四郎右衛門の屋敷地に含まれるのかどうかが問題となり、大禰宜は通行を認めるように寺社奉行に願い出たのである。寺社奉行は、百姓から神官まで様々な意見を文書で提出させたが、余りにも複雑な案件であったか。そこで、両者に妥協（内済）を促したのであろう。その結果、四月に両者は妥協した。四郎右衛門の屋敷の「後ニ古道」があったので、これを復活させようということになったのである。寺社奉行もこれを認め、両者は香取に帰り、十八日には大宮司方によって「古道」は復活した。

八月三日、返田社が本社・拝殿の屋根の葺替えを願い出ている。そこで、見分が実施されたのだが、十七日、豪雨、強風がこの地域を襲った。大型の台風ということであろう。「廿年ニも無之大風雨」で、佐原村川岸・津宮村・大倉村川通より銚子辺迄、多くの家屋が倒壊し、夥しい木が「根かへり倒木」、あるいは「中折」などとなった。八月二十二日条には「宝暦十一辛巳年八月十七日夜辰巳風、大風雨、宮木根かへり倒木」の一覧表が記されている。その倒木は、早速、橋などの復旧の資材に提供され、残るものは厳重に管理された。実現したかどうかは不明であるが、「御年礼其外公用ノ節ノ為ニ、一艘ツヽ船拵可然候」とあり、御年礼其外公用に使うための船を造っておこうという意見も出ている。

十一月、返田社の遷宮・屋根の葺替えが実施された。八時の津宮での潔斎（塩垢離）に始まる具体的な神事が記録されている。各神職の役割等を知ることができる貴重な史料である。

〔宝暦十二年（一七六二）〕

年末からの雪が降り続く中で新年を迎えた。大宮司が江戸で、大禰宜が香取で、例年通りの役割を果たしている。月末の返田社の正遷宮は、雨のために内陣ではなく拝殿で行なわれた。そこで、内陣での手続きとの相違が記されている。

三月には側高社の玉垣破損の為の修復作業が進んでいる（十六日条）。また三月・四月には、「桜ノ馬場」や「楼門前馬場通」の「見セ（見世・店）」の管理者に関する記事が見えるが、従来は見世などはなかった「愛染堂前」にも見世を設けることとなった。

この年は閏年で、四月の翌月が閏四月という年であったため、四月の大祭の後、「閏四月五日・六日」にも「閏四月市」が立ち、「閏四月市ノ義、廿年以前閏月有之、五日ノ日・七日位ノ賑ニテ、商人共余程商致候由申伝、今年ハ始ノ四月市ノ三日共降続ツブレ同然、依之閏月ニハ参詣大勢可有之」とあり、四月の市は三日共雨が降続き、中止も同然であったが、「商人共も大勢来り、殊外賑也」とある。続く記事に「神納物」「冥加金」「市見世賃」などの「金子」の一覧が載せられているが、その中に「金四両貳分ト九百拾六文　閏四月市御社内見世賃御修理料江納ル」とあり、他の収入とともに「御修理料」に組み入れられたことがわかる。

七月には神領の「午年の人別改帳」が幕府に提出されているが、人数は七九六人であった。人別帳の作成と提出にかかった費用を修理料から出すか、対象となった人びとから徴収するか、あるいは、返田社の林の倒木を売却するかが協議され、九月には「人別入用」は「千石出銭」、領内全体から徴収することと決している。

八月には側高社から御手洗への「御手洗道」が水没し「断絶」したため、桜馬場脇の土を取って、水路とすることなどが提案されている。かつては六ヶ所から排水されていたのが、この頃には御手洗への排水路のみになっていたというのである。この月には天子当禁様（桃園天皇）崩御により、私領・御領に鳴物停止三日間の御触もみえる。

九月にはより深刻な問題が提起されている。香取神宮内の大宮司家・大禰宜家以下、諸社家の持ち高は、天正十九年（一五九一）、徳川家康によって神領千石が寄進され、それに基づいて諸社家に配分されている。その後、大禰宜家では、闕職による不在、大宮司家一家の者による相続など、混乱が続いていた。この混乱のなかで大禰宜家が支出していた配当分の一部は、幕府の指示によって「修理料」に組み込まれてしまっていた。享保年間以降、大禰宜家はこの「修理料」

に組み込まれてしまっていた大禰宜家配当分の返還を求めて、幕府寺社奉行との交渉を続けていく。大禰宜壹岐は、父実行の意志を受け継ぎ、幕府寺社奉行へ、「修理料」に組み込まれてしまった大禰宜家配当分の返還を訴えていったのである（九月二十六日条）。

【第八冊】

第八冊は宝暦十三年・宝暦十四年、二年分を一冊としている。宝暦十四年は六月に明和と改元されている。

〔宝暦十三年（一七六三）〕

正月三日条には、大禰宜家の「館」の中で行なわれる「矢的之神事」の内容が記録されている。江戸では前年の修理料に関する大禰宜壹岐の寺社奉行との交渉が続いており、大宮司方の権禰宜が出府したいと願い出て、大禰宜方と論争を繰り広げた。現地でも十四日には神前に多くの神職が集まり「大ニ口論」に及んだ。

江戸では、寺社奉行に対し、孫大夫以下、返田祝・側高祝・分飯司・国行事・権禰宜・宮之介など四十五名連印で、修理料に組み込まれた大禰宜領の大禰宜への返還を願い出ている。修理料のなかに加えられた経緯は複雑であるが、その多くは闕職となった神職の分であった。連印状に付け加えて「香取・鹿嶋社職料一旦御修理料江加入被仰付候、其以後如元其職分江被下置候例」とし、具体的に鹿嶋大宮司・惣大行事についての例をあげている。具体的には、修理料に入れられた二十六石八斗の返還を求めている。

三月七日には寺社奉行の求めに応じて多宮も出府。四月にかけて、江戸で大禰宜と大宮司の交渉が進む。寺社奉行も両者の妥協を促すが、交渉は進展せず、五月には大宮司、六月には大禰宜も帰国。その後、香取での話し合いが続けられた。

八月十五日、前述の宝暦十一年八月十七日の台風と同じ規模の大風で、宮林に大きな被害が出ている。その詳細は本年の末尾にまとめて記されている（「宝暦十三癸未年八月十五日、朝より夜中迄、大北風雨、宮林倒風折」）。一方、社領における商業の発達が進んでいる。例えば、「大細工屋敷ノ上ゟ馬場通両かわ懸見セ小間物買人ヒシト居」りといった状況であり、神楽所後に四、五軒の「ばくち小屋」まで現われるという始末だった。また、神楽の奉納も盛んで、十月五日条では、その際の「四方拝巡改」の様式などについての協議の様子が記されている。

十月以降は、幕府の御朱印調査に対する協力に関するやり取りが詳しく記録されている。

〔宝暦十四年（一七六四）〕

正月、金剛宝寺の大聖院が隠居、後住はその弟子春貞となった。その決定に大禰宜・大宮司は介入しないが、その地位を認めるのは大禰宜・大宮司であり、もしも無住の状態が続いた場合、その配当分の寺領は神職と同様に修理料に入れ、後任が決定すれば寺領が復活することとなっていた。

二月には「大戸村字原山御林立木」の林を伐採して、「跡地開発」するに際して、ここに「白籏明神」の「石宮」があったため、開発者の川尻村名主から白幡神主・大戸村名主らにこれを尊重する旨の証文が差し出され、その後、具体的な課題を解決するための協議が行なわれている。その結果、三月に「御宮残木払木入札」により、宮下の者に金壱分八百文で払下げている。

三月には、大長手（尾形数馬）の主催する神楽奉納に関する記事が中心となっている。その詳細は、是非、本文を一読されたい。その願主はかなりの経済力を有する人であったのだろう。大長手へ「御膳御供料」「永代月々三ケ日御供米料」として金二両三分・銀拾壱匁七分五厘を献納している。

域内の商業もますます盛んで、四月十二日条に見える「四日市小屋場発起人」小見川幸七・原丁政之進など、代表的な商人の名も記録されているのである。

このような社会経済の発展に伴って、様々な課題が生じて来るのであるが、大局的に見れば大禰宜と大宮司の関係も融和的になり、人びとの神楽の奉納だけでなく、他地域からの参詣者も増加し、神威の高揚が目に見える形となったのである。

先年、旧大禰宜家より発見された厖大な日記・文書類はもとより、大禰宜家だけでなく、現在に続く旧社家（祀佑社）の古文書調査もこれからの課題である。本史料の刊行を契機として、更なる史料の発見を待望して「香取神宮史」の完成を期するところである。

目次

〔參考〕

一、香取大禰宜家文書

*江戸出足
*木下にて大雪
*寺社奉行所に御禮に出づ
參詣人多し例年の通り祭禮拜殿にて勤む
*兩上樣に獻上

（原表紙）「享保十五庚戌年

日記

正月

東」（縦二七・五糎、横二〇・〇糎）

〔享保十五年正月〕

享保十五庚戌歳正月元日、天氣能、參詣多シ、晝七ツ過ゟ雨降、夜中大雨ニ成、御祭礼皆拜殿ニ而相勤ル、社例如旧式相勤ル、

一、元日晝時、分飯司求馬（伊藤）方江角案主權八來リ申候ハ、旧冬廿八日宮下（大宮司中務方ノヿ）ニ而被申渡候ハ、角案主大祭之義、公儀江伺候ヘハ、如前々被仰出候間（大宮司屋敷ノ内ノ）おして（押手）の社江御差符納候樣ニ可相心得旨被申付候、右之段ハ御立合之日ニ而候間、御立合御相談之上、右之通被仰渡候と存罷在候処、今朝宮之助（國分孫之進）江承候処、御立合ニ左樣之事、廿八日ニハ曾而無之候、左候ハヽ、其通之御裁許ニハ無之と覺候間、宮中監物（香取）方ノヿ分飯司（伊藤求馬）方へ參、右之申渡候段、爲知置候而も可然旨被申候、右之訳御立合御相談ニてハ無之候由承候間、右之段御屆申上候、

監物申聞候ハ、右之趣聞置候由申聞候、

一、正月二日四時、江戸出足、天氣能、　三日未明半時程之間、木下ニ而大雪ニ逢、大森村ゟ晴天、三日ノ夜六過江府着、旅宿神田雉子町、

一、正月五日、寺社御奉行所御礼ニ出ル、黑田豐前守（直邦）樣二万石・井上河内守（正之）樣六万石・土岐丹後守（頼稔）樣三万五千石・小出信濃守（英貞）樣二万九千石、先土岐樣江年始之御礼申上、扨御役人造酒之丞（月岡）殿へ得御意――、扨當春ハ同役中務（香取）年番ニて御礼ニも出府可仕候処、服中故旧冬河内樣江相伺候処、私相勤候樣ニ被仰付候由、仍之私出府仕候、右　御礼ノ御居申上候、御役人成程致承知候、獻上ハ何ニて候、御祓ニて候哉、成程左樣惣支配ゟノ御年頭貫物由候、兩

〇上樣（徳川吉宗・徳川家重）江御同樣ニ獻上仕候、御役人旧例之通ニて可有之候――ｃ、監物申上候ハ、旧冬中務拜借返納半金返納仕度由奉願候由ニて、右之通返納仕候、仍之外ノ

＊上様へ御目見相濟す

井上河内守へ罷出づ

獨禮登城の次第

＊水戸様へ罷出づ

下社家之内ニも返納仕者有之、左候ハヽ、私共も御願申上度旨申候、弥被仰付候哉、御役人成程相願被申付候、尤殘半金當暮ニ當年分ニ添、一同ニ返納可仕と申證文取候而、右之通被申付候由御申候、右之外御物語致ス、　同日、河内様(井上正之)江罷出、御役人松嶋久兵衞(茂雅)殿へ得御意、右之通同役中務(〇御年礼番ニ候処、)〇服中ニ付、旧冬寃元様江御年礼之義相伺候処、私相勤候様ニ被仰付候由、中務申聞候ニ付出府仕候、弥右之通被仰付候哉、久兵衞殿成程其通ニて候、林喜左衞門(次英)掛りニて候へキ、右之段ハ丹後様(土岐頼稔)江申上候様ニ被仰聞候、監物申候ハ則今日伺公仕、右之段申上候、

一、正月六日明六ッ時出ル、案内ニ而若黨兩人麻上下ニ而、今年ハ獨礼ノ分ハ一所江大〇(手)下馬ニて揃、順〻ニ下乘迄御通シ、

御祓二ッ寸法ハ長壹尺貳寸、はし五寸、こし三寸七分、奉書紙四枚ニて包、水引壹把ツヽニて三把ニて結、熨斗包臺上、みかき足二重くり・貫物二貫文木札付ル、上壹寸・下八分程、長貳寸七分、下總國――、名書付ル、御祓臺ニ紙ニ而さけ札付ル、是も下總國――、名記中之、御門ゟハ御祓自身持、貫物ハ御玄關迄若黨持參ス、四ッ過雨、

上様江御目見相濟、　同日、夫より御老中水野和泉(忠之)守様・松平左近將監(乗邑)様・酒井讚岐(忠音)様・若君様(徳川宗武カ)御付安藤對馬(重行)守様、若御老中本田〔多〕伊豫(忠統)守様・水野壹岐(忠定)守様・太田備中(資晴)守様、大納言様(徳川家重)御付石川近江(總茂)守様・松平能登(乗賢)守様、寺社御奉行所黑田豐前様・井上河内様・土岐丹後様・小出信濃様、此御四ヶ所江ハ口上、　今日首尾能御目見仕難有奉存候、爲御礼參上ト御老中方江ハ年始之御礼計申上ル、御側御用人加納遠江(久通)守殿・有馬兵庫頭(氏倫)殿、

御祓ハ御玄關ノ先ノ間ニ而御請取、貫物ハ御玄關ニて御請取、

一、正月七日朝五ッ時、水戸様(徳川宗堯)江罷出、水野庄藏ハ寺社役手代を以申上ル、〇(寺社役孫六取込ノ由故、)年始之御礼申上候、殿様益御機嫌好御重歳被遊奉恐悅仕候、且例年之通其内御序之節、御目見奉願候、右口上ハ寺役御役人稲毛孫六(重春)取込被居候由ニて、庄藏(水野)を以申上ル、庄藏出、右之段孫六江申聞候へハ、幸今日御序も候間御逢被成候様ニ、年寄共江及相談候間差扣候様ニと被申候、監物申候ハそれハ忝仕合ニ而何分ニも宜ト申候、又庄藏

小書院にて御目見

申候ハ、今日急候事故致にて御座候、重而ハ手紙ニて成共、御出府之砌御申越候様、左候へハ、此方ニ而宜計候様ニ申候、成程相心得申候、今日ハ重而御序之節と御願申上候処、早速右之御沙汰大慶仕候、夫ゟ例年之通小書院にて御目見、夫ゟ二汁五菜ノ御料理・濃茶・薄茶・干菓子・水菓子被仰付、肥田因幡(政業)守・岡崎信濃守・伊藤玄蕃(友益)右御年寄・伊藤長左衞門(友忠)御奉行・野沢茂右衞門・渡ア半介(定)・村嶋八左衞門(正誼)御用人、右ハ御目見ノ御礼ニ廻ル、孫六・庄藏へ多葉粉年玉ニ持参ス、

井上河内守へ罷出づ

一、正月十五日、井上河内様江罷出、御機嫌伺、林喜左衞門殿へ得御意度申入ル、松嶋久兵衞殿へ被出┣━、監物申候ハ、旧冬同役中務・下社家元大祝宮内歸職之御願連印を以申上候、私義年頭ノ御礼ニ此度出府仕候、歸國仕度候、右御願連印を以御願申上候事ニ候間、御無沙汰ニ而罷歸候も如何ニ奉存候、尤▨宮内義、願之通歸職被仰付被下候ハヽ、難有奉存候、此段喜左衞門殿へ可得御意と奉存伺公仕候、久兵衞殿(松島茂雅)被申候ハ、左候ハヽ、被逢候様ニと御申候、其後山脇弥次右衞門(周伸)殿被出候間、是又右之通申上候へハ、宮内事ハ丹後様御掛ニて有之ソウナルヿ、監物申候ハ、私も左様ニ存候、御追放・歸参之御免も丹後様御掛ニ而、御免ニて御座候、尤去春中ゟ歸職之事も、度ゝ御願申上候、弥次殿御申候ハ喜左衞門ニ申談見可申候間、頻相待候様ニ喜左衞門掛リノヿ故、其後又被出候而御申候ハ、喜左衞門江被談候、其元ハ此度ハ御年頭一通ニ御出府之事故歸國被致候、能ゝ中務年番ニも候間、中務願可申候、監物申候ハ中務旧冬被仰渡候ハ、春ノ御沙汰ニ可被遊旨被仰渡▨由、定而追付中務出府可仕候、右之段中務申候、御役人御申候ハそれ分ニ兩人つめす共能可有之候、在所ニ神用も可有之候、又御用も候ハヽ呼ニ可被遣候、監物申候ハ、成程御尤ニ奉存候、宮内義一社らやり御願申上候事ニて候、何とそ願之通、被爲仰付候様ニ奉願候、右之段宜被仰上可被下候、御役人成程相心得申候、御役人左候ハヽ被歸候様ニと御申候、

*土岐丹後守へ罷出づ

一、同日、土岐丹後守様江罷出御機嫌伺、扨御役人造酒允殿へ得御意御咄致、歸國ノ御屆申上ル、扨監物申上候ハ、旧冬同役中務何ゾ御伺ハ不存候哉、御役人歸職之事・返納之事計ニて候、外ニハ何も不承候由

御申候、其外御咄申罷歸ル、

江戸發足

一、正月廿一日、江戸發足、同廿二日未明歸宅ス、

大宮司方より使

一、正月廿三日、大宮司方より使伊織（小林）、取次舍人（伊藤）口上、江戸首尾好御歸、珎重――、吉右衛門大〻神樂三月六日より相願候可申付候哉、　返事――如仰之、御年頭首尾能申上候、且吉右衛門神樂之義、此方江も此間申來候、成程被仰付候が能候、

乾金通用の御觸

＊諸神塚の向へ不斷所土手を打つ

○一、御觸乾金致通用候樣ニ被仰付ル、尤乾金壹兩ニ貳兩ノ通用也、右ハ正月十七日ニ於江戸御觸之由、旧冬ノ御觸ニハ元祿十五年以來旧冬酉ノ暮迄五分ノ利金ニ▨致候樣ニ被仰付、五分ノ利と云ハ、金拾（六）兩壹分也、六十兩ニて一ヶ年三兩ノ利合也、酉ノ暮ゟハ相對ニ致候樣ニ、○當正月被仰出候ニハ金銀借シ借リ出入御取上ケ被成候由、是も近年被仰出候ニハ、相對ニて借借致候事故、相對（共）と被仰出ル、仍之世上借シ借リ殊外不自由ニ成シ事也、

〔二　月〕

年寄共内談

一、戊二月四日、年寄共分飯司（伊藤求馬）・三郎兵衛・大藏・平馬・清右衛門（額賀）、内談ノ上、不斷所ヲ分飯司宅江呼申談候ハ、不斷所ノ西ノ土手きわ

諸神塚ノ東ノ向（方）（シモ手ノ通ノ上角）也、當分平七ト云商人不斷所ゟ差置候、あれハ元來百姓壹人前ノ屋敷ニても無之、貳間ニ三間余ノ所ニ水呑同前ノ者、（マヽ）　二代居候、元祿十三年御宮御修覆ノ節、其節ハ諸神塚ノ玉垣も無之候、右御修覆ノ節、朽家見苦敷有之候ニ付、右彼（相果、）母壹人居候間、其家ヲ取又所も殊外セまく候ニ付とらせ候、右母をも宮後ノ土器判官畑ノ末有、虚地（マヽ）　屋敷きわ也、此所江少しつらい居候、其後右ノ諸神塚ノ向江不斷所土手ヲ打、少ノ店商人差置候処、夫ゟ近年ニ普請廣ケ、今ノ平七披露、すまい商ヲスル也、又不斷所ノ門ト平七脇土手をも土ヲ持上出井をも連候ニ拵ル了也、尤不斷所ゟ世話スル也、仍而右之段ホ委細ニ不斷所へ咄、扨二・三年以來、段〻出入ホも有之、諸事古來之通り斷り候、被仰付候也、仍之右之場所も古來之通リ貳間程後ロエ、右平七引退居候樣ニ致度候、今ハ諸事〔神〕塚《ツカ》之いかきも出來候へハ、殊外セまく余之セき無之、何ツト云時、或ハ火事ホとも云時ハ、人ヲ立候來地も無之候、御修覆所近所ニてハ有之、本又右之訳ノ場所故、古來之通ニ致度候、尤今急ニと云了ニても無之候、とくと了簡致見

候様ニ▒、其元數年上方ニ被居、留主ニて候故、今迄延引致候、幸ニ此度歸寺被致候故、右之通リ談候、近來四・五十年以來之事、皆古法之通リニ被仰付候、不斷所申候ハ、私訳も存不申候、本寺も留主ニても候間罷歸候ハヽ、承候而ノ上、御返事可申ト挨拶之由、尤至極相談つくニ、私ニ及相談候由、尤右ノ場所宮中領支配ノ場ニ候趣申談ル、

丁子村名主勘解由來る

一、二月五日、丁子村ノ名主勘解由來り、今朝宮下へ供之者罷歸候、宮内歸職之願未早ク願出候とて御呵ニあい、願御取上ヶ無之候由氣毒ニ存候、然上ハ悴源之丞ニても願候而抔ト、色〻申了簡承度旨申候、監物其分之咄ニて候、如何様之訳カ訳も不知了簡難成候、其後聞候へハ、宮内歸職候願書も御返し被成候由風聞ニ聞之、中務義ハ、正月廿五日ニ出足、廿六日不天氣欤、廿七日ニ江着之由、五日ニ飛脚歸候へハ、御寄合ニて右不成候段、被仰出候事ニハ無之候、

長吉寺呼び相談

長吉寺境不埒

一、二月九日、長吉寺呼尤年寄共、相談、惣持院江之口上、長吉寺境未埒〔不脱〕ニ候間、來ル十六日御相▒《遠》も無之候ハヽ、其元ゟも人被出候様ニ、此方ゟも役人共差出境引候様ニ致可然候、右之段長吉寺ニ申遣、十日ニ長吉寺求馬処迄、惣持院成程相遠も無之由申來ル、

一、二月十一日、長吉寺來り申候ハ、引地傳兵衛幸範時代ニ屋敷替致候、只今ノハ殊外不行屆、元屋敷江引越度旨相願候由ニて願候、長吉寺來ル、聞置候由申聞ル、扨十六日境ヲ引具根結之事ハ、前方惣持院ゟ結候由、左候ハヽ、此度も其通りニ致候様ニ、其段長吉寺ゟ惣持院へ致返達候様ニ申聞ル、尤境《イ》ノ堀形ニても付、堺木ニても植候様ニ致候様ニ▒役人共へ申付ル、

一、二月十六日、年寄共出、惣持院ゟも百姓共出立合、長吉寺堺立堀形付ヒサキ類、堺木ニ一間ニ一本程ツヽ、植ル、追野助之丞長吉寺ニ役人共居候処へ參候而申候ハ、追付堺ノくねゆひ可申候、重而ハ御無心申間敷候、此度ハ人足借度之由申候、右長吉寺申候由、年寄共尤之由申候由申候間、▒挨拶ちと致す候間、又年番淸右衞門引地百姓權兵衞呼助之丞、くね結候節、人足《ソク》借度由ハ改メ堺くね結候事故、念ノ入候事也、結之節皆出、手傳候様ニ申付ル、同日、長吉寺も礼ニ來ル、又長吉寺後ロ通畑へ木蓋候とて畑主共枝ホ取《とれ》候処ノ願有之候、

惣持院長吉寺堺

中務方より使來る

一、二月廿九日、中務方ゟ使伊織(小林)、取次分飯司、口上、私義、今日從江府罷歸候、弥〱、宮内義御願申上候処、歸參無間候間、一兩年も過而ノ事と被仰出候、錄司代義、去ル十八日被仰付候、御別事も無之候ハ丶、明後日抔〇金子をも相渡可然候、御相違候ハ丶、宮之助・物申江も被申遣候、返事、今朝御歸之由〱、宮内義御願候処相延之由如何敷氣毒、錄司代願之義、十八日被仰出候由、弥重ニ存候、明後日當り金子をも相渡可然之由、御尤ニて候、

〔三月〕

中務宅にて立合ひ

一、三月二日、中務宅(香取)ニ而立合、中務申候ハ、宮内義歸參無程候間、重而ノ義と被仰渡候由、願書ノ拜借、錄司代拜借願、去二月十八日願之通被仰付候、其後廿一日土岐丹後様(頼稔)御掛也、參候へハ年賦ヲ切返納爲致候様ニ到來、亥ノ年ゟ十二年賦ニ被仰出候由、尤無遲滯返納致候様ニ被入御念、御丁寧ニ被仰渡候由物語候、

*新金二分と乾金壹兩取替亥年より十二年賦

宮之助(國分孫之進)・物申(香取主計)立合、錄司代も出ル、

兵衞大夫職領金

●中務申候ハ兵衞大夫職領金、是ハ美作(香取)ゟ請取候三拾九兩貳分也、(大宮司屋敷ノ内、押手ノ社藏作ニ致、宝物出入申度候段願候処、

願之通被仰付候、監物申候ハ、御月番ハとなた江御願候哉、中務申候ハ黑田豐前様(直邦)江申上候、前方寶物請取候節ノ御掛り故、其元江も此段▒(申候)候様ニと之事ニて候、

同日、御修理料金出シ拾貳兩、錄司代番組之者へ相渡、錄司代知行返納相應ノ場所、未不埒ニて候間、返納不足致様成場所ニてハ難成候、依之右場所金主ト相談出來之節迄、金子預リ候様ニ申聞、尤返納相應ノ場所、世話ニ致候様ニ返納不足之節ハ、此方共も不審、又錄司代も難義也、修理料百姓名主呼、錄司代預候訳申聞、知行之内修理料へ入物成ニて、壹ヶ年ニ壹兩ツ丶返納筈也、其田地所致見分、向後返納ノ世話致候様ニ、尤替〻ノ名主故皆か見分致候様ニ申付、今年ノ名主孫右衞門例之通リ金箱へ封ヲスル、内乾金壹兩(壹分)有之ヲ、中務▒▒新金貳分ト乾金壹兩取替、殘テ乾金壹分有之、當年乾金貳兩・新金壹兩ノ通用被仰出候故也、

錄司代幷番組ノ者へ、田地所極リ候ハ丶、此方へ爲知候様ニ尤金子渡し候をも爲知候様ニ申聞ル、

△金子拾貳兩　　錄司代印

右拜借者、享保十六亥暮より返納、

但シ、來ル亥年より十二年賦ニ返納、

右ハ拜借帳之趣也、

惣持院節句禮に來る

一、三月三日、惣持院自身節句礼ニ來ル、菓子袋三持參、口上今日ノ御礼ニ參候、宜ト申玄關ゟ歸ル、此方ゟ仲間使、重箱餅靑皿十、今日御祝義迄ニ進申候ト云口上、返事御使被下宜樣ニ一種被下忝存候、先剋尋申候へ共御取込候哉罷歸候、

中務方より使大々神樂矢來申付く

一、三月二日、中務方ゟ使清九郎、取次主殿、大〻神樂ノやらい申付候処、貫一本も無之候、無間候得共挽候樣ニ可致候哉、返事貫取之由、前方彈正神樂之節も無之、竹ヲ用申候間ニ逢候ハヽ、御挽候樣ニも可被成候、同五日、今晚かたの由ニて候ハ、らうそく五丁・草履五足遣ス、尤仲間使、

大戸神主內記來る
下社家に家督相續者なし
次男相續致す

一、三月九日、大戸神主內記(山口正親)來ル、申候ハ下〔大戸〕社家式部義、去月五▒〔日〕相果、子去年霜月相果、娵壹人ニ而誰も家督相續之者無之候、依之私次男致相續遣候、就夫服ノ義ハ、如何樣ニ仕可然哉、左樣服無之候、監物申候ハ、中務江ハ不咄候哉、成程申候へハ、此方ニも隨事無之候、聞合能樣ニ致候樣ニ挨拶有之候、監物申候ハ服之事ハ、六ケ敷事も無之候、たとへハ百日之內ニて五十日目ニ〇入〔引取〕候ハヽ、殘五十哉、家督相續之事故、穢之家ニも有之候間、神前向勤候事故、右之通家〻筋□可然哉、扨夫程家斷絶之事、殊ニ去年よりノ事屆有之筋之事と存候と相咎メ申候へハ、挨拶不調法者之事故、其分ニ致くれ候樣ニ申候、監申候ハ、それハ今始テ聞、中務も如何存候哉、其程も難計候挨拶難致候、此方ノ社家、其通リニ致斷絶、致跡職立候を私ニハ難致候、又如何之訳ニて候哉、早速其段挨拶難致候、其內致了簡をも致見可申候旨、申聞屆不申聞候、彼も色〻慮外之口上共有之候、

*當宿に居住せし商人源藏石垣等寄進

一、三月十八日、副祝釆女(今泉)來リ、伺候事有之候、五・三年以來心掛申候、樓門ノ左右ヲ石垣《カキ》ニ爲信心之仕度候、尤私壹人ニ而も出來申間敷候、四・五人もすゝめ候而仕度候、尤鹿嶋之ごとくニ、何江も一通り仕候樣ニ仕度候、出來可申哉、▒〔又〕出來申間敷候哉、すゝめ候而見申度候、挨拶ニハ能事ニて候、元祿十三年御修覆之節、致祓ヲ右之通申立貫、今以右ノ石有之候、釆女申候ハ、あの石計ニてハ、中〻足り不申候、掃除仕候ニも掃除も出來不申候、▒監物(香取)申候ハ、當宿ニ居候商人源藏、先達而鳥居之左右金子有之候ハ

*修理料勘定等立合ひ

丶、樓門之左右をも仕度由、右石垣ノすゝめ仕度ト願候間、成程能事ニて候間、すゝめ候様ニ申候、尤是ハ商人仲間すゝめ候由、又能いたし寄進致度願ニ候間、無用と有之候ヘハ、込ニシ本之通リニ致已而ノ事ニて候、采女申候ハ、何方ニて成共出來候が能候ト申候間、成程其通ニて候、爲信心右之通リノ寄進致度旨能事ニて候、

*大戸禰宜香取宮内方へ使遣す
惣持院來る
舊冬住職證文

一、三月十八日、惣持院來リ申候ハ、今日中務殿江旧冬住職證文、私願文言御座候、中務殿書付差置候、其內御隙之節御相談可申下由申候、監物申候ハ、中務如何申候哉、惣持院申候ハ、其元様へ御相談可被成との事ニて候、監物申候ハ有無之挨拶ハ不致候、

御修理料藏拂受拂殘り

一、戌ノ三月廿二日、御修理料藏拂受拂殘九拾九俵六舛、但シ三斗八舛入、代金拾五兩壹分・六百八拾七文八百六拾八文、勘定違之由ニて四月十二日書付ヲ以百七十七文錢增、
貳石四斗五升直段　夏成壹貫七百文內七拾八文、

用紙代引

用紙代引　二口合、

*監物出府により譯知らず

金拾五兩貳分・錢九百六拾九文壹貫百丁五拾二成、　錢兩ニ付、五貫三百五拾文替、四百文

一、三月晦日、▨中務方ゟ使伊織、取次分飯司、口上、

惣持院事、又ハ修理料勘定ホ、明日ニも御立合被成候様ニ被成、如何可有之候哉、返事尤ニて御座候、併此間不快ニ付、明後二日可然之由申遣、

同日、惣持院江兩方ゟ兩使遣、口上明後二日中務宅江、社用之儀有之候ニ付、被罷越様ニ申遣、惣持院留主之由、

一、三月晦日、大戸祢宜香取宮内方江使遣ス、明朔日談度事有之候ニ付、參候様ニと申遣、可參旨申來ル、

〇同日、惣檢校(香取)頼母・角案主假役權八方江明日參候様ニ申遣、

〔四月〕

一、四月朔日、(香取)頼母・權八來ル、權八方へ申候ハ御差符何方江納、御供ホ如何と相尋、權八申候ハ、當正月七日ニ御差符頂戴、屋敷押手江納、御供ホも差上、其外旧冬請取候御供米等も、皆中務方(香取)江差圖ニ而遣シ申候、右ハ角案主、當年大祭ニ付、監物(香取)申候ハ、當春出府留主故、訳不知ニ付一通尋申候、御裁許ハ如此と讀聞ル、此通ニ入目兩人方へ相渡と有之候ヘハ、兩人宅ニ而可相勤筋と思候、仍之其砌も中務宅江權八呼

*勝介惣次郎跡相續致す

*惣次郎存生の内は三次郎と契約

*三次郎は當年八歳

可申渡旨申候、旧冬も度々申候へとも、中務ハ自分宅ニて勤候樣ニ申候、自分取寄ハ、それとは相遠、兩人方ニ而勤候筋と存候、尤頼母ハ度々御奉行所へも出被仰渡も聞候、御裁許ノ写迄も可被下候、然レハ、ソウシタ筋もなけれハ、とくニ御取上ケなく御歸シ被成、ソウナル物、又頼母・權八ハ、同樣ニ被仰渡候間、兩人之內ニて遠ハ無之候、　又問、權八祭礼勤候も世話ニも候間、中務へ頼候訳ニてハ無之哉、相對ニて候得者、如何樣之事ニても出來候、中務へ頼候訳ニて無之哉、權八申候ハ、決而左樣無之候、監物御裁許之趣、委細ニ申聞ル、

大戸禰宜宮内來る

式部父子相果つ

片野神主父子相果て斷絕

勝介式部跡惣次郎入申す

一、四月朔日、大戸祢宜宮内(香取)來ル、尋候ハ神主此間來リ、式部(香取)父子相果──申聞、右之訳如何と尋ル、宮內申候ハ、式部ハ內陣手長之役人ニ而、私職ニ而私一人內陣へ入手傳仕候、社職ニて片野神主ト申候、去年父子相果、斷絕仕候、式部子惣次郎相果候節、甥之三次郎致契約候節、式部親類・緣者共申候、然ニ其以後神主申越候ハ、親類共申候ニ付、手前次男勝介式部跡惣次郎入申候、神役ホニ付、相頼由申來候得共、右契約訳有之候間、尤共不申、挨拶難及由申候、其以後、去月祭礼之節勝介來申候ハ、惣次郎跡相續いたし候、服故祭礼ニハ出不申候、神事ホ之節、頼入由申候、仍之惣次郎親類・緣者共呼候、尤社家共も呼一座ニ、右之訳相尋、私申候ハ、惣次郎存生之內、三次郎ヲ致契約いたし(マヽ)候由、兼而皆申候、然ルニ勝介も參如此申、神主方ゟも如此申來、然レハ、兩人ニて勤候訳有之間敷候、とかく此方ハ何レニも極候、○親類共而申出候が能候、兩人ニてハ不埒筋候段申聞候、尤之由申候、右三次郎ハ當年八歳、親類ト云ハ村ニ式部出家本有之、又式部姉ノ子抔も有之、監物申候ハ、先日神主申分如此と候、然レハ自分思候ハ、定而內證ニ訳可有之候、式部か弟か、又ハ甥抔之樣成者有之間敷ニも無之、尤又親類共有之ソウナル物、然ルニ親類も何も無之樣ニ申なふし、神主次男入人ニ致候ト申ハ、我儘ニ致候事も、難計と心付○自分ノ心得ニ候間、訳ヲ委細聞置度、仍之參候樣ニと申遣候、尤急度致候事ニ候へハ、兩人立合相尋、尤此間ノ御裁許ニも年番ヲ立、立合──被仰渡候、別而壹人ニてハ不聞事、然共、此間神主來リ申散候間、內證如何之事ニて候哉、可聞と存、尤神主江先日申候ハ、去年中から之

*吉田へ願は免許狀改め願ふ

*寺社奉行所に同名あり

*宮之介來る

監物と云ふ名假名名乘りは實名

事斷絶程《スル》ノ重キ事ヲ、此方へ無屆段申聞候、可屆事ヲ不申候、宮内申候ハ、御尤ニて候、然共、六ケ敷事ヲ御成ニ立候も、氣毒ニ奉存、内々ニ而事濟候ヘハ、宜候ト存、夫故及延引候、監物申候ハ、とかく先今日ハ內證ニて相尋候樣、成事ニて候、面會急度尋候訳ニて候ヘハ、兩人立合相尋候事、右之訳故、日改ニ相談も不致、中務如何心得居候哉、右之通、自分ハ心得ニ右之通尋候、宮内申候ハ、於大戸も先日内證參、宮下ニてハ御沙汰も無之候、宮中ニて御呵ニ絁逢場候抔ト申沙汰ヲ承候、彼是談ル、先右之段ハ、內證ニて尋候ニて之由申聞ル、
又宮内へ尋候ハ、ソナタノ名乘自分ト同樣也、自分ノヲ替可申候共、存候へとも、公儀へ段々印形差上置候、御斷申上坏ハならす候、人之難義ヲモスルヿニて可有之候間、右之通ニも致度候へとも、記錄ホニも相載候事難成候間、ソツチノヲ替候ハヽ可然候、監物ト云名、假名名乘ハ実名也、ソナタも監物呼ナラハ、早速差合候故、替スハ成間敷候、雖実名常ニ名乘ヲ以、不呼候間、先紛無之ニ付、今迄及延引候、宮内申候ハ、御尤ニて候、併吉田にて御付被成御免許狀ニも、互有之候ヘハ、吉田江願ハ免許狀改候願致候ニハ、大ソウニて私難義と存候、尤先達而より右之事御內意ニて、右之訳御沙汰御座候得共、右之訳故、如何と存罷有候、左樣さへ無之候ヘハ、何之掃無之候、監申候ハ、それハ訳ヲ不知候故、諸大名皆慮レ遠シ其次〱ノ同名不付之事、此方共も其通リ、寺社御奉行所ニ御同名有之候故、祖父讃岐替申候、是も何も吉田位ハ無之、　勅許ノ名也、皆ソウシタルヿ少も苦敷無之候、段々申聞候ヘハ、成程尤之由申候、
一、四月朔日、宮之助(國分孫之進)來リ申候ハ、先日内膳(香取)樣へ御咄申上候、御聞被下候哉、監物成程聞候、併本意聞度候、宮之助申候ハ、先年も申上候通ニて候、取つゝき不申候間、金子ニても致持參候者ヲ、跡へ入立退申度候、監申候ハ、それハ家内皆々被成候哉、成程左樣宮之助子杢之助廿二歳、次男七歳、段々申候、監物申候ハ、中務方へも被申候哉、先日申候、挨拶ハト尋候ヘハ、其內了簡致見可申候由被申候、監物申候ハ、何レニシテモ重キ事ニて候、とかく何レとも挨拶めたと難成候、立合不申候へ共、壹人ニてハ挨拶も出來不申、殊ニ今年年

番ニ中務殿先何にも中務ニ任セ申候、中務も其心得
ニて候、それか被仰付を專ニて候、中務ゟ及相談可
申候、とかく早速之了簡ニハ挨拶難成、其内致了簡
見可申候、又宮之助申候ハ、手振ニて立候而も立不
申候間、致持參候者ヲ、跡へ置申度候、それも出來
不申候へハ、公儀江御願候而立退申度存寄ト申候、

大宮司宅立合
*權禰宜大祝拜借金返納
惣持院證文書入

一、四月二日、大宮司宅立合、惣持院罷越、先別間ニ而中
務兩人ニ而中務申候ハ、先日惣持院證文書入、致證
文ニ書入申度願、則其書付出候、監物一覽如此、書
入候而ハ證文も無易也、如此文言入候義ハ成間敷、
公儀江伺候ハすニ成間敷候、中務も致同心、夫ゟ惣
持院呼中務申候ハ、今及相談候得共、前之通ノ案文
より、外ニハ成間敷由、申事前之通ノ文言ニて證文
（聞候、惣持院御かたき事ニて候、）
江惣持院判致文言前ニ記、然共、去年日記ニ記故又、
（左候ハヽ、前之通可仕候、）

惣持院住職の件

一札

當寺惣持院住職之義、拙僧を以門末之者共、御披
露申上候処、御許容被成下、忝奉存候、此上拙僧
隱居仕候節者、寺相應之弟子見立、御許容之上、
弟子讓可仕候、尤其節四ヶ寺江茂可相屆候、弟子
無之候ハヽ、於四ヶ寺門末之内ゟ撰、御兩所江御
披露申上、御許容之上、入院可爲仕候、且時々之
礼式ホ如先規、急度相勤可申候、爲後證仍如件、

享保十四年酉十一月　　惣持院　戒光判

大宮司　香取中務殿

大祢宜　香取監物殿

右惣持院印形相濟罷歸、即チ宮之助・物申罷出ル、
（香取主計）
（香取式部）權祢宜・大祝拜借金返納、兩人壹分ツヽ、則拜借帳
（香取宮內）
ニ記ス、去年物成金封江監物印形ス、

享保十四酉年御物成金
金子拾五兩貳分・錢九百六拾九文封金（此錢勘定遠候由百七拾○文增壹貫百丁五拾二成、七此錢封ノ外四月十二日ニ申出）

御修理料金
享保十五戊年三月廿二日拂
（香取中務）大宮司印
（香取監物）大祢宜印
宮之助印
物申印

右金箱江入封置、（錢）

*祭には金子の才覺難儀

角案主番代權八祭入用金、請取申度旨申出ル、中務
申候ハ、右入用金ハ如何ト申候、監物宮之助・物申
（宮之助申候ハ前方ハ如何、中務申候ハ）
へ、如何シテ可然候哉、○中務申候ハ前方、先少ゝ
も渡可然樣ニ、其許御申候、監物申候ハ、成程手前
（取越候、）
ニて塙祝祭抔之時取越候、致難義候、別而賴母・權
八抔、祭ニハ金子ノ才覺難義ニて可有之候間、前金
少ゝも相渡可然ト申候へ共、併祭之宅、決不申候、

先追而ノ事致可然候、追而相渡候筈ニ成候、

*土岐丹後守へ伺候押手社神符納申す

戌四月二日
◎中務申候ハ、其義ハ旧冬土岐丹後守(賴稔)様江伺候、尤御裁許ニ如先規と有之候、前ゝ押手ノ社神符納申候、致つけ候様ニ仕度旨、伺候へハ、前ゝ致付候様ニ仕候様ニと被仰付候、監物申候ハ、左候ハヽ旧冬あれ程、決不申候間、二・三度も申候事ニて候、旧冬御咄可然事ニて候、中務申候ハ、御裁許ニ如先規と有之候事故、別ニ相咄候ニも及間敷と存候而抔申候、監物申候ハ、左候ハヽ賴母・權八召呼、右之段▨▨御しらセ可然候、あれらニも心得させ候而可然候、中務尤之由、則兩人呼、中務兩人へ申候ハ、惣檢校・角案主兩職ノ御差符如先規と、御裁許ニも有リ、旧冬丹後様へ伺候処、前ゝ之通御差符、押手社江納候様ニ被仰付候、祭をも此方ニ而致候間、其通り相心得候様ニ被申候、賴母申候ハ、御尋無之共、此方御兩所ニ願可申上と存罷有候、幸之儀と奉存候、御裁許ニも私共宅ニて相勤候様ニと有之、御文言之冥加之爲ニも御座候間、自分〳〵ニ而相勤候様ニ奉願候、中務申候ハ、御裁許ニも如先規と有之候、此方取次候事ハ不成候、▨▨▨監物殿へも今咄候、旧冬咄不申候と被申候、賴母とかく御願申上度候、中務▨▨▨▨▨監物殿ハしらす、自分抔取次之事ハ不成候、監物申候ハ、公儀ニ而被仰付候ハヽ、自分も難願候、中務申候ハ、公儀江願候が能ゝ申候、

*六郎神主左吉不埒の件

*左吉母隠居分の田地質地に致す

*傍輩共意見するも欠落

一、同日、中務申候ハ、承前下ノ六郎神主左吉、二月中不埒ニ而母隠居分ノ田地質地ニ可致由申候、母承引無之候、夫故欠落可致申候ニ付、傍輩共呉見申候得共、無承引欠落致、十日程過歸候而、傍輩共賴候得共、此節ハ、傍輩共無承引候了見ニ兼候、先一兩年も捨置可申候哉、御了簡承度と申候、監物申候ハ、扨ゝ不埒ニて候、成程先當分其分ニて被差置候方可然候、其内ニハ又御了簡も可有御座候、其者も心底直り可申候、

*左吉悴神役を勤む

中務申候ハ世倅有之候故、神役ハ世倅ニて勤リ申候、殊ニ當分服ニて神前向出候事も不成候、又呼歸候事ニ候へハ、神前向、此方へも外ニ咎ハ無之候得共、吟味致、其分ニてハ難差置候、監物申候ハ、とかく先其分ニ被差置候而可然候、

*宮之介來る

一、同日、宮之助來ル、只今宮下江も此間ノ願申上候へハ、監物方へも申候様ニ、其内立合致相談、可申候ト御申候、監物申候ハ、先中務年番故、相談も可有

*御兩所と相談にて公儀へ申上ぐ
*香取中務方より使
*宮之介養子願
宮之介孫之進來る
*中務方へ使遣す
*商人源藏鳥居の左右の土留を寄進

之候、身分も越了簡見候ニ、其職ハ　公儀ゟ被仰付候間、其被仰付候、公儀へ被願候筋ニてハ無之候哉、宮之助職ニ付候事ニて候ハヽ、何事ニても我ホ共、承可申候得共、右之訳有之候、此処ハ、其筋ニて候哉、如何ノ筋ニて可有之候哉、決不申候、職ニ掛リ候事ニて無之候間、右之通御了簡も出候、宮之助申候ハ、ともかくも御挨拶承度候、町邊ニ御立合、御相談ノ上、御挨拶承度候、

一、四月十三日、宮之助孫之進來り、兼而ノ御願ニ參候、先日二日ニ被仰聞候ハ、　公儀江願候が能候抔ト被仰候、左樣申候ハ、早速浪人手ト身計ニ成候、私病身ニ罷在、悴ハ私心ニ叶不申候、爲致養子心をも安心ニ仕度候、宜御相談被成可被下候、▨▨▨▨▨▨▨監物申候ハ、先日申候ハ、此方共ゟ申渡候職分ニ無之、従　公儀被仰付候へハ、其被仰付候処へ、願候筋カ、又此方共世話ニ致候筋カ、決シ不申、神事・祭礼社職ニ付候事ハ、何分ニも世話致筋、右之儀ハ如何之筋カ不決、又前方之事と計聞、今之樣ニとくと不聞候ニ付、右之通ニも了簡致見候、急度隨候了簡ニてハ無之候段申聞候、中務へ申候哉、如何申候哉、宮之助今日參候訳もなかくとゞまれをも不被申候、其内致相談見可申候由被申候由、

○宮之助申候ハ、御兩所樣(香取中務・香取監物)と相談ニて、　公儀へ不申上候而も事濟可申候樣ニ存候、至御相談可被下候、則申歸候、

一、四月十四日、香取中務方より使伊織、取次分飯司、口上――、此間宮之助養子之願ニ度ゝ來候、思召ハ如何御座候哉、定而其元江參可申候、御了簡承度候、私義了簡致兼申候、挨拶こまり申候、尤立合御相談も可有御座候得共、思召承度候、　返事――、如仰之、此方江も度ゝ願ニ參候、私も如何、前ニ了簡ニ及兼申候、仍而挨拶ニもこまり申候、了簡出來不申候、伊織、求馬方へ申候ハ、兩人迄子ノ有之候ニ、養子と申候も、つまらぬと中務申候抔咄之由、

一、四月十六日、中務方江使遣分飯司、取次玄番〔蕃〕口上、手前領分ニ居候商人源藏、鳥居之左右ノ土留ヲ石ニ而致寄進致度願、去ル町中商人仲間進候得共、はかく敷も無之ニ付、石ヲ少ゝ相調、鳥居之近所ニ差敷候ハヽ、信心ノ者も出來可申候間、左樣致度願候、又樓門ノ左右ノ土留石ニて致寄進度段、副祝采女(今泉)前方

申候、定而其元ニても御承知と存候、内證ニて申合致候事、ソウニて候、其元御相違も無之候ハヽ、源藏願之通、可申付候哉、　中務返事、▨

*江戸より尾形主殿歸る
*水戸樣逝去
采女源藏申合せ鳥居の兩脇樓門左右石垣寄進

▨采女・源藏申合鳥居ノ兩脇樓門ノ左右石垣致度旨、先達而私方へも采女通達御座候、源藏石をも少々調取寄候ハ──願之由、成程被仰付候が能御座候段申來候、

石垣儀源藏共申合す
*宮之介孫之進兼日の願

同日、采女來り、日外▨申上候、石垣之義源藏共申合、先石少々も取寄候ハヽ、人數も出來可申候間、左樣仕度候段、段々被申候間、成程尤之由申聞候、采女申候ハ宮下江も參、右之段申候へハ、一段之事と御申候、監物申候者、左候ハヽ御修覆之節、樓門ノ前土留ニ致度旨申、殘石御修覆御奉行江願貰申候處、今ハこまり相見可申候、方々ニ有之候を、一所江取集候ハヽ可然候、采女ノ申候ハ宮下ニても其段御申候手前ニも石有之候間、方々のを取集候能候由御申候、中務方ニ有之候石ハ、右ノ神前ノ石、丹波筑山石ニ取寄候ニて候、石四十枚余見へ候石ノ了也、右結構之至、隨分出情候樣ニと申聞候、

宮之介養子願に來る

一、四月十九日、宮之助養子願ニ來ル、不快ニて不逢、宮之助口上、兼々御願ニ參候、御相談之御挨拶承度候、

　　四月廿一日ニ宮之助右願ニ來ル、留主ニて不逢、

一、四月廿一日、江戸ゟ尾形主殿歸ル、右ハ、水戸樣（德川宗堯）御逝去ニ付、爲御悔差上セル、御年廿五之由、口上、此度御逝去之段、承知仕奉驚候、伺公仕御悔可申上処、此節病氣ニ罷在候ニ付、乍憚以使者御悔申上マスル、右之段御役人中樣迄、御悔監物申上候、御家老中御用人中御悔申口上、右ノ趣手札監物家來──、

一、四月廿二日、宮之介孫之進（國分）兼日ノ御願ニ參候由、申候ハ、▨▨、分飯司取次、監物申候ハ致對談候而も、別ニ挨拶致方も無之候間、逢不申候、扨前方も申候通年番之事ニて候間、中務方ゟ了簡相談も可有之候、未相談も無之候、中務方へ不參候哉、宮之助申越候ハ、中務殿ニてハ此間監物方へ及相談候得共、挨拶も無之候、十九日ニ此方相違も無之候、監物方へ願候樣ニト被申候、仍之寥元へ計御願ニ罷出候、監物申候ハ、左候ハヽ、其無相違候訳書付ニても致候樣ニ、又中務及相談候と申候而も相談ニても無之候、此方存寄聞度旨申候間、急候事ニて了簡も出來不申候、了簡致兼候由、返事ニ申越候、其節中務ゟノ口上ニも相談も可有之候得共、先了簡聞度旨申越候、宮之助申候ハ、

宮之介中務方へ手紙遣す

*宮之介願に來る

*宮之介世悴は錄司代と杢之助

*宮之介は養子を取り悴共には立退かす

書付迄も無之候、聞ニ被遣候へハ、知レ候事ニて候、○監物其内了簡致見可申候由申聞ル、又問養子と有之候、心當御座候哉、宮之助申候ハ、未相談も不致候相極候而も出來ぬ時ハ、如何故也ト申候由、中務方江手紙遣ス、其文、

━━然者宮之助願之義ニ付此間參候得共、四・五日以來者、拙者他出旁間遠、逢不申候、只今又願ニ參申候ハ、去ル十九日貴樣ニてハ願之趣、無御相違被仰渡候由申候、私ニも無相違致挨拶くれ候樣ニ相願申候、弥右之御挨拶ニて候哉、爲念承知仕度存候御報ニ被仰聞可被下候、何も其内期貴面候、以上、

四月十二日

香取中務樣　　香取監物

返事━━、━━且宮之助願之事ニ付、御紙面致承知候、先日以使も得御意候通、私方ニハ外ニ存▨▨付も無之、御居も尋遣樣御合点ニ御座候ハヽ、私方相違無御座候間、其元江とくと相願候樣ニと申候、外ニ思召も御座候ハヽ、宮之助方へ被仰聞、其段私方へも相達候樣ニ御申含可被下候、以上、

尙〻、此二・三日ハ持病指發居申候間、及御報延引候、以上、

四月廿二日

香取中務

香取監物樣

一、四月廿三日・廿四日ニ茂宮之助願ニ來ル、廿三日ニハ留主、廿四日ニハ分飯司方へ來リ、願置歸候由、

一、四月廿五日、番頭權祢宜・物申祝・國行事(香取左近)・副祝(今泉釆女)・錄司代宮之助世悴・杢之助行歲廿二歲、右呼監物申候ハ、此間宮之助願有之候ハ、致養子候而悴共共ニ立退度願ニ而候、杢之助へ申候、右宮之助こ《コ》なたハ得心ニ而候哉、杢之助申候ハ得心ニ而無之候、然ラハ此願不被知候哉、杢之助相談ホも無之候、外之事ニ付、少計咄ノ有之候事も御座候、監物申候ハ、皆へ申候、中務ハ願之通無相違之由、仍之中務挨拶以來、毎日願ニ來リ申候、兩人立合相談之上、兩人ニ而申渡候事ニ候へハ、訳も能候得共、如何之存寄ニて候哉、壹人ニ而右之通申渡候、自分へ毎日被責こまり候、仍之皆へ相談可致と存申遣候、何茂了簡聞度候、何も申候ハ、先年も左様之願ニ而、私共もとやかく致拜借

*宮之介の我儘に甚だ立腹
*拜借返納もなし
只今迄例の無き事
實子兩人有るに養子を申すはあるまじき事
*新福寺金剛寶寺來る

をも被成候、物申申候ニハ、其節も御世話ニ而御願も出來申候、とかく不宜願ニて之由、何も申候、監物申候ハ、願之通無相違致挨拶可然哉、▨又無筋も者宮之助ニ致候も氣毒也、又職分ヲ賣買ニ成候訳ニ候ハヽ、皆〻其頭番〔番頭〕可有之候、是社法之乱ニも成候、然共、中務ハ無相違致挨拶候、番頭申候ハ、宜願とは不被申候、又無筋者宮之助ニ致候も、氣毒ニ而御座候、左様之事、只今迄例ノ無之事、監物申候ハ、右之通及挨拶候ハヽ、皆〻申出間敷ニも無之候、又願様も不得其意、番頭へも及相談、是程之事ヲ番頭を以、願筋と被思候、何も尤之由申候、　偖監物申聞候ハ、自分存寄ヲ可申聞候、先実子兩人有之候ニ、養子ヲ申事ハ有之間敷事、宮之助職之儀ハ、此方共申渡候事ニても無之、從　公儀被仰付候事、宮之助ノ職ニ付候事ハ、（此方共世話ニ致筋ゟ各別、右之訳故、自分抔差而とやかくト謂筋之様ニハ不思候、從上被仰付候、職分ノヿ也、然レハ、自分抔ニ受おわせ、宮之助腹イツハイニ望之通ニ、必定跡ニて從上御僉義有之節ハ、自分抔ゟ申披無之、身ヲ打申候、然レハ社法ヲ乱不忠、是上身ヲ打候而、悦可申候哉、右之訳ノヿヲ　公儀へ

御沙汰ナシニも成間敷スレハ、宮之助ハ仕合能、此方共ハ身ヲ打候筋、夫程ノ重キ事ヲ申出候ハ、甚立腹也、其上拜借返納も無之、公義御金不濟内右之訳故、尤ト云挨拶難致候、右之段具ニ申談くれ候様ニ扨各宮之助方へ吴見申くれ候様ニ自分も賴候、相應之娵ニても、私持參金ニても有之、娵ヲ取候而、自分ニハ隱居いたし、何方江も參候様ニ、右之筋吴見ヲ申くれ候様ニ、自分賴ニて候、右之段番頭申聞ル、又中務申越候ハ、自〔手〕前無相違候、自分存寄も候ハヽ、其段宮之助方江達、宮之助ゟ中務方へ、其段通達致くれ候様ニと申來候間、此段も申返シくれ候様ニと申聞候、右外彼是申談ル、右之段番頭宮之助宅へ參申談候由ニて、宮之助　返事、御吴見忝存候、其内品ヲ替候而御願申事と可有之候、とかく掛御目可申上候、右之段番頭來り申候、右文段認様前後有之候筋ハ右之通、

一、四月廿六日、新福寺・金剛寶寺來り、宮之助事段〻談、明日兩人立退候願相止候様ニ、吴見ニ參可申と存候由、尤其上ニて緣女之相談ニかゝり可申候由申候、尤之由及挨拶、町ニ居候家來寺嶋忠兵へ娘、元大祝宮内孫娵ニ當、三月中被貰候間遣度願致ニ付、尤之由申付、則遣候処彼娘宮之助悴杢之助妻ニ致約束候間と申、返くれ候様ニ申付、早速離別ス、彼娘杢之助ト一所ニ可レ成、弥申合兩

*土岐丹後守より中務方へ差紙來る

物持院禮に來る

*土岐丹後守より御召

*采女源藏等鳥居以下寄進

新福寺より五節句使僧來る

引地百姓傳兵衞本屋敷願ふ

*大戸禰宜悴吉田官に上京

人共、家出ヲ致、彼是之由忠兵衞も致立腹ヿ也、右之訳彼是もみあふ事共也、

〔五　月〕

一、五月五日、物持院自身礼ニ來ル、○煙草持參、返礼忠兵衞傳使粽壹掛遣、三月節句ニも自身承ル、此節ハ新福寺同様ニ仲間ニ餅爲持遣ス、兼而使僧被遣候様ニ申候ニ付、右之通、然共、今日も自身來ニ傳使遣ス也、重而使僧來候節ハ、仲間計ニ何ソ爲持可遣事、新福寺ゟハ、五節句使僧來、返礼仲間、何ソ爲持遣ス事也、此節惣持院へ咄候ハ、後ノ方ニ有之山、先年手前ゟ致寄進候由申傳候、惣持院申候ハ、脇ノ東ノ方ノ畑も御寄進、古ニ書付ニ見へ候由、惣持院咄ニ申候、

當節句、神領中社家・社僧來ル、大戸ゟハ昨日例之通、下社家惣名代ニ來ル、酒肴持參ス、

一、五月十一日、引地百姓傳兵衞本屋敷願ニ付、本屋敷申付ル、右ハ春中ゟ長吉寺ヲ以、度〻相願、此屋敷之義、惣持院幸範、我儘ニ別之所ニて屋敷申付、屋敷替十七年以前ニ爲致候、當春ゟ長吉寺度〻來願候、則傳兵衞呼願之通、本屋敷申付候趣長吉寺へも申達候様ニ申付ル、

十二日、長吉寺も右礼ニ來ル、

一、同月十二日、土岐丹後守(頼稔)様ゟ同役香取中務方江御差紙來候由風聞、尤十五日ニ出府之由風聞、

一、同月十五日、香取中務口上、使伊織(小林)、取次分飯司(伊藤求馬)、口上、土岐丹後守様より御召ニ而、今日致出府候、御用之程ハ相知レ不申候、神前向御賴申候、罷歸、可得御意候由申置致出府候、

五月廿一日、

一、采女(今泉)・源藏ホ、此度鳥居・左右樓門・左右石垣寄進ニ致度、願主石少〻調、神前鳥居ノ上ニ寄置、扨元祿十三年御修覆ノ節、殘石も一所ニ取集申度願ニ付、御手洗井ノ近所ニ有之石、宮中ノ者取揃、神前へ集ル、石數廿二本、神前ニ有之、石廿五本ヒムロ井ノ脇ニ一本、右ノ分合四十八本、右ノ外ハ大宮司屋敷ノ内ニ有、先年丹波(香取)筑山石ニ致ス、御修覆ノ節、殘石願貰候、石數ハ百十五本也、其節ノ書留ニ有之、

一、五月廿五日、大戸祢宜悴兵助來申候ハ、吉田官ニ致上京由申候、尤添狀被成被下候様ニト申候、致挨拶候ハ、同役中務(香取)留主ニて候間、年番ニてハ無之候得共、玄蕃(小林)方へも申通、添狀置可申候間、其内勝手次第取ニ來候様ニと申聞、

廿六日玄番〔蕃、下同ジ〕呼兵助昨日下向候年番之事ニも候間、ソツチニて添狀認遣候様ニ

*上封し香取中務と認め遣す

判形致可遣候由、分飯司を以、右之段申聞候ヘハ、玄番申候ハ、留主之義ニ有之候ヘハ、文法旁も出來不申候間預、御六ケ敷御認、中務(香取)判之義ハ、江戸ニ而仕候樣ニ、右之段兵助ヘ申遣候樣ニ可仕候由申候、左候ハヽ、此方ニて相認渡可申候由申聞ル、

十七年に一度二十年に一度の大祭禮

大宮司大禰宜勤むる例

一、五月廿六日、江戸ニ隱居内膳詰合傳聞、申越候ハ、此度賴母(香取)惣檢校・角案主大祭之義、土岐丹後守樣江伺候処、中務被爲召御尋之由、賴母江も十七年ニ一度、廿年ニ一度ノ大祭礼、大宮司(香取中務)・大祢宜(香取監物)▒▒宅ヲ借候而、勤候例、外ノ社家ニも有之候哉と御尋、賴母左樣之例無之段ノ書付差出候ヘハ、又其後廿年ニ一度ノ社人、誰ヾと名ヲ書付、其内大宮司宅借候而勤候者有之候哉ヲ書付出候樣ニ被仰付候由、尤中務旧冬申候間、相對ならハ、手前ニて勤候樣ニと申候と、御役人御挨拶被成候由、御物語候、右之段傳聞候由ニて申來御寄合江ハ不出之由、兩方ヲ度ヾ被召呼御吟味之由、

大戸禰宜添狀取に來る

一、五月廿八日、大戸祢宜兵助添狀取ニ來ル、其文、

下總國香取宮末社大戸大明神之社家香取實明、今般紗狩衣御免狀奉願候、願之通御序之剋宜御沙汰奉仰候、以上、

五月廿八日　　香取宮 大祢宜 書判

同 大宮司

吉田樣

御役人衆中樣

右書付、兵助実明ニ相渡、尤上封シ香取中務ト認遣、江戸ニて中務判致遣候樣ニ申遣候、

〔六　月〕

*佐倉近所江部伊勢神樂執行す

一、六月二日、佐倉近所江部伊勢と申神主神樂執行致候ニ付、正判官倅主殿・塙(尾形)祝巫女兩人召連、五月廿五日罷越、三日ニ歸ル、右訳ハ、先達而同役方と申合、神樂令執行、手前江も先達而申來神樂役人をも借度旨相願、其後伊勢も參候而相願候ニ付、右役人勝手次第ニと申聞候ニ付、罷越相勤候、先達而伊勢參候節申聞候ハ、惣而神事ニ新法之行事ホ、遠慮致候樣ニ申聞候、惣而不法之行事、裝束ホ着候事、難成事ニて候、吉田家ゟも其心之訳書付・印形有之、書付被差越候事、脇ニて殊外不法之事共有之と聞ヘ候、仍之十年余以前、右之書付ホ來候事、尤吉田家も御懇ニ而▒候、若不法之事ニて他ゟ知候事ニても有之候而ハ、不宜候抔彼是申聞候、　右行事主殿申候ハ、

江部村近所の神主共寄合

四ヶ所ニ白幣ヲ五本立供物仕、尤此方ノ大〻神樂ノ樣ニハ無之、幣串ハ不そく、其外略ス、惣而此方ノ神樂ノ格、小俵六俵、貫物ハ四貫、四角ニ幡立、神樂所ヲ拵、神樂ヲ奏テ供物ヲ上ケ、祓ノ各三宮大明神一万度御祓ト認、高附(坏)(本ニ三)ノ御膳、此方ノヲ持參シテ御膳備、青幣・白幣も▒、此方ゟ少ク輪ニメ拵、此方ノ少キ物、五月廿七日夜ゟ始、六月二日迄勤ル、晝《チウ》夜共江部村近所ノ神主共寄合勤候由、彼是廿人余、此方ゟも玄番悴伊織・修理檢校往ク、小瓶子二對、持參、右神主皆中務ト申合、中務方ニ而世話致、

一、六月四日、　以書付御願申上候御事、

長吉寺客殿臺所等頽破に及ぶ

一、拙寺客殿・臺所等及頽破候ニ付、寺中之杦并大六天山拂木仕、修覆仕度奉存候、木數相改候處、杦五尺廻りゟ四尺落ニ而三本、松三尺廻り三本、以下者壹尺八寸より六寸落ニ而百五拾九本、雜木拾八本、惣〆百八拾三本ニ御座候、尤右之內松・杦・椎壹本宛、此度之用貢仕候、右願之通、何分ニ茂宜樣ニ被　仰付被下候ハヽ、難有可奉存候、以上、

享保十五庚戌年六月　　長吉寺印

大祢宜樣御內

伊藤求馬殿

六月五日、淸(額賀)右衞門右長吉寺願ニ付、杦・松ホ見分ニ遣候処、何も大木ニて沢山之由、見分致歸具ニ聞候、

一、六月八日、分飯司(伊藤求馬)淸右衞門を以、長吉寺へ申渡候ハ、第六天ノ山ニ松木三尺八九寸、壹寸、二寸四本、貳尺ゟ七八寸迄廿五本、外ニ松三尺余一本、三尺四五寸ならの木三本、三尺五寸さいかち一本、四尺椎一本、三尺貳寸たらの木一本、貳尺五寸ならの木一本、梨子一本、ならの木三尺九寸一本、其外四・五本、其外ハ五六寸位ノ松數ノ外、先表立候松・雜木、合テ四十本余有之哉、拂候樣ニ尤第六天ノ社ノ近所ニ杦能木共一所ニ有リ、除レ之、第六天ノ少上ニ道筋少當有之候ゟ上ヲ拂候樣ニ申付ル、先右之通ニ申渡ス、

一、引地淸右衞門呼役人ニ淸右衞門と云名有之候間、名改候樣ニ申付候樣ニ申聞ル、

*鳥居の脇石垣の階の件

一、六月八日、副祝(今泉釆女)來り申候ハ、鳥居之脇石垣仕候ニ石切共申候ハ、階ヲ少急ニ不仕宜候而ハ能無之候、只少なだれヲ急ニ致候計、やはり右之石ニ而石も有之候、左樣直シ不▒中候而ハ、殊外見苦敷候と申候間、見

*長吉寺内竹枯れ

*小澤新介江戸へ遣す

*水戸樣家督仰出さる

石垣階段の件

*江戸より書狀來る

*水戸寺社役人よりも書狀來る

*水戸樣薨去により御悔み差越す

*鹿嶋大宮司出府

付ノ宜樣ニと申候、尤少階ヲ急ニ立候ニて候、只今ノハ余りなたれ候由申候、　○宮下ノ屋敷ゟ石出候數四十八出候、其内一本ハ、丸石ニ而御用ニも入申間敷石も少ク候間、若キ者共、かづき石ニ届候由申候、又ひむろノ松ノ臺ニ致候石ハ、被取不申候由申候、監物(香取)申候ハヽ、それハ余之物ヲ致候樣ニ致候が能候、御用石ヲ遣候筈無之候、又丸石ニても若如何共、望候訳無之候、扨石數百十五と▨▨書付ニ有之候、余程こまり申候、(今有石合)九拾七本程と見へ候、右之通談候、

一、六月九日、副祝呼、昨日申候階ヲ急ニつめ可致候由、急ニ致候ハヽ、段もセまく成、又急ニ成候間ニ人込之節怪我も難計候間、少計見付ノ能無之分ハ、其通ニ致、今迄之通ニて可然之由申聞候へハ、采女(今泉)申候ハ、御尤ニて候、つめ候とも一段ノつまり之樣ニ申候、夫ニてハ余り障ニも成申間敷樣ニ被存候、尤夫分ニてハ急ニも成申間敷候、階ニヒズミも有之候、夫共石屋共ニ取合見可申候由申候、監物申候ハ、昨日申候ひむろの松の臺ニ致候、石又丸石、是も私用ニハ無用と存候、拜領致候、員數程無之さへ氣之毒ニ存候、公儀へ願候而拜領致候石故、私用ニハ無用ニて候由申候、此段通之樣ニて申聞候、御尤之由申候、十四(三)日ノ夜、石十本出候、誰共ナシニ夜中ニはこひ候哉有之候、未右ノ石數ニ不足、

一、六月十五日、長吉寺内竹枯見江候、普請ノ節入用可有之候間、伐候而差置候樣ニ清右衞門右之願、長吉寺へ申(付)候処畏候由、

一、六月廿日、小沢新介江戸へ遣ス、訳ハ水戸樣(鶴千代、後ノ德川宗翰)御家督當月朔日比ニ被仰出候由、所々ゟ御祝義申上候由ニ而、從江府爲知來ルニ、仍而手前不快ニ付新介差登ス、

一、六月廿一日夜、江戸ゟ書狀來ル、水戸樣寺社御役人ゟ書狀も來ル、其文、(隱居内膳在府ニて被相越、此方へ申越ス、)

一筆致啓達候、然者爲御悔御差越候尾形主殿江遠境大義ニ付、金貳百疋被下置候間、請取置候処、鹿嶋大宮司(塙中務)出府、此方屋形江も參上ニ付、幸便ニ候間、賴入遣申候条、相達次第主殿(尾形)へ爲御戴可被成候、此才之趣可申進如此御座候、恐惶謹言、

六月十二日　福田林平(程昌)判

香取監物樣

追啓、左之金子賴入遣申候間、臺才も有之候へ共、

*家持十三人類燒
*監物宅甚だ危し

臺迄ハ大宮司へも賴入申事もいかゝ敷候間、此方ニ差置申候事ニ候、以上、

折紙

貳百疋□□
□

風雨により宮林風折

一、六月廿七日、終日强雨、夜風雨、宮林六・七本風折有、則木帳ニ記ス、國行事(香取左近)も來り、右之通申候、又來り山右ノ木ニ置候而ハ、前ゝ盗まれ候間、つゝミ參籠所之後へ成共、差置候ハヽ、可然之由申來ル、挨拶尤ニハ候得共、其内之事可然候、急ニも被盗申間敷候、御用之程知レ不申候間、めたとつゝまれ申間敷候、

〔七月〕

中務江戸より歸る

一、七月朔日、中務(香取)江戸ゟ歸ル、賴母(香取)病氣ニ付、其間御隙願歸候由、追付、又出府之由風聞、

宮中町田冷喜左衞門より出火

一、七月五日ノ夜九ッ時、宮中町田冷喜左衞門雪隱ゟ出▨火、風と云程ニも無之候得共、南辰巳イキ又北少ゝ間ニ風折ニ替ル、三郎兵衞類燒、夫ゟ兵衞大夫番代文三郎・淸右衞門(額賀)・平右衞門・平左衞門・源左衞門、ゝゝ店共類燒、圓壽院卽遁ルノ通道ヲ限り向角次郎左衞門店類燒、向町ハ孫太郎・久太郎・分飯司(伊藤求馬)・土器判官・半之丞・權九郎、何も類燒、以上家持十三人、店借、ゝ地七・八間類燒、監物(香取)宅甚あやうし、火粉如雨始風惡敷、夫ゟ風直り、又向孫太郎抔燒之節、又風惡敷、其後日天ノ杦七▨尺程、うろへ火付、木ノ内朽本ゟ末迄廻り、殘り燒葉も燒、此火粉又手前屋敷へ掛ル、無仕形明六時ニ到りても不消、仍之本ゟ貳尺余迄切ル、切口ゟ火出ル、ひたと水掛上ニむしろヲ水ニ打張《ハリ》り抔シテ切ル、切口へヤヲ打文三郎屋敷へ苦もなく切返ス、仍之安堵、孫太郎屋敷と正判官間ノ屋敷前ノ家ヲハ▨▨▨つぶし火消ス、監物神前江出、番人へふセき申付、扨火本出町へ彼是▨▨下知ス、監物遁候ハ、甚ふセき候いへとも、誠ニ非神慮可遁様ナシ、難有事也、近邊近村之者見舞來ルヿ甚、中務(香取)方ゟも爲見廻使來ル、

火本喜左衞門在寺ス、年寄候共、咄候ハ百七八十年以前、宮中火事有り、其節ハ、鳥居迄燒、古木抔も少ゝ燒候由、其後宮中村ノ出火▨覚候者無之、右百七・八十年以前ニも可有之と、又傳ニ、領分ニ九十歳ニ成候者申候、

一、七月六日、中務方へ使淸右衞門、夜前出火、喜左衞門雪隱ゟ出候、致在寺罷有候、何分ニも思召次第ニ可申付候、伊織(小林)取次、致在寺候由、先其内ノ事ニ被成、可然之由申來ル、

中務方へ分飯司遣す
類焼に逢ふ者御修理料金拝借願ふ
*金剛寶寺裏門前道廣げたく申す
*小澤新介江戸より歸る
*水戸様へ罷出る
釆女石垣につき馬場通りの杉三本切り申たし

一、七月七日、中務方へ分飯司遣ス、伊織取次、此度類燒ニ▒逢候者共、御修理料金之内、拜借致度段相願申候、思召承度候、小屋掛ニ致候而ハ、御宮ノ御外聞も不宜候、返事、宮之助・物申呼、及相談、此方より御返事可申候由申來、

八日、中務方ゟ伊織口上使、昨日拜借之義、宮之助（國分孫之進）・物申（香取主計）とも隨分及相談候へ共、御金無之候、金剛寶寺も追付請取度と可申候、惣檢校・角案主御祭も有之候、御宮御緣御修覆も有之、御宮疊抔も損申候、金子無之候、外ニて御才覺候ニ付、印形抔入候事ニ候て、印形仕進可申候、　返事、御口上致承知候、御金之程も多少忘レ申候段、小屋候樣ニてハ、御外聞も不宜と存願ニまかセ、及御相談候、御口上承知いたし候、他ニて致借用候ハヽ、印形被成可被下候由、思召忝存候――、

又伊織口上、中務申候ハ、采女（今泉）參候而此度石垣ニ付、馬場通ノ杦三本切り申度願申候、其元へも其段申候由、小杦之義ニも有之候、如何思召候哉、

返事、成程此方へも參申候、致見分爲切候ハヽ可然候、尤之願ニ存候、

一、七月八日、年寄共致相談、金剛寶寺へ清右衞門・大藏參候、其口上、金剛寶寺ノ裏門ノ前、殊外せばく候ニ付、貳尺程、土手返打候樣ニ被成間敷哉、左候ハヽ、忠兵衞方をも貳尺も引セ大還之事ニて候間、道廣ケ申度候、公用・神用ニ付候而も余りせまく候、昔ハ諸神塚ノ後、余程らい地御座候、御修覆之節、土手出申候、御存ハ有之間敷候、金剛あいさつ一段ノヿニて候、拙僧も願候ニて併右〔門ノ〕ノ方ハ、土手急ニ成手ヲ付候へハ、塀かけられ不及、左ノ方ハ、七・八寸立候木位ハ折可申候、夫ゟ多折候へハ、上ニ井土有之候、くめり申候抔申候、中間相談をも仕見可申候由、申歸候由、尤表通りをも後ロへ引セ候樣ニ、忠兵衞當り○〔迄引セ候樣ニ〕可仕候、扨ゝ抔咄之由、

七月十一日、新介（小澤）江戸より歸ル、

一、六月廿五日朝五半時、出、水戸樣（鶴千代、後ノ德川宗翰）江罷出ル、寺社役人江書狀遣ス、其文、

一筆啓上仕候、今般　御遺領被爲○〔遊〕御相續、乍憚恐悅至極奉存候、早速出府仕、右御祝義申上度奉存候所、久ゝ相煩罷在候、快氣仕御祝義申上候迄ハ、延引罷成申候ニ付、乍略義使者以兩種獻上

仕候、此段何分ニ茂宜様御沙汰奉頼候、恐惶謹言、
六月廿日　　香取監物
判
福田林平（程昌）様
参人々御中
猶以強暑之節ニ御座候得共、貴様御堅固被成御勤
候哉、承知仕度奉存候、以上、
六月廿五日、新介、　水戸様御屋形江罷上ル、
獻上物、
干鯛箱五枚入、書様箱《ハコノ》上、中ニ干鯛、かこニ獻上、
末ニ下ケテ香取監物
扇子箱五本入、下ケ札、上ニ獻上、下ニ下總國香
取神宮香取監物
右林平（福田程昌）江口上、香取監物申上候、此度御遺領御相續
之義ニ付、早速罷上り御祝義可申上ケ奉存罷在候、
久々相煩快氣後罷上り、御祝義申上候迄ハ、延引ニ
奉存、乍憚以使者兩種獻上仕候、右之段福田林平様
迄、宜御取次頼存候由、水野庄藏寺社手代へ申候、又庄藏江
も口上書だし申候、時分柄暑氣――、弥――御勤候
哉、殿様此度御遺領之義ニ付、監物罷上り――筈候
様承候、相煩――、仍之以使者御祝義差上候、何分
ニも宜御差圖頼存候、　林平ゟ返事、口上、此

小澤新介水戸様屋形へ罷上る

*松平伊豆守松平右京等老中仰付らる

*土岐丹後守大坂城代に仰付らる

*旦那村より發起人大々神樂執行

度御遺領之義ニ付、御祝義被爲差上首尾能納り――、
私江も御尋ニて候、然者、御不快と被下候、如何御
座候哉、無心許存候、▨▨▨御返事可申候へ共、此
節殊外罷在候故、其内御出候故、委細可得御意候、
其日右使者小沢新介江御馳走、吸物小付食、取肴、スルメ・酒麩・トキコ・鮑・切身肴、御酒ヲ被下置、
七月五日、　水戸様御使者▨▨四之宮喜兵衞（正重）、御口上、
（後ノ徳川宗翰）鶴千代殿被申候、此度御遺領之義ニ付、御祝義被差
上、仍之爲御返礼干鯛十枚臺ニ乗セ・金五百疋臺乗セ、進セ
マス、其節使者之者演氣之節、大義ニ被思召マスル、
是江も金子貳百疋臺乗セ、被下置、難有致頂戴候様ニ、其節
金子ノ請取致遣ス、
此方ゟ獻上之節、中ノ口ノ御玄關ゟ上り、獻上物中
ノ口ノ御玄關敷臺板江井ブル御足輕ノ如キ持、
一、七月十一日、松平伊豆守（信祝）様是迄大坂御城代、御老中ニ被
仰付、松平右京（輝貞）様同日御老中幷被仰出、同日、土岐
丹（頼稔）後守様是迄寺社御奉行、大坂御城代ニ被仰付、右七月
十五日、江戸ゟ申來ル、
一、七月廿一日、香取中務方ゟ使伊織、取次新介、口上、時
分柄――、來ル九月、旦那村ゟ發起人有之、大々神

*兵助を山城と改む

樂▨致執行候日限ハ、九月廿一日・二日・三日可仕と存候、爲御知御使申入候、返事、弥——然者、
發起人有之、神樂之義申來候由ニ而、御知ラセ御口
上趣致承知、御尤ニ存候、被入御念早ク御知候事ニ
存候、

分飯司來る

一、七月廿六日、分飯司來り、國行事參申候ハ、副祝此
度石垣ニ付、池ノ端へ壹尺計り、丸木不遣水ヤリヲ
付、石垣へさわり不申候爲と哉覽願候、右併枯木有
之候、伺候由申候、挨拶尤ニ思候、見分致爲切候樣
ニ分飯司へ申付ル、

大戸明神實明歸郷につき吉田よりの返狀持參す

一、七月廿八日、大戸明神実明歸郷ノ由ニて、吉田より
之返狀持參ス、其文、

大戸明神大禰宜繼目の許狀

下總國香取郡大戸村大戸明神之大祢宜香取氏英実
繼目之御許狀、爲願令上京候事に給候通遂披露、
則申調候、委細英実可爲演說候、以上、
鈴鹿信濃守
七月五日　鈴鹿能登守
（鈴鹿）〇左京亮
大宮司殿
大祢宜殿

大戸禰宜實明英實と改名

右、五月廿八日添狀遣候、大戸祢宜（香取）実明也、此度英

実と改名ス、兵助ヲ改山城ニ成候由、右返狀任望山
城ニ遣ス、

〔八　月〕

一、八月二日、長吉寺來り申候ハ、分飯司（伊藤求馬）取次、私病身
ニ付、在所へ引込養生をも仕度候、仍之寺をも取上
之由申來候、　相尋候ハ、さつきやくニ如何之訳
ニて候哉、兼日沙汰も無之、何ッ不足ニても有之候
而ノ事ニて候哉と尋候処、曾而左樣之義無之、左樣
之思召、結句忝奉存候、平川觀乗院、此度上方へ罷
越候ニ付、看《カン》守致くれ候樣ニ被相頼候、生在所ノヿ
ニも有之、左候へハ、末之觀乗院ニも成間敷物ニも
無之候、私爲ニも罷成候ニ付、右之段御願申候、挨
拶、早速之事ニて候、其内出候樣ニと申聞ル、

*水戸樣役人へ香取監物書狀

一、水戸樣（後ノ德川宗翰）御役人江書狀、如左、
一筆啓上仕候、殘暑之節益（マヽ）　殿樣御機嫌能可
爲遊御座、乍憚恐悅奉存候、先以先頃者（マヽ）
御遺領御相續被遊候ニ付、以使御祝義奉獻上候処、
爲御返礼干鯛并金子五百疋被下置、難有仕合頂戴
仕候、家來小沢新介江も御目錄被下置、是又難有

奉存候、右御礼旁出府仕可申上候得共、未病氣相勝レ不申、延引罷成候間、先御手前様迄、以書中申上候、乍憚御役人中江可然様被仰上可被下候奉頼候、恐惶謹言、

七月廿三日

猶以、先頃茂預貴札、鹿嶋大宮司(塙中務)ゟ相達物見仕候、其節も家來尾形主殿方へ御目録被下置、難有奉存候、未殘暑強御座候へ共、御手前様、弥御堅勝可被成御座、珎重奉存候、以上、

香取監物 書判

福田林平(程昌)様

右、林平重代ニ而其日水戸へ出立ニ付、請取候と計り返事也、

西福院上方へ罷越す

一、八月十日、長吉寺寺上之願ニ來ル、願書文、

口上覺

此度野境村西福院上方江罷越候ニ付、私江看守被相頼申候、生在所之近所ニ茂有之候得者、末々私爲ニ茂罷成可申候間、右野境へ罷越申度候、右之段被仰付可被下候、以上、

享保十五戌年八月　長吉寺 隆範印

大祢宜様御内 伊藤求馬殿

右之通願ニ來申候、久敷居深候間殘念ニ候、其上寺修覆ホも可致と思候処、殘念ニ而候、併爲ニも成候と有之事、勝手次第ニ致候様ニ、尤引越候節、前方ニ爲相知候様ニ寺付之物役人遣請取可申候、右之段申聞候、

*惣持院來り長吉寺後住の件

*惣持院修覆奉加願ふ

一、八月十八日、惣持院來申候ハ、長吉寺後住之義ハ、此方ゟ被仰付候事ニて候哉、又拙僧方ニて申付候哉、此段得御意度存候、又惣持院も所々破損御座候ニ付、旦那江奉加仕度御相違も有御座間敷候哉、御下ニも旦那有之候、右之段御存も無之候而ハ奉加ニ付候者も遠慮も有之候事も可有之候、此段も得御意度存候旨▒▒玄關ニ而口上ニ申越候、監物對面、長吉寺咄致候処、此間御使被下候段申候付、万一長吉寺其元へ不埒ニ而も致候哉、不屆ニても有之候事も難計、左様之事ハ、決而有之間敷候へ共爲念申入候、惣持院入念候、忝存候、後住之義ハ、如何可仕候哉と申候、監申候ハ、此間之義ニて未何方ゟも願ニ出も不致呉候而も無之事、人柄能者ニ致度候、其元ノ御用ニも立候様成者が能候、門末大勢とは乍申、第

一近所ニて急用旁、其元ノ用ニ立候能者ニ致度存候、定而其内何方ゟ成共、願ニ出可申と存候、又奉加之義、成程一段之事ニ存候由申聞ル、

一、八月廿八日、番頭來リ申候ハ、今日宮下へ御呼ニ付罷越候処、大〻神樂入用減シ候ハヽ、度〻も可有之候間、左樣之相談ニ致候ハヽ、可然候由御申候、則如此書付被出候、其文、

一、御祓臺へきを可用哉之事、　一、御神樂ニ惣社家御供頂戴相止可申哉之事、　一、御初尾金高引可申哉之事、　一、願主江赤飯出候ハ、神樂引候者ニ任セ可申哉之事、　一、願主百人ゟ百五十人迄廿兩、其以上ハ壹人ニ付百文ツヽ、　及挨拶候ハ、第一ノ物ニ候間、へきハ不可然候、前〻三方近比中務方ニてハ、さし臺用候へきハ盃無之段申候、初尾減候ハ、輕キ社家ハ少計ツヽ當り可申候間、出間敷と被申候、初尾減候も出來間敷、其外ハ尤ニて候、夫共、とくとつもり合見可申候間、其内被出候樣ニと申聞候、

一、同日、番頭申候ハ、御祭礼御行器火事ノ節、池之水汲候ニ付、しらけかゝり申候得共、本不淨ニ染候間、

右ほかい（行器）ヲハ拂風折ノ木有之候間、新敷拵可申候旨申候へ者、あノ方ニ無御相逺候、監物申候ハ、成程尤ニて、右ほかいしらけ候ハ、火事之節、國行事世話やき池水ヲ右ほかいニてはこひ候間、其後國行事ニ監物申候ハ、只悦候而用可申と存、誰も沙汰も無之候ニ付、セめてしらけ候樣ニ、外役人江も致相談候樣ニと、國行事へ申聞候ゟ事發現をも談候、宮之助申候ハ、酒二か是江も水汲候由、是をも拵、今迄之ハ神前ノ水溜ニ致、可然抔申候、成程尤と申候、

一、同日、番頭申候ハ、神前疊損シ候、表替仕度旨申候、宮下ニてハ御無相違候、監物申候ハ、尤ニて候、又監物申候ハ、何ゟかより御本社御柱根壹本西ノ方、廻水致朽申候、是ヲ拵申度候、捨置候ハヽ、至極大普請ニ成可申候、今ノ内ニワツカ三・四尺根つぎ土臺取替候ハヽ可然候、今スレハ六ケ敷も無之事と思候、前方幣所番之節、大工致候爲見候へハ、六ケ敷無之由申候、第一是ヲ拵申度候、何も尤之由申候、ほかいニ成候木ハ風折可有之哉、國行事申候ハ、成程先日他ノはこ土留ニ遣候、本有之由申候、

一、八月廿九日、宮中・物申・兩代官ホ、神前へ寄合、右ほかいノ木、又ハ疊ホ表取寄ニ御手洗者ニ申付候由候、桶木も參籠所之内ニ六尺計ノ松・杦有之、參籠所へ着段折も無心元候間、まかりても可有之候間、伐御柱ノ根つぎ木ニ用候而ハ、如何伺候樣ニと分飯

*神前疊損亡

*御本社御柱根朽つ

*宮中以下神前へ寄合

御祭禮御行器火事の節池水汲む

司へ申候由、卅日より桶屋於神前ほかい詰始ル、

中折れ等澤山数は別帳木帳に記す
津宮村等にては四十家程伏す

一、八月〻中大方雨降續、廿九日ノ夜中ニも余程ノ風、晦日終日雨強、暮前ゟ大風雨、夜ノ五時迄、昼ノ内ハ辰巳風、暮方ゟ北ならひ宮林ニ而木多根かへり、中折ホ沢山數ハ別帳ニ、木帳ニ記ス、所〻破損有之、津宮村抔ニてハ四十家程伏候由、

〔九月〕

田冷喜左衛門出火の件

一、九月朔日、中務(香取)方江口上、使分飯司求馬(伊藤)、取次小林伊織、口上――、扨田冷喜左衛門義ο火事出候、七月五日ノ夜、思召次第ニ可申付候、今以在寺致居候、思召承仰聞可被下候、返事――、被入御念候、御使喜左衛門(田冷)義、其節神前ノ御番之由程も過候間、御宥可然(成)と存候由申來、
同日、年寄共召呼申付候ハ、田冷喜左衛門義、急度共可申付候得共、外之者ニも無之ニ付相宥候、屋敷之義ハ、御手洗治兵衛後ロノ屋敷ο小嵯山ノ下北ノ方遣候間、左心得候様ニ四日町之節ハ、宮中▨今迄ノ屋敷ノ前ノ中見セ致支配候様ニ、又右申付候屋敷之廻りニ木有之候、

*長吉寺馬場通に風折木あり

夫ハ新道源平太致支配植候木ニ候間、ο源平太ニ爲伐候様ニ、夫共相對ニ致候様ニ、右之段分飯司宅へ喜左衛門呼申渡候様ニと申付ル、尤大宮司方(香取中務)へも礼ニ參候様ニ申付候様ニ申付ル、
右田冷義ハ、新部村ニ居住候処、元禄十三年御修覆之由、原町今三郎祝屋敷江移、其後廿四・五年以前、宮中小沢加左衛門、近江國ノ椀買ニ金子五・六兩借有之、御差紙ニ付、右喜左衛門右ノ金子差出シ加左衛門屋敷ニ住ス、加左衛門ハ裏ニ引込住ス、加左衛門子政右衛門ハ元禄十三年之比、不屆有之追出シ、五・六年以前呼歸ス、其後加左衛門相果ル、此度出火ニ付、手前あやうき事甚シ、手前へ火移候へハ、宮林江火付候筈トまても、左候へハ、御宮可遁様無之、▨既ニ日天ノ杦へ火付甚及難義、古來故内ノ眞燒ケ根伐ニスル、右之訳共故、余り家込手前へも近ク候間、此度三郎兵衛・喜左衛門二屋敷脇へ移候様ニ可申付と存、先三郎兵(郷長)へへ申付候様達而願ニ付、喜左衛門屋敷申付候、尤今迄三郎兵へ居屋敷をは取上、植込候様ニも可致旨申聞候、喜左衛門訴詔〔訟〕ニ妙塔院在寺ノ寺、親類共、度〻役人江願候、
一、九月朔日、長吉寺馬場通杦木五尺余ノ木ヲ始、十本程風折之由、則役人見分ニ遣候処、往來之道ふさがり候ニ付、明二日惣人足を以、片付置候様ニ申付ル、

引地百姓共召呼、右風折ノ枝葉ばい取ニ致候由相尋候ヘハ、私共ハ左様之事不仕候、近所子共共ノわざニて御座候由申候間、左候ハヽ、左様之事爲致候筈無之、なセ呵其様ニ爲致候哉盗ニて候、彼是申呵候、此度之義ハ少計ノヿ、然共其様ニ不理直ニ致段不宜、惣而正直ニ理智義ニ致候様ニ甚不宜、其様ノ志ニてハ盗をも可致候、向後謹候様ニ申聞ル、又右風折拂木ニ致候様ニ申付ル、

側高祝來る側高社宮林の竹木風折れ

一、九月朔日、側高祝來ル、側高社宮林之内竹木四・五尺廻五本、先風折仕候ハ御居申候由、尤折候処ハ用ニ置候ニても無之候、折候処ゟ根迄、何も能木丈も長ク御座候由申候、

津宮西の宮にて折木

一、九月三日、津宮西ノ宮ニ而、松木五尺壹本・四尺《シヤク》二本、夫ゟ次以上七本折候由、披露致候様由、津宮検非遠使來ル、

宮林にて風折

一、九月四日、番頭呼ニ遣來ル、先申聞候ハ此度宮林ニ而風折大分折申候、能木共ニ而、當分神用も見ヘ不申候間、鹿嶋抔へも拂候様ニ聞及候、皆々も見分致可然候、

鹿嶋等へも拂ふ

神樂入用の件

扨此間ノ神樂入用之義つもらセ候処、如此候、尤賣人之おし引之様ニねぎり候つゝと、今一両も其余も減シ可申候得共、夫か又先へ寄物事也、直段ホ今程下直成事有之間敷候、右書付及相談候趣、

一、御祓臺三方ニてもさし臺ニても、

一、惣神官御供頂戴相止、

一、御歸宅金高拾貳兩内、兩所へ六兩、惣神官六兩、

一、願主へ赤飯出シ候者相止、神樂引候者ゟ願主之宿々へ赤飯遣シ候様ニ成共、

一、願主百五十人迄貳拾四兩、夫ゟ以上ハ壹人ニ付貳匁ツヽ、

一、切盛人數へ出來合出シ事相止、湯付ヲ出候也、

一、惣神官歸宅金子ニ而相渡候様ニ

右けし候処番頭へ相談《ソウ》ニて隙取候間切盛へも湯付出し候様、又惣神官割府〔符〕も前々ノ通被成下候様申候ニ付けし申候、右之書付、宮下へ持參及相談、尤之由ニて、右書付中務方ニ相留候由、尤御供之義、宵ニハ大御供をは上ケ不申候、昼ト朝カ上候様ニ相談極ル、御供ハ一度〱ニかしく、

又宮之助〔國分孫之進〕來り、右之段宮下ニても御相違無之候由申候、

御宮御柱根朽ち修覆相談

一、又宮之助申候ハ、御宮西ノ方御柱根朽候、是をも此度致可然之由《御》相談仕候、大工ハ小野村主水可然候、それとも監物勝手ノ大工可有之哉と被申候、監物申候ハ、此間つもらセ候処存候外、土臺四尺程計取替、御柱根一尺計根つけ致候へハ能候由、前ゝ思候ゟ輕キ事、誰とも可然之由申候、とかく早ク出來致候か能候、宮之助申候ハ、左候ハヽ相談可仕旨申候、成程と申候、

宮之助申候ハ、疊之表代ホ代金請取度申候間、明後六日宮中ゟも求馬此方ゟ玄番〔蕃、下同ジ〕計ニて金子先當分ノ入用出可申候哉と、宮下ニて申候へハ、いかに六ケ敷候間、判入候間立合候が能候由申候、宮之助申候ハ、前方も御供所ニて左樣仕候抔《ナト》申候、明後日金子出度旨申候、尤之由申候、

兵衞大夫番代文三郎神樂所之大鼓子損候間、彼張替度旨願申候、不致ハ成間敷旨申候、監物申候ハ文三郎ニ尋可申候、

鹿嶋宮にても神木拂

監物〔香取〕申候ハ先刻も申候鹿嶋宮ニても神木拂候間、此間之水引根かへり拂木ニいたし候事ハ、如何可有之哉、當分入用も無之ニつゝミ〳〵差置候而ハ、終紛失いたし候、前ゝノ木壹本も無之候、宮之助申候ハ御尤ニて候、余程ノ金ニ成可申候、左候へハ、たとへハ鳥居木ホ入用之節も調候▒樣ニ致候而可然候、監物申候ハ、左候ハヽ、其段致相談見候樣ニも申候、宮之助申候ハ、それ共御前ニて御咄有之候と、題ヲ出可申候、監物成程ニて候、御ゐつく之事ニて候、成程其段可被申候、あの通ニいたし置候而ハ、追付朽又ハ致紛失候、然レハ無宿之事ニて候、

*金剛寶寺より使僧
*新市場村地藏院奉加の件

〔前後ニ記〕
一、九月二日、金剛寶寺ゟ使僧、新市場村地藏院――、此度奉加之事も、來春ニ出來可申哉と存候、堂其外愛〔染〕善堂抔損申候ニ付、此度之風折木▒▒▒▒御相談之上申請度候、　返事、奉加ニ付、御口上之趣致承知候と計申遣候、

*長吉寺風折木入札
文三郎神樂所大鼓張替願ふ

一、九月四日、長吉寺風折木入札、役人兩人遣ス、代壹兩三分・九百七拾貳文落、

一、九月六日、宮之助來り、今日御立合可被成候哉、此間中務殿へ近ゝ金子出不申ハ成間敷候、前方も玄番・分飯司計ニて立合出候間、左樣ニ可然候哉、中務申候ハ判入候、宮之助申候ハ、左候ハヽ、宮中江參、宮中ノ御勝手ニ可仕候由申來候、分飯司御咄シ

候而も能可有之候、監物申候ハ、今日ハ不快ニ有之候、分飯司出シ可申候、則金箱ノ封紙貳枚へ判致遣、

*惣持院病氣

右之節宮之助方へ申候ハ、側高ノ社ニても風折木有之、津宮西ノ宮ニても風折木有之由、是ハ両方共拂木ニ致代金神主ト檢非違使ニ預ケ置候様ニ致可然候、

側高社にても風折木あり

津宮西の宮にても風折木あり

御修覆之儀ニ候へハ、此度ノ風ニ破損も候へハ、御修理料ニ而セねハ不成候、破損ホ之爲又側高ハ、本社ノ屋祢も損申候、扨又兵衞大夫願ノ大拍子ノ張替、江戸ニて前方致候訳、文三郎ニ相尋候訳談シ申候、今日右之金子も出シ可申候、又此間咄候宮林拂木之訳、今日中務へ自分咄候趣被咄候様ニと申候、心得之由申候、宮之助咄候処、中務其内致了簡見可申候由、挨拶之由、

享保十四年ノ物成金之内五両出ス、殘金へ判スル、右金御手洗名主治兵衞ニ渡候由、

*番頭拂木の相談

此度ノ風折木金剛寶寺・宮中・宮下、其外ノ者も入用申置願出候、

金剛寶寺來る

一、九月八日、金剛寶寺來り、此度ノ風折之木堂、其外此度奉加仕候たしニ仕度候間、屋祢板ニ御無心申度候、宮下へも右之段申候へハ、可致相談之由御申候、

監物申候ハ、其内相談可有之候、

一、九月九日、惣持院病氣ニ付、使僧を以、當日ノ祝義申來ル、牛房一折、來ル、返礼忠兵へ一樽遣ス、返礼と申候、

一、九月十日、番頭立合、風折木見立、所ゝゟ願出候方へ見分ケ遣之由、仍之分飯司出ス、右風折根かへりノ内ニ而、

一、枤四尺四寸程ノ木、長六間あいせん堂箱棟ノ木、

一、枤三尺五寸、長七間、しゆろうと門ノ棟木、

一、枤木貳本、宮下ひむろゐ土木、　両方共、是ハ宮林之内前方大松かへり有之候ヲ入用程切可遣之由、

一、松壹本、宮中下ぬい橋木、

一、枤四尺廻、長七間、前方ノ枯木かへり候ヲ両町原《ハラ》町ノ天水桶木、此度神前ほかい結候木不足ニ付たし共、

一、枯木三間、前ニ記候大松井土木ニ用申候、木之内下町樋木、

一、原町道ふセ木貳本、枤、

右之通見分之由、夫ゟ番頭宮下へ行、拂木ノ相談いたし候処尤之由、依之明十一日又立合入札木見分可申候由ニ退散、

一、九月十一日、金剛寶寺ゟ使僧圓壽院口上、前方願候

木御見立之由承候、又此間御願申候、屋祢板之木を
も五十本も御無心申度候、御相談出來不申候ハヽ、
承候ヘハ、御拂木ニ成候由、其御拂之直段ニて五十
本申請度候間、御のけ被下候樣ニ被仰付被下候樣ニ
と申來候、使僧之者宮下へ參候樣ニ、歸りニ寄候樣
ニと申聞ル、宮下ノ挨拶宮中へ致相談見可申由申候、
監物挨拶未拂木木ニ極り候事も、同日他出故、役人
共不知セ候、又所〻へ遣候木ノ訳も未不承候、左候
ハヽ、定而相談可有之候由申遣ス、

金剛寶寺屋禰社木の願ひ

一、九月十一日、中務方ゟ使伊織、取次分飯司、口上、
金剛寶寺屋祢きの願、定而其元へも申來可申候、如
何思召候哉、御了簡承度之由申來、返事、此方ニて
も如何被申候、可然候哉、其元御了簡可承と存候、
番頭立合ニて相談も可有之候乎、御宮所〻損候ニ金
剛宝寺方計ニかゝり候事も、如何ニて候抔、是ハ伊
織へ咄候、

金剛寶寺願ふ木の件

同日、番頭神前へ立合、金剛宝寺願候木之儀、如何
思召候哉、遣候へハ拂木無之候、兩所ノ御了簡ニ兼
候事ヲ、私家共了簡可致樣無之候、思召承度由分飯
司來ル、返事、年寄之事ニも候間中務了簡承候樣、
相談致候見候樣ニと申遣ス、仍之番頭伊織ヲ呼、思
召承度之由、申遣候処、中務申越候ハ遣候へハ拂木
無之、又拂候へハ遣木無之候、其内了簡致見可申候
由也、仍之番頭退散、

一、九月十一日、年寄共呼及相談候ハ、田冷喜左衛門御
手洗ニて屋敷申付候処、田冷知行ハサマ入ノ田篠原
境ノ畑作、徒ニ勝手至極惡敷候とて、難義かり度候
願候、仍之かまのへた（釜の邊田）平八後ロ太郎右衛門畑之内、
屋敷程可遣段申聞候へハ、何も場所宜有之、難有思
召候由、仍之右之所南ノ方（道通り）十二間裏へ十間余りニ間
打セ候、權之介大細工ニ申付ル、則權之介年番故太
郎右衛門田冷江も右之段申聞ル、孫平太へも、御手
洗屋敷今迄之通、所持いたし候樣ニ申付ル、又十三
日年寄共立合、境ヲ立ル、右ノ間數ニ東ノ方ヲへ道
ゟ上へ、境分ニ壹尺五寸添候由、仍而下ノ道通十二
間壹尺五寸也、右替地ぬくいと戸牧ノ間行事祢宜
ノ畑一圓ニ太郎右衛門ニ先〇（替地ニ）遣、先ニて又相應ノ地
可遣候、右ハ大祢宜知行ニ無之故、尤場所ハ替地ノ
所廣シ（少シ）、御祭ノ時、屋敷セまきとて願ニ付、▨亥ノ三月間口貳間廣ケ裏ェ十二（三）間增遣、亥ノ年ノ日記ニも記、

御本社柱大工見積る

一、九月十二日、番頭神前立合之由分飯司出ル、小野村
大工主水呼、御本社御椽《エン》才つもらセ候由、
一、長（マヽ）尺九寸角、壹本、　椽短柱
一、長六尺アツサ四寸、はし九寸、　同貫壹挺
一、長六尺はし壹尺、アツサ四寸、　同板六枚
一、長貳丈壹尺はし壹尺五寸、アツサ七寸五分、　本社ノ土臺
一、長七尺はし・アツサ同斷、　同土臺一挺
一、貳間、したミアツサ七分、　中殿ノシタミ板

宮之介以下木見分致す

同日、宮之助・國行事・分飯司・玄番、右之木見分
致候処、五尺八寸程ノ根かへりノ能木一本ニて可有
之旨、大工申ニ付、右ノ木當候由、外ニシタミノ板
木貳尺六寸ノ木三間當之由、右之外ニ五尺計廻候ヲ東ノ方
角木ニ九尺程取遣フ、

新市場權二郎祝子孫に津宮村より聟取聟取の先例

一、九月十三日、新市場權二郎祝悴(子孫)十才計ニ罷成、私
ハ及老年候ニ付、津宮村ゟ娘ニ聟取申候、すほふ袴
着セ神前爲相勤申度段、度ゝ相願申候、中務申候ハ、
先例も有之候間、願之通致候樣ニ申候由、仍之其通
ニ致候樣ニと、手前ゟも申付候、先例ハかまのへた
堀口神主四代以前、是も悴幼少ニ付、小見川村ゟ聟
取中ノ前相勤、右聟無子親之娘ニ返田神主弟又聟ニ
取、又こもの長も元祿十三年ノ比、他所ゟ聟取親ノ
子ヲ幼育スル丁也、

*長吉寺知行の年貢伺程納むるか尋ぬ

一、九月十三日、引地百姓共呼、此度傳兵衞ニ元屋敷願
候ニ付、先達而申付候、然ニ惣持院屋敷境ノ土手杁
木貳尺余廻り候木六本有之候処ハ、傳兵衞十七年以
前迄、彼所ニ居住致候節、右土手傳兵衞支配いたし、
右杁をも傳兵衞植候哉と、年番權之介を以相尋候処、
何も其樣ハ覺不申候由、
又尋候ハ、長吉寺知行ノ年貢何程納候哉と尋候処、
十三年以前迄ハ、久五郎所持仕候、久五郎致浪人候
以來、私共四人ニ而手作仕、甚右衞門・清右衞門・傳兵衞・源之丞、六俵
ツヽ相納メ申候、長吉寺裏ノ下ノ畑年貢壹俵ツヽ
ニ而作り申候、權之介申聞候ハ、かい（貝）田五百五拾目
ノ処納七俵九舛也、今迄ハ其分ニ宥シ申候、當年よ
り七俵九舛ツヽ相納候樣ニ申付ル、
一、九月廿日、香取中務方ゟ仲間口上、使文助、晩程ならし仕マスル、
らうそく五丁・草履五足來ル、

*不斷所來る

一、九月廿八日、不斷所來ル、私義連有之、上京致候筈
ニ御座候、罷歸御見廻可仕候、
一、九月廿九日、年寄共相談、分飯司宅ニ而不斷所呼、權

平七居所先年會所

之介分飯司申聞候ハ、當春中□（二月四日）如何ニて候哉、其以後沙汰無之候、其節年寄共申候ハ平七（店）居候処ハ、先年會所ニて候、其以後心レ安ニ段〻成候、神用・公用ニも諸神塚前セまく、又ハ火事抔と申候而も人數ヲ立候処も無之候、仍之二間余も店平七後ロヘ退セ、前ヲ明野ニ如先年致度候、尤來年ニも、さ來年ニも、いつかぬ事ニて候得共、其元聞候へハ上京被致候由、左候へハ五年ニて可被歸候哉、又十年も可被居候哉、其程難計候、仍之右之訳をも相極メ度候、不斷所申候ハ、成程先達而右之段被仰聞候間、本寺へも及相談候處、本寺申候も今有ル通り可然由申候、此段私今日參候而可申候と存候処、御使故參候、右之通りニ本寺も申候、分飯司・權之介仲間江も其段咄見可申候由申歸シ候由、

〔十　月〕

一、十月朔日、不斷所○（ニ）留主居被賴候由、（上方へ罷登候、）店平七同道來ル、分飯司（伊藤求馬）方へ參候樣ニと申聞ル、舍人（伊藤）來り右之段申候

宮之介孫之進申來る

▨▨、申聞候由ヲ舍人申聞候由、

一、十月二日、宮之介孫之進（國分）申來候ハ、世悴杢之介宜無

之押出シ申候、表立候ニてハ無之、御内證ニて候、御咄《ハナシ》申候、監物（香取）申候ハ、夫か自分使ニて候哉、中務（香取）へも被申候哉、宮之助申候ハ、成程御咄申候、存寄ニて候、監申候ハ、夫ハ重キ事ニて候、勘當ニて候哉、又仕直之ため○（當分ノヿ）ニて候哉、宮之助申候ハ、急度勘當と申ニても無之候、訳御座候、監――それハ不宜候、急度不致候事ヲ其樣ニ申候而ハ弥遲リ成候、又勘當と申候ニて候へハ、先達而沙汰有之、終ニ此樣成事ニ逢候事ハ無之候へとも、立合相談之上、訳をも尋、吴見抔も有之間敷ニも無之候、先以裝束をも着、神前向職役をも名代相勤候事ニ候へハ沙汰有之候上ニて、勘當ナラハ勘當、又押はらひ候共有之、ソウナルヿ、其者被押出候而ハ、又此方へ願ニ出間敷も無之、又○（ハ）公儀江出間敷ニモ無之候、然ハ容易ニ今前後もしらす聞候而挨拶難致候、宮之助申候ハ、左候ハヽ改テ委細可申上候、監物申候ハ、左候ハヽ、今日之ハ不聞候分ニて候、宮之助成程追而可申上候、監物申候ハ、其人又如何樣之惡事致間敷物ニも無之候、左候時ハ、其元〻〻尋掛り候事、念ヲ入ねハならす候、仍而勘當なとハ重キ事、其頂へ屆ケ帳面抔

＊質屋共へ相尋ぬるも知れず

＊神前の普請角木

＊玉籬の扣木見立

錄司代案主檢非違使來る

ニも附候様ニ承〇及事、終ニ訳ヲ不聞《キカ》事抔談候、内證有之候而も、重キ事故挨拶不成候由申聞候、宮之助とかく重而改候而可申上候由申候、

一、十月二日、昨朔日ニ伊織（小林）番請取ニ出候而拜殿ニ掛候繪馬ニ候様ニ掛ケル脇差不見之由、當番之者へ尋候由聞及候間、分飯司方へ致僉義見候様ニ申付、分飯（伊藤求馬）司神前へ出見候而來候由、成程無之候、廿九日私番請取ニ罷越候へ共、日暮故心付不申候、朔日ニハ孫ヲ出候、廿九日ノ晝宮下賴母子十歳計ニ成候、さき迄有之脇差不見候抔と申候、然レハ、それハ廿九日ノ晝之事ニて候、監物申候ハ十日番ナセ朔日ノ朝其段屆不申候哉、たとへ請取ハ心付不申候共、翌日ニ成致僉義屆ケ可申候事、無調法至極也、殊ニ昨朝錄司代大祝番代と、右之咄も致候由無念之至ニて候、先番組致僉儀候様ニ、尤九日番をも致僉義候様ニと申付ル、

同日、錄司代・案主・檢非遠使來ル、右脇差之訳申、監物申聞候ハ、とかく十日番貫不申候、番組申候ハ心付不申候由申候、左候ハヽ、番請取候節ハ、暮合ニも候、朔日ニハ其様ニ沙汰致候上ハ、此方共ニ屆伺候筈之処、無沙汰ハ如何、其段ハ無調法之段申候、隨分僉義致候様ニと申付ル、又四日ニ番組來り質屋共迄相尋候得共相知レ不申之由申來候、〇分飯司方へ申置歸候、

一、三日、神前ノ普請角木、又ハ御供所屋祢板土臺木ホ拵候、尤御供所ホノ修覆手前へ願出候、私共誰か差圖致候哉、此方へ無沙汰、仍之三日ニ玉籬ノ扣木見立候様ニ國行事（香取左近）來候ニ付、申聞候ハ出候ニ及間敷候、右御供所ホノ普請木誰か差圖候ハ申之哉、此方へ無沙汰故、今朝ニ尋ニ分飯司遣候、其外普請之儀ハ相談之上、入用木迄番頭迄立合見分ニて極候、然ルヲ誰か差圖ニて候哉、此方不知候、出ルニ及間敷旨監物申候段、分飯司出神前申候へハ、國行事申候ハ、大工手つかい申候故抔ト申分いたし候、分飯司申候ハ、左候ハヽ跡ニても其段伺候筈、彼是申聞候ニ付、不調法ノ段申候由、宮之助居合御尤之事ニて候、然共左様御申分飯司不出候而ハ、御修覆埒明不申候、仕廻わセ候外無之候、分飯司申候ハ御修覆ハ結構之事辻之事ニ訳能いたし候へハ、能候と被申候由申候へハ、御尤ニて候由申、右之段分飯司來申候間、左候ハヽ出候而玉籬扣木をも見分候様ニ申付ル、

分飯司來る

一、六日、分飯司來ル、十日番參候、段〻僉義仕見候へハ、彼脇差廿九日何國之者共無之者、馬をは樓門前ニつなき、拜殿へ上り番人誰も居不申候、拜殿ニてぐわたりと音いたし候ニ付、平七も望ト分飯司より、其外子共神前神樂所脇ニ遊居、右音聞付御供所ニ正判官居候ニ付、これよく〳〵ト呼候由、然共正判官彈正耳遠故カ、無挨拶、夫ゟ經藏之後へ行、久敷時刻〆出來り馬ヲ引宮中へ掛り行候由、右之子共申候由、子共ノ申候事ニてハ有之候へ共、無形事ヲ申ニても無之候、尤方〻相尋候へ共未知レ不申由番組申候、挨拶さも可有之候事も知不申候、惡キ怒ニて候、相尋候樣ニ申聞ル、其後ハ不沙汰、

國行事來る

一、十月七日、國行事來り、御神前御普請今日切ニ仕廻候由申來ル、分飯司申候ハ其元コザル筈之樣ニも不被存候、大工・木挽居ニ來り、ソウナル物抔ト申候由、國行事申候ハ是才も可參候、

津宮檢非違使來る
西宮にて風に折根反り
*大俗の百姓

一、十月八日、津宮檢非遠使來り、西ノ宮ニて風ニ折根かへりノ松前方御披露申上候、今明日ニ村中ノ者伐、私用ニハセすふきかへなとの爲ニ可仕候由申候、御披露申候由分飯司來り申候、挨拶〆宮下ノ挨拶ヲ聞候樣ニ申付ル、檢非遠使宮下ゟ來り、宮中ニて前方御沙汰有之、左賴事ニて候間、宮中へ參伺候樣ニ被仰渡候間、檢――申候ハ、左候ハヽ、宮中ノ御挨拶次第ニ可仕哉、成程ト御申候、監物申聞候ハ風氣ニて不快ニも居候、年番之事ニも候間、宮下へ伺、何レニも挨拶ニ從候樣ニト申聞、

*中務分飯司呼に遣す

中務分飯司呼ニ遣、則分飯司罷越、中務申候ハ、前方西ノ宮ニて風折村中ニて取、道抔ノふセ木抔ニも致付候由、前日檢非遠使咄候、又親〻も構付タサタモ不聞、取付候事なれハそれヲソウサセ間敷ト申セハ、出入も可成事也、不快ニて被居ト有ル故呼ニ遣候、分飯司申候ハ、それハ前方少計ノ少木、それヲ例ニハ成間敷候、村中之者私ニ伐拂ニ引由ニ致候処カ不屆、此方へ御屆申內ノ事と奉存候、然共とんし(ち)やく致候ニてハ六ケ敷事ニて候、中務申候ハ罷歸伺參候樣ニ、自分一人ニ而も挨拶難成候間ト御申候、監物申候ハ御修覆之義ニて候へハ、右木拂金子ニ致檢非遠使ニ預ケ置、御修覆之爲ニ致可然ト存候、社家ニても無之大俗ノ百姓世話ヲ左樣ニ致候と申もつまらぬ事ニて、然共とんちやくも六ケ間敷樣ニ思召、御尤ニて御つもりノ通御挨

*監物妻歸鄉

*錄司代來る

*長吉寺無住につき寶藏寺弟子意恭後住となす

拶能御座候半、右之段分飯司咄候へハ、中務申候ハ成程大俗ニて世話可致様なく候、然共今迄仕付タト申時ハ、やりましき事也、分飯司御尤之由申、右之趣檢非遠使呼中務申付候由、　右西宮ハ先年津宮村中ニ而建立仕処ニ、無間遠御修覆故御手之付候迄ニ、赤ク塗候而差置候由、

一、十月九日、一ノ分目村堺明神神主之由官途遣、▨《シノ》(篠)塚式部名ヲ付遣ス、

一、十月九日、宮之助來り逢度由申、不快故不逢、風聞テハ新福寺・金剛寶寺・龍光院呉見にて香取立退申度春中之願相止、此節悴杢之助押出し候も戻し候由、十日、江戸へ出候由、手前へ無沙汰、

○一、十月十三日、中務出府之由分飯司方へ伊織來り、中務口上ニハ此度惣檢校・角案主大祭中務宅ニ而相勤候様ニ被仰付候由被仰下候間、御礼ニ致出府候、無申迄候得共、跡之義御賴申候ト出足之跡ニて申來ル、
右井上河内(正之)様御掛ニ而被仰付候由、本土岐丹後(賴念)様御掛之処御役替故、
右訳ハ十月六日御内寄合へ惣檢校番代賴母被召出、願之筋難▨▨(立候)候、大宮司宅ニ而勤候様ニ被仰付候由傳承ル、

一、十月十六日、監物妻郷歸ニ江戸へ遣、曲渕隼人(景忠)伯母四百石、
去ル八月三日呼取、年寄不相應ニ付離別ス、

一、十月廿日、錄司代來り、昨夜神前玉垣之內ニ、日外之(失候)繪馬ニ掛候脇差有之候由申來ル、挨拶、一段之事本之通ニ致置候様ニと申付ル、

〔十一月〕

一、十一月六日、長吉寺無住ニ付、八筋川村宝藏寺弟子意恭後住ニ度ゝ相願申候、今日六日ニも願ニ來候、尤意恭も連立來候、監物對ス、願書出ス、左之通、

以書付御願申上候事

此度御當地長吉寺無住ニ付、拙僧弟子意恭慥成者にて御座候ニ付、後住ニ奉願候、本寺惣持院江も內談仕候處ニ何之相違も無御座候、尤意恭長吉寺ニ被仰付候上ニ而、万一不屆之儀も御座候ハヽ、拙僧江可被仰聞候、其節罷成如何様ニ茂御差圖次第ニ取計可申候、右願之通り被仰付被下候様ニ奉願候、以上、

享保十五庚戌年十一月　　八筋川村　宝藏寺　惠律

香取大祢宜様
御役人衆中

*角案主大祭入用帳面持参

長吉寺意恭入院

*数年の間風折等夥し長吉寺住職の件

右願、分飯司(伊藤求馬)を以宝藏寺方江其許被願候事故、慥ニ存候、成程願之通相違無之候、勝手ニ入院爲致候樣ニと申聞候、尤其節意恭ニも書付入申候、入院之日限之義ハ、勝手次第ニ前日ニ爲知候樣ニ、此方ゟ役人をも遣可申候、掃除《チ》抔をも可申付候、夫ゟ監物も出合申入候、宝藏寺難有之由申候、同日十二日ニ入院仕度旨申歸候、

十一月十二日、長吉寺意恭入院ス、年番平馬幷清右(額賀)衛門罷越出來合抔申付取持ス、寺附之諸道具も帳面を以相渡ス、　同日、監物方へ寶幢院同道ニ而見舞ニ長吉寺來ル、カマス・樽・扇子箱、持參ス、

覺

今度長吉寺住職之義、拙僧ニ被仰付難有奉存候、長吉寺寺之義ハ、御先祖御開基寺内御領分内、其上御知行之内か井田田五百五拾目俵數ニ〆七俵九舛被下置候事ニ候得ハ、此上何事ニ而も御意違背仕間敷候、尤時々之礼式抔急度相勤可申候、且寺內之竹木之義、少木ニ而も私ニ伐採申間敷候、御意次第ニ可仕候、以上、

享保十五庚戌年十一月十二日　長吉寺 意恭印

大祢宜樣御內
伊藤求馬殿

右之案文意恭写歸ル、

一、霜月十六日、角案主大祭入用帳面持參、金子をも請取度旨申候、尤之由申聞ル、又十八日帳面取ニ來候、挨拶、此方ニ差出候而宜可有之候、それ共入用候ハヽ写可遣候、帳面ヲ御覽思召承度旨申候間、定而中務ゟ左右可有之候、帳面ニ無相違入用請取度之趣ヲ承ニ來ル也、

一、十一月廿五日、番頭來ル、秋中宮林ノ內風折根かへり御神用ニ遣候へハ、多ハ殘り無之候、然共拂木ニ可仕候哉、又玉籬之內へ入御神用ノ爲ニ可致候哉、中務殿(香取)江も參候処、何レニも相談次第いか樣ニもと被申候、監物(香取)申候ハ、數年之間風折抔夥敷事、然共今一本ニても見へ不申候、然ハ今迄之通ニ又此度も紛失可致候と存、此度之風折拂木ニ致可然之由申候得共、段々御神用ニ遣能木も多無之候由如何樣ニも皆ノ相談次第ニ致候樣ニと申聞候、(マヽ)宮之助(國分孫之進)申候ハ、前方金剛寶寺願有之候、其後私金剛へ參無用ニ被致候樣ニ、段々申候へハ、左候ハヽ門ノ土臺・へいの屋祢板、少しも申請度旨申候、監物申候ハ、左候ハヽ木ノ一本か二本之事ニて節木ニても可然候、

他之者か貰候共、遣可申候事ニて候、殊ニ御修覆之所事ニて候間遣候が可然候、副祝(今泉采女)申候ハ只今迄神木拂附不申候間、やはり用木ニ取、玉籬之内へ入置候が可然候、随分當番心ヲ付候様ニ宮之助申候ハ、夫も番人之内大勢之事故取可申候、他之者ハ取申間敷候、左候へハ、誰か番ニ僉儀ニ逢可申も難計迷惑成事、全ニ〆置候へハ一ケ度之御用ニ立候、他所へ拂木ニ遣不浄ニ被遣候も氣毒抔申者も有之候、彼是相談極り不申退出、

木見立金剛寶寺見分る由木帳に記す

同廿六日、又番頭出、分飯司も出木見立、金剛宝寺其外へ木渡候、見分ル由木帳ニ記ス、

十一月廿八日、番頭立合御用ニ成ソウ成二間ツヽニ切、玉籬之内へ寄置可申之由相談極ル、不拂つもり廿八日ゟ右之木木挽ニ切セル、拂木ノ分ハ、宮林之内大成松木前方たおれ廻り、朽中ノ眞計用ニ立木三本御舟山ニて根かへり松十一本、又見社たおれ松貳本、右入札金三分・錢八百文ニて落ル、

廿八日、國行事奥宮ニて風折本ヲ御用木ニ取、末をは取附候ニ付取《トリ》度旨申候、尤度々取附候間、奥宮ノ枚取申度旨願申候、監物申聞候ハ取附候事、此方ニ覺無之候、其段ハ同心難成候、若神用ニ付もらい申度旨申候ハヽ、夫ハ相談次第と申聞候、國行事申越候ハ取附候と申候ハ、私不調法ニ而御座候、御用ニ不立末木正事又見祭礼相勤申候、神具ニ仕度候間もらい申度旨申候、番頭も右之段一同ニ願候由申來候、

同日、宮之助も正事又見ノ神事神具ニ切貰ニても有之候ハヽ、貰申度旨、一兩度も申候由、

*角案主祭入用帳面修理料役人へ遣す

一、同月廿八日、角案主祭入用帳面持參、是ハ去ル十六日修理料役人へハ名〔銘〕々ニ一帳ツヽ遣候様ニ致可然候、印形ヲ仕納可然候、それ共中務夫ニも及間敷旨申候ハヽ、印形なし候も、右之通致候ハヽ可然と申候、夫故か廿八日ニ帳面持參、尤印形ナシ請取、

〔十二月〕

*大戸式部相果て子も相果つ

一、十二月朔日、大戸式部(香取)樽持參、治部か子ノ文次郎召連ル、留主ニ而不逢、右式部▒義ハ、先式部相果子も相果、今日來候ハ、神主内記次男之由、

*宮林御用に立つ

*木代金三分貳朱落札

一、十二月三日、宮林御用ニ立候木切玉籬之内ニ入來、木拂代金三分貳朱落札、枚壹本船木ニ拂、古屋敷根かへり、金壹兩ト四百文ノ落札、此日も番頭・兩代官も

*角案主祭入用金渡す

中務御修理料金願ふ

*御宮御修覆入用勘定相濟まず

金剛寶寺より修覆の金子請取

中務宅へ寄合

金剛寶寺本堂以下葺替

神前へ出ル、拂木ノ代三口、〆貳兩貳分貳朱・壹貫
貳百文、此内酒代引、

一、十二月三日、香取中務方ゟ口上使喜平次、取次淸右衞門(額賀)、口上有り、御修理料金願有之候、明後日五日宴許へ御出被成候様ニ申來ル、　返事、時ノ口上、修理料金願ニ付、明後五日參候様ニ被仰付御尤ニ而御座候、

一、同日右金剛寶寺ゟ供僧圓壽院を以修覆ノ金子請取旨申越候、　返事、中務年番故、左右可有之と相談候得共、未沙汰無之候、定而中務へも可被申遣候間、近〻左右可有之候由申遣ス、晝時申遣候、中務ゟハ暮六時申來ル、前後、

一、十二月五日、中務宅江寄合、金剛寶寺呼、金子渡請取四本認、印形取、

覺

一、本堂・愛染堂・鐘樓幷門葺替爲入用御修理料金之内三拾兩願之通り御渡シ、慥ニ請取申候、爲念如此ニ御座候、以上、

享保拾五年戌極月　　金剛寶寺印

御修理料

御役人中

一、同日、角案主祭入用金相渡ス、
金七兩壹分・壹貫貳百三拾六文、權八ニ相渡請取なしニ、

同日、此度御宮御修覆入用勘定不相濟候ニ付、明日と相延ル、

一、十二月六日、寄合、　一、金貳兩三分ト七百八拾九文、神前疊糸原へり手間・諸色入用、　一、三貫七百八拾六文、　神前行器三拾・酒桶二ツ・半切一ツ、新ニ出來、但手間代たか竹、　一、金貳分貳朱、大工ノ手間、

一、壹分・六百七十文、木挽手間、　一、三拾六文、御勘定ノ節紙代、

一、五百四十七文、釘ノ代神前繕普請入用、　一、貳貫六百四十八文、疊屋・桶屋・大工・木挽木錢也、　一、四十文、繩ノ代、

一、壹兩貳分・六百九十五文、神樂所大鼓張替幷江戸飛脚代共入用、

一、金壹分・三百文、神樂所ひさし繕普請入用、五日・六日兩日出金、惣〆四拾四兩貳朱分貳朱・三百

*惣持院後住鹿戸妙幢院に申付くは違變
相場壹兩に五貫貳百文替
兵衛大夫職文三郎方へ神樂所へ差出す
*何れにも御意次第
宮之介來る
*丹後妻病死
*領內普請鳴物等停止
*宮中普請相止む

四文、
右別帳ニ記有之、　相場壹兩ニ五貫貳百文かへ、（直段ニて勘定、）
但シ右勘定之内ニハ時ノ□□□三拾文ツヽノ違有リ、
同日、兵衛大夫職文三郎方へ神樂所江差出シ、朽相見へ候、其分差置候ハヽ、追付朽可申候、入用つもらセ壹分・三百文遣ス、右ニ記ス、尤中務へ相談、尤之由ニ而立合之節申付ル、木をは入用程つもり請取候樣ニ申付ル、
一、十二月十二日、宮之助來り、前方私願申上候儀、御前ニ而御承引無之ニ付、願相止相留り申候、とう〳〵可申上候得共、彼是仕延引仕候、　右一件ハ、當春中職分賣渡度願、中務ハ無相遠と申訳前ニ記、尤手前承引難成訳少〻物語ス、其口上之内ニ其樣ニとゝまり候樣ニ出來可申と存候ハヽ、あれほとノ心遣ハ致間敷候ニ中務ハ無相遠、自分壹人得心不致候ハヽ、定而甚不足ニ可被存、然レハ自分之事ニも無之事只役目ニ掛り候事、然共從公儀御僉儀有之候上ハ、自分役《ヤク》目立不申身上ノ破滅之沙汰、其元ハ自分抔ニ請負セ、何ノたゝり無之候、又致同心候上ニて從上御沙汰有之候節ハ、中務ハ前〻左樣之例有之候へハ、上手者ニて貫道可有之候、既ニ去年惣持院後住鹿戸妙幢院ニ後住申付違變也、又中務ハ致用《心》承候処、監物如何ニて御同心と御尋有之候節ハ、御呵ニ逢可申候、其節ハケ樣〳〵之訳ニ而內證ニて尤と難申候御意ニて候へハ、宮之助願之通被仰付候へハ、親類之義故難有、又不被仰付候へハ、社法相立候へハ難有と、何レニも御上ノ御意次第難レ有と申候、取寄とかく心底ニ呑込不申候事故、尤と不被申候、仍之春中ノ挨拶いたし候、右之通挨拶いたし不足ヲ請候も氣毒ニ候へとも、右之訳無是非と致覺〔悟〕後、及挨拶候抔と色〻咄ニいたし候、
一、十二月十六日、（中務丹後妻病死之）大宮司母▨由承候間清右衛門使、口上、使悔申遣、夜前十五日之夜、不幸之由尤手前領內普請、其外鳴物抔不致候樣ニ申付ル、尤此節孫太郎分飯司文三郎、其外屋祢葺掛り候へとも、相止させ申候、去年六月三日、丹波▨七十五ニ而病死、今中務母も七十五歳ニ而病死、十六日晩方伊織（小林）方ゟ分飯司迄使遣由承候へハ、宮中普請相止候由、押詰候事ニも候間、普請不止候樣ニ、御仲間へ御通達と申來候由、分飯司申候ハ、從旦那被申付鳴物法度申付候、成程中間へも可

*御修理料より米出覺

中務忌中如何の相談

*大戸禰宜山城來る

*八歳の子に何年過に式部家督相渡す

申聞候、急度三日と申付候ニも無之候、先三日ノつもり三日目ニ類焼之者ハ冑掛候、屋祢ヲ冑大工抔ハ三日相止ル、

一、十二月廿一日、宮之助(國分孫之進)・物申(香取主計)呼談候ハ、明日返納致筈ニ候処、中務忌中如何いたし可然候哉、中務金箱出シ申間敷候、此方三人も若万一分失〔紛〕も有之候時ハ、三人之無調法ニ成候訳ニ候へハ、遠慮可致道理ニ而候、如何及相談候処、宮之助・物申申候ハ、たとへ宮下ニ而返納可然と被申候共、遠慮可致筋ニ而、又宮下ニても二封有之ヲ一封入候様ニ可被致と被思間敷ニも無之、其様か念ニて候、とかく相談、物申悴右近出候間、右近玄番〔蕃、下同ジ〕方迄参相談いたし候ハヽ可然、宮下ハ忌中之事ニも候間、愁ニしづミ被居候事故と、右近玄番方迄相遠〔談〕ニ參ル、玄番も忌中也、子伊織ハ服ニ而居候、明日之返納御忌中ニ而候へハ、宮中へ被呼參候処、互ニ金銀之事故金箱ヲ開、出入遠慮ニも候間忌中御明候節迄相延シ候而ハ、如何と相談之趣、右近參及相談候処、伊織中務へ申聞ル、中務申候ハ被入御念候、返納之事被仰付候、御相談ニ而候ハヽ、何分ニも御相談次第ニ御計可被成候由申來ル、

同日、御修理料ゟ米出覺、

貳拾貳俵壹斗七舛貳合　右ハ角案主祭料ニ渡ス、

貳俵　餅米

壹俵壹斗三舛　酒米

貳俵三斗貳舛　御供米

壹俵五舛　飯料

〆六俵貳斗貳舛　右ハ惣検校祭神御出支度ニ渡ス、

壹俵壹斗貳舛　右ハ御燈代ニ渡ス、

三口、〆三拾俵壹斗三舛貳合　右之通米出ス、

一、十二月廿四日、大戸祢宜山城來ル、日外御沙汰有之、神主次男式部跡へ入り申候処、式部ハ(八歳、三次郎孫、)去年式部相果候不申、存生之内引取養子ニ致候由、其親類共申候、仍而右八歳之子ニ何年過式部(香取)家督相渡可申由申候ニ付、左候ハヽ、其通證文致候様ニ申候処、證文成間敷由申候、此段御居申上候、監物申候ハ、中務方へも申候哉、成程參候へハ、當分忌中之事、早速ノ挨拶ニ難及候、春中之事ニ致候様ニと申候由、監物申候ハ聞置ケト云、一通成程聞置候、山城申候ハ、此間社家共中ニ入證文可爲致候、證文之內恒例・臨時ノ祭礼御差圖ヲ受、可相勤ノ案紙御貫被下様ニ

*黒田豊前守へ罷出づ

*井上河内守へ罷出づ

*水戸様へ御機嫌伺ひ

申候、それハ成間敷候由申候、監物申候ハ、是ハ差圖ニ無之、内證咄、右三次郎何職ニ成候ハヽ、式部跡職相渡可申と申、證文計ニて可然候、祭礼之節ハ、いやなから差圖受不申候ハヽ、勤り申間敷候、其節差圖受不申候ハヽ、其節急度致候が能可有之候、是ハ内咄ニて候、成程御尤罷歸、親とも談可申候、山城申候ハ、右之訳も不相濟、正月内陳へ入可申候と申候ニ付、難義仕候、おさへても聞申間敷喧吪ホハ成間敷と申候、監咄未式部〔跡脱カ〕職不極内ニ其様ニ入候と申候ハ、らうセき急度致候道理、尤祭礼之節社役之義、此方差圖次第ニ致候様ニ、無左候而ハ難成之由、口上ニて申聞書付ニハ及間敷抔咄候、

又親宮内名乗替候哉、成程実行と替申候、

又夏中上方吉田ニ而社職勤候と申候哉、山城申候ハ、左様ニハ不申、親社職相勤、部屋住ニて御座候由、次目と被謂候事ハ、官之次目と被存之由申候、

一、十二月廿五日、御禮錢、分飯司方壹貫三百四拾貳文、玄番方八百三文、　二口合貳貫百四拾五文、請取、

一、十二月廿六日、▨御年礼ニ出府、

十二月廿八日、大戸より御礼錢六百文、判官代長次郎持參、

一、十二月廿八日、於江府黒田豊前守（直邦）様江罷出、御機嫌伺、御役人村松官治御年礼御届申上ル、則手札差出ス、切紙ニ而其文、

來ル正月六日、　下總國香取神宮大祢宜　香取監物

獨御禮

獻上、

（徳川吉宗）御本丸様江、

御祓并鳥目壹貫文、

（徳川家重）西御丸様江、

御祓并鳥目壹貫文、

右書付御請取、正月御月番井上河内（正之）様ニ而候、其届候様ニと御申候、同日、河内様江罷出ル、口上――、御役人山脇弥治（周伸）右衛門江御年礼御届申上ル、則右ノ手札差出ス、御請取、

一、十二月廿九日、水戸（鶴千代、後ノ徳川宗翰）様江御機嫌伺ニ出ル、寺社御役人兒玉園（匡救）右衛門江御機嫌伺、夏中御相續御祝義首尾能御濟被爲遊、乍憚奉恐悦候、其砌ハ私病氣故、使者を以御祝義申上候、其節御祝義ヲ拜領仕難有仕合奉存候、御序之砌、御役人中江宜被仰上可被下候、

先達而御書狀御礼申上候故、急度御礼ニ罷上り候樣ニも不申候、且來ル正月例年之通御目見仕度候、兒玉被申候ハ、正月九日四ツ時被出候樣ニと被申候、又以書付年初之御祓差上度由願候ヘハ、御役人被申候ハ、大宮司も不上候、當り障も有之候間、先願御無用ニ可被成候、御沙汰も有之候ハヽ、此方ゟ可申入旨被申候、

享保十五年戌十二月終

香取大祢宜　香取監物實行行年卅九（花押影）
祖父　同讚岐守胤雪七十六
實父　同内膳胤信六十一

惣持院より歳暮の祝儀

一、戌十二月晦日、惣持院より歳暮之爲祝義、使僧午〔牛〕房二把來ル、監物御年礼ニ出府、留主、返礼不致、

（原表紙）
「享保十六辛亥歳正月

日　記

一、十月中宮房屋敷江護广堂引寺之事、

東」（縦二八・三糎、横二〇・二糎）

〔享保十六年正月〕

*年始御禮登義の次第

享保十六辛亥年正月、例年ノ通御神前御祭礼首尾能相勤ル、獻上ノ御祓飛脚二人ニテ二日發足、三日江着ス、

黒田豐前守井上河内守へ年始禮に罷出る

一、正月四日、黒田豐前守（直邦）樣・井上河内守（正之）樣江年始御礼ニ罷出ル、小出樣（英貞）ハ御忌中故不參、旧冬廿七日夜出府、

一、正月五日、井上河内守樣江六日御礼ノ御届ニ出ル、御役人林喜左衞門（次英）、終日雨天、

*水戸樣へ罷上る

一、正月六日、朝六ッ時過御礼ニ出ル、未明より雨天、

兩上樣へ例年の通り獻上物

獻上物例年之通、兩上樣（徳川吉宗・徳川家重）江御同樣御祓井鳥目壹貫文ッヽ木札付、上一寸、下八分、長貳寸八分、名書付御祓臺ニも、是ハ紙ノ下ケ札付ル、下馬ニ而籠ゟ下ル、御祓へ油紙掛ヶからかさ差掛、御玄關迄若黨兩人ニ爲持、御玄關迄げたニてからかさし・そうり取三人召連ル、先鳥目ヲ納メ又出御祓納、御目見四ッ時過、鹿嶋大宮司ハ求馬（羽生）、此日御玄關迄挾箱爲持、勝手能之由、終日北風雨强、御老中松平右京大夫（輝貞）樣・西丸樣御附安藤對馬守（重行）樣・松平左近將監（乗邑）樣・松平伊豆守（信祝）樣・酒井讃岐守（忠音）樣、若老中本田伊豫守（多）（忠統）樣・水野壹岐（忠定）樣・太田備中守（資晴）樣〇西丸樣御付石川近江（總茂）樣〇西御丸樣御附松平能登守（乗賢）樣、寺社御奉行黒田・井上樣、御城相濟、夫ゟ廻ル、風雨難義、御目見ノ御礼申上ル、外樣江ハ年始御祝義申上ル、他日御側御用人加納遠江守殿（久通）・有馬兵庫頭殿（氏倫）、年始御礼勤ル、

御祓ニ寸法、長一尺貳寸、はゝ五寸、こし三寸七分、奉書紙四枚ニて包、水引一把ッヽニて三把ニて結、熨斗包臺上みがき足二重くり、貫物二貫文、木札付ル、

一、正月九日、水戸樣（鶴千代、後ノ徳川宗翰）江罷上ル、御座敷ノ内中程と被存候、御座敷江御通シ、御使被下置、伊藤左市右衞門、小姓頭之由、御口上、中將被申候、御逢可被成候得共、幼少ニ候間、長老へも難成候ニ付、御逢不被成候、ユルリト

*大藏方へ質地の件
*質地出入り
江戸發足
新福寺來る
観音堂屋祢破損の件
惣持院來る
葺替萱津宮村に有り
*金剛寺より使僧來る

有之、御口上寺社役付被出候間、夫へ向難有仕合ニ奉存候段申上ル、其後御家老中山野邊主水正殿（義達）一万石・加藤八郎大夫殿（直寛）被出目出度春ニて候、久敷候而抔ト、彼是御挨拶申上候ハ、只今御使被下置、難有仕合奉存候ト御礼申述ル、出來合ニても參候樣ニと被申候、例之通ニ汁五菜ノ御料理・濃茶御酒ホ例之通、寺社役兒玉園右衞門招伴御座敷罷立、岡崎信濃殿・加藤八郎大夫殿（アキマヽ）御礼ニ廻ル、翌十日、御使被下置、御口上有り、年始爲祝詞ハ越過分ニ存候、爲御返礼使を以申候趣、留主ノ節、旅宿へ被申置、仍而御使ノ名失念、

一、正月廿一日、江戸發足、廿二日、未明歸宅ス、

一、正月廿四日、新福寺來り、観音堂屋祢損候ニ付、寺内ノ杦木拂冑替致度候、御披露申上候、宮下江も申候へハ、堂修覆ノ事故、尤ニて候、宮中江も申候ニと有之候、中務ハ忌中故、▨（小林）玄番〔蕃〕來候故、幸ニ申越候所、右之通返事之由、監物尤之由及挨拶、

一、正月廿六日、惣持院來ル、牛房持參、冑替かや、津宮村ニ有之候、御領分人足ニ而取申度候、被仰付被下候樣ニと願來候、留主故無挨拶、廿九日役人共申付、かやはこび之由、

〔二　月〕

一、二月八日、大細工大藏方（尾形）へ質地之義ニ付、津宮村惣右衞門子彦六御裏判付ル、質地出入也、權之介平馬ニ申付彦六方へ差遣、内證ニて相濟ス、則彦六御裏判請取申候、大藏出府ニ不及之由申之、然共、私扱人數之内津宮新左衞門と申者大藏方ゟ頼出府爲致候由、右訳ハ御料地質地ニ取、右田地之内ニて壹斗ツヽ貳ケ所、毎年上納分ニ彦六方へ可遣約束、尤手形ニも其文言入候処、四・五年分曾而大藏方ゟ不遣申候、尤可遣段大藏彦六方へ申候得共、少計之義と申、彦六請取不申、今度裏判附ル、尤旧冬其沙汰付居有之候段聞及候ニ付、年寄共大藏をも召呼、内證ニて不屈之致方、必春中ニ可成出入旨、立腹致色々申聞候得共、不了簡ニて此方申聞候趣、不用申候ニ付、右之通事共也、九日ニ濟ス、年々ノ上納之分、五兩三分余と彦六勘定いたし申上候、右金之内四兩大藏方ゟ遣相濟、上納之義ハ、向後毎年大藏方ゟ上納可致旨、證文ホ致由、

一、二月十一日、金剛寶寺ゟ使僧根本寺口上、兼々申上

金剛寶寺使僧來る

*大戸神主山口正親親内記病死

*監物子喜五郎後の實香出生す

*三月節句惣持院禮に來る

候、修覆取掛り申候処、御拜ノ処下地殊外朽申候、長木ニ候ハヽ二本程御無心仕度候、庄内取次、返事、御口上之趣承置候、中務方へも右之段被申候樣ニと申遣ス、

二月廿日、金剛寶寺使僧圓壽院來ル、取次庄内、口上、此間願候杦御相談被成被下候樣ニ申來ル、　返事、其内相談致見可申候、

二月廿一日、番頭呼右相談ス、番頭ノ中ゟ中務方へも相談ニ國行事ゆき、以玄番〔蕃、下同ジ〕（小林）承候処、無相違之由何分ニも相談宜樣ニと、中務旧冬母不幸、未忌中、古屋敷ニ木掛り有之、壹尺三寸廻ノ木見立候由、右之木ヲ七間遣候筈ニ番頭相談ス、余リノ木ヲハ二ノ鳥居石垣ノ上ノいかき木ニ可致候由、

一、二月廿日、副祝（今泉采女）來り、兼々願候二ノ鳥居石垣ノ上ノいかき木、此間番頭二・三人ニて見立候由、披露ニ來ル、廿一日ニも右之訳相談有之候、副祝寄進ニ石垣共致ス、右金剛宝寺願木ニ付、國行事（香取左近）玄番方へ番頭・中間ゟ參候節、副祝願をも國行事申候処、是又無相違之由挨拶之由、

二月廿二日、副祝石垣之上ノいかき木請取候由、木帳ニ記、

一、二月晦日、大戸神主山口正親《ヲキミ》方ゟ分飯司（伊藤求馬）悴舍人方へ書狀一筆致啓達候、

其後者久之不得御意候、弥御替儀御届有間敷と珎喜仕事ニ御座候、然者、内記事、先頃与風病氣付、今廿四日ニ相果申候、宜御披露頼入申候、恐惶謹言、

二月晦日　　山口正親 宗忠書判

舍人殿

一、正《ヒヒ》（山口）親親内記病死ニ付、爲届右之通申來ル、使之者可申聞旨申歸シ候由、

〔三　月〕

▲一、三月朔日、朝六時、監物（香取）子喜五郎出生ス、後ニ實香、十五才ノ時改監物、廿五才ノ時改和泉、宝暦五ニ月六日、家督被仰付、同四月廿八日、御目見江故旧例、

一、三月朔日、大戸より節句祝義ニ、下社家來ル、肴二本持參、

一、三月節句、惣持院礼ニ來ル、菓子袋三、持參、爲返礼一樽傳使、口上有り、新福寺ゟ使僧返礼仲間、重ノ内、

一、三月十六日、田冷喜左衞門大祭ノ節、屋敷セまきと

申願候ニ付、年寄共へ申付、間口貳間、裏へ十二・三間、畑道迄増遣ス、旧冬間口十二間壹尺五寸ニ、又此度間口貳間増遣ス、

戊の物成

＊惣檢校當年大祭には仕度金五兩渡す

一、戊ノ御物成▨畑物共拂金九兩三分ト錢壹貫七百四拾文、

享保十六亥年三月廿一日

大宮司(香取中務)

大祢宜(香取監物)印

宮之助(國分孫之進)印

物申(香取主計)　印

封金へ印形、

香取中務方より使

返納金延引

一、三月廿八日、香取中務方ゟ使小林伊織、取次分飯司、口上、私方ノ差合故、返納金致延引候間、近々返納致候而ハ如何可有之哉、其外拂木ノ代金抔も有之候、返事、尤ニて候、來月十日比ノ日限可然と存候、御相違も無之候ハヽ、右之比可然候、右之通申合、年番故宮之助・物申方へも爲知申遣ス、十日差合延引、

釜屋普請

木小屋つき屋普請

一、三月廿九日、釜屋普請ス、貳間壹尺ニ貳間半、木小屋つき屋普請、四間半貳間、

〔四　月〕

＊分飯司拜借願

＊立合返納

＊下社家分飯司數年身上不如意

一、四月十四日、立合返納ス、中務(香取)廿貳兩貳分、監物(香取)拾兩、宮之助(國分孫之進)義ハ、一兩月相延くれ候様ニ、才覺出來不申候由申候ニ付、先其分ニ致候、

去年風折朽木拂木ノ代、古ノ行器拂候代金貳兩三分ト五百廿八文、何も金箱へ入、惣檢校當年大祭ニ付、仕度金五兩渡ス、又副祝釆女(今泉)石垣普請寄進致候ニ付、金子不足ニ付、内證ニ而修覆之事ニも候間、金十五兩拜借いたさせ申候、則請取取箱ノ内へ入、尤拜借願ニ付、四・五年之内返納可致由、妙塔院塔之修覆願候ニ付、則妙塔院呼、金剛寶寺ニ屋祢や居候間、つもらセ見セ候様ニ申付、則つもらセ候処、修覆ニ致こけらニ致、廿壹兩ニて候、諸色請取可申候由、外ニ足代代(衍カ)八兩ト申事、仍之年番ニも候ニ付、監物方ニて屋祢や呼、とくと聞合見候様ニと、中務申事尤之由申、

去暮勘定之節、去戌年夏成ニて錢不足ニ付、三百中務文取趣、今日右三百文相拂、

一、四月十九日、分飯司(伊藤求馬)拜借願、副祝頼相願候由、仍之願書認ル、

乍恐以書付奉願候

當宮下社家分飯司与申候者、數年身上不如意ニ御

子の年より亥の暮迄十二年賦返納

*御本社御後も損亡

座候處、當年別而困窮仕候、依之御修理料金之內、拾五兩拜借爲仕社職相續候樣ニ仕度奉存候、尤金高吟味仕申上候儀ニ御座候間、神用等差支申義無御座候、返納之儀ハ、來子ノ年ゟ亥ノ暮迄十二年賦ニ、急度返納爲仕可申候、右之通被爲仰付被下候者、難有奉存候、以上、

享保十六年亥四月

下總國香取神宮
物申祝(香取主計)印
宮之介印
大祢宜(香取監物)印
大宮司(香取中務)印

寺社
御奉行所

妙塔院願の塔の修覆

一、妙塔院願ノ塔ノ修覆屋祢屋ニつもらセ致吟味書付爲出、一切請取金廿壹兩、足代入用・鳶二人三兩、・杦丸太百三十本、・竹六七寸三百本、・かすかへ二百挺、・繩、代壹分、右書付モ四月十九日中務方江遣、中務申越候ハ御吟味ニ而御つもらセ候上ハ、成程此通ニ而可被仰付候、屋祢屋市右衞門人足ハ、此方より出シ候、

*副祝釆女江戸より帰る

一、四月晦日、宮之助・物申祝・伊織(小林)中務名代ニ遣ス、右ハ廿九日求馬ヲ中務方へ遣ス、口上、此間塔修覆之義、宮之助參り、明日抔屋祢や呼申付候ハヽ可然之由申候、弥御相違無之候ハヽ、誰ヲ明日御遣候而ハ如何と申遣候、返事、成程無相違候、明日誰か遣可申候由申來ル、右訳ハ前日宮之助參候間修覆之訳談、宮之助申候ハ、左候ハヽ、近日宮下へ參、御物語可申候由、其後宮之助參、御咄之趣、宮下へ參咄候へハ、成程近々申付候ハヽ、可然之由尤右之段ノ▨▨御咄申候樣ニと有之候、又御本社御後モ殊外損候、是をも御相談申候處、それもつもらセ見候而可然之由被申候と、宮之助申候、晦日四人立合、監物宅中務ハ服中故、名代伊織、屋祢や市右衞門呼出候吟味ノ上、前日申候通、塔之儀廿一兩ニて一セき相渡ス、又足代ノ竹木吟味之上、貳兩壹分ニて与平次ニ申付ル、御本社後ロ損候処、及見分候処、殊外朽つきやく迄手入候程、仍之後通り皆ふきかへ候相談ニて、則右修覆も市右衞門ニ申付ル、是ハ吟味之上入細工ニ極ル、右御相談伊織を以、兩度迄中務胸聞ニ遣候処、尤無相違之由、仍之屋祢屋ニ申付ル、

*鹿嶋香取の修理料拜借例なし

一、四月晦日、副祝釆女江戸ゟ歸ル、御月番井上河内(正之)樣江罷出、求馬(伊藤)拜借願仕候処、御役人松嶋久兵衞(茂雅)を以被仰渡候ハ、添翰無之候間、致添翰候樣ニ、此方ニ鹿嶋・香取ノ修理料拜借之例無之候間、何ノ年何方

*分飯司出府

*下社家分飯司修理料金拜借願ひ

五月節句惣持院不快につき使僧來る

*井上河内守へ出づ

へ相願候と申訳御尋之由、右之段も添輸ニ認出候様ニと被仰渡候由、仍之采女申候ハ、左候ハヽ願人求馬ヲ御願ニ差上候而ハ、如何と申上候へハ、誰ニても先例さへ有之候へハ能候、添輸致持參候様ニと被仰渡、御取上ケ無之候由、則分飯司中務方へも右之段爲知候処、其内添輸持參相願候而、可然之由申候由、御役人右之通被申候ハヽ、自身出府願可然之由申候由、

〔五月〕

一、五月節句、惣持院不快ニ付、使僧來ル、茶二袋、返礼仲間使、▨粽、

一、五月十日、中務方(香取)江宮之助(國分孫之進)・物申ㇾ分飯司(伊藤求馬)(マヽ)出ス、屋監物(香取)不快ニ付、祢や市郎右衛門ニ手金拾兩渡ス、請人取請取取、此間二日監物宅へ宮之助・物申・伊織(香取主計)(小林)來り、中務忌中故、御宮御後ノくれ木調ニ江戸へ誰登セ候相談ス、今日ノ相談ニハくれ木調候ニハ、大分金子入可申候間、先風折木ノ神木ニ而可然之由申來、尤之由申之、仍之江戸へ調ニ登候者相止、分飯司拜借金、添輸諸書ノ相談ス、

一、五月十三日、分飯司出府、

乍恐以書付申上候御事

下總國香取神宮下社家分飯司伊藤求馬、此度御修理料金之內、拜借奉願候、右拜借之義、先例茂有之、則去年二月中も當宮下社家錄司代と申候者、拜借奉願候ニ付、香取中務御年頭ニ出府仕候砌、右御願、土岐丹後守様(頼稔)江奉願、願之通被爲仰付候、此度右求馬義、爲御願差上ケ申候、御取上願之通被爲仰付被下候者、難有可奉存候、以上、

此書付ニて不濟ニ而又改ル、印消、

享保十六辛亥年五月

下總國香取神宮

大祢宜

香取監物印

大宮司

香取中務印

寺社

御奉行所

先達而ノ願書も此度一所ニ井上河内守様(正之)江出候、了簡ニ而致持參、

一、五月九日、日付前後、新福寺・金剛寶寺來申候、宮之助ニ被相頼參候、去年中養子致立退申度旨、御願申候、無御承引ニ付延引仕候、然共、勝手至極困窮仕、此度ハ悴宮之助と一同ニ相願候由、仍之御承引被下候様ニと申訳願之通、御得心被下候様ニとの事ニて候、彼是へ談シ、其内致了簡見可申候由及挨拶候、

職分賣買の譯

委細ハ去年ノ日記ニ有之趣、同事金子持參之養子ヲ致、宮之助義ハ、悴兩人召連立退度願、尤養子持參ノ金子持立退度訳、職分賣買之訳也、右多增ヘ養子ハ、誰致候哉と尋候得共、其段ハ未極候由宮之助申候由不埒之至、

中務親丹波去々年病死

一、五月中、大宮司領分治左衞門屋敷ニ中務親丹波致隱居居候処、去〻年病死、右居宅拂之沙汰有之候処、戸牧香春院あいたいニて候、右隱居取替之由、隱居屋之下ノ小畑一枚・長部之山一枚添、戸牧ノ寺内・寺共ニ取替之由、尤此方ニも曾而無沙汰、是ハ戸牧はなれ寺ニて住持壹人ニてハ、居住致にくゝ候ニ付、願取替之由、無左候ヘハ、寺一ケ寺ノ寺內・境內、從古來有來候寺地、又隱居宅ハ廣〻樣成事也、可取替筈無之候ヘ共、壹人ニてすまい致にくき晝夜徒然之由いたセ由、

一、五月十六日、此間四・五日降つゝき、御手洗坂返田（押領）神（使）主屋敷十間余道ヘひやく折、又下ノ井道ヘ權九郎屋敷ひやく折出か使後松二本二尺廻ト其內、根かへり、

伊藤求馬江戸より歸る

一、五月十九日、求馬（伊藤）江戸ゟ歸ル、井上河內樣江十六日ニ罷出候処、書付致方能無之候、釆女ニ返〻申遣候処、其段不申と聞ヘ候、あの樣成者、重而不遣候が能候と立腹有之由、前方ノハ何年賦ニ願相叶申候段申遣候由、

*分飯司修理料金十五両拝借願ひ

五月廿二日、又出府ス、

乍恐以書付申上候御事

下總國香取神宮下社家分飯司伊藤求馬、此度御修理料金之內拾五兩拜借奉願候、右拜借之儀、先例茂有之、當宮下社家宮之介と申者百兩拜借、享保七年寅六月牧野因幡守（英成）樣江香取監物十年賦ニ奉願、願之通被爲仰付、右拜借、其後返納之儀、土岐丹（賴稔）後守樣ニ而貳拾年賦ニ被爲仰付候、去年二月中茂下社家錄司代と申者拜借奉願候ニ付、香取中務御年頭ニ出府仕候砌、右御願土岐丹後守樣江奉願、

*亥の暮より戌年暮迄十二年賦返納

當亥ノ暮より戌年暮迄、十二年賦ニ返納仕候樣ニ願之通被爲仰付候、此度右求馬（伊藤）義、爲御願差上ケ申候、右之通十二年賦ニ被爲仰付被下候者、難有可奉存候、以上、

享保十六辛亥年五月

下總國香取神宮
大祢宜　香取監物印

大宮司　香取中務印

寺社御奉行所

一、五月廿二日、金剛寶寺・新福寺來り、宮之介願、又

職分の賣買の譯

參候由、監物申候ハ職分賣買ノ訳ニ致候ヘハ、社法之乱身上不成候者ハ、人〻ニ是ヲ手本可致候、後世ニ放而も無筋者も如此事致置候故、今決此社法之衰、彼是後世之者共ニ被致候も氣毒、又承引致間敷存候ハヽ、譬御奉行所ゟ宮之助願之通致候樣ニと被仰付候而も、後代迄社法之衰如此くと申上、それニ而も右之通御意ニ而候ハヽ、左候ハヽ、私共職分被召放、如何樣共被爲仰付可被下候、當職相勤罷在、後代迄社法ノ衰微成義致置候事難仕と申上候ハヽ、御尤ニ可被思召と存候、併今ニ成跡江も之江も不參訳ニ候間、外之事ハ無是非候、本宮之助職從公儀被仰付候間、一通ノ御屆相濟候上ニて無之候ヘハ、成程と申挨拶難致心底ニて候段、是ハ御兩寺御屆被申候ハ、內證ニて候、右之段ノ御挨拶可被成候、其外咄候事ハ時〻內證咄、何も不被申候ガ能候段申聞候、前ニも記候ヘ共、子共男子兩人、殊ニ李之助ハ妻ヲ引取、彼是ノ訳也、

〔六　月〕

六月二日、宮之助(國分孫之進)來り申候ハ、先日兩寺賴申上候事、御得心之旨大慶仕候、差合有之御礼遲リ申候、監物(香取)申候ハ、其節之訳、定而具ニ可被聞と存候、委細承候、監物申候ハ、其節兩寺ヘ申候ハ、たとへ從御奉行所宮之助願之通ニ心得候樣ニと被仰渡候共、私共ヘ一社ヲ御預被差置候上ハ、社法ノ宜方こそ奉願候、少ニても減候儀ハ難義仕候、後世迄社法不爲ニ成候事、仕置候而ハ迷惑仕候、彼是申上間敷筋ニも無之と事ニよりては、右之通申上間敷物ニも無之と、去年中抔ハ存候ヘ共、此度ハ無是非候、其樣成事ニも何も其通リニ致、然共、上ゟ被仰付候職分故、一通御屆不相濟候間ハ、成程と難申候段申候ヘハ、宮之助成程左樣之趣承知仕候、尤兩寺ヘ如何樣ニ御挨拶被成被下候哉と尋候ニ付、右之通リ申聞候、宮之助申候ハ、左候ハヽ、其內分飯司(伊藤求馬)を以御願可申上候哉、監物申候ハ、其段ハ差圖難成候、中務方ヘハ此度ハ不被申候哉、宮之助此度ハ不申候、宮下ヘも思召之段可申候哉、監物申候ハ、それも差圖難成候、兩寺先日內證ニて心底聞度と有之趣ニて來候間、內證ニて心底之趣談候已而ニて候、又宮之助申候ハ、私願ニ付、書付ホノ思召も御座候哉、監物申候ハ、何之存寄も無之候、

*中務方より口上使

一、六月三日、中務方(香取)ゟ口上使、源藏、幸八事、(中務弟)去月十七

日相果候由、従銚子申來候、聞忌之御座候事故爲御知申候、御笑止ニ存候趣返事ス、従此方使孫太郎、悔ニ使遣、此幸八事ハ、去ゝ年酉六月三日中務父丹波病死以後勘當ス、病中ニハ看病スルノ由、兼ゝ人柄惡敷由、鹿嶋近所ノ飯嶋と云処ニて醫師致居候由、行年卅九卒、

中務弟幸八は父丹羽病死以後勘當す

一、六月四日、宮之助・物申・分飯司・玄番(蕃)出、神前屋祢や宿之者入札爲致、宮下平五郎(小林)と申者壹人ニ付、四十二錢ニて、宿可致之由、入札落候由、小屋も來ル七日ニかみ可申之由ノ相談之由、其後相對ニて塙祝宿致候由、

神前屋禰屋宿の者入札

＊内陣他人入り難し

一、六月廿一日、屋祢や細工始致度由候、御酒二舛・米壹舛・鳥目貳百文出ス、

屋禰屋細工始

一、六月廿三日ゟ屋祢や細工ニ掛ル、

一、六月廿四日、御修理料金四両三分ト錢壹貫百六拾三文出ス、此日舎人出ス、宮之助・物申出ル、金箱ノ封金ノ封印致遣ス、

御修理料金四両三分と錢出す

〔七　月〕

一、七月朔日、香取中務方へ使伊藤舎人、取次小林伊織、口上、屋祢や御普請遅延申候、明日抔御遷宮ヲ御願

＊慶長十二年の權現樣造營

申候由申來候思召承度旨申候、　返事、成程尤ニて候、伊織(小林)・舎人(伊藤)相談ニて惣社家へ觸遣ス、其外用意ス、

七月二日、國行事左近(香取)呼、相尋候ハ晩程迁宮ニ付、大宮司名代ニ宮之助(國分孫之進)不快ニ付、其方被勤候由聞候、内陣へ入勤候事ニ候哉と尋候処、左近申候ハ被相頼名代可相勤之由、絜(潔)濟をも宮下へ參仕候、中務服故不被逢候故、未左樣之事も不承候、監物(香取)申候ハ、内陣へ名代入候つもりニて候哉、聞合候ハヽ能可有之候、享保二酉年出入節ハ、決而他ノ者入付不申候ニ付、入候事難成由申候、上より之被仰付ニ候へハ遠背難成、然共名代之者、内陣へ入候樣ニ成候而ハ、向後此方も五度ニも誰ニても名代ニ入、大神主・四郎神主迄も名代ニて、内陣へ入候樣ニ、自ラ成行候、惣而重キ事ニ名代と云ハ、難成事之由、御年礼抔も名代ニてハ相濟不申候、大切之深秘ニ候間誰もかも入候樣ニ成行候而ハ、御威光うすく氣毒千万、古慶長十二年之　權現樣(徳川家康)御造營之節ハ、誰も恐候而迁宮之節、内陣へ入者なきニ付、其節之御普請御奉行中野七藏殿御取持御願ニ而、御勘氣之大祢宜貴宗歸參

權禰宜は往古より大禰宜差合ある時に入來る

宮之介本復迄相延ばすか

*昔と違ひ御威光も薄し

被仰付、迁宮相勤候由、尤名代ニて入候様ニ出來候へハ、此上致《シ》能事ニてハ有之候、五度之祭礼ニも權祢宜差合候時ハ、誰ニても名代ニ入候様ニ成申候、權祢宜ハ、從往古大祢宜差合有之時ハ入來り申候、其外之者ハ壹人ニ而も他之者入不申候、然共、大切之内陳江乱りニ皆〻入候様ニ成候へハ、無勿體《タイ》事ニて候、中務可入と申存寄ニ候哉、又無左存寄ニ候哉、參承候様ニ致可然之旨談候、則國行事往歸り名代ニて入來り候例無之候訳、段〻申候へハ、尤ニてハ候得共、内陣へ名代入神輿遠クテ成共、弥致させ可申候、それか惡敷候ハヽ、宮之助本腹〔復〕迄相延候か能候と被申候由、監物ゟ一足入も十足入も入候処ハ同シ、又宮之助も國行事(香取左近)も名代ニ今度入付ぬ処へ、始テ入候事ハ同事也、宮之助入來候事ニ候間と申候事なれハ、尤ナレ𪜈國行事も宮之助も無替事同事也、無是非事也、

同日、晝時權祢宜(香取式部)・物申(香取主計)・國行事・副祝(今泉采女)・錄司代召呼來ル、宮之助ハ不快之由不來、監物出逢談候ハ、御普請ニ付、屋祢や願ニ付、今晩ノ夜迁宮致相談勤候筈、然處、中務名代左近勤候由承候ニ付、先剋左近

呼談候へハ、左近宮下へ往聞來り申候ハ、内陣へ入御輿ノ遠ニて拜越候様ニそれニて無之ハ宮之助本腹迄相待候様ニト有之事也、然レハ此度名代として入付不申者、始テ入候へハ、向後小長手增口抔ノ様成内證ニても名代差出候様ニ成行可申候、宮之助之國行事之ト云ても替事ナシ、入付さる処ハ同事也、皆〻内陣へ入候様ニ出來候へハ、差合抔ノ有之候節誰ニても致能ハ有之候へ共、入レ候故内陣乱氣《毒》成事也、仍之一通無事とおさへ申遣、公儀之御意次第も申出間敷ニも無之候得共、自分殊外元氣弱諸事事六ケ敷思候ニ付、其外ニ可致と存候、然共余り氣毒ニ存故、一通り皆へ談候而置可申候と思呼ニ遣候、從公儀被仰付候人ニ候へハ、如何様申分無之候、入付不申者、新法ニ今夜ゟ入初候事ニ成候故、氣毒ニ思爲知候、昔と遠御威光もうすく成候と覺候、大宮司新之介ハ忍テ内陣へ入、其年家ノ内へかべ土ノ様成土、何國共なく降後ハもつこニて捨候、其年相果、其後美作(香取)是も忍入無間も御追放、然レハ自分抔ハ恐入事也、職役ニて内陣勤致候へ共、物事不足不淨ニ可有之と存、又ハ謹ノ程、彼是致了簡每度恐入事也、彼是談シ皆ノ了簡挨拶聞ニ呼候元ハ無

中務社法御威光の減ずるは氣の毒に存ず

*鎮座動座兩加持大宮司大禰宜外に勤むる者なし

御威光減ずるは力に及ばず

*供物は庭上惣神官頂戴

*番頭神前へ立合ひ

*下社家伊藤求馬不勝手につき修理料金の内十五兩拝借

之候、右之段一通咄置計也、自分一人筈ニ存、一人之御宮ニあらす、中務社法御威光之減候事ハ無申迄氣毒ニ可存事、又皆も同事也、一人之筈ニ致筈ニて無之候、去ゝ年惣持院沙汰抔ハ是非共と存候得共、右之儀ハ氣力無之候へハ、其分ニ存候、如何様ニ御威光減候共、力ニ不及候抔ト談候、番頭申候ハ御尤之事ニて候、御咄ヲ承候而ハ、其分ニ被居も不仕候、宮下へ參、私共中作ニて一通申見可申候由申、先監物申候ハ、それハ此方ゟ差圖不致候、此方ハ無是非之間、誰ヲ入候共、此方ハ此方ノ勤候通ニ勤候覺語(悟)也、(マヽ)　無間物申悴右近(香取)來リ、只今宮下へ參、不快ニ付伊織ヲ以申入候ハ、宮中ニてケ様〱之御咄ニて候、名代ニ國行事入候由、誰ニても其分ニ勤候、思召ニて候、然共、入付不申候者、今晩ゟ新法ニ入候様ニ有之候へハ、向後內院之者共迄、誰ニても名代入候様ニ致共、おさへられ間敷入付不申候者、今晩ゟ入初、向後氣毒故一通咄候由ニ御座候、正迁宮之節ハ相延、寝元ニて御入候様ニも被成、此度ハ御名代御無用ニ被成候而ハ如何ニ存候、達而とは不申候、宮中ノ御咄取捨ニも難成候ニ付、一通申上候と

申入候へハ、宮下ノ御挨拶皆もソウ思候ハヽ、成程內陣ニハ入不申、庭上計爲勤可申候、又鎮座加持・動座加持ハ、大宮司(香取中務)・大祢宜(香取監物)ゟ外ニ勤候者無之候へハ、左近入候而も右爲勤られす候へハ、無易之事ニ候間、庭上之勤計ニ可致候と御挨拶也、

七月二日、巳日ノ夜五ツ半時出仕、御本座之前ニて勤仕、內陣へ假ニほこらヲ拵、机ヲ臺ニ而、其內へ神輿ヲ遷、御酒恒例之通、獻、御供も同、干物ニ結ツ、獻、祝詞、夫ゟ庭上へ下り惣神官幷ニ奉幣、夫ゟ內陣へ入供物下ケ祝詞執行存候、右供物庭上惣神官頂戴、內陣ニてハ恒例之通頂戴、尤御供獻候節奏神樂、其外恒例之通、

一、七月七日、番頭神前へ立合、舍人差合、大藏出ス、本社ノ知木(千)・かたそき(片削)損候、幣所祝大工致ニ付、寄進ニ仕度願、仍之申付、右入用之木見立候由、則伐初ル枯木ホ、

一、七月十一日、分飯司(伊藤求馬)江戸ゟ歸ル、御奉行所御役人中ゟ御狀、則左ニ印□

香取下社家伊藤求馬不勝手ニ付而、修理料金之內拾五兩令拝借、十二年年賦ニ返納仕度旨、先達而

各連印を以被相願候、願之通被申付、來子年より
亥年迄十二年賦無相違可返納旨申渡、於寏許證文
印形取置候、此段各江茂可相達候而河内守(井上正之)被申候、
恐々謹言、

七月九日　松嶋久兵衛 茂雅 書判
山脇弥治右衛門 周伸 書判
林喜左衛門 次英 書判

上封之上も上書同様也、尤脇書總州香取神宮、井上河内守殿と有之、

香取中務殿
香取監物殿

猶以今般求馬江被申付候證文之寫壹通進之候、御
留置可有之候、以上、

差上申一札之事

下總國香取神宮下社家分飯司伊藤求馬申上候、私
不勝手ニ付、修理料金之內拾五兩拜借仕、十二年
賦返納仕度旨相願候付、大宮司香取中務・大祢宜
香取監物・宮之助・物申祝連印之書付を以、右之
段奉願候處、願之通被仰付難有奉存候、返納之儀
者、來子年より亥年迄十二年賦無相違急度可相納
旨被仰渡奉畏候、爲後證仍如件、

享保十六辛亥年七月　下總國香取下社家分飯司　伊藤求馬印
寺社御奉行所

右之書付ホ、大宮司方へ求馬持參見ス之、右書狀二・
三日も置見可申候由申來ル、
一、七月十一日、分飯司・宮之助・物申中務宅ニて御金
出、十一兩壹分出、屋祢御普請ニ付、別帳ニ委細記
ス、
一、七月廿二日、中務方へ使求馬、口上、求馬願ニ付從
公儀御役人中ゟ御狀被下候、右御礼御返事如何致候
物ニて候哉、御了簡承度爲御相談、以使得御意候、
返事、不快ニ而承候、何分ニも御了簡次第ニ被成候
樣ニと申來候、
七月廿四日、中務方へ使求馬、取次伊織、口上、公儀
へ御返事之事、一昨日拙者了簡次第と被仰聞候、御
相談ニて候、拙者了簡ニも落不申候、〇差上可然候哉、
又又(マヽ)差上不申候共能可有之候哉、御了簡承度候、寏
ヵ御相談ニて御座候、返事、御年番之事ニて御座候
間、何分ニも御了簡次第ニ可被成候申來ル、
一、七月廿六日、中務方へ口上使求馬、取次伊織、口上、

*屋禰普請につき別帳に委細記す

*中務方へ使口上

*中務方へ使求馬

修理料金の內十五兩拜借仕る

〔御奉行所江之御返事之義、〕
○此間被仰聞候趣致承知候、とかく御返事申上可然と存候、弥御相違も無御座候ハヽ、其許ニ御状も可有御座候間、下書御認被遣候様ニ此方ニ而清書可致候、且飛脚入用之義如何可致候哉、

中務返事、被入御念候御使ニて候、拙者儀、其内出府致可申候と存候間、御礼可申上候、其許ハ御年番ニも候間、其許御一人ニ而被仰上可然之由申遣ス、

*中務方へ使
*新福寺智梁來る

一、七月廿八日、新福寺智梁來り申候ハ、兼ゝ御咄仕候通、私義共三年住職も相勤申候、此度隠居仕度候、後住之義ハ、玄章へ相續仕度候、▨▨則相願申候由挨拶、一段之事目出度存候、中務ハ如何挨拶致候哉、新福寺申候ハ目出度存候、浦山敷抔被申候、玄章ト云ハ數十年新福寺居住智梁師ノ弟僧也、

後住は玄章相續仕る

番頭出合ひ分飯司も出る

一、七月廿九日、番頭出合、分飯司も出ル、此度御屋祢御修覆ニ付、○千木・かたそき致、代ゝに見候へハ、箱棟ノ内朽候由、仍之致相談赤金ヲはなし、又包かへや申候而ハ成不申候段、分飯司ニ申越、尤之由隨分入用不構大切之所念ヲ入候様ニと申遣候、赤金三五十枚計も入候由、ひやうも所ゝぬけ打不宜候へハ不成之由、

〔八　月〕

*屋禰葺共に酒肴遣す

八月朔日、屋祢萺共ニ酒肴遣、一日休ませ候、尤作料ナシニ扶持ハ此方ニて爲遊候様ニ申付之由、

*惣持院禮に來る

一、八月朔日、惣持院礼ニ來ル、素麵持參、返礼一樽、自身來ル故差合遣使、

一、八月二日、中務(香取)方へ使求馬(伊藤)、取次伊織(小林)、口上、江戸江ノ御返事、佐倉邊▨人遣候間、夫ゟ江戸江ノ江返事可遣と存候、上よりも兩名ニ被仰下候間、兩名ニ被成被遣間敷候哉、

八月三日、中務方へ使求馬、取次伊織、昨日宮内・惣持院時抔トハ遠けつく上ニ對メ慮外之様ニも可有之哉と思候故、此間致挨拶致候と御咄ニて候、其段監物方へ咄仕候へハ、監物(香取)申上候、左様之御つもりニて候ハヽ、思召次第ニ被成候様ニ、私ハ御返事不致候へハ、成不申事と計取度候、及御相談候、御得心も無之処ヲ達而御すゝめ申候様ニ而氣毒ニて御座候、然共、昨日下書ニ御書入被成候間、清書いたし掛御目候、思召次第ニ可被成候、中務返事も無之、清書ニ書判致遣候、其文、

　去九日尊書被成下奉拜見候、先以殘暑之節、殿

*宮之介以下神前へ立合ひ

新福寺より使僧分飯司迄來る

樣益御機嫌能被爲遊御座奉恐悦候、然者、當宮下社家伊藤求馬御修理料金拜借之儀、願之通被爲仰付、難有仕合奉存候、依之早速出府仕御礼可申上候処ト、此節私共不快罷在候付、乍憚各樣迄以愚札申上候、恐惶謹言、

七月廿八日　　香取監物　書判
　　　　　　　香取中務　書判

松嶋久兵衞(茂雄)樣
山脇弥次右衞門(周伸)樣
林喜左衞門(次英)樣

右書狀使之者病氣ニ付、八月十九日御奉行所江差上ル、八月十九日ノ処ニ右之訳有之、

一、八月三日、新福寺ゟ使僧分飯司処迄來ル、去年・今年八朔御返礼無之候、來年ゟ八朔之御祝義上申間敷候哉、孫太郎罷越(伊藤求馬)使僧へ申聞候ハ、諸事神事・祭礼、拙者役ニて取計申候、八朔・歲暮ハ前〻より返礼覺無之候、親市郎右衞門去年相果候、存生之内承取計申候、其元ニて能被尋御覽可被成候由、及挨拶候由、又四日使僧來ル、前方ハ禁酒ニ付、たはこ被遣候、氣味相不宜候間被遣被下候樣ニ仕度段申來候、取込自是返書可被致候旨申遣、同五日分飯司申越候ハ、此間之義監物ニ申聞候へハ、其許左樣被思候ハ丶、たとへ遣不付候共遣候か、能候由申候由、使求馬方ゟ遣ス、

一、本社御後萺替板壹尺貳寸、足四分五分、樓門皆萺替板上ト同シ、足六分、

一、八月三日、宮之助(國分孫之進)・物申(香取主計)兩代官神前へ立合、序ニ樓門ノ萺替致度相談、然共金子無之候間、借候而ト申相談、求馬來ル、挨拶有、金ヲ返納セス、借候と申か氣毒、帳面之上も、利金抔付候へハ不宜、又無利ニ借候者有之間敷、拜借之者返納いたし萺替候か可然候、然共不時ノ返納、何も大義ニ可有之候間、先塔ノ萺替致、其上ニ十月十一日比ニても可然候、其節ニ到り一兩月早ク返納候樣ニも致可然候哉、尤今度序ニ致候へハ、諸事勝手ハ宜候、　又申候ハ、御本社御後追付相濟可申候、祝義如何可仕候哉、氏子へ廻狀ニても出シ餠ニても、上候樣ニ可致哉と申候、監物申候ハ、皆萺替ニても無之候、きやうまん間敷氏子も可致候、神慮ゟ被仰候事故、何事ニてもいなとハ申セ間敷、然レハ少計之事ヲ度〻氏子へ申候ハ、能有之間敷候、何ソ之爲ニ無用可然候、右之段宮之助・物申方へも申候処、宮下ゟも中務挨拶、

*樓門御入用不足金

氏子へ廻狀

*樓門普請の件

番頭神前へ立合ひ

*三奉行來る

屋禰屋棟上の祝儀入用

*淸藏八月祭の當番

樓門葺替仰付らる

樓門之事宮中年番故、宮中ニて金子才覺致候樣ニ出來、葺替候へハ能候、宮之助承、夫ニてハ出來御申方、又氏子へ廻狀、それニハ及間敷、それ共皆ノ相談次第と有之候事、

一、八月六日、番頭神前へ立合、分飯司出候処、屋祢や市右衞門棟上之節、装束御免《すほふはかま也、装束ハ自分ニて仕候、》ヲ願候段相談次第と申遣、又棟上ノ節、氏子へ申遣、餅ニても爲上賑ニ御座候ハ致候ハヽ可然と致候、宮下ニてハ相違も無之候、監物挨拶、それハ少計之修覆ニ氏子へ申遣と申候も、大ソウナルヿ、皆も葺替候ハヽ、成程氏子も尤ニ可存候、是ハ無用可然候、又屋祢や棟上ノ祝義入用市右衞門好候由ニて書付來ル、　供餅三重・弓矢二張并弦二端・三方三ツ・帯三筋・鏡三面・散錢・麻壹把・扇子九本・腰掛俵二俵・掛魚・上り下り網二たん・御幣臺木ニ而拵、のし壹把・元結五把・散米三舛三合・神酒瓶子二ツ、　右之通ニ致度旨、中務無相違候、監物申遣候ハ、是ハちと重過可申候と存候、然共、能樣ニ相談被致候樣ニと申遣、又屋祢や願有之候由、樓門此度葺替被仰付候樣ニ仕度候、塔ノ入目も以樓門被成、塔ノ入用金春迄不被遣候共能候、尤樓門御入用不足金之処、春作料御借シ可申候由、被仰付被下候樣ニと願、監物挨拶、致了簡見可申候、七日國行事(香取左近)來り屋祢や市右衞門ニ御賴候、樓門御普請之義、宮下ニ而も御相違も無之候被仰付被下候樣ニと申候、監物挨拶、別ニ相違も無之候、分飯司を以可申渡候、八日求馬ニ此方ニも無相違候、金子之義、春迄借可申之由相違無之候段申渡ス、

一、八月八日、三奉行來り申候ハ、當十日御內陣御祭礼ニ幣棚へ供物ニ大神主立申候ニ、二毛三枚こもの長方よりおして淸藏八月祭ノ當番故申來候由、只今迄書付不申候とて斷ニ付參候、宮下江も參、右之通申候へハ相談次第ニ、左候ハヽ、宮中ゟも出候哉と御申候、監物申候ハ、今求馬方江之口上ニハ、宮中ゟハ付候ハヽ、夫程之事、此方江も沙汰有之筈と有之事、錄司代申候ハ、左樣ニてハ無之候、如何申候哉、中間シテ左樣▨▨▨《ニハ》不承候、監物申候ハ、夫分ノヿヲゲウ〳〵敷申程ノ事ニても無之候、監物こもを敷候樣ニとは不申付候、庭上へはだしニて出、夫ゟ內陣へ入候ハ、よこれ足ニて不宜候、時としてハ泥も

付可申候、仍之度〻大神主方へ荷用人抔はき候廉くツニてもはき候ハヽ可然候ト申候、然ハ番頭相談致三祭當ゟ一・二枚ッヽこもヲ出し、可然之由相談之由、仍而自分思候ハヽくツよりハ、何レ可然と思候、こもの事不知候、錄司代其相談不知候哉、錄司代申候ハ、旧冬廿日ノ夜神事ノ節、左様之咄有之候、監物申候ハ、それ程相談有之候事ヲ、今又ゲウ〳〵敷出候事ハ、如何致失念候ハヽ、番頭聞合候へハ能候はヅか計ノ丁、自分こもを敷候様ニとハ不申付、くツ之事計申候、其様之心得ニてハ間違も有之物、宮下へ參、其段申候様ニ、扨無用ニ成共、何レもすきニ致候様ニと申聞候、扨又御祭礼之節、社家不參相見へ候、定而何ソ差合有之候ハヽと思居候、不出者ハ僉義致候様ニ可致候、錄司代申候ハ、常〻吟味仕候、向後も相心得申候由、　八月十日雨天故庭上ニてノ御祭礼不成候、

*番組の頂物は散銭計り

雨天故庭上にて御祭禮成らず

一、八月十六日、五日番分飯司所へ呼、權祢宜（香取式部）・桶端・六郎神主・土器判官也、酒司ハ忌中故不レ來、相尋候ハ、昨日納物有之由、如何致持參無之候哉、求馬を以相尋、權祢宜申候ハ、御番ニ悴罷出候、木綿物祈

酒司は忌中故來らず

禱致くれ候様ニと申候間祓遣候、尤何方ゟ參候哉、女ニて候、相尋も不致候、祈禱いたしくれ候様ニ申候ニ付、〇番組ニて留《トメ》置申候由申候、

監物申遣候ハ神前へ納り物、何レカ祈禱之ためニて無之物上ル▨物無之候、それハ申訳なり、鳥目百文上り候而も金子上り候而も、祈禱いたしくれと申シさへすれハ、當番〳〵取候様ニ致候而ハ兩所へ納り物ハ、曾而無之候、又番組ニて取候共、此方へ屆なセ不致候哉、四年以前御裁許之砌、惣社家江納り物之訳申聞置候、殊ニ右納物ハ願ほときニ上候由、御裁許之事故、其分ニ難差置候、何レニも屆有之筈也、番組ノ頂物ハ散錢計也、口上ニてとやかく申取候時ハ、兩所江之納物ハ向後無之候、其分ニ難差置候、其方抔すき次第ニ致候様ニと申聞候、權祢宜申候ハ、私も其節宿へ罷歸候節ニて候、とかく不調法ニて候、納り物可差上候間、其分ニ被成被下候様申候ニ付、此方得心ニも無之事、無理ニハ不申候、其段申聞、分飯司左候ハヽ、計候様ニと申聞候、則番組土器右納物參ス〔持脱〕、右納物ハ木綿、表ハすり嶋之様成物裏帯之かき色ノ木綿、袷物也、

棟上祝儀入用

一、八月十九日、棟上祝義入用前日ノ外土器六ツ・初尾百疋・樽二ツ、・奉書十五枚、・水引十五本、・散錢三百三十三文・掛錢貳貫六百文・半紙三ツ、・餅米、貳俵、打、宮中・宮下ノ者共よりも餅上ル、廿一日棟上祝勤之、番頭・兩代官も出ル、十九日寄合之節、分飯司ニ申付越候ハ棟上入用ホ之義、御修覆之事御後計葺替之事、右之通より感候様ニ候而ハ如何可有之候、夫共相談次第と申越候、宮之助申候ハ、それならハ其方屋祢屋方へ其通申候様ニ抔申候由、中務始、右之通無相違候ニ付、其分ニ爲致候、何程も祝候ハ、宜事ニて候得共、御修覆御屋祢、皆も葺替候て、尤ニて候得共不相應之程也、

*惣持院より使僧口上

八月十二日、南風雨强、同廿八日、辰巳風强、

江戸に於て小澤左中井上河内守に使者差上る

一、八月十九日、於江戸小沢左中麻上下ニ而、井上河内(正之)様江使者差上ル、口上、伊藤求馬願之通被爲仰付難有奉存候、爲御礼出府可仕奉存候得共此節不快、兩人共罷在候ニ付、乍憚以書狀申上候、則書狀差上ル、文言七月廿八日ノ処ニ有り、御役人松嶋(茂雅)久兵衞殿へ罷出、左中ニ御逢、河内守へ可申聞候、前方ノ返事故、返事ハ不致候、御兩人御病氣之節、折角御養生被致候様ニ、こなたニも御大義ニ存候と御挨拶之由、八月廿七日、右之趣申來ル、

八月廿八日、中務方へ使求馬、口上――、然者、日外（尤口上も申付遣候）之河内様へ之書狀、使者以差上候、御役人御挨拶、前日ノ返事故、返事ハ不致候、御兩人御病氣之由、折角御養生被致候様御挨拶之由申來候、爲御知申候、中務返事、被入御念候、御使河内様へ書狀以使者被仰上候由、委細承知いたし候由、

〔九月〕

九月二日、北風、雨强、

一、九月九日、惣持院ゟ使僧口上、當日之御祝義以使僧申上候、不快ニ罷在候、乍略義右之通手作ノ牛房之由一折進上と申來ル、返事致ス、此方ゟ仲間使、先刻者忝――、爲御返礼一樽進候、返事、又□〔延引カ〕、

*宮林所々に於て風折根反り有り

*別帳に記す

一、九月十三日、前日ノ風折木之内三本屋祢板ニ申付ル、

一、九月十四日、御本社箱棟繕知(千)木・片そき(削)ハ、新規ニ拵ル、幣所祝右（左源太大工致故、）寄進ニ拵之、出來ス、

一、九月十七日、終日北風(雨)强、宮林於所ゝ風折根かへり有之、別帳ニ記、惣風折根かへり員數百貳本、内松

*姥山の根反りの件
根反り員數百貳本の內譯
護摩堂の前大杉
中務は服故出仕せず
宮林北の方にて根反り
風雨につき度々神木損亡
小座山にても松六本根反り

三本、外ハ杦三尺廻壹本、各不知木、右之内御船山ニ而風折根かへり松、惣〆百五拾五本、小座山ニて松六本、うは山ニて松拾九本、おさ山ニて松貳本、護广堂之前大杦壹丈四尺五寸廻、參籠所ノ上へ根かへり、參籠所柱ハ折不申候へとも、梁ゟ上屋祢悉破損、柱ハ丈夫、大けたニ右之木持枝ニて梁、其外悉損ス、其隣ノ大杦何も生木壹丈三尺七寸廻、是ハ枝御供所料江少掛りｏたるき四・五本、其所ノ屋祢少〻損、尤根かへり當番爲知候ニ付、早速罷出見分ス、中務ハ服故か不出之由、尤所〻ニ破損多、土こけ立木損候由、惣而當秋中永雨故、木根クツロキ居候故と皆申候、宮林北ノ方ニて沢山根かへり、尤五・六・七尺計ノ見事之杦根かへり、昔ハ矢も不通之位ニ候処、御修覆元祿十三年其時に伐、以來、段〻風雨ニ付、度〻神木損、此度右之通ニて至極宮林薄成ル、

一、九月十八日、番頭呼、右御破損及相談、夫ゟ神前へ出、中務服故不出、家來伊織(小林)ニ申越ス、參籠所へ掛り候木、木挽ニ伐かたさセ候、相談ニて候、御相逵無之哉、尤番頭立合、(居候節)右之通申遣ス、中務(香取)返事、御尤ニ候由申遣ス、又監物(香取)伊織へ申候ハ、小座山ニても松六本根かへり之由、うば山ニても大分根かへり之由、小座山之義、此方支配ニて先年丹波(香取)代風折有之候へハ、手前へ取候由承候、近來ハ風折も無之、十四・五年も以前ニ貳尺計ノ小木根かへり有之申來候処、御宮御用ニ立候事も可有之候間と片付置候樣ニ申候処、小木故朽候哉不見候、与兵衞屋敷之内へかへり候、此度うは山ノ木之儀、如何被成候御つもりニて候哉、此段其方へ咄候趣、中務へ申承候樣ニと申聞ル、尤先年ハ取付候而も御用ニ立候事故、御船山ノ風折、此度拂木ニ致候ハヽ、同事ニ拂木ニ致御用ニ立候が可然候、支配致候とて、私用ニ致候も如何也、左候へハ、又見之社も大聖院風折ホ之節、取可申と申候、宮之助(國分孫之進)申候ハ、左樣ニ被成候へハ正敷御座候、其樣ニ候ハヽ、返田社・側高も神主〱取可申候と申候、右之段伊織承申也、右之趣も中務へ申セと、不申計ニ申聞ル、然ハ又惣檢校悴十大郎右座敷神前御供所也、罷出、今朝も御願ニ出候、おさ山ノ松木六尺余壹本、三尺位ノ松かへり、家宅打つふされ候、御もらい申候而、右木伐取申度候、伐取片付候ニも大分人足かゝり申候抔申候、監物申候ハ、

姥山の松香春院屋禰へ掛る

姥山狭山は中務支配

小座山の木は拂木

小座山は古より宮中の支配

*番頭立合ひ分飯司も出す

其段も伊織承參候樣ニと申聞ル、伊織申候ハ、今朝願ニ出候故、中務へ申聞候処、中務申候ハ、只今迄家へ掛り候とて遣つけ候例無之候、先片付候樣ニと申候、うば山ノ松香春院屋祢へ三本かゝり候、今朝伐かたさセ申候由伊織申候、香春院ハ當秋中務父ノ丹波隱居家、丹波相果候ニ付、戶牧香春院寺內寺ト取替ニ致候故、うは山ノ脇ニ香春院有之候、其訳前ニ記ス、右之段伊織中務へ申聞候処、中務ハ小座山ハ不存候、うは山・さ山之義ハ、前方ゟ支配致來候▨▨▨此度木御船山ノ木と同事ニ拂木ニ致候ハヽ、御爲宜可有之樣ニ被仰渡、御尤ニハ候へとも、御用ノ差支ニ成▨不申候、手前ニて伐取可申と存候、それとも、其内了簡致見可申之由申遣ス、監物申候ハ、小座山之木ハ、左候ハヽ、御船山一同ニ拂木ニ可致候間、其通ニ被致候樣ニと番頭へ申聞候、國行事申候ハ、小座山ハ古ゟ宮中ノ御支配と承候間、御取可然候と申候、宮之助申候ハ、宮下ニてうば山ノ木御取候て、小座山ノ木御取候か可然候、重而御後悔可被成之由申候、監物申候ハ、中〻御用ニ立候事、何ソ後悔可有之、たとへ屋敷之內ノ木ニても御用ニ

候ハヽ可差上事也、宮之助申候ハ、屋敷之內ヵ木なくハ各別、末社之宮林ニ候間、御手前〳〵ニて御座候訳ニハ有之間敷候、先達而ハ申候後ニハ宮下ニて御取候ハヽ御取候か能候、監物とかく當分松木入用も無之候間、御拂木と同事ニ致候か能候、宮之助申候ハ、其內宮下ゟ御左右可有之候、　扨木挽呼寄參籠所へ掛り候木伐片付候樣ニ段〻申付ル、御手洗百姓呼參籠所ノ枝ヲくれ可申候間、枝ヲ日用代ニ遣候間取候樣ニ申付ル、

宮之助申候ハ、あの木共拂可然哉、如何可致由申候、監物申候ハ、あれ程之木又と有之間敷候、段〻御修覆も多候間かこひ候方可然候、かへり候儘ニても五・三年ハ持可申候、宮之助申候ハ成程朽も仕間敷候得共、左候ハヽ木小屋ヲ能拵入置候樣ニ仕可然候、尤之由申候、監物申候ハこまとうノ前ノ貳本ノ大木ハ余り見事ノ木、やはり五・三年もあの通ニ致人ニも見セ申度候、小ニ伐つゝみ片付置候而も御用之程も知レ不申候抔申候、

一、九月十九日、番頭立合、分飯司（伊藤求馬）も出ス、御船山ニて木小屋之梁才ニ成候松木五本見立、又見ノ社ニてか

へり候松も御用ニ見立、又見ノ社へかへり、ソウ成松一本有之、是も伐候筈ニ見立候由、番頭共往候而、右之通見立、其外ノ御船山ノ松ハ拂木ニ致候相談、前日ノ風ニ根かへり候、松共も有之候、

返田本社へ木の枝掛り屋禰損失

一、日付前後、九月十八日、返田神主來り、返田本社江木ノ枝かゝり御屋祢損候、惣而屋祢朽候、御葺替願之由挨拶、其内相談可致候、又申候ハ神木松一本根かへり仕候、祭礼之節立あかしに仕度候、御普請も候ハヽ、御神用も知レ不申候、先片付差置候様ニと申聞ル、本社ノ損候屋祢ハ板を以、當分ノ繕ニ仕置可申之由申候、成程と申聞ル、

小座山の風折木の件

一、九月廿日、小座山ノ風折木之儀、分飯司悴舎人(伊藤)ニ申付、御船山拂木と一同ニ拂候樣ニ申付ル、同日神前エ罷出、參籠所へ▒掛り候、木取かたし候見分ニ出ル、首尾能柱ホ不損取かタス、宮之助・國行事(香取左近)ホ出居候故、小座山ノ木も一同ニ拂候樣ニ、今朝舎人ニ申付候、宮之助申候ハ、左樣承候、左候ハヽ、宮下へも其段申遣可申之由申候、兎も角もと申候、

*御船山小座山狭山姥山風折根反りの松

九月廿一日、中務方ノ木ゟ使玄番〔蕃〕悴伊織(小林)、取次舎人、中務申候ハ、小座山拂木と一同ニ御拂被成候由、うは山・狭山ノ木も此度ハ各別ニ候間、御船山一同ニ拂候樣ニ可致候、又かへり候木共も有之候、參籠所御用ニも立可申候間、是をも爲伐候樣ニ可然哉、監物返事、御尤ニて候、かへりソウナル木をは松ノ木ノ事ニも候間伐候か可然候、尤御普請御入用之木、大工ニ見セ御用ニ小立木をは一同ニ拂候が可然候と存候、監物伊織ニ尋候ハ、宮林ノ杁ノ木共、此間番頭共立合之節、御拂可被成哉と宮之助申候間、あのときの木ハ求候ニ有之間敷候、段〻御修覆見へ候間、五年・三年ハ其分ニ差置候而も朽も致間敷段申候へハ、宮之助申候ハ、左候ハヽ木小屋を拵入置候樣ニ致、可然と申候、尤成了簡と申候、右之段中務被存候、伊織申候ハ、其段中務へ申聞候処、成程尤と申候、相違も無之候、

一、九月廿二日、御船山・小座山・狭山・うは山風折根材木小屋相續、かへりノ松拂代金拾四兩ニ落札極ル、狭山ノ松壹本惣檢校家へ掛り候松、賴母ニくれ候由、うは山ノ松香春院ノ家へ掛り候松壹本、香春院ニくれ候由、中務二本木くれ候樣ニ申付之由、尤うは山ニ三・四本根かへり致ソウ成松有之ニ付、夫をも一同ニ拂ニ入

候由、小座山ニて三本半之岩畑へおふひ御船山ニて
分飯司田へおふひ候、貳・三尺位之松、是ホも拂木
ニ願候ニ付致ス、

〔十月〕

番頭立合ひ

一、十月朔日、番頭立合、參籠所繕普請材木見立、大工
ニ申渡、貳兩ニて大工請取、幣所・小野村主水・久
四郎三人へ渡ス、

宮之介國行事來る

同日、宮之助(國分孫之進)・國行事(香取左近)來り、參籠所へ掛り候木并并
ノ木貳本、壹丈四尺五寸、壹丈三尺五寸、御拂候ハヽ、一方ノ御用ニ相
立可申候、如何思召候哉挨拶、少ゝノ金子ニ成候事
ニ候ハヽ、無易之事ニて候、大分ノ金子ニも成候ハ
ヽ、御修覆所ハ段ゝ出來申候間、御物入も有之候間
拂候而も可然候、其分ニ差置候も大木ノ義見事ニ有
之候、立居候ヵ横ニ成候と申計、五・七年ニて中朽
申間敷候、然共、何分ニも相談次第ニ心得居申候、
宮之助申候ハ、左候ハヽ、宮下江も御相談可申候、
監物(香取)申候ハ、中務(香取)ニも相談致見候樣ニと申聞候、御
年番故、先此方江罷越候旨申候、

參籠所の普請木

一、十月二日、參籠所ノ普請木風折木ノ内ニて見分ル、
番頭寄分飯司(伊藤求馬)も出ル、二日ゟ參籠所普請ニ取付、

*五郎祝職の件

一、亥十月十六日、番頭宮之介・權祢宜(香取式部)・物申(香取主計)・國行事・
五郎祝職ノ訳、
副祝(今泉采女)・錄司代召呼相談候ハ、五郎祝職之義、五郎祝
父子十年以前相果候砌、九日番組相談ニ而▨香
取▨傳五右衞門弟五郎祝娘、一所ニ致五郎祝職立候樣
ニとの相談、此方抔江も其段知セ候事ニて候、尤兩
人若輩ニ候ニ付、成人迄傳五右衞門致世話候樣ニ、
尤其砌五郎祝職ノ大祭をも傳五右衞門相勤候樣ニと
申定ニて候、然處、余久敷事ニて候、未御番ホも不
相勤候ニ付、先頃御番ヲ裝束ニても爲致爲勤候樣ニ
傳五右衞門江申付候処、傳五右衞門申候ハ、私弟并
五郎祝娘も五郎祝職ニ望無之候由申候、尤五郎祝ノ
知行少計ニて御番ホ相勤候も難成候、右職分差上度
願いたし候、尤前五郎祝不勝手故少計ノ知行も質地
ニ入置候由申候、右之段度ゝ申候、此段皆共可及相
談ため呼、何レニも相談いたし大宮司江も申聞宜樣
ニ取計候樣ニいたし度候、番頭共、彼是と及相談候、
とかく五郎祝娘御呼、今一應御僉義、被成候ハヽ可
然候、存寄有之間敷物ニも無之候、監物申候ハ、成
程尤ニて候、左候ハヽ、念ニ候間、今一應相尋見可申

職分取上げ修理料へ入る

五郎祝職潰る

本社近くの杉共皆倒る

先頃の風により宮林見苦し

松杉の間に櫻植ゑれば御宮繁昌

護摩堂の件

候、尤監物番頭江申聞候ハ、職分取上ケ修理料へ入候(ゟ)外ハ無之候、左候時ハ、又五郎祝取出立候義、重ク成候、修理料へ入候へハ、五郎祝職つぶれ申候ニて有之候、彼是と談ル、

△○監物又申候ハ、（護广堂引地、）昨日神前御普請見ニ出候而、護广堂當り見候処、本社ノ間近ク間ノ杦共ハ皆倒、殊外見苦敷寺も損、又ハ火ノ本も氣遣也、仍而護广堂屋敷ヲ宮林之內へ入候樣ニいたし候ハヽ可然候、松杦ヲ植込新宮林ニ致候ハヽ、御宮ノ見付も宜火ノ元ノ氣遣も無之候、又先頃之風ニて宮林殊外見苦敷、又此上大風有之候ハヽ、皆根くつろき候故、無臺ニ成可申候、それニ付而も護广堂屋敷ヲ宮林ニ仕立候ハヽ、一方ハ悪敷成候而も、又一方繁候樣ニ出來候へハ能有之候、尤松杦之間ニハ櫻ニても植候ハヽ、見はれハ宜有之、別而社參ニも有之、御宮御繁昌ニも成可申候、前方と違、近年ハ手前勝手ニ成候、護广堂之義ニ候へハ、宮房權之丞大祢宜領屋敷かおして庄次屋敷か大祢宜領護广堂ヲ移シ、代地ハ中岸だい・大久保臺ノ追野城のと申散野明地有之候間、殊ニ近年ハ篠原村ゟ地ヲぬすまれ、左樣之所も松抔うへ立堺も引、彼是と所〻ヲうばい候趣、皆世主無之所故也、是ホを代地ニ致、又寺ノ普請▒(計)百姓ヲ引かたし候ニも普請金遣候樣ニいたし候ハヽ、出來ソウナル物、右之世話之義ハ、手前ニも候間、內證世話致見可申候、出來不申事も難計候得共、皆〳〵尤ニ存候ハヽ、世話致遣可申候▒、宮之助申候ハ、至極結構之思召、何も數年願候事ニて候、散地ヲ代地ニ遣候而ハ、百姓も合点仕間敷候、修理料之畑ヲ遣候樣ニいたし可然候、副祝申候ハ、左樣出來申候へハ、御名も殘り候事ニて候、何とそ御世話と申候、何も番頭共悅申候、宮之助申候ハ、左候ハヽ內證先御聞合御覽可然候、監物申候ハ、併大宮司へも相談被致、此方內證相談不極候而ハ、自分抔護广堂呼申候上ニて仲間はれ有之無用ニ成、中務抔得心ニも無之候へハ申出候而、無是非之訳ニて有之候、番頭共左候ハヽ、只今ゟ宮下へ參御相談可申候、別ニ御相違有之間敷候、何も相立、同日錄司代ヲ分飯司方へ遣、宮下御相違無之候、五郎祝職之儀も御相談申候へハ、其儀ハ宮中ニて五郎祝娘ニ可尋と有之候へハ、先其上ノ事と被申候由、

＊護摩堂來る
護摩堂寺の儀

一、十月十七日、護广堂召呼談候ハ、右之通段〻申聞ル、先中務始番頭共（大宮司始、番頭共相談致候上ノ〆也、）と自分勝手之事ニて候間、内談致見候樣ニ申事也、畢竟内證也、護广堂寺之義ハ、先祖開基《キ》之事ニて候間、悪かれ間敷不存候、兩方爲ニ候間、右之段申候、又其方如何樣ニシテモ今分ニてハ、次第ニ寺損修覆も難成、左右目ヲ見候樣ニ出來間敷ニも無之候、然ハ本社と斬〔軒カ〕ヲ弁候位見苦敷、又承引無之候節ハ、何ニても其方申事、誰も用間敷候、近所へ寺地ヲ引、　御神慮ゟ寺をも建立被成被遣候樣ニ出來候へハ、無上も結構第一火ノ元氣遣ニ候旨申聞ル、護广堂申候ハ、永〻之義ニ候へハ、早速御尤とも不被申上候、承合候方江も承合見可申候、監物申候ハ、成程其方早速尤挨拶有之共、本寺抔江もとくと相談致候樣ニと申存寄、又權柄ニ被申付候而も氣遣成間敷候、夫ニても承引無之時ハ、先万一ノ時ハ難宥事也、然共夫ニてハ無之候、純埶ニて候へハ何方も訳宜候ニ付、内證ニて如此申談候、とくと致了簡相談致見候樣ニ、曾而護广堂ノ寺ノ爲ニて候、彼是申談ル、尤惣持院挨拶之訳相知セ候樣ニ、尤惣持院呼相談候樣ニと可致候へとも、先とくと内談致候樣ニと申聞ル、護广堂尤之由申之、歸ル、

一、十月廿八日、護广堂來り申候ハ、此間之御咄之義、惣持院へ及相談候処、惣持院申候ハ、寺之爲ニ成候事ニ候ハヽ、宜敷事ニて候、定而此方江御通達有之候、可有之候由申候、拙僧義、何分ニも宜樣ニ御了簡次第と申候、

〔十一月〕

＊宮之介分飯司處へ來る

一、霜月二日、宮之介(國分孫之進)分飯司(伊藤求馬)処へ來り申候ハ、日外申上之職分之義、副祝(今泉)釆女と相談仕候処、大方出來申候、御披露申候由、是ハ職分ヲ賣渡事也、無挨拶、

同月三日、宮之介又分飯司処へ來り、此間之義御相談被下候樣ニ申候由、監物(香取)分飯司江申聞候ハ、釆女ナレハ相手ハ能候、春中カ新福寺・金剛寶寺へ咄有之候旨申聞候、右之段分飯司申候樣ニと申聞候、

霜月八日、求馬(伊藤)▨▨▨宮之介ニ逢、右之通談候由、又宮之助申候ハ、夫ニてハ濟不申候間、又御相談被成被下候樣ニ申くれ候樣ニ申候由、又挨拶、別ニ存寄も無之候、前方兩《レウ》僧へ申候通ニて候由、上候樣ニと申聞ル、又申候ハ、左樣計御挨拶ニてハ不相濟候、

御返事承度候、次宮之助申候由、霜月十一日分飯司処へ、右願ニ宮之助來候由、手前へ呼、致對談訳相尋候、此間求馬方へ度ゝ願趣致承知候、何之訳ニて候哉、采女ニ職分被相渡候訳ニ候哉、宮(之助脱、下同ジ)申候ハ左様ニ而御座候、所ゝニ大分借金も有之候ニ付、其返濟無事難義仕候間、采女と及相談候処、内證申合出來仕候、監(香取)申候ハ中務(香取)ハ如何申候哉、宮申候ハ、爰許様次第ニ而御座候、扨又春中ノ新福・金剛――へ及挨拶候通、とかく自分抔申渡候、職分ニも無之処、自分請負候様ニ難成候、既ニ六年以前出入之節も堂之事ニ付、春香様ニて御吟味之節、永井伊豆守(直敬)殿ゟ元祿十三年職之書物御取寄候、委細ニ其節之訳書付有之候へキ、左様ニ　公儀ニ急度御記有之候訳、從　公儀被仰付候職分ヲ自分抔請負、他之者ニ讓被置候、退候様ニハ得心難致候、宮申候ハ御兩所御相談ニて候ハヽ、御支配之事ニて候間、御兩所之御相談ニ而相濟可申と存候、監申候ハ、其通ニハ難成候、如何存被居候哉、御届被申候存寄ニ候哉、宮申候ハ、何共不存候、とかく私ハ御兩所へ申候而事濟候事と存罷在候、とかく御得心ニも無之候ハヽ、此度ハ不取

*宮之介父子病身にて神役勤難し

永井伊豆守より元祿十三年職の書物取寄す

公儀に御記有り

止候、又了簡も仕見可申候抔、彼是申候、監申候ハ、とかく何程御願候而も只今了簡決不申候、　公儀江無沙汰ニてハ、自分抔請負難成候間、采女男子も無之、娘計ニて候間、其元次男友次郎ヲ末ゝニ采女娘ト一所ニ致候而、當分采女後見ニて、宮之介職相勤候様ニ、尤其元(父子)ゟ病身不勝手ニて神役難勤候ニ付、右之通と申證文致候様ニ、内證ハ如何様ニも能様ニ相定、公儀向之聞宜様ニゟ(マヽ)〔證文百枚も致〕致候ハヽ、其許次男相續之訳立候ハヽ、公儀へ御届ニハ及間敷候哉、それとも中務如何可申候哉、右之通之筋ニ候ハヽ、中務も▨相違も有之間敷候様ニ被思候、それとも如何可申哉、畢竟是ハ内證咄ニて候、宮之助申候ハ、左様仕候間采女合点仕間敷候、とかく此上ハ私ノ仕合無仕合次第ニ可仕候、監申候ハ、采女も合点致ソウナルヿニて候、男子も無之候へハ、其通ニ致候へハ一段又それかいやニ存候ハヽ、其処ハ内證之事ニて候へハ、如何様ニも宜様ニ、相談極書付ニても致候ハヽ可然哉、只采女ニ渡立退度願ニてハ、とかく請負難成候、面向訳、能候へハ相濟候、宮之助申候ハ、段ゝ御心遣共難有存候、左候ハヽ、采女と相談仕見可申

宮之介職分賣渡し立退き度願ひ

倉者の大不埒我儘なり

*親子共病身につき神役勤難し

子孫斷絶も笑止

候、只今迄ハ、御心底如何と安心不仕候へ共、段々之心遣共、大慶仕候、監申候ハ、とくと了簡被致候樣ニ、又釆女分とくと相談被出候樣ニと申聞ル、
右宮之助職分賣渡立退度願、數年之事也、然共、中務ハ去年中ゟ得心候得共、自分得心不致候ハ、社法之乱皆又不勝手之社人例ニ成候、既十年以前、自分世話致公儀ゟ拜借百兩願遣候節も風聞ニハ御なさけのざいくわ抔と申候由、とかく先大宮司美作《(香取)》子故宮之助職ヲいやかり百兩もつい遣仕迄少々間《金》借多出來、此度も釆女ニ貳百八拾兩と沙汰有之、倉者ノ大不埒我儘者也、此度之願も中務合点無之候へハ、無レ念も候へとも、去年中先達而無相違挨拶致候故、一方相濟候ニ付、しきりニ此方へ申來り色々とやかましき事申候、つふれ候共、監物手ニかゝりつぶれへき抔、我儘ヲ申ふらし候、さすか相手ニたゝぬ者ニて難義ヲ先へ掛候も、却而氣毒無相違挨拶ハ、右之通難成候ニ付、此度右之通及挨拶候、數年之間願候へとも、承引不致候、子孫斷絶も笑止、社法も乱第一從上被仰付候職ヲ、此方共請負難成候処也、中務ハ如何了簡致候哉、無相違自分義ハ後誰誰計、又公儀江申上

候而ハ如何相濟可申候哉難計───、段々意味共有之思□不埒、我儘者ニて毎日願ニ參致難義、右之通挨拶也、右釆女ハ番頭副祝也、男釆女之娘ニ聟取致相續候、御修理料返納も不相濟候事也、他者ナレハ如何樣ニも及挨拶ナレ𪜈、親類ヲ賴對ニ瑞氣者、我儘ニ而、右之通霜月十四日宮之介來り申候ハ、此間被仰聞候趣、釆女ニ及相談候処、合点不仕候、御了簡ヲ願候、私共申候而《挨拶》ハ承引も仕兼候間、一通御咄被下候樣ニ仕度候、挨拶、釆女此方へ未何レニも沙汰無之候、沙汰有之候ハヽ、成程可申談候、然共、承引之程ハ相知レ不申候、中務方へ不申候哉、孫之進《(國分)》宮之介事申候ハ、宮下ニてハ別ニ相違無御座候、寢許樣次第ニて候、先達而被申候ハ、親子共ニ病身ニ付、神役難勤候ニ付、誰ニ相ゆすりと申訳ニて、別ニ伺ニも及間敷と被申候、監物申候ハ、釆女合点致ソウ成物ニて候、先中務へ相談被致可然旨申候、罷歸ル、(アキマヽ)
同日又來り、中務殿へ參相談仕候へハ、其趣ハ釆女合点致間敷候、左候ハヽ、いつそ伺候方可然候抔ト被申候、又▨伺ニも及間敷と存候へとも、壹人可伺と申候ニ、それハいらぬもの

*新福寺より使僧口上

*惣持院來る

共不被申候、監物申候ハ、中務挨拶合点不參候、孫之進申候ハ、とかく御了簡ヲ願候、外ニ存寄無之候、孫申候ハ、左候ハヽ、乍御苦勞御出府被下候樣ニ奉願候、其段ハめくれ候樣ニ先年拜借願自分世話やき申候、又致出府事濟候時ハ、其許ヲおしみ申者大勢有之、宮中未濟候由、何とそ監物へ申、寃元へ呉見申候樣ニと願候者有之候、然時ハ彼者共等ハコナタヲ押出候と、何も沙汰可致候、又ハ中務ハ無相違候へとも、監物方ニてとゝこほりじやまいたし埒明不申と、二・三里遠方抔迄も沙汰有之由、然レハ自分致出府、公儀之事故存ル樣ニ無之時ハ、右之者等ハ寂前より監物得心無之候へハ、監物ニてハ埒明、又ハ知レ候事ト可申候、とかく彼是遠慮ニ候間、中務ト相談、中務ヲ此度ハ被頼候樣ニ、尤其品次第印形ハ可致候、孫申候ハ訳次第印形ト被仰付候而ハ、如何ニ候、別ニ訳ニ相違之筋ハ無之候、監申候ハ成程ニて候へとも、印形之儀ニ候へハ、其内了簡ノ替候事も有之物致迄も、急度極候而ハ挨拶不被致事ニて候、孫申候ハ、左候ハヽ御居候ト寄合被申候ナ、監――成程自分柄江申付、職分之事故、上へ御居上ヲへずニハ、成程とは不被申と兩寺へも及挨拶候、孫申候、左候ハヽ右ノ御居書ノ安〔案、下同ジ〕文被成被下候樣ニ監申候ハ、それも其許ニて□□中務ト相談被致候樣ニと存候趣も遠慮ニて候、若首尾万一出來不申時ハ、安文能無之故と、及沙汰候も迷惑いたし候、孫申候ハ、左候ハヽ親子共、病身ニ付誰と申者致相續候、右ハ元祿年中從　公儀職分被仰付候故、御居と申筋ニてハ如何と申候、監物申候ハ、成程面白ク存候、中務ト相談被致候樣ニと及挨拶、孫申候ハ、私出府不仕ハ成間敷抔申歸ル、

一、十一月十五日、新福寺ゟ使僧□〔香〕光春院口上、今日隱居引越申候、入院之義、明日仕候、爲御通達申上候、以使僧申上候、挨拶、御口上之趣致承知候、　當月十一日隱居、新福寺入來申候ハ、來ル十五日隱居屋へ引移可申と存候、永々御世話ニ罷成候、御礼御暇乞ニ致伺公候由、菓子持參、

一、十一月十五日、惣持院來り申候ハ、護广堂脇へ引越候樣子被仰付候由、段々申候砌、何とそ普請料之上、米七俵程收納之場所ハ誰被下候樣ニと願申候、監物挨拶、拙者勝手ニも有之ニ付、先內證ニて相談極、

*護摩堂本社の傍に零落し見苦し
*宮之介來る
*中務と相談致す
知行は重き事
*新福寺入院の見舞に來る
普請金二十五両程相談
*護摩堂屋敷替相談に及ぶ

其上ニて相役其外へも及相談可申存寄、尤同役始、內證ニて致世話見候樣ニ申事ニて、此間折〻內談致見候へとも、色〻ねたれ埒明不申候ニ付、內證ニて世話相止可申、表向ゟけんへいニ申付候事も可有之候、然共、其程ハ自分壹人にて出身望と相談之上と申聞候、其時遠背いたし候ハヽ、公儀迄も伺候事も可有之候抔ト申聞、尤又三所へ万一火難共申候節ハ、本社と護广堂ノ間、當秋風雨ニ神木根かへりかけはらい候故、如此申聞候義不致承引候而ハ、無念ニも成可申候抔ト申聞候、是又護广堂願候間、隣權之丞屋敷ニて護广堂ノ坪數程遣普請金、先十五兩程も遣候ハヽ納得可致哉申聞候へとも、それニてハ承引無之候、知行ト申事ハ重キ事ニて候、右之通申聞候へとも承引不致候ニ付、內證ノ世話致間敷旨斷申遣候抔、彼是談、惣持院申候ハ、私ニても能御ねだれ申候時節ニ御座候間ちんちニてハ無之、尤之樣ニ存候、左候ハヽ、知行と申候而ハ、重キ事ニて候間、普請金廿五兩程御相談被成被下候樣ニ奉願候、普《フ》請殘金じゆどう（修堂）金と申世間ニ有之候、左樣之事ニ仕度候、私も御願申上候、此上遣度も參可申候、監物申候ハ、

同役共致相談見可申候、此方ゟ護广堂を以可申入候、左樣心得候樣ニと申候、尤今之通ニてハ本社ノかたわら零落ニ致候、寺見苦敷有之候へハ、近〻ニ修覆をも不致候ハヽ成申間敷候、然處ヲ御修理料ゟ寺建立被成被下ト申ハ、宜事ニて候、彼是申談シ歸ス、

一、十一月十六日、宮之助來り、內〻之願致色〻申談、公儀江之御屆ケ書之下書、自分ニて致爲見候、監物申候ハ、中務ト致相談候樣ニ、此趣自分も考見可申候由申聞ル、尤末〻別ニ御氣遣之筋可有之とも不存候間、內證ニて御請負被下候樣ニと申候へとも、得心不致候、從公儀被仰付候職分之義ニ候へハ、自分抔取計不成筋之事也、落付不申ト申聞ル、

一、十一月十七日、新福寺玄章入院ノ見舞ニ來ル、扇子箱三本入・中折紙壹把包持參、吸物出ス、酒出ス、持參之品麁相之物、麁抹之致方也、

一、十一月十七日、番頭呼ニ遣、何も來ル、監物申候ハ、前日護广堂屋敷替之事及相談、自分世話可致段申候得共、段〻ねたれ申候間、左候ハヽ、自分世話相止候、此上相談之上、けんへいニ申付候事も可有之候得共、其段ハ難計候段、斷申遣候、七俵附之知行ヲ

*新修理料には相應の畑もなく代地もなし

普請殘金を修堂金に仕る

*護摩堂へ二十兩權之丞へは十五兩と極る

*宮林中切の處を杉植樹しその間に櫻を植う

*風雨根反り致す

*本社の脇に見苦しき寺社家たる者嫌ひ申す第一なり

普請金之外ニ願候、然ハ一昨日惣持院來り、右護广堂ねたり候通申候ニ付、其樣ニハ難成筋申候へハ、惣持院申候ハ、左候ハヽ普請金廿五兩、私も奉願候由申候、護广堂此度御ねたれ候も尤ニて候、私ニてさへ此節御ねだれ不申、何時御ねたれ可申哉、遣堂ニも右之通願候由申候、左候ハヽ、普請殘金ヲ修堂金ニ仕候樣ニと申候、仍之皆へ及相談候、尤前日護广堂へ場所之儀如何と申聞候へハ、宮房權之丞屋敷地ノ端取次屋敷か宮下陳屋屋敷ヵひて松かと被仰候へ共、宮房願ニて候由申候、皆〻如何と及相談候、副祝申候ハヽ、それハ先面白儀ニて候、廿兩計も遣候而ハ如何と申候、監物申候ハヽ、それハ過申間敷哉、十七・八兩ニても可然候、又權之丞代地儀ハ、大祢宜領之內ニておし手代地ハ、中岸臺・大久保新開追野城はさま入之新開請取候樣ニも致候ハヽ可然候、何と哉覽自分ニて申候へハ、手前勝手ヲ申候樣ニも有之つもりも如何ニて候へとも、本修理料ハ手前本知之事ニ候へハ、前方御返シ被下候樣之願をも申上置候へハ、万一御返も被下候時ハ、こんざつニ成候故難仕、又百姓共何も所持を取はなし候も如何也、又新修理料ニハ相應之畑も無之候、代地無之候、殊ニ有之候ハヽ致間敷哉、國行事(香取左近)へも物申抔ハ、屋敷も廣ク候間、代地出《ス》間敷哉、何方ニても能候、彼是と及相談權之丞、右之通相談出來候ハヽ、普請金十四・五兩も不遣ハ成間敷哉、皆〻彼も不拂之者、又屋敷能候、それヲ取分候事ニて候へハ、是も左樣不申成候ハヽ成間敷候、彼是及相談、宮之助申候ハ宮下へ御相談ニ伊織被遣候ハヽ可然候、尤之由申、副祝も參候樣ニと申聞、副祝中務へ、右之段委細ニ談候由、中務尤之由無相違候、然共、當分ハ金無之候、此段ハ如何氣毒ニて候由、又談候ハ護广堂へ廿兩遣可然ト相談極、權之丞へハ十五兩ト極ル、監物申候ハ相談濟候へハ、誰〻結構之事、宮林中切之処ヲ杦植立候ハヽ、早速しけり、間〻江櫻相植候ハヽ、春向ト一入御宮も賑ニ浦の見はれハ《弥》能御繁昌――、第一宮林中切見苦敷、殊ニ當秋之風雨ニて宮林ノ後通ノ杦共ハ、皆根くつろき永持ハ不致候、追付風雨ニ根かへり致候、今之通ニて殊外うすく成候ニ付候而ハ、新宮林仕立候ハ宜事也、殊ニ本社ノ脇無レ間ニ見苦敷寺・社家たるものきらい可申第一也、古ゟ元祿

*新福寺へ祝儀使遣す

*宮之介職分の件

*宮之介元祿十三年奉行所に於て職分仰付らる

御船山も當社も風により根反り

宮之介職分の儀につき御屆書相談

*護摩堂所替の儀

年中御修覆之節本社後ロヘ、十二間程シサリ候ニ付、護广堂間近ク成候、　扨又此度風折ニ付、材木藏殊外能出來ソウ也、場所神樂所之後見立候由、是ハ不宜所ニハ無之、護广堂屋敷極候ヘハ至極宜候、左候ハヽ、米藏ニ致能可有之候、二指ヲ張□□遣候ハヽ可然候、宮之助申候ハ下ニもいくらニも有之候、左候ヘハ、今迄ハ米藏之地拜借ニも相止申候而御爲ニ成候、右之段物語候、何も致大慶候事、

宮之介申候ハ、御金無之候間、御船山御拂可然候、大切之場所ノ宮林出來候事故ト申候、

物申悴右近申候ハ、御船山も當社〔も〕之風に根かへりノ殘も多クハ根くつろき押付倒申候、御拂可然候、跡ヘ植候ハヽ結句御爲▨▨、監物申候ハ尤ニて候、併惣社家ゟ少しも神慮ヘ御借候樣ニいたし候而ハ、追付來暮ニハ返納もたまり申候、宮之助申候ハ左樣ニてハ取集も六ケ敷御座候、御船山御拂候方可然候、副祝申候ハ御船山(ト申名ノ付候宮林、)ハ御拂と申候而も如何ニ而候、彼是談とかく其儀ハ被納事と退散、

一、十一月十八日、宮之介職分之儀ニ付、御居ケ書相談、下書致ス、

一、同十八日、新福寺へ祝義〔備〕使遣、樽遣壹弁入、口上、此度首尾能御入院目出度存候、仍之〔文〕□

一、宮之介職分之儀、御居書付ニ判致、其分如左、

乍恐口上覺

○

當宮下社家宮之介義、親子共ニ病身ニ御座候而神役相勤り不申候ニ付、同社職之内相應之者有之、職分相續仕隱居仕度之旨相賴申候、願之通申付度奉存候得共、右宮之介義、元祿十三年於御奉行所、職分被爲仰付候者之儀ニ御座候間、爲念御居申上候、以上、

享保十六亥年十二月

下總國香取神宮
大祢宜 香取監物印

大宮司 香取中務印

寺社
御奉行所

宮之介申候ハ、御出府被下候樣ニ願候由申候、(御年番ニも御座候間ト申候、)監物申候ハ、惣躰當年ハ病氣付、殊ニ此間內證殊外勝不申候、中ゝ寒氣ニ向出府抔出來不申候、中務幸出府之由相賴見候樣ニと申聞ル、

一、亥十一月廿二日、番頭監物宅ヘ呼申談候ハ、護广堂所替之儀、段ゝ了簡致吟味見候処、宮房淸左衞門屋

新開野未開の儀相談に及ぶ

敷代地無之候、先達而ハ新開野未開之儀、余之事ニ及相談候得共、それも多も無之候由、殊ニ新開致候ハ、百姓共我儘之致方ニてハ有之候得共、今又改少ニても山年貢ニても申付候ハヽ、願之、彼是可有之候間御修理料ゟ米成共出候様ニ致相談可然候、相應之代地無之候、清左衞門後ノ畑廣キ事也、仍之中務ニも見分致候様ニ各ニも被見候様ニ、其上ニて自分も〻〻服ニて此方へ來ルヿ不成、中務宅へ參、何レニモ可致相談候、番頭共歸ル、

山年貢

清左衞門方へ代地無きにつき御修理料より米五俵宛遣す

同日、番頭共ゟ迎遣、中務宅へ出ル、監物中務方へ此間得御意候通相談之訳、段〻物語ニ候、扨清左衞門方へ代地無之ニ付、御修理料ゟ米五俵ツヽ毎年代地ニ替ニ遣候様ニ相談極、尤清左衞門家をは、やはり差置家後ロ九尺程置、護广堂左内ニ致故、又中岸

護摩堂へは普請金二十兩に極む

臺遣候様ニ極、扨金子拾兩遣候筈ニ相極メ、護广堂江ハ右之代地ニ普請金廿兩ニ相極、扨護广堂呼立合、

*護摩堂の代地に大宮司領の畑遣し置く

右之段申渡ス、護广堂申候ハ、宮房屋敷皆申請度候、達而相願候、監物申候ハ左難成候、家跡ニ少前脇添遣不申候へハ不成候、先年出入、夫〻之公儀江も達御聞候訳も有之、源太祝《ハマサリ》分ニて壹人前之者也、仍之あの屋敷皆難成、中務も右之通申聞候、彼是ねたれ申候、得心難致筋申候間、監物申候ハ、左候ハヽ勝手次第ニ可致候、今も及相談候、承引不致候へハ、あの通幷杁根かへりかけはらい、万一出火とも申候へハ、御本社難遁候、然レハ、此方共無念ニ候間、公儀江可申上旨相談相極候、然時ハ其方ニも出府も致筋ナレハ、物入ホも可有之、又其方申分相立候上ハ、當所ノ者ハ壹人も其方へ付候者ハ有之間敷候、此方共相談之通ニて少も不足無之候ハ、中務も右之通申聞見候へハ寺も及零落候、修覆其外不致ハ成間敷候、寺之爲ニも結構之段、速ニ及挨拶候へハ訳宜候、左候ハヽ風折ノ末木抔ハ少〻普請之節遣候様ニも可致候、彼是談ル、護广堂申候ハ、左候ハヽ本寺△ニも申聞、明日御返事可仕候旨申候、仍之護广堂返事次第、清左衞門屋敷見分ニ皆〻出候筈申合、

同日、中務申候ハ、此間ちらと被仰聞候、先年護广堂ノ代地ニ大宮司領ノ畑遣置候、是ハ二百坪程今ノ鹿嶋ノ社ノ邊ノ代地也、如何可致と申候間、監物申候ハ成程御隱居ノ御寄進候様ニ存候へ共、前方も御咄も有之候、とかく大宮司知行減候ハ能無之候、替地成共夏成成共御了簡次第ニ修理料ゟ御請取候様ニ申候、今年

迄ハ丹波寄進分ニ成替地無之也、中務申候ハ代地も修理料ノ御損ニ成候間、畑調之程ノ代金ヲ御修理料ゟ護广堂へ遣、右之畑請取度段申候、尤之段及挨拶候、其段後ニ護广堂へ申聞ル処、とくと無挨拶、私不存事抔ト申候、一両年以來之住持事ナレハ、如何樣之訳ニて候哉、不存ト申候、宮房清左衞門をも呼、護广堂屋敷ニ吾屋敷内ヲ相談之上相極候、尤代地ノ分相立可申候、然共、未護广堂方不極候故、訳をは不申聞候、

神前朝夕の神拝

監物中務へ申候ハ、神前朝夕ノ神拝ノひさ付うすく有之、今時分ゟハ寒持病ニ障候間、半疊ニ致度候、兩方ニて拵候樣ニ致候ハヽ、可然之旨申候、中務申候ハ、成程出家抔ノハ臺有之候、岩臺ニも致候ハヽ、能《可》有之哉抔申候、宮之助申候ハ、御内陣ノ疊ノ壹疊出シ有之候、表替不致ニハ成不申候、へり此方ニ無之候、江戸ニて御調候樣ニ申候、中務申候ハ、左候ハヽ、右ノ半疊のへりも其へり之通り可然申候、

新福寺後住の件

一、同日、此度新福寺後住ニ付、本寺へ添翰之安紙先ゟ來候ハ、不写候ニ付右之相談、則半紙認香春院を以申越候処、新福寺申候ハ、先年之通ノ文言ニ仕度候、若滯も有之候へハ氣毒と申來ル、中務申候ハ添翰ニ好有之筈無之候、此方存寄次第ニ有之筈抔申候、

*護摩堂來り本寺へも內談

一、十一月廿三日、護广堂來り本寺江も內談仕候、とかく宮房屋敷一圓被下候樣ニ願之由被申候、分飯司を以申渡候ハ、左候ハヽ申付不《ト》受申物也、遠背之段申聞ル、護广堂申候ハ、左候ハヽ宮房屋敷一覧仕候上ニて、御願可申候由申候、中務始番頭宮房屋敷へ出候ニ付、參候樣ニ迎來ル、分飯司出居申候ハ、護广

*護摩堂違背

堂遠背之上ハ、見分ニ不及之間見ニ不及之由、監物申候由申候へハ、中務申候ハ見はれも宜候、御慰ニ何も出居候間ト申來ル、監物出ル、夫ゟ護广堂呼申聞ル、則番頭皆〻清左衞門家《後》ゟ九尺程置、護广堂望之通堺ヲ立ル、彼是相談有之、然上ハ、清左衞門ハ代〻ノ屋敷ヲ家跡計ニて、皆代地ニ成候訳也、仍之中岸臺添ノ相談也、其前ハ毎年五俵ニ此度金拾兩ト相談也、前ニハ中岸臺ヲ入召ニ記、清左衞門ハ權之丞事、

*中務宅へ立合ひ護摩堂呼ぶ

一、同日夜、中務宅へ何も立合護广堂呼、先剋之堺之通、得心ニ候ハヽ證文をもいたし候樣ニ、護――申候ハ落付不申候、先剋堺之上坪數ヲ打、少〻不足之分ハ用捨可仕候ト申候、監物申候ハ坪ヲ打ト云ハ、先剋之少ノ堺ヲ立候さへ隙取申候、況兩屋敷ノ坪打ハ埒

*本寺內談相濟む

護摩堂畑年貢金壹分少
清左衞門裏の畑年貢は壹兩

*材木藏出來

明申間敷候、中務始何も申候ハ、先剋之通ニて得心ト申、望之通ニ繩張いたし候テ、又ねたれ候や、彼是申候、監物申候ハ坪ヲ打少〻不足之所、其分ト申候、神慮事ニて候間、それハ尤左候ハヽ、繩の圓シ《土手ノ外》也、見可申候、地坪不足ニ候ハヽ、清左衞門家ヲ切候共、余りとて先剋ノ堺ノ內へ堺可立候、此方も少覺有り、左候上ハ末木抔之事申候へとも、一本も遣間敷候、坪數次第ニ可致候、護广堂申候ハ、左候ハヽ、其儀ハ申上間敷候、普請仕候ニ梁ゟ下ノ材木被仰付被下候樣ニ御願申上候、皆〻申候ハ、それも難成候、見つくろい少〻ハ末木可遣候、護广堂儀畑年貢金壹分ノ少余、清左衞門裏ノ畑年貢ハ、壹兩程ト有之由、能了簡致候樣ニ、此方共訳惡敷筋之事ハ難致候、又他所ノ名主・組頭抔ノ相談、彼是とは大ニ違候由申聞ル、護广堂申候ハ、左候ハヽ一通本寺ニ爲申聞御挨拶可仕候由、則本寺往ク、歸候而申候ハ、本寺他出迎遣候、明日ハ咄可申候間、御待被下候樣ニと申候、監物申候ハ、これハ先達而本寺も兩人方へ願候訳故、何ノ相違も有之間敷候、又地方之事ニ候へハ、指而本寺構之事無之候、然共、內談被致度候ハヽ、それハ勝手次第、中務申候ハ、先年ノ替地之畑相應ニ金子可遣候間、此方へ返候樣ニと申聞ル、護广堂申候ハ、それハ相極り居候所、金子ニて又畑調候ハ、知行ニて無之候、田地ニて候、極候ヲハ極候ニ致度候、宮之助申候ハ、尤ナレトモ其替御修理料ゟ代畑遣、右畑ハ大宮司領故取返度旨ニて有之候、護――申候ハ、金子ニて無之相應之畑ニて候ハヽ、相心得申候由申候、監――申候ハ、左候ハヽ、明日晝過迄ニ本寺內談相濟次第、左樣致候樣ニ中務も近〻致出府候間急《イツ》キ之由申聞ル、

同日、監物中務へ申候ハ、御出府御留主ニても御普請《ォ》相止不申可爲致哉、中務成程ト申候、材木藏出來候ハヽ、皆〻立合材木入候樣ニ可致候哉、成程申候、又此相談出來ニ付候而ハ、御船山御留主ニても爲拂可申候哉、成程無相違候、

同日、中務申候ハ、宮之介伺之事、御年番ニ候間其許被仰上間敷哉、監物申候ハ、此間不快ニ而候、中▨《ゝ》寒氣ニ逢候へハ、殊外痛申候、其許御賴見候樣ニ宮之助へ申候へキ、中務申候ハ与風隙取候へハ、御祭礼前氣毒ニて候、別隙取可申とも不存候由申候、

護摩堂移地につき金子入る

護广堂寺地ノ移候ニ付金子入候、金子無之候ニ付御船山拂相談極ル、尤前日之風ニ根くつろき、又風ニハ根かへり何もいたし樣子ニ見へ候、皆打拂跡へ植候ハヽ、結句宜可有之由ノ相談、中務《も》拂候ハヽ可然候段申出候、

新福寺添狀

一、十一月十四日、新福寺添狀、中務方ニて認遣、尤文言相談也、其文、

一筆致啓上候、今度當所新福寺智靈〔梁〕長老被致隱居玄裳〔章〕長老を以、後住被相願候ニ付、遂吟味候処、於社法相障儀無御座候間、願之通被致許容候、右之段拙者共より宜相心得、得御意候樣ニ、兩人申御事ニ御座候、恐惶謹言、

十一月　大祢宜内 伊藤求馬 書判
大宮司内 小林玄番 書判

平沢村 東壽寺 御役者中

右添翰ハ、先年遣候由ニて相願候へとも扣無之候、尤新福寺ゟ之安〔案〕紙之通ニて候へハ難遣事也、此方ゟ本寺へ願候筋也、　右之通ヲ《判》認中務方へ遣候、其許も御封香春院へ御渡可成候、尤先達而之願も香春

院持參也、新福寺本寺也、

同日、新福寺より使僧香春院御添翰、難有存候由分飯司処迄申遣、

＊宮之介來り中務方へ參る

一、同日、宮之助來り、今日中務殿へ參、私義御屆被下候樣ニ願申候、▒《幸》御出府之事故、達而申候得ハ、成程ト請▒被申候、就夫來月ノ日付ニ致可然段被申候ニ付、御屆書認直申候由申候、則判形致直ス、

同日夜、中務方ゟ使伊織〔小林〕、只今護广堂來り、只今飛脚歸候、明日迄御延被下候樣ニ申來候、番頭ヲ相待居候、明日何時と極可申候哉、監物返事、其許御勝手次第ニ可被成候、何時ニ而も御左右次第ニ參可申候、惣持院遠方ゟ歸候事故、書過ならてハ歸申間敷候、書過可然候抔申遣候、

＊中務宅へ立合ひ番頭も出る
＊惣持院も願に出る

一、十一月廿六日、中務宅へ立合、番頭も出ル、惣持院も願ニ出ル、護广堂義宜御相談被下候樣ニト願申候、宮坊屋敷皆被遣被下候樣ニと相願申候、監物申候ハ尤ニて候得共、淸左衞門義も先年出入之儀も有之、公儀ノ御聞ニ入候者之事ニ候へハ、水呑同前ニ致候も難成、外ニ相應之代屋敷も無之、定而代地御覽ニて可有之候、能屋敷ニ而御座候、あれ程ノ屋敷切取

惣持院は代地も一覧仕る
*護摩堂方へ御両所より書付

六所道の枯木二三本あり

*大風につき宮林と護摩堂地の堺は風折根反り
*火難等別して氣遣し

候、其地主ハ殊外迷惑ニ可有之候、とかく此間皆〻場所へ罷出見分堺をも引申候通、金子をも普請金廿兩ト相談相極申候、尤風折も有之候間、末木抔ハ少〻見計可遣旨申聞候、惣持院申候ハ代地も一覧仕候、左候ハヽ、右材木被下候様ニ願申候、彼是及相談、監物申候ハ客殿ノ柱計ヲたとへハ調候而も遣可申候、中務申候ハ、六所道ノ枯木二・三本有之候、あの様成ヲ伐添遣候様ニ抔申候、宮之介申候ハ、枯木末木と申候而も朽、彼是有之候へハ、又〻願ホ六ケ敷御座候、いつそ金子ニ而其分ニ遣候方可然候、尤當分御金無之候間、其分ノ金ハ來暮ニ渡候様ニ致可然候段申候、中務申候ハ、金子ニ致候而ハ、何程と申候へハ、惣持院申候ハ、拙僧先達而相願候通、廿五兩迚之儀ニ被下置候様ニ申而も御神慮之事○殊ニ御宮ノ大成ニ候へハ納申《こぶ》候、右之通御相談被成下候ハヽ、護广堂・拙僧者生〻世〻忝可奉存候、宮之助申候ハ、今日惣持院被出、是程ニ御申候事ニ候間、左様之御相談可然と申候、監物申候ハ、先日も其許御願ニ付、普請金相增、又今日も相增高直成被致候由笑申候、中務申候ハ、右之通ニ相極候而ハト申候間、監物申候ハ埒明不申候間、然ラハ其通ニト相定メ申候、惣──護广堂相悦礼申、則▨《普請》證文案紙惣持院ニも見セ納得致ス、監物申候ハ、右金子之儀ハ遠國ノ出生ニて候間、其許へ相渡可申候、惣持院も相心得申候由申候、惣持院申候ハ、護广堂方へ御兩所ゟ御書付被下候様ニ、向後之ためニ候間奉願候、右之通談惣持院歸ス、無程使僧を以申越候ハ、只今も申上候通、達而慮外ニも奉存不申上候、護广堂方へ御兩所ゟ御書付被下置候様奉願候、返事、成程致相談見可申候、證文ノ文、

修理料役人四人へ一通ツヽ、四通也、

證文之事

一、當秋大風ニ付、御宮林と護广堂地之堺風折根かへり大分御座候而、拙僧寺御本宮ニ間近ク寺地も御近所故、火難等別而氣遣敷思召候ニ付、御相談之上、宮坊屋敷之内江引地被仰付爲替地、右宮坊屋敷内土手ゟ内者、清左衞門居屋敷土手ゟ外者、拙寺境内ニ相極、今度御立合之上、御引渡請取申候、則爲普請料金子貳拾五兩御修理料ゟ被下置難有奉畏候、此上如何樣之儀御座候共相違仕間敷候、仍而證文如件、

享保十六辛亥年十一月　護广堂印

修理料
御役人御衆中

右護广堂江被仰聞候趣、拙僧も致承知候、依之致

奥印候、　惣持院印

從此方護广堂へ遣候書付如左、

覺

今度其寺地御神用ニ付、宮坊屋敷江引移候、別紙

書面之通寺地可致所務候、御神用代地之事ニ候条、

向來相違有之間敷者也、

享保十六辛亥年十一月　大祢宜印

大宮司印

護广堂

右之通認相渡ス、

一、右立合之節、弥御船山拂候相談ニ相極ル、材木藏も

護广堂屋敷之內竹藪之跡土手なりニ相定、可然之由

相談ス、宮坊清左衞門へ申渡候儀ハ、重而可申渡段

申談、明廿七日中務出府ニ付、右之通護广堂今ノ屋

敷廻ノ木共ハ清左衞門ニ遣、清左衞門仕立候屋敷廻

ノ木ハ、護广堂ニ遣候段申談ス、然共護——清左衞門相對三十年余御修覆以

*護摩堂屋敷を宮林に致す

*惣持院來り護摩堂の儀申述べ帰る

護摩堂地御神用につき宮坊屋敷へ引移る

*御船山入札立木十五本

材木藏も護摩堂屋敷の內竹藪の跡土手に定む

ニ可致候申渡、其通ニ致候由、來皆々護广堂屋敷ヲ宮林ニ致度相談、度々有之候得

共時節到來、此節監物与風申出致成就大慶不斜事也、

今迄之通ニてハ大社之大成きす也、殊此上ハ宮林も

所々大風ニ而風折有之、宮林うすく成候故、此度護

广堂屋敷ヲ宮林ニ仕立候ハヽ宜可有之、

一、十一月廿八日、玄關迄惣持院來ル、護广堂之義礼、

段々申述歸ル、

〔十二月〕

一、十二月四日、御船山入札立木十五本殘皆拂、落札三

拾九兩貳分、

同日、護广堂屋敷ノ內土手并ニ材木藏貳間半ニ六間

立初ル、

一、十二月五日、番頭來申候ハ、今朝宮下へ江戸ゟ飛脚

被遣、被仰遣候趣ハ、此度井上河內守様(正之)ゟ御年礼ニ

付、御觸之儀如此被仰出候、先年も此趣被仰出候へ

とも相願、每年相勤候、此度も御相談申相願可然候

ハヽ、願書ノ案紙も認、如此——被遣候、尤其元ニ

て增減被成印形とも被成被遣候ハヽ、相願可申候、

但御出府ニて御願可被成候哉、先日御不快之由左候

*江戸二十里四方只今迄の通り罷出づ

*江戸より二十里とは江戸を中にして四方へ十里宛

*香取神宮は大社今迄通り毎年御禮申上げ御祈禱の御祓獻上す

諸國寺社山伏御年禮に罷出候覺

*新福寺來り本寺幷に江戸三ケ寺へ罷出づ

ハヽ、願書被遣候ハヽ御願可被成旨ニて候由、右之通御相談仕候様ニと被仰越候、監物申候ハ右之趣、先達而被仰出候沙汰致承知候、併中務御奉行所へ出候節被仰渡候哉、又世間沙汰聞及候而ノ事ニて申越候哉、書狀ニても委遣候へハ能候ニ、無左とかく何ニも致セ、江戸ゟ申越候上ハ、願不申候ハ成間敷候、御威光之爲ニて候、脇〻ノ小社幷ニ三年目・四年目ニ出候而ハ不宜、同クハ正・五・九月ニも御祓差上度事、番頭何も尤之由申之、御願候様ニ致度旨申候、△飛脚相談之上ニて御手洗市郎右衛門申付、尤分飯司(伊藤求馬)・伊織(小林)両人ニて路錢ホ相渡申付ル、

同日、御觸之趣手前ゟも江戸緣者共ゟ來ル、其文、

諸國寺社山伏來子年ゟ御年礼ニ罷出候覺

一、當亥春迄毎年罷出候分ハ、向後三年目可罷出、

一、隔年ニ罷出候分、向後四年目、

一、三年目罷出候分、向後五年目、

一、四年・五年・六年目罷出候分、向後七年目、

一、七年目ゟ相延候分ハ、當春迄之通、

但、當春迄年〻罷出候年ゟ之積を以、向後御定之通可罷出候、

一、江戸ゟ貳拾里四方、只今迄之通可罷出候、且又寺院惣代幷代僧・神主・社家等名代を以御札ホ差上來候分者、只今迄之通可相心得候、

右之通御料者御代官、私領者領主幷地頭より可被申付候、承合候儀有之候ハヽ、寺社奉行江可被談候、以上、

亥十一月

右之趣可被相觸候、

江戸ゟ二十里トハ江戸ヲ中ニシテ四方へ十里ツヽノ事ト中務(香取)も申遣ス、中務江戸ゟ遣願書ノ安(案)文、御年礼之義、今度御觸之趣難有奉承知候、就夫香取神宮之儀者、大社之義ニも御座候条、只今迄之通毎年御礼申上、御祈禱之御祓獻上仕度奉願候、以上、

一、十二月六日、新福寺來り、此間本寺幷江戸三ケ寺江罷出候、入院屆首尾能相濟候、先日ハ本寺へ御添狀被下、夫故首尾能本寺向も無滯相濟、忝奉存候段、礼ニ來ル、尤本寺東壽寺も宜申上候様ニと申候事之由也、右返事之沙汰ハ無之、

一、十二月六日、番頭呼相談ス、監物(香取)申候ハ、兎角昨日之願之儀、三年目ニ御礼申上候様ニ成候而ハ、又重

而ノ御觸ニハ五年・六年ニも成候、然ハ小社ノ格ニ成候、とかく今迄之通相願候可然候、就夫願書如此認候、是又相叶候様ニ願候ニ付存寄ヲ認候、尤中務方書狀も遣候申候、飛脚之者、明七日相立候様ニ可然候、公用之儀故願書致相談宜様ニと思呼ニ遣候、其文、

香取神宮は大社の儀御由緒格別の事

*日光近邊甘露降る

毎年御祈禱の御祓獻上

乍恐以書付奉願候

今度御年礼御觸之趣、難有奉承知候、併香取神宮者大社之義、御由緒格別之御事御座候間、只今迄之通毎年御祈禱之御祓奉獻上、御禮申上度奉願候、先年右之趣御觸被爲仰出候節も御願申上、願之通被爲仰付候、今度も只今迄之通ニ被爲仰付候様ニ奉願候、以上、

享保十六辛亥年十二月

下總國香取神宮
大祢宜
香取監物印

大宮司
香取中務

寺社
御奉行所

*宮之介隱居願

右之趣、番頭爲見及相談、何も可然之由申之ニ付、則致印形遣ス、

御年禮御觸の儀は御宮の御威光

中務方江書狀趣、然者今度御年礼御觸之儀致承知候、御宮御威光之爲ニ候間、只今迄之通ニ致度候、尤先年右之趣御觸之節も御願申上、願之通被仰付候、此度被遣候願書之案文了簡をも差出相認、致印形差越申候、宜可有御座候哉、尤番頭江も及挨拶候、何も御宮御威光之爲ニ候間、御願只今迄之通ニ致度之旨申事ニて候、拙者儀、此間別而氣色相勝不申罷在候、公邊宜様ニ奉賴候、右之訳故、以他筆――、

十二月六日

香取監物
實行(花押影)

香取中務様

一、江戸沙汰、霜月十三日日光近邊甘露降候由、爲之同月於御城布衣以上ノ御役人御吸物・御酒被下候由、

○一、亥十二月十四日、江戸從中務方返事來ル、其文、

貴札致拜見、先以御宮御安全之由、御同前目出度御事ニ奉存候、次遣御宅弥御平安ニ御勤之由、珎重奉存候、御年禮願書早東〔速〕指上候、未御様子相知不申、何角与ノ品ゝ御尋御座候故、飛脚も留置申候、何とそ早ゝ相濟候様ニと願申御事ニ御座候、且宮之介隱居願之義も、去九日勝手次第ニ可申付由被仰出候、左様心得可申成候、委曲飛脚口上ニ申付候、恐惶謹言、

極月十三日

香取中務
書判

*各別の大社只今迄の通り隔年に御禮申上ぐ

*鹿嶋も同前

香取監物様

尚〻拙者も一兩日風氣、今日者別而勝不申候ハ覺早〻申入候、以上、

宮下半四郎妻忌中

檜杜松に假屋出火につき一家殘らず燒失

一、亥十二月廿三日、宮下半四郎妻忌中故、ひむろニ假屋ヲ拵居候処、四ツ過出火、一家不殘燒失、監物罷出、風強《フジ南》近所ニ無家故、一家計ニて火消、中務方へ使(額賀)清右衞門、口上、出火之処、早速火靜、大慶御留主故、一入氣遣致候処――、無間伊織・佐助來ル、口上、不慮之儀出來、御出殊ニ御使者被下忝爲御礼伺公仕候、半四郎義中務留主ニも候間、私共逼塞申付候、爲御知申上候、

*宮之介親子病身につき宮之介隱居

本社參籠所樓門等屋禰葺替出來

一、十二月廿四日、本社屋祢後不殘、參籠所屋祢不殘、樓門屋祢不殘、今日廿四日迄ニ屋祢や共曹仕廻、尤箱棟ホも仕直ス、材木藏も當月廿日迄ニ屋祢共不殘出來、

中務江戸より歸宅

一、十二月廿五日、中務從江戸歸宅ノ由ニ而、伊織使ニ遣、口上、御年礼願之通被仰付候、宮之助事、兩方ニて可申渡哉如何と申來ル、返事――、弥重ニ御座候、明廿六日其元へ參、諸事可得御意候、

*副祝釆女宮之介職相續す

中務宅立合ひ

○一、十二月廿六日、中務宅立合、中務申候ハ、御年礼之義、井上河内守(正之)様へ奉願候処、去ル廿三日各別之大社之事ニも候間、只今迄之通ニ願之通被仰付候、尤兩人ニ而隔年ニ只今迄御礼申上來り候、鹿嶋も同前之由、

○宮之介(國分)孫之進事、願之通相濟、則孫之進釆女(今泉)ヲ呼申渡候ハ、、病身ニ付隱居致度段聞置程ニ、此方共勝手次第ニ申付候様ニ豐前《黑田》(直邦)守様御用番ニ而、右之通被仰付候、中務申渡ス、則證文爲致、中務ハ證文之事不申候へとも、自分爲向後ニ候間と申證文申付候、其文、

證文之事

一、拙者親子共病身ニ御座候上、近年者別而病重、社役相勤リ不申候ニ付、此度副祝今泉釆女方江社職相續仕、隱居仕度由、達而御願申上候、然共、拙者義、元祿年中於御奉行所ニ社職被仰付候者之義ニ御座候間、御奉行所江御届之上、願之通被仰付、難有奉存候、尤此願ニ付向來共ニ父子兄弟者不申及、外ニ指障申義、少茂無御座候、仍之父子印形仕差上申候、

一、副祝釆女義、宮之介職ニ相續仕、難有奉存候、副祝職義者、悴宇右衞門ニ相續仕、尤社職ニ付御神

役朩、且又御社法之趣不相背、急度相勤可申候、

爲後證如此御座候、以上、

享保十六辛亥年十二月

前宮之助 香取孫之進印

同悴 同　杢之助

前副祝 今泉采女印

大宮司 香取中務殿

大祢宜 香取監物殿

右本書ハ、中務方ニ有之、

同日、中務申候ハ、半四郎出火ニ付、新福寺ニ罷在候由、是ハ如何可致哉、監物申候ハ本宅ニても無之、忌屋手迎之事ニ候間、御宥可然候、然共、扨〻あやうき事風强、〔香〕光春院へ移候へハ、大火ニ可成候、强ク御呵可然候、中務申候ハ、左候ハヽ年内之内宥シ可申候、

同日、番頭呼御年礼之義、願之通被仰付候段申聞ル、監物申候ハ、此度三年ニ一度ニ成候へハ、又重而ノ御觸ニハ五年・七年ニも成可申候、左候へハ小社同前ニ成可申候ニ、大慶之事之由申聞ル、又中務申候ハ、宮之助職分願之事も、此度首尾公邊相濟、願之通申渡相濟候段申聞ル、返納之儀、來ル廿八日と申定ル、

*惣持院より歳暮の祝儀に使僧來る

*中務宅寄合

*分飯司十五両拝借金拝借帳に載る

*監物十両返納

*采女十五両拝借の内四両返納

宮之介職分願の事首尾公邊相濟む

一、十二月廿七日、惣持院ゟ歳暮之祝義ニ使僧來ル、串柿壹把來ル、遣返礼、

一、十二月廿八日、中務宅寄合、返納之義中務申候ハ、此度黒田豐前樣江奉願、當年ゟ廿年賦ニ被仰付候由ニ而、其趣返納帳ニも相認致返納、手前江ハ一圓御沙汰ナシ、右之通り計ニ申候、則一ケ年ニ六兩ツヽノつもりニ候由ニて、六兩返納ス、分飯司當春中ゟ奉願金十五兩拜借金相渡シ、拜借帳ニ相載ル、監物拾兩致返納ス、采女石垣ニ付内證ニて十五兩拜借爲致候処、四兩返納ス、錄司代壹兩返納、權祢宜・大祝ハ春迄と申延ル、其通りニ致ゟ前後中務自分方江、其元ニも重而如此不被成ハ成間敷候由申候、○監物申候ハ、左候ハヽ自分江も御相談御知セ候ハヽ、一同ニ願可申候ニ御無沙汰筈無之抔申候へハ、右之通ノ挨拶、又監物申候ハ、併なりさへ致候ハヽ、二年分一年ニも返納致度存寄也、余ノ借ト遠申延抔不成故、氣ノ結候事心ニ掛り申候抔及挨拶、返納金帳面ニ記シ各致印形、尤中務廿年賦被仰付候由ニて、自分ニて文ヲ好記ス、

十二月廿八日、右同日御普請拂方金子不足故、諸職

護摩堂代地に清左衞門屋敷を遣す

御宮御用につき宮坊清左衞門屋敷に引移る

米五俵宛毎年御修理料より頂戴

*五節句等も御兩所より相勤む

*五節句等の音物

人內拂ニ致、護广堂・清左衞門江も金子五兩ツヽ遣、漸右之通ニ配ル、金子不足御神用手支致難義、

同日、護广堂代地ニ清左衞門屋敷ヲ遣候段、清左衞門へ代地遣候相談相極證文取、其文、

證文之事

一、此度御宮御用ニ付、拙者屋敷之內江護广堂引移被成候ニ付、拙者方江爲替地中岸臺被仰付幷御修理料ゟ金子拾兩被申置、且又後來米五俵宛每年御修理料ゟ頂戴可仕旨、難有奉畏候、尤右之趣ニ而拙者方めいわく仕義も無御座候間、向後如何樣之儀御座候共、相違之儀申上間敷候、仍而證文如件、

享保十六辛亥年十二月　宮房 清左衞門印

御修理料御役人御衆中

右之通四通ニ致四人之役人へ請取、尤又清左衞門方へ、右之本文ニ奧書致、玄番・分飯司名所を以、清左衞門宛所ニ而一通遣、尤兩人印形致、尤前ノ文法同月ニて年号・清左衞門名ヲ記、奧書致兩人名記、末ニ又清左衞門ト名記ス、其奧書之文法、

右之通り立合引渡シ早、後來相違有之間敷者也、

小林玄番印

伊藤求馬印

宮房 清左衞門

中峯散地、翌子年二月廿二日番頭見分之、

同日廿八日、惣持院へ兩人ゟ使遣、宮中ゟ与五郎、宮下ゟ（マヽ）口上

――、扨年始ニ此方共其元へ參候節、迎ニ玄關迄被出、歸候節ハ門迄前方被送候事ニて候、向後左樣被成可然候、惣持院兩使へ申越候ハ、御口上之趣致承知候、玄關迄迎ニ出候事、成程相心得候、御歸之節門迄送候事ハ、余之事之樣ニ存候、御兩所ハ玄關迄御出、拙僧ハ式臺迄送り申候而相應と存候、門迄と申候事ハ、主とひくわん之位ニて御座候、右之通ニて可然と存候、又五節句才も御兩所ゟ相勤候樣ニ御使被下候故、私自身罷出候、私御兩所ヲ麁抹ニ仕候心底無御座候、五節句才ノ音物才も隨分念ヲ入きれいニ仕差上ケ申候、他ゟ遣候と御引くらへ可申下候、又兩人申遣候ハ、御口上之趣致承知候、五節句之義御自身御越候樣ニと使遣候事覺無之候、是ハ使僧ニて不苦之由、兼而申候、仍而五節句ハ使僧被遣候而も不苦候、年始ニハ前方も門迄送候事故、左樣被成可然と存候、然共右之通御返答之上ハ、追而又得御

惣持院返事
*打續き在江戸故惣持院入院以來初めて往く
中務様よりは仲間使監物様よりは侍使遣さる

意可申候、惣持院返事、五節句ニも御返礼被遣事も有之、不被遣事も有之候、定而御取込故と存居候、又仲間使ニて被遣候事も有之、不被遣事も有之候、中務様ゟハ仲間使、監物様ゟハ侍使被遣候、（其元も）右申上候通ニて可然と存候、古法ヲ存候者も無之候、只御返礼シカト無之候、二・三代以前、幸賴門迄御送之由承候、是ハ御領分之百姓ゟ出候者故、左様之訳と承候、其外ノ住持ハ出候様ニハ不承候、右之通申來候、中務申候ハ、其元ゟハ侍使被遣候哉、監物申候ハ新福寺抔同様ニ仲間使遣候、然共、使僧ニて遣候節ハ、仲間使遣、自身參候節ハ、侍使遣候、尤五節句使僧ニて能候由、日外立合之節、申談候ニ自身ニ參候故自身參候節ハ侍使遣候、中務申候ハ、左様之事も申合同様ニ致候が能候、成程申候、（ト）併今迄古例之通ニ（諸事）致來申合候事ハ無之候、監物申候ハ、とかく今とんしやくも成間敷候、重而ノ〡ト申談、中務も成程ト申候、中務申候ハ、先住申候へとも、（ノ〡）幸範抔ハ大ニ背候事也抔ト申候、

惣持院來社

子ノ正月四日、惣持院社ニ來ル、例之通五日監物返礼ニ惣持院江往ク、玄關迄惣持院迎ニ出ル、色〻丁寧ニ馳走、（有）歸候節式臺無之、下座むしろ迄送りニ出ル、近年正月打續在江戸（故）當惣持院入院以來、始テ往ク、召連候領分ノ社家座敷へ上り、次ノ間ニ座ス、

享保十六辛亥年十二月

大祢宜香取監物實行　行歳四十歳（花押影）

實行實祖父　同　讃岐守胤雪　同七十七歳

同實父　同　内膳胤信　同六十二歳

（原表紙）
「享保十七壬子正月

日記

東

（縦二七・三糎、横二〇・一糎）」

〔享保十七年正月〕

例年の通り御祭禮相勤む

享保十七壬子正月日記
例年之通、御祭禮相勤ル、同役大宮司(香取中務)年番ニ而御年礼相勤ル、

金剛寶寺惣持院年禮に來る

正月四日、雨天、同日、金剛寶寺・惣持院ホ年礼ニ來ル、何も座敷へ上ル、

＊寺社奉行所に年始の祝儀に罷出づ

惣持院へ返禮に往く

五日、惣持院へ返礼ニ往、當惣持院入院以來始テ往、領内之社家共召連ル、次ノ座ニ着ス、惣持院玄關迄迎ニ出ル、丁寧成馳走共也、歸候節式臺無之、下座むしろ迄送リニ出ル、六日、新福寺例之通年礼ニ來ル、八日、金剛寶寺へ返礼ニ往、九日、新福寺へ返礼ニ往、夫ゟ權祢宜(香取式部)宅へ旧例之通往ク、

＊水戸樣へ年始御禮申上る

一、正月十八日、小沢左中江戸へ使者ニ遣、寺社御奉行所・水戸樣(鶴千代、後ノ徳川宗翰)江年始御礼申上ル、井上河内守(正之)樣江ハ御役人松嶋久兵衛(茂雅)殿掛役人掛御目旧冬御年礼三年ニ一度ツヽノ御觸ニ付、只今迄之通相勤度旨、両名を以中務相願、仍之御年礼願之通被仰付難有奉存候、御礼ニ出府可仕之処、旧冬ゟ不快ニ罷在候ニ付、使者ヲ以乍憚▨(候)申上旨申付ル、　水戸樣江ハ寺社役人迄書状ヲ遣、其文、一筆啓上仕候、私義出府仕、年始之御祝義可申上候処、從旧冬相煩罷在延引仕候ニ付、右御祝義申上度、乍憚貴殿樣迄、以使札得貴意候、此段御序之節、宜樣ニ御取成奉頼候、

　福田林平(程昌)樣　　香取監物

江戸使者、正月廿二日寺社御奉行所江年始之御祝義ニ罷出、井上河内守樣・黑田豊前守(直邦)樣・小出信濃守(英貞)樣也、井上樣へ罷出候而ハ御役人松嶋久兵衛殿へ掛御目、旧冬御年礼願候義も御礼申述ル、御三所ニ而御登城被成候間、御歸之節可申上旨、御取次之衆御申候由、

＊水戸樣屋敷へ出る

　正月廿三日、水戸樣御屋敷へ出ル、尤寺社役人之部屋へ往書狀差出ス、同日宿迄返事來ル、其文如仰、新春之御慶申納候、年始之爲御祝義、御出

府可被成之所御病氣ニ付、御延引之旨被入御念、御使札之趣、則遂披露候事御座候、恐惶謹言、　福田林平
　　　　　　　　　　　　　　　　　　　　　　　　　書判
　正月廿三日　　　香取監物樣

惣持院より使僧口上
舊冬より寶幢院六十六部に出度き願ふ

一、子正月廿六日、惣持院ゟ使僧護广堂口上、▲從旧冬宝幢院此度寶幢院他參ニ付、六十六部ニ出度願也、什物改寺をも請取、後住も相應之者有之候ハヽ、御屆可申候由申來ル、　返事、前方妙塔院・長吉寺之通ニ被成候而可然候之由申遣、右兩寺之時ハ、右之通之訳も無之、後住も本寺へ願出候へハ、此方ハ無相違候間、地頭へ出候樣ニと致挨拶候訳也、
又無程使僧口上、從　公儀御裁許引替證文、少計写妙塔院・長吉寺之樣ニてハ此御文言ニ相違致候間、爲念申進候、　返事、左候ハヽ、此方御裁許證文をも可見候、明日參候樣ニ申聞ル、
正月廿七日、使僧來ル、昨日之御返事承度旨、惣持院申候、　監物申候ハ、如何樣ニ被成度思召ニ候哉、とくと承可參候、口上ニてハ間違も有之候間、覺書ニ成共、致致（マヽ）持參候樣ニと護广堂へ申聞ル、又

*寶幢院來り什物帳本寺へ持參す

使僧惣持院申候ハ、別ニ存寄も無御座候、長――・妙ゟ思召之――之通ニも、通ニ可被成候段申來ル、　返事、從是可申遣候、
同日、大藏《尾形》・孫大郎兩使遣口上、度ゝ御使僧御口上趣致承知候、近年其元懇意ニ被成候間、自分も心底ニ如在之儀、曾而無之存候処、何と哉覽、一物檢被成候思召と存候、少ノ清濁ニても節、こぶニ成候而、公邊之沙汰ニも及事也、然レハ外聞も不宜、とかく御了簡遠と存候間、とくと御了簡被成候樣ニ致度候、拙者ハ右之通、曾而存寄も無之、公邊抔之事ニ成候事ハ、甚致迷惑候、三ケ寺之事ハ、自分領內之寺院ニて〔新〕寄願所ニて寺領境內、皆此方領分ニて屋敷之內ニ有之も同前ニて候、此方賴ニて相立候寺ニて候、幸範我儘致候故、近年出入も出來致候、領內之儀ニ候へハ無住候間ハ、百姓ニ申付替ル〳〵番をも致させ、又戶セうし皿類候樣、成物をも帳面ニも致無紛失樣ニ致候樣ニと、役人共へ可申付と存候、其元ハ本寺之事故、佛體・佛具抔、使僧ニても被遣御請取候樣ニめされ可然候、從此方も役人申付遣可申候、其通ニめされ可然之由、其外無他念存寄、くれ〳〵申遣候、尙又御相談何分ニも可存候所存と申遣候、同日、寶幢院來り、今朝什物帳本寺へ致持參候処、此方樣へ佛具ヲ貫、諸道具計書付差上候由申候へハ、跡之外

*千石の屋敷

諸道具念を入れ紛失なく請取り後住へ渡す

境内山林竹木は神領屋敷帳に反歩付あり

世間の沙汰氣の毒

ノ致方、それカ第一之事成ニと有之、皆何もかもあなたへ願差上候か能候ニと有之、呵ニて御座候、

右兩使歸、惣持院へ申候へハ、惣━━申候ハ立合請取と申事難致候、山林・田畑・屋敷、其外一切請取と被仰付候ハヽ、請取可申候、それニてハ自分ひけニて候得共、ソウナラハ可致候、諸道具念ヲ入、無紛失請取後住へ渡候樣ニ被仰付候ハヽ、請取可申候、無左候而ハ佛具請取申間敷候、またがり申候田地ハ、大祢宜知行ニ成程此裁許に見へ申候、境內山林・竹木ハ、神領屋敷帳ニ反歩附有之候へハ、大祢宜領內ニてハ無之候、歴〻ノ社家衆被申由ニて候、然レハ一切此方請取道理也、護广堂抔も同事ニて候、護广堂も兩所へ請取可申筈ヲ、拙僧請取申候、世間之沙汰氣毒ニて候、御懇意ニも存候故、拙僧一物も何も無之候故、如此申候、世間ノ取沙汰余り寺共へ手ヲ御入候由申候、長吉寺抔ノ屋敷年貢ハ取セ不被成、寺領ハ少計立兼、旧冬も自分へ米借り申候、風折木抔壹本計ハ被下候而も能可有之候、是ハ各へ內證咄ニて候、拙僧曾而存寄も無之、六ケ敷事きらい申候抔、色〻申候由、使之者申候ハ、境內も領內之由申候へハ、惣持院申候ハ、是此ノ御書付被見候樣ニ、又大宮司・宮之介カ申と申候ハ、千石之屋敷之由也、是ハ申事ニてハ無之候、各へ內證咄也、沙汰めされ候事ハ御無用、仍而一切存候ハ、請取可申候、佛具計立合請取事ハ致間敷由、

正月廿八日、寶幢院出足ニ願候へ共、右之訳故相延候樣ニ申付ル、同日、寶幢院來、役人方へ申候ハ、今朝本寺へ被呼被申候ハ、昨日宮中ゟ御使來り候、然共立合請取と申事ハ難成候、其方抔も其節出候か、境內ハ大祢宜領ニてハ無之候、如何覺候哉、寶幢院申候ハ、寺內共ニ皆大祢宜領ニて候段申候へハ、大ニ立腹ニて候間、其分ニ罷在候、外寺へも境內ハ、別ニ有之段申聞ル由、又寶幢院ニ今ト申判有之候、代〻夫ヲ用申候、此判本寺へ請取度申候、監物兼而それハ代〻之判と云無之筈、然共有來ル事ニ候ハヽ、立合封ヲ致、隱居ニ預可然候、其方廻國ニ出候而も、心ニ掛り候事、本寺預筈無之候、無住之間判可入樣無之候ト申聞ル、本寺ゟハ度〻預付候間、無ニ封可預旨申來候由、監物申候ハ、それハ不濟事也、無用ニ致候樣ニと申聞ル、　同日、惣持院へ右之節申候

ハ、佛體・佛具共ニ一切宮中へ願候而差上候樣ニ可致候、判をも燒捨可申共、勝手ニ致候樣ニと有之事、

惣持院へ使遣す

一、正月廿九日、惣持院へ使遣、得御意度有之候間、今日晝時御越候樣ニ、自分も此間不快ニ罷在候得共勝候、可得御意候、　返事、御使之趣御尤ニ存候、惣持院了簡遠と存候、殊ニ人之申ニまかセ不埒之事共也、心ハ正直ソウニ見請候付致對談、委細談見候か、おとなしき道理ニて可有之候、右之通之訳申候へハ、此方事ニ致候ニハ致、能候へとも事之なきか宜候、惣――了簡遠、若得心も候へハ、能事ニ思呼ニ遣、

晝時惣――來ル、監申候ハ、今日申進候ハ、此間度〻御使僧、又御使も得御意之義、とくと存寄をも申御了簡をも可承と存候而申遣候、尤如此之道理ハ言語ヲ互ニ爭ニ而理ヲ僉義いたし見候か能候と存候、それニいたし候而ハ過言も可有之候、其段ハ互ニ此義御咄候間ハ、用捨被成候樣ニ、（マヽ）

神領千石の配當帳

三ケ寺は載せず

*護摩堂は載る

根本寺等の境は如何

先神領千石ノ配當帳ヲ一〻見スル、三ケ寺ハ不載、護广堂計如此載申候、扨此義幸範、我儘ニ而面〻格〻と申候而、他所ノ如寺院、仍之拙者御訴申上候而享保十一六月ゟ十二月迄、色〻樣〻之御吟味之掛り申候、先年ハ三ケ寺共ニ忌中百日之間ヲ暮、又何程入用ノ節ハ伐採申候、左樣之事も公儀へ、委細ニ申上候而、寺内境内知行、皆自分領分ニ御吟味ノ上被仰付候、則御裁許證文見ル、四ケ寺印形・惣持院奥印有之也、其元ニ御所持、之ハ自分判有之ニて、此引替ニて候、四ケ寺か自分相手ニて致出入、仍之四ケ寺一年替りニも所持可致候事ニ候へとも、輕キ者共故、幸範本寺たけニ取置候と見へ候、仍之其元へ被下候と、御了簡ニて御覽候而ハ御了簡遠可有之候、　境内之義ヲ御除と申立候、段〻御吟味ニて香取ニ御除地と云ハ無之候、反歩附有之候ハ、誰ニもらい候哉、壹尺四方ニてももらい主有之候ハヽ、證據出候樣ニ御除之證據候ハヽ、出候樣ニ御吟味之処、證據無之候へキ、此監物方へ差圖と申所ニても大祢宜領と申相知レ、又未処大祢宜領内ニ候故、めたと伐散可申と思召、我儘ニ伐採申間敷と御記候、此朩ニても相知レ候、惣持院申候ハ、左候ハヽたとへハ根本寺抔ノ境ハ如何と尋候間、それハ如此配當ニ載候へハ、高ノ余慶有之候ても、其かけニて候、配當ヲ持候ニ付、境内も所持ニて候、

*香取に陸な者一人もなし

江戸の親類皆不通

鹿戸妙幢院惣持院住職申付く

*妙塔院火出すにつき閉門申付く

社法の亂れ子孫斷絶

惣〻——呑込《ノミ》ロ申候《ナルホト、》、三ヶ寺ハ、配當ニ無之候、扨申にき《く》〱《ニ》事故、只今迄終ニ申候事も無之候、中務義ハ、重縁ノ血ヲ分候親類、然共、近年段〻訳悪敷事有之、江戸ノ親類皆不通、自分ハ役ヲ勤候故、公用・神用ニ計立合不斷ハ不通ニて候、中〻申事あてニ成不申候、手ノうらヲ返シ候事、數多ニて候余ノ事ハ、如何ニおほされへく候、近日申候へハ、御聞及も可有之候、鹿戸妙幢院、惣持院住職申付、呉變祝義ノ取かわし迄致候上ニて也、又其許入院之砌も請負入院いたさセ候而、後ニハ左ハ不申抔ト申候、自分立合之節、蜜藏寺も中務へ早ク餅遣候へハ、能と御申候由と申事も有之候へキ、如此之事、今迄其許ハ他人之事故、御つもりニ如何と思、終ニ咄不申候、然共不咄候而ハ不相濟事也、又孫之進《國分》義も同樣之親類也、十年以前ニ致浪人度願致候ニ付、自分出精百兩拜借いたさセ候、四・五年之内ニ本のもくあみニ成候、去〻年又立退度願、中務ハ早速無相遠挨拶、自分ハ社法之乱又子孫斷絶、旁承引不致候得ハ、差ちかい死《可》、監物殿つふれ候抔申、甚惡口ホ多年セめられ候、終ニ旧冬無是非　公儀江御届爲致浪人候

人柄ニて候、香取ニろくナ者一人も無之、惡敷土地風ニて人ヲすゝめ、とやかく從口出次第ニ惡口ホ申事ノ出來候を悦申候人〻ノ風ニて候、人之宜ヲそしり申候、仍之此間ハ噂を申候、法印ハりちぎニ見へ候、必人之いゝ付ニて、了簡遠可有御座と申候、たとへ公邊ニ及程之事ニても一己ノ了簡ニてせられ候へハ、能候得共、人之いゝ付ニのり候而ハ了簡遠可有之候、昨今ニも香取ノ訳ハ御存有之間敷、近年其元ゟ懇意ニせられ候間、自分心底御如在無之候ニ付申進、とくと其許之御了簡手前ノ存寄をも御咄可申と存候而也、惣持院申候ハ、其節私一己之了簡ニて仕候へハ能候へとも、始テ參候事故、世話ノ人次第ニ致が能と存候而也、是ハ私不調法ニて候、昨日も弟子方へ申候、私前之儀ヲ心底ニ挾も仕候哉と思召も可有御座候哉、私ハ曾テ左樣之儀無之、自分之不調法故之儀と存罷有候、扨又長吉寺義、隣山代ニ無沙汰ニ竹ヲ伐とらセ、又妙塔院致火出候ニ付、閉門申付候処、幸範差宥申候ニ付、領内出入相止、公儀へ申上候処、其砌中務ト出入中、其外彼是入組事有之願書、御取上ケ、急ニ埒明不申候処、右中務ト出

*引地百姓屋敷年貢幸範我儘に取る

*神領に屋敷年貢差出す事なし

引地百姓共博奕致す

*寶幢院立退く

入相濟候砌、伺候へハ、幸範も不幸ニ候へハ、今ハ遠背致間敷候、證文ニても取相濟可然候、若及遠背候ハヽ、領内寺院事如何様ニも申付候様ニ被仰渡候、罷歸相尋候へハ、少も遠背致間敷候由ニて證文ニて相濟候、扨長吉寺隣山疊ホくりも柱朽候ニ付、普請之儀相願候、仍之山ヲ拂疊ホ致隣《山》立退候節、殘金有之由ニて役人共へ相渡候、其儀も風折有之、相拂其後今ノ長吉寺成候而も拂木代金七兩余有之候、右ノ金子役人共預置申候、くり普請ハ隣山願普請致候様ニ申候、今ノ長吉寺へも其段申聞候、然ニ去春釜調度、又家來召抱度旨申候、此金ハ普請金ニ候得共、先相遣候由申聞遣わセ候処、其後惡敷沙汰有之候、仍之引地百姓共召呼、ばくゑきいたし候由風聞也、慥ニ候へハ、其分ニハ不存候、随分出精ニて致候様ニおさへハ不致候、此方か随分目付ヲ申付聞糺、手とらまへさへスルナラハ、急度申付候、其節うらみ申間敷候、爲其今如此申付候、長吉寺へ此段よく申候様ニ出家ニても宥ハせす候由申聞候、從普請もまめしけ無之候、打捨置申候、然ニ去秋風ニて客殿屋祢損候由、仍之役人共へ申付見分かやてニつもらセ、かや調候様ニ長吉寺へ申付、貳兩程かやニて可然由申候ニ付、其通申付、金子も遣候、旧冬先ふきかへ致候様ニ申付候処、未かや皆不取之由、如何様之訳ニ候哉、無覺束存候、其後ハ願も不致候ニ付、打捨置申候、又引地百姓屋敷年貢幸範我儘ニ取候、御裁許ノ砌、早速差出候事、無用と申付候、是ハ訳有之神領ニ屋敷年貢差出候事無之候、幸彼出入仕返したかり、色〻申候節ニ候へ共、急度申付候、仍之幸範も　公儀へ伺見候処、御取上ケ無之由、風聞ニ承候、如此之事ニ本寺構候事ハ有之間敷と存候、惣持院申候ハ、私構ハ不仕候、門末大勢有之候ニ、左様之事ニ構候事ハ無之候、旧冬も米も借りニ參候ニ付、風折之一本も被遣候而も能候と、左様之訳ハ、曾而不存、彼暮兼候ニ付、右之段申候、監物申候ハ、此義左様之御咄も不承候へハ、中〻御咄申事不致候得共、御咄故之事ニて候、

扨此度宝幢院立退候ニ佛體・佛具、俗人しらべ申候道理無之候、惣持院申候ハ、長吉寺抔之節も法具ハ本寺へ預候共、又本寺ゟ請取可申候と、御役人被申候由ニて御座候間、左様之通ニ被成可然と私申候、

*惣持院合點呑込み歸る
*神學をも家の事故少し計り學ぶ
*日本の道は道體を探り天地の末生に歸る
*御奉行所へ出で卑劣なる儀等申上げず
新福寺も隱居願
*寶幢院惣持院呼ぶ

監物成程其節も佛具ホハ、此方かまい不申候、本寺ノ役ニ候間、無用と申候而も、從本寺せんき可致候と申候、今度ハ本寺ノ役ニ候間使僧ニても被出御しらへ可然候、前方被申候、無之候ハ惡敷候、此方ゟも役人出百姓替ル〳〵留主をもいたし候樣ニ申付、就夫テハ戸セうし類をも紛失無之樣ニ、帳面ニもいたし候樣ニと申付候、右之通被成候而訳能候間、左樣被成可然候、惣持院成程御尤、誰カ遣可申候、又申候ハ、後住之儀如何可仕候哉、●監物申候ハ、御裁許狀ニ　●入院ノ屆其外諸事と有之候而も自分申上候ハ、訴書ニ住持替り五節句ホニ付居仕候、先格も御座候と申上候ニ付、其之文ノ御受如此出候、屆一通りと申候てハ無之候、幸範代ニハ一應之屆も不仕と申出候故、如此ハ出候也、すてに去年新福寺も隱居願ニ參、後住ハ入院見廻屆ニて相濟候、〔宝幢院も〕其元後住願候へハ、後住ハ入院ノ見廻屆ニて相濟候事也、ノニてさへ許容、彼是と申訳ニて候、又前方ノモ此方へ後住願ニ參候而も、先本寺へ參內談いたし候樣ニと申受不申候、其許無相違之由承候而申渡候、此方ハ使ヲ以も申候樣ニ可致候、其許ノ訳惡敷樣ニハ不致存寄、又右之通り古來ゟ之致方ニて候、惣持院も合点呑込歸候、其外彼是ト內談ス、右咄之內ニ申候ハ加樣ニ申候、其許ヲスカシ候樣之訳ニてハ無之候、又手ノうら返候樣成事ニてハ無之候、自然と御聞及も可有之候、左樣之ひれつ成心底ニてハ無之候、拙者若キ時神學をも家之事故、少計相學候、日本ノ道と申候ハ道體ヲ探《サクリ》本附〔候〕修學天地之末生ニ歸り致沙汰候、然時ハ外物〔象〕ニかゝわる事ハ無之候、然ハ人生も二・三十年、四・五年少計之間ニ計作、彼是つたなき心底有之間敷事と道理ヲさくり候義ニ候故、前ゝ御奉行所へ每度出候而も、ひれつ成儀申上候覺、僞ケ間敷事一度も不申上候事ニて候、如何樣ニ其許御聞候共、此方ハ存寄之通ニ申候、夫ニて其元御承引無之候へハ、其分と存候、然レ共、少之事之間遠ニてハこぶふしニ成候間、然レハ外聞実義不宜、殊ニ近年度ゝ公邊へ罷出見候□〔道理〕と思候事も非ニ成、非も又其通り、とかく　公儀ハ難計恐入申候テ子孫迄遺言ニいたし、公邊沙汰ヲ憚り申候、惣持院御尤、私抔ハ前後始而日外罷出、曾而以公邊不存候、中ゝ一生ニ公儀抔仕存寄無之抔申候、

同日、宝幢院呼、今日惣持院呼、委細談候、明日ニ

も立退度旨申候ハヽ、使僧來り、佛具ホ改可申候由、
役人大藏ヲ以申聞ル、

惣持院より長吉寺遣す

一、正月晦日、惣持院ゟ長吉寺ヲ遣、此方ゟハ大藏出、弥留主居ホ申付、其外申付ル、代々判ヲハ宝幢院封隱居へ預ル、

遷宮の件

*屋禰板等に節多し

一、正月晦日、中務方ゟ使伊織(小林)、取次分飯司(伊藤求馬)、口上、迁宮之義、如何可致候哉、近々致候ハヽ可然候、就夫ニ付(マヽ)へりも調來候間、疊屋此方へ呼可申付候哉、又御金も無之候ニ付、風折木拂候而ハ、如何可有御座候哉、　監物出合、　返事、迁宮之儀、其元御勝手ニ日限御定可被成候、疊之事前方も神前ニて致候間、其通可然候、又中殿之半疊之儀ハ、兩方ニて致候ハヽ可然候、中々こまり彼是六ケ敷候間、兩方ニて爲致可然候、扨拂木之事ハ能木計有之候、段々御修覆出來可申候、材木小屋新規ニ拵候而も一本も不入拂候と申ハ、いな物ニて候、あの樣成木ハまれニて候へハ、又當年抔大風ニて御屋祢損間敷ニも無之候、鳥居木も入申候、たしなミたき事、然ハ又御金無之候、何レとも了簡決不申候、此段ハ番頭共よセ拂候共、借金致候共、致相談候ハヽ、可然候と申遣、

*番頭神前へ立合

*來る三月大々神樂執行

材木小屋新規に拵ふ

*新福寺へ入院振舞

大風に依り屋禰損亡

*寶幢院後住の儀

〔二　月〕

一、二月朔日、宮之助(國分孫之進)來り、宮下ニて今朝疊致相談させ候ハヽ、可然由御申候、尤御咄申候テト御申候、監物尤ニて候、拂木之咄も致候、木ヲ見候而少々も拂候而ハ如何、屋祢板抔ニ節多、木ニも難成候、船板抔ニハ能可有之抔咄候、

一、二月四日、番頭神前江立合、分飯司(伊藤求馬)も出ル、御修覆不足ニ付、風折木之内拾本程拂不申ハ成間敷之由、此段披露致候樣ニ分飯司來ル、尤之由申遣、是ハ御金無之候ニ付、

一、二月五日、中務方(香取)へ使分飯司、取次伊織(小林)、發起人有之、來ル三月大々神樂致執行候、尤未不定ニハ候得共、先ハ十四・五日方相勤度候、御差合も有之間敷哉、乍御大義御勤可被下候、返事、成程可相勤候、

一、二月八日、新福寺江入院振舞ニ往、家内也、

一、二月八日、從惣持院使僧長吉寺口上、寶幢院後住之義、新市場村觀音寺相願候、以使僧御伺申候、留主故返事無、

一、二月九日、惣持院へ使遣左中(小澤)、口上、昨日者御使僧罷

寶幢院後住に西光寺観音寺願出

両人共に挨拶致さず

分飯司伊織拂木十本見立る

入札落札金三十六両貳分

*寶幢院後住の儀

出候故、御返事不申候、御口上趣致承知候、寶幢院後住之義、先寂前あぶら田村西光寺相願候、是ハ八〔新〕市場村邊出生之由、実躰ニハ見ヘ候得共、出家ら敷も相見ヘ不申之由、又観音寺其儀願出候、是ハ京生之由、人柄能と申者も有之、悪敷と申者有之候、とかく出世をも心掛候、能出家ヲ心底ニ願候間、両人共ニ懸ノ挨拶不致候、観音寺人柄とくと御存ニて候哉承度候、（両人共ニ終ニ不見候、）ゟ返事、此方江も西光寺も願出候、如仰、成程無骨ニ見ヘ候、観音寺ハふきよふニ見ヘ候得共、人柄之義ハ、一圓ニ存不申候、左候ハヽ、外をも見立可申候、こなた（是ハ）江之咄ニて候得共、此方か有り、宮中ハ有りスレハ能坊主ハいやかり申候抔申之由、

一、二月九日、分飯司・伊織拂木十本見立ル、四尺四寸ゟ六尺五寸迄、

二月十二日ニ入札落札金三拾六両貳分、錢六貫廿四文札落、無用捨御船山拂木、此拂木ノ手金合テ廿両也、護广堂ヘ十五両渡、旧冬五両、合テ廿両渡、殘テ五両、清左衞門ヘ五両渡、旧冬五両渡、金十両渡濟、

二月九日、大祢宜（香取監物）方ノ御祭礼ノ節、神器・酒・桶木、旧冬も其段申候ヘハ、神用事ニ候間、杦木藏ヘ入候節、可然と何も申候、先年も風折木之内ニて拵候由、入用程切賣有之候ハヽ、右之神具損候付拵度候、中務尤之由申也、風折木之内大サ三尺五寸、三尺壹寸ノ杦（二本）見立ル、又樓門普請ニ大宮司方ゟ賣借候処、四・五本損候ニ付、其代りニ貳尺余之儀壹本見立ル、又神樂ノ節ノ貫無之、近年ハ竹ヲ用候、見苦敷候、末木いくらも有之候、見立挽セ候ハヽ、可然候と分飯司及相談、伊織中務ヘ申聞候処、神用之事尤之由申之、（香取左近）國行事ヘ申付、木挽つもらセ候由、

二月十四日、大祢宜方ノ酒・桶木ノ木見立候、三尺五寸ト三尺壹寸トほそ木貳本請取可申候由、番頭立合之節、分飯司申候、何も尤之由申候、尤根切損候木成共と申候得共、それハ木能御用ニもいつかと立候由有之、右ノ小木貳本請取可申候由申候、

一、子ノ二月廿日、惣持院江使遣、尾形庄内、僧取次、口上、然者寶幢院後住之義、新市場村観音寺度々相願候、其元テ御指南をも被成候ハヽ、段々人柄もよふ成可申と存候、仍之モソツト訳をも相尋（観音寺ヘ）ゟ可申渡と存候、然共若其許ニ差さわり候義も御座可有哉、左様之義も御座候ハヽ、可被仰遣候、小寺之義ニ候間、おも

わしき出家も有御座間敷と存候、　　　返事、惣持院直ニ逢口上聞、返事、被入御念候、御使者寶幢院後住之義、観音寺度〻相願候由、前方此方へも相見へ候、拙僧入院以來、折〻出入仕候、実躰ニ相見へ候、成程被仰付テ能フコザリマシヤウ、若不調法ホ御座候ハヽ、取替マスルトモ▨あ《フ》候、御當院ニ居御歴〻御出入申候ハヽ、自不調法ホも有御座間敷候、先《ッ》実躰ニ相見へ候間、先被仰付、能フコザリマシヤウ、実躰ニ見へ候而も、あの願之▨者ハ、実躰カ実躰ニならぬものニて候得共、先ハ実躰ニ見へ候間、被仰付▨《能コザリマシヤウ》右之段宜申上候樣ニと申來候、

新市場村観音寺呼び寶幢院後住申付く

同日、新市場村観音寺呼、分飯司求馬(伊藤)・大藏(尾形)ヲ以、申渡候ハ、兼〻寶幢院後住之義相願候ニ付、願之通申付候、難有由申候ニ付、左候ハヽ、證文致候樣ニ申候、それ共得心ニも無之候ハヽ、無用ニ致候樣ニ申聞ル、無相违致印形、其文、

證文之事

寶幢院住職の件

今度寶幢院住職之義、願之通拙僧ニ被仰付、難有奉存候、寶幢院寺之義ハ、御先祖御開基寺内御領分内、其上御知行之内寶幢院下田五百五十目俵数

ニ〆七俵九舛被下置候事ニ候得者、此上何事ニ而も御意遠背仕間敷候、尤時〻之礼式ホ、其外諸事如先規、急度相勤可申候、且寺内之竹木之義少木ニ而も、私ニ伐採申間敷候、御意次第ニ可仕候、以上、

享保十七壬子年二月廿日　　寶幢院

儀詮印

大祢宜樣御内

伊藤求馬殿

入院之義ハ、勝手次第ニ尤其節大藏方へ通達致候樣ニと申付ル、廿五日入院ス、届□、

*修理料役人年貢未進等納む

一、二月廿日、修理料役人年貢未進ホ相納ニ立合四人、役人去年御普請申、毎日罷出骨折候ニ付米壹俵ツヽ遣可然之由申付候処、宮之介・物申貳俵ツヽ被下候樣ニ被成、可然之由伺ニ求馬出候間、皆其相談ニ候ハヽ、其通ニ致候樣ニ申付ル、此義ハ、先年御普請之節ハ、壹兩ツヽ被下候付、右之段相願候、

一、二月廿一日、大宮司(香取中務)方ゟ使伊織、取次舍人(伊藤)、廿三・四日御迁宮被成候而ハ、如何可有之候哉、日柄も能候間と申來候、　　返事、廿三・四日御迁宮之義、御尤ニ存候、廿四日子ノ日ニ御座候間可然と存候、

一、二月廿二日、番頭中岸臺三方ノ堺ヲ立ル、田ふちノ

方へ堺ニ不及之由、求馬ニ申付遣見分計也、是ハ田ハ一段下キク道カ堺と明地《クウ》ヲ差置候共、此方領分ニ成候故ニ此方ノ勝手也、

*御修理料金米御拂

●子二月廿四日夜五ツ時ゟ始、大宮司始、惣神官出仕、大祢宜直ニ大床ヱ上り供物ホ相尋、大宮司方江申遣、則來ルト、內陳へ兩人入ル、先假御輿ノ前ニ而祝詞、兩人共ニ相勤、偖大祢宜・大神主・四郎神主方江御拂除ヲ申付ル、夫濟大祢宜　神輿ヲ御本座ニ各奉迁▨、尤奉拜大宮司奉拜(衍カ)、夫ゟ假御輿ヲかたわらへかたし供物ノ仕度ス、大宮司拜仕廻內陳ヲ出、庭上ニ着座、大祢宜御酒七獻・御肴干物御供相備、毎度祝詞勤之、如五ケ度御供ホ相備、大祢宜庭上へ下り奉幣、十八奉行奉之、夫濟大祢宜內陳へ入供置候、供物相下ケ頂戴、尤庭上江ハ御流レ候哉、各頂戴、大祢宜御祈禱執行之、其後御鍵ノ封ヲ致、神座ニ着座、退下、

*黑田豐前守へ罷出づ

*西尾隱岐守へ罷出づ

往古より大宮司職內陣へ入る例無し

迁宮之節、大宮司ハ迁宮過《前後》奉拜計也、其外何も相構《カマイ》不申候、かまわセす候、從往古大宮司職內陳へ入候例無之候処、享保二酉年始テ土井伊豫(利意)殿御裁許ニ而入來り申候、第一大切ノ社法相乱無勿體事也、此委細ノ訳ハ別書ニ有之候、入來り不申入候事ハ、恐入ノ至極無勿體事也、　供物御供三舛・御酒五舛・御肴干魚三拾、供物御供所ニて求馬・伊織立合搈ル、裝束之儀大宮司ゟ尋ニ來ル《イネンヤ狩衣ト》、內陣立働有之故、狩衣ト申遣、仍之兩人狩衣也、

一、子二月廿二日、日付前後、御修理料金米御拂七兩ト錢七百壹文夏成ヲ除、米貳拾七俵壹斗七舛三合、兩ニ壹石四斗六舛かへ、大坂三郎右衛門ニ拂、右ハ享保十六亥御物成金也、

〔四　月〕

一、子四月十六日出足、十七日江府着、神田雉子町ニ旅宿ス、

四月廿三日、寺社御奉行所江出ル、黑田豐前樣(直邦)江罷出、御機嫌克被成、雖恐悅、其上先頃御加增御拜料〔領〕元二万石、今度五千石、奉恐悅候、乍憚御悅申上候、同日、西尾隱岐守樣(忠尚)へ罷出ル、今度御役御勤被遊奉恐悅候、御悅乍憚申上候、御役人谷源兵衛殿・喜多宇右衛門殿・又加藤伊右衛門殿、右伊右衛門殿(加藤)へ得御意、右之通ノ口上申上、扨私共義、大社之事ニ而支配百人余所持仕候、仍之度〻罷上り候、向後御見知被下候樣ニと申、伊右衛門殿御申候ハ、中務(香取)ハ一所

ニて候哉、成程同役ニて候、両人ニ而相勤申候、御年礼内御目見も両人隔年ニ罷上り候、伊右衛門御申候ハ、十日計以前、中務方へ人別之義、御觸故書状遣候、鹿嶋羽生求馬宿迄申遣候、相屆候哉、監物(香取)申候ハ不存候、私義、四・五日以前ニ出府仕候得共、道中ゟ不快ニ付、漸今日罷上り候、前々差上候通ニ可被致候、成程相心得申候、万端両人ニ而差上候、七年以前太田備中守(資晴)様へ差上候、御役人其通り可然候、監物申上候ハ、去年土井伊豫守(利意)様へ差上候ハ、反歩も記上候、七年以前ハ、反歩ハ相除差上候、其通宜候ト御申候、又委細中務方へ被仰遣候哉、御役人成程上ゟ被仰渡候通、書付ヲ写書状添差越申候、來ル霜月中迄ニ差出候へハ能候、監物申上候ハ、前々新御奉行様御出來被遊候へハ、右之通支配仕候故、御目見ノ願申上候、ケ様ニ御普請御取込ニ御座候へハ、重而ノ義ニ可仕候、近々私も歸國仕候間、重而出府之節御願可申上候、御役人御申候ハ、委細可申聞候、

中務方へ人別の御觸遣す

*西尾隠岐守より人別の件

小出信濃守へ罷出づ

同日、小出信濃守(英貞)様へ罷出御機――、此度結構之御役替被遊西丸若御年寄、奉恐悦候、乍憚御悦申上候、

井上河内守へ火事見舞に罷出づ

一、四月廿六日、井上河内守(正之)様へ罷出ル、御類焼ニ付、青山御屋敷答御機――、先日御類焼被遊、乍憚御難義可被遊奉存候、爲御見廻伺公、

〔五　月〕

一、子五月十四日、歸國ス、

五月十三日、分飯司(伊藤求馬)ヲ中務(香取)呼、監物(香取)未歸候哉、西尾隠岐守(忠尚)様ゟ人別之義、御觸ニ付被仰下候、此方壹人之宛所ニ而被仰下候、定而監物ニても御奉行所ニ而御沙汰可有之候、いつ比可被歸候哉、程知レ不申之由、左候ハヽ不遲事也、先相咄候由也、

一、五月十六日、番頭中務方へ呼、舎人(伊藤)も出ル、中務申候ハ、此間西尾隠岐守様ゟ此方一人之宛所ニて人別之義被仰下候、宮中ニてハ未歸候哉、舎人申候ハ、一昨日歸、中務申候ハ、右ノ沙汰有之候哉、舎人不承候、左候ハヽ、承參候様ニと申候由、監物舎人方へ申聞候ハ、成程被仰付候、太田備中(資晴)様へ差上候通ニ致候様ニと被仰付候、此方よりも可申進と存候処、不快ニ有之、殊ニ霜月迄ニと被仰付候故、二・三日延引ニても可然と思不申遣候旨申聞候、其段中務へ申候へハ、中務番頭へ申候ハ、監物不能と思皆をも

*護摩堂は家來同然

領內の人別

*護摩堂は大禰宜兼帶の寺

*本寺へ印形差出す

人別帳の件

人別帳は御朱印地に居住すれども地頭に差出す

呼爲知可申と呼候、左候ハヽ、重而立合可申渡候由
申候由、
一、五月廿七日、此方領內ノ人別爲ル致、廿八日夜、御手
洗者來り、今日宮下へ被呼被仰候ハ、宮中へ人別致
人別帳ニ判形之義、此方へ取候間、訴詔〔訟〕致不致候樣
ニ可致候、宮中へ致候へハ、二重ニ成候由御申候、此
方申聞候ハ、前々鐵炮證文・人別も此方へ致候、殊
ニ御手洗訳有之候而右之通也、不相濟事と申聞候、
去
五月朔日御手洗者呼申聞候ハ、七年以前之通ニ致可
然候、先不調法ニ成候共、我等ノ越度ニハ致間敷間、
判七年以前之通ニ致候由申聞、判形爲ル致、
一、御供所屋祢ニ付、萱仕込申候、就夫箱棟朽候間御取
替候樣ニと屋祢や申來ル、尤之由申聞、則相應之木
見立、去年風折之內ノ木也、

〔閏五月〕

一、子壬五月四日、護广堂呼申聞候ハ、此間人別之義ニ
付、帳面ニ載候樣ニ役人申越候処、相待居候由申遣
シ、其後度々申遣候処、參ニ不及、根本寺印形濟候
ハヽ、判可致旨申越候、人別と申物ハ、たとへハ在
々ニ而御朱印地之寺社有之、御朱印之內ニ居候而も、
其もよりの地頭へ何も差出候事也、護广堂寺之義ハ、
此方抱之寺ニ而、既ニ知行遣置候、然ハ家來同前〔然〕也、
俗ニ候ハヽ、供ニも可召連候得共、出家之事難成候、
既ニ先住も人別帳ニ致印形候、去ル頃於御奉行所被
仰付候ニも、七年以前之通と被仰付候、中務（香取）前方出
入之節、公儀へ申上候ニも、護广堂ハ大祢宜兼帶ノ
寺と申上候、此方之抱ノ寺ニて候、殊ニ其方入院之
節ノ書付も有之候、七年以前之通、先住ノ通ニ致候
ハヽ、可然候ニ彼是難澁、難得其意候、護广堂申候
ハ難澁ハ不仕候、先達而本寺へ印形差出候へハ、二
重ニ成候故、如何と存候、それも御沙汰も有之候か
と相待候へ共、無其儀候間皆町并抔ハ、人別相濟候
樣ニ承候間、人別ニはつれ候而ハ如何と本寺へ差出
候、監物（香取）申候ハ、此方無理ニ致候樣ニと申事ニてハ
無之候、それ程ニ必生候ハヽなぜ伺ニ不參候哉、此
方承、何方へ成共差圖ニまかセ可然候、それニ度々
人遣候而も不參、申方難澁ニて無之候哉、殊外其方
六ケ敷候、不得其意候、此方へハ取間敷候、不得其
意人柄ニ候間、向後自分方へ出入無用ニ候と申聞ル、

惣持院金剛寶寺四ケ寺へ差出す

○七年以前人別之節も、惣持院・金剛宝寺、四ケ寺へ差出候所、公儀へ申上候へハ、太田備中守(資晴)殿御掛り、それハ神領ノ人別ニ入、可然之由ニ而、本所弥勒寺方ノ右ノ分ノ人別貫ヲ、此方ノ人別ニ被仰付候、此度ハ如何可有之候哉、七年以前ノハ右之通也抔申聞ル、

護摩堂度々不埓につき訴訟

壬五月十日、護广堂度〻不埒仕候由訴詔(訟)ニ來ル、本堂江も右之段申候得者、誰ソ心安キ者と致相談、先例之通ニ致候方、可然之由申候、人別帳ニ先例之通印形ヲモ仕度候段相願候、此方ゟ申聞候ハ存寄、不埒・不届之仕形ニ付、及挨拶候、度〻相願候ニ付、相宥候由申聞ル、則來り人別帳ニ致印形候、

*太田備中守御掛金剛寶寺以下四ケ寺へ人別差出す

末社市神以下六社葺替

一、壬五月十六日、番頭立合、相談、末社六ケ所葺替市神・馬場殿・諏訪・花園・天降・かりま(しカ)、水屋ノ屋祢、此水屋ハ末社ノ屋祢二ツやり直段、一ケ所代金貮分貮朱ッヽニ而相渡候、板木ハ此方ゟ出、屋祢や市右衛門請取、

一ケ所代金貮分貮朱宛

*人別之儀

一、閏五月廿四日、香取中務方ゟ使小林伊織、取次求馬(伊藤)、口上人別之義、御立合申渡候而ハ如何思召候哉、監物伊織(小林)ニ逢咄候ハ、求馬両人ニ而觸、先人〻書付出候様ニ觸遣、帳面御帳いたし人數改見候而可然候、印形取候節ハ、成程立合ニ而取可申候、立合スﾄﾓ、雨天ニて取候而も能可有之候、それハ其内ノ事立合候共可致候、先人數書申觸改見可然候、人別之事ハ、皆在〻ニて、名主取候事也、仍之役人世話致可然候、それ共判形之節ハ立合候共可致候、返事ニハ人別之義被仰遣候、御尤ニて候、先人數書ホ相觸改見申候ハヽ可然候、不遲と乍申早キ方可然と存候、伊織方へ申候ハ、自分も兩度伺候、七年以前之通と被仰付候、七年以前ニハ大田備中様御掛、金剛宝寺・惣持院ホ四ケ寺へ人別差出候故、神領へ差出可然ニ而、兩人申上候へハ、其通尤と被仰、四ケ寺方ノヲ貫、此方ノ人數ニ公儀ニて被成候、尤四ケ寺へも其段被仰候、とかく七年以前ノ通宜候、其方へ談候訳罷歸申候様ニ求馬ヲモ遣可申候、年番故ソツチニて世話致候様可然之由申談ス、

一、閏五月廿五日、人別之義ニ付、人參候由ニ而分飯司(伊藤求馬)悴舍人出、先ッ人數相改下書致ス、中務家來伊織・舍人(伊藤)兩人相談ニて先例之通、大戸江も使遣、口上ニハ人別御觸ニて候、先例之通書付致判形差遣候様ニ申遣、大戸神主・

*金剛寶寺來る
神領寺院へも
人別の人數書
出す

護摩堂以下長
吉寺は人別濟
む

*新福寺も人別
相談に參る

妙塔院寶幢院
分飯司方へ參
る

*大戸より人別
書付につき式
部來る

祢宜先規之通認可差出旨ノ返事也、使ハ此方ゟ權頭、中務方ゟ小平太、寺院幷宮之助(國分孫之進)・錄司代ホノ社家他村ニ居候、社家年番故中務宅ニ而人別ヲ改下書記ス、分飯司悴も出ス、同日、神領寺院江も右人別ノ人數書出候樣ニと申、使兩方ゟ兩人遣筈ニ舍人申談、舍人宅へ使之者寄同道致參候樣ニ申談候処、右使此方へ不參候ニ付、此方ゟ使不遣、中務方ゟ計使遣候由、(アキマヽ)又廿五日、舍人神前ニ而伊織へ申候ハ、護广堂・妙・宝――・長吉寺ハ、人別濟候、自分ハ不存候、今尋候ヘハ濟候由、是ハ宮下ニて舍人居候処ニて伊織寺院方へ之各〻ニ名ヲ申申(マヽ)付候ニ付、(アキマヽ)廿五日、右ノ寺院伺ニ分飯司処へ參候間、相濟候間參ニ不及段申聞ル、廿六日、妙塔院・宝幢院、分飯司方へ參、今朝宮下ゟ御人ニ而候、定テ人別ノ御用と存候、如何可申候哉、昨日御使ニて候間、舍人方へ參承候ヘハ、舍人申候ハ、自分ト伊織兩人ニ而申遣候、自分ハ各人別濟候訳不存候、歸候而聞候ヘハ濟候由、左候ハヽ、參ニ不及段申候ニ付、不參段可申候由申候ヘハ、中務逢公用ニ而申遣候処、如何致不參候哉、寺院共右之通申候ヘハ、中務無言ノ由也、是ハ此方領內近年捨候処ヲ乍存、右之通可申遣筈無之、寺院共迄右之通ニ候ハヽ、此方百姓共も皆呼可申事也、不相濟事也、

一、閏五月廿六日、金剛寶寺來り申候ハ、昨日中務殿ゟ人別之義被仰遣候、私義、別御朱印をも所持仕候間、私計別ニ被成被下候樣ニと申候ヘハ、中務殿御申候ハ、監物江も相談致申由御申候、御相談被成被下候《可》樣ニと申候挨拶、其內立合可有之候、其節相談致見可申候、

同日、新福寺も參、定而人別御相談存《と》、先年之通ニ人數書致、昨日宮下へ致持參候、尤印形も不致さつと認申候、寃元ニても御用ニ候ハヽ、書付上ケ可申之由申候、

一、閏五月廿七日、金剛寶寺ゟ使僧分飯司処迄口上、來月芝居立申候、御届申候由、

〔六　月〕

一、六月朔日、大戸ゟ式部(香取)來申候ハ、人別ノ書付御兩所ゟ御使ニて候、只今宮下へ持參仕候由屆ニ來ル、人別書付持參之由年番故、成程宮下へ持參能候由申聞

人別の帳面大戸より來る

*人別帳下書見せる樣申聞かす

ル、分飯司(伊藤求馬)処迄來ル、

一、六月二日、中務方(香取)ゟ口上、使伊織(小林)、取次舍人(伊藤)、人別之帳面、昨日大戸ゟも來候、社家共印形をも御立合取候而可然候、御勝手次第御存候樣ニと申來ル、又金剛寶寺此間來り、別ニ帳面差出度由申候、是ハ別ニ手前一分計四ケ寺江ノ事也、其元へも參候樣ニ申候、如何御挨拶ト思召承度候、　伊織逢候而御口上、致承知候、委細伊織ニ談申候、由　先ソツチ御領分ハ、定而人別相濟可申候、此方ノモ濟候、只寺院方・宮之介(國分孫之進)抔之樣成付よし、其人別知レ候ヘハ、何程ト申人別知レ申候、それヲ下帳致、此方へ見セ候樣ニ可申候、それさへ濟候ヘハ、人數知レ申候、來ル五日ニ可行《ヨク》之由他所ノ社家印形取可申之由○伊織申候間、監物申候ハ、それハ其地頭〳〵へ出候間、當用ニハ不立候、只右ノ人數當用也、　金剛寶寺事、此間此方へも參候、中務殿へ御相談可被成之由、御申候間、御相談致くれ候樣ニと申候、

*人別の件にて中務宅へ立合ひ番頭も出る

*人別帳の次第

自分思候ハ、被仰付七年以前之通リト被仰付候、七年以前ニハ兼而存候通り也、それヲ此度改候而被仰付ニ遠候と思候、又神領ニ居候上ハ、此方へ人別差上筈之事と思候、先自分ハ如此候樣ニ思候、中務殿如何被思候哉、大戸ゟも帳面來候ヘハ、寺院・宮之介抔ノ帳面人別さへ極候ヘハ濟候由申聞ル、此帳ノ下書見セ候樣ニと申聞ル、四日、舍人ヲ伊織方へ遣下帳出來候ハヽ、見セ候樣ニ申遣、中務申候ハ、金剛宝寺ノ方未しれす候、明日御出之節御相談可致候、帳面も掛御目可申候、

一、人別ノ事、六月五日、○年番故中務宅へ立合、番頭も出ル、宮之助、錄司代・安主〔案〕抔兩方ノ領分ノ外ノ者ヲ一帳ニ致印形取、尤兩所ノ宛所ニ而同帳ノ內ニ他所ノ社家持添ノ地頭〳〵へ、人別差出候訳認印形取、本紙ハ中務方ニ差置写ノ帳面、別ニ有り、物申祝(香取主計)ハ前〻大祢宜方領分ノ帳ニ記候得共、此度ハ右宮之助抔載候帳ニ載ル、是ハ先達而大祢宜領內ノ人別帳ニ載候間、其通ニ致、尤上ハ香梅兩人ハ、古來ノ五人組ノ內ニ物申入候ニ付、又何事も領分并ニ致候ニ付、（其通ニ斷書手前帳ニ載候而可然候哉、又國行事ハ、大宮司方へ入候、是ホ聞合、これも宮之助抔載候帳ニ入候ハヽ、其通リニもト、先達而物申悴右近呼申聞ル、親ニ可申聞旨申歸候、其後ハ無沙汰、）○十三年以前ノ子年ノ人別并七年以前、午ノ年ノ人別ニも大祢宜領內ノ人別ノ內ニ入候得共、此度ハ願候抔と申事も有之候、國行事ハ（前〻ハ、）○大宮司領內帳ノ內ニ載候得共、是ハ此度ハ宮之助取載候帳ノ內ニ載候間、物申も此度ハ其分ニ致候、

大戸より人別帳來る
惣持院よりも人別書付來る

*惣持院は四ケ寺へ人別

*金剛寶寺來る

寺社領人別改の儀
人數帳四月より十一月迄に差出す

（マヽ）
大戸ゟ人別帳來ル、是も本帳ハ大宮司方ニ差置写有り、惣持院ゟも人別書付來ル、是も写手前ニ所持、新福寺ゟも人別下書認遣ス故、惣持院ノ通リニ好候而差圖致印形遣候樣ニ申越候樣ニ中務へ申聞候、中務年番故世話致ス、扨　金剛宝寺別ニ致度段、先達而申候故、中務ト及相談使遣、田所縫殿・左原祢宜左京、人別之義、七年以前之通りニ被仰付候間、七年以前之通ニ可被成候、印形御遠慮ニ候ハヽ、先人數書計も可被遣候、左樣無之候而ハ、公用ノ差支ニ成候間、印形之義ハ、追而ノ事ニ可被成候、返事、御口上趣致承知候、其内以參可得御意候、監物申候ハ埒ノ明ぬ事也、重而金剛宝寺參候而も同樣ニ挨拶致候樣ニ可申合候、中務申候ハ、とかく今申遣候、口上通りそれニて御得心無之候ハヽ、金剛宝寺ニ伺候樣ニと可申候と申合ル、從　公儀被仰出候御書付ノ趣、

寺社領人別改之義、先年申渡候趣ニ相心得、七年以前午年差出候通り、人數帳當四月より十一月迄之內可差出候、

子二月

右ハ西尾隱岐守（忠尚）樣御役人衆ゟ中務方へ御狀入、右ノ案紙被遣、御新役故中務一名ニ而被遣候事と存候、尤誰へ成共一人へ為知候へハ、能と思召候而之事▨と存候、監物義ハ、其砌在府、直ニ被仰付ヲ承候、

同日、明日舍人遣、右之人別帳写させ可申候、中務申候ハ、其許ノ人數をも書付被遣候樣ニと申候、又惣持院ハ四ケ寺へ人別、先達而差出候趣奥書ニ致印形、尤大宮司一人ノ宛所ニて遣候、仍之兩人之宛所、又奥書、右之通無相违と計認直被遣候樣ニ申遣ス、

同日、金剛宝寺來り、只今中務方（殿）へ參候、何とぞ私一人をは、別ニ被成被下候樣ニと申候得ハ、七年以前之通と被申候、又印形遠慮ニ候ハヽ、人數書計もと被申候、拙僧申候ハ、私ハともかくもニて候得共、門末ノ者又世間之者ふがいなき抔と申候も氣毒と申候得ハ、左候ハヽ伺候樣ニと被申候、仍之一應伺候而之事ニ可仕と存候旨申候、監物申候ハ、成程御伺被成候へハ、御念はれ宜候、併御大義（往來）ニて候、先人數書被遣、其迄ノ事ニも被成間敷哉、又それ共御伺候筈ニ成候事も知レ不申候間、其段ハ御勝手次第と申候、とかくとくと御了簡可被成候段及挨拶、

一、六月六日、大祢宜方ノ人數ノ〆（計）書致、舍人ヲ中務方

*中務方より伊織來る

*吉田より書狀の內容

大禰宜領人別三百八十八人大宮司領人別二百八十一人社家人別帳大戸人別帳等の寫來る

金剛寶寺來る

*江戸神田明神の神主よりの書狀

ヘ遣、尤昨日ノ大戸ヤ、其外社家共人別帳写來候樣ニ申遣、　立歸申候ハ御手洗宝幢院抔ノ人數ヲ書、別被遣候樣ニ下帳ニ載候由申來ル、監物舍人ニ申聞候ハ、下帳ニハ不及候、本帳ノ〆〆計ヲ上ケ、人數何百人と記、公儀へ上候事也、とかく七年以前之通ニ致候樣ニと申遣、又立歸、左候ハヽ御手洗ヲ貫候樣（此貫候樣ニと申遣候義不屆ノ口上也）ニ申來ル、監物舍人へ申聞候ハ、殊外六ケ敷事也、何之手間取申間敷事ニ、それニてハこんざついたし埒明事ニてハ無之候、とかく七年以前之通ニ何事も致、公用ノ早ク弁スル樣ニ致可然候、人數ノ高さへ知候へハ能事ニて候、とかく先七年以前之通ニ致候樣ニ、此方ハ七年以前之通りニ心得居候事也、此段參申候樣ニと申遣、中務それならハ能候由申候由、

大祢宜領人別三百八拾八人、男二百二人、女百八十六人、

大宮司領人別二百八拾壹人、男百四十一、女百四十、

同日、社家人別帳・大戸人別帳・新福寺(アキマヽ)

右帳写來ル、

〔七　月〕

一、七月十一日、金剛寶寺來り、人別印形之義、私ハ相遠ノ存寄無之候得共、四ケ寺へ使僧遣、承合候而ノ上ニ否可得御意候、左樣御心得被下候樣ニと申、尤之由及挨拶、

一、子七月十四日、中務(香取)方ゟ伊織(小林)來ル、吉田ゟ書狀來り申候、則掛御目候、未写をも不致候間、御覽後御返シ候樣ニと分飯司(伊藤求馬)方へ申置歸ル、其文、

一筆致啓達候、先以弥御堅固可爲御勤珎重存候、然者、本所家續且(督相脫カ)婚礼之御祝儀社家方被申入可然存候、此段年寄之諸社家中へ乍御苦勞無殘御傳達憑入存候、右爲可得御意如是ニ候、恐々謹言、

五月十九日　　鈴鹿信濃守 書判

鈴鹿能登守 書判

鈴鹿左京亮 書判

香取中務殿

香取監物殿

上啓、今度家續・婚礼ホ之爲御祝義、諸社家中被申合扇子代被進可然存候、此段宜敷御申達可給候、以上、

五月十九日

江戸神田明神之神主芝崎宮內方ゟノ書狀、

*金剛寶寺より人別帳面

*宗門の事は門徒共本寺方へ致す

*上方筋大社の神主願ふ事は名代

釆女宮之介宅へ引移る

元宮之介孫之進浪人致し銚子へ引越す

*出府の節は困窮にて出府成り難し

一筆致啓上候、殘暑甚敷御座候得共、弥御堅固御勤被成候哉承度奉存候、御出府茂可被成候得共、不存候而致御無音候、然者此書狀箱京吉田三位殿(良延)御家老中ゟ御屆申候樣申來候間遣申候、御返事被成候者、拙者方ゟ度〻便御座候間、御屆可申候、尚期後音之時候、恐惶謹言、

七月六日　　芝崎宮内少輔 書判

香取中務樣

香取監物樣

同日、中務方へ右之書狀共遣ス、分飯司取次、伊織口上、吉田ゟノ書狀被遣致一覧候、留をも不被成之由、則其元へ差遣申候、（此方病人ニ而取込、殊ニ御祖父讃岐永〻相煩ㇾ也、七十八、年番之事ニ候間、宜樣ニ御取計可被下候、中務分飯司方へ申候ハ、左候而ハこまり申候、其内相談セすハ成間敷之由申候由、

一、七月廿一日、釆女(今泉)宮之助宅へ昨夜引移候由、屆ニ來ル、是ハ元宮之助孫之進浪人致、去ル七月七日銚子へ引越候ニ付、右之通釆女義ハ、前ノ副祝新市場村ゟ引越聟宇右衞門跡職ヲハ相續ス、

〔八　月〕

一、子八月三日、大宮司(香取中務)方ゟ使伊織(小林)、取次分飯司(伊藤求馬)、中務(香取)申候ハ、金剛寶寺より人別帳面ニ印形致遣候、則写差越申候、思召も御座候ハヽ可被仰遣候、又江戸江ハ右帳面納メニ何時御出府可被成候哉、監物伊織ニ逢談候ハ、此人別帳能見候而、明日ニも返シ可申候、然共宗門之事ニ候ハヽ、門徒共本寺方へ致可然候へ共、根本寺・大聖院ホ、皆配當ニ載候ヘハ、別ニ印形をも致可然事之樣ニ思候、金剛宝寺方へ人別取候訳ニハ無之道理と思候、地方ニ付候事也、又江戸へ出府之事、中務殿兼而出府被致候樣ニ沙汰有之候、夏中御奉行替ノ御祝ホニ、自分ハ致出府候、其樣成事ニ御出府候ハヽ、御年番之事ニも候間、帳面御納可然候、先年聞候ニ余社ゟも使者以差上候、上方筋ノ大社ノ神主ハ、願事有之候而も名代ニて候、それハ訳も可有之候得共、此樣成事ニ毎度致出府候而ハ、是ゟ重キ事ニて候出府之節ハ内證窮レ困にて出府難成候分抔ハ、殊外大義ニ思候、仍之御出府序ニも候ハヽ、帳面御年番役ニ御納可然候、左も無之、此一

金剛寶寺方の人別の事大聖院根本寺等は別に印形致す

人別の內門徒四人名を顯す印形を致す

黑田豐前守御老中に役替

通ニ御出府被成候御つもりニ候ハヽ、下社家之内壹人差登セ帳面納メ可然候、尤こだわり候事有之候ハヽ、格別ニて候、右之趣委細申候樣ニ委細伊織へ申談候段可申候、

子八月四日、求馬を以中務方江昨日ノ帳面差返ス、昨日伊織ニ委ク▨申進候、金剛宝寺方ノ人別之事、七年以前印形無之候共、大聖院・根本寺等、別ニ印形致遣候哉、覺不申候、別ニ印形致させ候而可然候哉、御年番之事ニ候間、御了簡次第ニ可被成候、返事、中務申越候ハ、來ル七日ニ立合、下社家ノ内差登セ候御相談、又ハ帳面ニ印形ホ共被成候樣ニ可被成候、晩方金剛宝寺へも大聖院・根本寺名ヲあらわし、印形致候樣ニと可申遣候、其元ゟも使被遣候樣ニ兩方ゟ可遣候由申來ル、

同日、金剛宝寺へ使手前ゟ權頭、宮下ゟ喜大夫、ヽヽ口上御申付之由、人別之內門徒四人名ヲ顯印形致、被遣候樣ニと申遣、返事、近日拙僧罷越得御意申候上ニ而、印形致させ遣可申候と申來ル、

同日、中務分飯司方へ申候ハ、此度御奉行所黑田豐(直邦)前守殿御役替、御老中ニ被成候由、仍之御跡役御

出來被成候而、すくニ出府可致と存候間、社家《シヤケノ》內ゟ遣可申候、それニハ立合御相談申度候、又帳面ニ(差上候)印形も入候事ニ候間被申越、

一、子八月七日、大宮司方へ使分飯司、取次伊織、口上、今日參候樣ニ被仰遣、御尤ニ存候得共、此間不快ニ罷有候、今日難罷出候、公儀へ差上候(人別)帳面御淸書被成可被遣候、印形可致候遣候、又江戸へ社家之中ゟ遣可然之由、御尤ニ存候、物申悴(香取右近)カ國行(香取左近)事カ、田所ホゟ外有之間敷候、御年番之事ニ候間、何ニても可被仰付候、中務返事、御不快ニ御座候事御尤ニて候、成程帳面認差越可申候、今日番頭參候樣ニ觸候、參候ハヽ申談可申候と申來、分飯司も出候樣ニと有之候事、同日、分飯司中務宅へ出ル、番頭も出ル、中務も不出、伊織ヲ出ス、分飯司兩人ニ而人別帳面納ニ右近物申悴、參候樣ニ申付ル、

同日、番頭去秋風ニ根かへり神木相談(見分)ノ上ニて四尺余ノ木二本・末木一本切貫、六尺廻九尺物願人有之、相拂代金貳兩貳分、鳥居木二本、長七間ニ伐ル、其末木一本ニ余節物ノ末木一本、合二本、新市場村ノ者コガスノ檜板願ニ付遣ス、同日、近日ニ神木

公儀へ差上ぐ人別帳面差遣す

人別人數合八百七十一人

祖父讃岐大病

*讃岐守石碑新福寺墓上に建る

*碑銘は寅年の日記に記す

*右近江戸より歸る

*西尾隱岐守に口上書人別帳幷に寺院觸頭へ差出帳差上ぐ

七十八歳病死す

胤雪宮之介職より大禰宜職に仰付らる

共神領不殘出シ材木藏へ入可申旨ノ相談致由、

一、子《人別、》八月十日、中務方ゟ使伊織、取次分飯司、　公儀江差上候《人別》帳面差遣、印形致十二日ニ中務方へ遣ス、公儀へ差上候扣有り、別ニ有之、人數合八百七拾壹人、内男四百六十四人、内女四百七人、

書狀ノ文、

今度被仰出候人別之義、則神領中相改帳面差上申候、此節中務義者、持病指發罷在候、監物義者、祖父讃岐義大病相煩申候、依之乍恐以使右帳面指上申候、以上、此帳ニ致ス印形、

下總國香取神宮大祢宜　香取監物印

子八月

大宮司　香取中務印

寺社御奉行所

御役人御衆中

○子八月廿日朝五ッ時、香取讃岐守胤雪、去年十月末より相煩、子正月二日より快氣、又子四月頃より短息ニ而相煩、腫氣も來り、今年七十八歳病死ス、時ニ嫡子內膳胤信、六十三歳、ゝゝ嫡子監物實行、四十一歳、ゝゝ子喜五郎、二歳、元祿十三辰年胤雪、四十六歳、宮之助職より大祢宜職ニ被仰付、嫡子胤信、三十一歳、嫡孫實行、九歳、同年九月御宮御修覆御遷宮成就之節、於江戸登城、　御目見へ被仰付、元祿十四年上京、參內、從五位下讃岐守ニ勅許、寶永三戌年五十二歳、中絕ノ獨御礼、十二月廿八日寺社御奉行所本多彈正(忠晴)殿御宅ニ而願之通被仰付、翌亥ノ年正月六日御礼相勤ル、大祢宜職二十年《ネン》相勤、享保四亥年二月六日六十五、松平相模守殿(近禎)江相願、願之通隱居被仰付跡職嫡子內膳胤信五十歳、可相勤之処〇《好レ隠》望ニ付、內膳嫡子監物実行二十八歳、願之通職分被仰付、

大宮司清次郎月山秀《ヒテ》房、四男平大夫〇《嫡》子讃岐守胤雪也、胤雪号雪彥神靈、又盛德院、忌中百日之間、妙塔院ニ而暮ス、妙塔院ハ大祢宜領內也、古例、

享保十九甲寅年八月、讃岐守石碑建ル當所新福寺墓上ニ、碑銘ハ寅年ノ日記ニ記之、

一、八月廿二日、右近(香取)江戸ゟ歸ル、西尾隱岐守(忠尚)殿江御役人喜多宇右衞門掛、口上書・人別帳幷寺院觸頭へ差出候分ノ帳差上候処、御役人御申候ハ弥勒寺幷惣寧寺呼、神領ノ人數ニ致候間、左心得候樣ニ可申之由被仰渡、其後罷出候処、人別帳面六月改、今度差上候処ハ、八月月遠不宜之間、改をも八月ノ月付ニ致候樣ニ被仰付、右近伺候ハ、只今被仰候、社家何人、僧・百姓何人と書分候ハ、如何と伺候処、別ゝニ致

僧二十六人*

大戸地福寺延壽院何方へ人別差出すか*

右近江戸より歸る*

返田社屋禰損亡雨漏りあり右近出府人別帳面に惣人數八百七十一人*

社家四十七人

候樣ニ、左候ハヽ、三通ニ致候事ニて候哉、成程三通ニ訳知レ候樣ニと二度迄被仰渡候由、是ハ右近承遠と被思候、惣寧寺よりハ、新福寺へ書狀來ル、右近旅宿迄、其文ハ人別香取神主方へ被差出候樣ニ、此方へ先達而差出候ハヽ、書添致後ニ差出候訳ニ可致候ト申、文言ノ書付ニ印形致來ル、是ハ　公義ゟ被仰付候ニ付、右之通後ニ右ノ文言聞之、弥勒寺よりハ無沙汰ニ付、其段伺候へハ、右近方へ御役人御差圖ニて旅宿ゟ程成候間參承、早ク埒明候方宜候間參、承合候樣ニと御差圖ニ付、右近弥勒寺へ〔参〕御差圖之段申候、昨日ハ左右可有之候間、相待候樣ニと御奉行所ゟ被仰付候間、終日相待候処、無其儀候間伺候へハ、御差圖ニ付參候段、申入候へハ、弥勒寺申候ハ、了簡違ニ而候、自是飛脚を以可申越旨申候由、

右之訳ニて人別帳面御返シ、

八月廿七日、右近出府、人別帳面ニ惣人數八百七拾壹人、但當子年八月改、當歳以上、

内社家四十七人、
内僧二十六人、
内百姓三百九十一人、
内女四百七人、

右之帳面壹冊、又人數合八百━━内、社家四十七人ト、一冊

又ノ帳ニハ人數合━━僧二十六人、又帳━━・百姓━━ト、外ニ三冊認遣ス、是ハ了簡違ト思候得共、爲念ニ拵遣ス、然共、右之一冊ニ而可相濟也、年番故帳面ホ中務方ニ而拵之、八月廿五日、中務方ゟ申越候ハ、大戸地福寺・延壽院何方へ人別差出候と申事無之候間、承ニ遣候処、直末ニ候間、何方江も不遣之由申越候、如何可致と申來ル、挨拶、兩方ゟ兩使遣御呼、直ニ御尋可然之由申遣ス、廿六日、兩使遣兩僧來ル、中務尋候へハ、何之相違なく、此方へ計人別差出候由申候由、尤中務宅へ分飯司ヲ出ス、

九月三日、右近江戸ゟ歸ル、三通ニ致候帳面三通差上相濟候由申候、

一、八月廿九日、左原祢宜分飯司処へ來り、返田神主忌中ニ而罷有候処、村ノ者共申候ハ、御社ノ屋祢損內陳江も雨もり致候樣ニ見へ候由、修覆ノ願ニ神主ニ取繕參候由、今日宮之助中務方へ參及相談候処、當分御金無之候由、中務申候由ニ付、宮之助申候ハ、返田宮林ニ枯木有之候ヲ伐差板爲致候ハヽ、先當分雨もり有之間敷旨、致相談候由ニ而、分飯司へ右之段宮中達可然候、如何監物可申候哉と申候由、尤忌

中ニてハ皆葺替ナレハ迁宮も不成之由抔申候、監物挨拶、皆相談次第ニ可致之旨申付ル、然共、枯木伐候ハヽ、何本と數ヲ改見分ニても致候様ニ致可然旨申遣ス、

返田神主忌中につき葺替遷宮も成らず

黒田豊前守若君様御老中仰付らる

一、日付前後、子八月十五日、江戸江使者遣ス、小沢左中、黒田豊（直邦）前守殿、若（徳川家重）君様御老中ニ被仰出、春中五千石、今度五千石御加増合三万石、今一代ニ御立身、右御悦以使者申上ル、尤祖（香取胤雪）父病氣ニ付と申、口上八月七日松平玄（蕃）番頭殿（忠曉）寺社御奉行所ニ被仰付、是江も御祝義ニ使者差上ル、祖父病氣ニ付、使者以申上ル、口上有り、八月十九日ニ罷出ル由、

〔九　月〕

一、九月朔日、宮林ニ有之候、春秋ノ風折根かへり遣、殘拂殘り千石ノ者出材木藏へ入ル、鳥居木一本ノ末ト、（アキマヽ）代金三分ニ拂由、

返田社屋禰の件

同日、返田社ノ屋祢ノ〱返田村ノ名主申候ハ、枯木被下候ハヽ、村ノ物入ニ而修覆致度之由、尤宮中御服來年九月迄ニて御座候ヘハ、內院ニて計迁宮相勤候様ニ被成被下候ハヽ、右之通修覆仕度候、此筋ハ合点無之候ハヽ、當分ノ雨溜計ヲとめ、來九月迄差置可申候由、○分飯司方へ（伊藤求馬）申候由、宮之助方へ申候由ニて、挨拶、何分ニも相談次第ニ宜様ニ致候様ニと申付ル、尤普請入用相應之木見立ニ、何も參筈之由、此段ハ先達而分飯司へ申付ル故也、

*右近江戸より歸る

一、九月三日、右近（香取）従江戸歸ル、人別帳面之義三册ニ致候ヲ差上相濟候由、一册ニ致候ヲハ持歸候、

*津宮東西の宮鳥居を建立寄進

一、九月十一日、分飯司方へ惣檢校・檢非違使來り申候ハ、津宮東ノ宮・西宮ノ鳥居ヲ津宮ノ者共、講致建立寄進致度之由願候、如何挨拶可仕候哉、挨拶一段之事也、随分すゝめ能出來候様ニ可申候、惣檢校ハ東ノ宮ノ支配、檢非違使ハ西ノ宮ノ支配也、中（香取）務も無相違之由、今迄ハ鳥居無之也、

*小井土神主大大神樂願ふ

一、九月十九日、大宮司方ゟ使伊（小林）織、取次分飯司、來ル霜月上旬方小井土神主大〻神樂願御座候、御忌中ニても名代ニ而御勤可被成候哉、爲御相談申進候、返事、神樂之儀被仰遣候、名代を以成程可相勤候、

〔十　月〕

一、子十月五日、金剛寶寺來ル、庄內取次申候ハ、私義春中わらひ村本寺へ參、▨隠居之義及相談候、

段々病身ニ成候ニ付、右之段本寺へ申候処、七月中飛脚來申候、後住も相定申候、霜月中移替致筈ニ而御座候、

金剛寶寺來る

一、子十月五日、金剛寶寺來ル、庄内取次、金剛申候ハ、私義近年ハ、別而病身ニ罷成、社役才諸事苦労ニ罷成候、仍之隱居可仕口掛申候、春中わらひ村本寺へ參、左樣之相談致置候、然ハ當七月廿八日、本寺ゟ飛脚を以申越候ハ、後住極候由申來候、入院移替霜月中心掛申候、然ハ兼々御願申候御修覆ニ付、御修理料金之義、御相談可被下候、右之段ハ、宮下へも申候、宜樣ニ御相談被成被下候樣ニと、此段宜申くれ候樣ニと有之候事、此節忌中妙塔院ニ居候ニ付、同日庄内來り、右之段申候、

金剛寶寺隱居後住入院

金剛寶寺隱居願の手紙來る

同十四日ニも金剛寶寺ゟ手紙來ル、今般隱居之願ニて御座候、就夫、此間申上候通り、金子御助力之義、宜敷御相談被下候樣ニと申來ル、返事、御紙面之趣承知ト申遣ス、

＊金剛寶寺普請金度々願ふ

一、子十月十▨〔五〕日、役人共不斷所ヲ分飯司(伊藤求馬)処、寺内ノ外平七屋敷之事、三・四年以來折々申候通、古明地之所也、先住商人差置普請廣《ヒロケ》候、火難才ノ爲、又ハ御

祭礼道乱之事、古來之通明地ニ前貳間程致、後ロシサリ候樣ニ、尤急ニと申事ニても無之、四・五年ノ内ニも普請ハ致候共、今度本寺隱居被致候ニ付、右之訳極置度旨申候処、不斷所申候ハ、御尤ニて候、然共、急ニ引退候而ハ致迷惑候御了簡被成被下候樣ニ、私も相談仕見可申候旨申歸ル、

一、子十月十六日、本宅へ番頭呼、分飯司へ口上申付申聞候ハ、來ル正月六日御年礼之義、此方年番ニ候得共、不罷成候ニ付、大宮司(香取中務)御勤被下候樣ニ、各宜相談賴候由、尤不遲事なから支度才之爲も候故ニて候、番頭(今年四十九歳也、)中務方へ參ル、中務申候ハ兼而相心得申候、前方此方差合之節も、旧冬此方ゟ御屆申候間、旧冬之内御屆正月致出府候ニ間遠之なき樣ニ、旧冬御屆被成候樣ニと申來ル由、(今年四十一歳、)監物(香取)相心得之由申遣ス、

一、十月十七日、大宮司中務分飯司ヲ呼申越候ハ、金剛寶寺普請金度々相願候、御金無之ヲ乍存願候了簡ニ及不申候、御了簡承度旨申越候、尤隱居致候ニ付、急ニ願之由、返事、御口上趣致承知候、急候事ニて候へハ、御金か無之、私も了簡ニ及不申候、其内又御了簡をも被成御覽被成候樣ニと申遣ス、右之通

分飯司中務へ申候へハ、又中務申越候ハ、金子十両と願候、夫ゟ多クト覺候哉、又少クト思召候哉、後住へ其段申置候樣ニと申聞置可然候、願之通十両と思召候哉、多少之訳明日ニも御申越候樣ニ、左候ハヽ後住へ重而相渡候樣之極ニ可申越候、

*毎年五月五日大宮司大禰宜立合ひ流鏑馬神事執行仕る

金剛寶寺願の修理料金後住へ相渡す

*流鏑馬武器別紙書付差上ぐ

十月十九日、分飯司ヲ中務方へ申越候ハ、金剛寶寺願ノ修理料金之儀、後住へ相渡候樣之訳と被仰遣候、然共後住ハ程も知レ不申候、釆女(今泉)・大藏(尾形)此方ニ借金御座候樣ニ承候、差引ニ致候而ハ如何可有御座候哉、金子高ノ事も去年ハ八両程不足之由申之、此度ハ拾両ト願候、宮之助・物申をも御呼一通御相談被成、何分ニも宜樣ニ御了簡次第ニ被成候樣ニと存候、返事、御尤ニ存候、晩方右兩人呼可申候、其節分飯司も出候樣ニと有之事也、

*流鏑馬武器覺

十月廿日、中務宅へ宮之助(國分孫之進)・物申(香取主計)・分飯司も出ル、金剛寶寺願候金子相談之上ニて拾両遣候筈ニ相極ル、尤中務方ゟ申遣請取取候樣ニ可致之由、

出府

一、十月廿一日、出府、廿二日夜、江戸着、

井上河内守へ出る

一、十月廿五日、井上河内守樣(正之)江出ル、御機嫌伺、御役人松嶋久兵衞殿(茂雅)へ得御意、當月ノ御月番也、御願之義御座候而參候、數年心掛罷在候、則願書掛御目、

乍恐以書付御願申上候

於香取宮每年五月五日大宮司・大祢宜兩方ゟ立合、鏑流馬之神事執行仕候、右之節相用申候武器御座候、數年之御祭礼相用候故、殊外切レ損シ用立不申難義仕候、同役大宮司方之鏑流馬之武器ハ、元祿年中闕職之節、御願申上、御修理料金之内ニ而出來仕候間、私方之鏑流馬之武器も先例之通、御修理料金之内を以、修覆仕度奉願候、願之通被仰付被下候者、難有可奉存候、則武器別紙書付差上申候、以上、

享保十七子年十月　　下總國香取神宮 大祢宜 香取監物印

寺社 御奉行所

覺　是ハ半切ニ而一通ニ書、

一、具足　一両　　一、下着并上帶、
一、踏込　　一、太刀　一腰
一、重藤(籐)弓　一張并袋、　　一、半弓　一張
一、矢鏑矢・とかり矢、廿四本根共、　　一、的矢　四本根共、
一、箙并ひぼ、　　一、しつこ

一、つる巻　　一、あや笠

一、射手ノ下着幷すそほそ　　一、行縢なめし彼〔皮〕ニ而、

一、馬道具　二通　　一、ゆ小手

右差出申候ハ、是ハ御宮御修覆同前ニて候、私用ニ而無之、天下國家之御神事ニ相用申候、たとへハ明日ニも職分被召放候而も持参ハ難成職ニ付候、御祭礼具にて候、御役人御申候ハ、中務方ゟも出候哉、成程私同役兩方ゟ兩人差出相勤申候、新規ニ大宮司方ニ而仕候節ノ入用帳面掛御目五十三兩余、新規ニ仕候ニて候、右之通無用候も御座候へハ、右之金子ノ半分モソツト余ニて未仕手共ニ不承候へ共、如何様貳・三拾兩計ニても出來可申哉共被存候、馬具抔ハ只今毎年近村百姓共ゟ借用仕候へハ、不淨ニ染候をも厭かたく相用申候へハ、氣毒ニ奉存候、御役人御請取、又ハ借申上度事御座候と申書付出ス、是ハ追而差上度奉存候へとも、先御覧被下候様ニと申差出ス、其文、半切ニ認、

乍恐口上覺

私義、不勝手ニ付、四年以前奉願御修理料金之内百兩拜借被爲仰付、十年賦ニ毎年返納仕候、然處

ニ困窮之上、不幸之事共御座候而、只今迄之通ニ返納難仕難義至極奉存候、依之例茂御座候ニ付、當暮ゟ殘金廿年賦ニ返納仕度奉願候、被爲仰付被下候者、難有仕合奉存候、以上、

十月　　下總國香取神宮
大祢宜
香取監物印

寺社
御奉行所

年賦返納金御差延例書　半切紙へ認、

香取中務義、不勝手ニ付御修理料金之内、百四拾九兩、十年賦ニ返納可仕旨、被仰付拜借仕、去ゝ年迄十年賦之つもりニ返納仕候処ニ、不勝手ニ付殘金廿年賦ニ返納仕度段、去冬黑田豊〔直邦〕前守様江御願申上候処、御聞届被遊、即刻願之通ニ廿年賦ニ被仰付候、則返納帳入御覧候、以上、

十月　　香取監物

右御役人御覧ノ後、去年甚不作、當年も不作、其上不幸之事御座候而御願申上候、是ハ御願四年以前相濟候事ニて候、則拜借帳掛御目《ル》中務返納ニ黑田様へ御斷申上、廿年賦ト申書付有之、御神用之御手支ニ成候事ハ無之候、御役人被待候様ニ御申、程過被出、

*殘金二十年賦の返納願ふ
天下國家の御神事に相用ふ
*年賦返納金差延例書
*香取中務の儀
*御修理料金の内百四十九兩十年賦に返納
百兩拜借につき十年賦に毎年返納

西尾隠岐守へ御機嫌伺ひ
*井上河内守へ伺に罷出る

重而被伺候様ニと御申被渡候、
一、十月廿六日、西尾隠岐守(忠尚)様へ御機嫌伺ニ出ル、同日、
松平玄番〔蕃〕(忠堯)様へ出ル、御役人得御意御機嫌伺、御支配
下ニ罷在、私共大勢支配をも所持仕候、重而折々伺
公可仕候、御見知り被下候様ニと申候、成程〳〵ト
御申候、又申候ハ先頃御役義御悦之砌ハ、病氣ニ罷
在候ニ付、使者を以乍憚御悦申上候、御序之節、宜
様ニ被仰上被下候様ニと申候、御役人成程、右之訳
可申聞候、御役人飯野源五左衞門・鹿沼弥惣・依田
清左衞門、弥惣殿へ得御意御申候ハ、新役ニて諸事
無案内之由御申候、少かくられ候、

水戸様へ御機嫌伺ひ

一、十月廿七日、水戸様江(鶴千代、後ノ徳川宗翰)御機嫌伺ニ罷上ル、
同廿八日、御使者爲御礼被下、小川忠二郎と申仁、
他出之節御使者來ル、

根本寺來り隱居願仕る

一、十月廿九日、根本寺來り、數年隱居之願仕候、今度
本寺ゟ被申付候、仍之御届申候、中務へも右之通申
候処、一段之事を被申候、平馬挨拶、留主ニ候間、
監物歸次第可申聞候、

自樂庵根本寺後住に申付く

十一月朔日、自樂庵來り、根本寺後住ニ、從本寺被
申付候、御届申上候、

御祈禱被仰付候訳、
○一、十月廿九日、井上河内守様江伺ニ罷出ル、御役人松
嶋久兵衞(茂雅)殿被出御申候ハ、
御祈禱被仰付候、早々罷歸被相勤候様ニ、河内守今
朝被申付候、監物申上候ハ奉畏候、併私義、先達而
も申上候通り、服中ニ而神前出勤難仕候、尤番頭と申
社家之内ニ而名代仕候者、相極り御座候、左候ハヽ罷
歸、名代を以、御祈禱相勤、諸事差圖ホ可仕候、御
役人御申候ハ、中務其許ノ両宛所ニ而書狀遣申候、左
候ハヽ、私御請申上罷歸可申候由申上候へハ、御役
人河内様へ御伺之上ニ而、右書狀御代官ゟ相屆《トヽケ》候様
ニ被仰付候、神前向難勤候ハヽ、社法之通名代を以
相勤、尤早々罷下り差圖ホ可致候由被仰渡候、　如
何様之筋之　御祈禱ニて御座候哉、御祓獻上仕可申
候、此段如何伺候へハ、御役人左様之事も書狀ニ申
越候、在所ニ而御承知可被致之由御申候、　旅宿へ
御差紙來ル、右之通御奉行所へ出候跡へ被遣候故、
御請不致候、其文上書、

下總國香取神宮　　井上河内守
　大祢宜　　　　　　役人
　香取監物殿

被相達儀有之候間、只今可被相越旨、河内守被申候、以上、

十月廿九日

〔十一月〕

江戸發足

*吉田家家督相續婚禮の祝儀廻狀

井上河内守に召され御祈禱仰付らる

*西國蝗災の御祈使の先觸

十一月朔日、江戸發足、十一月二日、歸國ス、

十一月二日朝六ツ過、中務(香取)方へ使分飯司(伊藤求馬)申越候ハ、一昨日井上河内守(正之)樣へ被爲召、御祈禱之義被仰付候、仍之早ゝ罷歸、執行可被致之由被仰渡候、私御答申候ハ、神前向出勤難仕候旨申上候へハ、社法之通名代を以可相勤候、尤早ゝ罷歸、差圖ホ可致之由被仰付候、右御祈禱之義、其許・自分兩人之宛所ニ而御狀被下候、是ハ今日中ニも御代官へ被仰付、右御狀相屆可申之由被仰渡候、拙者儀、御存之通ニて候間、諸事宜樣ニ御取計被成可被下候、所爲御知旁▒▒申進候、御代官御越候事ニて候哉、又ハ手代衆ニて候哉、又ハ御使ニて候哉、其程ハ相知レ不申候、御用意被成候樣ニと申遣候、中務直ニ分飯司ニ逢返言、入御念候、御口上之趣致承知候、御祈禱之義ニ候へハ、延ゝニ成申間敷候、

番頭呼寄可然と存候、則呼ニ申付候、分飯司も同樣ニ申付ル由、御使番頭ヲ共ニ相待、中務分飯司方へ御祓ノ支度可致候由申越候、兩名ニ而一ツ可然哉、又各ゝニ而可然哉と申候由隱屋ゟ分飯司方へ申越候ハ、御宮御迁宮成就之節、御目見ノ節も各ゝニ御祓差上、其後大地震之節も、各ゝニ差上候、此度も古例之通、各ゝ可然之由申越ス、

一、十一月二日、吉田殿(良延)御家督相續・婚礼之祝義ノ廻狀ホ、山野邊村淡路方ゟ來ル、挨拶、此方ノ宛所も無之、其上此方へも來り候、相返し候樣ニ申付ル、然共、年番ニ候間、大宮司(香取中務)方へ持參見候樣ニ申聞、同日、無程中務吉田ゟ如此と申來ル、挨拶、御返シ可然候、請取候而も致方無之、殊ニ此方宛所も無之、先達而も此方へも來り候、それとも思召も候ハヽ、各別、拙者ハ元へ差返可然と存候、又中務申越候ハ被仰聞候趣、御尤ニ存候、此方今朝之儀ニて取込罷在候間、其元ゟ御返シ被下候樣ニと申來ル、則御手洗之者申付、右之訳申付遣候樣ニと申付ル、

一、十一月三日、

○　先觸　原新六郎(政久)手代

成嶋牧右衞門　半切也、

書面の人馬宿々滞り無く差出す
*御祈禱七日七夜相勤む
*佐原村より先觸
*御祈禱料は箱に入る

一、賃馬　壹疋
一、人足　貳人
右者、下總國香取明神江御祈禱料被指遣候ニ付、今二日江戸出立、罷通候間、書面之人馬宿ゝ無滯差出可被申候、
此先觸香取中務殿・香取監物殿、兩所之内江可相届候、以上、

十一月二日　　原新六郎手代
　　　　　　　成嶋牧右衛門印

千住
新宿
松戸
小金
我孫子
芝原
布川
金江津
押砂
神崎
佐原
香取

右宿ゝ
　問屋
　名主中

分飯司方へ申越候ハ、此度ハ重ク被仰付候間、諸事念ヲ入、御祈禱七日七夜程相勤可然と存候段、分飯司へ申越候、中務宅ニて番頭寄合相談、佐原江侍分者兩人兩方ゟ遣ス、道筋掃除ホ申付ル、尤神前向掃除、其儀も度ゝ左原迄御案内御迎ニ遣ス、
十一月四日、八時左原村ゟ先觸、只今御着ニて候、宿之儀被仰付候樣ニ申來ル、則宮下江宿之儀御用意候哉、此方ニても正判官処拵差置候由申候へハ、左候ハヽ、左樣ニ致可然之由申越候、分飯司名代廰上下ニ迎ニ表久坂ノ口迄出ル、宮下ゟも(小林)伊織出ル、正判官処へ成嶋牧右衛門立寄、
御祈禱料ハ箱ニ入、兩人ニてカヅキ夫ゟ牧右衛門神前へ持參、右箱ノ内ニ御狀も入ル、中務出合右拜殿ニて請取、此方ゟ(香取式部)權祢宜出ス、分飯司上下ニて寂前正判官処ニて口上、香取監物家來ニて候、監物申上候、御大義ニ御出被成候、罷出可掛御目候処、此節忌中ニ而引込罷在候、社法ニ而難罷出候、(成嶋)牧右衛門口上、被入御念候、御社法御尤、何分ニも宜と申來ル、夫ゟ正判官処へ

歸、一宿也、折節雨天、拝殿ニて権祢宜申候ハヽ、大祢宜名代と申候へハ、監物殿へ宜ト申由、▨御奉行所ゟ御狀ノ文、

西國中國筋作毛虫付につき安全の御祈禱仰付らる

御祈禱料黄金三枚

一筆令啓候、今年西國・中國筋作毛夥敷虫付爲非常之儀之間、此上安全之御祈禱被仰付候、依之爲御祈禱料黄金三枚被下置候間、可有執行候、謹言、

十一月朔日　松玄蕃頭
忠撓〔曉〕（花押影）
西隱岐守
忠直〔尙〕（花押影）
井河內守
正之（花押影）

香取中務殿
香取監物殿

*井上河內守へ差札有り

此御狀、子十二月廿九日ニ同役方へ遣、御年番之事ニ候間、其許御預可然候、則差越申候御狀被遣、返事慥ニ請取之由申來ル、

御祈禱の御札につき大宮司大禰宜申合

又切紙ニ而、

此度就　御祈禱被仰付候御札等差上候儀者、大宮司・大祢宜之內申合、壹人罷越差上候之様可致候、

以上、此御切紙五日ニ中務方へ遣ス、翌五日ノ処ニ有之、

十一月朔日　井河內守

香取中務殿
香取監物殿

御返答奉書中折ニ認、

御奉書、謹而奉拜見候、今度　御祈禱被爲仰付候ニ付、黄金三枚頂戴仕、難有奉畏候、參府仕候迄、乍恐爲御請以書付申上候、以上、

十一月四日
大祢宜 香取監物印
大宮司 香取中務印

寺社御奉行所
御役人御衆中

御代官手代牧右衞門好請取遣ス、

井上河內守樣御差札有之、

一、御祈禱料箱入油紙包枠入壹筒、但雨覆桐油共ニ、

右者、今度當社江爲
御祈禱料寺社御奉行樣ゟ御渡被遊被差遣候ニ付、御持參御渡、今日相改無相違請取申候、右之御請之儀者、別紙書狀相渡申候、爲念如此御座候、以上、

子十一月四日
下總國香取神宮
大祢宜
香取監物印

牧右衛門一宿色々馳走申付る
*金剛寶寺より使僧口上
*中務宅へ番頭寄合相談
*専一に御祈禱相勤む

大宮司
香取中務印

成嶋牧右衛門殿

四日、中務方ゟ今日日柄能候間、今夜御祭礼過ニ御祈禱開闢可致之由申來ル、尤之由申遣ス、

牧右衛門一宿色々馳走申付ル、尤役人共御使ニ候間、御馳走不申ハ成間敷之由、伊織方へ及相談、中務申候ハ、随分御馳走申候樣ニと申候由、

四日ノ夜、使孫大郎、取次伊織、中務方へ申遣候ハ、御祈禱被仰付、御同前珎重存候、獻上御祓之儀、前方ハ各々ニ御祓差上候得共、此度ハ両人之內壹人申合、出府仕差上候樣ニと被仰下候へハ、御祓各々ニ差上候も、くとき事之樣ニ被存候間、御祓一合ニ両名ニ而被差上候而ハ、如何有之候哉、御了簡承度候、又御出府之事も此度ハ別而重ク御祈禱仕候而可然候、前方〔大〕地震御祈禱抔ノ節之樣ニ、急成事ニてハ無之候、此上　御安全ノ御祈禱と被仰付候へハ、相急キ候事ニ候ハ無之候、一七日も重ク御祈禱御勤、又近々神樂も御座候へハ、左樣之義も御仕廻十三・四日比、御出府被成候樣ニ被成候而ハ、如何可有御座候哉、御祈禱第一、重ク相勤申度存候而申進候、爲御相談得御意候、御了簡承度候、中務返

事、御口上御尤ニて候、入御念候事ニて候、明日從是御返事可申候、

四日ノ夜、御供御膳御供、干物・大根、二ノ御膳のし・干物、ホ、大對瓶子・小對瓶子ホ也、

一、十一月四日、金剛寶寺ゟ使僧如來寺口上、拙僧義、當六日・十日両日之內、御當地ヲ立退マスル御屆ニ以使僧申上候、

一、五日、中務宅へ番頭寄合相談、中務分飯司ニ申越候ハ、一七日御祈禱相勤候へハ、十三〔日〕方ニ出府ナレハ、十五日方ニ御祓差上候樣ニ成候、然レハ間有之候間、此度被仰付候御礼ニ社家之內ニ差登セ候而ハ如何可有之候哉、又一七日御祈禱重ク相勤候ニハ供物ニ魚鳥も入申候抔ハ存候、返答、孫大郎差添申遣ス、　御祈禱成程重ク御勤可然候、爲御礼社家ノ內ゟ爲登候樣ニトノ丁、それハ前方左樣之事承り不申候、重ク御祈禱御勤被成候へハ、日間取申候、御自身御出府被成候事ニ候へハ、それニハ及間敷候哉、専一ニ御祈禱相勤可然事ニて候、それ共、拙者計右之通存候而も如何ニ御座候、番頭共御相談何分ニも可被成候、又十五日方御祓被差上候樣ニ致候而ハ間近可申候哉之事、

それハ重ク御祈禱相勤候へハ、日間ハ取候事ニて候、結句余り早ク御座候而ハ能有之間敷御祈禱相勤候間無之候、それ共宜御祈禱（相談《ソウタン》）可被成候、

○夜前申進候獻上御祓之儀、一合ニ而兩名ニ被成候方可然候、□（者）左樣ニ被成候（可）□、御返事承度候、

中務又申越候ハ、昨日之御奉書ヲ見了簡可致候間、被參候樣ニと申候、監物申越候ハ、（御狀ニハ御祓之義ハ無之候、）御狀ハ御判とも写可申と存、未写不申候、（御切紙ノ別紙、）是ハ乍去写遣候、此度就御祈禱――申合一人罷越差上候樣、御切紙ノ（ニと被仰下候、本書）ヲ遣ス、御祈禱被仰付候御礼之義ハ、御狀ニハ無之候、承候へハ御礼遲《ヲソナハ》リ可申候由、御咄之由、左樣御座候而御勝手次第ニ可被成候、御礼ニ差登（セ）惡敷と申事ハ無之候、何分ニも宜御相談可被成候、又孫大郎ニ申越候ハ、御祈禱備物、大地震之節如此ニて候由、此通ニ可相勤哉、御相違も無之候ハヽ、此通ニ可致候、其訳、

正面御膳高坏

本御供　高盛　大根

二　羽盛　酢熟　密〔蜜〕柑

三　熨斗　酢熟　昆布

對瓶子　大對瓶子

大御供　四膳　田所

小御供　五膳　地鎮祭但三方、

御菓子　五膳　三方

神子舞

奉幣　權祢宜

物申祝

正検非違使

權検非違使

右庭上ニ而、

右之通書付遣ス、尤之由何分ニも宜樣ニと申遣ス、六日、小祭器ノ御供五ツ上ル、二ツヽ兩所へ、一ツ惣神官御下り頂戴ス、其外供物分飯司・玄〔蕃〕番（小林）立合、御供所ニ而調進ス、古例之通、同日、中務申越候ハ、宮中役人共氏子村々へ、此度ノ御祈禱相知セ、參詣をも爲致可然之由尤ニ候、監物へ相談致可申付由、分飯司來り返ス、監物申候ハ、何分ニも宜樣ニ相談致候樣ニ、尤前々も氏子へ廻狀ハ、番頭立合出候事、其後案紙遣ス、是ニて可然哉、其文、

今度西國・中國作毛虫喰候ニ付、御公儀樣より

御祈禱備物は大地震の節と同じ

*西國中國作毛虫喰ひにつき五穀成就の御祈禱仰付らる

*大坂御藏より三十萬兩餘出すの風聞

*西國邊は金一兩に米八斗

*此度の御祈禱地震御祈禱の通り

堂屋禰葺替金不足

*金剛寶寺入院見舞

西國虫稲七百萬石程と風聞

*根本寺入院見廻

五穀成就之御祈禱被仰付、今月四日より十日迄一七日御神事候、御信心之面〻御參詣可被成候、以上、（致）

享保十七年子霜月六日　香取社中

村〻

一、十一月九日、中務宅ニて宮之助・物申・分飯司も出相談、其訳、

覺

一、兼而御願申堂屋禰葺替足金拾兩可被下由ニ候へ共、此節御修理料金不足ニ付、右金子之義、拙寺借方江各ゟ御斷被仰立、重而御修理料を以御拂替可被下候由、慥ニ承知忝奉存候、爲念如此御座候、以上、

享保十七〔年脱〕子霜月日　金剛寶寺印

御修理料御役人衆中

當作毛西國虫付候訳、七百万石程ト風聞ス、右虫稲ヲ喰、其上畑物ヲ喰、夫ゟ飛海川へ入、彼虫ヲ魚喰候哉、魚ヲ人食候へハ或ハ死、或ハ煩候由、又虫付候わらヲ馬ニ給させ候へハ、或ハ死或ハ煩候由、仍之西國大名、別而御難義ニ而御家中ゟ第一百姓ノ程扶食不被遣候而ハ不成ニ付、至極御難義之由、仍之西國國大名公儀江御拜借御願候由、大坂御藏ゟ三拾万兩余出候由風聞也、前代不及承虫付也、仍而西國邊ハ金一兩ニ米八斗位、尤所〻ニ而直段少〻相違有、江戸ハ仙臺米抔ハ當分金一兩ニ一石ノ內位之由、牛馬も大分死候由、

此度ノ御祈禱之儀、地震御祈禱之通と申來、其通りニ供物抔致候相談、然處執行ニ相違有之候、地震御祈禱ハ、兩社務ハ廻廊ゟ幣殿出仕、惣神官ハ大旋度と書付有之候、致失念、此度手前ゟ不申遣候、定而地震之通ト存居候處相違之由、後ニ聞之、惣而此度ハ忌中故、名代にて相勤、尤中務方へ何分ニも宜樣ニ御取計と申遣ス故也、

一、十一月十日、金剛寶寺入院見舞紙包廿枚、切三、扇子箱三本入・茶碗箱入、口上、昨日入院仕候、先住之通御懇意賴入候由、從是末六枚目ノ裏ニ祝儀ノ返礼、使小樽爲存使遣候訳書付有之、十月（十三日）六枚〆隱居ノ訳書付承り、

同日、根本寺入院見廻、二本入扇子箱・茶碗箱入、隱居金剛寶寺隱家へ來ル、何角ノ礼ニ來ル、乍暇乞

來ル、
一、日付前後、十一月九日、金剛寶《寺》書付ニ付獻上、御祓之儀
拙者持參致、宜候ハヽ持參可申候、御用意出來候哉、
中務申越候、返事、用意出來致候、江戸へ御祓持參、
主殿申付候、諸事御差圖被成被下候樣ニ賴存候、
一、十一月十日、分飯司を以中務方へ申越候ハ、御祈禱
も首尾能相勤り珎重ニ存候、拙者儀も不快ニ候得共、
御礼ニ出府可致▨《と存候、》然者、御祈禱料黄金三枚
と御座候事、一枚ハ惣神官、外一枚ツヽ兩所へ納、其
兩所之内ニて此度供物ホ入用出《シ》候ハヽ、可然候哉存付
候間、御相談致候、御了簡承度候、何分ニも御了簡
次第ニ可致候、若右之通可然思召候ハヽ、未見不申
候間一枚被遣間敷候哉、　返事、此度出府之入用共
之御つもりニて候哉承參候樣ニと分飯司來ル、返事、
何分ニも御了簡次第ニ可被成候、　又中務申越候ハ、
此方ハ近國、遠國ハ未御祓獻上も有之間敷候、又春
中ニも御祈禱致スニて可有之候、番頭へも一應致相
談、從此方可申進之由申來ル、
同日、主殿(尾形)中務方へ參、此度御祓持參被申付候、伺《何事》
候《も》樣ニ申付候、何時御出府、御宿ハ何方と願候へハ、

御祈禱成就
江戸へ御祓持參
在所發足江戸著
御祈禱料黄金三枚
地震御祈禱
主殿中務方へ參る

十四日方立、宿不知之由宵日ニ可申遣候由也、
十日、御祈禱成就ニ而、供物何ヲ兩所へ同樣ニ御下
り持參ス、
一、中務番頭共呼申聞候ハ、御祈禱料之義、監物ハ三分一ヲ社家へト申事也、それニてハ社家可悅候へ共、そうハ誰ニて、地震御祈禱之節も、四分一社家へハ遣候事也、先例之通ニハ、しら不成之由申聞候由、
一、十一月十一日、在所發足、十二日江戸着、
十一月十四日、寺社御奉行所江御礼ニ廻ル、御三所
へ口上、此度御祈禱被仰付、難有仕合奉存候、右御
礼ニ參上仕候、井上河内樣ニ而ハ松嶋久兵衞(茂雅)殿江掛
御目候而も御礼申上ル、扨御祓何方へ相納申候哉、
御役人申候ハ、それハ被伺候樣ニと御申候、監物申
候ハ、兼而申上候通、私義服中故名代《ニ而》御祓持參仕候、
今晩中務も私名代之者も御祓持參可仕候、御先例ハ
御祓銘〻ニ兩人なから差上申候、地震御祈禱被仰付
候節も、其前も銘〻ニ差上候、御吉例之通差上申度
候、成程尤と御申候、中務ゟ《井》名代之者參府致候ハヽ、
相伺候而可然候、伺候が能候由御申、
同日夜、名代尾形主殿來り、只今中務一同ニ到着之
由、爲相知候、仍而中務へ口上申遣候ハ、拙者儀も
今日晝過ニ御礼ニ罷出候、拙者儀、御祓▨手掛候事、

不罷成候段ｦ申上、仍而名代之者御祓持參仕候由、申上候へハ、左候ハヽ、中務幷名代之者同道ニ而伺候樣ニ被仰渡候、左樣御心得可被成候、中務返事、私も明日伺候而御相談可申候、御差圖ト御座候ハヽ、主殿同道可致候申越、

中務主殿井上河内守へ罷出る

○一、十五日朝、中務・主殿、井上河内守樣へ兩人同道ニ而罷出ル、中務伺フ、年始ニハ御祓一ッ差上申候、御役人前方御祈禱ノ節ハト御尋候、主殿地震御祈禱ノ丁《少》申出候へハ、中務申上候ハ、地震御祈禱ノ節ハ、兩人銘々ニ御祓差上候、其節ハ親カ代ニ而御座候由、御役人御申候ハ、其通宜候、明晩方納所之義、相伺候樣ニと被仰渡候由、主殿も一同ニ右之段承り歸ル、且中務申上候ハ、西(マヽ)御丸樣江も御祓差上度旨伺候処、不及《ト》レ夫《ニ》御申候由、御役人御申候ハ、鹿嶋ハ未沙汰無之候、御祈禱之間早キ樣ニ《無之樣ニ》御挨拶ニ付、中務申上候ハ、御祈禱ハ未《タ》仕候、御祓先差上申度と申候由、中務在所ニて、二夜三日も御祈禱可致と申候処、監物申候ハ、此度重ク被仰付候間、一七日も御勤可然旨申遣ス、

地震御祈禱の節は兩人銘々に御祓差上ぐ

*松平左近將監へ御祓差上ぐ

*香取鹿嶋御祓二ツ宛

河内守へ中務主殿同道にて伺に出る

十六日、河内守樣へ、中務・主殿同道ニ而伺ニ出ル、御役人山脇弥治右衞門殿(周伸)被出御申候ハ、鹿嶋ゟ未沙汰無之候、鹿嶋と一同ニ而可有之候、二・三日中被伺候樣ニと御申候由、松嶋久兵衞殿(茂雅)も被出、二・三日之中被伺候樣ニと御申候由、

一、十一月十九日、御差紙、被仰達義有之候間、明廿日九ッ半時尾形主殿召連罷出候樣ニ、河内守被申候、以上、

十一月十九日　井上河内守内 山脇弥次(治)右衞門
松嶋久兵衞

香取中務殿

○十一月廿日、中務・主殿、井上河内守樣江出ル、御役人久兵衞殿、明廿一日朝五ッ時御祓持參、致登城候樣ニ被仰渡候、尤鹿嶋大宮司(塙中務)・惣大行事(鹿嶋出羽守)同時ニ、右之通被仰渡候、御老中松平左近將監(乘邑)樣江計御祓差上候、御礼ニ出候樣ニ、尤寺社御奉行所へ御礼ニ出候樣ニ被仰渡候、兩所共地震御祈禱之通ニと被仰渡候由、香取も銘々ニ御祓二ッ、鹿嶋も兩人ニ而二ッと被仰渡之由、鹿嶋大宮司塙中務十五歲、・惣大行事鹿嶋出羽守、

*鹿嶋香取四人登城

十一月廿一日朝五時、鹿嶋・香取　四人登城、蘇鐵之間江罷通《トヲリ》候樣ニ御玄《關》番御番衆被仰罷通ル、銘々前ニ御祓差置、井上河内守樣御差圖之由、村山長

鹿嶋は上に自分の名を書す香取のは御祓箱の脇に名を記す

古老御祓被請取、尤銘〻ニ自分ノ名計リ御祓ニ記ス、鹿嶋も同様也、但鹿嶋ノハ上ニ自分ノ名書ス、香取ノハ御祓箱ノ脇ニ名ヲ記、御祓紙ニ而包可差上と再三中務へ及相談候得共、不包臺へ載セ、のしも不付也、仍之鹿嶋も聞及同様也、尤御祓臺ニ下ケ札付ル、

松平玄蕃頭西尾隠岐守へ出づ

右御祓御坊主衆へ相渡シ、御座敷抔拜見致シ歸、家來主殿ハ、直ニ宿へ歸ル、夫ゟ監物御礼ニ出ル、松平左近將監様江出、口上、此度御祈禱被仰付、今日御祓首尾能獻上仕、難有仕合奉存候、松平玄蕃(忠曉)様・西尾(忠尚)隠岐守様へ出、今日首尾能御祈禱御祓差上難有

仕合奉存候、彼是御礼申上歸ル、鹿嶋・香取狩衣ニて出ル、主殿義ハ、名代故上下ニ而出ル、

今度西國・中國虫付ハ、畑物迄虫喰、其稲草牛馬食候哉、大分牛馬も死シ候由、　御祈禱箱《料》へ入被遣候訳ハ、先十二月四日ノ次ニ記、

十一月廿一日、香取中務方へ主殿ヲ使ニ遣、今日首尾《好》御祓獻上、御同前目出度存候、又主殿義、此間ハ御世話ニ罷成忝存候、掛御目候迄ハ、御礼及延引候間、以使先御礼申進候、主殿直ニ覆《國》ゟ歸候由申候ニ付、左候ハヽ、事不及返事由申候由、

一、十一月廿三日、西尾隠岐守様ゟ御手紙、其文、

*西尾隠岐守より手紙の内容

――、

隠岐様ニてハ御役人喜多宇右衞門殿へ得御意、右之通御礼申上、扨又私共義、大社之義支配も大勢所持仕候へハ、此上度〻御伺事、彼是ニて伺公可仕候、御見知被下候様ニ――、扨御序之節、御目見仕度奉願候、宇右衞門殿被申候ハ、其内從此方可申入とノ御挨拶、夫ゟ井上様へ罷出ル、同様ノ口上、御役人松嶋久兵衞殿へ掛御目而も、右之通ノ口上御礼申上、此度ハ御祓手掛之義難仕、名代之者差上候へハ、至極心許なく奉存候処、御世話を以、首尾能相勤、忝

以手紙致啓上候、明廿四日隠岐守可被懸御目由被申候間、五時御出可有之候、此段可得御意旨申付候、以上、

十一月廿三日　　西尾隠岐守内　谷　源兵衛

喜多宇右衞門

加藤伊右衞門

香取監物様

御書奉拜見候、然者、明廿四日御目見可被仰付旨、御意之由難有仕合奉存候、五ッ時伺公可仕旨被仰

*大老酒井讃岐守以下に參り御目見
*拜借帳面差出す
*流鏑馬重き神事
*家光公御代に西國虫付御祈禱仰付らる
*天草戰起

下奉畏候、以上、
十一月廿三日　　香取監物
西尾隱岐守様
御役人様

一、十一月廿四日朝、大老酒井讃岐守(忠音)殿・同西丸黒田豐前守(直邦)殿・若御老小出信濃守(英貞)殿・若御老太田備中守(資晴)殿・大御老松平伊豆守(信祝)殿、(右寒氣ノ御見廻、夫ゟ西尾隱岐守殿江參御目見、夫ゟ松平玄蕃頭殿江罷出、御役人鹿沼弥惣江御目見願、今朝隱岐守様江も御目見仕候由申之、上其内序を以申聞可申遣候、又其内被伺候様ニと被申候、始テノ也、月番殊外取込候由被申候、
同日、井上河內守殿へ罷出ル、當春御類燒ニて靑山也、御役人松嶋久兵衞被出、日外御願申上候、御伺ニ罷上り候、御役人被申候ハ、旧冬中務拜借延候節ハ、內寄合へ出候哉、監物申候ハ、左様ニハ不承候、卽剋被仰渡候、是ハ兼而御願申上、寂早之御願之濟候事ニて御座候と奉存候、只延一通之事ニて候、扨流鏑御願馬道具之儀も殊外損シ、誠ニ縄からげと申様之事ニて候、馬具抔ハ近村百姓ゟ借用仕候へハ、不淨をも難厭難儀仕候、㒵竟御神用之道具、たとへハ私共明日ニも御役替被仰付候而も、職ニ付候御祭礼道具ニて候、持參仕候事ハ不被成候、余り見苦(敷脫)候間御願申上候、御役人御申候ハ、明後日被伺候様ニと被仰渡候、
十一月廿六日、出ル、此日雪降、御役人御申候ハ、拜借延之證文ニても致候哉、監物申候ハ、拜借帳面差出如此、皆〻印形仕、旧冬中務方如此、黒田豐前守様へ御願廿年賦と申帳、掛御目ケ様ニ仕、尤其內ニも御神用差支候義無之候、證文𭂚差上候義、不承及之由、流鏑馬道具之事も鹿嶋ニも有之、惣大行事、先年御道具出來仕候、是ハ馬七疋出之由、私共之ハ、同役方ゟ二疋・私方ゟ二疋、馬四疋出候、尤具足着候者も出候、重キ神事ニて參詣も大勢晴ケ間敷事ニて候、同役方ノハ新敷御座候、私方ノハ殊外見苦敷、㒵竟不敬ニて御座候、御役人それハ在所ニて拵候哉、監申候ハ中〻田舍ニて不成候、御當地ニて仕候、御役人廿九日ニ伺候様ニ、廿八日上屋敷普請出來移候間、廿九日ニ伺候様ニと被仰渡候、御挨拶申歸ル、風說ニ聞、家光(德川)公御代ニ西國虫付、此節御祈禱被仰付、御先例ニ而此度御先例之通ノ所〻江被仰付由、右虫付ノ其翌年、天草戰起由也、右之通風說也、然共

虚実ヲ不知、　或仁云、　松浦肥前守(誠信)殿代〻平戸ノ城主、彼家ノ記ヲ繰見ル処、如當年無レ《トノ》之咄ノ由也、前代不レ聞虫喰也、

一、十一月廿九日、井上河内守様へ伺ニ出ル、明後日罷出候様可被仰渡、

同日、松平玄蕃(頭)守様へ出伺、其内従是可申遣旨被仰渡、

〔十二月〕

○十二月朔日、井上河内守(正之)様江出伺、御役人松嶋久兵(茂雅)衞殿被仰聞候、拜借延ノ願之義、旧冬香取中務證文ニても差上候哉、監物(香取)申上候哉、先達而も申上候通、黒田豐前守(直邦)様へ御願申上候処、御在宿之節故、即剋被仰付候由承候、御役人御申候ハ、それとも中務(香取)ニ承、若證文ニ而も出候ハヽ、其通ニ致候様ニ、又ケ様之筋之事一判ニて願候哉、成程左様ニて御座候、則旧冬中務一判ニ而御願申上候、御役人御申候ハ右願之義、勝手次第ニ仕候様ニ、又流鏑馬道具ノ武器之事、是も勝手次第ニ拵候様ニと被仰付候、監物難有奉存候と御礼申上、扨御中間様江も御礼ニ伺公可仕候哉、御役人御申候ハ、其元内寄合江《ニ》而も被出候事ニハ無之候間、それニ不及之由御申候、　監物申上候ハ、流鏑馬道具御神用ニて御座候、惣而神前御破損、或ハ御修覆、去年中ゟ當春迄、御修覆大形損候処仕候、二・三十年ハ心安可有御座奉存候、金子ノ百《四・五十》両或ハ其余《天》入候、御修覆ニて御座候、惣而於在所同役と遂相談、廉直ニ仕候、従古來公儀江不申上、惣而御修覆ホ仕候、流鏑馬ノ道具武器、先年同役《方》ノ御道具御願申上候ニ付、此度も御願申上候と、御咄ニいたし候、御礼申上罷歸ル、

○右御尋之節、此間も掛御目候、拜借返納帳ニ相記申候而連印仕候、随分念ヲ入、廉直ニ仕候、若不埒之義も御座候へハ、支配ノ下社家迄も承引不仕、御上江も申上ケ候、仍之随分念ヲ入申候、返納帳黒田豐前様へ御願申上、廿年賦ニ返納仕候と申訳相記シ申候抔申上候、

同日、松平玄蕃頭(忠曉)様へ出、御役人鹿沼弥惣殿得御意、御目見ノ事伺候処、御役人申候ハ、且那方へ申聞候処、成程可掛御目旨被申候、明日抔多分従是御左右申ニて可有之候、今日御出之段も可申聞候、

平戸の城主松浦肥前守の記を繰見る

井上河内守へ伺に出る

井上河内守へ伺ふ

*拜借返納帳に連印す

*二十年賦に返納す

*松平玄蕃頭へ出づ

流鏑馬道具の武器の件

一、十二月二日、松平玄蕃様御役人ゟ御手紙、其文、
明三日玄蕃頭可掛御目候間、五時御出可有之候、
此段申進候様ニと被申付候、以上、

十二月二日　松平玄蕃頭内
飯野源五左衛門
依田清左衛門
鹿沼弥惣

香取監物様

御返答、去月廿二日隠岐守様へ差上候通也、

松平玄蕃頭へ罷出で御目見

一、十二月三日五時、松平玄蕃頭様へ罷出御目見、始而と被仰候、夫ゟ御役人へ礼ヲ申罷帰、御門外ゟ又出、今日御目見被仰付、難有と御礼申上ル、

西尾隠岐守へ出づ

同日、西尾隠岐守(忠尚)様出、御役人加藤伊右衛門殿得御意候、來ル正月六日ノ御年礼、私年番ニ而御座候得共、服中故、御祓持参登城難仕候、仍之同役香取中務申合、中務罷上り候申合仕候、御届之義ハ、私申上候、右之段前々服中ノ節同役相互ニ、右之通仕候、先例ニ而御座候、御役人御申候ハ、正月ノ御月番河内様へも右之段被申上候哉、成程古來ゟ、當月・來月ノ御月番江御届申上候、成程帳面ニ記可申聞候、則書付差上候、其文、

獨御禮

來ル正月六日
獨御禮　下總國香取神宮
大宮司香取中務

獻上
御本丸様(徳川吉宗)　御祓井鳥目壹貫文
西御丸様(徳川家重)　御祓井鳥目壹貫文

右奉書之半切ニ認差上ル、尤口上ニ鳥目ハ支配ノ者ゟ差上候、歸國之段も申上候、

*井上河内守へ罷出づ

同日、井上河内守(周伸)様へ罷出、松嶋久兵衛殿へ掛御目度申候処、山脇弥次右衛門殿被出、如何之用ニて候哉と被申候間、此間ノ御礼ニ伺公仕候、弥次右衛門殿被申候ハ、流鏑馬道具拜借延ノ願礼ニて候哉、成程御序を以、宜被仰上被下候様ニと申上候、可申聞由御申候、又來ル正月私御年礼番ニて御座候得共、服中故同役と申合、前々左様ニ仕候段、隠岐守様へ申上候通ニ申上、右之通ノ書付差上候、尤歸國之義も申上候、

*江戸發足

十二月四日、江戸發足、五日ノ朝罷歸ル、

一、同四(五)日、香取中務方へ口上、使分飯司(伊藤求馬)、御年礼御届之義、於江府當月・來月ノ御月番江御届申上候、扨又、此度手前ノ流鏑馬道具、悉ク損候ニ付、御願申上候処、願之通被仰付候、御知セ申進候、　返事、御口上之趣致承知候、伊織取次也、

*返田社遷宮虫付御祈禱箱の內譯

一、虫付御祈禱ノ節、御祈禱被遣候、箱包樣之品忌中明聞候故、此処ニ記、
御祈禱入《料》候箱ヲ丸キ棒ヲ通、カツキ下ケ木札有り、
香取中務殿・香取監物殿、井河内守、
先外箱ハ、脇ヲこうしニシテ、雨覆ござ二枚かけ、其下ヲ赤とうゆニてほそ引ニて結、小口有り、其下ヲ黄とうゆニて包ほそ引ニて結、尤小口有り、其下ヲ混紙ニ而包、糸ニて結、其坎箱也、封付也、上書ニ香取ト有り、其箱ノ内ニ御祈禱料ヲ將棊《キ》ノこま箱ノ樣成ニ入、尤金ヲ奉書之紙ニ包入、其脇ニ書狀箱入レ、又御祈禱料ヲ載候、白木ノ臺モ右箱ノ内へ入、黄金三枚也、包金也、香取在江戸留主ノ間ノ事、

*返田祝は忌中金剛寶寺入院見舞に來る

一、十月廿七日、返田祝來り申候ハ、當年中修覆致度候、前方枯木檢分致候、其木ヲ拂不足之処ハ、五十兩ニても村ノ者請負ニ可致と申候間、當年中ニ出來候樣ニ致度と申候由、左候ハヽ、宿ニ居候節申候へハ、能候ニと分飯司挨拶、進內便候て江戸へ可申遣由申由、
一、十一月十日、金剛寶寺入院見舞ニ來ル、前ニ記ス、
十一月十三日、金剛宝寺へ入院ノ祝義ノ使遣、樽《小》一ツ、監物口上申置候、使孫平太ニ逢、盃出候由返事ノ口上有り、
一、十一月十八日、返田迁宮、　　兩所ゟ名代內院往、
大神主・四郎神主　神輿ヲ出シ、宮之助(國分孫之進)・權祢宜(香取式部)拜、
供物ハ常之通權祢宜供《ソナヘ》ル、御酒・御供供物內陣せまき故、兩名代內陣へハ不入之由出座、物申祝(香取主計)・大祝(香取宮內)・副祝三奉行・兩代官神樂方權頭・塙祝・孫大夫內院出ル、幣所・押領司・一神夫出ル、

*大々神樂三兩惣神官割付の書付來る

一、十二月十日、大〻神樂料三兩、惣神官割附ノ書付來ル、伊織持參、
一、十二月十二日、宮之助・物申來り申候ハ、返田修覆ニ付、屋祢や金子願候ニ付、何レニも致相談候樣ニ、當分金子無之候間、御藏ニても拂候樣ニもと宮下ニて御申候、宮中へも致相談候樣ニと御座候事、監物挨拶、先達而五十兩不足之処ハ、返田村中之者、可差出旨、年內中修覆ニ取掛り申度旨申之、今ニ成遠變如何ニて候哉、兩人申候ハ、只今ハ左樣ニハ不申、御修覆之所ニて候へハ、村ゟ出候樣ニとも、難申抔ト返田祝申候由、尤其砌ハ、返田祝ハ忌中ニて有之候得共、人を以右之通申候ニ付、枯木十本程番頭罷越ο屋祢板ホニ見立、監物申候ハ、御修理料物成も百姓共相殘、

春中藏拂の節に相納む

金子帳面等持參す

拜借帳に各印形致す

春中藏拂之節ニ相納度旨願候由、然ルヲ今拂候ハヽ、春中未進相濟申間敷候、殊ニ春《ハル》計拂附來候、然共、急御用之節ハ、年内拂間敷ニも無之候得共、左候而ハ未進相濟申間敷候、拜借返納ニても致可然候、又返田祝ニ右申方相違之段、申聞度事也、兩人申候ハ、枯木ノ五・六本も拂可然候哉申候間、成程、御冑替ノ神用、其樣成事可然候、右之筋ノ相談可然と及挨拶、

十二月十五日朝、礼ニ宮之助・物申來り、十八日ニ返納可致と宮下ニて御申候由申候、

一、十二月十八日、分飯司方へ伊織使遣候ハ、物申も見《江》候ニ付、金子帳面ホ持參被致候樣ニと、中間ニ申來ル、監物申付候ハ、中務方へ遣口上、其許ノ服中之節、自分も其許へ罷越候、此方へ御越候樣ニと申遣、返事、御尤ニ而候得共、社用之義ニも無之、金箱も出候事、殊ニ不快ニ御座候間、分飯司ヲ被遣候樣ニと申來ル、仍之帳面持參爲致候、

拜借帳ニ各印形致ス、六兩大宮司、四兩大祢宜、四兩三分宮之助、壹兩壹分分飯司拜借帳ニ委細有り、

拜借帳ニ井上河内守樣奉願、大祢宜返納、今年ゟ未廿年賦と相認ル、

中務方へ同日申越候ハ、拙者拜借返納之義、不勝手ニ付、當暮ゟ未廿年賦ニ相願候処、願之通被仰付、仍之今日四兩致返納候と申遣ス、

同日十二月十八日、分飯司を以、宮之助・物申も連座、中務方へ申越候ハ、去年暮其許黑田豐前樣へ拜借返納ノ延金御願之節、證文ニても御上候哉承度候、從　御公儀承候樣ニと被仰付候、中務返事、自分追付致出府候間、伺候而可申進候、又使遣、其許御伺候事ニハかまい不申候、旧冬證文被差上候哉、又不被差上候哉ヲ承候樣ニと被仰付候間申進候、御口上相違と存候、中務返事申而も、從公儀被仰付候と有之候へハ、重キ事ニ候間、伺候而可申進旨申來ル、

十二月十九日、分飯司ヲ中務方へ遣ス、口上、夜前申進候義、拙者拜借延無證文に被仰付候、其許若證文被差上候ハヽ、其通ニ致候樣ニと被仰付候、旧冬御咄ニ無證文ニ被仰付候処ノ御咄ノ趣ニ候間、其通ニ申上候、別之義ニてハ無之候、返事、追付致出府候間、とかく伺候而ノ上御挨拶可致候と申來ル、

一、子十二月廿四日、新道傳五右衛門願候ハ、五郎祝娘ヲ御手洗与兵衛娵ニ願申候哉相願候、宮下又願候樣

ニ申聞ル、同日又來り、宮下之御挨拶、能事ニ候間、宮中江相願候様ニ、此方無相違之由、監物申上候ハ、望之通遣候様ニと申付ル、尤与兵衛五郎祝職願候訳ハ、追而ノ事也ト申聞ル、右与兵衛五郎祝知行質地ニ取居候故、右職分被取上候ヘハ、知行之分御修理料ニ入候事故、右縁取組候と、聞候、傳五右衞門世話ニ致候訳ハ、前五郎祝傳五右衞門ゟ讓候由、仍之親類故、五郎祝死去之節、番組致相談、傳五右衞門致世話ニ御祭をも傳五右衞門相勤、傳五右衞門弟ト五郎祝娘一所ニ致候相談ニて、職分傳五右衞門方ニかゝへ置候、數年相立候ニ付、去年傳五右衞門申付候ハ、弟裝束をも着セ、神前向相勤させ候様ニと申付候処、傳五右衞門へ右ノ職難立候間、職分差上候願、仍之番頭呼及相談、中務へも及相談候処、先五郎祝娘呼、委ク相尋見候様ニと皆〻申候ニ付、度〻相尋候処借金多候故、娘も急ニ職分難立候ニても望候者も無之候、此度傳五右衞門兩所へ職分差上候願致候処、御手洗与兵へ、右娘ヲ願申候ニ付右之通也、

与兵衛五郎祝知行質地に取居る

*大々御神樂相勤む

五郎祝娘借金多し

返田社末社正遷宮名代權禰宜出す

一、十二月廿六日、返田社末社正迁宮名代權祢宜出ス、中務も出ル、其外外迁宮之通ノ人數出ル、供物ホ前之通、

一、子十二月廿九日《晦日》、香取中務方へ使分飯司遣申越候ハ、先頃從　公儀被下置候御祈禱ニ付御狀爲持遣ス、口上ハ其許御年番之事ニ候間、其許ニ御預《リ》可然候、則差越申候、中務返事、取次玄番〔蕃、下同ジ〕(小林)、從御奉行所之御狀被遣、慥ニ請取申候、御案紙前ニ記之、御狀ノ写別ニ有之、

一、十二月廿九日、中務方へ申越候ハ、來三月中旬頃、太〻御神樂相勤申度候、其節乍御大義、御勤被成候様ニ、其元從江戸御歸候程も難計、又遠方申候事今日申遣候、返事、其節成程相勤可申候、取次玄番、使分飯司、尤程ハ知レ不申候得共、右之通ニ存候、若相延候ハヽ、又〻可得御意候趣申遣ス、

享保十七壬子年十二月廿九日

大祢宜香取監物實行 行歳四十一

實父 香取內膳胤信 行歳六十三

（原表紙）

「享保十八癸丑年正月

日記

東

（縦二七・八糎、横二〇・五糎）」

〔享保十八年正月〕

例年の通り御祭禮相勤む

享保十八癸丑年正月　日記

正月元日、晴天、例年之通御祭禮相勤ル、名代權祢宜ヲ以御祭礼勤ル、　二日、大宮司（香取中務）　御年礼ニ出府、此方年番之処服中故申合、尤旧冬　公儀江御届申上ル、支配之者例式之通來ル、

隠居内膳出府

水戸様へ年始御祝儀

一、正月十五日、隠居内膳出府、小沢左中江戸へ差遣ス、寺社御奉行所・　水戸様（鶴千代、後ノ徳川宗翰）ヱ年始御祝義使者を以申上ル、井上河内守様（正之）ニ而御役人松嶋久兵衛殿（茂雅）へ掛御目可申上者、旧冬拜借金延《キン》ノ御願ニ付、去ゝ年同役中務、黑田豐前守様（直邦）江證文ニ而も差上候哉、左候ハヽ其通ニ仕候様ニ被仰付候、仍之旧冬中務（香取）へ承合候処、中務挨拶仕候ハ、追付中務出府仕候間、中務可申上由申候、定而中務可申上候、其砌ハ無證文、卽刻被仰付候由ノ趣ニ申候、旧冬承候へハ、如何存候哉、右之通ニ挨拶仕否ハ不申候、右之段申上候様ニ左中（小澤）ニ申付ル、

右之通申付候得共、左中江戸ニ而相談ニ而、右之段ハ曾而不申上之由、江戸ゟ申來ル、

正月十九日、西尾隠岐守様（忠尚）江左中罷出、年始申上ル、取次口上、隠岐守致登城候歸次第可申聞候、自分ハ富永孫大夫、松平玄蕃頭様（忠曉）へ出ル、登城之間帳面ニ付置可申聞候、取次中村源大夫、井上河内守様ニ而も右同斷、取次倉垣《カキ》勘兵衛、右同日ニ相勤ル、

一、正月廿一日、　水戸様江御年始申上ル、左中ヲ差上ル、寺社役西野稲右衛門（景隆）、口上例之通、

正月廿二日、水戸様ゟ御返礼ノ御使者安部富右衛門左中旅宿、御口上、中將殿（徳川宗堯カ）被申マスル、年始トゴザツテ遠方御使者、右爲《メ》返礼以使者申入候との御事ニ御座候、右江府ニ而左中相勤候趣、（アキマヽ）

〔二　月〕

尾形半之丞転居願ひ

一、享保十八丑年二月二日、年番三郎兵衛を以、尾形半之丞新右衛門子、願候ハ、不勝手ニ付、今日難相立母難養候間、同所勘右衛門弟平七、只今迄ノ屋敷ヲ遣、私義ハ御手洗之与兵ヘ隣ノ屋敷罷越、居住仕度段相願候、右平七義も普(譜)代之者之義ニ付願之通申付候、

一、二月十三日、中務方より使伊織、取次分飯司(伊藤求馬)、求馬口上、私義夕部被致帰宅候、御頼之御禮之義も首尾能申上候、且又御祈禱料之義ᄋ御祈禱入用、残り社家ハ大勢ニ分飯司方へ、伊織申候ハ、も御座候間、之ニ割少余慶をも遣候様ニ仕度と伺候へハ、左様致候様ニと御座候事、去年主殿方之入用ホ如何程入申候哉、書付遣候様ニと返事、夜前御帰宅――、御年礼首尾能被仰上、一段之義弥重ニ存候、御祈禱料之義被仰遣、御尤ニ存候、　将又、旧冬拝借延金之義ニ付、證文其元被差上候ハヽ、其通ニ私も仕候様ニ――中進候処、御伺被成候上ニ而御返事可被成之由、被仰聞候、右之段承度候、被仰聞可被下候、　御祈禱料之義ニ伺候処ハ無之候、定而御日記草ニ右之通と被思候、

同日、中務(香取)宅へ番頭呼申聞候ハ、御祈禱ᄋ料之義伺候処、先例之通ニ致候様ニと被仰付候由也、申渡之由、

一、二月十四日、中務方へ使求馬(伊藤)、取次伊織、口上、昨日も申進候拝借延ノ證文之義、旧冬御伺可被成之由、其上ニて御返事可被成と被仰聞候、如何御座候哉承度候、　返事、御伺一通之義ニ候間、證文無ニ相済申候、

*返田社修覆金

同日、返田社修覆金ニ旧冬返田ノ宮林ニ而、拂木〻材相談候、返田祝今日も願ニ來候、伺候而明日ニも見分ニ參可然候、左候ハヽ、番頭へも可申聞之由、伊織と分飯司相談、則中務ニ承、弥明日可然之由、番頭へハ求馬方ゟ返候様ニと有之候事、

*両代官番頭返田へ往き木見立る

丑二月十五日、両代官・番頭返田へ往、木見立ル、杦五尺廻三本、五尺八寸一本、以上四本、右ハ旧冬返田社修覆ニ付、金子不足ニ付拂木致筈ノ相談ニ而、金子借候ニ付右之通也、

*五郎祝職の件

一、二月十九日、御手洗与兵衛悴青襖着來ル、　五郎祝職之訳、

右ハ新道五郎祝十年計以前、父子共ニ相果、娘一人有之、時ニ十二歳也、傳五右衛門家ゟ分レ候由ニて番組之者、傳五右衛門弟ト彼娘一所ニ致、職分相續ノ相談

*御船山に松苗植う

五郎父子借金につき職分立難し

*分飯司節句禮に中務方へ往く

傳五右衞門は大禰宜家來

返納延金の證文なし

*中務伺候由申之配分

致、傳五右衞門彼娘ヲ役介致、尤其砌大祭礼をも傳五右衞門方ニ而相勤來り候、然ニ數年相立、傳五右衞門弟致成人廿二・三歳ニ成候ニ付、去〻年御番をも爲相勤裝束をも爲着候樣ニ監物（香取）申付候処、五郎祝父子借金ノ方へ知行も過半遣置候ニ付、職分難立、又弟も右職望無之由、仍之職分差上度願致也、段〻及相談候得共、五郎祝娘ヲ妻ニ致職分相立申度と、願者も無之候、然處、御手洗与兵衞娘ニ五郎祝娘相願候、願之通申付旧冬婚礼ス、又此間与兵へ悴ニ裝束をも爲着、五郎祝職爲相勤申度段相願候ニ付、願之通申付、中務も尤之由ニて、今日裝束爲着候、傳五右衞門ハ大祢宜家來屋敷領內也、先五郎祝居住之屋敷ハ津宮村ノ地年貢差出居住之由、

一、二月廿一日、香取中務方へ使遣、分飯司口上、此間返納延金ノ證文なしニ相濟之由、其許如何、此度御伺、上ノ御挨拶如何樣ニて候哉、其許無證（ノ節）文無證（衍）文（カ）ニ御濟被成候由、被仰上候ハヽ、拙者改御屆申上候ニ及間敷哉、爲御相談申上候、中務返事、從上御沙汰も無之候間、伺も不致候由申來ル、旧冬伺候而ノ上、返事可致と申越不埒挨拶也、

一、二月廿五日、御船山へ松苗相調植、六千本少余ル由、護广堂屋敷宮林ニ成候所へ植ル、右松苗ハ吉原傳次郎去〻年ノ風ニかへる神木拂候、代金一兩不足ノ代ニ松苗上度と願ニ付、願之通ニ致護广堂ノ跡へハ、近村ノ者寄進ニ杦苗植ル、

〔三　月〕

一、丑三月三日、分飯司（伊藤求馬）節句礼ニ中務（香取）方へ往、伊織（小林）申候ハ、旧冬御祈禱ノ節、江戸御遣方▨（帳）晝時ニ持參被致候樣ニ申候由、監物（香取）分飯司へ申候ハ、未黄金兩替も致間敷候、ｃ此方遣方ハ忌中節故、名代之者、外（入用其外勘定致置ニて可有之候、）ニて余慶入候、然共、江戸入用ハ、兩方同樣可然候、貳兩程▨遣候、何之訳不知候へとも分飯司出ル、

●同日、番頭中務方へ呼、中務申聞候ハ、旧冬ノ御祈禱料之義、御祈禱料差引殘御座候ハ、皆〻配分仕度候、尤下社家ハ大勢ニ候ニ付、少余慶配分仕度段暫伺候、仍之惣社家へ八兩相渡候、又入用致勘定候樣ニ申付、則金子廿一兩三分ト錢貳百六十六文差出、

中務伺候由申之配分　　御祈禱入用

貳貫三拾七文

*配分の仕形氣に入らず

相場兩に五貫文

*千石一同の物入

分飯司右の配分金持參

貳貫百貳文　御供米代三斗八舛五合宮下ゟ出、
壹貫三百拾六文　同斷、貳斗五舛宮中ゟ出、
三貫七百七文　御祈禱被仰付候御使宿ノ入用
宮中正判官処、
金貳兩貳分・貳百六十七文　中務方江戸遣、御祓
獻上ノ節、
金貳兩　監物方同斷、同斷、
三百文　御使ノ節宿正判官ニ遣、
貳百文　奉幣、
貳百文　切盛、
〆金ニ〆六兩貳分・貳百六十六文
相場兩ニ五貫文、
金七兩壹分　兩所へ、一方分三兩貳分・六百文ツヽ、切賃ニ引落候、
金八兩　惣神官、
惣〆廿一兩三分ト錢貳百六十六文、錢勘定違見ル、百四十三文ト見ヘル、
右ハ黄金三枚、右之通ニ兩替致候物と相見へ候、
三月節句ノ夕方、分飯司右之配分金持參也、
右黄金、監物一度も見セ不申、配分之義も如此、配分と一通相談有内ノ処、それも無之、公儀へ伺候由、

中務申之、中務心儘ニ右之通配分也、去年霜月其儘配分をも可致処、今迄及延引、奉幣・切盛入用抔之申候弟ゟ御頼候祈禱ニ而無之、改遣候筈無之候、尤又社家配分ノ外也、右仕形氣ニ入不申候ニ付、相談ノ上ニて候、配分致直候様ニ可申遣と存候得共、余社ゟ不被仰付候処、御宮も御威▒（光）大切之御祈禱ニ少ニても、此節事ノ出來候ハ、不宜（マヽ）ト　上ヲ恐神慮ヲ存、とかく▒一言も不申候、　分飯司中務へ御使ノ宿ニて働人足十二・三人御座候、是等殊外骨折申候、中務申候ハヽ、それハ不遣共、能候由御申候、宮之助（國分孫之進）・錄司代ニも村役ニ候間、成間敷由申候由、右之段分飯司歸候而咄候間、監物申候宿ニてノ人足ハ、急之事ニハ有之候、火ノ元、彼是夜番ホ何も骨折重而ノ爲ニも候間、少ツヽも遣くれ可然候、村役と有之ハ、千石一同ノ物入ニて可然候、自分ヲ始御物□無之候、御祈禱（料）ニて候へハ、頂戴ニ不及候、御祈禱料余候故戴ク也、重テ公儀衆ノ節も、右之通ニてハ何も骨折候間、間違無様ニハ致間敷候、無勢ニて可有之候、此方領内と云事ニて、右之通可申候と、咄候計也、御神前向ノ人足ハ各別也、右ノ人足ハ別段也、

御祈禱料中務一分にて配分は我意の至り

此度御祈禱料之義、社家之外神領中ノ者、不殘少〻ツヽも頂戴爲致可然事也、此方ヘ無沙汰ニ而兩替致伺候由ニて、中務一分ニて配分致候故無致方候、我意之至ニ存候、　兩人ニ而相談割附オ可致事、番頭構候事ハ無之事也、此方ヘハ無相談番頭共呼申聞セ候訳不埒也、

宮之介宅にて番頭寄合

割附帳

三月四日、宮之助《國分孫之進》宅ニて番頭寄合、惣神官配分致候、御祈禱料ノ拂方金も宮之助持參ニ付、分飯司も出候樣ニ、宮之助申候とて出候由、社家仲間相談ニて割附帳ハ別ニ有り、

右割附ハ、御祈禱料ヲ引相殘候分ヲ、三ツニ割可然候、江戸遣オ之義ハ兩所ノ頂戴之内ニて相濟候、何程ニても申出次第、別ニ御座候ハ、不宜割方也、▨

▨

金剛寶寺内證にて申す

一、三月廿八日、金剛宝寺來り申候ハ、内證ニて御咄申度事有之候、御聞被下候樣ニ、私義旧冬致入院訳も不存候、私裏門ノ前、去年迄●町ノ節見セ結候処、今年忠兵ヘ無用ニ致候樣ニ申候、尤先住家來多七と申者、申方宜無之候ニ付、忠兵ヘ立腹致、去年町ノ節見セゆわセ候義、成間敷旨申候ニ付、其節根本寺を以、先當年ハ其分ニ致くれ候樣ニと申遣、いつものとく仕候、此節も國行事抔扱ニ入金剛寶寺ノ見セゆわセ間敷ハ、忠兵ヘ方ノひさしをも取候樣ニ《無左ハ》○又少品ヲ金剛宝寺ヘも付候樣ニ、別ニよくとくニハ不致候間と申候得共、聞入不申候、此段御内證ニて得御意度候、然後、昨今ノ事ニて訳も不存候事被相談申度、昨日參候処、先留主故、御隱居ヘ御咄申置候、　監物挨拶、兼而忠兵ヘニ聞《キ》置、先忠兵ヘヲ相手ニ御心得候而ハ御了簡○《遠》可有之候、あノ金剛寶寺外裏《門ノ迄ノ》廻り道ハ寺ノ御支配内ニ候ヘハ、忠兵ヘ相構候ニも無之、心儘に御寺《如何樣ニも》ニて被成候事ニて候、又御支配ノ場所ニ無之候ヘハ、只今迄見セゆひつけ來候而も宜無之候、内證ノ事ニ候ヘハ、各別吟味つくニ成候而ハ大元ノ処ニより御沙汰被成候、又近年ノ事ハ不存候、前方ハ左樣之事ニも無之候、忠兵ヘ賴ノ輕キ者ニ、去年御先住侘言ヲ根本寺を以被致候筈無之候、先年〻致付候事ニ候ハヽ、忠兵ヘも如何ニも、言ノ申事有之間敷候、金剛申候ハ、道ハ大道也、

*道は大道なり
*明神の道は天下の道

明神ノ道天下ノ道ニて候、致來候事□而相止候義、氣毒ニて候、少も品付候ヘハ能候、忠兵ヘハひ

土手添に三尺計の店

一方は他領一方は神領

掃除等喧嘩口論あり

輕商人

*金剛寶寺門前へ店結ふ

*狹き道につき人馬往來難儀

さし共ニ一間程も出候、私方ノ土手添ニ三尺計ノ見セをゆわセ間敷と申候も、とんじやくもきらいニ候へ共、ゆい付來候処ヲ無用ニ致候も、氣毒――、監申候ハ、江戸抔ニてノ道中ニ小石ヲ置、半分ツヽ兩方ノ屋敷ニて支配致何支配申候節ハ致世話候、それとは違申候、爰元ニても一方ハ他領、一方ハ神領ニて候へハ、半分ツヽノ支配ニて候、忠兵へ義ハ、古來ゟ支配と申候ニてハ無之候得共、先ハ屋敷ノ前故彼カ預り候場所ニて道普請、又公用ホノ節ハ掃除ホ彼《カ》致喧嘩、口論ノ有之候節も、とかく彼カ世話ニ致來候場所、然ルニ左樣之事ハ無之、町ノ節見セちん計取候と申□可相濟事ニて候、殊ニ神前向所ゝ町ノ節ハ、見セゆい輕キ者共、賃ヲモ取候、拙者抔中務一錢も取候事無之候、然レハ輕あきんと同前ニ少三百文錢計ノ事ニ取樣ニ、世話やかれ候事、御寺ニあわセ不相應成事之樣ニ存候、又御內證と有之候事故、御心ニ當り候事ニても、拙者心ニさわり候事をも、內談と申ニハ、不申ハすミ不申候、表向相談吟味致くれ候樣ニ、御座候事ニ候へハ、自分一人ニても難成、同役と相談ノ上ニて吟味いたし候、それニても相濟不申候へハ、公儀迄も御伺申候事ニて候、其節其元ノ思召之通リニ成候へハ、能候へ共、無左候へハ、いな事ニて候、其節ハ其元ニても其分ニハ難成候事ニも出來間敷物ニも無之候、何ソ御寺ノ格式ホ之事ニ候へハ、それハ如何樣ニ御苦勞被成候ニも能候へ共、是ハ見セちん取候訳之事ニて候、げび之事ニて候、寺格不相應ノ事ニて御座候、又急ニ御世話やかれずともノ事ニて候、毎年ノ市ニ候間、其內とくと御了簡ニて御申出候共、如何樣ニも可致事ニて候、拙者家來ノ忠兵へ事故申にくゝ候得共、道理之外ハ無之候、金剛――私もそれ故御內談ニ參候、私すき好不申之事ニて少ノ事ニ付もつれニも若成候へハ不宜候、左候ハヽ、相かまい申間敷候、監物御尤ニて候、とくと御了簡ノ上ニて忠兵へ御申被成度候へハ、成候事ニて候、其外彼是談ル、

右訳如何樣四・五年以來、そろ〳〵と金剛宝寺門前へ見セゆわセちん貳《三》百文計ツヽも取候事、然レハ、セばき道ニ見セゆい候而ハ、人馬往來至極難義こみあい候ニ付、少ノ事ニ而候へとも、忠兵へ無用と申之由、差置候而能候へハ、忠兵へ賣人ヲモ差出候へ

*寺社奉行所へ御機嫌伺に出る

流鏑馬道具

*修理料百姓未進の件

とも、左様▒致候へハ、怪我・喧咾出來候間不差置、又道ハ大道表金剛《神領》千石金剛〱領ニ候へハ、心儘ノ事、又其道筋をも支配致來候事カ如何之事掃除ホ道普請ホニても致候か訳《ナレハ也、》も無之、見セちん計取度と申訳ニてハ不屆也、去年先住根本寺を以、忠兵へ方へ、當年ハ先見セゆわセ候様ニと、侘言ニ遣候事も先規ゟ致付候ハヽ、有之《ソウシタ佗言》間敷事、去年《又》忠兵へ見セゆわセ候事成間敷候ニ付、當根本寺侘言ニ遣候事之由《也》、忠兵へ方ニハ二ツ、三ツ道理有り、金剛〱方ニハ道理無之候、尤先年ハ見セゆわセ候事も無之候、先住代四・五年以來ノ事也、仍而忠兵へ□たる事也、近年之事故、根本寺を以佗言致、去年見セゆわセ候事也、

〔四　月〕

○一、丑四月十八日、香取中務方江使分飯司(伊藤求馬)、取次伊織(小林)、口上、旧冬申□(流鏑、下同ジ)鏑流馬御道具一品、道具拵申度候、今日ノ藏拂ニ御相違も無御座候ハヽ、右代金少々ツヽも請取申度候、　返事、入御念候御使ニて候、金剛寶寺へ渡金相渡殘金被請取被成候様ニ可申成候、

同十九日、右鏑流馬道具拵代金九両請取、分飯司内請取ノ書付、三人ノ役人へ遣ス、

〔五　月〕

一、五月三日、發足、四日江戸着、　同八日、寺社御奉行所へ御機嫌伺ニ出ル、井上河内守様(正之)ニ而御役人山脇弥次右衞門(周伸)殿へ得御意、松嶋久兵(茂雅)へ殿得御意度段申入ル、何用ニて候哉、監物(香取)申候ハ、去年拜借延ノ御願申上候処、願之通被仰付候、然者、同役中務(香取)も、去々年相願被仰付候、同役其節證文ニても差上候ハヽ、其通ニ致候様ニ不差上候ハヽ、證文ニ不及之由被仰候間罷歸、承候処、證文不差上之由ニて候、此段申上度候、弥次右衞門(山脇)殿如何様ニ御申、又被出久(松嶋)兵衞承候処、成程、帳面ニ記置可申之由申候間、被歸候様ニと申之由御申候、則歸ル、

〔六　月〕

六月十五日、歸國ス、

一、修理料百姓未進之義、春御藏拂之節《迄》御延被下候様ニ願候、又四月十八日藏拂之節、秋迄未進ニと願候、

*百姓共訴訟に來る

監物（香取）求馬（伊藤）ニ申越候ハ未進、今迄仕付候事無之候、殊ニ去年不作と何程之事ニも無之候、向後例ニ成、不埒ニ成候始也、又百姓共毎年之通、拝借願候由、未進有之上ハ、弥御拝借成間敷之由申遣候、

役人立合ひ百姓未進の件

役人立合、百姓共願之通、何も無相違之由、宮之助（國分孫之進）申候ハ、百姓へ申候ハ、宮中ニて御合点無之候ハヽ、分飯司（伊藤求馬）方へ新願候様ニと申候而、何も無相違之由、尤分飯司旦那ハ未進ニと申訳得心ニ無之候由申候へハ、右近申候ハ、両所ノ下ニも未進有之候抔と申候由、とかく分飯司受合不申候、其後御手洗百姓参、未進願候、挨拶難成候、此方ハ得心ニも無之ヲ、押而得心致さセ可申とハ不存寄事、未進ニハ不成候由申聞ル、其後、又百姓來録レ目仕立候事、當分閙敷時分御延被下候様ニと申來、挨拶、未進不濟候而ハ目録難仕立可有之由申聞ル、

百姓目録仕立

*修理料百姓未進の件目録の下書名主持參

六月十六日、目録之下書名主持參、十九俵余也、未進と書付來ル、得心無之ニ未進不致、其意未進ニ申付候者方へ可差出候、此方申付候事、不用之間かまい不申候、かまわセ度候ハヽ、未進濟候而目録可差出之由申聞ル、

未進濟み目録差出す

十八日、百姓共訴詔（訟）ニ來ル、未進申付方へ差出シ可濟候、此方ヲハ蔑ニ致ハ申事、ふしき候間不構候、重而參間敷由申聞ル、

修理料役人共、此方得心無之ニ、押而得心爲致候、借シ方不届相談之上ニ而何共ニも可申付事ニ無相談相濟候段、不得其意之事也、

*寶幢院堂庫裏屋禰葺替

一、丑ノ六月廿八日、寶幢院兼而堂・くり等之屋祢葺替致度候、仍之山拂申度旨願フ、見分遣候処、西北ノ方六百本程ノ松木有り、又茶畑ト云より南之方へ六百本寄ノ松木有り、是ヲ拂候様ニ申付ル、西北ノ方ハ差置候様ニと申付ル、後左原へ向候所ハ、前方材所々ニ少々ノ松有之、

〔七　月〕

一、七月十一日、宮之助（國分孫之進）・物申（香取主計）來り申候ハ、御修理料百姓共來り、未進之義ニ付預、御立腹難義仕候、御訴詔（訟、下同ジ）致くれ候様ニと申候、尤目録ノ下書掛御目候処、未進ニ許シ候者方へ、納候様ニと被仰聞候由、御訴詔ハ成間敷候得共、此方共相許シと御つもり之程如何ニ候間、御申分ニ參候由申候、監物（香取）申聞候ハ、旧

未進と目録に仕立差出す

*側高祝修覆願に度々参る

先年も未進重る

大豆賣りて未進に相納むべし

*側高宮林の竹拂の件

冬未進ニト相願、春藏拂之節迄之約束之処、藏拂ニ一粒も不納候、三十年以來未進無之処、當年未進始ヲ、段〻重り候而ハ、先ニて致方有之間敷、其上毎年之返濟拜借願候由、猶以拜借も得心無之候、未進も不成之由、藏拂之節、分飯司(伊藤求馬)ニ申付候処、十九俵何程未進と目録ニ仕立差出候間致立腹、此方申候事、承引無之候ハヽ、目録之沙汰ニ不及事也、此方得心ニ無之処ヲ無理ニヲフジョウスタメニ得心爲致候訳不居也、〇未進ニ申付候者へ目録をも納候様ニなれハ、構不申之由申聞ル、惣而役人手先あいしらい也、中務方(香取)ゟ伊織(小林)出候而も、其様成吟味も不致、不埒之事也、未進無之様ニ致方も可有之候、いやか上ニ未進重りテハ、先へゆき候てハ、百姓共潰候ゟ外ハ無之候、却而不便之至り也、先年も未進重り致方なき事有之候由、自分も無是非ニ百姓共難義致候を、好ニても無之候、惣而役人手先あいしらいニて候、兩人申候ハ、私共許ニ而ハ申候も、御年番ゟ御沙汰無之候而ハ、難申出候、百姓共申候ハ來、大豆出來仕候ハヽ、此ヲ賣代候而、未進相納可申之由申候間、それ共御立腹御免無之候而ハ、それも出來不申候間、其分ニ被成被下候様ニ、右之通私共ハ御訴詔ハ難成候、自分〳〵ノ御申分ニ參候と、百姓共ニも申聞候と、彼是兩人侘申候間、左候ハヽ、其分ニ可致候間來ル、大豆を以相納候様ニ急度被申付候様ニと申聞候、無程兩人分飯司を以申越候ハ、百姓共も御礼申上候、兩人之者申候ハ、大豆を以當秋急度上納仕候様ニと申付候由申越、右之訳ハ、百姓共ゟ外三人之役人致方、宜無之候ニ付、右之通立腹致事也、手前へハ無相談ニ百姓共願之通、何となく未進之様ニ申付候間此方ノ得心無之処ヲ、ノヿ也、

一、同日、監物宮之助・物申兩人へ申聞候ハ、側高祝修覆度〻參候、當分御修覆金も無之候処、側高宮林ニ竹有之候間、殊ニ枯氣付候間、拂□御修覆ノタシニも致度旨願候、尤ニ候間申付、入札𬼀之節ハ、何も罷越入札之□ノ由申間敷候、中務方此事聞合、無相違候ハヽ、右之通ニ致候様可然候、兩人も尤之由申之、分飯司ニ中務方聞合候様ニ申付ル、兩人申候ハ、とかく側高祝呼候而訳ヲ承リ付候カ可然之由申候、

一、丑七月十七日、分飯司方へ側高宮林ノ竹拂候義、申付置候ニ付、伊織方へ及相談候へハ、中務へ申聞候由使と心得候哉、成程御尤ニ存候、願之通致可然之由申候由、則及相談、宮之助・物申と翌十八日及相

*妙塔院無住の間寶幢院留守居
入札につき四人の役人罷越す
*寶幢院堂臺所葺替
*返田神主側高祝來る
妙塔院願書出す
*中務實子男子出生
寺付の諸道具帳面に致し請取る

談、十九日、四人之役人側高へ往、致見分可申付ノ
相談也、
七月廿五日、入札、四人之役人罷越、竹壹尺貳寸三
分ゟ八寸位迄、代金四両貳分ニ拂、竹數九拾本、外ニ五
本、合テ四両三分也、右代金側高祝ニ預置、祝方ゟ
請取取、

〔八 月〕

一、八月十七日、妙塔院願書出ス、此日大聖院江罷越、
此度拙僧師大聖院、佐原村江移轉仕候ニ付、拙僧
を大聖院看守ニ仕度由申候、仍之妙塔院差上申度
奉存候、願之通り被仰付被下候ハヽ、難有奉存候、
以上、
享保十八癸丑年八月　妙塔院 本精印
大祢宜樣御内 伊藤求馬殿
十七日、妙塔院大聖院へ罷越候ニ送りニ内藏之助申
付、仲間二人、尤其節清右衞門(額賀)罷越見立ル、寺附之
諸道具、帳面ニ致請取、尤惣持院ゟも宝幢院ニ遣ス、
佛具等ノ帳面ハ、本寺へ遣ス、尤無住之間紛失も無
心許候間、佛具本寺引取候樣ニも勝手次第ニ致候樣

ニと、清右衞門ニ申付ル、妙塔院無住之間ハ宝幢院
妙塔院ノ寺役留主居ホ致候樣ニ申付ル、
（日付前後、）
一、八月十五日、宝幢院堂臺所葺替等致度願、前ゝゟ申
之ニ付、宝幢院寺内之内ノ松相拂、十五日ニ入札四
両壹分へ落、清右衞門・大藏(尾形)入札之節、遣手金壹両
役人方へ請取、殘金ハ廿五日請取筈也、
一、八月廿日、昨夜嵐ノ見舞ニ皆ゝ來ル、北風後ニ辰未風な
らい、返田(椎名大學)神主も來ル、側高祝來ル、側高(香取)宮林ニ而
四尺計廻り候杦木二本、根かへりノ由、監物申聞候
ハ、修覆ノ屋祢板ニ可然之由申聞ル、
八月十九日ノ暮方ゟ嵐ニ而、宮林ニ而四尺七寸廻ノ杦
木ゟ一尺余迄之木、以上十七本、根かへり中折等也、
一、八月廿一日ノ夜、大宮司中務(香取)聟來ル由、江戸山王神
主伯父之由、此方へ曾而無沙汰故祝義ニ使も不遣、
同日、中務実子(妻腹)男子出生之由、中務前方度ゝ養子ノ
咄有之候間、監物咄候ハ、幸銚子八幡之神主芝崎明
神ノ神主、聟ハ中務弟也、是ハ男子三人迄有り、仍
之血筋ニ候間、芝崎可然と吴見いたし候得共、無承
引、右芝崎弟右衞門娘ヲ中務養女ニ致、此度聟と一
所ニ致候由也、(後ニ修理ト改、)

＊番頭二月神の御出支度略す相談

○八月廿二日、香取中務方ゟ口上使権平、中務申候、兼而御咄候通、養子之義、昨晩此方江引取申候、態と御祝義致進上候、返事、昨晩御祝義御調被成目出度存候、仍而▨御使御祝義被下忝存候、五本入之扇子箱來ル、

同日、中務方へ口上使庄內、昨日御祝義首尾能御調被成、目出度存候、其上御男子御出生被成候由承候、重〻目出度存候、右御祝義以使申上候印迄ニ一品致進上之候三本入ノ扇子、　返事、爲御祝義只今御使者被申下、殊ニ一種被下候、委細之義ハ掛御目御礼ぉ可申上候、同廿八日、中務聟內匠、狩衣ニ而社參、

中務聟狩衣にて社參

同日、惣社家へ料理振舞由、

惣社家へ料理振舞

＊大祭は諸社家不絶に勤む

〔九　月〕

丑九月廿日

城之介出生

丑九月廿日、晝七ツ前城之介出生、母かん、妾腹、喜五郎兄三歳同腹、実行四十二歳、実行姉娘伊知、十六歳、御醫師養女ニ遣、次娘三喜十三、江戸、中村玄春(直祐)、次娘那加九歳、母ハ麻生新庄駿河守殿、母ハ鹿嶋惣大行事出羽守娘、後ニ離別ス、家老荻原喜兵へ娘、後ニ離別、三喜五、妾腹フク、

〔十　月〕

一、丑十月五日、番頭召呼宮之介(今泉)采女、・權祢宜子名代式(香取式部)部、・物申祝悴名代右近(香取主計)、・國行事左近(香取)、・副祝宇右衞門(今泉)、・錄司代右衞門、・玄番子(蕃)伊織(小林)、名代也、申聞候ハ、兼〻心付申候二月神ノ御出之支度ニ餅貳・三俵拵、酒貳俵余も造申候、是ヲ畧シ候而可然哉、此段及相談候、七年以前、太田備中守(資晴)樣ニ而も祭之事出、供物ハ各別呑喰物ハ減候樣ニと有之事、正月神ノ御出之節も供物ハ心懸候而、少計用意致候而相濟可申候、當正月塙祝ノ神ノ御出ニ大ニ物入、御修理料之御費、又惣社家近年別而何も不勝手大祭ニこまらさる者ハ、社家之內五・三人も有ル無シニ而可有之候、然レハ成候程ハ畧不告分をは畧シ、大祭諸社家不絶ニ相勤候樣ニ致度事、古往ハ大祭ハ神領多キ故、近所之村〻ゟ相勤候由聞傳ル、神領減候而惣社家ニ割付候事也、右之段中務へ致相談見、尤ニ申候ハヽ、右之通ニ致度事也、當正月与風心付兼〻及相談度思居候、寂早當月ハ御祭礼月、來ル正月之支度をも心懸候事ニ候間、右之相談ニ及相談候宮之助始、何も社家御賴と御座候而、右之段被仰聞御構之思召ニて候、彼是ニてハ米ノ五・六俵程も掛り、何も難義至極いたし候

事ト申候、左候ハヽ、宮下江参可及相談ニて罷越、則立《タチ》帰、中務殿御申候ハ、社家之爲ニ成候ハヽ、成程尤ニて候、それ共少形ヲ付申候様ニ致可然候、形ヲ不付ニハ成間敷候間、社家共左候ハヽ、餅五升・酒壹斗程位ニて可然候と申候由、就夫祭之節、御札上下《ケシ》切盛ニも餅入候、是をも相止候様ニ仕度と申候、又切盛ニ生肴ノ焼物付申候、是ニも干物ニ仕候様ニ致度式部申候間、○《(香取)監物》それも成合ニ生肴有之時ハ、又無之時ハ干物、右之段監物、尤之由申聞相定ル、組下ニ候へも、右之段申渡候様ニ申付ル、

　神ノ御出ノ餅五升・酒壹斗、祭ノ節切盛御札上下餅相止、焼物ホも成合ニ相極ル、

右之節、社家共申候ハ、餅五升・酒壹斗拵、御神前《シンゼン并》御兩所へ差上ケ之爲ニ、右之通ニ餅・酒拵候様ニ仕可然候、惣社家ヲ相呼餅・酒振舞申候事相止

宮之助申候ハ、此度ノ御祭ニて右之通ニ御勤可被極候、

*側高社葺替

同日、監物申候ハ、側高社葺ノ事相談不致哉、宮之助申候ハ、今日何も罷越屋祢板ニ成候木、側高ノ宮林ニ而見立可申候、又御金も不足ニ候間、側高山ニて一・二本拂候様ニ見立可申候由申候間、監物申候ハ、成程其通り可然候、返田も其通リニて候へキ、右番側高ノ社江往キ屋祢板見立ル、尤前方竹拂候計ニ而金子不足ニ付、側高宮林ニ而貳本、拂木見立ル、

*側高社屋禰板分

屋祢板分、

一、五尺五寸未枯、壹本、　一、五尺未枯、壹本、

一、四尺中折、一本、　一、四尺八寸中折、壹本、

一、五尺壹寸未折、一本、　皆枚木也、

　拂木分板木也、

一、五尺　壹本、　一、五尺壹寸　一本、

*側高社葺替につき外遷宮

一、十月十三日、側高社葺替ニ付外迁宮、拜殿江遷ス、年番故、此方ゟ番頭ホへ觸ル、番頭・三奉行抔出ル、神夫二人、御酒・御供ホ供ル、大宮司《(香取中務)》も出ル、此方ハ不快故名代權祢宜出ス、尤十三日之夜、

一、同日、金剛宝寺ゟ使僧圓壽院口上、拙僧義、明後日在所へ罷越候跡之義ニ、付候御氣ヲ被下候様ニと申遣ス、　返事、御在所へ御越ニ付、御口上趣致承知候、入御念候事ニて候、

*新福寺并に孫之進同道にて参る

側高御普請

*水呑等差置く

團碁祭天降の社

修理料不作により四十俵宥免

塙祝大祭

〔十一月〕

一、丑十一月七日、雨天、晝時番頭呼及相談候ハ、側高御普請ニ付、神輿ヲ拝殿正面へ迁候由、然レハ、側高ニてノ祭礼難相勤候由、如何致可然哉、支度宜早出來致候、終ニ風雨に有之候而も相延候事、不聞及候、此度ノハ格別之事、此方拝殿ニ而相勤可然候、夫共側高ニて立候而、外ニ居候而成共、相勤可然候ハヽ、其通ニも可致候段、及相談候、何も尤と申候、左候ハヽ、中務(香取)へも及相談可然候、則國行事(香取左近)并錄司代・伊織(小林)罷越及相談、尤之由申候由、仍之此方拝殿ニて相勤ル、祭礼濟、東ノ宮ノ讀立ハ中殿ニて勤ル、夫ゟすくニたんご祭り相勤ル、夫濟天降ノ社ニて行事(額賀兵部)祢宜ノ勤方相勤ル、

一、丑十一月十二日、修理料役人相談ニ而御修理料不作ニ付宥免、四十俵宥免ス、皆無之処も有之由、

一、十一月十二日、塙祝大祭、今年相當相勤候、塙祝假役人彦左衞門、一年中右御祭行事相勤候ニ付、裝束ヲ拝領仕度段相願候、修理料役人神前ニて相談ノ上、裝束代米貮俵差遣ス、再願ニ付、又七俵余宥、

一、丑十一月廿六日、新福寺并前ノ宮之助(國分)孫之進同道ニ而參、先年宮下ニ居候治左衞門致浪人、新市場村ニ居候処、今度難居訳ニ而御領內、宝幢院三四郎屋敷ノ內ヲ少ノ間借候而居申度由、年番ニ付、右三四郎、清右衞門ニ相届候処、尤ニハ候得共、宮下御かまい無之哉、難計ニ付、宮下役人ゟ構無之間差置候樣ノ訳、使ニても來候ハヽ可申付之由申、埒明不申候、然レハ當分居住ニ治左衞門并子半藏致難義候由ニ候間、御領內ニ被差置候樣ニ被仰付可被下候、此段御願ニ參候由申候、監物(香取)申候ハ、左樣之水呑ホ差置候ニハ、前ゝゟ自分抔構不申候、村役人へ相届濟候事ニて、宮下役人ゟ無構候ハヽ、其段使可遣筋と被思候、それならハ清右衞門も可申付候、新福寺申候ハ、孫之進殿此間宮下へ相願、治左衞門子半藏、路次往來被願、被相宥役人共江も礼ニも罷出候、追付拙僧抔歸參ノ願をも致可遣と存候、仍之少ゝ間之義ニ御座候、右之訳故、早速宮下役人ゟ使も被遣間敷候、宮下往來相濟候間、別ニ構無之筈ニ候間、御領內ニ居住被仰付被下候樣ニと申候、新福寺達而申候ニ付、左候ハヽ、自分抔構候事ニてハ無之候へ共、

*御修理料御藏拂の相談

*側高社葺替成就上遷宮

*御修理料拜借返納

押手社立野大神葺替

*返納金流鏑馬御道具請取る

役人方ヘ申付、宮下役人ヘ使遣構無之段申候ハヽ、被差置候様ニ可申付旨及挨拶、　十一月廿七日、清右衞門方ヘ、右之段申聞使權頭ヲ宮下伊織方ヘ遣、口上、清右衞門使ニて候、宝幢院・三四郎相願候ハ、屋敷ノ内ニ少之間半藏差置申度相願候、其元様ニ御構も無御座候哉、差置候様ニ申付候而も苦カル間敷哉、何レニも思召次第ニ可申付候、　伊織返事、半藏義宮之助隱居被相願、路次往來相濟申候上ハ、何方ニ居候共、此方ニハ構無之候由申來ル、仍之清右衞門右三四郎呼、勝手次第ニ可致旨申付候、尤宝幢院并隣ノ清三郎江も其段爲知候様ニ、右三四郎ヘ申付候由、

〔十二月〕

一、十二月二日、國行事(香取左近)分飯司(伊藤求馬)処ヘ來り、屋祢や共側高ノ御普請、明日仕廻候由申候、左候ヘハ押手ノ社・立野大神をも萅替被成候ハヽ、屋祢や共、江戸不歸ニ被仰付候ハヽ可然之旨申候由、仍之分飯司方ヘ番頭共呼、相談之上申付候様ニ申付ル、同日、番頭伊(小林)織抔も出、弥右兩社萅替申付候由、伊織ハ大宮司(香取中務)家來、

一、丑十二月九日、御修理料少ゝ之義ニも有之由ニて、御藏拂致可然由ノ相談ニて、相拂致候事ニ差引米貳拾俵三斗壹舛六合、此代金七兩(アキマ、)　封金也、兩ニ壹石貳斗六舛直段、

右ハ夏成共也、

一、十二月九日、側高祝來り、來ル十七日上遷宮致度由願、又屋祢板余り候ニ付、此方末社ノ萅板ニ相談ノ上取寄ル、馬三疋ニて取來ル、

丑十二月十七日、側高社萅替成就上迁宮、大宮司・番頭・三奉行ホ行勤ル、監物(香取)義ハ不快ニ付、名代權祢宜勤ル、

一、丑十二月廿三日、御修理料拜借返納、金六兩　大宮司、金四兩　大祢宜、

金子合テ廿兩壹分也、　金四兩三分　宮之助、同壹兩壹分　分飯司、

此内采女(今泉)内借三兩納ル、　同壹分　大祝(香取宮内)、同壹兩　錄司代、

右金遣候殘四兩壹分ト百廿六文、

四人印形封金箱ニ入ル、

右ノ目、分飯司ヲ中務(香取)方ヘ遣、今日ノ返納金鏑流[流鏑]馬御道具、春中請取申候而、少ゝ相調候、御相違無之

＊惣持院戒光母死去

御神用公用もなし

候ハヽ、請取申度候、中務返言、成程殘とも致相談相渡シ可申候、同日晝時、分飯司方へ物申・錄司代返納ニ付參候、此方へ年番ニ候間、御越候樣ニと伊織方へ申遣、伊織伺候而參と申候ハヽ、可參之由申來ル、無程分飯司方迄使遣、御揃候ハヽ、此方へ御取候樣ニと、○（伊織方ゟ）申來ル故、左樣參候樣ニと申付ル、分飯司歸來申候ハ、從公儀も立合被致返納候樣ニと、被仰付も如何哉、旦那御出無之哉伺參候樣ニと中務申候由、（監物）往候而も能候へとも不快之由申遣ス、去暮子ノ年返納之節、監物服中ニ候間、返納計ヲ無之、神用もさしニ付、此方へ（年番也、）中務被參候樣ニ申遣候処、中務申候ハ、御神用・公用ニも無之候間、分飯司ヲ被遣候樣ニと申挨拶也、仍而任其意候、四・五年以前、中務服中之節、此方年番ニ候間此方へ參相談ホ致候樣ニ申候処、服ニ而▨ふと參、社法ニ候間難參候、此方へ御越候樣ニと中務申越候ニ付、中務宅へ參候、又右之通、此方服之時ハ、右之挨拶也、右之訳▨可申遣と存候へ共、とんしやく無易と差扣、不快と計及挨拶、返納に計も不限之間、年番方ニて致勘定ホ候而其外事也、

今日ノハ中務參候樣ニとも不申遣、右之訳也、

享保十八年丑十二月　大祢宜香取監物實行 行歳四十二

父内膳胤信 六十四歲

同丑ノ六月廿九日、惣持院戒光母相果、忌中ニ而宮中村ゟ宮下村ヲ籠ニ而山田村ニ死人有之ニ付、通候由風聞、是社方に御座候ニ付、相談ノ上相咎可申処、神用彼是取紛不及沙汰候、尤同役方ゟも無沙汰也、

（以下四行に抹消あり）

（原表紙）

「享保十九甲寅年正月

日　記

東

」（縦二七・五糎、横二〇・二糎）

一、八月讃岐守石碑建銘有、

〔享保十九年正月〕

享保十九甲寅年正月　日記

元日、晴天而長閑也、老人不覚日柄ト唱、例年之通御祭礼相勤ル、支配之者、例式之通來ル、

大宮司香取中務舊冬出府

年始御目見ニハ同役大宮司香取中務、年番ニ而旧冬出府也、

一、正月四日、惣持院ゟ内證承度ニ而寶幢院來ル、口上ニハ拙僧服中ニ御座候ヘハ、社中相穢候ニ付、今日以使僧御礼申上候而ハ、如何可有御座候哉、御内意承度由也、返事、成程其通り可然候旨、及返答候、

同日、使僧來ル、護广堂・寶幢院・長吉寺も一同ニ來ル、使僧へ口上、年始之爲祝義、御使僧忝存候旨、取次を以申遣ス、其後右寺庭へ出會、使僧へも三献スル、其上ニて酒計出ス、

＊金剛寶寺父不幸

同日、金剛寶寺旧冬父不幸、其上旧冬上方江登留主、圓壽院年玉計持參ス、▨■使僧と云口上も無之、

＊惣持院へ返禮

五日、惣持院へ返礼ニ使者遣ス、内藏上下ニ而口上、年始ノ御祝詞以使者申入ル由、惣持院逢候由、昨日ハ輕ルシメルニてハ無之候得共、相應ノ僧も無之ニ付、以使僧年始申上候、今日火不宜候、何程申付候而も、下ゝノ義ニ候ヘハ、存樣ニ無之、何も不進候由、内藏申候ハ、申置罷歸候樣ニ申付候へ共、罷通り候由申候由、返礼ノ事ニ候ヘハ、先ゟ使僧遣候処へ、名代ニ而可遣訳無之、名代遣候ヘハ、此方ゟも相勤候筋ニ成候故、右之通使者遣、

＊隱居内膳江戸より歸る

＊大宮司中務歸宅

一、正月廿日、隱居内膳（香取）江戸ゟ被歸、是ハ旧冬十月十五日出府也、江府ニ親類又娘・孫ホ有之ニ付、私用ニ而逗留也、大宮司中務（香取）正月十一日ニ歸宅ス、聟内匠江府山王ゟ來ル故、里歸りニ正月廿一日ニ出府也、

〔二　月〕

監物在所發足

一、二月七日、監物(香取)在所發足也、八日晩景、江戸神田雉子町ニ着、十六日、水戸様(鶴千代、後ノ德川宗翰)江年始ノ御礼ニ罷上ル、十七日、爲御返礼、例年之通御使者被下置、

寺社奉行所へ御禮に出づ

一、二月十八日、寺社御奉行所江御礼ニ出ル、井上河内守様(正之)六万石・西尾隱岐守様(忠尚)二万石・松平玄蕃頭様(忠曉)二万石、御三人也、

在所より物申悴右近田所悴圖書出府

用向は圖書妻離別の件

一、二月十七日、從在所物申悴右近(香取主計)・田所悴圖書(伊藤)出府、用向ハ、圖書妻ハ吉原村權左衞門妹也、旧冬離別致候得共、權左衞門不致承引候、仍之扱人有之、圖書方ゟ金子差出離緣相調寄候処、去ル十二日ノ夜、道具ホ差遣候処、權左衞門方ニて道具持遣《セツカワ》候、人足散々致打擲、別而一人ノ肩强痛候、仍之　公義〔儀〕江御訴申上度、出府仕候由申候、尤中務　公儀江ノ添翰書狀ホ、又訴狀ホノ案紙も持參也、此義兼聞及ハ、去秋難産ニ付、痛身ニ成候故、離別申掛候得共、吉原ニて無承引、仍之金子差出可相濟扱人出ル、其金子ノ多少ニニ(衍カ)付、內證ニて不相濟由也、監物申聞候ハ、被打候人疵も不付、只被打タル計也、此義、公事ニ致候而も、此方可勝無道理、慥ニ負候、然上ハ此方迄《共》無首尾也、又御取上ケも有之間敷候、左候へハ致添翰▨不宜訳也、此分ノ事、　公儀御用繁中御世話ニ掛候筈無之、在所ニて何分ニも可相濟事也、中務添翰遣候筈無之と存候、支配之義麁抹ニ存候、支配ノせん無之候、自分ハ右之訳故添翰ニ印形難成候、兩人申候ハ、何とも難儀仕候、在所ハ、殊外ノ騷動ニ而在所ニ難居住ニ候、御添翰無御座候而ハ、難罷出候、監物申候ハ、中務一判ノ添翰ニて出、自分義御尋ニ候ハヽ、監物在府仕候間罷上り可申上と申候抔共、申候而も能可有之候、右之通自分ニ得心無之候而ハ、印形難成候、兩人申候ハ、左様ノ御挨拶ニてハ難出候、又在所へも被歸不申候、持添ハ御代官所ニて候間、百姓ニ而も成、御代官へ相願候ゟ外無御座候、監物申候ハ、それハ勝手ニ可致候、兩人殊外難義ニ申候間、左候ハヽ、四・五日相待申候ハヽ、方々勤所仕、已家來壹人在所へ歸シ、此分ノ事內々ニ而相濟候様ニ、自分方ゟ可申遣候、兩人申候ハ、左様御座候へハ、何か可有御座候、　廿日ニ飛脚到

*流鏑馬道具相調ふ

來、内々ニ而可相濟趣ニ候間、先二・三日、公儀へ出
候義、延引申候様ニと申來ル、又廿一日、飛脚到來、
内證ニて扱相濟候間罷歸候様ニ申來ル、仍之廿三日、
兩人も在所へ歸ル、中務方ゟ書狀幷返事、

伊藤圖書妻離緣の件

*阿波囃子御當社奉納

　一筆致啓上候、今度伊藤圖書妻離緣之義ニ付、致
出訴候由ニ而添簡相願候、此節貴様御在府ニ候得
者、御同道ニ被成候共可被成哉、爲念添簡相認遣
申候間、被成御加印御出候共、可被成候、私も此
節不快故、以他筆得御意候、已上、半切也、上書左ノ通、

*押舞

　　二月十三日　　香取中務

　香取監物様

返事、

伊藤圖書離緣

貴札致拜見候、然者、今度伊藤圖書妻離緣之義ニ
付、御紙面之趣、委細致承知候、内々ニ而相濟之由
ニ而罷歸候段申候、御同前ニ致大慶候、何も重而可
得御意候、以上、

　　二月廿一日　　香取監物

　香取中務様

流鏑馬道具損失につき修理料金

*房州峯岡山牧馬

一、享保十七年鏑流馬御道具損候ニ付、御修理料金を以、
相拵申度由、井上河内守様相願候処、子十二月被仰
付、仍之當春も鏑流馬御道具相調申候、委細ハ去々
年ノ日記ニ有之、

寅三月廿九日、江戸發足、四月朔日ニ歸宅ス、

　留主間之事

同十九日、佐原新宿名主ゟ今日阿波はやし御當社江
納度由ノ使、尤之由申遣、御初尾ノ由ニて、青銅三
拾疋來ル、

二月廿六日、大倉村ゟ來ル、廿八日、押舞御神前江
致持參度候、尤大勢ニ候間、町幷御神前迄下知人被
仰付候様ニと申來ル、同日、一ノ分目村・今市村ゟ
も右同斷ニ申來ル、廿八日、右ノ村々ゟ催シ來ル、
監物留主、門前江棧敷拵隱居内膳(香取)幷娘共出見物、右
村々ノ名主・年寄共、棧敷へ上ケ酒出ス、大倉村ゟ
御初尾貳拾疋遣ス、人數大勢ニ而津宮村ゟ當所迄相
續候由、

〔三　月〕

一、三月十一日、佐原村名主七左衞門方ゟ池田喜八郎(季隆)と
申御代官ノ手代ゟ手紙相届、如左、

　此度房州峯岡山牧馬失候付申渡、相尋御用被仰付

候付、只今我ホ共、其町江罷越候間得其意、尤宿
御申付置可給候、以上、
寅三月十一日　　池田喜八郎手代
新井仙左衞門
飯田豐助
香取神領
名主組頭中

房州峯岡山牧馬御尋につき近村吟味致す
*監物在府留主
當地は皆女馬
馬喰家呼出し僉儀
馬毛證文

右使之者、宮下年番ニ付、分飯司（伊藤求馬）・大細工大藏（尾形）、右手紙共ニ宮下へ遣、兩町ノ役人共ゟ右請取遣ス、右宿〇年番故宮下ニ而申付候樣ニ申候得共、無之由ニ而、宮中ニ而申付くれ候樣ニ、達而申候故、土器所申付ル、右手代、夜五ツ時着、兩町ノ役人共立合、房州峯岡山牧馬御尋ニ付、一通近村致吟味候、當地ハ除候得共、寺社領共可致吟味候由、又ヽ被申渡候間此度參候、此方ゟ申候ハ、當地ハ皆女馬ニて御座候、手代申候ハ、左候ハヽ、吟味ニも不及候、帳面仕立出可申候、尤名主・組頭・百姓代ノ印ヲ取申候間、左樣可心得由、又別ニ下書ヲ可遣候間、清書證文可致候旨、又馬喰家江呼、僉義可致候由、仍而宮下与兵へ・引地源右衞門兩人呼尋候処、兩人申候も、當所皆女馬之訳申候、それ共證文致候樣ニと、右之通故夜中ニ神領中宮中三郎兵衞処へ呼寄、致吟味馬毛證文相認、十二日朝、兩町ノ役人印形ニ而差出ス、下書先ニ記ス、十二日ノ朝、兩人手代發足ス、十一日ノ夜、右手代申候ハ、當所ハ兩支配之由觸、下社僧抔へも申通候樣ニと宮中役人共へ申候ニ付、其段大細工（尾形大藏）大宮司（香取中務）方へ申通候、大宮司ゟ手代兩人へ使遣候由、口上ハ中務御見廻可申候、爲其使を以申入候由申込候、返事、此方取込居申候間、御見舞之義御無用ニ可被成候、御用も御座候ハヽ、御勝手次第と返事之由、追付中（香取）務見廻、右之訳ニ付、手前ゟも名代ニ分飯司ヲ出候由、監物（香取）在府留主之由申候由、十二日之朝、又中務方ゟ玄番（蕃）（小林）ヲ使ニ遣ス、夕部ハ早ヽ得御意候、爲見廻以使得御意候由ノ口上之由、手代歸候ニ付口上有り、御當地馬ノ吟味相濟、私共罷歸候、夕部ハ被入御念御見廻忝奉存候、御見廻可申候得共、取込故と有口上之由、右中務見廻ニ不出共、相濟事之由、皆ヽ沙汰也、

差出候證文之趣

覺

青毛駒貳疋　當時三才
鹿毛駒壹疋　當時三才

栗毛駒壹疋　　當時三才
さひつき(宿月)毛壹疋　年古男馬

五疋の馬房州峯岡山にて失ふ馬の毛色年村内調べ

右五疋之馬、房州峯岡山ニ而失候間、御尋ニ付、右毛色・年之馬村内ニ而、去十月ゟ此節迄賣買致し候もの幷心得遠ニ而繫置候者有之候ハヽ、何疋成共ケ條書ニ認可差出候、心得遠ニ而繫置候欤、又ハ繫置候者存知候者、此度可申上候品ニゟ御褒美可被下候旨、被仰渡奉承知候抔者共村之儀ハ不殘女馬計村中幷枝郷迄、不殘吟味仕候へ共、右毛色・年之馬、去十月ゟ此節迄、賣買仕候者幷ニ繫置候者を存知候者、無御座候、若不吟味之段、後日ニ相知レ申候者、名主・組頭・百姓代、何分之越度ニも可被仰付候、爲其證文差上ケ申所如件、

享保十九年寅三月十一日

下總國香取郡香取神領
大祢宜監物(香取)支配
名主　大　　藏印
組頭　三郎兵へ印
百姓代　忠　兵　へ印
同斷　平　次　郎印

池田喜八郎樣
御手代　飯　田　豐　助殿

新井仙左衞門殿
下總國香取郡香取神領
〔大宮司中務支配脫〕名主　賀右衞門印
組頭　佐　　助印
百姓代　長　五　郎印
同斷　藤　九　郎印

*手代衆より證文下書出づ

右之趣ニ認、差出候由、尤案紙先ゟ差出候由、十二日、九ツ時伊織(小林)方ゟ舍人(伊藤)迄使呼ニ來ル、舍人往候処、中務逢、夕部ゟ大義ニ有之候、諸事首尾能立候而⌐──、馬持候者ハ、皆印ヲ致候哉と尋、舍人申候ハ、左樣ニて無之候、手代衆ゟ證文下書被出、是ヲ致淸書、印形可差出之旨故、淸書ニ印形致、兩町ゟ差出候、夕部ゟ入目皆と可致相談之旨申候由、但監物歸、後程不知候ハヽ、其節遣ノ議抔ニ、急ニ入用も可有之候、是ハ修理料ヲ遣候ニハ及ましきと存候、百姓ゟ出可然と思候、前方藥草見分ノ時ニ百姓ゟ出候例も有之候、とかく打寄可致相談之旨、中務申候由、

伊織申候ハ、大戸ハ如何可存候哉と申候、中務其分ニハ難差置候、其方兩人致相談使可遣旨、依之大戸

へ宮下ゟ四郎次、此方ゟ忠兵へ申付遣ス、夜中九ツ
過、大戸ノ帳面取歸ル、

大戸の帳面手代へ差出し相談

右大戸ノ帳面、手代江可差出ト相談いたし、此方ゟ大
藏宮下ゟ新七、鹿嶋迄出立候処、此日風强手代津宮
ニ逗留ニ付、津宮ニ而相濟ス、右大戸ゟノ證文か不出

大戸よりの證文

帳面ニ、此方ノ役人共致奥印差出ス、　大戸分
一、黑鹿毛駒壹疋　年八才　(山口内記)神　主 印
　右馬手前馬屋子ニ御座候、
一、馬持不申候、　(香取監物)大祢宜 印
一、黑毛女馬　(香取)式　部 印
一、河原毛駒　年十才余　同　人 印
　是ハ手前馬屋ニて去丑四月中出生仕候、年
　二才、
一、女馬壹疋　三郎兵へ 印
　是ハ御地頭大森(邦賴カ)兵部殿へ御吟味書付差上申
　候、
一、女馬壹疋　治　部 印
　是ハ御地頭土岐(賴堅)縫殿之助殿へ御吟味書付差
　上申候、
一、馬持不申候、　主　殿 印
一、同斷、　弥　助 印
一、同斷、　四郎右衛門 印
一、女馬壹疋　五郎兵へ 印
　是ハ御地頭大久保(忠宜)攝津守殿へ御吟味書付差
　上申候、
一、女馬壹疋　仁左衛門 印
　是ハ御地頭大久保攝津守殿へ御吟味書付差
　上申候、
一、女馬壹疋　次郎兵へ 印
　右同斷、
一、馬持不申候、　六兵へ 印
一、同斷、　甚之丞 印
一、同斷、　久右衛門 印
一、女馬壹疋　藤十郎 印
　是ハ御地頭土岐縫殿之助殿へ御吟味書付差
　上申候、
一、女馬壹疋　左　京 印
　右同斷、
一、女馬壹疋　大　宮 印
　右同斷、

一、女馬壹疋　新兵衛印
右同斷、
一、女馬壹疋　新左衞門印
是ハ御地頭大久保攝津守殿へ御吟味書付差
上申候、
一、女馬壹疋　七郎左衞門印
右同斷、
一、女馬壹疋　三右衞門印
右同斷、
一、女馬壹疋　次郎左衞門印
右同斷、
一、馬持不申候、　五郎右衞門印
一、同、　次右衞門印
一、同、　神宮寺印
一、同、　圓壽院印
一、同、　西福寺印
一、同、　北之房印
一、同、　西光寺印
一、同、　常　樂印
一、同、　成就院印

*大戸明神社中馬改の儀

一、同、　地福寺印
右之通、少も相違無御座候、勿論、去十月中ゟ賣
買不仕申候、以上、
享保十九年寅三月十二日
右者、同國同郡大戸明神社中馬改之義、委細被仰
渡候通、吟味仕書上ケ申候、尤大戸社地之義、香
取神領之内ニ而御座候間、拙者共立合、悉吟味仕帳
面仕立指上申上候所、少も相違無御座候、以上、
三月十二日　下總國香取郡香取神領　大宮司中務支配
名主　賀右衞門印
組頭　左　助印
大祢宜監物支配
名主　大　藏印
組頭　三郎兵へ印
池田喜八郎様
御手代　飯田豐助殿
新井仙左衞門殿
三月十一日夜、始吟味之上手代申候ハ、駒か無之哉
と尋、新福寺と申寺ニ有之候、是ハ織幡村太郎右衞
門馬屋子ニ而、去年六月中買申候由申候へハ證文尋

有之候、無之と申候へハ、證文取候様ニと被申候間、新福寺名主呼、右之通申聞馬をも十二日之朝手代へ見セ候、右之馬ノ證文、織幡ゟ取寄、十四日ニ津宮ニ而手代へ爲見候而相濟、

新市場村吉原村人馬出さる

十二日、新市場村・吉原村へ申遣人馬被出、津宮村へ送ル、

香取より差出す馬の證文案

香取ゟ差出候證文案

一、黑毛女馬壹疋　持主舍　人
一、黑毛女馬壹疋　同　大　藏
一、鹿毛　同　同　与右衛門
一、黑鹿毛　同　同　忠兵へ
一、黑毛　同　同　久左衛門
一、黑毛　同　同　源　藏
一、青黑毛　同　同　久　次
一、鹿毛　同　同　右　京
一、栗毛・青黑毛　同貳疋　同　宇兵へ
一、鹿毛女馬壹疋　同　孫平太
一、黑毛　同　同　主　計
一、鹿毛　同　同　主　水
一、黑かすけ同　同　六左衛門
一、黑毛・鹿毛女馬貳疋　同　三郎右衛門
一、鹿毛女馬壹疋　同　平　八
一、黑毛　同　同　喜左衛門
一、鹿毛　同　同　外　記
一、同　同　同　次右衛門
一、同　同　同　甚兵衛
一、青毛　同　同　与兵衛
一、鹿毛　同　同　數　馬
一、黑毛　同　同　内藏之助
一、同　同　同　九右衛門
一、鹿毛　同　同　賴　母
一、鹿毛　同　同　長五郎
一、同　同　同　左　助
一、白鹿毛　同　同　清　吉
一、鹿毛　同　同　利右衛門
一、黑かすけ同　同　新　七
一、くり毛　同　同　定四郎
一、同　同　同　喜兵衛
一、青黑毛　同　同　采　女
一、黑毛　同　同　甚三郎

一、鹿毛　同　同　長左衞門
一、くり毛　同　同　惣右衞門
一、鹿毛　同　同　次左衞門
一、鹿毛　同　同　右　門
一、くり毛　同　同　惣次郎
一、同　同　同　久次郎
一、同　同　同　清右衞門
一、黑毛　同　同　源右衞門
一、くり毛　同　同　甚右衞門
一、黑鹿毛　同　同　四郎右衞門
一、かわらけ同　同　助之丞
一、黑毛　同　同　藤左衞門
　女馬合四拾八疋、右之外ニ、
一、黑鹿毛長三尺九寸二分四才
一、駒壹疋　持主新福寺
右之馬、當國織幡村大郎右衞門ト申者之馬屋子ヲ去子ノ六月中買求申候、右之趣少も相違無御座候、以上、
　享保十九年
　　寅三月十一日
　　　下總國香取社領

大祢宜監物支配名主大　藏印
　組頭三郎兵ヘ印
大宮司中□□□〔務支配カ〕名主賀右衞門印
　組頭左　助印
池田喜八郎様
御手代
飯田豐助殿
新井仙左衞門殿
右駒壹疋も無之候ヘハ、右之通ノ帳面ニハ不及事之由、新福寺ニ駒一疋有之故也、

*馬喰共より差出す案紙

馬喰共ゟ差出候案紙
覺
青毛駒貳疋　當時三才
鹿毛駒壹疋　當時三才
栗毛駒壹疋　當時三才
さひつきけ（宿月毛）壹疋　年古男馬

*目利仕る
*去十月以來賣買等は勿論近在に見聞に及ぶ

右五疋之馬、房州峯岡牧ニ而失候ニ付、拙者共馬目利仕候故、大躰之馬、去十月ゟ以來賣買ホ之儀ハ勿論、近在ニ而及見聞候義も有之哉と申間、御尋ニ御座候、拙者共之義、馬目利仕候ヘ共、近在ヘ罷出、馬賣買仕候義無御座候、殊ニ右毛色・年之

宮下村馬喰與兵衛
*木曾物賣人柄の件
引地馬喰源右衛門

*錄司代大音にて暴れ賣人の麁相

前方御修理料の普請入用勘定

馬及見聞不申候、若此節隱置、後日ニ相知候ハヽ、
何分之越度ニも可被仰付候、爲其一札差上申候、
以上、

享保十九
寅ノ三月十一日　香取神領宮下村
馬喰与兵衛印
香取神領引地
馬喰源右衛門印

右之通《り》両人申上候趣、少も相違無御座候、若怪敷
儀も御座候ハヽ、拙者共一統ニ何分ニも曲事ニも
可被仰付候、爲其奥印仕差上申候、以上、

(大宮司支配)宮下村名主　賀右衛門印
組頭　左　助
百姓代
(大禰宜支配)宮中村名主　大　藏印
組頭　三郎兵へ
百姓代

池田喜八郎樣
御手代
殿
殿

一、寅三月十五日、伊織方ゟ使、前方御修理料之普請《御》入
用勘定、宮之助(國分孫之進)立合可致之由、舍人方へ申來候而、
宮之助宅へ往勘定無相違之由、
右ハ監物留主之間之事、

〔四　月〕

一、四月八日《七ツ前、》門前ニ木曾物賣人柄ニ而錄司代丸盆一枚、
致約束歸候処、賣人荷物仕廻候ニ付取紛、今ノ盆御
持候ハヽ、代物被遣候樣ニと哉覽申候得ハ、錄司代
立歸、人へ申掛不屆也、右柄ニて賣物ヲ取投、とや
かく人をも打、大音ニて大ニあばれ賣人麁相之段申、
色〻侘候得ハ、猶〻無承引処ノ者も、其分ニ致候樣
ニと、申候得共、無承引賣人無致方、左候ハヽ、御
相手ニ可罷成候、荷物ハ主人之物ニ候へハ、手前物
ニ無之、其元へ可相渡候、錄司代荷物請取可申由抔
申候由、其夜中中なおり相濟候由、
四月九日、錄司代幷番組不殘召呼、手前役人共も詰
ル、(香取)監物申候ハ、錄司代昨日御前ニて大音ニてさわ
き候間、爲相聞候処、其方之由、錄司代申候ハ、申
掛ニ逢候故、私もセき候而聲高ニもの申候事も可有
御座候、監申候ハ、番頭をも三奉行をも勤候職ニて
不相應候義と存候、殊外自分鼻ノ先ニて、少ハ遠慮

利も非の一倍

*山野邊村西福寺より書狀來る

殊外諸賣物を投捨つ

*大戸定樂院妙塔院後住の願

*寶幢院に兼帶申付く

*惣持院去年四月母相果て服中不參につき服明見舞に來る

も可致筈、利もこうすれハ非ノ一倍と申候、賣人おとなしく候へハこそ無、左候へハ、弥事ニ及候事も難計、忍テ調物ヲ致候上ハ、少〻先ゟ不屆有之共、堪忍可致筋也、処ノ外聞不宜、法外過、殊外諸賣物ヲ投捨、色〻とあばれ候由、錄司代申候ハ私も余腹立、死ましてもと存候、監——ハ、左候ハ、死候が能候、それとも自分領分內ニてハ不成候、野外へ出死候へハ能候、それ程之事ヲ、早速相濟候筈無之候、前〻も色〻風說有之候得共、自分見不聞事、昨日ノハ手前《の》も來ニ入候、仍而始テ相尋候、此上不埒之事も候ハヽ、兩人相談之上、急度申渡方▒可有之候、今日ハ自分一人も申聞候、手前宅ハ役所之事故、今迄之通出入致候樣ニ、又分飯司処も役人故、神用・公用出入致候樣ニ、私用ニハ不入事、其外領分中堅出入無用、此方ゟも右之段申觸候、重而弥事出來難計候、然時ハ自分無念不調法ニ成候故如此、急度申聞候、番組へも右之段爲知《を》可申召呼候段申聞ル、年番清右衞門ニ申付領分中引地百姓・寶幢院・御手洗百姓共迄、右之段申聞付《申》ル、

〔五　月〕

一、五月十一日、山野邊村西福寺ゟ書狀來ル、其分〔文〕、

一筆致啓上候、然者、大戸定樂院義妙塔院住寺《持》之願ニ付、其元樣方迄奉願候、御覽之通天性神妙成者ニ御座候間、御慈悲ニ御取成忝被仰付被下候者、難有可奉存候、恐惶謹言、

五月十一日　　西福寺
　　　　　　　　乘堂書判

(伊藤)求　馬　樣
(額賀)清右衞門樣

此間一兩度大戸村定樂院來り、妙塔院無住ニ付後住相願候、去年ゟ相應之住寺〔持〕當分無之ニ付、寶幢院ニ申付、兼帶預置寺役オ申付ル、

五月十三日、惣持院《戒光》江使小沢左中、口上、此度大戸定樂院妙塔院後住相願候、久敷無住ニも候間、可申付と存候、併人柄如何御座候哉、若惡敷人柄ニも可有之候哉、承度存候、　(戒光)惣持院返事、成程御尤ニて候、人柄も別而惡敷人柄ニも無御座候と存候、被仰付候而も可然と存候、

同日、無間惣持院去年四月母相果、服中不參ニ付、

近頃此邊の寺共博奕等致す不行跡の由色々悪事出來

*妙塔院後住の件

山邊村西福寺使遣す

大戸神宮寺へ遣す

服明候ニ付爲見舞來ル、咄之序ニ右妙塔院後住之咄も致候処、右之通之挨拶也、監物(香取)申候ハ、人柄悪敷候へハ、大成世話ニ成候、近比此邊(小)之寺共、ばく(博ゑき(奕)抔致散候、不行跡之由悪ニハ悪申付候物ニ候へハ、悪敷類集り候へハ、色〻悪事も出來、又ハ大難才も御修覆所邊無心元ニ付、実躰成者ヲ撰候故、久敷無住ニ差置候、又小寺ニ候へハ、住寺も存樣ニ無之候、若僧ニ候へハ、人柄無心元候、惣持院申候ハ、御呼候而御役人中ニ、爲御見可然候、此間參候而役人共も逢候処、能ソウ成人柄ニ見へ候由申候、學文ニても心掛候僧ヲ置申度候、其樣之人柄ニ候へハ能候、惣持院申候ハ、學文心掛候者ハ有、兼可申候抔申候、

五月十四日、山野邊村西福寺(乘堂)へ使遣、尾形主殿、此間ハ役人共迄預書狀候、彼僧明日被遣候樣ニ、尤御書中之通ニ候ハヽ、人柄も悪敷も有之間敷候旨申遣、夫〻大戸神宮寺へ遣、此間ハ大成預來候、是忝存候、其元末寺ノ定樂院、此方妙塔院後住相願候、相違も無御座候哉、又人柄之義如何候哉、西福寺〻神妙──申來候、左候ハヽ、定而悪敷人柄ニも有之間敷と存候、夫〻右使定樂院方へ參、明十五日晝時參候樣ニと申遣ス、西福寺大戸別當懇意也、　同十五日、大戸神宮寺定樂院召連來ル、尤神宮寺も願候訳申之、則妙塔院後住ニ申付ル、　同十六日、證文江印形致ニ來ル、證文差出、　同廿二日、日柄能候由ニ而入院ノ由申之、大戸延壽院同道致、入院ノ礼ニ來ル、尤御役人清右衞門妙塔院へ往致世話、近所之者一兩人召呼、廿一日迄宝幢院ニ留主申付ル故、廿二日、宝幢院案内シ來ル、

口上覺

此度妙塔院後住之義、拙僧ニ被仰付難有奉存候、妙塔院寺之義ハ、御先祖御開基寺內御領分之內、其上御知行之內、屋本田貳百五拾目、俵數ニ、〆三俵壹斗壹舛被下置候計ニ候得者、此上何事ニ而も御意相背申間敷候、尤時〻之礼式等、急度相勤可申候、且寺內之竹木之義、少木ニ而も私ニ伐採申間敷候、御意次第ニ可仕候、仍而如件、

享保十九甲寅年五月十五日　妙塔院 探春 印

大祢宜樣御內
伊藤求馬殿

〔六　月〕

一、六月六日、被仰出加判列本多中務大輔(忠良)、諸司代ヱ大坂御城代より、土岐丹後守(頼稔)、被任侍従、大坂御城代へ稲葉佐渡守(正親)、寺社御奉行仙石信濃守(政房)、五万八千石、松平玄蕃頭殿(忠曉)、御役御病氣故御免、牧野河内守(佐渡)(英成)諸司代願ノ通御免、

一、六月十二日、玄番(小林)・分飯司(伊藤求馬)立合、春中野馬御僉義之節、御代官手代止宿ノ入用、神領中〆人別ニ壹人ニ付廿文ツヽ、出候樣可然、尤先年柴草御見分ノ衆中ノ入用之節も、其通ニ候間ト、玄番倅伊織申候、宮之助(國分孫之進)・物申(香取右近)も修理料之義ニ付立合、右之通可然之由、分飯司倅舍人伺ニ付挨拶、それニてハ下ミ難義之者可有之、高掛ニ致候樣ニ、柴草ノ時ノ例ハ不宜之由申聞ル、仍之何も尤之由、翌十三日、伊織分飯司宅へ來り相談ス、勘定右入用三貫四百拾三文也、

一、五百四拾文　大宮司領百四拾石

一、五百四拾文　大祢宜領百四拾石

　百石ニ付三百八拾貳文、

一、四百文　大戸分百石

一、七拾文　金剛宝寺廿石分

本多中務大輔老中に仰付らる

寺社奉行仙石信濃守

玄蕃分飯司立合

春中野馬御僉儀御代官手代止宿の入用

柴草御見分の衆中の入用

勘定右入用三貫四百十三文

*大風雨により宮林に風折あり

*杉十八本反り

一、貳貫五拾五文　惣神官六百石分

　御礼錢之并ニ以ノ勘定、

護摩堂も右之内へ入篠原村勘左衞門、是も神領持、

右〆三貫七百拾三文、

　入用ニ余候得共、大戸其外江之右ニ付入、又帳紙等調候入用ニ成、

一、惣檢校・角案主出も、霜月七日堀川ミよふ婦も出、是ハ右之外也、

〔八　月〕

一、寅八月六日、於江戸仙石信濃守(政房)樣へ使者遣、小沢左中、口上、御役義ノ御祝申上候、出府仕可申上候処、此節病氣ニ罷在候間、乍憚以名代申上候、取次仙石衞士と申仁ノ由、手札、

　下總國香取神宮

　　大祢宜香取監物名代

　　　小沢左中

一、寅八月十三日夜、辰巳大風雨、宮林ニ風折有り、以上十八本杦根かへり等有り、余り能木ニてハ無之、但シ古枯杦七尋半ノ由、ボク〳〵杦ト名付根かへり

津宮町中にて船にて通る山水多し田畑夏中より損毛

也、水邊此間ノ大水ニ又水增ス、津宮町中ニ船ニて通ル、惣而當年度々ノ風雨也、所々山水多し、田畑夏中ゟ損シ有り、

大水にて水邊滿水

八月十五日、辰巳風强、地水有之上ニ、大水ニて水邊滿水、皆無ノ沙汰也、

新福寺廟所に墓碑建立

一、香取前大祢宜讃岐守胤雪(香取)、享保十七壬子八月二十日病死ス、依石碑建胤雪父母幷室石碑一同當所新福寺廟所、各墓上建之、其訳左ニ記、尤石碑ニ彫付ル▨▨、內膳胤信(香取)書之、享保十九年甲寅八月建、

前大禰宜讃岐守胤雪墓

前大祢宜讃岐守胤雪墓

君姓大中臣諱胤雪、考諱秀雪、號平大夫、前大宮司秀房四男、妣田寺氏、前大祢宜實應外孫、以明曆元年乙未生、君于香取宮下邑、元祿十三年庚辰春三月、幕府命修造、　神祠六月二十七日有　命令君爲大祢宜、秋九月修造落成、於是來東武十月二十八日見幕府于黑書院賜以冠服、十四年辛巳夏上洛、六月八日朝闕叙從五位下任讃岐守、寳永四年丁亥正月六日始以正歲之賀見　幕府于大廣殿、蓋元和以來此禮廢也、久矣、至君而始復、享保四年己亥二月告老致仕、君初娶前大宮司勝房姉生二男二女、長曰胤信、好隱讓家於長子實行(故實行)○襲職承家、次曰致恭、後於樋口氏、十七年壬子五月罹病、八月二十日卒、于香取宮中宅、時歲七十有八、號盛德院、私謚雪彥神靈、

享保十七年壬子八月

孝孫大祢宜大中臣實行建

秀雪前大宮司秀房四男、前大祢宜胤雪父、元祿六年癸酉十一月十三日卒、時六十五歲、號長久院、

平大夫秀雪墓

伊智比咩墓

夫人伊智、父田寺彥大夫信勝、母前大祢宜實應女、嫁秀雪而生、前大祢宜胤雪、享保六年辛丑正月二十七日卒、時八十七歲、號淸宮院、

享保十九年甲寅八月

大祢宜大中臣實行建

右一石碑ニ秀雪御夫婦ノ兩名ヲ記ス、

久須比咩墓

夫人久須前大宮司勝房姉・前大祢宜胤雪室胤信母、

元祿九年丙子六月十一日卒、時四十六歳、號榺松院、

享保十九年甲寅八月

大祢宜大中臣實行建

享保十七年子八月日記ノ通、此所ニ茂記、

子八月二十日朝五ツ時、香取讃岐守胤雪卒、去年十月末より相煩、子正月二日ゟ快氣、又子四月比より短息ニ而相煩、七十八歳、病死ス、嫡子內膳胤信六十三歳、胤信嫡子監物實行四十一歳、實行嫡子喜五郎二歳、元祿十三辰年胤雪四十六歳、宮之助職より大祢宜ニ被仰付、嫡子胤信三十一歳、嫡孫實行九歳、同年三月比より御宮御修覆と申、新敷御建立、同九月御修覆成就、九月十五日御遷宮後出府、江戸登城、　御目見江被仰付、常憲院綱吉公、　元祿十四年上京、參內、從五位下讃岐守ニ勅許、寶永三戌年、胤雪五十二歳、元和以來中絶ノ獨御年礼、寺社御奉行本多彈正殿（忠晴）御宅ニ而、戌十二月廿八日願之通被仰付、翌亥ノ正月六日　御礼相勤、享保四年亥二月六日松平相模守殿（始對馬守殿）（近禎）、寺社御奉行所願之通隱居被仰付、▒大祢宜職二十年勤ル、跡職嫡子內膳胤信五十歳、可相勤之処好隱望ニ付、嫡孫監物実行二十八歳、願之通職分被仰付、

前大宮司清次郎、月山秀房四男平大夫嫡子胤雪也、号雪彥神靈、右ノ忌中百日ノ間大祢宜領内古例有之、妙塔院ニ而暮ス、

平大夫秀雪、号平彥神靈、伊智比咩神靈、久須比咩神靈、

〔十　月〕

*北條遠江守寺社奉行仰付らる

*西尾隱岐守は若老中

一、寅十月十五日、北條遠江守殿（氏朝）一万石、寺社御奉行被仰付、西尾隱岐守殿（忠尚）若御老中被仰付ニ付、遠江守殿御跡役被仰付、

〔十一月〕

*仙石信濃守へ寒氣見舞

一、十一月十日、發足、十一日、江戸到着、

一、十一月十九日、仙石信濃守殿（政房）江寒氣御見廻ニ出ル、口上有、御役人山地庄左衞門・加納八郎左衞門・岡嶋勘左衞門、加納八郎左衞門殿江出會、御目見之儀相願、後刻相窺、其內可申入之旨挨拶、

井上河内守へ寒氣見舞
北條遠江守へ就任祝ひ

一、同日、井上河内守(正之)殿江寒氣御見廻ニ出ル、

一、同日、北條遠江守(氏朝)殿江罷出、御役儀之御祝申上ル、御普請最中故、御目見之儀相願不申、御役人宮城弥右衞門・田中十郎右衞門・池田半七、

*伊藤求馬返納の儀を尋ぬ

*流鏑馬道具代金十八両請取る

一、十一月廿五日、香取監物殿　仙石信濃守役人

信濃守江御逢候様有之度旨、此間被仰聞候通、依之明後廿七日晝八時御越候様被申候、以上、

十一月廿五日

*正月御用番井上河内守に年禮届

*仙石信濃守に御月番故に御届

御請、御手紙奉拜見候、然者、明後廿七日晝八時伺公仕候様ニ　御意之趣、難有奉畏候、以上、

十一月廿五日　香取監物

仙石信濃守様
御役人様

霜月廿七日、八時出ル、七ツ過ニ信濃守様御逢被遊候、

〔十二月〕

監物妹内膳末娘伊奈吉三郎に嫁ぐ

一、寅十二月十二日、監物(香取)妹内膳末ノ娘伊奈吉三郎(忠誼)妻ニ遣、十二日、婚義相濟、吉三郎親ハ伊奈友之助(忠眞)、御役料共三百俵、小十人組頭ノ御役、伊奈備前守(忠次)子孫也、

一、同十二月十四日、監物江戸發足、十五日歸郷ス、

一、同十九日、中務(香取)方使、分飯司(伊藤求馬)返納ノ義、如何可被成候哉、無余日前日ニ日限ヲ返納候者へ申聞候ハヽ、可然候、御尤ニ存候、従此方御挨拶可申由、同日夜中、分飯司ヲ呼返納之義、宮之助(國分孫之進)・物申(香取右近)をも呼申聞候、來ル廿五日ニ可致旨、右之通被成候様ニと有之事、分飯司も返納いたし候人數内也、

一、寅十二月廿五日、中務宅ニ而各返納、同日、鏑流馬道御具拵、代金十八両請取、都合三度ニ四十三両請取、此度共也、

一、寅十二月十三日、井上河内守(正之)來正月御用番御年礼御届、御役人山脇弥次右衞門(周伸)、仙石信濃守(政房)様御月番故御届申上候処、來御月番江御届申上候様ニと御差圖尤書付差出ス、先ノ巻ニ記、

享保十九甲寅年十二月

香取大祢宜監物實行(花押影)

行歳四十三

父隱居内膳胤信六十五歳

（原表紙）
「寶暦八戊寅年　卌五巻
同九己卯年　卌六巻
同十庚辰年　卌七巻」
（縦三〇・〇糎、横二一・一糎）

寶暦八戊寅年正月

一、二月十九日、參籠所屋祢修覆、五月廿六日、參籠所水屋仕舞、
一、二月廿八日、社家平日淨衣着勤度ノ由事、
一、三月十五日、小座山倒松ノ事、
一、四月六日、金剛宝寺諸神塚通ヘ三間程賣人差置、使遣、
一、四月三日、先年堺論ノ節入用、町ノ節、中見セヨリ少ツヽモ出、可然談ルヿ、
○一、四月廿七日、御本社後御屋祢ノ事、▨廿八年以前ノ儘ニテ此度葺替、
一、五月十三日、護广堂住持高運事、
一、六月朔日、副祝（今泉）釆女悴平太郎不幸ニ付、次男文藏江後亘家督ノヿ、
○一、六月十九日、迁宮ノヿ、六月廿三日丑日、六月廿六日、本社屋祢ヘ取付、
一、七月朔日、塙祝右門欠落、
一、七月廿三日、金剛宝寺使僧愛染堂屋祢修覆願、
一、八月七日、新ノ神事ニ馬市ノヿ▨
一、八月十五日、拜殿・中殿谷御供所屋祢ノヿ、
一、八月十八日、馬市役錢ノ相談ノヿ、
一、八月廿一日、御本社棟上入用相談ノヿ、九月五日、御棟上ノヿ、
一、九月八日、御供所葺替ニ付、板木見立ル、井玉籬修覆ノ木ヲモ見立ルヿ、
一、九月十日十日（マヽ）、かざりや來、千木・片坒金具色付ノヿ、
一、九月廿五日、秀屋長職ノヿ、
一、九月廿七日、勝男木出來上ルヿ、
一、十一月廿九日、御修覆ニ付、兩代官ヘ扶持方米ノ相談ノヿ、
一、十二月朔日、水戸様（徳川宗翰）始テ御入部ニ付、水野庄藏取計御見廻ノヿ、

一、十二月十二日、子日正遷宮ノヿ、
一、十二月廿一日、御年礼ニ和泉(香取)發足、
一、十二月廿五日、於江戸寺社御奉行所鳥井(居)伊賀守(忠孝)殿、

寶暦九己卯年

一、正月十五日、松平周防守(康福)殿御奉行被仰付ヿ、
一、正月十八日、御内寄合へ出ル、
一、二月二日、六郎祝悴雅樂吉田ニテ狩衣免ニ付、任補懸
不致ニ付、大細工(尾形大藏)ニ尋ルヿ、
一、二月五日・同十一日、玉籬修覆立板、西ノ高欄拝殿
唐戸御拝へ板疊ノヿ、
一、二月十七日、愛染堂疊申付ルヿ、
一、三月十七日、御修理料勘定ノヿ、　三月十九日、修理
料勘定、
一、卯三月廿一日、愛染堂屋祢修覆、
一、三月廿三日、修理料帳面引合、宮之助・物申・分飯(伊藤求馬)
司立合大宮司(香取中務)宅、同三月廿九日、勘定、四月二日、
勘定、
一、四月三日、金剛宝寺ヨリ諸神塚番屋ノ脇ヘカミユイ
見世懸ルヿ、

一、四月十七日、大戸神宮寺入院、見舞ニ來ル、
一、七月朔日、らう門屋祢損――、同二日、番頭見分、
七月廿七日、同八日、らう門葺替ノヿ、八月廿二日、
――、
一、七月十七日、美津比咩卒、　一、九月十六日、ら
う門裏通破候ヿ、
一、閏七月七日、水戸役人庄藏(水野)ゟ御次男様御卒去ノヿ、
一、閏七月十三日、役人共召呼、原町傳助・弥助屋敷ノ
ヿ、七月十四日、弥助母願ニ付用捨ノヿ、
一、閏七月十三日、役人共金剛宝寺諸神塚ノ番所杜きわ
迄、土手ゟ土持懸ルヿ、
一、同七月廿六日、小座山倒松ノヿ、
一、同七月廿七日、玉籬修覆大工ニ金渡ヿ、
一、八月廿二日、諸神塚後金剛宝寺土手押出スヿ、
一、八月廿五日、惣持院使僧妙塔院住持願事、
一、九月十四日、錄司代・權祝子右門・追野四郎右衞門
前屋ノヿ、　九月廿三日、右道ノヿ、　十月四日、
――、
一、九月廿二日、返田祝(椎名大學)從公儀諸國大小社家有之社書付
出候様、村名主ゟ申來ルヿ、尤御觸ノ書付、

一、九月廿二日、玉籬棟上入用ノヿ、　　　一、十月朔
日、側高祝右同斷、
一、十月九日、道之儀、大宮司方へ使求馬（伊藤）遣候ヿ、
一、十月八日、追野四郎右衞門前道ノヿ、十月十七日、
道ノ義ニ付、引地マネイノ者願書出、此才度〻願ニ
來ル、
一、十二月十日、宮之助大和・物申祝右近呼、追野四郎
右衞門前道ノヿ申、大宮司方へ遣ス訳ノヿ、
十二月十一日、｜――、十二月十三日・十二月十六日・
十二月十六日（マヽ）・十二月十八日・十二月廿日・十二月
廿三日、道願人江口上書爲致、
十二月廿六日、惣持院百姓召呼尋ル、十二月廿八日、
追野四郎右衞門呼尋、

（十月～十二月）

一、十月廿六日、樓門棟上祝義入用、
一、十月廿六日、返田祝大學（椎名）舍人（伊藤）方へ來リ、宮林ニ三尺
計ノ松根かへり、社棟損候間拂、修覆致度願ヿ、十
一月十三日、｜――、十二月朔日、｜――、十二月三日、
｜――、十二月四日、｜――口上書爲致ヿ、
一、十一月四日ノ夜、神事荷用ノヿ、十一月五日、三奉

行鄕長大藏神前へ呼事｜――、
一、十一月十五日、大宮司娘帶とき祝義來ルヿ、
一、十一月十八日、燭臺相談ノヿ、
一、十一月廿二日、兩代官御普請ニ付扶持方米相談ノヿ、
一、十一月廿二日、源太祝主計（香取）悴織江不行跡ニ付勘當ノ
ヿ、
一、十二月廿四日、實香娘さを出生ノヿ、加茂ト辰十一月改、

寶暦十庚辰年

一、二月二日、追野道ノ事大宮司宅寄合、
一、二月三日、神前燭臺事、（十一月廿七日、出來、）
一、二月四日、江戸大火ノヿ、
一、二月十七日、惣持院・西福寺來、追野道寺内へ付度
ト申事、
一、二月廿四日、正検非違使呼佐倉御師場ノヿ、
一、二月廿七日、西光内伊織（小林）玄番（蕃）免ノヿ、七月十七日ニモ、
一、三月廿二日、惣検校孫民部（香取）御裏判ノヿ、
一、四月七日、神前神座敷石ノヿ、
一、五月十二日、雨乞祈禱ノヿ、
一、五月廿三日、妙塔院寺引、

一、八月四日、阿部殿（正右）ゟ被召事、八月晦日、内濟定事、
一、八月十六日、伊奈友三郎（忠幸）病死ノヿ、
一、九月二日、將軍（徳川家治）宣下事、
一、十月十二日、新福寺使丁子村出入内濟爲知ノヿ、
一、九月十六日、御代替御礼願書差出、毛利讃岐守（匡平）殿江、
一、十月朔日、御礼申上ルヿ、
一、十月十日、御暇時服拜領ノヿ、
一、十月廿七日、兵左衞門路次拜事、
一、十月廿九日、伊奈友大夫（忠諠）妻受正院病死ノヿ、
一、辰九月四日、佐原名主七右衞門ゟ國役ノヿ申來ルヿ、
一、辰十月七日、横山傳右衞門（正央）御代官村次先觸ノヿ、
一、十一月二日、御領御巡見ノヿ、
一、十一月十六日、御領御巡見ノヿ、小巡見也、
一、十二月朔日、不斷所前店普請ニ付、下根へ下リ口ノ道ノヿ、前論所也、
一、辰十二月十一日、大御巡見ノ事、

〔寶暦八年正月〕

*年始の御祭禮等萬端首尾能く濟む
*京都一條様へ年始の書狀差上ぐ
*大宮司始め新福寺へ年禮に行く
*寺社奉行并に水府公へ年禮
*香取より江戸迄の道中番付

寶暦八戊寅年正月元日、清（晴）天、御祭礼等例之通相濟、

御年礼ニハ旧冬大宮司（香取）多宮出府也、七日迄天氣能、御祭礼ホ、万端首尾能相濟、五日、金剛宝寺江往、門礼、同日、惣持院江近來門礼ノ処、今年座敷へ通ル、六日、新福寺不快、使僧白天名代ニ來ル、京都一條様（道香）江年始ノ書狀、例年之通差上ル、
一、九日、大宮司ゟ始新福寺へ年礼ニ往、年玉ホ旧例之通持參ス、
一、正月十五日、寺社御奉行所、水府公（徳川宗翰）江年礼ニ高木主膳遣、此日發足、
水戸寺社役水野庄藏、去春子年主膳（高木）へ香取ゟ江戸迄ノ道中書付遣候様ニ、大宮司方へも其段申候由、是ハ先年御祈禱被仰付候節、水戸へ被仰遣、水戸ゟ香取御飛脚來候故也、陸道中書付多宮へも爲見主膳ニ差遣、其訳左之通、
一、小網町行徳岸ゟ行徳村江問屋源左衞門、　川舟三里、
一、八幡村江問屋權兵へ、　壹里、
一、鎌谷《カマカイ》村江問屋新六、　貳里八町、
一、白井村江問屋九郎左衞門、　壹里廿八町、
一、大森村江問屋長左衞門、　貳里八町、

*參籠所屋根修覆

木下村より津宮村迄川舟十里

*水屋も葺替

*社家も平日淨衣著し勤めたき由

側高祝來る

一、木下村《キヲロシ》江問屋七郎左衞門、　十八町、
一、安食《アシキ》村江名主五郎兵へ、　貳里、
一、滑川《ナメカハ》村江名主太左衞門、　貳里半、
一、神崎村江名主左兵へ・四郎左衞門・弥六、
　三里、
一、香取村江、　三里、
右木下村ゟ津宮村迄川舟十里、津宮村ゟ香取村江十六町、
又
一、兩國橋ゟ小松川江一里余、市川村江一里半、八幡村江十八町、
又
千住ゟ葛西村、葛西村ゟ八幡村江二里、右之通認遣、

〔二　月〕

一、二月三日、五郎祝養子一分目村甥小膳、大宮司(香取多宮)得心ノ由申付ル、
一、二月十一日、側高祝來ル、たまかき(玉垣)上板朽候、先年之板三十一枚有之、本社後ニ杁伐修覆致度段申出、

年番故大宮司方へ可願由申聞ル、
一、二月十九日、參籠所屋祢損候、兼而相談、平臺村傳五郎ニ代金五兩三分請負可申由、尤扶持方一日ニ壹匁被下、裏兩かわ八分、足一寸九枚ニ可致由、同廿八日、番頭大宮司方へ呼、分飯司(伊藤求馬)も出ル、右之段爲相知候由、右外にも少ゝ小普請有之候、數馬(尾形)・舍人(伊藤)相談ニ而可被致候由、多宮(香取)申聞候由、皆ゝ尤之由、水屋も葺替可然之由也、右和泉(香取)留主隱居上總挨拶スル也、
一、二月廿七日、多宮使數馬おさ山ノ楠枝等蓋爲取度候、御尤ニて候、御とらせ可然之由申遣、
一、同日、二月廿八日、相談參籠所水屋屋祢修覆多宮宅番頭共申候ハ、段ゝ御社法も宜成候間、社家も平日淨衣着勤度之由、右之段御届申上候ト、數馬舍人方江申候由、多宮申候ハ、此方ニハ相遠無之候、御威光ニ成候事ニ候て候、宮中江願候樣ニ申候由、尤是迄願候而すほふ着、其上任補懸致着候事ニて候、トウノ態可有之ニ哉と申候由、是も和泉留主故、三月朔日ニ神前へ番頭可寄候間、其節分飯司ニ伺候樣ニ申候由、

〔三　月〕

三月朔日、求馬(伊藤)伺ニ來ル間、前之通すほふ着、其上ニ任補懸致淨衣着候テ可然候、尤不斷淨衣着筈之事ニて候ト申候、番頭共、夫故其通可致候由申由、

一、三月九日、數馬(尾形)申候ハ、多宮(香取)普請ニ付、馬場通りニ、未折杁八九尺中ウロ有り、少々代出調度申候、ソウ致候樣ニ分飯司(伊藤求馬)ニ申聞ル、

愛染堂疊破れ

一、三月十日、金剛宝寺ゟ使愛染堂疊破候間、御願申候、年番宮下へ願候樣ニ申聞ル、

小座山倒松の事

一、三月十五日、小座山松貳尺程、木朽三ツニ折ル、同日、數馬方へ右根かへり候、是ハ前方相談極候事ニ而候へ共、爲知候由、求馬申聞ル、

頼母子

一、同日、多宮使數馬前方御世話ニ成候、頼母子當十八日ニ可致存候、御世話奉頼候ハ口上之趣致承知候、

廣間普請

右ハ旧冬廣間普請ニ付、企一座切ニて濟、

一、三月十七日、大宮司使數馬御手洗百姓此間ゟ願候、爲御相談申進候、市三郎貳俵、新七・右門壹俵ツヽ、返事何分ニも可被仰付候、拜借四人立合借ス、

一、大宮司(香取多宮)使數馬、昨日御殿御屋祢數馬・舍人(伊藤)爲見候処、所々損難差置、余所とも遠候間參籠所差置候而も可致筈、尤此邊ニ御相談可申候へ共、先爲御相談――、返事入御念候、如仰町邊ニ御相談被成可然候、

〔四　月〕

*諸神塚の通りへ三間程賣人差置かる

一、四月六日、金剛宝寺へ使孫太郎(高木)、役人共申候ハ、諸神塚ノ通へ三間程賣人被差置候カ、アレハ被差置候場所ニ而ハ有間敷候、如何之事候哉承度候、役人方ゟ使金剛返事諸神塚邊、此方かまふ場所ニ而無御座候、其元ニて御拂可被成候、此方不存候、
又遣賣人ニ承候へハ、御寺ゟ借候と申候、不斷所ヲ御僉儀被成、御覽可被成候、
金剛――不斷所呼、尋候へハ聢ト借候ニても無之候、五日ニ賣人參借度由申候間、難借由申候へ共、達而申候間、夫ならハ(○戸板抔置候事ハ成間敷候へ共、)差圖ニ而ハ無之候へ共、土間ニ居候樣ニ申候、地代も不取由申候へ共、皆謂草也、其元ニ而御拂被成候樣ニ、此方ハ不構候事之由申候、
不埒之挨拶也、五・六年以前ニも諸神塚ノ前へ懸見セ致候間、咎之処只今取候も外聞惡敷候間、重テハ懸させ申間敷、此度ハ御用捨ト申事也、

*居住する賣人の名書付來る

右之訳故、清右衞門(額賀)往、其地ニ居候賣人名書付來ル、

海苔うり銚子高部村傳七、海苔うりいどの村市三郎、鰹節うり水戸磯濱甚藏、右三人諸神塚ニ居ル賣人也、

諸神塚の賣人

*先年隱居堺論の入用金

一、四月三日、宮中役人共呼、先年隱居堺論ノ節、入用金淸右衞門・主稅抔先規ニ元文元年、御召ニ而役人共出府、三年懸し相濟後、御修理料ヲ願、又ハ千石ゟ成共ト淸右衞門・三郎兵ヘ才願候ヘ共、不埒明神用之場所故之事也、三年間入用、大相成事ナレ𪜈、役人共年ノ入用之内場廿兩計も、年々ニ濟候ハヽ可然候段申聞ル、借遣候、是ハ村役ニ候間、捨置候而も不埒明事故、町ノ節宮中中見世ゟ一間ニ五十文ツヽ、年番役人集メ兵部(額賀)方へ取可遣旨申付ル、尤中見世賣人無之時之節ハ、出スニ不及候由、可申聞候、手前ゟも中見セ之分可出由申聞ル、

宮中中見世より一間に五十文宛年番役人集む

御田植の祭禮

*屋禰屋參籠所仕廻

一、四月五日、御田植之祭礼ノ節、御供所參籠所後ニヒシト小屋懸、此方共待合ニ障ニ成候間、四月十一日、六郎神主左一呼、右之訳申、先ゝニ遠候、誰ソ差圖も致候哉、左候ハヽ、此方へ可伺候處、如何之事ニ候哉ト尋候処、無調法何分ニも御免被下候樣ニ申之、仍而來年ゟ左樣之事仕間敷旨申、

御本社修覆屋祢、

一、四月廿七日、大宮司(香取多宮)使數馬御本社屋祢之儀、町前ニも得御意候、殊外損候御修覆之儀、爲御相談――、返事、御修覆之儀、御尤ニ存候、大相成儀ニ候間、後ノ方致差板二・三年も可持候ハヽ、左樣ニも祭礼ノ節、御陣氣ヲ付見候処、もり之處不見候、尤前戸ビラニハもり之樣ニ見ヘ候、第一ノ処故不致不成候、番頭へ御相談被成可然候、前かわ谷抔不レ揃成間敷候、　同日、又使來ル、左候ハヽ、明後日番頭呼、見セ可申候、其上可申付候、　返事、入御念候、――、

*護摩堂住持高運

四月廿九日、大宮司方へ番頭寄、大宮司も出由、和(香取)泉も出、御屋祢見分殊外損、不《ハ》レ葺成間敷御供所水屋屋祢も殊外損、重而可及相談、

〔五　月〕

五月朔日、屋祢や參籠所仕廻、水屋屋祢ゟ取付相談、同日、御本社御葺替ニ付、遷宮之節御輿之箱入之池端ニ而木伐相談、水屋板等ニ、五月七日、水屋たるき大工拵ル、

五月八日、屋祢や水屋壹兩貳分貳朱ニ而請取相談ノ上、

一、五月十三日、年番大藏(尾形)方へ先年長吉寺ニ居之、當時六角龍(眞龍)泉寺來り願ハ、生國武州忍、拙僧同國同村高

運ト申僧、こまとう住持ニ致度願、
五月十五日、惣持院江使高木孫太郎、右僧人柄宜候哉承度候、
返事、右高運私も共〻ニ願申候、是迄ハ実躰者ニ御座候、何トソ被仰付可被下と申來ル、
五月十八日、龍泉寺大藏方へ伺ニ來ル、大宮司方江も願候樣ニ先例也、彼是申聞候由、六月二日、龍泉寺伺ニ來ル、

〔六　月〕

護摩堂住持に高運

六月三日、大宮司方(香取多宮)へ使求馬(伊藤)、此間護广堂住持ニ高運願候、人柄も能候由、其元江も願候由、無御相違候ハヽ、可申付候哉、　　返事、こまとう之儀、何分ニも可被仰付之、

＊參籠所水屋屋禰仕廻

六月三日、惣持院へ大藏方(尾形)ゟ使遣、龍泉寺(眞龍)・高運同道來候樣ニ申遣度趣申遣、返事、早〻可申遣候、龍泉寺不快之由延引、
六月十三日、龍泉寺并弟子高運同道ニ而來ル、後住申渡書付致印形、

護摩堂後住の件

護广堂後住之儀、拙僧弟子高運御願申上候処、無御相違被仰付難有奉存候、護广堂寺之儀ハ、御先祖御開祖ト申御知行之内、額應院下田百五十目そうれかへり四百目之処、御合力之事ニ候へハ、向後何事ニ而も御意違背仕間敷候、尤如先規礼式等、急度相勤可申候、以上、

宝暦八戊寅年六月十三日　下總國六角村龍泉寺　眞龍印
弟子　高運印

香取大祢宜樣御内
伊藤舎人殿

同日、大宮司方江も往候樣ニ、今日護广堂後住、私弟子高運被仰付候、御礼ニ參候旨申候樣ニト申聞ル、龍泉寺・高運同道ニ而參候樣ニ申聞ル、
六月十九日、こまとう入院見廻ニ來ル、大宮司方江も往候樣ニ申聞ル、
一、五月廿六日、參籠所水屋屋祢仕廻、
金〆十一両貳分貳朱ト七十文・參籠所水屋作料、外ニ本社ノ手金三両渡、
同日、壹貫四百七十文、參籠所水屋入用・御手洗甚兵へニ渡ス、
同日、金壹両三分・貳百四十文、參籠所水屋入用・

*遷宮の件
遷宮の節御輿外箱
副祝釆女悴平太郎不幸につき次男家督相續
*津宮より海水取寄せ
*津宮川水は惡水不淨
去年平太郎病死により次男文藏家督願
*御本社屋禰二十八年以前の儘にて此度葺替

木挽新兵へ・次郎左衞門、ニ渡、
一、五月廿一日、遷宮ノ節、御輿外箱ノ臺高三尺計ニ拵置ス、成間敷由分飯司(伊藤求馬)へ申聞、同日、大宮司方ゟ數馬來ル、御本社御葺替番頭へ、又〻爲知可然候ト申候由申來ル、何分宜樣ニと分飯司へ申聞ル、
一、六月朔日、八日番組分飯司方へ來り、副祝釆女(今泉)義、悴平大郎不幸、釆女ハ病身ニ罷成、神役勤候ニも差支候間、次男ニ家督相續願出候、尤孫有之候へ共、副祝次男家督願、幼年之由申、分飯司和泉留主(香取)、歸次第可申聞、
六月四日、八日、番來ル○大神主、願之通大宮司ニ被仰付之、和泉方江も伺ニ出候樣ニ申、差圖之由申來ル、尤之由及挨拶、
同日、右願人共釆女も礼ニ來ル、結構成事之由申聞ル、去丑年平太郎病死、次男文藏(後ノ亘)へ家督願、右之通相續也、
落、六月四日、大宮司使數馬副祝願之義、定而其元江も出候事ト存候、孫幼年故、次男へ家督ユツリタキ由願出候、御相違無無(衍)御座候ハヽ、可申付哉、　返事、此方相違無御座候、何分ニも御年番之事故、可被仰付候、

一、六月十九日、大宮司使數馬口上、來ル廿三日日柄能候間、迁宮致可然候、分飯司ト致相談候樣ニト申候由、成程尤之由及挨拶、
六月廿日、數馬分飯司方へ來り、多宮(香取)申候ハ、社家江も廿三日ト申事觸可然□申ニ付、尤之由、
六月廿三日、遷宮ニ付、御供、三舛宮下ゟ出ス、年番故ノ由申、御酒五舛・干魚三十枚等、兩代官御供所ニ而調ル、
六月朔日、多宮申候ハ、迁宮ニ付かりみこし出來候間、清淨ニ洗可然候、數馬申候ハ、津宮ゟ海水取寄可洗申、舍人《トネリ》(伊藤)津宮川水ハ惡水不淨、此方ニ而可洗ト申遣候処、多宮申候ハ、御宮ニ而當番ノ者ニ爲洗可然候ト申由、
かりみこしト云ハ、外箱也、臺も拵ル、前ノ寸法、舍人方ニ有之、
一、御本社後通屋祢廿八年以前ノ儘ニ而、此度葺替、外迁宮、寅六月廿三日、丑日遷宮、夜五時出仕、大宮司始、惣神官出ル、雨天故、何も拜殿神座大神主爲知有り、大床江行、御戸開、此時五ケ度祭礼ノ節、大祢宜西(香取和泉)ノ方ニ少ノ間着座、從古來也、大宮司早大床江來間、和泉東ノ方へヒサツキ爲敷少ノ間着、從夫兩人一度

*多宮娘病死

*享保二年遷宮出入

奉幣大禰宜一人にて勤む

*享保二年御裁許に相違

*往古より大宮司内陣へ入來らず

ニ内陣江入、和泉五ケ度ノ通中座ニ而勤ヲ致、大宮司ハ三ケ所ニ而御輿ノ前ニ而勤スル、從夫御輿ノ外箱置処、掃除致、前迁宮ノ時ノ外箱ヘハ、御膳等入置、セまき故外大床ヘ出、御宝物入候櫃ヲモ、内陣西ノ方角ヘ置、御幸ノ御輿ヲ内陣東ノ方角ヘ片付、從夫御輿外ノ箱ヲ内陣ノ眞中通り江井置、尤臺高クスル▨、此時大宮司ハ大床江出ル、内〻陣ノ御戸少開ク節、又大宮司來り、少シ拜ノ、又大床ヘ出ル、從夫御輿奉レ遷、大神主・四郎神主、是ハ差合、次郎神主代ニ申付ル、尤大祢宜手ヲ以奉レ遷、御酒備七獻、此時大宮司又來り見テ居ル、御肴・干魚・御供備五ケ度ノ通、次ニ奉幣、大祢宜壹人ニ而勤ル、次祝詞勤ル、大宮司三所ニ而勤スル、次ニ拜殿ニテ奉幣懃也、夫ゟ大祢宜内陣ヘ入、御酒・御肴・御供下ケ御下り、於内陣頂戴、内陣ニテナヲス故、大床ヘ出テ也、又内陣ヘ入勤スル、五ケ度ノ通り也、次ニ御鎰ノ封、次ニ神座ニ歸り退下、大宮司始、惣神官ハ御下り御酒・御供等拜殿ニ而頂戴也、

右御下り御供・御肴、此方江來ル、御酒ハ不來、

右迁宮、夜五ツ時出仕、九ツ過迄懸ル、大宮司多宮勤、永ク四・五度勤スル、其夜中ゟ多宮娘三才計、少〻不快ノ所、病氣重り其夜中病死也、

右之通御酒御借備候、永間多宮脇ニ居見テ居ル、前トハ相違也、

享保二酉年、迁宮出入以來、大宮司も内陣ヘ入、右御裁許之上、丹波(香取)井中務(香取)、此方ゟ讃岐(香取)・監物(香取)入ル、丹波兩人動座、加持ト哉覽致候計ニ而外ヘ出ル、從式部(香取)内陣江ハ不入、然処、大祢宜供物捧勤ル間、内陣ニ居ル、動座加持勤候テハ夫濟可出処、又入間敷事也、然ルニ大方内陣ニ居、大祢宜懃仕、舞候テモ、跡ニ而永ク勤スル間、和泉拜殿神座ヘ出候而も、大宮司不出、不埒明候間、又和泉内陣ヘ入、受候処未勤メヌル御裁許之趣ニ相違不居也、

落、神輿下上りハ不勝手故、和泉御上段ヘ上り少押、大神主・次郎神主、手次奉レ迁、此時大宮司ハ内陣ヲ出不居、又無間内陣ヘ來ル、

從往古大宮司ハ内陣ヘハ決而不入來候処、享保二酉年謀計ヲ以、鎰《カキ》ヲ取替、内〻陣ヲ不封ニテ預、内陣ヘ入候證據ニ申立、寺社御奉行土井伊豫守(利意)殿井御役人魚住吉兵衛ヘ手入ヲ仕、出入致利運、其節ノ日記ニ

中務病死聟内匠卽死稲丸病死三代病死斷絶にて跡職大騒動

委細記、元文二巳年三月、中務病死、七月聟内匠卽死、稲丸八月病死、少ノ間三代病死、斷絶ニテ、跡職大ニ騒動、翌年午七月、中務甥多宮を以、職分被仰付、六月ノ間三代不幸、前代未聞也、誠ニ（アキマヽ）御神慮感應着明成処、恐可レ謹事也、

寶暦八年十二月正遷宮

宝暦八寅年十二月十二日、子日、正遷宮夜五ツ時、惣神官出仕、雨天故、神座拜賀、大宮司出仕遅故待合ル、來ル故大祢宜大床へ往、鎰封切御戸開キ入リ、御輿ノ前ニテ祝詞勤、次掃除、上段ヨリ始、常五ケ度ノ時ノ幣、沢山外へ出ス、少ゴミ鎭メ、御輿之外箱ノ戸、少開ケハ大宮司來リ、三ケ所拜スル永シ、偖○掃除仕廻大神主爲知、御本座へ奉遷座、大祢宜手傳、大神主・四郎神主也、次内〻陣之御戸ヲ先鎭、御幸御輿抔本ノ処へ迁ス、かり外箱ヲ西ノ方へ二ツ重置、臺ハ外へ出ス、次内陣簾ゟ外掃除、次御戸少開、供物御酒七獻、御肴・干物・御供、毎度祝詞、大祢宜奉幣、次祝詞勤、是迄大宮司只見テ居、大祢宜勤仕舞ト大宮司拜、始四ケ所ニテ永シ、神座へ歸ル、大祢宜拜殿神座へ出、奉幣十八奉行、次大祢宜又内陣へ入、供物下ケ御戸鎭メ御下リ、於内陣頂戴、又拜而大床へ出、鎰封神座へ歸、退下、惣テ五ケ度之通也、

大禰宜勤仕舞と大宮司拜

大禰宜拜殿神座へ出づ

奉幣十八奉行

内陣御上段、掃除帚木二本、清淨ニ拵、東ヨリ出、

常モフキン等、東ヨリ出、

*元祿十三年御宮御造營

元祿十三辰年、御宮御造營、九月正遷宮後、享保二酉年八月外迁宮、十二月正迁宮、享保十六《亥》年遷宮以來、此度也、

一、寅六月廿六日、本社屋祢へ取付、板長壹尺三寸、一寸壹分、七・八枚足七分□

〔七月〕

*右門伊勢參宮心懸く

塙祝番代右門事、

一、七月朔日、塙祝番代右門、大藏（尾形）を以願、江戸ニ娘致奉公候、逢ニ一寸ト參度旨申ニ付仰付ル処、六《去》月朔日ゟ同廿九日ニ歸ル、又候願、七月四日、娘迎ニ又〻江戸へ參度由申、彼者常〻不行跡、江戸ニ而如何樣之虚事、可仕出も難計、先達而も永〻逼留致故、難成神役をも不勤、我儘也、不成旨申聞ル、其娘出府ノ節、此方江ハ無沙汰ニ遣ス、右之訳右門呼、大藏申聞ル処、是非《ニハ》不參不成候、左候ハヽ、伊勢參宮ニ心懸候間、御屆可被下候、夫ハ猶以不屆不申上候、左

*右門日頃ヒヤウキン者

*金十五兩屋禰屋に渡す

*御本社屋禰屋料內譯

右門拔參り

右門缺落

候ハヽ、又ケ条ニ不參ニハ成不申候抔申候間、自分
不《馳》申上ト大藏申候由、七月六日、大藏・清《（額賀）》右衞門
來、御手洗市郎右衞門・甚兵ヘ・折右衞門參、右門
義、得心無之、迯テ可參様子ニ御座候由申、右
門ヲ和泉《（香取）》呼申聞候ハ、先達而一寸ト申三十日程居、
無間事神役も不勤不居也、娘迎ト申、參宮ト申相遠
之事計申不居也、參宮致度ハ、九月頃ニも成可參候、
とかく難遣由申候様ニ申付ル、右門江戸ニ而醫師致
度存念之由、大藏・清右衞門申、
七月六日、市郎右衞門・甚兵ヘ請負候ハヽ、廿日・
三十日內、歸候様ニト、大藏・清右衞門申聞候処、
右兩人五日も請合ト申ハ難成候由申、不屆我儘已而
申事也、
七月九日、大藏・清右衞門方へ○《孫》聟折右衞門來り、
右門義、昨八日大戸へ參候由申候処、今日大戸縁者
共方ゟ右門義ぬけ參ニ登之由、知セ來候、
一、十一月十日、大宮司《（香取多宮）》方へ及相談候ハ、分飯司ヲ以申
遣、塙祝右門事、右段〻之訳委細申遣、致欠落候、
右之訳ニ而外ニ咎無之候、爲相尋可申哉、欠落之事故
シヨウド相知レ不申候、右御返《ヘン》事ニ思召御座候ハヽ、
被仰聞可被下候、
返事、右門義被仰遣候、致承知候、存寄も有之候て
ト被仰遣候、外ニ存付も無之候、數馬《（尾形）》方へ咄ニ八十
ニも余リ、各別ナ不埒も有マイカ、日比《コロ》ヒヤウキン
者そうナニよつて思召も有ナラント、有ヿナレ𪜈、
何とも云テヤラレヌト、多宮《（香取）》數馬方へ咄之由、同日
折右衞門呼、右宮下江及相談候訳申聞ル、尤折右衞
門ニ右門其後無沙汰かと尋候処、すきと沙汰無之候
由申、
一、七月七日、金十五兩、屋祢や傳五郎ニ渡ス、
右ハ御本社屋祢後通萺替內拂、
　金壹兩　原町木挽次郎左衞門・新兵衞ニ渡、
右ハ御殿細工內拂、
四貫百貳拾三文、左原針屋三十郎ニ拂、右ハ假殿箱參籠所、水屋入用針代、
三百拾文、莚二十枚ノ代、
三十三文、干物三十枚、
右ハ御殿御萺替屋祢や入用、
三百七十六文、御殿細工初メ、屋祢や木
挽祝儀願ニ付遣、

錢〆五貫三百九十四文、相場兩ニ四貫三百五十文、
殘テ壹貫四十六文、是ハ夏成ニ而拂、
右皆御修理料、名主甚兵衞ニ渡シ拂、

*拜殿裏北方中殿裏方葺替

一、七月八日、
米九俵、參籠所・水屋御殿御葺替ニ付、人足三百四十貳人扶持方ニ遣、

金剛寶寺使僧愛染堂屋禰修覆願

一、七月廿三日、金剛宝寺ゟ使僧不斷所口上、愛染堂屋祢破之間、修覆願之由、疊も破之由申來ル、

〔八　月〕

一、八月七日、○金四兩屋祢や傳五郎ニ渡ス、
同日、金三分、漆之代ニ遣、

新の神事に馬市の事

一、八月七日、新ノ神事ニ馬市之事、原町ニ而致候樣ニ役人共申付、宮中ニてハ角力有之候、殊ニ馬置候而ハ町棄不淨ニ成候間也、右近年之相談ニ而、新神事ニ三日ノ市相立ル相談、宮中・宮下各（隔）年ニ休ノ年ニ、

角力馬市を立つ

角力・馬市ヲ立候申合也、尤角力入用ニ新飯ニ神前江上り候、神納物之御供米貳俵ツヽ、是迄之儀□被願遣、中ノ日ニ角力御繁昌之ため也、
一、八月七日、御本社後通、近日相濟可申候、此間數馬（尾形）・求馬（伊藤）致見分候、此度修覆爲致可申候哉、爲御相談ト申、大宮司（香取多宮）使御相逺も無之候ハヽ、番頭呼相談可致候哉、返事、何分ニも思召ニ可被成候、番頭呼相談、前々左樣致付候間、左樣可然存候、

數馬・求馬見分書付、　拜殿裏、北方中殿裏方葺替、工手間貳百五十工、御供所裏妻貳百五十工、其外廻廊・經藏・愛染堂繕、右ハ屋祢やつもらセ候テ也、
一、八月十五日、年番故大宮司方へ番頭呼相談、御本社後通、近々相仕廻候、拜殿ノ中殿ノ谷ゟ北裏通、拜殿ノ裏破候、御供所裏妻葺替ノ相談、和泉（香取）ハ不出、求馬差出、廻廊も致樣ニト相談、
同日、拜殿裏北方、中殿東方、御供所裏妻葺替代金廿四兩ニ屋祢や傳五郎ニ申付ル、尤板ハ御本社之通壹尺壹寸壹分、七枚七分足、
一、八月十六日、金子拾六兩、傳五郎ニ渡、
同日、金子壹兩、是ハ中殿東ノ方南谷後殿裏北之方、御供所手付金傳五郎ニ渡、
同日、四貫百六十五文、針之代、修理料名主甚兵へニ渡ス、

同日、貳貫五百文、かすかべ百本代、御殿入用、
同日、三貫七百五十四文、竹之代御殿、是代釘竹三寸ゟ八寸迄貳百十一本、
同日、壹貫六百三十三文、御殿入用縄薦ノ代、
同日、拾六文、半紙壹牀〔帖〕、
右金ニ〆貳兩ト三貫三百六十六文、有錢ニ而出ス、相場兩ニ四貫三百五十文、御手洗甚兵へニ渡ス、

馬市役錢相談の事

一、八月十八日、數馬方へ求馬往、昨日馬市ノ役錢壹貫九百文上リ候、又見藤助ニ五百文遣、役人ニも少〻遣可然ト和泉申候、右之段、數馬談見候様ニ被申付候、　返事、御世話成義ニ御座候、何分ニも被仰付候、

*小林數馬官途狀の件

馬喰集め世話致す

同日、五百文、藤助、貳百文、年番役人致世話候故、藤助ハ所〻江歩行、馬喰集メ致世話、

御本社棟上入用相談

一、八月廿日、金三拾八兩、御本社裏屋祢葺替成就仕様牀出ス、屋祢や傳五郎、右裏通ニテ板數九万五千五百枚入ル、
一、八月廿一日、棟上之義、入用相談、多宮申ハ餅米壹俵、棟梁へ五百文、仕手へ貳百文、番頭も相方も出候様ニ可申遣哉、　和泉ハ何分ニも御年番故、思召次第、廿八年以前、屋祢や市右衞門ゟ多分ニ願候間、隱居上總（香取）申候ハ、新造ニ候ハヽ、成程ニて候へ共、裏返計ノ葺替之事故、余り御修理料御費不宜之由申候事、數馬方へ右之段求馬咄、
八月廿四日、多宮方ゟ使數馬、御修覆出來候而、來月五日日柄能候間、棟上致候由、數馬・求馬申合候由、定而御承知、夫ニ付屋祢やすほふ（素襖）着度由願出候、尤先例も有之候間、可申付候哉、如何可被致候哉、爲御相談以使申入候、　返事、成程被仰付可然候、
屋祢や傳五郎爲冥加受領奉願候由、年番多宮方へ申候様ニ――
八月廿六日、多宮使數馬・傳五郎各之義、右京ト願候、御普請ニ付候テ故也、兩人より可然ト相談、
八月三日、多宮使數馬官途狀認遣候、朱印被成候様ニ申來ル、其文、

官途
小林右京改之、
宝暦八戊寅年九月日
大宮司大中臣朝臣（香取多宮）印
大祢宜大中臣朝臣（香取和泉）印

*護摩堂來る
*御本社棟上の次第
*近在村々より大勢参詣
*餅投げ
*散銭
副祝倅文藏素襖袴着願

右之通多宮方ゟ認來ル、此方ニても不存候へ共、先年丹波(香取)様傳ニテ中務(香取)殿ハ御若年故、内膳(香取)宮下江参り、右様之事も認候、夫ゟ相傳、今迄此方ニ而ハ百官ハ受領認遣候、左衞門・兵衞ハ官途助抔ハ、假名ト認候テ、是迄遣付候、宮下ニてハ御認被成候哉と、數馬ニ尋候処、數馬可然ト申、多宮へ聞候処、自分も訳不知候へ共、先中務代ゟアノ通認遣付候、定而丹波差圖ニ而直候ト存候、中務代ゟアノ通認遣候、此方ニても丹波仕置候通、諸事致候、乍去思召有之候ハヽト申事也、仍而□認來候江朱印致遣ス、　従天子之位記・口宣鏡ニて候、他所へ遣候事故、丹波傳抔ト申遣候事也、直させ度故申遣候事也、此方ニてハ認様も何も位記・口宣ノ通ニ、古より認、所々へ遣事也、

一、八月二日、副祝釆女(今泉)私子文藏すほふ・袴着ヲ願候、大宮司年番願候様ニ申聞、求馬取次、

〔九　月〕

九月六日、副祝子文藏、すほふ(素襖)・袴着來ル、多宮方ニ而亘《ワタリ》ト名改ル、

一、九月五日、こまとう來、寺殊外損、寺内之木四・五本伐申度願候、郷長子主膳取次、住(持)寺之事故、伐候様ニト申聞ル、

御本社棟上

一、九月五日、御本社棟上、天氣能、近在村々ゟ大勢参詣、餅投宮中三ケ村、宮下領新福寺門前ゟも餅上ル、他村ゟも上ル、　餅二籠新市場村、餅籠大小外御備、餅三重吉原村、　餅二籠山田村、　餅一籠津宮・下堀河、　壹籠篠原村、　餅壹斗五升多田村、御神酒德利吉原村孫兵衞、餅二籠丁子村、大買田笹原長谷、　餅一・叺山崎村藤右衞門・利右衞門・半右衞門・五右衞門、中祝　樽二、山田村傳兵へ・主稅・六衞門・久三郎、

一、御修理料、餅米壹俵、　一、八百拾貳文、御酒ノ代、

一、三百文、まきせん、

一、貳貫文ノ屋祢やニ被下、

　内五百文棟梁、

　内貳百文ツヽ仕手六人、

　内三百文木挽三人、

一、三十貳文、水引代、

一、五十四文、そうり八足、

*秀屋長次男急死

*秀屋長職の件

中殿御供所葺替につき板木見立る
玉籬修覆の木をも見立る

飾屋來る

御本社兩破風塗直し

*堅魚木出來

一、三十八文、半紙二狀〔帖、下同ジ〕、
一、十貳文、小判切賃、
〆三貫貳百五十貳文、
一、百五十文、莚十枚、中殿御供所、御葺替入用、
一、六十五文、半紙四狀、
二口〆三貫四百七十一文、錢相場兩ニ四貫三百七
拾貳文かへ、
右棟上入用、寅九月八日、御修理料名主市三郎ニ
渡ス、
一、九月八日、中殿御供所葺替ニ付、板木見立ル、兩社
務始、番頭共出ル、見立ル、玉籬修覆ノ木をも見立
ル、
一、九月九日、金九兩内拂、中殿御供所御葺替、屋祢や
傳五郎ニ渡、
一、同日、貳兩内拂、　丁子村大工小四郎ニ渡、
一、同日、三兩内拂、　木挽四人、二郎左衞門・新兵へ、
破風千木金具之かゝり事、
一、九月十日、かざりや來り、神前千木・片圯金具色付
手間ハ寄進ニ可致候、トタン其外入用金子壹兩計も
かゝり可申、
御本社兩破風ぬり直シ、金具色付入用、行事祢宜兵
部寄進可仕候〔入用〕、

一、九月廿五日、四日番組皆來り申候ハ、昨夜秀屋長次
男《キノ》先年家督被仰付候處、急死致候、其叔父一人有之
候、殊外年寄申候、
右秀屋長二・三年以前、兄秀屋長病死ニ付、番組
ノ者共願候ハ、先秀屋長次男有之候間、兄跡職被
仰付候樣ニ奉願候、乍去不勝手故、二・三年奉公
ニ而も仕候、其上ニ而職役相勤可申候、無左候而ハ
取續難成候、先此度ハ家督相續被仰付、二・三年
ハ神役不勤、御用捨被下、右之通願故、職分申付
ル処病死也、
一、十二月二日、四日番組來、宮下ゟ麻右衞門〔氷室善左衞門事〕弟善次
ハ、先〻ノ秀屋長勘右衞門弟長左衞門〔存生〕老年、右勘
右衞門從弟ノ由、長左衞門養子ニ相願候由申、
十二月九日、宮下數馬宅ニ而舍人〔伊藤〕舍人立合、四日
番組呼、秀屋長跡目願之通申付ル、尤昨八日、秀
屋長身近キ者も無之候ハヽ被仰付可然候由、和泉〔香取〕
申遣相談之上ニ而、右之通申付ル、舍人方へゟ番組善
次等礼ニ來ル、
一、九月廿七日、勝男木〔堅魚〕出來、屋祢江上候ニ付、大工小

四郎祝儀願、多宮廿疋モ遣、可然由申遣、

〔十一月〕

一、十一月十日、金貳兩ト六百五十壹文、木挽次郎左衛門・新兵ヘニ拂、求馬(伊藤)出ル、

*始ての御國入御宮御普請につき兩代官扶持方相談の事

一、十一月廿九日、多宮(香取)方ゟ使六郎祝大炊(安倍)、取次三郎兵兩代官御普請ニ付扶持方、ヘ口上、御宮御普請ニ付、求馬・數馬(尾形)扶持方願候、尤先例も有之候、如何可致候哉御相談、　返事、

兩人━━先年も遣候事ニ候間、何分宜樣ニ御ツモリ合可被成候、

〔十二月〕

*拜借返納相談の內譯

十二月朔日、大炊(安倍)三郎兵ヘ方ヘ來ル、昨日得御意候、數馬(尾形)・求馬(伊藤)扶持方之儀、如何致可然候哉、四俵ニ可致候哉、五俵ニ可致候哉、御相談申候、　返事、

五俵ツヽニ而能可有御座候、

水戸樣御入部につき水野庄藏取計ひ

一、十二月朔日、江戸神田雉子町屋祢や六兵衞方ゟ飛脚來ル、訳ハ、

水戸樣(德川宗翰)御入部ニ付、水野庄藏取計ニ而所ゝゟ御發駕御見廻ニ出候間、江戸三崎神主和田淡路家來伊藤左志馬ト申者ヲ庄藏(水野)賴香取兩人使者差上候由、御帳ニ記候由、仍而此方ゟ使者上ルニ不及候、庄藏方ゟ此方兩人ヘ銘ゝニ右之趣書狀來ル、此方ゟ返書別ゝニ遣、尤庄藏世話礼ヲ申越、肴代百疋遣ス、多宮(香取)も同樣也、左志馬(伊藤)江ハ多葉粉壹包ツヽ、兩方ゟ遣、尤代廿疋ツヽ、兩方ゟ遣、六兵衞賴調遣ス、始テノ御國入也、卯正月廿六日、目貫入御書狀貳封、右者香取大宮司(香取多宮)・大祢宜(香取壹岐)御兩所ゟ之御書狀御屆、慥ニ請取申候、自是御喜可申進候、以上、屋祢や六兵衞殿、十二月四日、水野庄藏印、和田淡路守家來伊藤左志馬、六兵衞方ヘ持參、尤左志馬ゟ數馬・求馬方ヘ返書來ル、右請取多宮方ヘ遣見由、

一、十二月二日、拜借返納相談極ル、

十二月四日、返納ニ大宮司方ヘ求馬遣ス、

一、金子八兩ハ返納皆濟、大祢宜印、

一、金子貳兩返納皆濟、錄司代、

一、金子三兩貳分ト六百十九文、丑年神納物代納ル、大祢宜方、

一、金子三兩三分ト九百四文、子年神納物代、大宮司方納ル、

一、金子貳分、主膳神樂道具金納、大祢宜方納ル、

一、金子貳分、左原新宿銚子構申納、大宮司方、

*委細は遷宮處に記す

一、金子貳分、正検非違使神樂納、大宮司方、

一、五百文、又見倒松之代納、

右封金ニスル、

*廻廊表通屋禰板相談

右ノ節、錄司代神樂ニ付、金貳兩時借致候、先達而濟候ト覺候処、手形哉《ト》覽有之由ニ而、今度錄司代ニ證文爲致候、尤番組も加印、

*拜殿御供所手間代不足

然処、夘二月留書致吟味之処、大宮司方ノ留書ニも兩方ノ留書ニ濟ト有之ニ付、右證文番組加印、番頭呼、去年ハ大宮司年番掛り故、數馬方ニ而右書付二通返《ス》、時借、內借共、錄司代皆濟也、寛保元酉年ニ時借濟ト大宮司方留書ニ有り、

*御年禮に和泉發足

材木藏屋禰葺替萱代

一、十二月四日、金貳兩、材木藏屋祢萺替萱貳千七百廿把代拂、

遷宮相談

一、十二月七日、遷宮相談、十二月九日、迁宮ノ節、御供ノ相談、前ハ西ニテ調、此度ハ東ニ而調候相談、

*御月番鳥居伊賀守へ出る

酒運上願ひ

一、十二月十日、酒運上願ニ付、金貳分宥免七兩納ル、四月十日ゝ《ト半分ツヽ》兩度ニ納ル定、

子日正遷宮

一、《正迁宮、》十二月十二日、子日遷宮、御供三舛、東ゟ調出、御酒五舛、干魚三十、內陣御上段掃除、草帚・竹長帚二本、東ゟ拵出ス、同日塩垢、津宮江往、

鹽垢津宮に往く

夜五ツ時惣神官出仕、委細外迁宮処ニ記、數年幣串、此度皆出申合、數馬・舍人(伊藤)火ニ燒可申由申、

一、十二月十八日、屋祢や申候ハ、廻廊表通屋祢板、先達而御相談極候間、私來春木ノ白身《ヲ》大割仕可申候、大勢ニ而ハ手間入候間ト申、成程ト舍人方へ申、

一、十二月廿日、數馬舍人へ申候ハ、廻廊屋祢板大割、壹人ニ而可致候由、又拜殿・御供所手間代不足ニ候間、屋祢や傳五郎御願申候、多宮も不遣ハ成間敷由申候由、如何程ト願候哉程ヲ申可然候、

一、十二月廿一日、御年礼ニ和泉出府、發足、

一、寶暦八戊寅年十二月廿二日、江戸神田皆川町旅宿へ着、

一、十二月廿五日、御月番鳥居伊賀守(忠孝)殿へ出ル、御役人武左衞門出會、來ル正月年頭之御礼ニ致出府之由申、書付差出ス、正月御月番安部(阿)伊豫守(正右)樣へ出候樣ニ可被致候、此方ハ只名ヲ記サヘスレハ能候、書付も可返被申被返候、夫ゟ安部殿へ出ル――、御役人關平治右衞門出會、伊豫守(阿部正右)留主ニて候、來ル正月五日伺候樣ニ被申、尤書付出ス、夫ゟ朽木土佐守(玄綱)殿へ出ル、

御役人笹尾又助出會、

朽木土佐守殿役人笹尾又助・朽木仕・井田五郎兵衞、

父上總實行行年六十七歳

寶暦八戊寅年十二月　香取大祢宜和泉實香

行年二十八歳

〔寶暦九年正月〕

*御祭禮拜殿にて勤む

寶暦九己卯年正月元日、朝六ツ時ヨリ雪降、段々強、
二日・三日モ少々雪雨、依テ御祭礼、拜殿ニ而勤ル、
御祭礼、上總(香取)勤ル、献上御祓二日ニ主膳(高木)ニ遣、道中
雪雨天故、四日ノ夜江戸着、江戸ハ大雪ノ由、五日
ノ夜ニモ留、六日ニハ青天(晴)、御礼首尾能相勤ル、御
礼後、御老中・若御年寄・寺社御奉行所相勤ル、

*水戸様へ出づ

一、七日、水戸様(徳川宗翰)へ出、御留主故無御馳走由ニテ、何も不
出候、御年寄松平伊勢守・朝比奈弥太郎(泰護)、寺社奉行
木森(尹武)次郎左衞門勤ル、

*松平周防守寺社奉行仰付らる

一、正月十五日、松平周防守殿(康福)御奉行被仰付、
一、十七日、安部(阿)伊豫守殿(正右)江出ル、御役人太田三助出會、
明日御連席へ罷出、御礼申上度由申、明五ツ半時被
出候様ニ申、　同日、周防殿(松平康福)へ御役御祝ニ出ル、
御役人小久江權右衞門・栗田三郎右衞門・北川源
助、

*御内寄合へ出る

一、正月十八日、御内寄合へ出ル、鳥居殿(忠孝)・安部殿・朽(玄綱)
木殿・周防殿御連座へ出、御礼中門ゟ取テ歸、太田
三助ニ逢、歸國ノ御届申、

酒井雅樂頭へ出る
出來合料理出る

一、正月十九日、酒井雅樂頭(忠恭)殿江出ル、出來合料理出ル、
布川左次衞門等出逢、
一、正月廿二日、江戸發足、廿三日朝、歸郷、
一、正月廿四日、小長手加内服、二月朔日、明之任補懸
兩樣願、則二月朔日、兩樣相濟、

廻廊屋禰右京に金子渡す

一、正月廿九日、屋祢や右京ニ金子三兩渡、廻廊屋祢、

源太祝吉原檢杖狩衣著用を願ふ

一、夘正月、源太祝(香取主計)・吉原檢杖狩衣着用ノ願スル、吉原
檢杖任補懸不致之間、直ニ狩衣着用之間、祝儀爲上
可然候、數馬(尾形)か能多宮(香取)へ申候処、爲上候か能候、乍
去大藏(尾形)・主膳・主殿抔不出候、是も爲出可然候由申
候間、求馬(伊藤)申候ハ、大藏・雅樂(安部)義ハ、年久敷義ニ候
間御免、主殿・主膳杯ハ爲差上可申由申歸ル、

雅樂吉田にて狩衣免許につき任補懸致さず

雅樂義、(十四・五年ニモ可成哉、)吉田ニテ狩衣免許任補懸不致候間、上總も
前方任補懸爲致候樣ニ申候処、宮中大藏も吉田へ參
候計ニ而不致候由申事也、

〔二　月〕

二月二日、大藏(尾形)呼尋候ハ、任補懸不致候、夫ヲ礼ニ
致申候、大藏申ハ、裝束着候ハ、元祿年中之事、六
十年ニ成候、其砌丹波(香取)樣被仰付、皆ト一度ニ祝儀致
候、任補懸ハ相濟候、御兩所江御祝儀之事ハ、年久
敷事故不覺候、
同日、求馬(伊藤)・數馬(尾形)へ咄候ハ、檢杖・主膳・主殿祝儀
申付、爲致可申候、雅樂(安部)も近年之事隱居度候、爲致
可然候ト申候、大藏事隱居江も聞候処、自分十二・
三才ノ頃之事、年久敷事不覺候、裝束ハ丹波殿世話
ニ而着候、雅樂ハ比日之事ニて候、　右之訳多宮(香取)
へ申候処、大藏事聢ト無之候へ共、丹波罷候事ナラ
ハ、其通りニ罷可然候、雅樂も大藏例ヲ以、其通ニ
致置可然候、夫共求馬・數馬能致相談候樣ニト申候
由、

*神前玉籬

一、神前玉籬、是迄ハ横板ニ而早ク朽候、立板ナラハ能可
有之候、横立余遠間敷哉、立板ナラハ釘大工手間木
も、余程入可申哉、如何致可然候哉ト申、又立板ナ
ラハ水はき能、杇間敷ト思候、兩人能致相談候樣ニ
ト申候由、猿頭も前之通ニてハ木多入候間、ツギ用
可然候、
二月二日、玉籬ヲ數馬・求馬、大工小四郎ニ爲積候
処、立板能無之、横板能候由、猿頭も一間ニ二・三
本不次ヲ致、其間江次候而致候テ可然候、皆次候而

*副祝悴亘任補懸來る
*御手洗五郎祝平内母病死
玉籬入札金
*丁子検杖百ケ日
*木挽其外拂御手洗市三郎に渡す
御殿西の高欄拜殿唐戸破れ御拜へ板疊の事
玉籬普請木
愛染堂疊申付く
*愛染堂疊表替入用

ハ、アレ計ニテ板持候間、能無之候、皆新規ノツモリニテハ、三百五十工も可懸候、其内古道具用候ハヽ、工數引可申候、釘も三千計も可入候、

一、二月五日、玉籬入札金九兩ト貳百文ニ落、　山田善右衞門則申付ル、

二月十日、玉籬板横ニテハ殊外木入候由ニ付、多宮申、此方不案内、明日ニ成共、番頭見分爲致候樣可然候、

二月十一日、番頭寄相談表通立板ニ致、二枚冑ニ致猿頭繰《クリ》テ致候樣ニ、左候ハヽ大工手間釘ハ可入候ヘ共、木減シ可申候、右之通相談無相違、

同日、番頭共申ハ、御殿ノ西ノ高欄《ラン》・拜殿唐戸破候、又御拜ヘ板疊致度候、番組ニテウスヘり致度候、土足ニテ岩岐ヘ不上樣ニ致度候、

一、二月十五日、數馬・求馬方ヘ玉籬普請木、愛染堂疊も度ゝ願候、多宮申候由、　返事、何分ニも可被仰付候、求馬木見立伐時惡敷、殊ニ大木之事番頭見分致候樣可然候、仍而六月迄相延、其間ハ藏ニ有之木遣候樣可然由也、

一、二月十七日、愛染堂疊申付、五疊ニ而作料疊屋ニ百七十貳文ニテ申付、宿ハ折右衞門ニ申付ル由、

一、二月廿五日、副祝悴亘(今泉采女)任補懸來ル、　同日、秀屋長すほふ(素襖)着、伺無相違段申聞ル、來ル三月三日、秀屋長すほふ着來ル、

一、二月廿八日、御手洗五郎祝平内母病死、當年十月祭當故、番組親類寄致相談候樣ニ、孫ハ祭礼前ニ忌服明之事也、兩人相談之上申付ル、丁子検杖百ケ日ノ間、可致世話候由也、

〔三　月〕

一、三月二日、金貳兩三分ト貳百卅貳文、　木挽其外拂、御手洗市三郎ニ渡、求馬(伊藤)出、内金貳兩貳分、神前玉籬修覆手間内渡シ、木挽新兵ヘ・次郎左衞門ニ拂、
内十一匁四分、此錢八百四十四文、近江表五枚、
内貳百十九文、ヘり才三、一丈三尺貳寸、
内百文、糸代、
内百七十貳文、手間代、
右四口、〆壹貫三百三拾九文、錢相場四貫四百文かへ、
右ハ愛染堂疊表替入用、御手洗市三郎ニ渡ス、

*金剛寶寺愛染堂修覆
御修理料勘定

*享保十六十七両年の書付請取る

*愛染堂屋禰修覆

*大宮司方へ宮之介物申祝分飯司立合
*修理帳面引合

一、三月十四日、修理米拂、左原山川傳兵へ米六拾五俵、兩ニ九斗九舛、代金貳拾五兩ト三百七十文、三月廿五日封印、

御修理料勘定ノ一、
一、三月十七日、大宮司(香取多宮)方へ使求馬御修理料勘定、先達而も申進候、此方致勘定見候処、請取有も有之、無も有之候、とかく聢ト知兼候間、其元ノ御勘定ノ帳面、御見セ可被下候、扨享保十六亥ゟ之拂木、未帳面ニ不致候間、帳面ニ致候ハヽ可然候、夫ゟ前ゟ帳面有之候、元文ゟノモ有之、跡先有之中無之候間、致帳面可然候、則拂木ノ書付ヲ遣ス、返事、(アキマヽ)修理料勘定之儀致承知候、私も手懸不申義多候故、得と出來兼候、此義ハ此方江御出候共、其元江立合候共内、勘定之義故、兩方ノヲツキ合テ、御相談ヲ得ト致度候、拂木ノ事、是も私手懸不申事共有之候間、得ト致吟味可見候、此方ゟ遣候書付返ス、

又同日、求馬遣、其内享保十六・十七年、致勘定候而求馬致持參、數馬(尾形)ト引合見候樣ニ申遣、又亥年請取無之、留書計ノモ有り、又宮下ニ有、此方ニ無も有、其書付遣ス、返事、如仰之十六・十七年致勘定、數馬・求馬立合ツキ合見度候、左樣可然候、右之書付返ル、

一、三月十五日、多宮使數馬、金剛宝寺愛染堂修覆、去年中願候、數馬・求馬ニ爲見大破ニ候者、修覆致候而ハ如何、廻廊も追付仕廻候、此序申付候而ハ、如何爲御相談、返事、何分ニも思召ニ可被仰付候、

一、三月十九日、宮之助(國分大和)・物申方(香取右近)へ、多宮(香取)宅ニ而御修理料勘定致候間、享保十六亥・十七兩年ノ書付請取ヿ有之候ハヽ、持參可有之候由、求馬申遣ス、

一、同日、側高祝掃部來、昨朝神前ノ椎木朽倒レ申候、大木ニ候間、御かざりニ本ヲ立置申度候、伺候、尤ノ由申聞ル、

一、三月廿一日、愛染堂屋祢金八兩貳分、屋祢や傳五郎ニ申付ル、屋祢半分葺替、

御修理料勘定帳面引合、
一、三月廿三日、大宮司方へ宮之介・物申祝・分飯司(伊藤求馬)立合、御修理料享保十六亥・十七子年遣方、帳面兩年分貳册、分飯司持參、多宮方ノト引合、尤多宮兄弟出ル、多宮方書付ト引合、見候処、此方ノ帳ニ有之処も有之、又無之処も有り、帳面ニ張紙スル、多宮申候ハ、とかく大祢宜帳ヲモ〆ヲ致見セ候樣ニ申候由、

金高は目錄にて知る

*廻廊殘金皆濟

*修理料勘定大宮司帳と引合ひ合ず

元方モ金高何程ト記見候而、勘定可致候由申候、多宮方ノハ一ツヽケ、此方ノハ兩年貳册遣見セル、多宮〆テ見度由申、則求馬〆テ見セル、金高ハ目錄ニテ知候、拂木計ニて候、夫モ知候事、先年〻ノヲ一年〳〵ニ帳面ニ致引合見候か能候、又立合、十八年(享保)ゟ段〻勘定致候か能候、十六・十七遣方金高引見候事ハ難成候、多宮又申候ハ、先此年ハ、是ニテ能可有之候、此先ハ如何本方ヲ勘定〆見タラハ能可有之候、又イツ立合可申哉、宮中思召可有之候、求馬申候ハ、和泉(香取)ハ享保十六亥・十七、此方ニ請取共無之候間、寃元ノ御帳トツキ合、段〻昨年迄遣方ツキ合致、勘定可然候由申候、乍去寃元ニ請取共御座候間、寃元樣ノヲ以御勘定被成御覽可然之由申、　求馬伺ニ來ル、和泉申候ハ、宮下ニて候、本方勘定被成度思召候ハヽ、左樣可然候、拂木此間懸御目候、未帳面ニ不致候、是も元方ニて候間、左候ハヽ、先元方勘定可然候、數馬・求馬廿七日立合可然候ト相談ス、多宮申候ハ、先剋求馬ニ先元方致勘定見候ハヽ、能可有之申候へ共、御申越之通、皆共致相談候処、元方ハ目錄ニ而可知之間、先申越之通、遣方廿七日勘

定致見候間可然候、私方ニてハ一ツヽケニ認候間、見分遣方ゟ勘定可致と申來ル、

一、三月廿五日、屋祢や金子願候ニ付、大宮司方へ行、金子貳兩貳分、廻廊殘金皆濟、屋祢や右京ニ渡ス、金子四兩貳分、同人ニ渡ス、

右ハ愛染堂屋祢半分、八兩貳分ニ而請合內渡也、

一、五月十一(マヽ)日、貳兩、愛染堂請負金之內、同人ニ渡、

一、三月廿七日、宮之介・物申祝・求馬・數馬等立合、修理料勘定、享保十八丑年ゟ延享三寅年迄、十四年ノ遣帳、求馬持出ル、大宮司帳ト引合候へ共不合、廿九日可引合由ニ而歸ル、

一、三月廿九日、宮之助・求馬出ル、物申ハ不快ノ由、修理料勘定、延享四夘年ゟ去寅年(寶曆八年)迄、帳面持參、多宮方ト引合処不合之由、

多宮方享保十六亥ゟ宝暦八寅迄、勘定金千百壹兩壹分・錢百六十貳貫三百八十壹文、和泉方千百廿四兩三分貳朱・錢百三拾五貫五百文也、

大宮司申候ハ、先遣方帳引合之間、廊ニ元方致勘定見候ハヽ、如何ト申來ル、御尤ノ由申遣、求馬申候ハ、先頃懸御目候、先年拂木帳面不致候ヲ致、可然

*享保十六年より寶暦八年迄物成以下惣元金高勘定帳求馬持參

候由、和泉申候と申候へハ、多宮夫ハ不成候、先勘定致、其上ニ而帳ニノ能筋ニ候由、可致候ト申候由、多宮申候ハ、左候ハヽ、其元元方勘定被成、二日ニ立合、引合見度候、其段和泉殿申候様ニトノ事、元高も引合見度候由也、

一、三月廿九日、大戸祢宜山城悴大膳聟也、兼テ願候テ也、來ル、始テ和泉逢、樽・肴・扇子┃┃持參、酒・吸物出ス、

〔四月〕

大々神樂執行

一、四月朔日、大宮司方（香取多宮）へ使求馬（伊藤）、取次數馬（尾形）・源太祝主（香取）計、當月十八・十九・廿日、大々神樂執行仕度由願出候、御相違無御座候ハヽ可申付候哉、尤御勤被成被下候様ニ┃┃、

一、同日、昨日之大坂三郎右衞門拂木調候書付、此方ニも留有之候へ共、聢ト不致候間、其元ニ三郎兵へ・三郎右衞門ト貳通之由、御書付御見セ可被下候、見合申度候、

*金剛寶寺より諸神塚番屋の脇へ髪結見世懸る事

一、四月朔日、秀屋長神前金とうろうの脇ニ而市中居御札うり度候由願出候、例無之事、難成之由申、

一、四月二日、宮之介（國分大和）・物申祝（香取右近）出ル、享保十六亥年ゟ去修理料勘定、宝暦八寅年物成迄、幷拂木代神納物代装束・冥加金・神樂道具義、惣元金高致勘定帳面求馬致持參、享保十五戌（戊）年四人印形ノ帳、多宮（香取）見テ申候ハ、たおれ間敷旨ほかい拂代內貳朱・五百八文入札入用引、指引殘テ有金貳兩三分・五百廿八文、從是未ヲ段々本方金致勘定候が能候、（是ヲ元方是計ト申、）元金ハ是計《ハカリニテ》濟候ト申求馬來由申候、ル、和泉（香取）申ハ、惣元金差引殘ニて候ハ無之、貳朱・五百八文ハ入札入用差引テ差引ニて候、誰ソ勘定持候方江不見、御覽可被成候、段々申遣、多宮申ハ見様惡敷候、宮中ニて左様被申候ハヽ、自分見様愚ニテアツタ、其內ノ丁ト重テ可及相談候、此節多宮方へ爲見候書付ホ扣有之候、

諸神塚見世ノ丁、

一、四月三日、諸神塚へ金剛宝寺ゟ番屋ノ脇へかみゆい見世懸ル、見セ懸候処ニ無之、先年御裁許也、依テ此方役人共、金剛宝寺へ使左京遣役人共口上、諸神塚脇へ見セ懸テ見へ候、懸候処ニ而無之候、其元ニ而被仰付候哉承度候、金剛宝寺返事、成程見世懸候処ニテハ無之候、拙僧ハ不存候、家來加右衞門ト申者へ、番屋脇ニ居度候旨申候、見セ懸候事トハ、不存居候

樣ニ申候、店義右衞門を以也、左候ハヽ、此方ゟ申付懸見世取ほぐさせ可申候トノ返事也、

江戸麻布より大々神樂執行願ふ

一、四月十五日、大宮司方へ使求馬、六月二日・三日・四日、大〻神樂執行願出候、右ハ江戸麻布ゟ願來候、無御相違候ハヽ、可申付候、尤其砌御執行被下候樣ニ――差札之儀も――、返事、何分ニも思召可被仰付候、

大戸神宮寺入院見廻りに來る

一、四月十七日、大戸神宮寺來ル、私義、此度致入院候、御見廻申扇子持參、不快ニテ不逢、忝由申、　六月廿八日、權之助ヲ返礼ニ遣、神用取込及延引訳申、

*江戸麻布坂下町談中大々神樂

〔五　月〕

一、五月十一日、金壹兩御祭器繕代、勝右衞門ニ渡ス、

一、五月十二日、大宮司(香取多宮)方へ使求馬(伊藤)口上、愛染堂の仕廻屋祢迄付可申候、棲門萱替申付可然候哉、爲御相談――、返事、是ハ大相成候事、殊ニ木も無之候間、先市郎右衞門成共申付、爲見今少も被置候樣子ニも候ハヽ差置、差板ニて能候ハヽ、左樣も致候樣、とくと爲見候テノ上之事可然候、前方六兵へ差板致候節、難差置候由申候へ共、是迄持候間、左樣可然之由申、

五月十五日、數馬(尾形)・求馬らう(樓)門屋祢見せる、殊外破ル、數馬多宮(香取)へ申候へハ、宮中より相談可有之由也、

一、五月十七日、多宮方ゟ使、今日內用ニテ致出府候、罷歸、神樂可勤候へ共程相知不申候、若無間候ハヽ、以名代爲相勤可申候、　返事、――神樂之節御歸御勤候樣願度候、

〔六　月〕

一、六月二日ゟ大〻神樂、江戸麻布坂下町談中、大宮司(香取多宮)ハ未歸、名代宮之助(國分大和)、

一、六月六日、正判官主殿(尾形)四・五年以來、大〻神樂之節、拜殿へ出候、神樂所不出候、平日ハ神樂所江出候、惣社家共數馬(尾形)抔も如何之事哉と申由、大ミや勝ニテ神樂所へ出候、塙祝・油井檢杖も拜殿へ、左候ハヽ可出候、それニてハ神樂所明候、向後前方ノ通、神樂所へ出候樣ニ淸右衞門(額賀)ヲ以申付ル、平日ハ神樂所へ出、神樂之時計拜殿へ出候ハ訳能無之候、神樂所江他所之神樂方社家呼候事ニて候ニ、

一、卯六月十日、金貳分ト五百四十八文、原町勝右衞門ニ拂、皆濟、

右ハ、大祭器五ツ、小祭器廿三、上塗り扶持方手

間代、

*樓門屋禰雨漏り

愛染堂葺替殘金右京に支拂ふ

一、六月十日、金貳兩、愛染堂葺替、殘金屋祢や右京ニ拂、皆濟、

*樓門葺替の儀

右之廻廊屋祢・愛染堂屋祢、五兩貳分・八兩貳分、皆濟、

玉籬料内拂ひ

一、同日、金四兩、右玉籬九兩・貳百文内拂、大工山田左内ニ渡、

一、同日、金壹兩、東廻廊・愛染堂作料木挽次郎左衞門・新兵へ、ニ拂、

一、同日、三百八十五文、酒肴代、東廻廊玉籬祝義、大工細工始、

*番頭樓門見分

一、同日、百五十文、求馬(伊藤)・數馬(尾形)帳紙幷諸色入用、

一、同日、三百三十五文、縄ノ代廻廊・愛染堂足代入用、

一、同日、八百文、竹之代廻廊・愛染堂や祢釘之代遣、

金針の代佐原鍛冶屋に拂ふ

一、同日、壹貫八百十四文、金針之代左原かぢやニ拂、

右五口、〆金貳分ト壹貫貳百九十四文、御手洗市三郎ニ渡、

〔七月〕

一、七月朔日、大宮司方(香取多宮)へ使求馬(伊藤)、樓門屋祢日見へ候由、もり候由捨置候ハヽ、大破ニ可成候、急ニ取付修覆致可然候哉、如何思召候哉、御相談申候、本社ニ續大事之所、大相成処ニて候、木調候ハ、細木ニてハ能有之間敷候、大宮司返事、ら(樓)う門葺替之儀被仰越候、もり候ハヽ、其分被差置間敷候、併去年中ゟ御材木に無之候間、繕候而一兩年も差置候而ハ、如何可有之候哉、夫共何分思召ニ従可申候、

又求馬遣、らう門屋祢繕候而二・三年も持候へハ、能候へ共、殊外破候由ニ候へハ、繕候而來年ニも葺替候へハ、費ニテ候間、先番頭寄見分相談致可然候、返事、何分ニも思召ニ可被成候、

一、七月二日、番頭寄らう門屋祢見分、求馬昨日多宮(香取)へ口上之訳申談、番頭見分致表東西ノ兩妻、葺替後も軒通不葺替ハ成間敷ノ段、數馬歸、多宮へ申聞ル由、多宮申ハ、今朝自分も見候処、繕置候が能候ト申候由、依テ番頭大宮司方へ往、委細申之処、多宮申候ハ、先年六兵衞葺替セネハナラヌト申候節、自分繕置候樣ニ申、是迄持候神木も無之、金も無之候、何も申候而も、自分ハ得心ニ無之候、尤葺替候ハヽ、リツハニハ可有之候へ共、金木モ無之候故、自分得

楼門葺替の儀*

心無之候ト申候由、夫故番頭共、私共見分ハ右之通ニて候、此上ハ御両所思召ニ被成、可然候と申候由、求馬帰、右之通御申候、先重テノ事ト申置、

右らう門義、五月十二日ニも申遣、昨朔日ニも雨もり日見ヘ候由ニ付申候ヘ共、とかく得心無之候間、

番頭神前寄合*

他分ニ付取計可申、番頭ニ見分申付候処、右之通故無是非打置候事、

御手洗五郎祝来る

一、七月十六日、御手洗五郎祝来り、六月半ノ服、當月切ニテ、来月ハ明申候間、孫□神符江御供等、私宅ニテ上度候、閏月ニテ候間伺候、二月ゟ七月迄ニテ六月半服已来、月服明候様ニ申遣、尤閏月五・六月ニテ候ヘハ可除事、始ノ七月切ニテ済候事故、服明ケ可然候間ニ授、閏月ヲ頼候ヘハ能無之候、初七月ニテ済間、先キ閏月有テモ構無之ト申遣、

御さん様御死去
美津比咩神靈と謚す

一、七月十七日朝四ツ半時、御さん様御死去、美津比咩神靈ト謚ス、前大祢宜讃岐守(香取胤雪)娘、三女也、夘正月中相煩、三月末ニ全快、又七月七日ヨリ無症ノ様ニ成、

樋口致恭の姉

十七日病死也、時八十四歳也、十八日ニ葬送ス、樋口致恭姉也、致恭ハ八十二歳、今以存生也、

一、七月廿七日、大宮司方ヘ使求馬、先達而致御相談候、らう門之儀、此間不幸故相延候、致差板ニ候共、今一應番頭寄相談致候而ハ、如何可有之候哉、返事、楼門之儀、御年番之事故、何分ニも思召ニ可被成候、私方無相違候ト申来ル、左候ハヽ、明日番頭寄候様ニト求馬・數馬(尾形)申合ル、

七月廿八日、番頭神前寄合、先達而可及相談処、病人不幸故相延候、らう門葺替之儀、昨日宮下ヘ罷、相談候ハ差板ニ成共、葺替候共、今一應番頭寄相談可然ト申遣候処、無相違候、又得ト致見分可然(ト)、求馬ニ申遣、番頭申候ハ、此間致見分候ニ替事無之候間、三方葺替可然候、右之段被仰上候様ニ、數馬・求馬ニ申候由、大宮司申候ハ、番頭見分之上ナレハ、自分無相違候、乍去本社抔もテリ処ハ(屋祢ノ急成所ノ事)能候間殘置、夫ゟ下ヲ葺替候間、らう門モテリハ能候ハヽ、殘置、(楼門葺替)組ヲ葺替可然候、夫ゟ屋祢や右京呼、番頭數馬・求馬立合、爲見つもらセ四十▨兩ニ申付板木も番頭見立可然ト申遣、又求馬ニ申遣候ハ高直ニてハ無之候哉、又下直ニ致麁相ニ致候而ハ不成候、此方不知事何分ニも御爲ニ成候様ニ取計可然候、番頭四十兩ニて高直ニも有之ゝ、御座間敷申候、板木三本見立ル、

樓門葺替金

七月晦日、樓門萱替金四十兩、表返兩妻手付金貳拾兩、屋祢や右京ニ渡、

〔閏七月〕

水戸役人水野庄藏より水戸樣御次男卒去の事

一、閏七月七日、江戸雉子町屋祢や六兵へ方迄、水戸庄(水野)藏方ゟ和泉(香取)一名之書狀、七月九日出也、水戸樣(徳川宗翰)御次男直之助(丞)殿去月廿一日御卒去之由、夫ゟ庄藏取計、大宮司・大禰宜兩使を以、御構申來候由、致披露候由爲知書狀也、土手稲荷神主家來致持參候由、右之段大宮司殿ゟも御傳達被下候樣ニと申來ル、同日、求馬(伊藤)ヲ多宮(香取)方へ、右書狀遣見セ候、返翰被遣候節、御相談可及申來ル、

一筆致啓上候、甚暑ニ御座候得共、弥御堅勝可被成、御社務弥重奉存候、然者、去月廿一日於水戸御次男直之助(丞)殿卒去被致候ニ付、大宮司(香取多宮)御手前ゟも御悔被仰越可然候得共、遠路御存知も有之間敷候間、執計御兩所ゟ被仰越候趣ニ、遂披露候間、此段御心得迄ニ六兵衛方迄申越候事ニ御座候、右之趣宜多宮殿へも御傳達□斯拜顔可申述候、恐惶謹言、

七月九日　水野庄藏 判

香取和泉樣 人々御中

去七月八日ゟ之貴札、當月九日相届致拜見候、然者於水戸　御次男樣(直之丞)御逝去被爲遊候由、乍憚奉驚候、右御悔之儀、御取計御披露被成被下候由、御紙面之趣承知仕候御事、多中御心遣候段、近比忝次第ニ奉存候、右之段多宮江も江(衍カ)も相達候樣ニ被仰下、則申聞候、恐惶謹言、

閏七月九日　香取和泉 判

水野庄藏樣　香取多宮 判

別紙ニ庄藏方へ書狀遣、安否一通り也、兩名ニ而、

一、閏七月十三日、舍人(伊藤)三郎兵へ・清右衛門(額賀)・大藏(尾形)不快、悴波江三郎兵へへ申候ハ、引地源之丞事、六・七年以前、扇嶋七兵衛・源之丞兩人縁者也、引地源之丞義未身代不取立候間、御奉公暫御免被下候樣ニ願候間、其分ニ差置候、年久敷事勤候樣ニ可申付候、不勤候ハヽ、其分ニ不成候間ト可申聞候、又

*原町傳助彌助屋敷の事

原町傳五郎弥助事、

原町傳助・弥助屋敷之事、神役ホニも不出者ニ屋敷呉置候事難成候、家ハ立置、屋敷ハ可取上候、弥助

*玉籬修覆金大工に渡す

金剛寶寺諸神塚の番所柱際迄土手より土持懸る事

*朽木土佐守御役御免

*百姓へ仰渡され候御書付寫

彌助母屋敷取上るは難儀御用捨

小座山枯松の事

*米は猥に食せず常々雑穀を用ふ

病氣快歸〔氣〕ニて候、屋敷可遣候、四・五年ニも可成候、病氣ニ而何方へ往候哉、無沙汰ニ致欠落候、傳助子傳五郎も勤も廻テ不致、我儘ニかけあるき、年も廿七才ニ成候申付ヲモ不用、母ヲハやハリ家ニ差置可申候、□心宜勤候ハヽ、屋敷も可遣候、去々年も清右衛門・傳五郎呼、御屋敷江參候樣ニ傳五郎申付候而も不用候、右兩人母呼、右之段申付候、引地源之丞ニも右之段申付ル、〇（同月）十四日ノ処モ記、

諸神塚番所土手下ル了、
一、閏七月十三日、役人共申ハ、金剛宝寺諸神塚ノ番所、柱きわ迄、土手ゟ土持懸芝抔植候、柱江も土懸候由、番所建候時、今ノ通ニハ無之、堺論ノ節分間ニ致候、見分致置候樣ニ申付ル、

一、閏七月十四日、三郎兵へ・清右衛門ヲ以、引地百姓共、源之丞奉公之事、母眼病故、源之丞一日〳〵ト日用ヲ取相立候、田畑ハ無之、殊之外難儀仕候、今暫御用捨ト願、仍而先其分ニ申聞ル、弥助母屋敷被取上候テハ難儀仕候、一兩年御用捨ト願候間、其通申付ル、

一、閏七月廿六日、小座山枯松三尺計、久敷枯倒《タヲレ》御手洗市郎右衛門爲知舎人ニ數馬方へ前方ノ通爲取候由、爲ル知尤ぼうのとく立有之候由、

一、閏七月廿七日、金貳兩、大工山田村左内ニ渡、
右ハ玉籬修覆内渡、

一、同日、金貳兩、　木挽次郎右衛門・新兵へニ渡、

一、同日、外ニ願候ニ付、金壹分增遣、右兩人へ、
右作料三月二日ニ貳兩貳分、此度貳兩壹分皆濟、

〔八　月〕

一、八月十一日、朽木土佐守〔玄綱〕殿御役御免、其跡毛利讃岐守〔匡平〕殿、寺社御奉行被仰付候由、江戸ゟ申來ル、

一、八月十三日、實香〔香取〕延〔遠〕慮、明神前江出ル、訳ハ七月十七日美津比咩神靈、實香爲ニハ大叔母也、胤雪家督直ニ實行相續故、實香半減ニ服着ル、

一、宝暦九夘年七月、百姓江被仰渡候御書付写ノ畧、

一、惣百姓其身ニ不應、家作不仕、衣類庄屋妻子とも絹紬布・木綿、脇百姓ハ布木挽計着、此外者ゑり帯ホニ茂不致染色、惣百姓共、紫紅梅染間敷外者、何色ニ而も形なしニ染着可仕候事、

一、米者猥ニ不食、常々雜穀を用、且又諸事五穀之費成候、商賣不仕、名主・惣百姓男女共ニ乗物御停

*自今請負者一切停止

*田畑配分の儀

山林竹木猥に伐取の件

*新田出來の儀

止、佛事・祭礼至迄不似合、結構仕間敷事、

一、百姓之職ニ無藝能ニ翫ヒ、或者持高拾石以下之百姓田畑を配分仕、都而御代官所様御検見之節、名主・庄屋以下、御手代御役人中相頼、其礼物者、村中ゟ出シ相贈候ニ付、御取箇、去年モ下免ニ而、古來之御免合ニ不引合、然共、村方賑ひ候様ニハ、御見請不被遊、是ホ之類、私之事共申合、音物付屆ヲ始、種〻もの入、多ゆへと被及御聞候間、自今以後急度改、若又此旨百姓共ハ改候而も、御手代御役人中御改、於不被成候ニ者、御代官様へ御訴爲申候咎、御手代御役人中之ため物入ホ、是迄之通致布而、御取箇高免之御訴訟致候上之者ハ、多年之罪科を御糺明被遊、急度重キ科ニ可被仰付候事、

一、山林竹木、猥ニ伐取候義、不仕義、是又古來御定ニ候処、近年村普請ホ之節、不相應也、大木猥ニ伐取候由、被及御聞候、自今者、縦イ御奉行御役人中御申付共、難心得義者、早速御代官様江可申上候、尤竹木伐取候跡、御林ハ勿論、百姓林たりとも不遠時節、苗木ヲ植立可仕候事、

一、御普請所・自普請候所ニ不限、近年請負之者共出來、當分利徳守いたし、無程破損可有事を不顧、差略多ク、年〻御普請絶事無之候、自今請負候もの一切御停止被仰付、其村〻自普請所者御代官様御吟味之上、御普請ニも可被仰付候、惣而御普請所・自普請所無差別、惣百姓力ヲ合、不及大破様、心懸可申事、

一、御普請之御奉行御役人様、諸事被成方御差略有之、堅固ならさるハ勿論、御入用猥ニ多、或ハ百姓共へ被下候米・金ヲ不被下置、私之事共、於有之者、早速御代官様へ可申上事、

一、田畑配分之儀、高拾石地面壹町ゟ少ク分候義、御停止之、尤分ケ方ニ不限、殘高も此定ゟ少ク相殘シ申間敷候、然上ハ高貳十石、地面貳町歩ゟ少ク田畑配分不相成候間、厄介人有之もの者、在所ニ而耕作之働ニ而爲致渡世式ニ相應、奉公ニ差出可申事、

一、新田出來之儀、宜候得共、古田畑之隙ニ不相成所、開發可被仰付之候、又食物ハ勿論、其外諸色、潤沢候共、猥ニ遣ひ捨申間敷、賣買ノ諸色別テ不足

成と申者も無之所、此上物數多仕出候とて、人ゝ分限ヲ越而、物を遣候得共、事足り不申候、國衰となり、不益之事ニ被思召候米石幷菜種之外ハ、諸色新規之品者勿論、有來之物ニ而も相增仕出候義、猥ニ仕間敷事、

道來の外遊所見世物賣買等停止

一、道來之外、遊所見世物賣買ホ而、人集候義、其所之賑ひと申立といへとも、猥ニ申付候義仕間敷候事、無謂諸商物俄ニ高直ニ仕間敷、尤商物一所ニ請込、下直ニ賣出申間敷候、國ゝ所ゝゟ出候、諸色運送ホ不自由ニ候か、又者途中之煩、無之樣ニ可仕事、

*諸神塚後金剛寶寺土手押出す事

村方新地祠佛像建立并に百姓博奕諸勝負停止

一、百姓子共始、侍奉公ニ出シ、其後在所江引込刀差候義、先主ゟ合力請候共、刀差候義不相成候、都而村方新地ほこら（祠）・佛像建立幷百姓博奕・諸勝負事ホ、御停止之事、

一、前ゝゟ被仰出候御法度之趣、兼ゝ私共へ被仰聞候由ニ者、被思召候得共、末ゝ之者ハ一通被仰渡候計ニ而ハ、心ニ留メ覺候もの、稀ニ而御仰置遠ひ、罪科ニ被仰付者、度ゝ之事候、剝身之誤りをも不奉存者も有間敷候、夫ニ付、在ゝ手跡之師なとハ

可有之候、左樣之者申含、手習之間之重キ御法度書始、五人組帳式者、人ゝ教ニ可成事、手本ニも仕、又ハ讀覺候樣ニ仕、可然被思召候事、

右御法度、在ゝ百姓共へ被仰付、印形仕差上候、武家方江も被仰付之由、夫ハ別段之文法之由也、

右之被仰渡候書付、八月十九日淸右衞門（額賀）ニ申付、領分不殘寄聞スル、

八月十九日、大宮司方へ、右之書付ヲ求馬（伊藤）持參致、數馬方へ如此在之被仰渡候、此方ニてハ領分之者江爲申聞候、多宮（香取）へ爲見候処、入御念候事之由、此方ニても領分へ可申聞由也、

諸神塚ノ後火番所後金剛宝寺土手押出ニ付兩使遣ヿ、

一、八月廿二日、大宮司方へ使求馬、諸神塚後、金剛宝寺土手押出シ、芝抔付候、古來ゟ祭礼道、先年公事之節分見、繪圖ニも七尺五寸ト定候処ニて候、夫カ七尺ハヲケ六尺も無之樣ニ、土手ヲ押出候、番所も古來より之所ニ土手ヲ切込立候樣ニ見へ候位ニ土手押出シ、アノ処ニ道無之共ノ事ニ候得共、從古來祭礼道ニテ有來候事故、兩使遣、古來之通ニ爲致可然存候、爲御相談以使申進候、　返事、諸神塚道之儀被仰遣候、私當職前之儀、訳一向ニ不存候、有形

*惣持院使僧妙塔院住持願の事

分見七尺五寸ニ定候義、今日始テ承候、其元ニ而御隠居御存候間、何程も可被成候、乍去御念ニ候間、又諸神塚ノ間打見候而申遣、可然候、若申遣候而七尺五寸有之時能趣、仍而求馬・清右衛門申遣、猶又為見候処見打見もムリ〳〵六尺有之候間、大宮司方へ右之段申遣ス、左候ハヽ、両使可遣由、

同日、宮下ゟ掃除、此方ゟ孫太郎口上、此間土手普請被成候、諸神塚ノ間、土手出廻候、アレハ神用場所ニ而七尺五寸ノ処ニて候、火ノ番所之方迄出過候、被引候而可然候、前々之通ニ被致可然候、　金剛寶寺返事、早速御挨拶難成候、従此方御使僧可申候、

八月廿五日、金剛宝寺ゟ使僧不斷所訳不存候へ共、土手崩見苦敷御座候間、不斷所井土掘候而、土有之候間、為取土手へ付申候へ共、砂土故崩落申候、御使之通、土かき上ケ可申候、何分ニも宜様ニ申上候様ニ申來候、大宮司方江も來ル、

*妙塔院後住は本寺惣持院に願ふ

一、八月廿二日、金拾両、楼門請合金ノ内渡、屋祢や右京ニ渡ス、

楼門請合金の内渡し

一、同日、金壹分ト銭四百七拾七文、御手洗新介ニ渡ス、

右ハらう門萱板つゝミ手間九日、壹分割合拾三工分、

一、八月廿五日幷九月十二日、惣持院使僧こまとう・幷木神宮寺弟子秀然、妙塔院住持ニ相願度候願ニ來ル、

十月十一日、大宮司方へ使求馬惣持院ゟ幷木神宮寺弟子秀然ト申僧、（妙塔院住持之事、）妙塔院住寺〔持、下同ジ〕ニ願候、可申付存候、為御知申候、　返事、被入御念候、被仰遣候趣致承知候、

十月十七日、こまとう幷秀然呼、願之通妙塔院住寺ニ秀然被申付候、書付文申候間、一両日中可被出候ト申聞、右清右衛門方ニ而申付ル、

（宝幢院留主居ノヿ、）是迄妙塔院代留主居致候、道心をは宝幢院留主居致候様ニ申付ル、是迄ほういん留主居致候、三次郎ハ休候様ニ清右衛門ニ申付、

十月十八日、こまとう・周全同道ニ而來ル、和泉〔香取〕逢、書付文、

覺

此度妙塔院後住之儀、本寺惣持院願ニ付、拙僧ニ被仰付、難有奉存候、妙塔院寺之儀ハ、御先祖御開基寺内御領分内、其上御扶持米五俵被下置候事

ニ候へ者、此上何事ニ而茂御意相背申間敷候、尤時々之礼式等、急度相勤可申候、且寺内之竹木少木ニ而も、私ニ伐採申間敷候、御意次第ニ可仕候、依而如件、

宝暦九己卯年十月十八日

井木神宮寺融香弟子
妙塔院周《シフ》全印

大祢宜様御内
伊藤舎人殿

夫ゟ大宮司方数馬処へ遣、私義今日妙塔院江被申付候由申候へハ、数馬留主故申置帰候由也、

〔九　月〕

引地四郎右衛門前道三ケ村の者死人有る時惣持院へ通りたきを願ふ
*近年穢忌につき通さず
*四郎右衛門屋敷内に旧道開通を願ふ

追野四郎右衛門前道論始、
一、九月十四日、清(額賀)右衛門方へ引地録司代権祝子左門来り、今日宮下大炊(安部)方へ参り、引地四郎右衛門前ノ道三ケ村ノ者、死人有之候節、惣持院へ通申度と願候処不成候由被申候、尤前方ハ彼道通申候事ニて候、近年不被通候由、六郎祝申ニ而四郎右衛門不通候、右道不被通候ハヽ、旧道ハ四郎右衛門か屋敷、同裏通、先年ノ旧道有之候処、其道ヲ四郎右衛門勝手ヲ以フザキ前へ道ヲマワシ、又見定使畑ヲ道ニ致、今以年貢四郎右衛門出候、其義、今以覚候者も有之候間、

右旧道開通候様ニ奉願候ト申候、大炊申候ハ、自分知行内之事故、申上候事不成候、殊ニ右場所ハ道無之処ニて候、先年旧道有之筈無之候、旦那へ申上候事、不成候ト申候由、乍去其元御役人地方ニ付候事故願候、大炊何ト有之候共、不成候由申、左候ハヽ、是非願候ツモリニ候間、御代官御口添頼入候、夫も不成候、其元方勝手ニ可被成候、左候ハヽ、仲間之者江も申聞、御代官可願申由申候、清右衛門へ、其元江も為知申候、地方ニ付候事故ト申候由、清右衛門承置候由、及挨拶候由、

右訳引地百姓、其外権祝・安主(案)・録司代申合、致連判テノ事也、四郎右衛門屋敷ハ六郎祝、大炊知行畑ノ由也、四郎右衛門前ニ道有之、其道ヲ死人有之節、惣持院へ四十年以前迄ハ通候由、近年穢忌候由ニ而不通候間こまり、はさま山道ヲ通候、殊外遠く難所難儀之由、先年ハ四郎右衛門屋敷内ニ道有之処、四郎右衛門勝手ヲ以ツブシ、前へ道廻候、其道不通候間、大炊方へ願候へ共不聞、再三願候へハ、多宮(香取)へ為申聞知行所故、返事不成由、今迄通候所可通候由、右道ハ決而不成候由ニ付、左候ハヽ、四郎右衛門屋

敷内、旧道開通候様ニ願候由、とかく不成候由也、

樓門以下葺替相談の一件

一、らう門後軒通葺替相談、夘九月十六日、大宮司(香取多宮)方へ使求馬(伊藤)らう門裏軒通破候、當年も持兼候由、此度序ニ葺替可然ト遣申候上ノ方テリノ処ハ、能候由下軒通りヲ、少々之事木も余り入も致間敷候、此度序ニ致可然ト存候、如何思召候哉、御相談無御相違候ハヽ、番頭寄得〔奇特〕ト見分致させ、其上之事可然候、夫共思召次第ニ可致候、

大宮司返事、らう門屋祢拜殿ノ方テリヨリ下軒通《イキリ》之義被仰遣候、御年番之事故、何分ニも思召ニ可被成候、

九月十七日、御宮へ番頭寄らう門拜殿ノ方テリノ処除、葺替可然と存候、何も得ト致見分候様ニ申遣、番頭私共もシラウトノ事不知之間、屋祢や三人呼、随分能爲見候処、三年ハ持間敷旨申候、左候ハヽ、此度序ニ葺替可然候、夫共御兩所思召ニ可被成候、二・三年ト申候へ共、若もりも致候へハ、私共不念ニ成候間、靗トハ不被申上候由、　(マヽ)軒通破候て、此度序ニ葺替可然候、多宮先差置可然申上候、其通能候、番頭屋祢やニつもらせ候処、軒通八尺葺替、金七兩ニ御請可申と申候由ニ候へ共、上ノテリノ処殘候而も、七・八年持候へハ能候へ共、三年持かねへき由申候間、足代も致置候、上ノテリト申候而も、今少ノ事、此度序ニ葺替可然候、殘候ハ費ニて候、上ノテリノ処ト此度葺候処、高ヒク出來候へハ、ふき合セニ軒出來候へハ、水溜り惡敷候板もミヂカク不致候へハ、フキ合不申候、屋祢ノ弱ミニ成候、木も三本も有之候へハ出來候由、軒八尺ニテ七兩ト申候、皆ふきかへ候而十六兩ニ請合可申と申候間、今少之事故、皆葺替可然候ト、番頭皆申候由、九月十八日、此方國行事悴内記(香取)惣代ニ來り、右皆葺替可然候段、番頭共存寄候訳、宮下へ參申候へハ、成程、左候ハヽ、宮中無相違候ハヽ、皆葺替可然候、此方ニ無相違之段、多宮申候由、　和泉(香取)・多宮も——番頭皆左様ニ思候ハヽ、何分ニも宜様ニ致相談候様ニ、成程今少之事故、皆ふきかへ可然候、リツハニ成程之事無之候、扨又、昨日ハ軒通計ノツモリ故、入手間ニ致可然申候へ共、皆ふきかへニてハ請取仕候事ニ致可然候、

同日、番頭共屋祢や呼つもらせ候処、皆葺替十六兩貳分ト申候処、十四兩貳分ニ爲受負候由、若不足ニ

候ハヽ、何レニも可致增も可遣申候由、求馬(伊藤)來り、
右之段申可然ト申遣候、

玉籬大工請負

一、九月十八日、玉籬大工請負九兩・貳百文処、不足ニ付願候、多宮申候ハ、是も番頭立合申付候事故、了簡爲致候樣可然由、仍而番頭木挽ニ貳分增遣候間、大工ニ壹兩遣可然之由、其通り可然ト申遣、

公儀より書付差出す大小社社家有り村名主方へ仰付らる

一、九月廿二日、返田祝(椎名)大學來、從公儀諸國大小社社家有之候、社書付差出候樣ニ、村名主方へ被仰付候、如何可仕候哉ト伺ニ來ル、此方江ハ寺社、從御奉行所御沙汰無之候、返田村名主方ゟ香取神宮末社返田明神社家誰ト爲書出可然候ト申遣、

諸國大小の神社京都御用につき取調書付差出す

從公儀御觸御領・私領江廻候由、

諸國大小之神社、於京都御用ニ付而、當時所在之分、不洩樣ニ取調、書付可被差出候、

一、氏子守護候社抔ニ而も、都ニ而社人有之候社、古來ゟ社小分之社ニ而之書記可申候、尤社人ホも無之程之小社者、書記ニ不及候、

一、惣而社ゝ之由來ホハ、書記ニ不及事、

一、國ゝ郡付ハ、書記ニ不及候、國分ケ計ニ而何之國ト書出シ、其國ニ有之候社号計、書記可申候事、

一、社号旧号与替候分者、當時称号書付、旧号何之社与書加可申候事、

右之通り致吟味、其所之奉行所御料者御代官、私領者領主・地頭ゟ取調、書付鳥居伊賀守(忠孝)方へ可被差出候、

但シ、組支配有之候、面ゝ者其頭替書付可被差出候、

卯八月　右之通り可被相觸候、

一、九月廿二日、舍人(伊藤)方へ大工左内來り、玉籬棟上仕度之由願出ル、相應ニ致候樣ニ申遣、

卯九月廿二日、玉籬棟上入用、

一、御さご、白米壹斗、　一、御酒壹舛、　一、貳百文御初尾、大工棟梁へ、

一、貳百文、仕手貳人、　一、別ニ酒三舛、是ハや祢や十一人、木挽三人働、人足貳人、

*死人通行不覺

追野四郎右衞門前道之義、
一、九月廿三日、錄司代左門先立之道之儀、大炊も七十ニ成候、死人通候事不覺、其方抔旧道有之候由、願候へ共、證據無之由、今迄通來候、道致相續通候樣ニ宮下ニテ御申ノ由、求馬方へ爲知ニ來ル、

*四郎右衞門前道願

九月廿四日、引地之者、皆打揃、今日宮下へ四郎右

衛門前道願ヲ替願出候、又見社ノ前成共、何レニても通候樣ニ被仰付可被下候、今迄通之道も地主〳〵通間敷候、何ニても通候樣ニ被仰付可被下候ト申出候、數馬(尾形)申候ハ、四郎右衛門前ハ四十年來不通候か證據ニて候、差圖ニて候ハ無之候へ共、今迄通付候、道拵通可然候ト之事ニて候、宴元樣江も御願申候、求馬申候ハ、此方江も被願候哉、成程、御願申候、左候ハヽ、可申聞候、

四郎右衛門前は四十年來不通

一、九月廿四日、金拾五兩、屋祢や右京ニ渡、

右ハ樓門請合四十兩之內、七月晦日十貳兩、八月廿二日十兩、今日十五兩渡ス、

一、九月廿四日、九兩ト錢貳百文、大工山田村左内ニ渡ス、

同日、外ニ壹兩増シ遣ス、〆拾兩ト貳百文、

玉籬請合

右ハ玉籬請合、六月十日ニ四兩渡ス、閏七月廿七日貳兩、今日四兩ト貳百文渡、皆濟、

一、九月廿八日、引地百姓、其外宮下江願出候処、其方追野道之事、抔旧道有之候由申候而も無證據候、忍ニも四十年來通候ハヽ、其通之道ヲ通り可然候、大炊是《コレ》迄不通付候処、通レトハ不被申付候、四郎右衛門前ハ、四十年來不通之由、數年不通か證據、其不通か其方抔不調法ニて候、又見御宮前ハ宮中ニてハ、如何可有之候哉、此方ニてハ得心ニ無之候、差圖ニて無之候へ共、只今迄通候道ヲ通り可然候由、多宮挨拶也、求馬宮下江願見候樣ニ申候由、

*左原禰宜任補懸紗狩衣願

一、九月晦日、左原祢宜任補懸紗狩衣願、冥加金差上ル、

〔十月〕

*側高祝來る

*公儀より諸社書出しの內譯

*香取末社側高大明神の宮柱神武十八年と書出す

一、十月朔日、側高祝來り、村地頭ゟ私村名主方ゟ、從公儀諸社書出候樣ニ被仰付候由ニ付、此間書出候処、宮柱ヲ書出候樣ニ申來候、如何可仕候哉、香取末社側高大明神神主誰ト書出シ、此方之宮柱、神武十八〇(寅)年ニて候、御宮繪圖ニも有之候間、神武十八年ト書出可然候、宮下江申候樣ニ申候へハ、多宮(香取)ー旧記ニモ側高之事ハ無之候、宮中ニ而左樣被申候へハ、其通可然候、

*道の義幾度願出ても成らず

一、十月四日、舍人(伊藤)方へ道之義、皆來ル、昨日宮下江願ニ出候品も不替候、願幾度ノ願出候テモ不成之間、重テ不出候樣ニ有之候間、今日ハ品ヲ替、又見社前御通被下候樣ニト願出候処、數馬(尾形)ーハ可申上候由申

候、此方差圖ニてハ無之候へ共、宮中江ハ出候哉、可出存候由申來候由、求馬(伊藤)可申上由申、

大宮司方道之事相談、

十月八日、道願人左門方、今日宮下へ出、又見社之前御通可被下候ト願候処、通り不付候処ヲ通レトハ不被申候、毎度來候而も右之通故、此上不來候様ニ、數馬へ多宮申候由、數馬申候ハ、又見ハ大通ニ而忌之者も通候由、求馬方へ此方江も願候由申候由、求馬申上候と申候、

追野四郎右衞門前の道次第まねい引地の者共道の儀願ふ

十月九日、大宮司(香取多宮)方へ使求馬、追野四郎右衞門前ノ道、死人有之候節、通ル不通候義、通度由まねい引地之者、此方江も度々願出候、右道葬送ニ返事稀成事、二年ニ一度、三年ニ一度も有之候事、別テ穢候事も有之間敷候、又其前ニ社ニても有之ニても無之、四郎右衞門自分ニ死人有之候節ハ通候由、自分ハ通リ、他人ハ不通候と申も、ヲカシキ物ニて候、まねい引地之者、大勢殊外致難儀候由ニ候へハ、通候而も別而差障も有之間敷事ニ候間、通候様ニ被仰付候テハ、如何可有之候哉、爲御相談申進候、

多宮返事、まねい引地之者共道之義願候段、被仰下致承知候、此方江も願出候、是迄通付候道、不被通候ニ付願出候、四郎右衞門下之道之儀ハ、四郎右衞門作勝手ヲ以、手前地内を借候而道付、夫故三十貳文ツヽ、道代夏成、手前へ納候、依之死靈ハ不通候、其通りヲまねい引地之者へ致挨拶候へハ、又見ノ前道ヲ通度由願出候、是ハ可及御相談哉ト存罷在候処、御使ニ御座候、

十月十二日、道願人求馬方へ來ル、求馬申聞候ハ、是非共願候心ニ候ハヽ、願書ヲ以可被願候、又折々葬送ニ彼道通候事有之哉ト尋候処、六・七度、近年迄通候事有之ト申、左候ハヽ、夫カ例ニて候間、例書致可出候、此間宮下江一通御相談有之候ト申聞スル、夫ゟ宮下へ願人出ル由、數馬｜ハ、其元抔ハ宮中江願候ナト申候由、成程願出候、宴元様へ御相談も有之も由承候、數馬｜其元抔願、今ハ又見道之事ニて候ト申間、左様ニてハ無之候、四郎右衞門前道御通不被下候間、不通付、又見道ヲ御通被下候様ニト願申候、今ニデモ四郎右衞門前道通候様ニ被仰付候へハ、難有奉存候、

十月十四日、右道見分ニ求馬・三郎兵へ・清右衞門(額賀)・大藏遣ス、引地源五左衞門・甚右衞門案内ニテ見分、

道願ふ人來る

四郎右衛門屋敷内をも見ル、惣持院江も使遣、屋敷堺見候段、爲知繪圖ニスル、四郎右衛門裏ニ旧道古來有之候哉、四郎右衛門屋敷内ニ少ゝ見通ニ屋形有之由也、

十月十六日、道願人來、宮下數馬方へ願書差出候処、宮中ニ而御差圖ニ候哉、御差圖ニても無之候、求馬申候ハ、其元抔之様ニ一度〳〵ニ口上遠候テハ、難申上候間、書付ニいたし差出候様ニ申、明日願書差上候、宮中江も差出候哉、只今ゟ差出候ツモリニて候ト申候由、數馬今日ハ取込、明日披露可致由也、求馬方へ來り、願書明日可差出由申候、

香取神宮別當は金剛寶寺

一、十月十五日、四ケ寺ゟ金剛宝寺へ、諸國諸社別當有之社、書出候様ニ鳥居伊賀守(忠孝)様迄、從四ケ寺差出候由、香取神宮別當金剛宝寺ト書出候由、不斷所・求馬へ咄、

追野四郎右衛門門前道不幸の節死人罷通る例は至極難儀

*右の通り度々罷通る例あり

一、十月十七日出、
乍恐奉願上候御事

一、追野四郎右衛門門前道不幸之節、死人通候義、不通付候間通候義、無用候由申候、自分不幸之節者罷通り、私共不幸之節者通候義、被差留、大勢者共、至極難義仕候、

一、正徳六年未(申)十二月廿三日、錄司代母罷通候、
一、享保八年卯六月二日、案主娘罷通候、
一、享保十八年丑四月廿五日、源右衛門子罷通候、
一、享保十九年寅七月十二日、權祝子罷通候、
一、元文二年卯(巳)八月十一日、彦左衛門子罷通候、
一、元文五年申四月廿五日、五郎右衛門娘罷通候、
一、延享二年丑十月八日、傳兵衛子罷通候、
一、延享三年寅三月十九日、清右衛門母、其節惣持院清範死人連立罷通候、清範今以存生ニ罷在候、
一、延享三年寅三月廿三日、清右衛門父、右之訳ニ而罷通候、
一、延享四年卯十月十八日、權祝母罷通候、
一、延享四年卯十一月廿九日、源右衛門母罷通候、
一、宝暦元年未十一月十二日、靭負子罷通候、
一、宝暦五年亥九月廿四日、傳五郎子罷通候、
一、宝暦六年子十月廿六日、庄五郎子罷通候、
右之通り、度ゝ罷通候例御座候間、罷通候様ニ被仰付可被下候、左様ニ罷成不申訳ニ御座候ハヽ、又見社前成共罷通候様ニ被仰付可被下候、尤死人有之候義、稀成義御座候、右之通り候例も有之、

*道願ひ宮下へ出づ

*甚左衞門畑を借り道にして三十二文宛の夏成差出す

道願ふ人宮下へ出づ

縦先例無御座候共、大勢難儀至極仕候間、此上罷通候様ニ被仰付被下候者、難有奉存候、以上、

寶暦九年夘十月

引地郷　鈴木庄五郎印

尾形傳兵へ印

岡沢源五左衞門印

ɔ 岡沢源右衞門印

岡沢彦左衞門印

鈴木甚右衞門印

前後 鈴木清右衞門印

椎塚五郎右衞門印

香取權祝印

香取安(案)主印

香取錄司代印

香取御兩所様

御役人衆中

右之通願書、昨日宮下へ差出シ、今日伺ニ出候処、留置可見之由也、

十月廿八日、道願人今日宮下江出候処、數馬未取込故、御相談も無之由申、求馬方へも伺ニ來ル、

〔十一月〕

十一月十日、七日ニモ來ル、何も留主、道願ニ來ル、數馬(尾形)ハ、旦那申候処、未御相談無之候、今日皆來候段可申聞候、

十一月廿四日、道願來ル、宮下ー可積《リ》合候由被仰聞、

十一月廿六日、道願權祝・左門・長七、宮下へ出候処、先達而宮中ゟも御相談も有之候、四郎右衞門屋敷ヲ道ニ〆、其先ハ此方地内甚左衞門畑ヲ借り、道ニ〆年〻三十貳文ツヽ、夏成ヲ差出候、依之死靈ハ不通付候由、御挨拶右之通ヲ皆へ爲聞候様ニト被仰候由ヲ申也、此方江も伺ニ出ル、

十一月廿九日、道願出ル、宮下へ伺ニ出候処、四郎右衞門前道之事、死㚑是迄不通付候間、難成候、不出來候事、重テ不出候様ニ、可申付旨申候由、願書ニ又見之事書出候、是も宮中江致相談候処、沙汰無之候、達而願度存候ハヽ、宮中へ年番故可願候、又其方抔も願書ニハ不書出候へ共、はさまの方ノ道、致相續通候ハヽ可然候、此方へも願ニ來り、右之通求馬方へ申、

十一月晦日ニも願ニ此方へも來ル、

同日、宮下ニて數馬申候ハ、四郎右衞門致難儀候由申候間、不出來候、願人申候ハ、左様ニて無之、先達而四郎右衞門申候ハ、私ハ何障無之候へ共、六郎祝不聞候ト申候、仍之大(安部)炊方へ申呉候様ニ申候へ共、

致難儀候由ニ付、私共大炊へ申出候、數馬夫ハ四郎右衛門不濟候、呼可尋候由申候ト申候、

〔十二月〕

道願ふ人宮下へ出づ

十二月朔日、道願人來ル、今日宮下へ出候処、四郎右衛門前道ハ、此方知行内故、先達而申通ニて候、

又見下道の事

又見下道之事ハ、宮中ゟ御相談もアラウカ也ト申候由、此方江も又見下道通度由申出候、夫ハ通レト申者、罪《ハツ》ニ成候事故、誰も通レト申者ハ有間敷相談ニも不及候ト申聞ル、

十二月九日、道願人來、兩方共何共被仰付、難被成候ハヽ、御添簡可被下候、公儀へ可出由申、

追野四郎右衛門前道の事につき相談

死人有る時自分の身内は通し他人は通さず

十二月十日、宮之助(國分大和)・物申祝(香取右近)呼、追野四郎右衛門前道之事、委細申談、願書才爲聞四郎右衛門自分ニ死人有之時ハ通、他人ハ通間敷ト申事ヲカシキ物也、又人之通候道ノ事故、死人ハ稀成事通候而も苦敷も有間敷候、又其処ニほこらや鎮守ニても有之候ハヽ、各別差而障も無之様ニ存候、夫共難通訳も候哉、何ニいたセ大勢甚難儀ノ由申候間、通候様ニ被申付候テハ、如何有之候哉、此段先達而も求馬(伊藤)ヲ使ニ遣候へ共、聢ト無之得心無之候、右之段何茂抔兩人多宮方へ談候様ニ致度呼申候、

物申申候ハ、是御咄ニて候へ共、一兩年以前孫太郎ト宮下六右衛門畑障ニ成候、杦木之義ニ付、内記(香取)・私宮下へ出候処、殊外被レ呵申候、夫故私申候ハ、重而出申間敷旨申候、和泉(香取)申候ハ、然レハ何茂抔ハ行候事、いやト申事ニ候哉、いやナレハ能候、達而ト申ニても無之候、此方も一社靜謐ノ爲ヲ存テノヿ也、殊ニ先年從御奉行所も面立候、社家へ致相談、致取計へ抔ト被仰付有之候間申事也、宮之助御相談トやらんや、右近(香取)いやト申候てハ無之、年老候間、志摩(香取)ニ可仕哉抔申間、多宮(香取)へ直談も安キ事ニて候へ共、多宮ハ年行、殊ニ古役、自分ハ年レ若者事ニ候間、コナタ抔ノ様成、年寄ニて無之候へハ、能無之候間、志摩ハ不呼、右近ト申遣候、大和(國分)・右近宮下へ參候事、いやト申候てハ無之候、御内談故、御咄ニハ御氣ニ障候事も不申ニハ不成候ト申間、成程、夫ハソウト申、夫ゟ宮之助・物申宮下へ行、多宮不快之由ニ而數馬を以申候へハ、訳承知之由、今日ハ不快、不被逢候由申候由、夫ゟ兩人、此方へ來り二(一)兩日も過、

又出可申候、夫ニ而不埒明候ハヽ、ドウメ私共掛候事故、此上幾度も可出候由也、

十二月十一日、道願人者來、昨日兩人宮下へ遣候旨、申聞スル、

十二月十三日、宮之助大和・物申祝右近來ル、今日宮下へ此間之義ニ付參り、懸御目候、多宮御申候ハ、先達而此方樣へ御申越候趣ニ被仰候間、左樣ニてハ平ニ成不申候、如何可致候哉ト申候、宮下ニても一社靜謐ヲ思召、私共兩人ヲ被遣候、私共兩人も靜謐ヲ存、參申候ト申候へハ、多宮――自分も一社靜謐ヲ存候、其元抔もソウ存候ハヽ、得ト了簡被致可然候ト被申候、是ハ色ヲ付テト被仰候事ト存候間、私共得ト了簡可仕と奉存候、

宮之介物申來る

十二月十六日、宮之助・物申來ル、此間宮下樣ニも靜謐思召候由、致了簡候樣ニト被仰候間、私共致了簡御內意承度、今日參候、宮下樣色ヲ付テト被仰候間、四郎右衞門前道三十貳文ノ夏成ヲ、引地ノ者大勢ニ而出候樣ニ致、可然奉存候由申事也、和泉申ハ夫ニテ濟候へハ能候、先求馬ニ爲聞可申候、彼等挨拶、其元抔へ又可申入候、

*多宮夏成出すには不得心

同日夜、求馬道願之者呼、四郎右衞門前道卅貳文ノ処、夏成ニても爲出濟度ト云物有之候、其方抔如何存候哉ト尋ル、願人之者申候ハ、御兩所被仰付候へハ畏候、宮下樣計ノ被仰付候へハ、不罷成候由申事也、

十二月十七日、宮之助・物申方へ求馬行、願人呼申聞候処、只今迄夏成不出付候間、何卒先達而之通願之通ニ被仰付被下候樣ニ申候段、大和・右近へ、右之段申聞スル、大和ハ相心得候由申、右近ハ留主故、志摩へ申置、

十二月十八日、宮之助・物申來ル、今日宮下へ參り數馬を以、此間私共へ致了簡候樣ニ被仰付候間、此間宮中へ參、夏成三十貳文願人ト四郎右衞門一同ニ爲出相濟シ度由申候へハ、宮中ニテ夫ニテ濟候へハ、一段ニ候、先求馬ニ、右之段可《ト》申聞被仰候、求馬願人共尋候処、夏成差出付不申候間不差出、願之通通候樣ニ被仰被下樣ニ申候由、昨日求馬申候、私共も了簡致方も無之候、多宮――ハ、江戸出府前、近寄取込候間、不逢候、其元抔了簡ニ而夏成出候樣申候而も不得心ニ候由、氣毒ニ存候ト、宮下ニ而被仰候由、

*引地百姓呼び公儀へ伺ふ旨申聞かす
道願ふ人共來る

*追野四郎右衞門門前往還死人の不通の儀

此方へ右両人來り申、又了簡も可致由申、
十二月廿日、道願人共來ル、此間宮之助・物申▨三十貳文爲出テ濟度由申旨、委細此間中之事爲申聞候へハ、彼才當年八月迫ニ候間、來春可奉願旨申歸ル、
十二月廿日、番頭共來ル、今日宮下江御呼候間、參候処、追野四郎右衞門前道之事、死人通度ト願出、未相濟候、四郎右衞門屋敷ハ、此方地内故死人通候事、不成事ニて候、願書を以願候、此間求馬方江添簡願候由、自分ヲ相手取申候間、其分ニ不成候、追付致出府之間、可伺存候、兩支配之事ニも候間、殊ニ引地宮中之支配之者も有之間、右之段爲知呉候様ニ申候、尤權祝・案主・錄司代をも、今日一通可尋存候、右之段も宮中へ咄呉候様ニ御申候ト申事也、和泉挨拶、御口上之趣致承知候、被入御念候事ニ候、
同日、錄司代・案主・權祝ヲ大宮司(香取多宮)方江呼尋候由、宮之助・物申、此間扱ニ卅貳文爲出可濟ト申候処、其方抔不出付候間、不差出濟シくれ候様ニ申候哉ト尋候由、彼才成程左様之由申候へハ、左候ハヽ能候、夫ヲ可聞ため呼候、權祝悴ハ親も年若ニ候間、親出候様ニ可致候ト申候由、

同日、町ノ淸右衞門処へ引地百姓共呼、今日宮下ニ而番頭御呼、公儀江可伺ト被仰候由也、其方抔も其心得ノ爲、申聞セ候由申、
十二月廿三日、大宮司多宮御年礼ニ出府、
十二月廿三日、錄司代・案主・權祝呼尋、口上書爲致、

口上覺

一、追野四郎右衞門門前往還死人不被通義ニ付、御尋ニ而御座候、右道往還ニ而死人モ通來申候処、三十五年以前、源五左衞門母不幸之節、通懸り候処、四郎右衞門人數相催、棒手木持出通不付候間、通間敷由申候間、愁傷之砌、口論も難仕取テ返シ、畑小道山中抔道ニも無之処、罷通申候、其後も往還罷通申候処、又候廿五年以前、權祝妻不幸之節も、右之通差留申候間、此節も無是非山坂畑抔難所を罷通申候、右ヲ例ニ仕、向後通候義難成由申候得共、往還と申、古來ゟ通來候間、其後も罷通候処、兎角難通由、度〻申候間、死人ハ二年・三年ニ一度も罷通候処有之、稀成事脇道ヲ通候得者、新部村江懸り、篠原村ヲ通り候得者、道一里程も

廻り候、外ニ差障候義も無之、古來ゟ之通り、通候様ニ致度段、度々申談候得共承引不仕候間、右四郎右衛門地主阿部(安)大炊方江、私共罷越、難儀仕候段申候処、従古來通シ不付ト申候間、近比迄通候由申候得者、夫ハ忍而可通と申候間、葬礼之義可忍様無御座候、大炊(安部)申候ハ、夫ハ四郎右衛門不屆、其分ニ難差置抔ト申候、廻道致候而ハ十一人之者共、大致難儀候間と、色々申候得共、承引不仕候ニ付、無是非御地頭大宮司様江、去秋中ゟ度々御願罷出候処、先頃被仰聞候ハ、四郎右衛門前之道之義ハ、四郎右衛門屋敷内ニ而、彼者耕作之爲ニ付候道故、通候義難成候段被仰渡、迷惑奉存候御事、

*四郎右衛門門前分の往還道に限り年貢差出づるは謂れなし

御地頭大宮司

追野四郎右衛門門前道の儀につき古道の儀申上ぐ

一、右四郎右衛門門前道之儀ニ付、古道之義申上候ニ付、御尋ニ御座候、

四郎右衛門屋敷之儀、元畑ニ而御座候節ハ、引地源右衛門夏成百五拾文ニ而出作仕候処、惣持院百姓藤左衛門祖父世話仕、又見藤右衛門次男四郎右衛門、右畑ニ家作仕罷移り申候、年數百年余ニも可罷成と、年寄候者共申傳候、其後右屋敷之上通り、惣持院寺内堺之土手下通、往還之古道有之候処、八十年余ニも可罷成と、年寄共申傳候、右四郎右衛門屋敷内ニ圍込、其代りニ只今之四郎右衛門門前江道ヲ廻候由申傳候、

一、只今往還、四郎右衛門前ノ道ノ分ゟ三十貳文年貢差出候由、依之右道者四郎右衛門屋敷内と申事ニて候、往還道跡先有之候処、四郎右衛門門前分之往還道ニ限り年貢可差出所、謂無之候、別ニ四郎右衛門屋敷内ニ年貢差出候場所聞及候事も有之候哉、又右屋敷ニ付、證據之書付等ニ而も無之候哉

▨、御尋ニ御座候、

右之段者、何之場所ゟ年貢出候訳ニ御座候哉、其段ハ不存候、證據之書付、何茂無御座候、右之通り重而御尋被成候共、相違無御座候、以上、

寶暦九己卯年十二月廿九日

(鈴木)庄五郎 印
(尾形)傳兵衛 印
(岡澤)源五左衛門 印
(岡澤)源右衛門 印
(岡澤)彦左衛門 印
(鈴木)清右衛門 印

(鈴木)甚右衛門印
(椎塚)五郎右衛門印
権祝印
案主印
録司代印

香取和泉殿

*追野源六呼ぶ

惣持院百姓追野源六を呼び四郎右衛門門前道の儀尋ぬ

十二月廿六日、惣持院百姓追野源六呼、四郎右衛門門前道之儀尋ル、アノ畑へ四郎右衛門移ハ、何年何代古道有之、道廻候ハヽ、何年程以前、借地證文有之由、委細ニ尋ル、何も不存之由申候、夏成三十貳文出候由、是ハ道ゟ出候哉、又四郎右衛門屋敷内ニ夏成出候処、有之候哉、源六道ゟ夏成出候由申、其外何も不存ト申不申候、

追野四郎右衛門呼ぶ

十二月廿八日、追野四郎右衛門呼、我カ祖父カアノ処ノ畑へ引移候ト云ヿ也、何年何代ニ成候哉、古道有之、今ノ道廻候由、何年程ニ成候哉、借地證文其外慥成書付有之哉、ソウシタ證據有之候哉、死人不通訳ノ證據慥成事有之候ハヽ、まねい引地之者願、為止可申候、有底ニ申候様ニト尋候処、何も覺不申不存候、アノ道死人不通付之由、女共申候由申事也、又右夏成ハ道ゟ出候由申事也、我家ニ書付ニても有之候哉、又大炊方ニ有之候哉聞合、此方へ可申旨申帰ス、

同日、追野源六呼尋ル、我ハ此間尋ニ、何も不存候由申事也、夫ニてハ不濟候、先達而我祖父借地請合ニ立、親申傳存候由、縄つり〆可為見候由、先達而皆へ申、今尋候ニハ不申公儀ニ而御尋候節、何も不存候と申テハ濟間敷候、得と致了簡候様ニ〆求馬方迄可申旨申帰ス、

同日、惣持院百姓追野助之丞并彦右衛門呼尋ル、何も不存之由申、道之事ハ夏成ハ道ゟ出候由申事也、是も致了簡求馬方へ申候様ニ申帰ス、

同日、源六・助之丞・彦右衛門罷帰、先刻之儀、惣持院江も為申聞候、我ホ存候ハヽ、申上候様ニ被申候へ共、私も何も不存候由、求馬方へ申テ來ル、

*四郎右衛門舎人方へ來る

同日、四郎右衛門(伊藤)舎人方へ來り、私方書付共見候へ共、道ニ付書付ハ無之候、大炊方不聞之由申聞候様ニ申候、其段ハ御免被下候様ニト度々申候而も同事也、

源六訳ヲ存兼テ、親申置候道之事、四郎右衛門借地移候事も兼候申候由、然共四郎右衛門為ヲ存、助之

*返田祝大學舎人方へ來り宮林にて三尺計の松根反り

佐原禰宜狩衣願につき冥加金差出す

*根倒れ松有りと願ふは虚

樓門棟上祝儀入用

丞・彦右衛門才申合候由也、公儀ニて御尋候節ハ、訳可申抔ト、源六内證ニてハ申由也、
右ハ大宮司相伺可申由申、致出府候事故、神領中之事ニ候間、右之者共召呼、一通相尋候事也、

〔十月〜十二月〕

一、十月七日、兵衛大夫番代帯刀願候ハ、神樂所戸敷居朽候間、修覆願、數馬(尾形)多宮(香取)へ伺候処、宮中無相違候ハヽ、拵候様ニト也、
一、十月廿三日、大祝(香取)宮内來り、來ル十一月十八・十九・廿日、大々神樂執行仕度候、御世話奉頼候由申、
同日、大宮司(香取多宮)方へ使求馬(伊藤)、右之段申遣、無相違可勤之由申來ル、差札も廿五日申合ル、
一、十月廿五日、佐原祢宜狩衣願冥加金差出ス、
一、十月廿五日、金子三兩、樓門屋祢表兩妻萱替請合、殘金屋祢や右京ニ渡、
一、右同日、金拾十四兩(マヽ)貳分、樓門屋祢裏通請合之分、屋祢や右京ニ渡、
一、十月廿六日、樓門棟上祝義入用、
壹貫貳百文、　棟梁貳百文、仕手拾人百文ツヽ祝儀ニ遣、
三百八十八文、酒・干物ノ代、
三十貳文、米壹舛代、
百文、まき銭、
五十四文、半紙三狀(帖)、
十貳文、水引、

返田社松倒ニ付大學修覆ノ願、
一、十月廿六日、返田祝(椎名)大學舎人(伊藤)方へ來り、宮林ニ而三尺計ノ松根かへり致候間、社棟破候間十三日前ニ拵申度候、奉伺候由　挨拶、先見分可申付候間左様心得候様ニ求馬へ申、數馬ト申合見分致候様ニ可申候申分能無之候、根かへり松さし候ハヽ、其屆ケ可致候、又棟破候ハヽ、先達而其屆可有之候事、根かへり松無之候ハヽ、棟ハ破候とも捨置候哉、申方不宜候ト申、大學何分ニも宜申上呉候様ニ申候由、
十一月十三日、返田へ求馬・數馬申合、早ク往、宮林倒松見分根倒ノ木ハ一本モ無之間、大學ヲ呼尋候処、宮林ノ木致拂木度存願上候、何分ニも御兩人宜申上度由申、根倒松有《ト》レ之願候ハ、虚《ウツ》ニテ松木拂度存念之由申、夫故數馬・求馬其様ニ虚ヲ申候テハ、職ノため能有之間敷候由申聞ル由、

*返田社宮林に倒木につき御宮拜殿屋禰損ず

十二月朔日、大宮司方江使求馬口上、先頃返田祝(椎名大學)來り願候ハ、宮林ニ倒松有之候間相拂、拜殿むね損候間、修覆仕度段願出候、其節申聞候ハ、其内申合、見分差越可申旨申聞候、定而其元様江も、右之通願出可申候と存候、去十三日數馬・求馬致見分候処、宮林ノ内一本モ倒木無之候、畢竟不勝手故之儀、御兩人宜相賴候由申之、其後侘言ニも不來候、右之通

大學支配に對し謀計なる仕方

支配へ對し謀計成仕方ニ御座候、大勢之支配、自余之爲ニも御座候間、先數馬・求馬立合、吟味口書ニても爲致候而ハ、如何可有御座候哉、夫共其分ニ差置可申候哉、如何可仕候哉、爲御相談以使得御意候、大宮司返事、返田祝義被仰聞致承知候、其分ニも相成申間敷候間、被仰付、御吟味被成候テ、宜可有御座候、求馬・數馬致相談、年番故舎人方へ呼、數馬立合、吟味可致筈ニ相極ル、

*返田祝訴訟に來る

十二月三日、返田大學方へ差紙遣、數馬・舎人兩銘被尋儀有之候間、明四時舎人方江可被出候、右之段被申付候、尤印形持參、可被致候申遣、畏候由也、
十二月四日、舎人方へ返田祝大學來ル、求馬・數馬立合口上書へゟ印サスル、書付ハ年番故此方ニ置、

口上覺

返田社宮林ニ倒木有之候、御宮拜殿屋祢損シ有之候間、右木相拂修覆仕度段、先達而私御願申上候処、其節被仰聞候ハ、如何様之木ニ有之候哉、其内申合、見分可被遣旨被仰聞候、依而去月十三日兩代官衆見分被致候処、宮林之内壹本も倒木無之ニ付、私江右之段御尋ニ御座候処、私不勝手故之儀ニ而御座候、宜様ニト兩人江相頼候、其後御侘ニ茂可參処、其後も曾而無之、謀計成仕方重ゝ不屆ニ思召候、右之段預御尋申披無御座、不調法至極ニ奉存候、重而御尋被成候共、相違無御座候、以上、

宝暦九己卯年十二月四日　返田祝 椎名大學印

香取
御兩所

右案文、先達而多宮ニも爲見相極ル、
十二月九日迄返田祝訴訟ニ左原祢宜・四郎神主三度來ル、何も近縁者、(以下闕ク)
十二月十一日・十六日・十八日、返田祝願ニ佐原祢宜・四郎神主來ル、

返田祝佗に來る

十二月十六日、大宮司方へ使求馬、返田祝佗ニ兩人來候、定而其元樣江も可參候、寂早近〻御出府も被成候、仕置之爲ニも御座候間、御歸後之御相談ニ致候而ハ、如何可有御座候哉、御相談之ためし、返事、
●如仰━━仕置のためニ候間、何分ニも思召ニ可被成候、

宮林にて神木澤山盗まる

先達而相尋候節、先年も宮林ニ而神木沢山盗致拂木候、度〻之儀、此度も先年之仕方へ可致存念と呵候事也、

佐原禰宜四郎神主返田祝の願に來る

十二月十八日、佐原祢宜左膳・四郎神主多中、返田祝願ニ來ル、急ニハ不成事ニて候、正月年始ニ此方へ來候事、無用ニ候と申、兩人申候ハ、來正月ハ八月祭當ニ候、如何可仕候哉、　神符頂戴、夫ハ神前向不差止候間、出候樣可致候、尤宮下へ可申申遣、

神事荷用の事

一、十一月四日ノ夜、(御祭礼節荷用ニ立候訳)神事ニ荷用人不立候故、三奉行立候樣ニ申候へ共、大藏・三郎兵へ不立候間、皆不立、彼者立候ハヽ、可立抔皆申候由、

三奉行神前へ寄る

十一月五日、三奉行神前へ寄、三郎兵へ・鄕長・大藏・大細工・田所申候ハ、鄕長神事ノ節、荷用ノ事、先達而伺候処、宮中御隱居御代、鄕長荷用ニ立候而、

能キ格カ不立、能キ格カ、其方抔役目之事知ソウ成物之由御申候故、其元江も神事ノ節、荷用ニ被立間敷旨、先年申候へ共、惣社家江も不申聞、十八奉行權祢宜(香取式部)・物申(香取右近)江も不聞候間、此度權祢宜・物申江申聞、御兩所江も可伺存候間、先内證ニ而其元方へ申候由、○大細工・大藏申候ハ、何ト申候哉、無沙汰候、三郎兵へ申候ハ、手前職ニてハ荷用ニ不立候由申傳候、乍去手前ハ他ゟ來候者之事、訳不存荷用無人之節、一兩度立候事も有之候、其後立ナト、其元抔被申候間不立候、立候而能キ筋ニ候ハヽ、私ハ拙キ者之事故、可立ト申歸之由、　右ハ三郎兵へ壹人右之通申、和泉(香取)三郎兵へ申候ハ、私も旦那へ伺候処、夫ハ數馬も立候ハヽ、鄕長も可立候、數馬不立候ハヽ、無用ニ候、定而數馬江も沙汰可有之候、其段可申候、
五日夜、神事ノ節、大藏子浪江荷用ニ立ツ、

*夏成御修理料

一、夏成御修理料、四貫七百拾七文、
内壹貫七百十七文
内壹貫六百八十八文、かとり宿諸色入用、御手洗市郎右衞門ニ渡、
●貳百八十六文御神前入用、

二口、〆壹貫九百七十八文、殘テ御夏成貳貫七百
三十五文、

大宮司娘帯解祝儀

一、十一月十五日、大宮司方ゟ侍使、娘義帯とき祝儀致候間、態ト相祝致進上候、食籠へ餠二重、四ツ入、
同日、使主膳(尾形)返礼鮒九、・樽、口上有り――、

*大祝大々神樂

*數馬求馬への扶持方相談

燭臺調へ拜殿に置く

一、十一月十八日、大宮司方へ使求馬ｏ神樂ノ節、神前ぼんぼり庭上江も置、拜殿大床江も置、不淨ニ有之候、幸此度源太祝主計(香取)、江戸へ罷越候間、燭臺調候而拜殿江置、可然候、尤數も拜殿江六ッ、中殿へ二ッ、大床へ二ッ、以上十程有之候ハヽ、神樂ノ節、能可有之候、尤庭上江ハ、今ノぼんぼり用候樣ニ致候ハヽ可然候、　大宮司返事、燭臺之事被仰越承知、御尤ニ存候、江戸ニ而先付御取セ御覽、其上ニ而御誂可然候、

*四俵づつ扶持方遣す

神樂の節燭臺の事

十二月朔日、大宮司方へ使求馬、先達而御相談申候、神樂ノ節ノ燭臺之事、近日主計江戸へ參候、金子三兩も遣可然候哉、他ノ者ニも無之候付ヲ取、書中ニ申越候樣可致由申候、大宮司留主無返事、　同日、大宮司返事、神樂燭臺之事被仰遣候、御年番事故、何分ニも可被仰付候、

*源太祝主計悴織江不行跡につき勘當

十二月三日、主計出府、燭臺代金三兩出シ遣、此燭臺辰ノ春中処ニ記、

一、十一月十八・十九・廿日、大祝太ゝ御神樂、首尾能相濟、

一、十一月廿二日、大宮司方へ主膳使遣、取次丹治(松本)、御宮御修覆ニ付、數馬・求馬毎日出、致世話ニ付、前ゝ之通扶持方相談也、如何可致候哉、　返事、御年番之事故、思召ニ可被成候、又主膳遣員數、何程遣可然候哉、思召承度候、　返事、當年ハ日數も減候間、四俵も被遣可然候由、多宮申越、仍而壹人ニ四俵ツヽ扶持方遣ス、

一、十一月五日、番組呼、權祢宜拜借、寅夘兩年ニ可納申候処、不埓明候、拾俵當年納、來春迄御延被下候樣ニ申事也、十二月廿二日大宮司相談ノ上、來春急度返納致候樣ニ申付ル、

一、十一月廿二日、源太祝主計悴(香取)織江不行跡ニ付、勘當仕度願、度ゝ致裝束をも着、神前出勤致候者之事ニ候間、爲御知申候、大宮司方江も申談ス、主計悴之事思召ニ可被成候、

十一月廿四日、主計ヲ呼、勘當之儀願之通被申付候

屋禰屋右京樓門請合金不足

*水野への返事相談

實香娘安産おさを出生

加茂と改む

段、求馬を以申渡、
一、十一月廿二日、屋祢や右京樓門請合金不足ニ付、金貳兩度〻願ニ出ル、大宮司方へ及相談、壹兩貳分可被遣之由致承知候、何分ニも思召ニ可被成候、
一、十一月廿四日夜四ツ時、實香(香取)妻安産、おさを出生也、
辰十一月、加茂ト名改ル、
一、十一月廿五日、江戸樋口梅有方江水戸庄藏(水野)ゟ書狀來ル、

一筆致啓達候、今般就御參府、爲御祝儀諸向ゟ使者ホ被差出候へ共、遠路故御存知も無之候間、不被遣候事、被相察申候、仍之取計御使者被指出候分ニ致披露候、左樣御心得可被成候、萬〻其內御出府之節、可得貴意候、恐惶謹言、

十一月十三日　水野庄藏 書判

香取多宮樣

香取和泉樣

此手紙香取へ便次第御屆、賴入申候、此度就御參府爲御祝儀香取ゟ使者出候分ニ、今日着狀致候間、明日其元江御使參可申候間、例之通御請可被成候、此段御心得ニ申進候、以上、

十一月十三日　水野庄藏

屋祢や六兵衞殿

十一月廿五日、大宮司方へ水戸水野庄藏兩名之書狀、求馬ニ遣、多宮申候ハ御返事、近〻被遣候哉、目錄ニ而も可被遣候哉、私ハ追付致出府申候間、其節ニ致度候、何分思召可被仰越候ト申來ル、其後數馬へ求馬申候ハ、宮下御出府ハ、來月廿日頃之由、夫ニてハ余り延候、何ニも其內又御相談可申候、
十一月廿六日、求馬ヲ大宮司方へ遣、庄藏へ返事之事、其元樣御出府ハ、余り延候間、返事不致ハ成間敷候、一紙連名ニ可被成候哉、何分ニも思召ニ可被成候、先下書認懸御目候、其文、

去十三日之貴札、同廿四日相屆致拜見候、然者今般就　御參府、右御祝義申上候趣、御取計被下候段、委細御紙上致承知、御深志之段、近頃忝次第ニ奉存候、何茂重而出府之砌、貴面ニ御礼ホ得御意候、恐惶謹言、

十一月　香取和泉

香取多宮 判

水野庄藏様

追啓、右之段御心遣忝存候、随而御肴一折如何敷
候得共、書中御礼得御意候給迄ニ御座候、則遠路
故乍略義、代金百疋被致進上之候、甚寒之節、弥
御揃御平安ニ御勤仕、珎重之御儀ニ御座候、以
上、

代金百疋進上

多宮返事致一覧、能御座候、私も一同ニ可致候由申、
仍而目録両名ニ致遣ス、両方ゟ百疋遣ス、　十二
月三日、主計出府ノ節、水戸庄藏方江之返簡遣ス、

落、一、四月二日、護摩堂在所ゟ歸之由ニ而届ル、三郎兵衛ヲ以申
候ハ、先月中在所へ往候節ハ、此方挨拶モ不聞候跡
ニ而、若如何様之事出來ノ程も不知、御宮近所宴許ホ
も無心許事、在所江行度ト願出、挨拶も不聞、不届
ニ候ト呵、扨又護摩堂ト此方旧キ書付ニ有之候、其
方ニてハ護國院ト度〻認候、其方ニハ古キ書付ニ護
國院ト有之候哉、此方ニハ無之候、三郎兵衛を以尋
候処、こまとう申候ハ、古きごま札ニ有之候外ニハ
無之候由申、惣持院ニハ有之候由ノ由也、其後尋も
不致、其以來ハ護广堂ト書付來候、

護摩堂古き書付には護國院とあり

實暦九己卯年十二月

父上總實行六十八歳
香取大祢宜和泉實香　二十九歳

〔寶暦十年正月〕

寶暦十庚辰年正月元日、雨降ル、四時ヨリ晴天、御祭礼其外旧式ノ通相勤ル、御年礼ニ大宮司多宮（香取）旧冬出府也、

御年禮に大宮司多宮出府

水府様へ年始申上ぐ

一、正月十五日、伊藤求馬江戸へ遣ス、水府様（徳川宗翰）へ例ノ通、年始申上、御禮も例ノ通、寺社御奉行鳥居伊賀守（忠孝）殿・松平周防守（康福）殿・毛利讃岐守（匡平）殿、阿部伊豫守（正右）殿ハ、御忌中ノ由御受取之、廿五日、歸郷、

引地庄五郎病死

*追野道の事につき大宮司宅寄合

一、正月廿六日、引地庄五郎病死、仍而傳五郎・彦四郎引地百姓兩人、宮下數馬（尾形）方へ伺之処、道之義未相濟候、通之事不成候由、額賀清右衛門方へ、右之段居ル、

庄五郎葬送

同日、庄五郎葬送、新部村へ懸り、佐原道へ懸り、篠原村ヲ懸、墓所へ行、惣持院付行由、其日四郎右衛門宅へハ、大宮司（香取多宮）方ノ者五人出シ番致候由、若四郎右衛門前道通候ハヽト爲防ノ也、

多宮江戸より歸宅

一、正月廿八日、多宮江戸ゟ歸宅、使數馬口上、今朝歸候、六日御礼首尾能相勤申候、旧冬可伺と申進候義伺候、是ハ一兩日中可申進候、　返事――、從此方も使遣、御礼首尾能御勤――、

*まねい引地の件

一、正月廿九日、大宮司使數馬――、旧冬得御意候、ま追野道之事、ねい引地ノ者願之義、松平周防守様へ伺候、御役人被仰渡候義有之候、御面談ニ申度候、其元へ參可申候哉、年番ニも候間、此方へ御出可被成候哉、返事、まねい引地者願候御伺被成候処、御役人被仰渡候義ニ付、參候様ニ被仰下、御左右次第ニ其元へ可參候、又使來ル、來ル二日御出可被成候、旧冬番頭へも爲聞候事ニ御座候間、召呼可申存候――、

〔二　月〕

*道年貢の事

二月二日、大宮司（香取多宮）宅寄合、和泉（香取）出ル、番頭も出ル、錄司代も出ル、願人ノ内多宮（香取）申候ハ、旧冬まねい引地之者、願之儀、松平周防（康福）様へ伺候処、御役人北川源助被仰候ハ、是式之儀兩人ニ而可取治事、伺ニも不及事也、其許抔ハ神慮ノ兩家遣候ト云物也、是計ノ事不ト被取治云ヿ無筈也、又道年貢ノヿ、大勢通候処、壹人ニ而差出候ト申ハ不道理也、其元抔兩人不和順故ノヿ也、致和融可申付候、得ト和泉とも致相談、其上ニて不濟候ハヽ可伺候ト、源助被申候、夫故御相談、　和泉申候ハ、私了簡ハ旧冬も得御意

夏成三十貳文
*佐原禰宜四郎神主分飯司方へ來る
*神前燭臺事
*側高祝分飯司方へ來る
*今井谷より出火
*赤坂火元
*神田旅籠町より出火

之通、別ニ了簡も無之候、大勢ノ者致難儀候ト申候間、無ニ何角願之通、御通シ可然存候、多宮――ハ、四郎右衛門ハ借地ニ而、見見(マヽ)甚左衛門所持、私知行内ニ而夏成三十貳文出候処ニて候、知行内減候事、迷惑ニ候、永〻往還ニ成候事、氣毒ニ候、和泉申ハ、其処《ソコ》ヲ御用捨御了簡被成、死人ハ稀ノ事ニ候間、御通候ハヽ、彼ホも難有可達存候、左様被仰付可然存候、彼ホ輕キ者之儀、甚難儀ノ由ニ候、得と差急候事も無之候間、御了簡可被成候、多宮――私了簡も旧冬申候通ノ事ニて候、左様延〻ニも不成候間、又不《ハ》伺成間敷候、又是迄通付候道セバマリ、不被通候間、四郎右衛門前道通度と願出候、通付候道、致普請通候様ニ申付候テハ如何候、其元ノ山も有之候、又自分方ノ地も有之候、其外余者ノ地も有之候間、皆其道ニ付候者呼、道ヲ普請申付通候様ニ致テハ、如何正德迄通り、其後中絶可有之候筈無之候、不通付処通度と願候、　　和泉申候ハ、其元ニてハ不通付ト、被仰候へ共、彼ホハ通付候由申候、又余ノ道もセハマリモ致間敷候、古來ノ通ニて可有之候、とかく幾度致御相談候テモ、私了簡旧《ハ》冬通ニて御座候間、左様ニ御心得可被成候ト申歸ル、　多宮又其内御相談も可申候由申事也、宮之助(國分大和)申候ハ、引地之者も爲致了簡、三十貳文ノ事之様ニ申候間、和泉――ハ、夫ハ旧冬事濟申候、無易も事ニて候ト申、

一、二月三日、佐原祢宜・四郎神主(椎名大學)・返田祝(伊藤求馬)願ニ分飯司方へ來ル、風折木納事、

一、右同日、神前燭臺之事、旧冬相談、源太祝(香取)主計出府ニ付、代金三兩渡内、壹兩ハ神樂道具金、貳兩ハ神納物金ノ内也、旧冬三兩、神樂道具金、兩度合テ六兩渡ス、

一、右同日、側高祝分飯司方へ來り、側高鳥居前岩《石》岐ニ仕度ト、願主有之候、伺候由申來ル、ケツカウノ了致左様候様ニ申、

一、二月四日・五日・六日、江戸大火由、江戸大火、二月四日、西北風强、朝七ツ時、麻布市兵衛町ノ先、今井谷《ト》云処ヨリ出火、狸穴ヨリ新堀三田ノ方へ、彼邊不殘高縄迄燒抜、又同日同刻ニ、赤坂火元ニテ新堀邊、芝海手迄燒、

同五日、北風强、芝神明社内ヨリ出火、高縄迄燒、

同六日、西北風强、暮六ツ時ヨリ神田旅籠町ヨリ出火、上野通り、佐久間町筋和泉殿橋燒落、柳原ヲ越、

*返田祝儀差宥す

新大橋永代橋燒落つ

*惣持院西福寺來る

諸問屋燒亡

米七十五萬三千俵木綿問屋等十萬駄燒失

六萬兩程の物燒失

*惣寺院寺內の土手際に道を付く

小柳町岸町、夫ヨリ通り新石町、鍋町筋東側日本橋迄、右橋ハ殘ル、傳馬町筋籠舍、馬喰町彼邊皆燒、小田原町・江戸橋燒、堺町・小船町・小網町酒井雅樂(忠恭)〔頭〕守殿中屋敷、新大橋・永代橋燒落、灵巖寺・雲光院・深川八幡筋、八幡ハ遁、三十三間堂・須崎弁天・深川・高橋邊、新寺灵雲院燒、北方ハ淺草見付迄、見付兩國橋ハ殘ル、

二月十四日、一ツ橋北方、松平豐後(忠泰)殿燒、内藤大和(頼由)殿、大名小路土井大炊(利里)殿燒、右四日ヨリ毎日廿日比迄、少〻ツヽ火事沙汰騷〻敷由、燒跡野原ノ樣ノ由也、

右火事ニ付、諸問屋燒、土藏沢山ニ燒、　新大橋・永代橋ニ而人死夥敷燒死ノ由、尤風甚强ノ由、

米七十五万三千俵ホ哉覽燒由、木綿問屋抔十万駄燒候由、右之外大名・町人ニテ米夥敷燒之由、傳馬町邊ニテ土藏二ツ燒、六万兩程ノ物トノ沙汰、酒新川問屋不殘燒數不知由、其外諸色夥敷燒失ノ由、五六十年ニも無之大火ノ由也、

一、二月五日、佐原祢宜・四郎神主・返田祝願ニ來ル、

二月六日、大宮司方へ返田祝義、余程間有之候事故、差宥可然候哉御相談、　大宮司返事、何分ニモト申來ル、口上ハ急度共可申付候へ共、他ノ者ニも無之事故、此度ハ差宥、重而急度相愼候樣ニ申付可然候哉御相談、御年番故數馬(尾形)宅ニ而右之者共召呼申付可然候、何分ニも宜可被仰付候、

二月七日、數馬宅へ分飯司求馬(伊藤)も新四郎神主・佐原祢宜・返田大學(椎名)呼申付ル、難有由申也、

二月八日、右大學年始御礼申上度願、勝手次第ト求馬申、

一、二月十七日、惣持院・西福寺來ル、先分飯司方へ來

追野道ノ事、

ル、大祢宜(香取和泉)宅へ呼逢、兩僧申候ハ追野道之儀、私旦中ノ義故、難儀ニ存候、依之願下シ引地ノ者ト一相談致度存候、何トソ此義願下度奉存候、　和泉申候ハ、自分余り不構事ニて候へ共、多宮公儀江伺候へハ、神領之事故、和泉共致相談候樣ニと被仰付候由、自分三度迄致對談も、大勢ノ者致難儀候事故、願之通無何角ニ通候樣ニ申付、可然と數度申候へ共、多宮得心無之候、兩僧申候ハ、此義願下シ、惣持院寺內ノ土手きわ江彦左衞門脇ゟ道ヲ付、死人有之候時計通候樣ニ致度存候、和泉申候ハ、夫ニてハ得心

＊惣検校職料元祿年中御修理料に入り大宮司料にも混る

＊佐倉の御師場近年中絶

＊享保十三年頼母出訴

有之間敷候、自分ハ右申候通、アノ処ニ別ニ障も無之候間、大勢之者致難儀候事故、彼方願之通申付度存候、有道ヲ置、新規ニ道ヲ付候事ハ、如何ニて候、早速御了簡不及候、西福寺申候ハ、私共ノ了簡トハ、少相遠仕候、被仰候通り承候ヘハ、訳相知候、又御了簡も可有御座候、重而御越可被成候、先御本寺ニハ御歸可被成候、次ニ分飯司者、是ヘ向ィ事ヲ分被仰候ヘ私共了簡無之候、宮下ヘ參ニも不及候、又了簡も有之候ハヽ、御世話ニ可成候、先御暇ト申歸ル、

一、二月廿一日、大宮司方ヘ惣検校頼母嫡孫民部願出候ハ、惣検校職料御前ノ御知行内ニ入居之間、此度可奉願候と存候、御添簡願之由、多宮申候ハ、添簡所ニてハ有之間敷旨、申沙汰風聞也、

惣検校職料┐

一、二月廿二日、大宮司宅ヘ番頭寄追野道之義、先達而和泉ヘ申候処、自分不肖ノ願之通、通候様ニト申候、毎度右之通和泉ハ了簡之由申候ヘ共、又了簡も有之候哉、今一通り其方抔宮中ヘ行、右之訳申呉候様ニ申候由、番頭共先達而、此上幾度相談候而も旧冬ヨリノ了簡ト宮中被申切候間、又私共參候而も、如何ニ候間、御使被遣候様ニト申候由、

道ノ┐

一、二月廿三日、惣検校孫民部（香取）、私職料元祿年中御修理料江も入、大宮司料江も入マシリ居候、依之大宮司殿ヘ御居申上、御添簡をも相願申候ヘハ、御延引ニ御座候、依之御添簡ヲ御願申上候、分飯司可爲申聞由申、和泉申候ハ、又來候ハヽ、重事ニ而有之、容意〔易〕ニ添簡可遣トハ不被申候由可申候、

一、二月廿四日、返田祝分飯司方ヘ來り、返田社唐破風谷ニ難義仕候間、流破風ニ仕度候、余り物入も有間敷候由申、求馬御年番宮下ヘ申様ニ申候、

一、二月廿四日、正・權検非遠使掃除〔部〕呼、求馬聞、其方佐倉邊御師ニ廻候由、此方ノ御師場、近年中絶不廻候、其方如何之訳ニ而廻候哉、尤神樂抔進候ハ、相体ノ┐不構候御師ニ廻候者、此方ヘ無沙汰ニ廻候義有間敷候、

一、二月廿四日、惣検校孫民部伺ニ來ル、兼日申付置、重キ事不成候由、求馬申聞ル、段々申聞ル、

民部添簡

同廿七日、民部來ル、添簡願、此間申通幾度來候而も不成候、　民部咄ニテ昨日宮下ヘ出候ヘハ、知行入殘願ナレハ、添簡ハ不成、尤享保年中御裁許、其

後も御裁許有之事、能了簡致可然候由ニて候、

西光内伊織玄蕃免の事

一、二月廿七日、西光内伊織玄番〔蕃、下同ジ〕免之事、前〻ゟ願候へ共不成候処、願之通り玄番免不殘多宮呉候由ノ取沙汰也、尤伊織數年願候由、

〔三　月〕

伊能村神主神樂執行

□部添翰、
一、三月五日、多宮〔香取〕方へ使求馬〔伊藤〕口上、伊能村神主當月十日ゟ神樂致執行候、領分ノ社家借度由申來候、可遣と存候、爲御知申候、返事致承知候、入御念候事ノ由申來ル、

一、同日、民部明日出府ノ届ニ、分飯司方へ來ル、

一、三月八日、大宮司〔香取多宮〕使數馬〔尾形〕西大須賀村社家伊豫神樂致執行度願、領分ノ社家二・三人被頼候、可遣と存候、又庭上借候、木具借度と願申候、如何可致候哉、返事、被入御念義、木具之儀も被仰越候、何分ニも思召ニ可被成候、

一、三月十日、多宮使織部〔小林〕、今日致出府候、御神前向頼入申候、　　返事――、

追野道の儀

一、三月十五日、追野源六呼、求馬尋ル、追野道之義、旧冬申候通りニ候哉、知候事ヲカクシテハ、此方ニてハ可濟候へ共、公儀ニてハ不濟――、源六申ハ、公儀ニてハ可申候、此方ニてハ皆ノ者ニ被恨候間、不被申候由、公儀へ出候ハヽ、存候事ハ可申由申事也、

＊惣檢校民部御裏判頂戴

御裏判民部、
一、三月廿二日、惣檢校孫民部來ル、今朝江戸ゟ來候、兼テ願候義、御裏判致頂戴、數馬へ申候へハ、留主故人相添可遣申由、數馬申候、從只今將監同道ニ而出府候、直談ニ渡候樣ニ數馬申候、出府仕候、御裏判日限相延候、證據無之候、御前御心得可被下候、御懸リハ安部〔阿〕伊豫守樣〔正右〕御役人太田三助、三助申候ハ、多宮も出居候、道死人通ス、不通義ニ付居候か、其元ノ事早ク候間、其元ノ事不濟ハ御取上有之間敷候由、

＊彌助は惡しき煩にて行方不知

原町弥助了、
一、三月廿三日、淸右衞門〔額賀〕來り申候ハ、原町弥助母病死、孫娘忌之義、祖母故、忌着候樣ニ申候由、家ハ如何、一七日も過候ハヽ可破申候間、夫ハ大坂六左衞門ニ遣候樣ニ申付ル、右母ハ六左衞門処ヨリ來ル故也、右弥助ハ惡敷煩ニて、何方へ往候哉、行衞不知候、宝暦五亥ノ再比〔興〕也、弥助妻ハ六左衞門娘離緣也、弥助娘ハ六左衞門孫故、六左衞門方ニ居ル、右弥助先

*御朱印千石にて惣社家八十人餘

*惣檢校家は大宮司より聟養子を取る

不斷所訴訟

賴母子將監江戶より歸る

香取神宮大宮司を相手に同神宮社家香取民部寺社奉行所に訴訟を起す

祖長二郎其ノ子仁兵衛、今養子弥助也、今ハ浪人者麻右
衛門子也、是も先達而病死也、

下根道普請、
一、三月廿八日、下根道普請、先年論所ノ場所、役人共出、不斷所出、堺堀過ふセ木出過抔、六ケ敷申、役人共致口論、依之道普請ニ障候間、此上領分中出入無用ト可申付申事也、左申付候樣ニト清右衛門・三郎兵へ申聞ル、

四月十日、不斷所訴詔〔訟〕ニ權祝・次郎神主願ニ付、役人共差免ス、

〔四　月〕

一、四月朔日、賴母子將監（香取）江戶ゟ歸ル、同二日、願書ノ案持參ス、

乍恐以書付奉願上候

下總國香取郡香取村

香取神宮

訴詔〔訟〕人　社家惣檢校香取民部

惣檢校職役領橫領出入

相手　大宮司香取多宮

一、下總國香取民部申上候香取神宮御朱印千石ニ而惣社家八十人余ニ而、右千石社領配當仕、
天下御安全御祈禱仕候、大宮司家と惣檢校家之儀ハ、往古ゟ由緒御座候而、私家ニ男子無御座、女子ニ而も候得者、大宮司（香取多宮）ゟ聟養子仕、家督相續仕來り候、先年大宮司幼年之節、私先祖掃部後見仕御公用ホ迄も相勤申候、右掃部悴宮內と申者、私祖〔曾祖〕〻父ニ而御座候、宮內義女子計御座候而、貞享二丑年病死仕候、祖母者女之儀勿論、幼年故大宮司ゟ外親類無御座候、大宮司（香取）美作爲メ宮內從弟ニ而御座候、依之右由緒を以、神役幷ニ身上取計、万端大宮司美作世話致吳申候、私祖父賴母、美作世話を以、聟養子貰、惣檢校家相續仕候、美作義、元祿十一寅年ニ御追放被仰付、大宮司職役領田畑不殘御修理料入ニ相成申候、其節私職役領惣檢校分田畑迄も、大宮司職役領田畑同樣ニ御修理料江相入申候、香取之儀者、惣而社家重キ越度ニ而も在之候而、社職家相潰候樣成義、有之候得者、右相潰候社職跡役相立候迄者、御修覆料江入置申候、少成義ニ而御修覆料入ニ相成候樣成義、無御座候、

*惣検校二十年に一度の大祭禮

*大宮司多宮寺社奉行所に返答書を申上ぐ

惣検校職家之儀者、少茂越度ケ間敷義も無之、勿論職分ニ付、不埒之義毛頭無御座候処、御追放被仰付候、美作職役領田畑同様ニ御修覆料入ニ可相成、謂無御座候、

右申上候通、大宮司職役領田畑御修覆料入ニ相成申候節、私職役領惣検校分田畑迄も御修理料江相入申候処、美作跡大宮司職、元禄十三辰年、大祢宜(香取)丹波江被仰付、右御修理料江入置申候、大宮司職役領田畑取出シ、丹波所持仕候、其節私職役領惣検校分、田畑一同ニ御修覆料ゟ取出シ、丹波所持仕惣検校役を差置、右田畑丹波所持可仕筋、無御座、依之惣検校職役料、田畑相返候様ニ度々催促仕候処、相心得候旨返答仕、私方江者相返シ不申、却而又々御修覆料江相入申候、殊御修覆料江入殘シ、私職役領田畑者、今以大宮司横領仕候間、年來催促仕候得共、一向相返シ不申候、右之通惣検校職役領田畑者、私方少も越度ケ間敷義、無御座候処、無謂御修覆料江相入、其上入殘シ大宮司横領仕、甚難儀仕候、御慈悲を以、御吟味被爲成下、私職役領〔料〕惣検校分田畑御修理料江相入候分、

幷大宮司横領仕候分、不殘古來之通り被下置候様ニ奉願上候、

一、當大宮司職被仰付候節、右惣検校田畑相返可申旨ヲ申、勿論毎度仕候證據ホ迄仕、慥成社家兩人請合相立罷在候処、此義約束返替仕、今以相返シ不申候、右約束返替仕候義、御慈悲を以御吟味奉願上候、委細之儀口上ニ而奉申上度候、

一、惣検校二十年ニ一度之大祭礼之義、大宮司方ニ而先例無之義仕候、御吟味之上、旧礼之通被仰付被下置候様、奉願上候、

一、大宮司方ニ而人別之義、致方難心得奉存候、此義御吟味奉願上候、

右之通、少も相違不申上候、以上、

宝暦十年辰三月　　惣検校香取民部

寺社
御奉行所様

乍恐以返答書奉申上候

一、下總國香取神宮下社家擬祝香取頼母孫民部御願申上候者、惣検校料香取神宮御修理料江入候、殘地私押領仕候様ニ申上候、此段元祿十一年ゟ元文四

元祿十一年香取神宮御修覆御見分

*惣檢校二十年に一度の大祭禮

民部祖父賴母出訴に及ぶ

*人別の儀

年迄之內、及度〻御裁許被成下候儀を、此度民部義、祖父賴母・養父將監を差置、自分相續之樣ニ書上仕、其上此者義、本職擬祝ト申社職相勤、惣檢校職者、假役番代ニ御座候処、却而本職之樣ニ書上仕候、數度之御裁許相背候段、難心得奉存候、依之前〻御裁許之趣、乍恐左ニ申上候、

一、元祿十一寅年、香取神宮御修覆御見分之節、先〻大宮司香取美作義、聊御咎有之、御追放被仰付、闕職之節、私祖父丹波、其節未大祢宜職ニ而社家國分宮之助(大和)・別當金剛宝寺三判を以、永井伊豆〔賀〕守(直敬)樣江奉伺上、御下知を以、美作知行不殘御修理料ニ被仰付、同十三辰年、私祖父香取丹波江大宮司職被仰付、美作所務仕來候、知行被下置、其節惣檢校・角案主兩職之爲知行ト、田畑十一ケ所御修理料ニ入、只今以修理料役人四人立合之上相納、名主方ゟ年〻皆納目錄差出候間、右目錄御覽被成下候ヘハ、私押領無之儀、明白ニ相知申候、尤右納高之內米十四俵、每年兩職番代役給ニ相渡申候、此分皆濟目錄ニ相載申候、

一、享保十三申年、民部祖父賴母及出訴、其節前大宮司香取中務江御吟味御座候上、如先〻之兩職之知行、御修理料江入置、賴母・權八江ハ相應之役料可遣之旨、御裁許被成下、今以民部祖父賴母請取申候、

一、私大宮司職被仰付候節、惣檢校之田畑相返シ可申と、社家兩人請合ニ相立、約束仕候処返替仕、相返シ不申候由申上候得共、此段私約束仕候義、曾而以無御座候、元文三年ゟ同四年迄、民部(叔父)平內ト香取修理・國分宮之助・香取國行司〔事〕ホ、右地所之義ニ付、及出入候得共、段〻御吟味之上、田地預候證據無之、尤不埒仕方ニ付、願之趣御取上無之段、被仰渡候処、此度又候右度〻之御裁許を相背、社中及騷動難儀仕候間、御吟味之上、前〻御裁許之通被仰付、被下置候者、難有奉存候、

一、惣檢校廿年ニ一度之大祭礼之節、私方ニ而先例無之義仕候由、如何樣之義ニ御座候哉、祭礼供物・調進物之儀ハ勿論、社家振舞・入用ホ之品迄も、先例之通り取計新法之義、曾而無御座候、則祭入用帳奉入御覽ニ候、

一、人別之儀、私致方難心得段、民部申上候、此義前

惣検校職料の儀

*神前庭上御祭禮の節神座へ敷石寄進

*金剛寶寺出府日光江嶋へ往く

*側高村増水入水渇し百姓難儀

〻相改候、度〻人數増減御座候得共、帳面仕立候義ハ、先〻之通ニ仕候処、如何之義ニ御座候哉、難心得奉存候、

右之通、惣検校職料之儀ハ、先年ゟ數度御裁許被成下、香取神宮修覆料ニ罷成候処、此度民部何様之心得を以、數度之御裁許を相背、祖父・養父を差置、及出訴、其上私押領仕候与申上候哉、難得其意奉存候、元來民部本職者、擬祝ト申社職相勤候得ハ、結句番代惣検校ハ上座之社家ニ御座候間、年來本職ニ仕度、望深ク依之毎度御裁許御座候義を相背、難澁被申懸預、私至極迷惑仕候、御吟味奉願上候、於委細之義、御尋之上、乍恐口上ニ可申上候、以上、

寶暦十庚辰年四月日　　下總國香取神宮大宮司　香取多宮

寺社
　御奉行所

此返答書ハ、後扱ノ節、双方ノ訴狀返答取寄ル故、此処へ一所へ記、

右願書、阿部(正右)伊与守殿・御懸《カヽリ》鳥居(忠孝)伊賀守殿・松平(康福)周防守殿・毛利(国平)讃岐守殿御四人ノ御裏判出、三月廿四日、多宮方江渡候由也、

一、三月、鳥居伊賀守殿御役替若御年寄被仰付、御跡役小堀(政方)土佐守殿被仰付、本高五千石御加増、五千石ニ而被仰付候由也、

一、四月七日、求馬ヲ宮下數馬方へ遣、咄置、高木孫大郎願、敷石ヿ、神前庭上御祭礼ノ節、神座江敷石寄進仕度由、中江砂利ヲ置、是ハ冬向社家座霜解スル故也、願出候數馬ト致相談候様ニ申付ル、多宮出府、留主中也、

一、四月十四日、金剛宝寺出府、無沙汰也、日光・江嶋所〻へ往由沙汰也、御修覆所有之ニ無沙汰如何也、巳二月モ御朱印ニ出府無沙汰也、

妙塔院寺ヲ引、
一、四月廿二日、妙塔院造作緣破候間、修覆ニ付、寺内ノ杦二本、三尺三寸・三尺一寸、(額賀)清右衞門ヲ以、願申付ル、又五月廿六日、寺余り堂塔ニ進候間、貳間程シサリ公袓ヲ取ノケ、一間程下屋ニクリヲ付候様ニ致度候、寺ヲ引、北東向ニ――木三本願、寺内ノ木遣也、又六月七日、右普請ニ付、木不足、又一本寺内ニて遣、又六月十一日、木不足ニ付願、杦六本遣、寺内ニて伐、

〔五　月〕

一、五月十日、側高祝來り願候ハ、側高村増水入水渇シ、百姓致難儀候間、雨乞祈禱致度由願候、宮下願候御出被成御勤被下候様ニト願出ル、尤ニ候、番頭成共頼勤可然候、自分ハ近比不快、不行由申、五月十一日、側高祝來り、祈禱

丁子村長福寺の件

止ニ仕候、私致度段願出、其通り申付ル、

一、五月十日、新福寺來り申候ハ、丁子村長福寺事ニ付、六ケ敷事ニ成候、彼村地頭へ申候へ共、埒明不申候間、公儀へ願出候、公邊之事故、一通御届申ト申事也、和泉(香取)訳尋候処、聢トセヌヿ故、內濟可然候、尤其先申分立ニて可有之候へ共、無左時ハ不宜候、被致了簡內濟候ハヽ、可然段申、長福寺ノ寺ノヿニ付

テ也、岩ケ崎則應寺、丁子村圓應院ニ住職ノ節、取計仕方不宜ニ付、村ノ者共トノ出入也、

丁子村圓應院住職につき村の者共との出入り

新福寺來、在江戸永逗留、公儀江も不出、四ケ寺迄出、無埒も物入計多、仕廻ハ扱ニて濟候由之沙汰也、

*雨乞御祈禱願

五月十一日、丁子檢杖子右門呼、右新福寺公訴届ニ來候間、此方も支配ノヿ故、爲念一通リ尋可置と申相尋ルヿ也、

將軍御代替御禮

一、五月十一日、江戸ヨリ申來ル、御觸ノ由、御代替御礼ノ寺社近邊之分參合候ハヽ、格別間ニ合不申分ハ、將軍　宣下御礼之時、御礼爲仕前々茂御代替御礼仕候分者、進物別段ニ納候樣ニ可被致候、

*寛保元年稲蟲御祈禱

一、右之趣、寺社江被仰渡候由、來ル十三日、是ハ町御觸ノ由、

公方樣(德川家重)・右大將樣(德川家治)・御簾中樣(閑院直仁親王姫君、五十宮御方)、御移替被遊候御事、

一、右大將樣御移徙、當日より　大御所樣と奉称候御事、

一、書狀ホ御移徙以後者、　兩御所樣ト可相認事、

一、御一方樣之御事ハ、　上樣・　大御所樣可相認事、

尤將軍　宣下以後順、前條ニ相可〔可相〕認事、

一、御簾中樣御移徙、當日ゟ　御臺樣と奉称候事、

右之通可相達候、　右ハ町御觸之由、

五月

一、五月十二日、兩町百姓共雨乞御祈禱願、重キ事感應無之時ハ、御威光衰ニ成ルヿ也、容意〔易〕ニ難致段申聞候へ共、猶更願候也、春中ゟ雨不降、不仕付候処、多畑も惡敷候由、仍之多宮義ハ在江戸、數馬(尾形)・求馬(伊藤)爲致相談、同日七ツ時、神前へ番頭寄相談、尤之由、延享五辰年、吉例ヲ以御祈禱十八日迄ト定ル、村々江廻狀遣、是も先年吉例ノ由申事也、寛保元酉年、稲虫御祈禱ノ節、百二ケ村十三年以前辰年ノ例、

旱につき雨乞御祈禱

此度旱ニ付、雨乞之御祈禱、従十四日夜十八日迄、
於御神前致執行候、依其御村ミ御參詣可被成候、
以上、
五月十三日　　香取社中

御祈禱式供物等の式は別帳に記す

右村ミ等書付ハ、分飯司方ニ有之、御祈禱式供物ホノ式ハ、別帳ニ記、然共少ミ記、
行事・大祝・田所、十四日ノ夜、
兩所ハ廻廊ニ中座、夫ヨリ玉籬之兩門より入、大床ニテ御祈禱勤、大宮司代宮之介、惣神官ハ拜殿ニテ中臣祓一座、其間ニ樂ニテ御供物、
小瓶子、木具ニ載、　御供土器ニテ、
御　供、干魚・大根、　御供土器ニテ、
羽　盛、戸羽・昆布、　御供土器、
熨　計、水菓子・干菓子、　御供土器、
小瓶子、

*原町次郎左衞門屋敷門店にて倒者あり

大瓶子幷小祭器へ盛ル、干魚幷湯釜畧、惣神官旋度、此夜雨天故畧之、

惣神宮拜殿にて中臣祓十二座執行

惣神官拜殿ニテ中臣祓十二座執行、

*死人は六部眞言宗

十五日ノ晝、朝五ツ半時出仕、兩所宵ノ通、惣神官拜殿ニテ、先中臣祓一座、此間ニ備物樂ニテ獻、

小瓶子、　大祭器ニテ御供、
御膳、御供、干魚・大根、
羽盛、ミ・ミ、　同、
熨計、ミ・ミ、小瓶子、　同、
小祭器ニテ木具ニ載、　同、
干魚・同、　大瓶子、
同・同、　大瓶子、
惣神官、旋度三度、
次奉幣、物申子志摩(香取)勤之、
次惣神官、中臣祓十二座執行、
次庭上湯花、
次退下、未同斷、御祈禱相濟、惣神官御供御酒、於拜殿頂戴、
御供ホ兩所ゟ炊出ス、其外ノ供物も兩代官相談也、委細別帳ニ記、

一、五月十三日、原町次郎左衞門屋敷門店彦兵衞前ニ而倒者有之ニ付、淸右衞門(額賀)・浪江(尾形)・宮下大炊(安部)立合、惣持院へ申談取仕廻候由、右死人ハ猿嶋郡仁連町武兵衞ト申者ノ由、六部也、年五十九歳、眞言宗也、其節同六部、奥州二本松、圓久ト申者來合、諸事世話

ヲスル六部仲間故也、右武兵衞負《ヲイ》ノ內錢壹貫文有之由、右圓久致世話、右殘皆惣持院へ遣候由也、

*不時の神納

一、十四日夜ヨリ御祈禱雨乞也、其夜中雨大ニ降ル、十六日夜降、十七日朝も降ル、十八日迄小雨、又ハ曇り、十八日迄大方曇、廿一日終《日》降、廿二日終日降、廿二日大雨、廿三日も暮方ゟ大雨、

本鄕村より雨乞御祈禱につき御初尾申來る

*數馬江戶多宮方より書狀持參

一、五月十五日、廿疋、本鄕《コウ》村ヨリ雨乞御祈禱ニ付、御雨乞御初尾所々ゟ上ルヿ、初尾ト申來ル、右初尾權祢宜・數馬・求馬才廻狀ニ付、上候間如何可致哉、求馬――ハツナキ鳥目トハ遠候間、此度入用ニ遣、可然候、數馬――ハ十三年以前ニも手前へ取納候、留主歸候迄、數馬預可置由申、

御祈禱出錢の儀

一、十六日、廿疋、西田部村、十八日金百疋、津宮・篠原村、同日十疋、新福寺村、同日十疋、幡許村、十八日三十疋、新市場村、同日廿疋、阿玉川村、同日三十疋、小見川村、同日十疋、立野村、同日金百疋、佐原村、〆金貳分ト壹貫八百文、數馬預ル、右數馬方へ求馬ニ爲申候ハ、此度御祈禱ニ付候而來候故、○此度入用ニ遣可然候、又求馬・數馬へ爲申候ハ、此度御祈禱出錢ノ義、先年ハ御修理料ゟ出遣候へ共、能無之候、神領千石之者、願候事故、出候樣ニ可申付候、御供米ハ兩所ゟ出ス、

一、十八日、十疋、津宮村・篠原村ゟ右ハ正月之神送來ル、初尾ト申來ル、數馬請取、是ハ不時神納也、五月廿二日十疋、三分目村、同廿三日十疋、竹田村、雨乞御祈禱ニ付ト申上ル、數馬預ル、

〔六　月〕

一、六月十七日、數馬江戶多宮方ゟ書狀持參、其文、
(尾形)　(香取)

一筆致啓上候、到着候節候得共、弥　御神前無御別条貴宅御揃御堅固可被成御座珎重奉存候、拙者儀、無𠮷在府仕候、乍慮外御安氣可被下候、然者今般　御代替ニ付、寺社方御礼申上候樣承及候間、去九日阿部伊豫守樣御役人中迄、御伺申候処、
(正右)

兩人申合、出候樣ニ被仰聞候間、貴樣御出府被成候者申合、申上度御座候、尤此節拙者儀ハ出入中之儀ニ御座候へハ、延引ニも可被仰付候哉、難計御座候へ共、右御役人中任仰爲御申合、如此ニ御座候、恐惶謹言、

六月十一日　　香取多宮 書判

*今年も佐倉領へ御師にて廻る

*佐倉領二合半領關宿領旦那場

香取和泉様

當六月十一日之貴札、相届致拜見候、如仰候甚暑之節、弥無御障御安全ニ御在府之由、珎重ニ奉存候、御旅宿咄候、大暑候節、御難儀可被成度之御噂申候、折角御障無御座候様ニ御保養専一ニ奉存候、貴宅御替も無御座候、御氣遣被成間敷候、宴許　御神前向御別条無御座、拙者共無音儀罷在候、乍慮外御念可被下候、然者今般　御代替ニ付、御礼之儀被仰下、御紙上之趣致承知候、右之段早速被仰下、忝次第ニ奉存候、　將軍　宣下後、先年も御礼申上候義故、此度も先格御吉例之通、拙者儀ハ相心得罷在候、近ゝ右之御沙汰も可有御座趣ニ候哉、左候ハヽ、乍御世話爲御知被下候様ニ奉頼候、拙者儀、先日頃ゟ暑ニ相中り、此間ニ成候而ハ、兎角頭痛强相勝不申、致難儀候、右之訳旁近ゝ出府難仕奉存候、右不快故、以他筆及御報候、猶期後便可得貴意候、恐惶謹言、

六月十七日　　香取和泉 書判

香取多宮様 貴報

〔七　月〕

掃部御師場佐倉領ノ事、

一、七月十七日、宮下正検非違使掃部ヲ求馬(伊藤)呼尋ハ、今年も又佐倉領へ御師ニ廻候哉、神樂ノ心懸候間、今年廻度候、佐倉知人有之、此方様ゟ御師ハ廻不被成候間、廻候ハヽ能可有之と申候間廻候、左候ハヽ此方様ゟ御出シ候ヘハ、私ハ相止申候、たとへ私十年廻候而もヨセト被仰候ヘハ、不廻候と申事也、求馬申候ハ、今年ハ不成候、是非可廻候て多宮(香取)殿へ御相談申候テノ上ノ事ニ可致候由申サセル、掃部畏候由、　掃部申候ハ、此元様ゟ御廻不被成候、村ゝハ私廻度候間、御帳御見セ被下、又私帳をも御見セ申候様ニ致度由申、右之訳數馬(尾形)へ求馬咄ス趣、前ゝ佐倉領二合半領・關宿領旦那場ニ而御師出候処、近年中絶不出候、然処、掃部佐倉領へ廻候由、此方へ無沙汰如何ノ存寄ニ候哉、他ノ旦那場江も乱ニ廻候事ニ成候而ハ、乱候事也、今年も廻候哉と尋候処、神樂懸取ナカラ廻候由申候間、神樂ハ臨時ノ事不構候、毎年作ノ初穂ヲ上候処、御師ニ廻候事ニて候、今年ハ無用、強テ可廻候ハヽ多宮(香取)殿へ御相談、其上

之事ニ可致と被申聞候、數馬へ咄置之様ニ被申付候、
數馬申候ハ、夫ハ不出來ニて候、神樂致候、とても
不宜候、拙者神樂ノ節、旦那場借候様ニ掃部へ申候
へハ不借候、私も掃部方へ可申候由、數馬申事也、

多宮方書狀來る

一、七月廿四日、江戸多宮方書狀來候、其文、
一筆致啓上候、弥　御神前表無御別条、貴様御安
全可被成御座、珎重之御事ニ奉存候、然者昨廿二
日阿部伊豫守様江罷出候処、右御役人中ゟ書付を
以、貴様并御書面之人數、早々致出府候様被仰渡
候条、飛札を以得御意候、恐惶謹言、
七月廿三日　香取多宮判
香取和泉様
貴札致拜見候、貴様弥御安全被成御座候由、珎重
ニ奉存候、此元御神前御別条無御座候、然者去廿
二日從　御奉行所御書付を以、早々致出府候様ニ
被仰渡候趣、被仰下致承知候、早速出府可致候処、

*和泉在所出府

先達而も得御意候通、拙者儀、今以不快透と不仕
候へ共、押候而も早々可致出府候、乍去右不快故、
道中旁少々日限相延申候儀も可有御座候、右之趣
宜様御執成被仰上可被下候、奉頼候、尤不快故以
他筆及貴報候、恐惶謹言、
七月廿四日　香取和泉
香取多宮様
一、七月廿八日、和泉・大和・右近、同日發足、
右ノ外ノ者ハ、廿五・六日ニ發足也、
下總國香取神宮
大祢宜香取和泉
宮之助國分大和
物申祝香取右近
（香取頼母
香取將監
神領
角〔案〕安主松本小右衞門
名主壹人
組頭壹人
百姓代壹人
右之者共、早々罷出、相居候様ニ可申達者也、
七月
一、七月廿八日、和泉在所（香取）出府、廿九日江戸着、旅宿長
富町三丁目大屋喜兵衞店、

〔八　月〕

*將監へ御尋

阿部伊豫守へ御届に出る

一、八月朔日、阿部伊豫守(正右)殿へ御届ニ出ル、村上宇兵衛出會、多宮(香取)・民部(香取)懸ハ太田三助、其内用事候ハヽ可申遣候、同日、松平周防守(康福)殿・小堀土佐守(政方)殿・毛利讃岐守(匡平)殿、殘リハ御見廻、

一、八月二日、多宮(香取)方へ使遣ー、八月三日、多宮方ゟ返礼使來ル、

阿部伊豫守より差紙

一、八月四日、阿部伊与守殿ゟ差紙、明五日九時可被相越旨、則御請例之通、

〇以下、「　」内ノ八月五日・六日條ニ本文抹消ノ印アリ、

伊豫守直に御吟味

*伊豫殿御尋

享保年中裁許其後度々裁許

「一、八月五日、多宮・和泉・大和・右近・將監・小右衛門・百姓共出ル、八時伊与守殿直ニ御吟味、先將監御尋、我ヵ後見を乍仕、無筋願ヲサセタナ、一ツモ民部ヵ申事タヽ又書付ホ證據ニナラヌ、本職假職之儀御尋、又秀房方ゟノ書付之事御尋、民部ニ尋ルヿ一ツモナシ、享保年中裁許、其後度々裁許有ルヿヲ又申出タ、我ハ民部申筋ヨリ外申分無之ト云へ、我ヵ云モ民部ヵ云モ同事、タヽ又願シヤ、和泉方へ惣検校義ハトウシタヿ、和泉少々申上懸候処、暮ニ及御上ノ御用出來、明日八時出候様ニ被仰付、皆々歸ル、

八月六日、右ノ人數出ル、將監へ御尋、民部惣検校ト書出候事、和泉方へ民部ハ部屋住ヵ當職ヵ部屋住ニ而御座候、惣検校ハ假職ヵ本職ヵ、和泉先年ハ如何御座候哉、賴母祭帳ニ假職ト印形仕候上ハ、假役ト奉存候、證據無之候哉、惣検校祭帳二册差上ル段々訳申上ル、元祿十一年ノ美作職分被召放候節、伺書御紙レ張上ル、元祿十一年大宮司職被召放候節、丹波諸事相伺候節、惣検校・角案主知行十石程ト相伺候、此十石ト申義ツモリニテ申上候ト奉存候、何ノ帳ニも惣・角知行十石ト、」

一、八月五日、伊与守(阿部正右)殿へ多宮(香取)・和泉・宮之助(國分大和)・物申(香取右近)・小右衛門(松本)・將監(香取)・百姓共出ル、伊与殿御尋之時將監へ民部ニ我後見ヲ乍仕、ナセ無筋ノ願サセタ、民部申分一ツモ不立候由、書付ホ一ツも證據ニナラヌ、本職ヵ假職ヵ將監ーハ、本職ニて候、證據アルカ、秀房ゟノ書付有之由申上ル、秀房書付有ツテモ不出、今ハ今ナイテ有ラウ、將監有之、民部差上ケ可申候、民部ニ尋ルヿモナイ、一ツモ謂分不立、享保年中裁許有り、其儀も度々裁許有ルヿヲ又申出タ、我レハ

民部申筋より外申分無之トイへ、民部申事も我謂フ〡モ同事也、不立願也、和泉へアノ惣検校ハトウシタ〡シヤ、少々申上懸候処、暮ニ及御上ノ御用出來、明日八時出候様ニ被仰付、何も歸ル、

伊豫殿御尋

一、八月六日、昨日ノ人數出ル、伊与殿(阿部正右)御尋、將監へ民部惣検校ト書出候事御尋、伊与殿和泉へ、民部ハ部屋住ヲ當職カ部屋住ニて御座候、アレハ和泉カ部屋住シヤト云ハ、惣検校ハ假職カ本職カ、和泉〡〡先年ハ如何計候哉、頼母祭帳面ニ惣検校假役香取頼母ト認、印形仕候上ハ、假職ト奉存も證據書付有之候哉と御尋、

惣検校大祭入用帳二冊差出す

惣検校大祭入用帳二冊差出、コレ將監和泉カ假職ト云ハ、民部願一ツモ不立候、和泉アノ惣検校〡有躰ニイへ、和泉〡〡先年ハ大宮司兼帯ニても可有之候得共、元祿十一年大宮司美作職分被召放候節、丹波諸事相伺候節、惣〡〡・角〡〡知行十石程ト則此通ニ相伺申候、元祿十一年伺書差出御覧、此ノ十石程ト申義ツモリニて、丹波申上候儀と奉存候、何レノ帳面ニモ惣・角知行十石ト申事不相見候、

三貫文は十五石

配當帳ニ惣・角當職ニて三貫文ト有之、三貫文ハ十五石ニテ御座候へハ、十石程ニてハ五石高不足致テ

修理料ハ入候間、年々御修理料ノ御費ニ成候、宝永元年迄四年間入不申、大宮司方ニ差置、祭入目等入ハ不仕、却テ修理料ゟ足金大宮司方へ致候故、御費ニ成候、其砌日損・風損ハ有之、役料ニ引、霜月三日・廿日祭入用ニ引、廿年ニ一度、十七年ニ一度兩職大祭入用ニ引候へ者、大ナ御費ニ成候、又霜月三日・廿日ノ祭日ハ、本大宮司祭日ニて惣・角祭日ニハ無之処、惣・角祭日之由申ナシ、修理料より入用取候、

*大宮司中務と親上總出入り

夫故享保年中大宮司中務(香取)ト親上總(香取)出入ノ節、中務申出候間、私親善ニ申上候、御費ノ段ハ、中務申上候ニ相違無之候、惣・角高ヲ高ノ通ニ修理料へ入候へハ足金も入不申、御費無之候へ共、高不足故、御費ニ成候段申上候、惣・角三貫文高ヲ高之通修理料へ入候様ニ被仰付被下様ニ奉願候、又霜月三日・廿日大宮司勤日ノ段も申上候処、太田備中守(資晴)殿御懸ニて度々御吟味有之候処ニ、御役替土岐丹後守(頼稔)殿へ御付送、

*丹後守度々御吟味

丹後守殿度々御吟味有之候処、如何之御相談ニ而御座候哉、御裁許ノ節ハ惣・角知行高五石不足之儀ハ、御沙汰ニ不被及候、只祭礼古帳御吟味ノ上、霜月三日・廿日祭日ハ、大宮司祭日ニ被仰付候

*伊豫殿へ何も出る

餘米貳斗五舛砂押に引く

ト申上ル、伊与殿ソレテドウシタ、和泉ー惣検校事御尋ニ御座候故惣・角ニ付候儀故申上候、伊与殿ウムト被申、伊与殿――此元禄十一年ノ伺書、下ニ張紙有之候、是ハ我カシタカ、公儀カラカ私仕候、十石程ノ訳ノ知候様ニ致候ナ、左様ニて御座候、宮之助・物申へ御尋、地方ノヿ不存候由右近申上ル、大和も同様ト申上ル、右近只修理料年貢取立候、仕拂仕候計ト申、角案主へ御尋、我ハ假職カ本職カ、假職ニて御座候、大祭ハ如何、大宮司方ニて勤候、四俵ハ地方ニて取候か、左様ニて候、丁ト四俵カ左様ノ由申候、夫ニて無申分か、申分無之候、アレ將監聞ケ角案主ハ申分無之ト云ハ、我裁許アル下濟テイルヿヲ色々申ハ、惣ー役料十俵ハ、地方カ百姓共地方ニて候、余り米貳斗五舛有之候処、砂押ニ引、今ハ五舛、毎年惣検校方ゟ修理料へ納候、百姓共へ惣ー地所ハ不知候カ、百姓共――名主ト申遣ハ申様成者、百姓イツカツニて候、御宮へ御普請ノ節、鍬持出候様成名主ニて候間、何も不存候、皆御四人様御存ニて候、四人トハ多宮――私共兩人、宮之助・物申ト申上ル、將監申上ハ、大祭先年ハ私宅ニて相勤

申候処、中務一人ニて井上様(正之)へ御願申上、享保年中ゟ大宮司方ニ而相勤申候、中務・監物(香取)・頼母(香取)三人へ、享保十三年被仰渡候義ヲ、中務一人ニ而享保十五年ニ中務一人ニ(衍カ)而伺候ニ所被仰付義トハ不奉存候、伊与守殿コウ井上河内(正之)裁許アルハ、御役人三助(太田)申候ハ、先奉行御裁許非ヲ云カ、今一言謂テ見ヨ、一ツモ不宜ト被申、

一、八月七日、伊与殿へ何も出ル、三助尋ル、將監へ享保十五井上様ニ而假職ニ成、大宮司方ニて大祭勤ル筋ノ書付へ致印候上へ不立、三助口上書ノ下書、香取壹岐辰三十才、和泉方へ民部ハ部屋住ナ、左様ニて候口書下書ニ懸ル、將監ーハ、享保十三大宮司・大祢宜・頼母三人江被仰渡候義、大宮司壹人ニ而井上様奉伺義トハ不奉存候、三助ナセ年久敷事ヲ夫ナラハ不願候哉、不被願訳アルト見ユル、正徳年中ハ頼母宅ニテ祭り候、享保ゟ大宮司宅ニて祭り申候、何も不立、三助將監(香取)へ民部ヲナセ惣検校ト書爲出候哉、香取ノ義隠居・家督も田舎之儀故、急度無之候、親死候テ服忌明、大宮司・大祢宜方江カマス遣候已而ニて候、大方カマハライ仕候へハ、皆惣――〳〵ト

叺持參が家督繼目の祝儀

*大宮司知行帳

*享保の帳では知れず

*元祿の帳は出さず元祿の帳以外なし

*三助口上書

惣角知行十石

*民部願は一つも立たず

*和泉五石不足申上す

*小割帳に惣角知行の事なし

申候、急度隱居ト申事ハ無之候、　和泉へ御尋將監申之通、親死候而、私共兩人方へカマス持參致候、夫ヵ家督繼目ノ祝儀ニてカマハライ致候ハ、當職ニ成候訳ニてハ無之候ナ、左樣ニて候、夫ナレハ猶民部タヽ又賴母息ヲ引取、子ハ部屋住也、將監後見ト云カ、民部當職ニて無之故、後見ニてハナイ賴母名代也、和泉へ元祿十一年伺書ニ、讃岐(香取)致印形候上ハ、得心ト聞ヘル、左樣ニてハ無之候、享保年中も度〻御尋有之候、讃岐其節支配役ハ不仕、諸帳面ハ所持不仕、何事も地方之儀不存候、丹波支配之事故、丹波次第ニ仕、加印仕候已而ニて候、昨日も宮之助・物申、地方ノ義ハ不奉存候由申上候、其節讃岐宮之助職相勤申候、何事も不存候、修理料役人故、本修理料之義ハ存罷在候へ共、惣・角十石程ハ新規ニ元祿十一年ニ入候樣ニ被仰付候、惣・角知行十石哉覽何程ヤラ讃岐ハ不存候、三助ー御自分ノ被申通、讃岐も支配役セヌナラハ不知筈、乍去今奉行所ノ吟味ニナツテハ無念ナ今也、不得心ナ῀ニ印スル筋無之候、左樣ニハ不奉存候、得と書付ホ一覽仕可申上候、成程左樣可被致候、過去ノ῀故、其元ノ無念ト云ニてハナシ、和泉・多宮も祖父共ノ῀故、無念ナナイ、惣・角知行五石不足、是ハ何方ニ有之候哉、和泉ー大宮司方ニ可有之候、いや慥成證據無之候、和泉五石不足之儀、大宮司横領トハ不申上候へ共、大宮司方より十石程ト申も修理料へ入ル候間、大宮司方ニ有之候、いや大宮司知行帳ニテ知レ不申候、和泉ー享保ノ帳ニてハ知レ申間敷候、元祿ノ帳不出候ハヽ知間敷候、三助此帳ゟ外ニ帳ナイト云、和泉ー先帳無之ニ而ハ、享保迄ハ何ヲ以知行取立催申候哉、無挨拶候、香取地方ハとくとセぬ、和泉大宮司方ニ入込可有之候、三助口書下書ニ大宮司方ニ横領ト申段ハ、曾而不承候ト書、和泉左樣ニてハ無之候、横領トハ不申上候、横領ト申名目ハ、民部此度始テ申上候、私方ゟハ、先年ゟ大宮司方ニ入込候ト申上候、此義書付ホ一覽可申上候、左候ハヽ左右可被致候、是ハ下書、其元ノ印ヲ可取ニても無之候、三助申ハ、民部願ハ一ツモ不立候、和泉ヵ五石不足之事申上候間旦那之聞ニ達シ候、小割帳ニ惣・角知行之事無之候いかゝ、和泉ー此帳も第一、私共兩人知行一筆無之候、雖取用帳之由享保年中御奉行所へ

配當帳を取用ゐ水帳になし

寶暦八年修理料目錄

*民部申す事は一つも立たず

配當帳

*大宮司領帳

*地押になれば神領騷動

*大社の事大勢の難儀に成る

元祿年中の知行帳出す

*地押をして新規に水帳を拵ふ

差上申候へ共、御取用無之候、とかく配當帳ヲ取用、水帳ニ無之候、アレモ千石ニ不成前、野帳ト申由承傳候、只今ノ配當ニハ合不申候、多宮方ゟ差出候、宝暦八〔年脱〕修理料目録ニ、始ニ十九石五斗此米廿五俵貳斗新修理料と有之、三助――是十九石五斗ト有ル、十五石ナラハ入過候ト被申、和泉とかく貫目ニて三貫文十五石ニて候由申、三助夫ハはや配當帳ニ見へ候、是も十九石五斗カ、廿五俵ハ不濟候、五斗俵ニ入モ四十俵也、不知候事由申、多宮――ハ、享保年中御裁許體ニ如先ゝ、修理料ニ入置ト有之候、惣・角知行皆入候由申候、和泉――アレハ十石程ノ高ニて廿五俵入候事ニテ候、入殘り五石ノ事ハ享保年中御沙汰無御座候、

百姓共江地方ノ義御尋不存之由申候、惣・角へ地方ニて遣候由、是ハ角案主ハ四俵切、田地惣――十俵貳斗五舛ノ処、貳斗砂押ニ引、五舛修理料へ納候、門前下水神堤ノアサ百姓へ御尋不存候由申、一反ノ田ゟ何程米取候哉、夫も不存候由申、

將監申ハ太田檬ニて、先年御吟味ノ節、元祿年中ノ知行帳出、其帳ニ引地分〳〵ト片書ニ有之候、此帳御吟味ト願、三助ナイト云ハ、引地分ト有ルトテ、我カ《レ》おれか今丸山ニ居ルケレトモ、おれかニナルモノカト被呵、將監――引地ト申ハ、私方ノ事ヲ引地殿ト申、宮之助ヲ若久殿、物申ヲ香梅殿ト申候、三助――屋敷ハ其方屋敷ニて可有之候、知行ハ別段也、將監へ三助申候ハ〇民部申事ハ一ツモ不立、和泉カ申上候、地方五石之事、旦那ノ耳へ入候、是計也、是ハ大宮司領帳ニ不知候間、千石地押ヲセネハ不成候、將監强テ我願ト地押ニナル、地押ニ成候而ハ神領騷動、大社ノヿ大勢ノ難儀ニ成候、我ハ神敵也、多宮・和泉も御代替御礼、此事不濟候内ハ不成候、此度ノ御願當年中ニて無之候へハ、寂早御礼欠之、此方ニて欠ニてハ無之候、我カ欠ト云物也、我ハ國賊也、先年ハ極月御代替ノ御礼有之候故、遠國ハ來年ニも成候、此度ハはやく候故、年ヲ越ス、云ヿナシ無筋ノ願ヲスル故也、五石不足之事出候而も、民部方へヤルテハナイ、修理料不足故不捨置候、修理料へ入ルカ千石地押メ、余レハ公儀へ上ルカ御老中江伺地押スル、夫テナケレハ不知候、地押ヲメ新規ニ水帳ヲ拵可遣候、有ル水帳ハ役ニ不立ト云イ、小割帳ハシカトセス、全部セネ

往古の香取神領十二ケ村

千石不足にも地押になれば大騒動

*叺拂は任補懸と申す

神領地押になれば大社の大疵

*民部願立たず

ハサウより外ハ仕方ナシ、地押シタナラ、千石ト云テモ余アルヘシ、二千石も可有様ニ被申、和泉ゝ——左様ニハ無之候、往古ノ香取神領十二ケ村、夫ヲ權現様(徳川家康)御取上ニ、居村計ニ被成候節、御縄打衆書立ラレ候帳、今ノ水帳私方ニも所持仕候、千石ニ不成前ノ野帳ニて御計候居村ニて千石ニ不足故、五割九分御割懸被成、夫ニても百四十石程、千万〔石〕ニ不足故、右御縄打衆御上ヘ御伺之書付才、私方ニ所持仕候、右之訳故千石ニハ不足仕候、三助千石ニ不足ニもセイ地押ニナレハ、大騒動也、將監・民部强テ願候へハ、地押セネハ不知候、多宮・大和・右近甚恐入、顔色遠和泉ヲモ進メ、左候而ハ、神領之者不相立候、何分御免被下候様ニ申、　夫ゟ夕喰出、皆ゝ食スル、

其後、多宮・和泉・大和・右近・小右衞門計呼出シ、將監・百姓共ハ不出、

神領地押ニ成候而ハ、大社ノ大疵、是ハ和泉御自分得ト承、了簡差圖ニてハ無之候得共、内濟(サ)スルトモ、得ト致了簡候様ニと、再三被申候、此方ハ役目故、願ハドコ迄も吟味スル、彼才首ヲ切筋之事ニ成哉ト被申、和泉畏候、宮之助・物申共致相談、得と了簡可致候、三助ゝ——左候ハヽ、先今日吟味、是迄ニ可致候、大和申候ハ、とくと和泉ニも可爲申聞と申候へ者、三助(和泉)ハ尋ニ付、有躰(アキマ、)ヲ云候、和泉へ云ヿハ無候、一理聞へ候と被申、弁惡敷故云ー り不聞故申、

多宮申候内濟ニてハ、迷惑ニて候、横領ト被申懸、先祖ノ面ヲ穢心外ニ奉存候、何分ニも御裁許奉願候、三助・宇兵衞兩人被申候ハ、夫ハ其許大宮司ニ不似合之地押ニ成候へハ大騒《ソウ》動、大勢及難儀候義をも、其許一人明立候トテ、一社騒動ニ不構候哉、不似合事ト被呵候、和泉多宮方へ申ハ、其元ニても得ト御了簡可被成候ト申歸ル、

○右落、
服明私共兩人方へカマス持仕候、多宮ゝ——夫故紙抔遣申候、和泉ゝ——其カマス遣候カ、家督繼目祝ノ儀ニて候、カマハライハ任補懸ト申、先近ク申候へハ、本トウニ社家ニ成候様成物ニて候、當《トウ》職ニ成候訳ニてハ無之候、夫ナレハ頼母息引トラザル内ハ部屋住也、

○右落、
御役人《イツミ》ゝ——民部願不立候、和泉カ五石不足之事申上候間トテ申候間、(多宮申ハ和泉左様ノヿ申上候ハヽ、享保御裁許在)和泉私義、今度御吟味被遊被下

*享保十三年御裁許の通りと心得るを伺ふべし

和泉有體に申す

宮之介知人宅にて內濟の相談

之候事ヲ、又引越之存寄ニ候哉、
樣ニト願候者ハ無之候、殿樣有躰ニ申上候樣ニ御意ニ候間申上候、多宮──享保御裁許ニ、前〻ノ通惣・角修理料ニ入置ト有之候、和泉夫ハ十石程ノ廿五俵ノヿニて候、不足ノ五石ノヿニてハ無之候、五石ノヿハ不及籠居候、三助多宮へソウニてハ無之候、和泉ハ尋故、有躰ニ申也、和泉ト掃部事ハト、是ハ大宮司妾腹ノ子ノ由、惣──仕候由承候、

一、八月八日、淺草藏前ニ宮之助知人有り、彼宅ニて候、多宮・和泉・大和・右近寄合內濟ノ相談ニ、和泉申候ハ、昨日御役人中被申候事ハ、私ハ內濟ニ扱《アツカイ》候樣ニト申事ニ承候、大和・右近左樣ニて候、多宮──扱トハ不聞候ト申、宮之助・物申內濟致候樣ニと被仰付候、和泉樣へ被仰付候由申、

和泉御役人中も將監・民部申分、不レ《ト》立被申候へ共、內濟ト被申候ハ、御惠メノ心、彼才ニも疵ノカヌ樣ニ御濟ノ御心ニて候、和泉御自分ノ了簡ニ有之儀と被申事ト被存候、左候へハ、早ク相濟か能候間、扱ト申候而も、致方無之候、大和・右近其方抔ハ何ト存候哉、兩人如何致可然候哉と申、自分了簡今迄之通、賴母ニ爲勤諸事、今迄之通ニ致候樣ニ取扱可然候、右近・大和申候ハ、左樣ニて候ハヽ可然候、此上此願不申上候樣ニ扱、證文ニ致可然候、左樣より外了簡無之候、和泉──多宮其趣ニて候、其元御相違有之間敷候哉、多宮──不《被》申切候、とかく四人連印ニて候、享保十三御裁許ノ通相心得申候由、四人ニて可伺候、和泉──夫ハ出來申間敷候、夫ニてハ內濟ニて無之候、片荷ニ成候、今迄之通ニ賴母ニ假職爲勤候へハ、享保十三御裁許通ニて候、多宮──享保御裁許被レ破テハナラス候、和泉──此方ニて可破ト存候而も、御奉行所ニて御立被成候、其許御相違有之候而ハ、內濟出來ス候、多宮──ハ申被《ハ》レ切不致候へ共、享保御裁許通ナレハよく候、横領ト被申出候間、誤候筋無之候而ハ、得心無之候と申候、和泉──夫ゟ彼才も得心致間敷候、大和・右近も其所《ソコ》ヲ御用捨ト申候、多宮──先懸公事故、民部方ゟ御聞候訳ニて可有之候、私ヲ御聞切候訳ニてハ無之候、和泉──いや其許御支配被成候事故、万一民部得心ニても、其元御得心無之候へハ、不濟事ニて候、多宮──とかく民部方聞候樣ニ申、成程、民部方可承候、只今ゟ大和・右近和泉宅へ參候樣ニ申歸ル、多宮──民部横領人香取多宮ト訴狀相認出候、私先祖迄顔ヨゴシ、是カ殘念ニ存候、和泉──成程、御尤

*惣角知行大宮司方へ入込むは相違なき事

ニ候、私親上總、享保年中申上候ニも、大宮司方ニ入込候義と奉存候段申上候、只今ニ拙者も左樣ニ存候、横領ト申、名目ハ民部此度始テ申出候、

同日、和泉旅宿へ大和・右近來ル、將監呼其方願所モ不立候、自分抔了簡ニて、今迄之通ニ職役其方勤候、此度願相込《候樣ニ》取扱可申候、とかく靜謐ニ成候事故、ソウ致可然候、民部ニも爲申聞、とくと致了簡可申上候由申歸ル、

伊豫殿へ出る

一、八月十日、伊与殿へ出ル、和泉・大和〇《計、》右近ハ不快、三助出ル、和泉――ハ、此間被仰付義、私共了簡仕候処、とかく內濟致候樣ニ取扱見申度候、若双方得心無之候ハヽ、又御居可申上候、夫迄御吟味御延被下候樣ニ奉願候、三助成程、明日其段書付ニ致、御自分・大和・右近連印ニて書付差出候樣ニ、大和ニても右近ニても一人出候へハ、よく〱畏候由――

地押をすれば五石は出づ
*千石より廣きと見ゆ

三助――多宮知行高ゟ俵數多ク見へ候、地押ヲスレハ五石ハ出可申候、夫ニてハ咎人出來候、丹波・多宮之横領ニても有之間敷候へ共、今地押シテ大宮司知行ゟ出候へハ、入込ノ紛入ルノト云テモ横領ノ筋ニ成、甚六ケ敷候、此間七日ニ吟味ノ節、民部願ハ一ツモ不立候へ共、其元被申候五石之事能吟味スレハ、將監猶ツノル故、自分モソコ〱シテ置タ神慮之物、横領ト云筋ニ成、夫ニてハ不立候、和泉――ハ私も先一通御吟味ノ節ハ、有躰申上候、とても同役之儀故、用捨も有之候、此上御吟味有之候へハ、證據ヰ差上、存分ニ申上候ツモリニて候、先惣・角知行大宮司方へ入込候ニ無相違事ニて候、大宮司方へ入込ス《ソ》候テ、他ノ方へ入込《コミ》可申候、元祿十一年伺書ニ大宮司知行ト一所ニ相伺、美作兼帶之內ト有之候、丹波宝永元年、十石程修理料へ入候も、大宮司領ゟ分入候へハ、大宮司方ニ入込候ニ相違ナク候、三助取扱破候へハ、御自分も不被申不埒事ニて候、和泉――此間神領地方之儀、皆〻者聢ト無之樣ニ申上候、左樣ニても無之候、此田ハ貳百目、或ハ三百目ノト申候テ、スヘテ定り有之候、百目五斗ノ取立ニて候、三助――ハ百目五斗ト申ハ、沢山ナリ、左樣不取物ニて候、千石ゟ廣キト見ユル、和泉左樣ニハ無之候、此間も申上候通、水帳ノ訳申、三助若修理料へ入込候事も可有之候、左樣ニハ無之段申、三助ヿ多宮もツノラス內濟致カ能候而ツノル

ト悪敷筋ニ成候、五石取いたされ可申候、とかく重ィ丁ニ成候間、御自分抔三人取扱候而、御礼ノさゝハりニも不成候様ニスルカ、神忠ト云物也、他か地ヲ改候而も、大社ノ丁地押抔無之ニて持ヌ物也、外聞不宜、鹿嶋抔も平生公事有り、和融セぬ故ニて候、香取も六ケ敷、他ノ聞へも能無被申候、とかく早ク相濟、御礼相勤候様ニ可被致候、

落
○前ニ申、元禄十一年大宮司闕職之節、米三百壹俵━━畑━━、夫ニ惣・角三貫文入テ合候由、享保十三年ゟ兵部大夫八俵余除、勘定仕候ハヽ、五石入込候処、相知レ可申候、

落
○扱ノ義、私共始テケ様之事ニ取懸候故、訳不存候、如何致候物ニて候哉、三助夫ハ江戸宿共功者ニて、彼ホニ聞候様ニ被申、

一、八月十一日、伊与殿（阿部正右）へ右近出ス、内濟ニ付日延ノ願書出ス、

口上覚

今般惣検校役料之儀ニ付、右職役之者、賴母悴民部奉願候ニ付、大宮司多宮被召出、双方及諍論蒙御吟味候、右ニ付、猶又私共被爲召御尋候趣、奉承知候、併御奉行所へ御苦労奉懸候段、恐入奉存候、且又一社騒動ニも罷成候而ハ甚以難儀至極ニ奉存候ニ付、双方和融仕、内ゝニ而相濟候様ニ仕度奉存候、此段双方江熟談仕、追而否之義申上候様ニ可仕候、仍之御吟味之義、來ル廿一日迄御日延被成下様ニ奉願候、以上、

辰八月

物申　香取右近印
宮之助　國分大和印
大祢宜　香取和泉印

阿部伊豫守様　御役人御衆中

右八月十一日書付、右近致持參候処、いつ迄ト申日切無之候間、日切入候様ニ御差圖ニ付、右之通相認、八月十二日、大和持參ニて差上ル、御役人宇兵衞廿一日有無之沙汰可被致候、

一、八月十一日、多宮方へ使孫大郎口上、昨日御奉行所へ罷出、三助殿へ此間之儀了簡仕見申候、内濟仕候様ニ相談致、見申度旨申候へハ、其元・宮之助・物申三人ニ而内濟致候様ニ申談可然候、早ク相濟、御礼相勤候か、第一ニ候、尤差圖ニてハ無之候へ共、内濟可然候、明日日延ノ書付認、三人之内壹人出候様

（頭注）
*一社騒動になれば甚だ難儀至極
*雙方和融
大社の事地押等これなし
*雙方へ熟談仕る
扱は江戸宿共功者に聞かす
内濟につき日延の願書出す
惣検校役料の儀

今泉亘病死

*香取をも騒がし不届なる願

ニ被仰付候、今日右近出候処、文言日切付出候様ニ被仰付候間認直、明日差出可申と存候、　返事、民部・將監一義書付を以、御願被奉候由、被仰下致承知候、

一、八月十三日、和泉旅宿神田雉子町也、大和・右近來り、將監・民部呼候処民部不快、致内濟候様ニ三人ニ而、委ク申聞ル、將監申ハ亘《ワタリ》(今泉)病死、民部弟同居ニて死、三日も不立候間、十五日迄御延被下候様ニ申、

一、八月十五日、和泉宿へ大和・右近來り、民部・將監呼、此間ノ事尋候処、成程、内濟之儀、何分内濟可仕候、難有奉存候、併私共申出、皆様をも御登セ、又香取ヲモサワカシ候程ノ事ヲ、今迄之通ニてハ、余り片荷ニ成候間、何分ニも其所《ソコ》ノ明り立候様ニ御取扱、内濟仕候様ニ願候由申事也、依和泉――其方抔申分不立候間、右之段自分了簡ニ而、今迄之通り之趣申出候、又明り立テモライ度候ハヽ、自分壹人之了簡ニても成間敷、宮之助・物申ニも爲致了簡見可申候間、暮(書)付出候様ニト申、宮之助・物申――ハ、夫ニも及間敷候、内濟之筋ハ、得心ニて候、將監・民部申候ハ、とかく右申上候通り、少明り立候へハ能候由申事也、和泉いや明り立候筋ニ候へ者、其段書付可被出候ト申、宮之助・右近、夫ハ先得ト了簡いたし候様ニ申、明日又寄合可申段申歸ル、

前後、
八月十二日、多宮方ゟ大和・右近方へ人來候、呼ニ來ル由、大和申候ハ、今日ハ日延之書付御奉行所へ致持參候間、和泉様へも參り書付取出候間、被參間敷候、右近遣候由也、右近へ多宮――ハ、此方江ハ何も其方抔ハ不爲知候、和泉方ゟハ爲知來候、支配ヲ蔑ニ致候、仕方不屈也、御奉行所へ可申上候由申候也、右近御免被下候様ニ申候へハ、猶立腹ノ由ニ付、右近申ハ、左候ハヽ思召ニ可被成候、御奉行所へ御出可被成候、私共も相應ニ可申上候由申候へハ、此事早ク濟候様か能候、自分其方抔呵候事、御奉行抔へハ無沙汰ニト多宮申候由也、

前後、
八月十四日、大和・右近多宮下宿へ行候、十三日ニ將監呼申候趣咄候へハ、早ク相濟候様ニト申由也、

八月十六日、大和・右近來り、將監・民部呼、昨日申聞候、如何思候哉、とかく香取をも騒カシ不屈成願いたし候筋ニも不(相)聞様ニ、明り立候様ニ御相談願候、内濟之事畏候由申、明り立候筋ハ、大宮司ゟ五

*民部弟江戸に於て病死

松平周防守大坂御城代に松平和泉守寺社奉行に仰付らる

伊奈友三郎病死

香取上總妹さを伊奈友大夫妻

友大夫は去々年卽死

俵も私方へ遣候様カ、又御修理料江入候様ニ成共、御相談ト申、書付ニ致出候様ニ申候へハ、民部其儀ハ得ト致了簡見可申候由申事也、

一、八月十五日、松平周防守殿(康福)大坂御城代、御跡松平和泉守殿(乘佐)寺社御奉行被仰付、

一、八月十五日、多宮使小平太昨日阿部伊豫守殿(正右)ゟ御差紙ニ付、今日罷出候処、四十石定書有之候哉ト御尋ニ付、有之候由申上候へハ、差出候様ニ被仰付候間、私在所へ罷越差上度旨申上候へハ、御暇出申候、仍之明日在所へ罷歸候、爲御知申候、相應ノ返事致、

一、八月十六日、伊奈友三郎(忠幸)病死也、伊奈友之助(忠眞)嫡孫十九齢也、友之助ハ當時御鑓奉行、二千石、廩布ニ住、香取上總妹さを、伊奈友大夫(忠譜)妻、友大夫ハ去々年寅十二月廿七日卽死也、御小性組勤ル、六十四才也、○和泉従弟也、友三郎ハ友之助子、友大夫今子友三郎也、

一、八月十七日、阿部殿(正右)へ出ル処、三助不詰合故歸ル、

八月十八日、阿部殿へ大和出ス、和泉義、従弟相果、服忌有之候故、罷上り不申候、御届申上候、此間多宮申越候者、四十石定書御尋ニ付、在所へ罷歸候由申來候、仍而多宮留主ニてハ內濟之義相延可申候、御届申上候、

民部弟、於江戸病死仕候、私共方へ爲知候、內濟ニ取懸候間、此方ゟ可申上候旨申聞候、御届申上候、

三助右之訳可申聞候、民部病氣如何候哉、全快トハ不相見候へ共、余程快見へ候、多宮留主ニても內濟之事可出來候、忌中ニても可出來候、左様ヲフドウニ引懸候儀有間敷事と被申候、多宮も急ニ被仰付候間、歸次第早々可申談候、多宮も伺出候、私存寄ヲ三人へ申聞候へ共、日延之儀ハ、私ハ御願ハ不申上と、余り延候ニ成候、又和泉申上候、五石事マキラハシイヿハ見へ、又□思フ処へ、多宮伺ニ出候間、四十石御定書出候様ニ被仰付候、是カ出候ハヽ、ツラリト濟ヿモ可有候、

一、八月十九日、民部・將監呼、尤大和・右近來居ル、兩人へ申候ハ、此間之義如何思候哉、尤其方抔明り立候筋書付出候ハヽ、自分抔中ニテ隱レ居事ハ不成候間、多宮と可談候、又多宮夫ニテ得心無之候ハヽ、様子ニより先達而申聞候通、諸事今迄之通ト申事ニ可致候哉、右兩人申ハ、私共も、此度申上候か限りニて候間、大方之事ニて候間、存寄ハ先書上ケ可申

候、乍去御支配ノ和泉殿御取扱ニ御入候事故、右存寄書上候而も、御取用無之候共、私共申分無之候、今迄之通ト取扱候共御支配、和泉殿被成候事ニ候ハヽ、相違無之候、明り御立候共、又今迄之通りニ被成候共、思召ニ可被成候、御支配ノ和泉殿被成候ニて候、申分無之候、私共タンノウ仕候、暮方和泉方へ書付可差出候由申、　同日、書付不出來候間ト申候間、明日三人揃候処へ持參ト申渡ス、

大禰宜和泉香取壹岐と名改む

一、八月廿日、阿部伊与殿(正右)へ出、三助(太田)──松平和泉守様(乗佐)御役義、被爲蒙候ニ付、私名改仕候届申上候、大祢宜和泉事、香取壹岐と相認差上ル、

三助申候ハ、是ハ前〻ゟ月番へ届候哉、在所ゟも名改候節、早速爲相知候哉、左様ニても無之候、遠方之儀故、罷出候節申上候、此度ハ詰合候故申上候ナ、左様ト申、扨多宮方ゟ此間使越申候、御差紙ニ付罷出候処──、仍之多宮留主故、内濟候儀相延可申候、日延も明日迄ニ御座候間、右之段申上候、三助夫ハ多宮歸候ハヽ、早速相談不濟候ハヽ、其節又日延願候而能候、夫迄之事ハ承置候、多宮江も急ニ四十石定書御尋、是共内濟候へハ不入候、其元へも爲見可申候由被申候、多宮方ゟ差出候、享保十三年ノ目錄御出シ、四十石九十──、此取米ニて候哉、左様ニて候、十九石五斗トナセ書候哉、夫ハ中務享保十三御裁許後、我儘ニ百姓共へ申付、爲書候事ト奉存候、十二年迄ハ十九石五斗ト石高ハ書不申候、宝永元年より廿五俵貳斗新修理料ト書申候、十九石五斗ト兩職之高申候ハ、左様ニも古より申候へ共、配當帳ノ通り相用、只今ニ貫目ニ而此田ハ百目ノ、アノ田ハ百五十目ノト申候而、とかく貫目無用申候、十九石五斗ニ致候而も廿五俵ニてハ高ニ不足仕候、元來修理料三貫文ト申ハ、下社家大祭入用、毎年地方ニ而古來ゟ遣廻田ト申祭當ノ下社家へ廻シ申候、イサイ申、又四十石塙祝・近藤大夫十三石貳斗、大祢宜先規兼職ニて候、夫ニ大祢宜知行廿六石八斗、内證分ニ齋宮ト申者ニ合力仕候──、御修理料ニ被仰付也、御役人百目五斗ノ勘定不願ゟ《定法永》壹貫文ハ金壹兩、今ハ六斗ニ取立候事也、夫ニ百目ヲ五斗ト云ハ甚大也、中〻ソウ不《ヌカ》行物ニて候ト被申、壹岐左様之儀ハ、不奉存候、帳面を以可申上候、千石不足ニテ五割九分割懸候故ニても可有之候哉、神領田方ハ取り高ク候

*石高は用ゐず貫目を用ふ

*地押すれば咎人多く成る

前大宮司中務は我儘のみ仕る

由ニて候、御役人五石不足ノ了、成程大宮司方ニ可有之候、十九石五斗ニメ、廿五俵ニてハ不足、能勘定メ見レハ三十俵不足、民部申出候程ニて候、乍去吟味手懸無之候、元天正之時分ハ、惣檢校・角━━兩職大宮司兼帶ト相見申候、配當帳ニ兼帶ノ処ニ有之候、塙祝・正判官も私方兼帶ニて候、秀房妾腹ノ子掃部へ惣檢校━━、元祿十一年美作━━節、大宮司知行ノ由其外諸事丹波伺書ニ、美作知行內、潰社家兼帶ト申出候、又丹波元祿十三年大宮司被仰付候節、丹波方へ兩職知行も大宮司知行共ニ、修理料ゟ取出シ、元祿十六年迄四年カ間、丹波收納仕候、夫ゟ宝永元年御修理料へ惣・角知行、十石程ノツモリ廿五俵入申候、右之訳ニ御座候間、別ニ他へ可入込樣無之候、大宮司知行帳・元祿十一年百姓共申口ニ而仕立帳出候得ハ、分り可申、美作方ゟ不返無之候ト、此間多宮享保ノ帳差出申候、享保以前、大宮司知行取立候ニ、何ヲ以取立候哉ト奉存候ト申、三助其ノ返事無之、別之事被云候、

享保十三ゟナセ十九石五斗ト爲書候哉、夫ハ中務御裁許後、我儘ニ爲書候哉と奉存候、先大宮司中務ハ、

我儘已而仕候間、左樣も可有之候哉と奉存候、とかく石高ハ用不申候、貫目ヲ用申候、夫迄不書候処、十九石五斗ト四人役人ニ而爲書候事不念也、ナセ不吟味ニ爲書候哉、書出申候、爲直可申候事也、無念也、又十九石五斗ト廿五俵ニ而、米不足ノ由被申候へ共、ナセ高十九石五斗ト有ルニ不足いたし候哉、能勘定スレハ三十俵程不足、是ハ四人同腹《フク》ノ無念、今吟味ニ成レハ、四人職分爲召放候事也、自分ノ知行ニモ無之候、神慮ノ旦那ノ御知行不足ニ成候ヲ、其役人トシテ吟味不致候ハ、四人メ押領ト云物也、享保年中、親(香取)上總申上、御裁許無之候ハヽ、ナセ打返シ不願捨置候哉、自分知行ニ而も無之、旦那ノ知行之事、旦那之事ニハ一命ヲ捨候、今迄打捨置候事、無念也、其義御吟味ハ有之候へ共、御沙汰無之候故、御上ヲ奉恐、其後ハ不申上候、恐ハ申而も旦那ノ御知行ノ事、其役人ニ而無念也、とかく無念、四人ニ而候、御咎も四人江懸候、地押ヲスレハ知候カ、夫ニてハ咎人多成候故、氣毒ニ存候故、此方ゟ申ハ、ヲカシキ物ナレハ共內濟ト申候、其元抔咎も無之ニ、先ゝ無念有之候故、多宮ハ勿論、四人咎ニ成候事、

余り氣毒ニ存候、尤吟味シテ呉候樣ニナレハ、吟味スル、夫ニテハ地押セネハナラス、鹿嶋抔ニ對〆ハ、ソウモ有マイカ、他ノ社ヘ對〆ハ、香取大社ノヿイカウ外聞も不宜候、多宮ヲモ自分シカリ置候間、致相談内濟筋宜し、

八月十九日、大和・右近呼、將監・民部呼、書付出ス、

*配當高相應に惣檢校職に付く

御奉行所へ職領の儀願上ぐ

口上

一、御奉行所江職領之義奉願上候處、此度御取扱可被下候由被仰聞、就夫私存心書付ニ而差出候樣ニ被仰候ニ付申上候、此度御願申上候義ハ、惣檢校職家之義、越度ケ間敷義も無之、勿論職分ニ付、不埒之義、毛頭無御座候處、元祿年中、御修覆料江相入致候分者、大宮司殿方ニ被致所持候間、古來之通頂戴仕度段、奉願上候、私家之義者、御存知之通り、大宮司家ゟ相分り、職領ホも先祖ゟ所持仕候、右之訳者、先祖共認置候書物ホも御座候、殊ニ元祿年中、丹波殿百姓共ニ相認させ候、帳面ニ茂惣檢校職領之分、不殘相分り有之候、右之帳面者、享保年中、御奉行所江大宮司殿分ハ差上候、帳面ニ而上總殿之御存知有之候帳面ニ御座候、

一、惣檢校職領御修理料ニ有之候与茂、私方有之候与茂、配當高相應ニ惣檢校職ニ付、置申度奉存候、私存心御尋ニ付、如此御座候、御相談之上之御取扱御支配与申、大和殿・右近殿御差添被成候而之義ニ御座候間、可然御取扱可被下候、以上、

辰八月　　香取民部

右書付ハ、私共存寄ニて候、御取扱之儀ハ、何分被仰付候共、和泉御支配被成候事故、申分無之、相違無御座候由申事也、和泉申候ハ、今日御役所江出候、中〻修理(料カ)へも不成樣子ニ相見ヘ候間、自分抔申候通、諸事今迄之通りト申筋ニ致可然候、尤達而申ニてハ無之候、其方抔も出來不申事ヲ、强テ申候而も身ヲ打候而も無易ニて候、何分ニもト申事、左候ハヽ、多宮歸次第可申請候、民部私全快仕候、御届可仕候哉如何、夫ハ此方ゟ御届可申候、

一、八月廿一日、在所ゟ社家惣代ニ爲見廻大祝(香取)宮内來ル、爲肴代貳百疋持參也、

一、八月廿四日、多宮旅宿へ行所、御奉行所へ出候由、留主故歸ル、同日多宮出府、爲知使小平太同日七ツ

*阿部殿へ出る

松平周防守様の寄合

時多宮旅宿行、宮之助・物申も行、日本橋二丁目、壹岐(香取)申候ハ、此度出入内濟之儀、惣檢校諸事、是迄之通り爲勤、此度願相止メ、此上右願仕間敷旨ニ内濟致候樣ニ、民部・將監へ申候処、大方得心致候、其元ノ思召如何ト申、多宮立腹、夫ハ其元抔ハ先達而淺草ニて自分存寄、何ト被聞候哉、自分横領ト申、各自夫ニてハ不拔候、夫ニてハ民部大勝、私ハ横領ト被申出候筋不拔、私へも少了簡御付被成可被下候、御尤ニ候得共、押領之儀書載候ハヽ、民部ハ御咎ニ逢可申候、公儀江も上ル書付ニて候、甚明り立申候樣ニ致候テハ、内濟ニてハ無之候、公儀ノ御裁判也、又公儀ゟも双方無難ニト思召、内濟ト被仰出候間、とかく左樣ニ其元被仰候而ハ、其元ノ御爲ニも相成申間敷候、とかく自分抔申候通り、内濟ニて押領ノ事も消へ可申候ト申候へ共、承引無之故、得と可致御了簡由申歸ル、多宮申候ハ、私此度ノ公事初對決ニ、松平周防守(康福)様ノ御内寄合ニ而、多宮ハ人ノ物ヲ押領メ乍居云ヿハナイト被レ仰候、御奉行衆迄も左樣思召候間、押領ノ訳立不申候へハ、得心無之候ト申、八月廿五日、宮之助・物申呼、壹岐申候ハ、此日多

宮申分、押領ノ訳立呉候樣ニ申候、右訳ヲ立レハ、公儀ノ御裁判ニて候、公儀ニてサへ訳御立無之候、左樣ノ処、自分抔ハトウモ訳立候樣ニハ了簡無之も、民部も申分有之候処、是も訳立候而ハ、公儀ノ御裁判同然ニ候間、不被取用候、八月七日ニ三助殿被申候、内濟之事被申候節、多宮押領ト被書出、先祖ノ面ヲ汚シ候事故、御裁許ト願候へハ、三助・四郎兵衞、夫ハ大宮司ニ不似合ト被申候へキ、右之訳多宮へ談候樣ニ大和・右近へ申、兩人多宮旅宿へ行、壹岐ハ阿部(正右)殿へ出ル、

八月廿五日、阿部殿へ出ル、壹岐一人、三助出會、惣檢校出入内濟之儀、賴母ニ惣檢校假役只今迄之通ニ爲相勤、諸事只今迄之通ニ仕、此度願相申止メ、此上右願筋決而申止候樣ニ致内濟候樣ニ、私共三人了簡仕申聞候処、民部・將監、此度申出候、明り立候樣ニト申候間、左樣難成筋、明立候トハドウト申ノ処、大宮司方ゟ少しも表數ニ而も遣候か、又御修理料へ成とも入候樣ニト申候間、夫ハ難成候段申、とかく只今迄之通申筋ニ致内濟仕候樣申候へハ、何分思召次第御内濟可被成候可被成候(衍カ)、申分無之ト申候、

多宮方へ右之段申聞處、押領之訳立候様ニ了簡致呉候様ニ申候、夫ニ付、御日延四・五日奉願候、多宮サへ得心仕候へハ、さらりと相濟申候事故、とかく其元御爲ニも成間敷候間、一社靜謐致候事故、用捨いたし、内濟仕候様ニト三人申候得共、得心無之候、押領之儀ハ御上ニ而未御裁判無之事ニ而候へハ、私内濟御證文ニ書入候事、難仕候事ニ而候、御役人、夫ハ多宮大ニ心得違、明日逢可申聞候、多宮押領無之ト云、慥成證據も無之候、淸ケレハ人も何とも不云物ニて候、クサイヿカ有故、人とも申出候、明日多宮呼可申聞候、其元も明日内濟之儀、多宮未相談得ト相整不申故、幾日迄日延ト書付可出候、大和ニても右近ニても、壹人ト被申候、民部も全快ノ屆、私方迄申候由申上ル、

多宮得心なし

八月廿六日、阿部殿へ大和出ス、

香取惣檢校出入り内濟の件

口上覺

香取惣檢校出入内濟之儀、申談仕候ニ付、先達而御吟味御日延候之儀、申上置候、早速民部・將監方江及相談候上、大宮司多宮江其趣申談候処、未談合相整不申ニ付、猶又熟談仕候様ニ可仕奉存候、依之此上廿九日迄御日延被下置候様ニ奉願候、以上、

辰八月

物申祝 香取右近印

宮之助 國分大和印

大祢宜 香取壹岐印

阿部伊与守様

御役人御衆中

右之通認差出、御役人請取可爲見由被申、

一、八月廿六日、多宮宿へ壹岐・大和・右近行、壹岐――ハ、此間御相談申候、内濟之儀致了簡候へ共、押領之筋ハ御上ノ御裁判無之処ニ候得者、拙者抔有無出入之儀、難致候、此願筋重テ決而爲致間敷ト申趣ニ而、押領ノ事も消可申候間、とかく御礼も近寄候間、其元御用捨被成御濟シ可然候、前云、是迄之通ニ役料遣、諸事是迄ノ通り假役爲勤、此願此上決而願爲出間敷旨ニ而可然候、多宮申ハ、イヤ自分ハ假役料遣間敷トハ不申出候、此度申出候事ニ而無之候、壹岐――ソウモ可有之候得共、昨日御役人江番調申上候節、民部ニ是迄之通役料十俵ヲ遣、假役諸事爲相勤、壹岐ハ申上も不致候へ共、角案主ニも四俵假料是迄之通り遣、此度民部願申止、此上不申出候様ニトノ内濟ナト被仰候事故ニて候、多宮――

＊伊豫殿へ壹岐出る
＊濟口證文下書仕る

此上此願申〔出〕間敷トハ、押領之筋ノ事ニ候哉と申間、壹岐――此度民部申出候願筋、何もかも凡テ爲申出間敷トノ事ニて候ト申候ヘハ、左樣ニ候ハヽ、何分ニも御取計可被成候、私內濟ハ悅申候事ニて候、左候ヘハ致大慶候、扨民部方江も願書ノ下書爲出、其元ニも返答ノ御下書一覽仕度候、多宮いや夫ニハ及間敷候、左樣無之訴狀返答、得ト見候上ニ而內濟案文モ致、無左候而ハ、內濟ノ私共了簡ニハ不知候、多宮――左樣ニ內濟御取計も返答無之候而ハ、難成事之由ニ候ハヽ、今ニても御見セ可申候、左候ハヽ、明日取ニ上可申候、いや拙者其元江可致持參候、左候ハヽ、乍御大儀と申、多宮申定而濟口證文も可有之候、左樣ニて候、多宮――今日御役人被仰候ハ、取替證文も可有之樣ニ被仰候、夫ハ私共、何事も伺致候事故、未相知候、

一、八月廿七日、壹岐旅宿へ多宮來、尤大和・右近も――多宮返答書出ス、写ヲ遣候樣ニ申候間爲写、其文前ニ記、　同日、大和・右近居ル時、民部訴狀申遣、則持參ス、其文前ニ記、

公家衆御下向

一、八月廿八日、公家衆御下向、

一、八月廿八日、伊与殿へ壹岐出ル、三助出會、多宮義も、大方得心仕候間、濟口證文下書仕候、御差圖奉願候処ゝ差圖有之候、又私義、多宮同樣ニ支配仕候義ニ候間、濟口連印御免奉願候訳ハ、宮之助・物申祝扱人ニ仕、私義ハ支配ノ者添簡無之、越訴仕候義ヲ私連印ニ而取扱候筋ニ相成候而ハ、此上左樣ノ者有之候テハ、氣毒ニ奉存候、別紙ニ成共ト申候ヘハ、御役人無印ニてハ不成候、宮之助・物申扱人ニ致、其許ハ奧印致候樣ニト被申候、濟口證文下書ニ双方江遣候ニハ、壹岐印ニハ不及候、皆ノハ印ゝト認、扱人ツギメ致、印奧へ此度出入、阿部伊与守樣江罷出、蒙御吟味遣候処、內濟ニ宮之助・物申祝取扱相濟申候義、無相違無御座候ト認、訴詔〔訟〕人江ハ多宮致印遣、多宮方江ハ民部・將監致印遣候樣ニ可被致候ト被申事也、

八月廿九日、民部・將監へ證文ノ下書見セ、多宮得心ニて候、其方抔も是ニ而濟候樣ニ申聞候処、得心之由申、

八月廿九日、多宮方江壹岐幷大和・右近行、內濟案文爲見候処、多宮案文之內、諸事ニ付ト云文拔度由

*內濟濟ます證文本書公儀へ上る

*濟口證文

申候間、役料十俵差遣ト認可申候由申、多宮得心、夫ゟ阿部殿へ大和出ス、三助出會、今日內濟案文、双方江爲見候処、得心ニて候、證文印形未未(マヽ)出來不仕候間、明日差上可申候、壹岐儀罷出可申上候得共、證文本書ニ取懸候故、私罷上候、成程尤之由、明日八時、此度之儀ニ付召呼候、百姓共迄も不殘出候樣ニ可申聞旨、大和へ被仰付候、民部・將監も月代仕出候樣ニ三助被申候、

同日、多宮方江大和遣、明日八時阿部樣へ不殘出候樣ニ三助被申、和泉へ被仰付、證文御印形之儀ハ、八ツ前ニ御印取ニ可參候由申、

八月晦日、證文出來、壹岐旅宿ニ而大和・右近立合、民部・將監印サスル、夫ゟ多宮方へ行、多宮ニ印サスル、夫ゟ御奉行所へ出ル、三助出、多宮申候ハ、致印形申上候ハ、如何ニ候へ共、此證文文言ニ双方申口御取用可被遊、證跡無之ト申文有之候、何とも迷惑仕候、私方證據無之ニハ無御座候、配當帳・水帳抔有之候、右之趣ニ而候へハ、此上配當帳・水帳、本古之樣ニ相成候ト申候へハ、三助申候ハ、夫ハソウテハ無之候、配當帳・水帳余事ニハ何も役ニ立候、只此惣檢校知行之事ニ付候而ハ、役ニ不立候、是ニ而能候由被申候、多宮――御尤ニ存候ト申、內濟濟候證文本書ハ、公儀へ上ル、下書ハ多宮・民部へ取替渡ス、

濟口證文、其文、

差上申濟口證文之事

今般香取民部義、奉願候者、惣檢校職役料宝永年中、先之大宮司丹波御修理料ニ入相殘候田畑、今以大宮司方江致收納候ニ付、祖ヽ父宮內代之通、惣檢校職料御修理料江入申候分幷大宮司方ニ致押領候分、共ニ御吟味之上、民部頂戴仕度奉願候段申上候、大宮司多宮申上候ハ、丹波代惣檢校・角案主兩職爲知行田畑御修理料ニ入、今以年ヽ名主共、皆納目錄差出候書面之通、大宮司方ニ押領無之段申上候、依之双方被召出、被遂御吟味候処、双方申口付合不申候ニ付、大祢宜壹岐被爲召御尋被遊候、猶又宮之助・物申祝・角案主幷御修理料百姓共被召出、御吟味御座候処、委細之訳相分り不申候ニ付、双方共ニ御取用可被遊證據無之候処、重ヽ御奉行所江奉懸御苦勞、其上一社之騷動ニも

雙方和融致し内濟

相成懸以不本意ニ候条、此度民部(香取)奉願候儀相止メ、双方致和融内濟可仕旨申合候上ハ、右惣檢校職料之義ニ付、向後民部願出候義仕間敷候、然上者祖父賴母義、惣檢校職役并役料拾俵差遣シ、只今迄之通りニ無相違相心得可申事ニ候、

右之通り御威光を以取扱、懃談之上、内濟相調難有奉存候、此上双方共ニ無遺恨和融、諸事可相心得事ニ候、依濟口證文如件、

宝暦十庚辰年八月晦日

惣檢校假役 賴母孫 香取民部印
大宮司 香取多宮印
宮之助 國分大和印
物申祝 香取右近印
御尋ニ付罷出候 香取將監印

寺社
御奉行所

右出入内濟之儀、私義も一同ニ承知仕候、以上、

大祢宜 香取壹岐印

*將軍宣下につき公家衆御下向

右之通、本書壹岐もツギメ印迄スル、皆ツキメ印スル、

濟口證文下書

同日、御奉行所ニ而、右濟口證文下書、多宮・民部印形致取替ル、右本書之通ニ認――、皆印ミト書、皆ミ印ハ不致、當人計奥ニ印スル奥書有り、其文、

右者、今度阿部伊与守様江奉願候処、宮之助・物申祝取扱候ニ付、前書之通、濟口證文差上候處、相違無之候、爲後證依而如件、

――印

右之通り認、多宮方江遣候ニハ、民部印ヲ致遣、ツギメ印スル、又民部方へ遣候ニハ、多宮印致遣ス、夫ゟ三助申候ハ、民部・將監無相違候ナ、左様ト申上ル、三助百姓共御暇被下候、角案主も御暇被下候、勝手次第ニ歸候様ニ被申付候、多宮・壹岐・大和・右近・民部・將監義ハ、五日ニ伺候様ニ被申付候、尤皆出候ニ不及候、多宮・民部可出候、大和ニ而も壹人出候様ニ被仰付候、右濟口證文上江納り候、追付御沙汰可有之候ト被申、

〔九　月〕

一、九月二日、〇(決字)〔闕〕將軍〇(決字)〔闕〕宣下、(大雨夥敷、終日也、香取モ同事也、)雨天、公家衆九條殿(尚實)并鷹(輔平)司殿御下向之由、

一、九月五日、阿部殿(正右)江大和(國分)出、御上御取込故、十一

日八ツ過ニ出候様ニ被仰付、
一、九月六日、松平和泉守(乗佑)殿へ出ル、御側義御悦、御役人堀川庄右衞門・芝田文大夫・今井平内殿、
一、九月十一日、阿部殿へ大和出ル、御役人御申候ハ、明十二日、毛利讚岐守(匡平)殿へ多宮(香取)・民部(香取)扱人兩人、四ツ時出候様ニ被仰渡候、壹岐(香取)・將監(香取)江ハ、此方ゟ爲聞候事也ト被申由、

水戸庄藏より六兵衞方迄手紙來る

一、九月十一日、水戸水野庄藏ゟ六兵衞方迄、手紙來ル、其文、
弥御替無御座候哉、然ハ明日香取多宮殿・香取和泉殿江御返礼使、其元迄參可申候間、御口上御聞置、香取へ使次第御申越可被成候、此段取次迄ニ申進候、毎度乍御世話、宜御取計賴入申候、以上、
九月十一日　小石川 水野庄藏
神田雉子丁 屋祢や 六兵衞殿
九月十二日、水戸御使者朝比奈奉詰(泰護カ)・松平大藏大輔御返礼之由申來ル、

毛利讚岐守御宅御内寄合

一、九月十二日、多宮・民部・大和・右近(香取)、毛利讚岐守(匡平)殿御宅御内寄合、阿部(正右)殿・和泉(松平乗佑)殿・小堀(政方)殿御四人御連座江出ル、伊与(阿部正右)殿被仰候ハ、濟カゝト被仰候由、
多宮左様ト申候之由、濟口證文民部ニ爲持出候由、御連座ニテハ不レ續、アチラヘダセト被仰候由、民部次へ持行候處、關平治右衞門役人、請取、明日伊与殿御宅へ、多宮・壹岐・大和・右近・民部・將監出候様ニ被申候由、
同日、多宮方江使孫大郎(高木)、今日御奉行所ノ様子、大和・右近咄ニ而承候、私義も明日伊与様へ罷出候様ニ被仰付候由、致承知候、　昨夕屋祢や六兵衞方へ、水戸庄藏ゟノ手紙遣如此申來、今日御使者朝比奈奉詰ト申仁被參、松平大藏――御返礼ノ由被申候由、如何ノ義か何ノ御返礼ニ御座候哉、貴様ハ御存知ニ而も有之候哉、承度存候、
同日、多宮返事、今日御奉行所江罷出、相濟致大慶候、明日申合、何も出候様ニ被仰渡候、　水戸庄藏ゟノ手紙致一覧候、此方江も御使者有之候、水戸殿(徳川宗翰)ゟ　香取多宮方江松平大藏大輔方嫁縁組相濟候間、名代伊藤左治馬を以、演述之趣、滿悦ニ存候、仍而以使被申候、青木五郎大夫、
一、九月十三日、阿部殿江九ツ時出ル、多宮・壹岐・大和・右近・將監・民部・三助(太田)出會、先達而御吟味ノ

節差上候書付共御返シ、受取ニ印スル、民部も多宮も印スル、壹岐も享保十七子・寛延四未年、惣検校祭入目帳貳冊上置候処、御返シ請取ニ印スル、元祿十一年丹波（香取）伺書・享保十三上總（香取）返答、惣・角之事、右兩通写故、上置候へ共、御返シ無之、皆勝手次第ニ歸候樣ニ被仰渡候、

壹岐多宮へ御代替御禮願書差出す

一、壹岐・多宮へ御代替御礼願書差出シ可然候、近〻申合出候而可然存候旨申候へ者、多宮先自分ハ大事之古書等、旅宿へ置候而ハ、火ノ元無心許候間、先歸度存候と申候間、壹岐申候ハ、いや十月朔日頃、御礼ノ沙汰ニて候、左候へハ、チヨト御歸ナラハ、各別願出候事、延〻ニハ成間敷候、同クハ朔日ナレハ、無間之間御下り御無用ニ被成可然候ト申、多宮申候ハ、いや霜月迄ナレハ能候間、余りイソガストモ能可有之候、壹岐申候ハ、左候ハヽ、御役人江伺可申候、左候ハヽ、左樣ト申候間、三助・壹岐申候ハ、御代替御礼之願引續申上候而可然候哉、奉伺候ト申、三助近〻毛利讃岐（国平）樣へ被出可然候、多宮――私義、古書等旅宿ニ差置、火ノ元無心許候間、歸申度候、暫ク願出候義、延引候而も可然候哉ト申、三助申ハ、

*月番毛利讃岐守へ多宮壹岐出る

*御代替御禮願書差出す

其元抔ヲクレノ一番ト、先帳ニ記有之候、十月朔日之御礼ニ而候、夫ヨリ先キニハ不成候、朔日計ニて候、延〻被致候ハヽ、上ヨリ御僉儀ニ逢可申候、御呵も可有之候、乍去歸度候ハヽ、スキ次第、此方構候事ニ而無之候、多宮何分ニも壹岐ト致相談可申上候、夫ヨリ皆〻歸ル、壹岐ハ御門外ヨリ取テ返シ、御礼申上候、

一、九月十四日、多宮方へ使孫大郎、昨日ハ相濟御同意致大慶候、然ハ御代替御礼之儀、昨日御役人中訳申候通ニて候ハヽ、御歸候事成申間敷候間、十六・七日ノ内御申合願出可申候、昨日も得御意候通、其元トハ私方ノハ少訳遠候間、別紙ニ私ハ認出シ可申候、尤御一所ニ出申度候、右日限ホ爲御相談、以使得御意候思召可被仰下候、　返事、昨日御役人中被申候通ニ而候間、歸候間無之候、十六日願出シ可然候、別紙ニ其元可被成候段、致承知候御尤ニ存候、

一、九月十五日、御月番毛利讃岐守殿江多宮・壹岐出ル、御代替御礼願書差出ス、申合候通兩人願書、別紙壹岐差出候文、御礼懸リノ御役人宮城清左衞門、

乍恐以書付奉願候　程村ノ紙認、

＊多宮例書計り持參

＊壹岐多宮帝鑑の間御目見

今般就
御代替、先格之通御礼申上度奉願候、尤例書別紙
相認、差上申候、右願之通被仰付、被下候者、難
有奉存候、以上、
　宝暦十庚辰年九月　　下總國香取神宮 大祢宜香取壹岐印
寺社御奉行所

例書　大奉書半切無印、

一、御代替御礼中絶仕候ニ付、私親上總義、延享二乙丑
年九月、大岡越前守(忠相)様江奉願、同年十一月十日、
御月番松平主計頭(武元)様御内寄合出御、列席、先格御
吟味之上、願之通被仰付候、尤御礼之儀者、御席
次第ニ可被仰付旨、大岡越前守様被仰渡候、
一、同十一月晦日、山名因幡守(豐就)様へ奉伺候処、明朔日、
御礼被仰付候間登城可仕旨、尤獻上物、先年之通
ニ可仕旨被仰渡候、
一、同十二月朔日、登　城仕、先格之通青銅壹貫文宛、
三御所様江獻上仕、於帝鑑之間御目見申上候、
一、同十二月十四日、御暇被仰出、於檜之間時服二拜
領仕候、

辰九月　　大祢宜 香取壹岐

多宮ハ例書計致持參候処、左様ニてハ能無之候、願
書出候様ニ被申候、多宮先年左様仕候、夫ハ御取込
故ニ而濟候事ト存候、多宮山名因幡守殿例ヲ申由、此
方ニてハ不濟候、願書致可出候、壹岐出候通願書・
例書致出候而能候、壹岐出候、願書も獻上、青銅壹
貫文ト相認出候ヘハ、猶能候ヘ共、先是ニ而も能候、
多宮も願書出候様ニ被申、
多宮申ハ、壹岐私ハ帝鑑《カン》ノ間御目見、御暇ハ檜ノ間
ト申事ハ此度不書出候、先年丹波勤候節ハ、御白書
院ニテ相勤候、享保元年ハ不知候、延享二年ハ帝鑑ノ
間○御沙汰一同ニて候、夫故書出シ不申候、御暇ハ先年ゟ檜ノ間ト有之
咄ヿ也、尤例書ニ左様書上ル、
九月十六日、多宮方ゟ使小平太、先刻御願書ノ通ニ
致出候様ニ、役人中被仰候間、御下書御見セ被下候
様ニト申來ル、　返事、下書則認遣、毛利御役人名も
書付遣、
九月十八日、多宮使小平太、昨十七日毛利様江願書
出候処、相納り申候、廿五・六日比、兩日伺候様ニ
被仰付候欤、爲御知、　返事、廿五日方宜可有之候

毛利殿へ兩人出る

由申遣、
九月廿五日、毛利殿江兩人出ル、御役人宮城淸左衞門――、大方朔日比ニ而可有之候哉、米御沙汰無之候間不知候、晦日ニ伺候樣ニ被申、

一、九月廿九日、被達儀有之候間、今日中各被相越候樣、讃岐守被申候、已上、

九月廿九日　毛利讃岐守役人

下總國香取　香取多宮殿
同所大祢宜　香取壹岐殿

則例之通兩名御請、

登*城

同日、毛利殿江出ル、兩人同道ニて御役人宮城淸左衞門――來ル、朔日大方御礼可被仰付、獻上上物(マヽ)并無間遠致候樣ニ被申、未被仰出無之候間、明晦日八ツ時出候樣ニ被申渡、

毛利殿へ兩人出る
鎌倉等其外の所々社家出る

一、九月晦日、毛利殿江兩人出ル、鎌倉并其外ノ所ゝ社家出ル、御役人淸左衞門書付持出、

下總國香取神宮　大宮司香取多宮
同國同社　大祢宜香取壹岐

右明朔日六ツ半時、御城江罷出候樣ニ可被致候、
明朔日御礼被仰付候、獻上物靑銅貳貫文、先格之

通無間遠致候樣ニ被申付候、夫ゟ御帳へ自分〱ニ而國郡名書付印形御取被成候、

下總國香取神宮　大宮司香取多宮印
同國同社　大祢宜香取壹岐印

自分〱書印スル、

尤同列有之、大勢ニ而小堀土佐守(政方)殿江も御礼ノ寺社出候由、

〔十月〕

御代替御礼

一、十月朔日朝六ツ半時、登　城、籠物侍三人鑓・長柄・挾箱・合羽箱十二人也、御玄關迄侍貳人、內壹人ハ主膳御長子股立不取、獻上物持御座敷迄上ル、草履取も御玄關迄入ル、同列此方兩人、大友(伴)主膳(時芳)鎌倉・大內隼人・千田右近・上州一宮(貫前神社)大廣間四ノ間ニ中座、靑銅前ニ置、坊主川嶋圓說世話、夫ゟ帝鑑之間へ出、御礼立脚・挾箱も獻上物入候へハ、御玄關被連ル、他ノ社家連ル者有り、
御礼後、御老中・若御年寄・寺社御奉行御礼ニ廻ル、酒井石見守(忠休)殿若・鳥居伊賀守(忠孝)殿同・松平右京大夫(輝高)殿御老・小出信濃守(英持)殿若・松平右近將監(武元)殿御老・板倉

御代替御禮の式白書院

佐渡守(勝清)殿御老・水野壹岐守(忠見)殿若・堀田相模守(正亮)殿御老・
小堀土佐守(政方)殿・阿部伊与守(正右)殿・松平和泉守(乘佐)殿寺社松平和
泉守殿・松平攝津守(忠恒)殿・小堀和泉守(政峯)殿若・酒井左衞(忠寄)
門殿御老・秋元但馬守(凉朝)殿御老・毛利讚岐守(匡平)殿寺社、

同日御代替御礼之式御白書院

一、巻物五　娘婚姻御礼　酒井雅樂頭(忠恭)
一、同　三　婚姻御礼　土井能登守(利貞)
一、巻物五　御暇　増山對馬守(正贇)
錦廿把
一、金三枚　家督之御礼　青山下野守(忠高)
御馬一疋
一、御大刀馬代
巻物十　相續之御礼　伏見殿使者　難波内藏權頭
一、御大刀馬代
貳種壹荷　將軍宣下御祝義　一條前關白殿(道香)　使者小川安藝守
一、一束一本　品川東海寺輪番仕廻候ニ付、　輪番代り品川東海寺
一、銀百枚
時服五　持英
一、五束五巻　御代替御礼京南禪寺五山惣代　天龍寺
一、三束二巻　越前永平寺
一、三束三巻　能州惣持寺

一、貳束一巻　身延久遠寺
一、一束一巻　參州大樹寺
一、同　駿州宝壽院
一、同　上州信光明寺
一、同　同　高同院
一、三束二巻　初瀬小池坊(長谷寺)
一、貳束一巻　京　本國寺
一、一束一巻　駿州可睡齋
一、銀器代　青山下野守家來　大橋三太左衞門
吉原六左衞門
御勝手より、
一、時服三羽折　御暇　浦賀奉行　久永修理(政溫)
大坂御目付歸御使番(正甫)
御書院番金田遠江守組　室賀源七郎
山崎四郎左衞門
御次一同、
御代替之御礼、　遠國寺社
一、一束一本　奥州柳津　圓藏寺
一、榧一箱　駿州富士村山　辻之坊
一、御祓暦計　青木大夫名代　慶德雅樂
一、同　御　師　山本大夫

一、扇子　古筆見 了延
一、同　了延悴 了泉
右之通御礼相濟、御風呂屋口ゟ二丸江被爲成候、
辰十月十日
一、時服五　南禪寺五山惣代 天龍寺
一、同　六　越前 永平寺
一、同　三　身延 久遠寺
一、同　五　三州 大樹寺
一、同　四　駿州 室慶寺
一、同　上州 信光明寺
一、同　三　同 高同院
一、銀十枚 時服四　初瀬 小池坊
一、時服六　京 本國寺
一、同　三　遠州 可睡齋
一、同　貳　甲州 長禪寺
一、同　四　京 長光寺
一、銀十枚 時服四　京南禪寺内 南明院
一、時服二　三州 東観音寺
一、同　三　勢州朝熊ケ山 金剛證寺
一、同　貳　備中打山 宝福寺

一、同　三　越後 本成寺
一、同　貳　三州野寺 本證寺
一、（銀十枚 時服二　南都興福寺惣代 勸修寺
一、時服二　南都藥師惣代 宝積院
一、銀十枚　同春日社家惣代（冨田内藏
一、同　同 奥田左次馬
右御暇ニ付被下之旨、於柳之間堀田相模守(正順)申渡ス、右之外去ル朔日御代替御礼申上候、近國寺院・社家江於檜之間御暇被仰候、拝領物被仰付之旨、寺社奉行小堀土佐守申渡ス、
一、十月二日四時、多宮(香取)・壹岐(香取)申合、毛利殿江出、御役人(宮城)淸左衞門、昨日御礼首尾能相勤、難有奉存候、扨御暇御伺ニいつ比罷出可申候哉、御役人申候ハ、十日時分ニ可被伺候、万事先格之通ニて候間、十四日當りニ而可有之候、先年御礼十二月朔日御暇、十四日ト有之候、大方左右成可申候、夫共程ハ被仰出無之候、不相知候、十日ニ伺候樣ニト被申、
十月九日、毛利殿ゟ御差紙ニ付、両人出ル、
下總國香取大宮司 香取多宮
同所 大祢宜 香取壹岐

壹岐登城

＊水戸樣へ御機嫌伺ひ

＊御巡見につき道普請兩町の役人共出づ

右、明十日朝五時、御城江可罷出候、
　　十月九日
右之通御書付出ル、尤御帳面へ印スル、
一、十月十日朝五ツ時、登　城、籠ニて侍三人羽織・袴、主膳壹人、麻上下股立不取回ノ間、下通伴僧共居候処ニ居ル、尤駿州安西主膳も侍連ル、先格由供道具挾箱・長柄持スル、壹岐半上下ニテ、延享年中ハ申合、長上下也、此度ハ半上下、時服頂戴ノ時、不自由故也、先大廣間四ノ間ニ着、夫ヨリ鐵蕉《ソテツ》ノ間ニツメル、夫ゟ檜ノ間ニて先一同ニ御奉行所へ御礼申始ノソテツノ間ニ歸ル、夫ヨリ又出、時服拜領、阿部(正右)殿ゟ御手移ニ頂戴、川嶋圓說賴主膳持出、御玄關ニテ挾箱へ入ル、檜ノ間ニ阿部殿・小堀(政方)殿・和泉(政峯)殿御三人ニ而御渡、毛利(匡平)殿ニてハ御帳御扣脇ニ御着座、時服頂戴後、又一同ニ御礼申上、下城ス、夫ヨリ御老中・若御年寄中・寺社御奉行へ御礼ニ廻ル、柳間十七人、檜間七十八人ノ由、
右供廻ホ多宮同樣ニ可致由申合時、壹岐申候ハ、私ハ先格ニテ獻上物爲持御殿へ壹人召連候、年始も左樣ニて候、左樣被成間敷候哉、多宮申候ハ、私ハ致付不申候間、左樣致間敷由申候、壹岐申候ハ、侍四人召連可申由申候処、多宮達而三人ト申候間、任其意申候也、駿府ノ社家抔も下社家、何も壹人ツヽ御殿江上ケ申候、高田右近江も川嶋圓說御上ケ候樣ニト申候得共、下社家不召連由申テ不上ケ、時服頂戴ノ節ノ丁也、
十月十一日、多宮・壹岐、毛利殿へ御礼ニ出ル、清左衞門出會、御礼申上、歸國ノ御届も申上ル、
一、十月十四日、水戸樣へ御機嫌伺ニ出ル、(水野)庄藏出會、
一、十月十八日、江戸發足、十九日歸宅、多宮も同日歸宅、
一、十月廿四日、御巡見ニ付、道普請兩町ノ役人共出、原町多宮百姓次郎左衞門前道惡敷往來処ノ者も、夜度〳〵落、怪我スル故、宮下役人阿(安)部大炊も得心ニて拵、惣而道普請左右ヲ打拵ル、
一、十月十四日、數馬(尾形)求馬(伊藤)へ申ハ、旦那留主ニ候へ共、
ウバ山木宮下ニて調度、
建治申候ハ、土藏拵候ニ木不足、ウハ山端畑ノサワリニ成候、前方三郎兵へ願拔取候ヲトモ、畑ノ端代物出調度候、　返事、左樣致無相違候段申遣、
一、十月廿七日、スグイ文藏度〳〵願候ハ、兵左衞門正
兵左衞門路次許事、
判官將監(香取)次男、路次御免願候、重キ事故不申付候、

*大神主神役次男に勤めさせたく願ふ

此度も達而願難成筋ナレド、廿年余ニモ成、普(譜)代者ノ事、將監夫婦志有ツテ能勤候事故、　同日、多宮方へ使主膳、主殿叔父兵左衞門事、數年弥兵へ・權平同事ニ放免願候へ共不許候、數年願候間可差許存候、路次計ノ事思召も御座候ハヽ、可被仰聞候、返事、此方無相違候、御免可然候、則差許、訳ハ米藏かベヲ破り、米ヲ盗候、卽日顯レ追放、宮下弥兵へ・權平も同類也、

伊奈友大夫妻受正院病死

一、十月廿九日暮六ツ過、受正院病死ノ由、十一月二日ニ飛脚來ル、受正院ハ四十七歳卒、内膳胤信娘さをヲ實行妹也、伊奈友(忠眞)之介御鑓奉行、二千石、其子友大夫(忠誼)妻さを也、友大夫ハ去々年寅十二月廿七日六十四歳、ヲ急死也、部屋住ニテ御小性組勤ル、三百俵也、子友三郎十九歳、長病ニテ當八月十六日病死ヲ也、母ハさを其姉(娘)ヲ冨二十二歳、妹吉十七歳、存在也、友之介ハ、翌年正月十五日、九十一歳病死也、養子重三郎廿歳、加藤七郎兵衞(顧忠)御小姓組、三百俵、其子七太郎(忠宜)妻富、七太郎弟重三郎(忠富)也、富永喜右(景昶)衞門嫡子、鐵三郎(景慶)妻吉也、天正・慶長ノ比、伊奈備前守(忠次)子孫也、伊奈家四家ニ分ル、伊奈熊藏・同半左衞門・同兵庫・同重三郎(藏)也、

伊奈備前守の子孫伊奈家四家に分る

〔十一月〕

一、十一月九日、大宮司(香取多宮)使數馬(尾形)、取次舍人(伊藤)、大神主七十ニ近寄、嫡孫幼年ニ付、成仁之間、次男ニ神役爲勤度願、如何可申付候哉、　返事、此方江も願出候、何分思候ニ可被仰付候、

*是より在所の日記

○從是在所之日記

〔八　月〕

一、八月、返田社ニテ四尺余松木本五間程置折ル、返田(椎名大學)祝居有、

一、八月十三日、新福寺ヨリ使僧、拙僧儀兼テ義ニ付、致出府之処、病氣故申延歸候、快氣次第致出府候、然者先日御出府被成候由、於江戸不存、御見廻も不仕候、　隱居返事、

一、八月十八日、大宮司(香取多宮)使數馬(尾形)御用之書付ニ付、今朝歸宅、和泉殿(香取)江も於江戸懸御目罷下り候節、以使得御意申候、御安否承候、　隱居上總(香取)返事、被入御念御

使ニて候、御道中御無難御歸宅――何角御苦勞成義ニ存候、和泉義、ケ樣之事ニハ始テ罷出候、諸事御添御心被下樣ニ賴存候、入御念候、多宮(香取)廿二日發足、

案主病死につき四郎右衛門前道通行の儀

一、八月廿七日、案主病死ニ付、權祝子左門四郎右衛門前道通候義、御年番ニ茂候間、如何可仕候哉ト伺、數馬大炊(安部)ニ聞合候所、四郎右衛門下道ハ論所ノ事故、通スヿ不成候、何ノ道通候テ能トハ不被申、同日、左門・甚五郎來り、大宮司方江參候而、今朝申上候案主義、置付ハ不申候へ共、屋敷之端へ成共、可差置ト存候、申上候、數馬承置候由、分飯司(伊藤求馬)方江も右之段屆來ル、

〔九　月〕

佐原村名主七右衛門より國役の書付來る

*日本國中喜連川御所と香取計は國役御免神領は守護不入

*御代官より香取國役出すやう申來る

一、辰九月四日、佐原村名主七右衛門ゟ國役之書付來、宮下年番故、大炊(安部)・大藏(尾形)方江廻狀持參ス、大慶候、隱居上總(香取)ニ申聞ル、誰ソ聢ト爲致者ヲ遣シ、神領之儀ハ守護不入之事ニ候間、終ニ國役出シ候事無之候、若御尋も候ハヽ、宜樣ニ賴入候由、爲申候ハヽ可然候ト、右大炊ニ申聞ル、佐原御代官青木市左衛門(義豐)各所ノ廻狀、大宮司(香取多宮)方年番故、使掃部ヲ佐原江往候処、名主七右衛門ハ◦留主七右衛門・五右衛門、五右衛門ニ逢候而是迄御免ニて差出候例無之候間、宜樣ニ御沙汰賴入候、五右衛門申候ハ、若御無念ニも可被成哉と、奧書ハ此方ゟ添書致進申候、急度香取大戶江ト申觸ニてハ無之ト申事也、兩人在府致居候由、掃部申候へハ、左候ハヽ御差圖ニてハ無之候へ共、御屆被成候方江御屆可然候由申候、仍之便ニ江戶兩人江書狀遣候而ハ如何ト申候由、大炊大藏方へ申、上總申聞候ハ、夫ハ至極不宜、兩人も江戶ニて當惑可致候、四十程(年脫カ)以前、津宮名主ゟ申來候節、出付〔書〕不申訳ヲ申、若御尋も候ハヽ宜ト申遣候、夫ニて濟候、此度も夫ニ而能候、万一兩人伺も致候事ナレハ、以之外ノ義、毛ヲ吹テ疵ヲ求ル道理也、又掃部佐原ニて御觸ノ書付ヲ可見抔申候由、是又以之外ノ了簡國役差出ニコソ也、日本國中喜連川御所ト香取計國役御免ト日光よりも出候由、御威光成事也、自分先年大骨折ヲ無ニセヌ樣ニ可致候由申聞ル、さりとは仕方不了簡成事ニて候、先年も佐原本宿名主多兵衛、江戶ニ而旅宿へ來り申候ハ、從御勘定所被仰付候由ニ而、御代官所へ被召、香取ハ國役致直納候哉、不出候哉、相尋候樣ニ、不

權現樣守護不入に仰付らる

出候ハヽ、出候樣ニ致可然候由申來ル、上總多宮ニ逢、先以何も氏子之事也、如在ニハ存間敷候、權現樣(德川家康)守護不入ニ被爲仰付候テ、諸役不勤候、年中御祈禱・御祭礼何も知候通繁多、仍而人馬・人足迄も入候、他行致穢候而ハ神用不勤候、大切之天下御安全ノ御祈禱相勤、御役義ヲ勤候、誰か爲ノ御祈禱ナレハ、皆　御上之御祈禱也、右御祭礼・御祈禱ヲ御免候ハヽ他村同樣ニ國役相勤可申候、右之訳故、二役ハ難勤候、段ゝ委細ニ申談、宜樣ニ申くれ候樣ニト申遣ス、彼者、是ゟ中務(香取)樣江も金剛宝寺江も參候由申候、中務も自分同樣ニ可申事也ト咄タルコ也、其砌鹿嶋大宮司塙右衞門咄候ハ、鹿嶋之者共香取ゟ出候ハヽ、一万兩も可出候、香取ハ三舛も不出候処役ニ不立、支配其位ニて支配致ナラハ、アガルカナ一口抔ト惡被進ト、此方共聞候ニも不構申、仍而御勘定所其外所ゝ承合候処、　公儀ノ御帳面ニ載□之候へハ、御帳ケヅラレ不申候、此上ハ香取ヲ訴人致より外無之抔申候、其砌上總夫ハ御咄共不存候、いや此方も此間も佐原名主來り、從御勘定所被仰付候由ニ而來り、ケ樣〳〵申事ニて候へハ、此方も出候樣ニ可成候由咄申候、其後十五年以前も、　御朱印御渡シ被遊候ニ付、井上遠江守(正長)殿御懸候ニて、是より御代官所へ御沙汰ニて、神崎村ノ名主兩三度來候ハ、其節ノ日記ニ委ク可有之候、國役ハ直納り、又何方江納候哉ト御尋ニて候、其節上總國役ノコ訳御座候間、差出不申候ト書付遣申候、二度目ニ社家へ相尋候而も不相濟候、大別當直印ニて無之候而ハ、不濟之由又も神崎名主來ル、　金剛宝寺返事、神領之儀ハ、兩社務取計、拙僧差構不申候、兩社務江御尋被下候樣ニ申遣候由、何ソ手懸御座候へハ、其方江　御朱印御渡被成候訳故ト被察候、右之訳大藏へ咄聞ス、大炊江も右之趣申候而可然候、尤存候前ノ事ナカラ、右之仕方、聢ト無之候間、右之段、猶又咄スコ也、　江戸兩人方へ多宮(香取)・和泉(香取)、右之訳爲ニ知書狀遣候事、無用ニて候、多宮も年若故、四十年以前之事、恐クハ存間敷候、右之訳申遣候ハヽ、兩人共當惑可致事也、仍之大藏大炊方へ參、江戸江之書狀無用之訳咄之処、大炊留主悴御尤ト申候由也、

*鹿嶋前大宮司中務浪人にて新市場村に居住

一、鹿嶋大宮司塙右衞門子前大宮司中務、當時浪人ニ而新市場村ニ住、九月六日ニ來り、歸職願ニ付、入用

常憲院様御朱印

大禰宜香取宮の苗裔唯一人の深祕を受く

*小見川村より先觸書付

候間、望ニ付書付遣、其文如左、

別紙　綱吉公（徳川）　常憲院様（徳川綱吉）　御朱印　貞享二年六月十一日

香取宮之義ハ、年中幷遷宮、惣テ内陳御祭礼大祢宜當宮之苗裔唯受一人之深秘ニテ、従往古相勤來り候処、前〻之大祢宜藏人（香取）不屆之義有之、御追放被仰付、大祢宜致闕職候、然処、慶長十二年權現様當宮御造營被爲仰付候砌、右之訳ニ而内陣へ入、遷宮相勤候者無之ニ付、其節御普請御奉行中野七藏殿へ御世話を以、右藏人御追放御赦免ニ而内陣遷宮相勤申候事、

〔十月〕

一、辰拾月十二日、新福寺使僧――丁子村ノ兼テノ出入も内濟致候由、爲知申來ル、

御代官横山傳右衛門より村次先觸の件

御代官村次人足之事申來ルヿ、

一、辰十月七日ノ夜、御代官横山傳右衛門（正央）ゟ村次江戸へ歸候ニ付、先觸來ル、常陸國ノ檢見ノ由、（マゝ）檢見御用ニ付、明八日小見川村ゟ香取・佐原・滑川――宮下年番ノ処、大炊（安部）大藏（尾形）方へ來り、留主之儀ニも候間、大藏方ニ而爲致世話度申、此方も留主之事、清右（額賀）衛門ホ寄合相談、其元御年番之由申候、小見川村ゟ二人、右書付持參、此方ゟ二人、佐原村へ右廻状遣ス、〇香取村名主ト申下へ張紙ニ訳有之、印形不致書付、其夜中遣、小見川村ゟ先觸書付持參、二人へ勤不來候段申可被遣候段、大炊申事也、宮中役人共相談、夫ニてハ不宜候而ト相談致、其夜中小見川村ノ者ト一同ニ宮下ゟ文左衞門、此方ゟ原町新兵へ子兩人遣ス、神領ハケ様之事、是迄御免之事ニて、出〔書〕付不申候へハ、其元御人足ニて、佐原へ直ニ被遣被下候様ニ賴遣、賃〇馬六疋、人足十二人ト書付ニ有之候、小見川村ノ役人、左候而ハ、何ニ逢可申候間、其元方矢田部村迄被參御申訳可被致候、舟舟頭ハ、此方ゟ御借シ可申候、文左衞門彼是申、小見川村役人御神慮之事ニて候間、成程此方ゟ佐原村迄人馬通シ可申候ト、ケツカウ成申方ニて候、則賃馬六疋・人足十二人ト書付有之候、若小見川村承引無之候節ハ、手支ニ成間ト申、兩方ゟ人馬半分ツヽ差出候支度致置、矢田部村夜ノ八ツ時出立之由、小見川村ゟ申來候ハ、其夜ノ暮候而也、急候事也、

辰十月八日四ツ過、右御代官津宮村ゟ上り參詣也、宮下大炊不出候、木内通ト心得、其道筋ノ方へ出ル

由、此方大藏・清右衞門出、彼是致世話、尤清右衞門手代江申候、御神領ハ守護不入、只今迄ケ樣ノ人足差出不申候間、小見川村江相賴、直ニ佐原村へ御通被下候樣ニ、賴遣候由申候へハ、手代成程能候由申之由、

右小見川村ニ人遣、小見川之人足ニて佐原迄通くれ候樣ニ賴遣見候樣ニ上總(香取)カ申付候事也、無左候時ハ、手支立腹致如何樣ニ上へ可申も不知候、左候へハ守護不入ノ國役抔ノ障被成候事も不知候儘申、隨分念ヲ入候樣ニ申付ル、大成役人共、何茂心遣致候事也、小見川役人木内通不致、津宮通り能仕方ニて候、香取江ハ寄ニ成候、然レハ私ノ參詣ヲ成候、津宮通り本通り也、仍而荷物抔ハ津宮ゟ直ニ佐原村へ通參詣之衆計、此方へ被上候事也、　其後役人共へ申候ハ、小見川村役人サリトハ心入成事ニて候、忝候、社法へ疵不付候、何カ品ヲ遣礼ニ人遣候樣ニ申、仍之宮下役人大炊へ、其段清右衞門抔申候処、大炊申候ハ、左候ハヽ佐原江も不遣ハ成間敷抔申候由、清右衞門夫ハ無用、佐原ハ礼ニ不及候、小見川ハ仕方旁忝由申サレ、成程可遣抔申候由ニ候へ共、其後

無沙汰也、

*御巡見につき佐原村より廻狀來る

一、辰十月、御巡見ニ付、十月朔日佐原村ゟ廻狀來ル、年番大炊方へ致印形遣候由、甚了簡違也、不相談ニ印形致遣処不埒也、此方役人共致相談、是ハ此方へ來ニて無之、又見村廿七石江之事、兵部(額賀)方へ遣、則兵部致世話由、右三ケ村廿七石ヲ香取村ト御代官手代抔申ニ付テ也、兵部右田地所持ニ付候而也、廻狀之趣、

*廻狀の趣

覺

*御巡見御用につき馬壹疋滯りなく差出すべし

一、本馬壹疋、

右ハ御巡見就御用、明二日朝六時、香取郡佐原村出立、海上郡へ相越候間、書面之馬無滯差出置可請候、此觸早〻順達留り、村ゟ我抔方へ可被相通候、以上、

辰十一月朔日　渡ア半十郎手代　黑脇秀藏印

香取郡佐原町印

香取村

三分ケ目村

二日泊り　小見川村

鏑木村

海上郡野庭村
三日泊り　垣根村
四日泊り荒野村　右村々名主中
年寄

拝殿西東の疊表替

*御手洗人足百姓神前玉垣の内掃除

一、先年延享年中、御巡見ノ節、手桶投三十拵シ処、致紛失或ハ損シ、殘り十六ヲシラケ拵、此度十四新規ニ拵、二ノ鳥居ゟ樓門前迄二行ニ置、
十月中、拝殿西東ノ疊十四疊表替、膝突三枚拵、拝殿薄へり十枚、下座敷貳枚、合テ十貳枚、新規ニ拵、是ハ社家出錢ニテ拵、

御領御巡見

一、十月廿九日、御領御巡見、佐原へ御出候由ノ取沙汰聞候間、同日晩方、佐原横宿七右衞門方へ聞ニ人遣、宮下ゟ松本丹治、宮中ゟ内山彦七、右兩人灯燈持壹人ツヽ召連――、七右衞門――此方へも御先觸も無之候間、相知レ不申候、知候ハヽ御爲知可申候、若此方無沙汰ニ候ハヽ、明晩人壹人可被遣候由申來、

〔十一月〕

佐原巡見衆晝食の沙汰

一、十一月朔日、佐原巡見衆、晝食之由沙汰ニ付人遣、尤年番故宮下ゟ仲間遣、藤内賴、七右衞門方へ遣之処、七右衞門も御迎ニ出、留主七右衞門ニ不替者出申候ハヽ、鏑木村江御巡見御着候由承候間、此方ゟ人遣シ様子伺候処、御巡見方自分抔ハ、武藏・相模・常陸、夫ゟ海上領江巡見被仰付候、自分抔巡見スル処ニハ無之候へ共、佐原より香取ハ程近く承候間、参詣致度由、被仰候由申來、
此方役人共、先達而道普請丁寧ニスル、尤大巡見ニハ無之故、盛砂ハ不致、
十一月朔日、御手洗人足、其外外百姓迄出シ、神前玉垣之内ゟ所々掃除――、
同日、佐原村七右衞門方ゟ爲知來案紙、
一筆啓上仕候、然者御巡見様明朝六ツ時、此元御出立被遊候而御参詣被遊候ニ付、爲御心得御内意爲御知申上候、
辰十一月朔日　佐原七右衞門
香取御役人中
十一月二日朝、御手洗人足計出シ、又そうし爲致、大瓶子二ツ、三方三ツ、御銚子提、御手水道具、酒壹舛、御神酒用意、
同日、佐原江遠見ニ中間壹人遣置候、まねい下迄神

神領役人廡上下にて出迎へ

領役人阿部大炊(安)・尾形浪江、廡上下ニ而迎ニ出ル、送りて新道迄出ル、

御領御巡見御參詣

同日朝五ツ時、御領御巡見御參詣、

一、御朱印、廣原与五郎、用人芝浪善藏、宿佐原下宿平右衞門処、

一、御證文、田原文次郎、用人吉田傳吉、宿佐原中宿五右衞門処、

一、御證文、伊藤金十郎、用人不知、宿佐原横宿七右衞門処、

御巡見衆拜殿へ膝突

御巡見衆拜殿へ、膝突三枚敷置、則其処ニテ拜ヲスル由、大床ヨリ御幣持參頂戴、次ニ三方・土器出、御銚子提ニテ神酒頂戴、御巡見方臺ヲ被好、三方出候へハ御初尾被レ上、白銀壹包、銀子壹包、右御初尾、數馬(尾形)宮下江持參、

二ノ鳥居ヨリ迎送り、大祝・副祝、

手水樓門内ノ雨落近所ニテ、すほふニて角案主悴丹治(松本)、

拜殿岩岐ノ下座敷迄迎送、尾形數馬・伊藤求馬、

御幣頂戴、郷長悴・國行事悴攝津(香取)、

銚子・三方・土器、六郎祝悴主膳・雅樂(安部)、

---

*御巡見につき佐原村より廻狀來る

辰十一月十四日、御巡見ニ付、佐原村ゟ廻狀來ル、

一、本馬壹疋、但人足貳人之代、かご壹挺用意可被致候、

右者、我ホ義、御巡見御用ニ付、明十四日曉六ツ時、布佐村出立、香取村迄罷越候間、書面之馬無滯可被差出候、此書付於留村可被相返候、

辰十一月十三日　　渡部半十郎手代　落合清九郎

布佐村　安食村　小松村　佐原村

(泊り)香取村

右村々名主組頭中

右廻狀者、十四日暮六(半)時來ル、宮下年番故遣ス、又見ニ廿七石余有之候間、額賀兵部・大坂三郎右衞門添(持)ニ而、名主致ニ付、兩町役人相談ニて兵部(額賀)方へ遣、十四日夜五ツ時清九郎來、兵部世話、不斷所江泊候、

*先觸

一、十一月十四日夜、先觸丸山七左衞門内　山本孫兵衞

河合勝十郎(保政)内　森田右内

武嶋安左衞門(正茂)内　美濃部官治

武嶋安左衞門・河合勝十郎持參之巡見御用番物長持貳棹、從江戸武藏・下總・上野・下野・常陸國迄、上下幷於彼地ニ御用中幾度茂急度可持參者也、

辰九月

相模印

御朱印

人足貳人馬三疋御用中幾度も差出すべし

御朱印

人足貳人・馬三疋、従江戸武藏・下總・上野・下
野・常陸國迄、上下幷於彼地御用中幾度茂可出之
候、是ハ右國〻巡見爲御用武嶋安左衞門被指遣ニ
付而被下之者也、

寶暦十年九月廿一日　　右宿中

一、人足貳人・馬三疋、従江戸武藏・下總・上野・下
野・常陸國迄、上下幷於彼地ニ御用中幾度茂可出
之候、○是ハ右國〻巡見爲御用河合勝十郎罷越候候ニ
付、相渡候者也、

宝暦十辰九月

相模印

覺

御朱印

一、人足貳人、

右同斷、

一、馬三疋内貳疋、人足四人之代、

御證文

一、御用長持壹棹、持人足、

右

御朱印・御證文写貳枚差遣候、武嶋安左衞門、

覺

一、人足貳人、

一、馬三疋内貳疋、人足四人代、

御證文

一、御用長持壹棹、持人足、外賃人足壹人、

右

御證文写壹枚差遣候、河合勝十郎、

覺

御證文

一、人足貳人、

一、馬貳疋、内壹疋、人足貳人代、外賃人足貳人、

右

御證文写壹枚差遣候、丸山七左衞門、

右此度巡見爲御用武嶋安左衞門・河合勝十
郎・丸山七左衞門、明十四日六ツ半時、布

佐村出立、

賃人足は相定の賃錢を請く

武藏・下總・上野・下野・常陸國迄被相越候間、書面之人足無滯可被指遣候、尤余計之人馬差出間敷候、賃人足之儀者、相定之賃錢可請候、此先觸村〻無滯順達、留村ゟ可被相返候、以上、

丸山七左衞門内　山本孫兵衞

河合勝十郎内　森田右内

十一月十一日　武嶋安左衞門内　美濃部官次

廻狀は兩町役人立合

右廻狀者、兩町役人立合、相談ニ而來候度ニ皆兵部方江遣ス、

*權現樣より守護不入に仰付らる

一、十一月十四日、御代官手代落合清九郎方ゟ來ル、其文、

上書御用書付、渡部半十郎手代落合清九郎、

香取村社領村役人後刻此書付可相返候、

御用之儀有之候間、村役人只今我ホ旅宿江可被罷出候、不參有之間敷候、

十一月十四日　渡部半十郎手代落合清九郎

香取村社領村役人中

十四日ノ夜、大炊(安部)・清右衞門(額賀)不斷所へ行、清九郎申ハ、コナタ方神領役人カ先達而御宿之儀ヲ名主方へイヘハ、兔角神領ジヤ不入ジヤト云テ不埒明、夫故コナタ方ヲ呼、御宿り出來ルカ、又不出來候ハヽ、其通り書付致候樣ニ申候、右兩人申候ハ、先達而名主共御宿之儀ヲ、私共江願申候、依之古來ゟノ古法一通其元樣へ申上候、清九郎申候ハ、願ト云ガ氣ニ不入候、我ホカ御宿ヲ申付ルテハナイ、公儀ゟ被仰出候、此度者、道筋も格別ニ取遠、四十年以前ノ道筋ハ盛衰シテ、村〻潰レタモノ有り、御宿致候処モ斷絶シタ、依之神領ジヤ・御領ジヤ・私領シヤト云コトハナイ、御宿り不出來候ハヽ、其通《リ》ノ書付ヲ可致候、大炊・清右衞門───ハ、御宿之儀ハ奉畏候、御差支ハ仕間敷候得共、

權現樣(德川家康)ゟ守護不入ニ被仰付、御代〻樣諸役御免ニ被成下候、古法一通り申上候、尤守護不入ニ被仰付候茂御公儀樣ヨリ被仰付候、新《タ》ニ御宿ニやと義御公儀樣ゟ被仰付候処ニ御座候得者奉畏候、手代申候ハ、夫ナラハ御宿ヲスル氣カ兩人奉畏候、夫ナラハ我ホも立ツ、此上ヘハ、我ホも男ジヤニ依テ、コナタ方ト一ツニ成《リ》、金江津村迄取ツテ返シテ成共願ヲフ、コナタ方ガ宿ヲ間遠候ヘハ、腹ヲキラネハネ(マヽ)ハナラヌト云、夫ヨリ廿七石ノ名主ヲ呼、馬鞍人足申付、

御名代なれば公方様
*五ケ國廻るにつき斯様な繁華なる地はなし

金江津村迄文通認メ、大坂三郎右衞門遣ス、尤手代申ハ、我ホか如此ノ通り、金江津村江文通ニテ願候而も不相叶候ハヽ、此方ニテ御宿ヲスル用意可被致候、若シ御宿ニ成り候而も、御料理も六ケ敷事ハナイ、我ホも內證へ入、手傳鱠ニ而も可打候、(アキマヽ)落始メ立腹之時申ハ、

御名代ナレハ　公方様也、夫ニ御宿成間敷トや、御免被成候ハ、

權現様、其權現様之御宿也抔ト申候へ共、段々訳ヲ聞、殊ニ御差支ハ致間敷ト段々訳ヲ申、又終ニケ様ノ御宿致不申候へハ、御宿致候家も無之、早速明日之事ハ掃除ホも出來兼申候、佐原村ニてハ毎度御宿も致候へハ、此度もとうゟ用意ホニ致之由、兼而承知仕候抔、色々申候由也、　右名主夜通ニ金江津村へ往、

十五日ノ朝、廿石ノ名主兵部名代ニテ三郎右衞門、金江津村ゟ歸申候ハ、御宿之儀、弥佐原村江被仰付候由、右手代歸リ候ニ付、大藏悴波江(尾形)不斷所ニテ致暇乞、宮下大炊ハ遲參、手代ニ不逢候、

十六日ノ朝五ツ時、御巡見油田村江御通りニ付、宮下ノ方江道見分ニ大藏・清右衞門往、跡之御巡見河合勝十郎用人森田右內、諸神塚ノ方ゟ高声ニて名主ハヲラヌカ〱カト呼來り候、仍之右之訳ヲ大藏・清右衞門ニ町ノ者申、早速歸候処二ノ鳥居際ニて勘兵へ店ニ森田右內居、コナタ方カ神領ノ役人カ、先達テ御宿割ヲ遣候処ニ邊鄙ジヤ、物事不自由ジヤト御泊り宿ニ致候家もナイト云《フ》タガ、此様ナ繁花ノ地ニテ家も沢山ニ有ル、五ケ國廻候而もケ様成事ハナイ、佐原ガナクハ我ホハ野宿ヲシヤウ、宿ナラヌト云書付ヲ致シテ差出候様ニト被申、大藏・清右衞門申候ハ書《カキ》付候段ハ御免可被下候由申候、イヤサ家カナクハ無イト如何様ニも書付ニて可申候、御宿割ヲ取遠候而ハ、書付ニてもとらねバ江戸表ガ不濟、兩人申候ハ、其義ハ左様ニハ無御座故、夜前渡部半十郎様御手代清九郎殿へも、古來之訳一通之義ヲ申上候処ニ御聞《キ》濟之上、右之訳ヲ金江津村迄、御願申候得共、程相知レ不申候間、御宿ハ用意可致之由被仰付候間、御宿之儀ハ、三軒申付仕度致罷在もシテ、廿七石之義ハ、神領之外ニ廿七石余御座候、名主・組頭・百姓代ト申候而も、三・四人御座候而出作ニ

神領に名主なし

＊神領堺迄迎送
是程繁華の土地に宿無し

仕候ト申候得者、森田右内申候ハ、成程出作ト被申、
神領ニ名主トカ候義ハ無御座候、私共名主ヲ兼候而、
神領役仕候、廿七石之名主ト申候も、私共下知ニ随
イ申候、諸事私共御公用義も相勤申候、依之御廻状
被下候ニも、香取村ノ名目ハ貳十七石余ノ分江被下
置候、森田右内申候ハ、夫ニテ訳相聞へ申候、書付ニ
も及不申候、大藏・清右衛門申候ハ、右之訳故神領
堺迄、同役共帯刀ニテ御案内ニ罷出申候、森田申ハ、
御同役衆ニ御座候哉とヤ候テ、平座ニ居候處、右内
膝立直シ被免《ユル》候様ニト申候由、
同剋、御巡見御三人ノ内、二ノ鳥居ノ際ニテ御両人
ハ、駕ゟ被出、河合勝十郎殿ハ不出ニ、是程繁花ノ土
地ニ宿が無イト云フテ不居ジヤ抔ト呵候処、御用人
右内被出、大藏・清右衛門申候訳共、勝十郎(河合)殿江申
上候得者、聞届相濟ミ駕ヨリ出テ御參詣被致候、
前後、
十五日、御手洗ノ者、御神前掃除申付爲致、
同日七ツ比、佐原江御巡見御着候哉様子見ニ御手洗
ノ者壹人遣、
同日晩、御巡見御着承り候間、御參詣有之候哉聞ニ、
宮下ゟ松本内藏、宮中ゟ猿田安大夫燈灯持壹人ツヽ

添遣ス、右両人佐原茂左衛門方江往、佐原役人共寄
合候処ニテ承候処、佐原役人共申候ハ、御參詣被成
候哉、不相知候得共、油田村江御通候間、御通道ニ
御座候ト申來ル、宮下ニてハ俄ニ夜中道拵、吉原村
堺迄、木ノ枝抔とらセ、
同日、御手洗ノ者宮下ゟ御神前御備具并御手水道具
取寄、御供所ニ置ク、
十六日朝、神酒壹舛ト大瓶子二ツヘツメ、大床ヘ備
置、三方・土器・銚子も大床江出置、　十六日、
佐原道ヘ遠見ヲ付置、
神領堺迄迎送、両町役人上下ニ而、安部大炊《宮下》・尾形《大藏悴》
波江、
十一月十六日朝五ツ時、丸山七左衛門殿・河合勝十
郎殿・武嶋安左衛門殿、
一、二ノ鳥居ヨリ樓門迄、二行ニ両側ヘ手桶十五ツヽ、三
十置ク、
一、迎イ送り二ノ鳥居ヨリ、大祝香取宮内・田所伊藤圖
書、
一、御手水、　すはふニて角案主悴松本丹治、
らう門内ノ際ニテ薄へり敷、手水道具置、

一、神樂上ル、神樂所ニ而神樂役人皆出、
一、拜殿下座敷迄着、上り下りニ大長手尾形數馬・分飯司悴伊藤求馬、
一、拜殿切り目緣、唐戸ノ脇へ出、上り下りニ物申悴香取志摩・國行事悴香取攝津、
一、拜殿江膝付三枚敷置、御上ニテ御巡見御拜、
一、大床より御幣持參、御巡見御三人へ可戴、國行事悴（香取）攝津、
一、三方・土器大床より持出、（六郎祝悴安部雅樂　鄉長悴高木主膳）

銚子提兩人白張にて御巡見衆へ神酒頂戴
社家は八十餘人祭禮は九十餘度

一、銚子提兩人、白張ニテ、御巡見衆江神酒頂戴、御巡見衆被尋候ハ、社家ハ何程有之候哉、八十余人、祭礼幾度ト御尋、九十余度、別當金剛宝寺ハ如何ト被尋、大宮司・大祢宜支配ヲ請申候由、田所（伊藤）圖書、右之段答ル、

鹿嶋への道法

鹿嶋江ハ道法リ何改有之候哉、三里程有之由、雅樂（安部）答ル、送りニ大祝（香取宮內）・田所出、樓門ニテ御巡見衆━━、扨念入御神酒マテ頂戴致、忝ノ由被申、家來共旦那事、私共も御神酒致頂戴候由申、御巡見方大祝・田所へ、從是歸候樣ニ時宜有之由也、御巡見方拜殿ニ而御祓被望、數馬・雅樂ヲ宮下座敷へ取ニ遣候へ共、間ニ不合、宮下門前ニ而駕ヲ止メ差出シ由、御初尾貳包上書御初尾ト有之、性（姓）名有り、

御初穗　銀包上書如此也、　武嶋安左衞門
河合勝十郎
丸山七左衞門

宮下門前ニ而紐先貳・三本、包札拾枚遣候由、
右御巡見一件、求馬書付之通認置訳致吟味、別ニ記ス、右ハ小巡見ノ由也、
一、辰十一月十五日、大宮司使數馬、取次求馬巡見ニ付、私共出可申候哉、御相談尤、其許ハ御服叔母實行妹也、ニて候へハ、如何被成候哉、　返事、早速之了簡ニ成兼申候、先年ノ御留可有之、御覽被成、前々ノ通ニ被成可然候、此方ニハ先年ノ留無之候、　又使來候、宝永年（七二八）佐原村江中務（香取）・內膳殿（香取）御越、小見川江も右兩人參候由有之候、御宮江丹波（香取）・讚岐殿（香取）被出、尤中務・內膳殿も被出候由、留ニ有之候、享保三年ニハ丹波・讚岐在府、內膳殿佐原へ往、中務ハ御宮ニ居、致世話候由ニ留有之候ト申來ル、　返事、享保年中も內膳計、佐原へ參候ニ而ハ無之、中務殿も慥ニ被往候と皆覺申候、先年御出候ハヽ、左樣ニ而可

然候、此方ハ服故被出不申候、其節内膳馬早ク中務ゟ先へ歸候事也、大宮司方□〔日記カ〕ハ惣而相違可有之候、
求馬數馬江咄ニ御巡見も御宮御參詣ハ、忍ニて候
間、如何致可然候哉ト申候様ニ申聞、多宮(香取)不快ト
申候哉不出候、

*金剛寳寺本堂屋禰等修覆願ふ

一、十一月廿日、番頭共來ル、私共まねい引地之者ニ被
賴、追野道之儀、去年中ゟノ四郎右衞門(追野)前道之儀ニ付、罷出候、
彼ホ伺度存候へ共、度〻之儀慮外ニ有之、又ハ取次
有之候事故、私共直懸御目、御和融も被成候様ニと
存、賴之儀と奉存候間、今日出申候、
御奉行所ニても御両所御相談ニ而被仰付候様ニト承
及候由、彼ホも不慮之事ノ又急候事ニて候、今日宮
下江參候処、御祭礼御取込之由御逢不被成候、此間
惣検校事ニテ此間歸候、未取込候由、其後ハ相談も
不致候由御申候、今日ハ宮下様御懸合之事、御前ニ
てハ御逢ニ不及、求馬方へ被仰下候而も、能〻寝元
様江も御願申上候義、此段先申上置候、和泉――先
達而春中何も立合聞候通、宮下江も談之趣ニ、我ホ
ハ今以存居候、其後宮下ゟ沙汰も無之候と申聞ル、
一、辰五月廿六日ゟ十月十五日迄、御修理料遣方、諸色

金子貳兩貳分・六百九十三文、御手洗名主新介印形
ノ帳面差出、別帳ニ委細記、目録ニも記ス、
一、十一月廿七日、金七兩壹分ト錢四百十七文、
神前燭臺事、
右ハ神前ノ燭臺十・眞切坪二ツ・眞切二ツ・火笠十・
外箱三・運賃ホノ代也、
去年中主計(香取)ニ申付、源太祝主計世話ニ而、江戸ニ而拵
ル、右之代皆濟、宮之助(國分大和)・物申(香取右近)・數馬・求馬立合拂
濟、
右燭臺半分ツヽ両所ニ預、神前御用之節ハ、両方ゟ
出候様ニ申合ル、
神社神敷石砂利置ク、
一、十一月廿七日、五百六十文神前砂利取候ニ、津村か
村役人江見廻之酒代運賃四人役人立會、御手洗新介
ニ拂濟、
右ハ寄進人有之、神前祭礼ノ節、社家着座ノ廻り、
敷石致中へ砂利入候事也、宮中高木孫太郎世話願人
也、　冬御祭礼ノ節、霜解ニて社家着座難儀(進メ)故ノ
ヿ也、
一、十一月卅日、金剛宝寺使僧不斷所、取次求馬、本堂
屋祢損候、萱替并行道縁破申候、是又御願申候、可
申聞候年番故、宮下へ願候様ニ申由、

〔十二月〕

店先年の分見繪圖より壹尺八寸出過ぎ

不斷所店ノ了、
一、十二月朔日、不斷所前店家作致ニ付、不斷所ヲ清右〔額賀〕衛門処へ呼、役人共不斷所へ不斷所へ〔衍カ〕申ハ、其元店、先年堺論ノ場所店健〔建〕候ニ付、今迄ノ店も先年御裁許後ノ了、此方ハ不構、先金剛宝寺覺《カク》トン〔頓〕壹人之了簡、我儘ニ致候段申候へハ、不斷〔所脱〕申候ハ、私ハ今迄ゟ壹尺五寸モ引健《タテ》〔建、下同ジ〕度存候へ共、金剛宝寺ト根本寺被レ進、先年通ト申候、今迄之通リニ健可申と存候、役人共左候ハヽ間ヲ打見可申候ト申、則打見候処、先年ノ繪圖《ト》分見也、見候処壹尺八寸出過候事也、

側高祝來る*

十二月二日、清右衛門処へ、役人共寄不斷所呼、今有之候店、先年ノ分見繪圖ゟ壹尺八寸出過候、是ハ未ミハ事六ケ敷成候事、互ニ壹錢も不成、無易成事ニ候間、其元金剛宝寺江も申、先年御裁許繪圖之通ニ致可然候、純熟致度其元江も申候、下モ根道も分見三分ノ処、九尺ニ而候、分間二分壹間也、今ハ壹間無之候、先年覺頓《カクトン》堺立候へ共、我儘ニ致候、清右衛門其節見候へ共退役致候、清右衛門故、何も不構候、兎角繪圖之通ニ致候へハ、以後やかましく無之候、先年出入之節、貳間通不切取以前也、有形之通ト御裁許也、其通ナレハ、長刀ナリニ下根《モ》ノ方へ、堺立候へハ、下根道狹ク成不申候得共、マツスクト堺立候間、上總〔香取〕道狹ク成候繪圖之通ニ致可然候段、不斷所へ申候処、金剛宝寺も不斷所得心ニて、此度ハ引候而立可申之由申事也、先年ハ店も小屋之様ニ立ル、此度健眞間、右之段申聞ル、

下モ根道普請ノ了、
宝暦十一巳年三月廿六日、不斷所脇下モ根道旧冬御巡見ノ節、拵ル筈、宮下役人江も申合候処、急ノ御巡見間ニ不合延引、此節拵ル、宮下役人六郎祝用事有之、遲リ場所へ出ル、右下モ根江下口《ヲリ》横通ヲ九尺ニスル、不斷所店ノ方ヲ土壹尺五寸也、打、横ヲ九尺ニ貳間半程ノ間ヲスル也、北ノ方ノ角ハ、伏木ヲメ有ル、其処江ハ手ヲ不付也、右普請旧冬ゟ熟談ニ申合置候間、此度金剛宝寺・不斷所も得心ニ而也、

一、辰十二月四日、側高祝來願、先年願之玉籬之儀、其節御修覆多間被仰付モ、無添破候間、來春奉存候、又庭上へ願主有之、切石敷度段願申候、挨拶、石之

事、ケツカウノ了也、玉籬之事ハ年番故、宮下へ願候様ニ申聞ル、

一、十二月六日、清右衞門方へ引地長次郎・甚右衞門子來り申候ハ、今日番頭衆被申候ハ、其元様四郎(追野)右衞門前道〻年貢、出候而も可通存念ニ候哉、左候ハヽ、相談致見可申候、尤御兩所御得心可有候哉、不知候へ共、皆ニて無之、半分可爲出候、自分抔どう了簡シテモ、前方宮之助(國分大和)・物申(香取右近)了簡之通、道年貢出候テ云ヨリ外無之候、先今日ハ歸り皆〻一同ニ右之通り了簡一決候ハヽ、又九日寄合候間可出候、又皆〻道年貢出候而ハ成間敷候ハヽ、九日前ニ其方抔廻り可爲知候、九日ニ寄合ニ不及候、長二郎・甚右衞門子申候ハ、御兩所御相談ノ上、御前方左様ニ被仰付候へハ、違背無之ト申候由、

右引地ノ者、先頃番頭江伺呉候様ニ賴候由、依テ六日番頭寄合段、行事祢宜子右馬(額賀)申、其節錄司代幷左門病氣不出、長二郎・甚大郎・彦左衞門子出ル由、彦左衞門子申ハ、只今道年貢十六文出候ハ、安キ事ニて候へ共、末〻不被通抔ト有之候而ハ、難儀ニて御座候ト申候へハ、番頭夫ハ此度急度濟抔申候由也、

御手洗百姓御召ニ付江戸入用

一、十二月九日、求馬(伊藤)方へ數馬(尾形)申候ハ、多宮(香取)申候御手洗ノ者、江戸入用出錢・出作江も惣高懸ケ申度旨願、成程是ハ修理料出作ノ者江も懸可然候、名主留主中日用入用ハ、名主出作ノ者へ廻候事も無之候間、出作之者江ハ日用代被爲出間敷候、求馬ト能相談ト被申候由、　求馬其趣可申聞候、　右ハ惣檢校民部(香取)願ニ付、修理料百姓、江戸へ被召ニ付候テノ了也、

十二月十三日、引地ノ者、求馬方へ來り、宮下抔へ先達テノ四郎右衞門前道之儀、伺之処、數馬申候ハ、春中死灵ハ不通候段之処、自分請負候も如何ニて候へ共、役目ノ了故聞置候ト申、窶元煩江も右之段申上置候由申來ル、

＊御巡見

一、御巡見江遣候祓ハ御宮江出置可然候、御巡見被來候節、佐原へ機嫌伺ト云了ハ如何ニ候、御參詣被成候哉と申、可然候、尤數馬・求馬往ニも及間敷候、誰ソシカト致候者遣可然候、尤小見川江ハ機嫌伺ニ行可然候、此段求馬ト得ト致相談候様ニ、多宮被申候由、　求馬御尤之由申由、

御巡見御初尾ノ了

一、先達而御巡見御初尾上候、一ツハ書付有之、是ハ不

＊大御巡見御通りの件

時ニ而可有之候、一ツハ無書付候ハ、祓ノ料ニ候間、
求馬ト致相談、此度巡見入用ニ遣可然候、
十二月十六日、御巡見入用三方代三百文拂、
十二月十六日、木挽ニ金貳分・貳百八十八文巡見ニ
付、処々橋板并手見作料、新兵へ・次左衞門拂、
御手洗百姓御召ニ付江戸入用、
一同日、御手洗百姓秋中惣検校出入ノ節、百姓・名主・
組頭、江戸出府入用惣出作江懸度段願候間、右之通
申付ル、名主留主中、日用入用ハ出作江ハ被懸間敷
旨申、數馬・求馬立合申付、
一同日、三百文、神酒、百廿八文、大奉書・小奉書、
七文、土器、〆四百三十五文、
右御巡見入用、御手洗名主与兵衞ニ拂、
一十二月十七日、案主權祝悴百姓一人、分飯司（伊藤求馬）方へ來
追野道之ㄱ、
り、今日先達而ノ道之義伺ニ、宮下江出候処、春中
申候通、此方領分内之事故、不被通候由、重テ願ニ
出間敷旨被仰渡候由、
十二月十八日、まねい引地之者、昨日宮下江罷出候
処、年貢地ノ事故、春中も申候通、通之事不成候、
重テ願ニ出間敷候と被仰渡候、此方様ノ御了簡承度
候由申、尤御支配ノ百姓も有之候間ト申、　求馬

＊原町若久坂へ砂持

申聞候ハ、此方ハ先ㇰ被申候通ニて候、
宝暦十辰十二月十一日、大御巡見御通之由、兼テ沙
汰也、先達テ御領御巡見兩度被通候節、神領道普請
致ス上ニ、猶又此度十二月七日ヨリ九日、新道神領
堺ゟ田畑ノ中へ杭ヲ打、新道ゟノ左右道はゞ貳間ニ
杭打、杭木ハ御船山ヲ伐ル、國行事（香取左近）・數馬・求馬立
合、大サ壹尺計ノ木廿二本伐ル、人家ノ屋敷ヲモ打
道廣ケ砂ヲ持、宮下ノ役人大炊（安部）も出、數馬も出ル、
千石中ノ人足出ス、宮下ノ方ハ打越ヨリ水神堤・吉
原堺・佐原方ノハ新部村ノ堺迄道拵ル、是ハ追野引地ノ者
へ申付拵ル、宮中原町若久坂へ砂持、尤役人共付居、
九日・十日ノ日ハ右ニ記通、宮下ノ方ノ方モ吉原村
堺迄、田畑へ杭ヲ打或ハ土手打、うば山ノ根打、宮
中ノ役人モ往拵ル、十日ニハ宮下ノ方拵、半分ハ晝
ゟ宮中ノ方砂持、原町若久坂へ砂敷、
數馬・求馬・御手洗ノ者ニ申付、御神前掃除、十日、
外百姓迄出ス、大庭玉籬廻り、砂持樓門ノ内、雨落
ノ前、手洗水湯ツキ、たらい置、ウスへり敷、二ノ
鳥居ノ上ヨリ樓門前迄、手桶ニ水入置、兩かわへ十
五ツヽ三十置、中へ砂敷森〔盛〕砂ト手桶置也、

御巡見佐原村へ御着

十一日、御巡見佐原村へ御着之由ニ付、両方ゟ人遣、三郎祝・安大夫、羽織・はかまニてそうり取連ル、宮下ゟ藏之助ゥ御社參被遊候哉奉伺候由申、用人出、參詣致候、何も支度ハ無用ト有之事、佐原御宿長沢仁右衛門・伊能權之丞・伊能茂左衛門処、同日九ツ時過、御參詣、

（猿田）（松本）（香取へ）

新部下佐原堺迄、宮中尾形波江・高木主膳・宮下安部大炊・小林伊織、廐上下ニ而、四人御案内トメ出ル、

右之人數、津宮村境新道迄御歸候節送ル、股立不取、中間連ル、尤御宮迄付添、

*大宮司は不快大禰宜は服中故不参

一、宮中町ニ大藏・淸右衛門廐上下、孫大郎・平馬・藏之助、羽織・袴ニて出ル、御宮馬場江宮下雅樂・文左衛門・賀大夫、羽織・袴ニて出ル、

（尾形）

一、宮中町ノ五人、御案内御宮迄、供ニて無之候間、股立取ニ及間敷哉と申候処、自分〳〵取候由、

二鳥居の上迄迎送り

一、二鳥居ノ上迄迎送り、

狩衣ニテ、副祝悴亘・大祝宮内（香取）・田所圖書（伊藤）

一、御手水、樓門内ノ際ニテ薦敷、手洗道具置、修理検校安部要人、

一、拜殿、宮之助大和・國行事悴攝津・分飯司悴求馬、權祢宜式部・物申悴志摩・大長手數馬、

右四人、御拜ノ階、両方ニ出着、御巡見御出ノ節、何も狩衣ニテ、両代官求馬・數馬ハ御拜ノ下座敷へ出置、御歸ノ節も同斷、

惣神官ハ參籠所ノ前ニ、裝束ニテ下座、

一、拜殿へ膝付三枚置、御三人ノ御巡見、其上ニテ御拜、

一、御幣御頂戴、大床ヨリ持參、國行事悴攝津、（香取）

一、銚子・土器・三方三ツ、御三人江、正檢非違使掃部・行事祢宜悴右馬、（額賀）（額賀）大床ヨリ持參、

一、御祓、目代佐仲、同斷、

數馬・求馬用人江申候ハ、大宮司義ハ不快、大祢宜義ハ服中ニ候間、罷出不申候、宜様ニ御心得可被下候由申、（香取多宮）（香取豊岐）

一、數馬・數馬用人へ申候ハ、先年も御祓差上候由、此度ハ如何可仕候哉、用人可伺之由申、三人義用人致相談伺致、先格之通致候様ニ被申候由ニ付、御祓臺へ小奉書二枚ツヽ敷出ス、御巡見衆香取・鹿嶋命号抔被尋、香取宮柱抔被聞候由、大祝挨拶致、（求）（香取宮内）

板橋与五左衛門殿　用人勝越千右衛門・実沢佐助（永盛）

長谷川藤右衛門殿　用人石上團右衛門・女渕岡右衛門（長庸）

三上与九郎殿　用人高野郷左衛門・江沢弥兵衛（季良）

大宮司不快大禰宜服中につき罷出ず

女渕岡右衞門宮中町ニテ高木孫大郎ニ尋候ハ、今神前ニテ大宮司・大祢宜事斷ニて候、如何ニて候哉と被尋、孫大郎申候ハ、此前御巡見樣方御社參ノ節ハ、兩人共　御朱印御書替ニテ在府、此度ハ大宮司義ハ不快、大祢宜義ハ服中ニ御座候故、罷出不申候、用人夫ナラハ居合候ヘハ出ルト云フカ、孫太左樣ニ御座候由申候由、

*御先觸無き時は兩社務は罷出ず

數馬申候ハ、御祓先例差上候由申、則頂戴被致、先ノ家來請取兼而三拵イ備置、　延享三年、御祓ヲ御三人江小見川村迄持行進候ヘハ、御初尾百疋被上候、則入用ニスル、此度ハ無沙汰也、

*數馬悴舍人悴小見川御巡見衆宿へ御機嫌伺ひ

一、十二月十一日夜、多宮(香取)へ數馬伺候処、先年小見川伯〔泊〕へ往候間、往候而可然候由申由、和泉(香取)申候ハ、先年ハ御祓頂戴ノ事申候而、小見川村旅宿へ持參可致候由申ニ付、兩代官致持參候、尤先年御三人ゟ御初尾も被差上候、右之訳故也、此度ハ、夫ニ及間敷ト申候処、多宮右之通申付、兩代官其夜中小見川村旅宿へ機嫌聞ニ往ク、兩人馬ニてそうり取・挾箱・灯燈才召連ル、　先ノ挨拶念入候事ト用人を以、物▨▨此兩人往候事、無用ノ事也、尤久敷以前ニハ内膳(香取)・中務(香取)部屋住ノ節往小見川へ也、右御巡見畢竟忍ニ社參也、仍テ平服也、御宮へ御用ニてハナシ、御忍ノ事故、重テモ病氣共申、兩社務ハ不出共可然候哉、御巡見ニ而も御挨拶旁御めんどうニも可被思候、十六年以前ニハ、御朱印兩人留主也、

一、前小巡見ノ節ハ、兩社務之事、致無沙汰ニ也、

一、前小巡見ノ節、御案内ニて大祝(香取宮内)・田所(伊藤圖書)三ノ鳥居ゟ出、被歸候節、被尋候ハ、あの御幣持出候が大宮司かと被尋候間、田所申候ハ、御先觸も無之候間、兩社務義ハ、不罷出候、御巡見衆左候ハヽ、仲間かと被申候間、左樣ト申候由、

一、十二月十一日、數馬悴丹弥・舍人悴求馬(伊藤)、小見川御巡見衆宿へ機嫌伺ニ往、兩人麻上下、馬ニテ挾箱・灯燈、四人召連、手札出ス、右兩人暮候テ六ツ半時、此方ヲ出足也、

香取神宮
大祢宜
香取壹岐名代
伊藤求馬

小見川村宿板橋与五右衞門殿宿
高橋庄兵へ処

長谷川藤右衞門殿宿
油屋久兵へ処

三山与九郎殿宿
平塚仁右衞門処

小御巡見大御巡見先年も兩度なり

*壹岐御年禮に發足

道願ふの儀松平周防守へ伺ふ

右三人之用人ニ迎候処、宜ト申候由、御大義と申候由、

一、大御巡見御參詣ノ節ハ、右之通惣神官參籠所ノ前へ出、小巡見之節ハ、惣神官ハ不出、役付申候人計書付候通出ル、小御巡見・大御巡見、先年も兩度也、此度ハ小巡見兩度也、常陸被巡候衆被進故參詣被致度由ニてト有之事也、此度も所々ニて、殊外大相ニ道橋ホ拵、御龍尾申候由也、所々夥敷事之由、神領佐原・津宮兩村ゟ堺目迄、殊外寧レ丁ニ道はゝ廣ク拵イ來ル故、自ラ神領も念ヲ入ル也、

一、十二月十九日、大宮司方へ使求馬遣ス、まねい引地之者共、先達而道之義ニ度々參候、春中御伺可被成候樣ニ被仰候、御伺被成候、御挨拶如何有之候哉、又未御伺不被成候哉、承度存候、　多宮返事、まねい引地之者、道願之義、春中松平周防守(康祗)樣へ伺候処、不通ニ不叶事ナラハ、願人ノ方より可願候事、其元之方ゟ願候ハ、ヒヨンナ物也ト被仰候間、差扣之內、民部(香取)願出候ト申越、　右之段まねい引地之者共、願出候間、右之段申聞ル、

十二月廿一日、清右衞門方へ引地之者來り、宮下御挨拶も承候、私共、御公儀樣へ願出候ハ、無案內不叶者共ニ候得共、難罷出候、とかく御願申上候、御伺被下樣ニト相願由、

一、十二月廿一日、清右衞門方へ、大坂六左衞門子庄藏（拾年以前松葉積処伐セラフ尺寸故、）來り、願候ハ、先年私親六左衞門不屆之義ニ付、科料差上候、親も年寄年數も相立申候事故、親死後も右錢有之候而ハ、跡へか右殘り候事故、御慈悲ニ被下候樣ニ願候由、夫ハ法ヅクノ了故、不成候事也、乍去ソウ願候も、不勝手故之事ニ而可有之候間、六左衞門も年寄之由、覆成事ニ思候故、外ノ錢五百文くれ遣候事也、難有由申由、

一、十二月廿四日、和泉(壹岐)御年礼ニ發足、大宮司方へ使、今日致出府候、御神前向万端賴入存候、　返事、

〱──廿五日ノ夜、江戸着神田雉子丁大屋平右衞門店、

十二月廿六日　御奉行所へ御屆ニ出ル、十二月御月番松平和泉(乘佑)樣御役人堀川庄右衞門出會（來、）〱──御年礼御屆申上ル、

下總國香取神宮
大祢宜
香取壹岐

獨

御禮

御祓

常陸國高田神主大病に罷在り
*高田神主不參の書付も差出す

鳥目　壹貫文、
右兩
上樣(德川家重・德川家治)江御同樣ニ獻上仕候、以上、
又常陸國高田神主千田右近大病ニ罷在候、來ル御年礼不參之御届、申上呉候樣ニ被賴申候、私緣者ニ而御座候、何年ニ候哉、三年ニテ四年目ニ罷出候段申上ル、其文、

口上覺

常陸國河内郡高田權現神主千田右近、此節大病ニ罷在候、來ル正月六日御礼出勤難仕候、依之不參之御届申上候、右之段私宜樣ニ申上候樣ニ相賴申候、以上、

辰十二月　　香取壹岐無印

右兩通、庄右衛門(堀川)請取、旦那へ爲見可申候、毛利讚岐(国平)守樣へ申上候樣ニと被申候、夫ゟ新御奉行太田攝津(資俊)守殿へ出ル、御役被爲蒙仰、乍憚恐悅奉存候、

御役人
中村作左衛門
土屋源五左衛門
山角甚内

夫ゟ小堀土佐守(政方)殿江出ル、寒氣御機嫌伺ノ口上、

御役人
松家六郎左衛門
山中官左衛門
池田雰左衛門

夫ゟ毛利殿(国平)江出ル、日向仁左衛門出會、御機嫌――來ル、御礼ノ訳書付懸御目、五日ニ相伺候樣ニ被申、高田不參ノ書付も差出、旦那へ爲見可申由、　松平和泉(乘佑)殿御役人堀川庄右衛門・芝田文大夫・菅沼兵左衛門、

父上總實行　六十九歳
寶曆十庚辰年十二月　大祢宜香取壹岐三十歳

「(原表紙)

寶暦十一辛巳年
寶暦十二壬午年

(縦二八・四糎、横二一・二糎)」

寶暦十一辛巳年御年礼勤ル、

一、正月十四日、追野四郎右衞門前道ニ付書狀事、
一、二月朔日、前道ノ義伺、
一、二月廿一日、御朱印手目錄ノ事、
一、三月廿六日、御朱印写差上ル、
一、三月廿三日、權祝子左門、和泉殿(松平乗佑)へ出ル、
四月二日、追野道出入濟、四月十三日、申渡濟、
一、四月十四日、大聖院隱居後住ノヿ、
一、六月十三日、大御所様(徳川家重)御病義(氣)ニ付御祈禱、水戸ヨリ
被仰渡、六月十五日、隱居江戸ヨリ歸、
一、六月十一日、大御所様薨御、
一、六月十四日、梅有(樋口)病死、
一、七月七日、佐原名主ゟ國役ノヿ申來ル、
一、七月十三日、妙塔院(周全)欠落、
一、七月十九日(廿六)、大宮司(香取多宮)男子生大助、
一、八月三日、返田屋祢――、
一、八月五日、商人共新市定日ノ訳、
一、八月十七日、大風雨故、拂木ノ相談、
一、八月十九・廿三日、金剛――門内風折木ノ事、
一、八月廿五日、新市場小カス橋板、
一、八月廿五日、返田・側高へ番頭見分、
一、九月四日、神樂ナラシニ不參社家、四方拜署、
一、九月二日、薦長事、
一、十月、酒運上ニ付、
一、十月九日、金剛本堂雨モリ願十一月十七日、
一、十月十五日、伊織(小林)代官役、
一、惣持院使僧妙塔院欠落、
一、十一月十三日、返田迁宮、
一、十二月十日、兩　丸様へ御祓獻上、
一、十二月十四日、正判官夜番ノヿ、
一、十二月(十五日)、新福寺迁化ノヿ、

寶暦十二壬午年

一、正月十日・十七日・廿二日、〔新脱カ〕福寺門末ヨリ龍光院來、
後住鶴雄願、本寺東寺へ書狀、
一、正月十五日、御奉行所へ年始名代、
一、正月晦日、返田迁宮、
一、二月十二日、狐座山棟上、
一、三月六日、津宮鳥居端板願、
一、三月十一日、中殿屋祢相談、
一、四月四日、愛染堂前見セ、
一、四月四日・五日――強雨、らう門迄籠出仕、
一、四月八日、大神主・四郎神主御供不供吟味、
一、四月十七日、村〻廻狀、初尾西へ納ル、
一、四月廿九日、閏四月、市見セノヿ、
一、〔閏脱〕四月十一日、御舟山拂木才帳面ニ記義、宮之助（國分大和）・物（香取右近）申ヲ以、大宮司（香取多宮）へ申遣、
一、閏四月十三日、馬喰藤助事、
一、五月朔日、閏月ヲ不除、大宮司社參ノヿ、
一、五月二日、拜殿萱替、七月九日、廻廊繕、
一、五月八日、新福寺歸京、九月六日、入院、
一、五月廿六日、國行事子攝津（香取）江戸へ差出ス、六月二日、
一、六月廿一日、金剛ゟ人別ノヿ、

一、七月三日、人別改差登ス、
一、七月廿三〔日脱、下同ジ〕・九月朔日、孫大夫勘定恩免ノヿ、
一、七月廿九、金剛本堂屋祢、八月三、萱下地、八月十四日・九月廿二・十月六日、同廿四日、
一、八月二、人別ニ付入用、八月十四日、
一、八月二日、當禁樣（桃園天皇）崩御、鳴物（停止脱カ）、
一、八月十二、御手洗道、
一、八月十四日、返田玉籬、八月廿日、
一、九月五、御代官先觸、
一、九月六、事觸病死、長竿村、七日・十二日、
一、九月十一日、樋口梅仙病死申來、
一、九月九日、新市取替證文、
一、九月廿六、旧地願、江戸、
一、十月廿四日、若君樣御出生、竹千代樣（後ノ德川家基）、
一、十月廿三日、松崎式部妻產男子、城之介、
一、十月廿六、小座山杦伐費、
一、十月廿八日、鹿嶋前大宮司へ先年ノ訳尋、
一、十一月二日・四・六日、物申悴志摩（香取）切腹申來ルヿ、

〔寶暦十一年正月〕

例年の通り御祭禮

宝暦十一辛巳年正月元日、青天(晴、下同ジ)、例年ノ通御祭礼、首尾能勤ル、名代權祢宜(香取式部)、二日、青天、例ノ通御祭礼勤ル、獻上御祓、孫大夫左京ニ江戸へ遣、松崎神主式部も一同ニ出府、三日、青天、例之通所〻ゟ年始來ル、七日、青天、權祢宜勤ル、諸事恒例之通、

一、正月十五日、松崎式部・左京、江戸ゟ歸ル、六日、御礼首尾能勤ル由也、

追野四郎右衞門前道の件

一、右同日、追野四郎右衞門前道之儀ニ付、多宮方(香取)江壹岐(香取)從江戸書狀來ル、則遣ス、正月廿日、返事致之由、

是より江戸日記

從是先江戸日記、

一、正月五日、御月番毛利讚岐守(匡平)殿江鄕長悴高木主膳名代、明六日、御礼伺ニ出ス、御役人日向一仁左衞門出會、

正月六日　　下總國香取神宮　大祢宜　香取壹岐　大奉書半切認、上包美濃一枚ニ而ナス、

獨御禮

獨
御禮
獻上、
御祓
鳥目　壹貫文、

＊兩上樣へ御禮獻上仕る

右兩
上樣(徳川家重・徳川家治)江御同樣ニ獻上仕候、

如右認差出ス、旧冬之御月番江も右之通認出ス、旧冬も毛利殿へも出ス、

香取壹岐

明六日六ツ時、
御城江可被罷出候、

正月五日　　如此書付出ル、

＊登城

一、正月六日、登　城、四ツ過、御目見相濟、夫ゟ御老中・若年寄・寺社御奉行御礼ニ廻ル、堀田相模守(正亮)殿・酒井左衞門(忠寄)殿・松平右近將監(武元)殿・秋元但馬守(涼朝)殿、松平右京大夫(輝高)殿・井上河内守(正經)殿、若酒井石見守(忠休)殿・松平攝津守(忠恒)殿・小出信濃守(英智)殿・水野肥前守(忠見)殿・鳥居伊賀守(忠意)殿、寺社毛利讚岐守殿・松平和泉守(乗佐)殿・太田攝津守(資俊)殿・小堀土佐守(政方)殿、御側御用人板倉佐渡守(勝清)殿、溜間酒井雅樂頭(忠恭)殿御礼ニ廻ル、乘物ニ而若黨四人、鑓・長柄・合羽箱以上十三人召連ル、

＊水府公へ出る

一、正月七日、水府公(徳川宗翰)へ出ル、九ツ時御目見、寺社役山中半左衞門御雜煮・御吸物・御酒出ル、年寄衆へ廻

ル、五百城近江守・朝比奈弥太郎（泰護）・白井伊豆・寺社
奉行武藤林右衛門廻ル、
一、新春之御吉祥、不可有盡期御座、御同前ニ目出度
申納候、先以御神前向御別条無御座、恒例之通、
御祭礼首尾能相濟可申候、如何迄ニ大慶奉存候、
拙者儀も、去ル六日御礼首尾能相勤申候、御安心
可被下候、猶身慶斯永陽之時候、恐惶謹言、
正月十四日　香取壹岐 書判
香取多宮様
人々御中
尚々未餘寒強御座候、随分無御障御凌可被成候、
拙者儀も無意（為）被致逗留候、乍慮外御安心可被下
候、以上、　別紙半切別封、

追野四郎右衛門屋敷前道の儀

以切紙致啓上候、然者追野四郎右衛門屋敷前道之
儀ニ付、先達而より社家并百姓共願之儀、旧冬も
其元江願出候処、御取上無之候由ニ而甚致難儀之段
申、拙者方江度々相願候、右道之儀ニ付、寂前
ゟ再三及御相談候得共、御得心無之候得者、拙者
及了簡ニ不申候間、御奉行所江奉伺候様ニ可致と
奉存候、尤當月廿日過ニも罷出候様ニ可致候、若
思召も有之候者、右日限御考合セ早々可被仰聞
候、右之趣可得御意候、如此ニ御座候、以上、
正月十四日　香取壹岐
香取多宮様
一、正月十七日、毛利殿へ出ル、御役人宮城清右衛門
――明日御連席江罷出、御礼申上度段申、毎年壹人
ツヽ出候ナ、左様ト申、明五ツ時出候様ニ被申、
正月十八日、出ル、八ツ時御目通へ出ル、和泉殿（松平乗佑）・
太田殿（資俊）・小堀殿（政方）――門ゟ取テ帰、御玄關ニテ御礼申、
一、正月廿三日、大宮司（香取多宮）方ゟ返事來ル、
貴札致拜見候、如仰候、新春ハ吉祥不可有際限、
御同意目出度申納候、愈貴様御堅固ニ去六日御礼
首尾能被成、御務候段、珎重奉存候、寔許御社中
無御旲變恒例之御祭礼、首尾能相濟か、貴宅も御
揃無御別条御重年被成候間、御安心可被下候、猶
永日可得御意候之条、早々及貴様候、恐惶謹言、
正月十九日　香取多宮 書判
香取壹岐様
貴報
御切紙之御書中致拜見候、然者追野四郎右衛門屋

*四郎右衛門當時居屋敷

追野四郎右衛門屋敷前道の儀伺ひ

*松平周防守兩人相談申付く樣に申渡さる

敷門道之儀、先達而ゟ社家百姓願之儀、貴樣江相願候ニ付、當月廿日過ニ御奉行所へ御伺可被成候ニ付、拙者了簡有之候ハヽ、右日限考合御返事申入候樣ニ被仰聞候、此段ハ去春中御立合之上、及御相談候通、四郎右衛門道之義ハ、年貢地之內致借地、年貢差出シ一分之借ニ御座候間、従古來通來候道通候樣ニ被仰付候ハヽ、可然存候、右之趣ハ前〻茂得御意候へ共、猶又存寄申進候樣ニと御書中ニ付、如此御座候、以上、

正月十九日　香取多宮

香取壹岐樣

〔二月〕

一、二月朔日、小堀土佐守(政方)殿へ出ル、

乍恐奉伺候口上覺

一、下總國香取神宮御神領之內、追野百姓四郎右衛門屋敷前道之儀、當時往還通路仕候、右四郎右衛門同所ニ下社家幷百姓共ニ十一人住居仕候、且又四郎右衛門隣ニ惣持院ト申寺有之、願人十一人之者共之菩提所ニ而御座候、然処、右十一人之者共、不幸

之節、死人右之往還道、前〻ゟ通り來候処、四郎右衛門申候者、右門前之道ハ、四郎右衛門屋敷構之內ニ而、大宮司知行內之畑、年貢差出候地所之由申、死人通シ來り不申候間、難レ通シ由申候、依之去〻年夘ノ秋中ゟ、右十一人之者共、大宮司多(香取)宮方江前〻之通差通シ候樣ニ仕度段、度〻願出候処、多宮申聞候者、屋敷內之事故、難レ通シ趣申渡候由、依之私方江度〻願出候御事、

一、四郎右衛門當時居屋敷者、元來下社家六郎祝畑ニ而候処、先年四郎右衛門祖父、右畑江家作仕居住仕候由、尤其時分ハ惣持院圍外ト四郎右衛門屋敷トノ堺ニ往還道御座候由、右古道者四郎右衛門屋敷內江圍込候故、只今之四郎右衛門前之道者、右古道之替ニ開候由申傳候旨、右願人共申候、

一、去〻年夘冬、多宮願人共江申聞候者、御奉行所江相伺可申由申聞候由、尤私方江も右之段申越候、吉春於多宮宅私幷番頭共寄合候節、多宮申候者、追野道之義、松平周防守(康福)樣江相伺候処、是式之義、兩人相談仕申付候樣ニ被仰渡候由申候、依之私申候者、兼而申談之通り、前〻ゟ之往還道常人通り

死人も通り申すべし

多宮得心せず

年貢地故死人通るは成らず

*社家社僧仕置并に證文の事

十一人の者共甚だ難儀

候上者、死人も通り可申義ニ而候、尤神前抔と申ニ而も候得者、格別左様之義ニ茂無之候、大勢之者共致難義候義ニ候得者、通り候様ニ申付候者、可然候段申談候得共、多宮得心不仕候、猶又相伺可申由申、出府仕候、

一、去十二月中、願人共多宮方江願出候処、年貢地故、死人通シ候義不成候、重而願ニ來間敷段申渡候由ニ付、又々私方江相願候、依之私方ゟ多宮方江申候者、追野道之義ニ付、願人共出候、春中御伺可有旨被申聞候、弥以御伺候哉、承度段申候処、多宮申候者、松平周防守様江相伺候処、死人通シ不申致難儀候者、願人共出候筈之事ニ候、多宮相伺候筋有之間敷趣、被仰渡候由ニ御座候、

右願人共之内一人、去春病死仕候節、右之道難澁ニ付、他村江掛り廻道仕、葬送仕候由、又候去秋中、下社家案主病死仕候節者、右之訳故、自分屋敷内江相納申候由、右難澁ニ付、去々年以來、十一人之者共、甚難儀仕、私方江も度々相願申候ニ付、召呼相尋候上内濟仕度、多宮方江再三及熟談ニ候得共、得心不仕候、然上者、私一己之了簡ニ難取計候ニ付、奉伺候、以上、

寶暦十一辛巳年二月　下總國香取神宮 大祢宜 香取壹岐印

寺社
御奉行所

先年社務ニ付被仰付候御定書之写

香取大宮司中務(香取)・大祢宜監物(香取)就社務及爭論、吟味之上申渡條々

一、社家・社僧諸仕置并證文之事

御朱印宛所大宮司・大祢宜爲連名之上者、諸證文之宛所皆以可爲連名、惣而社家・社中諸仕置立、年番大宮司・大祢宜萬事遂相談可令裁判、不可任一己之我意、兩人異儀有之、則奉行所江可伺之事、

享保十三戊申年十月　(小出英貞)小信濃御判　大宮司
(土岐頼稔)土丹後同　大祢宜
(井上正之)井河内同
(黑田直邦)黑豐前同

一、(宝暦九卯)十月十七日、錄司代・案主・百姓十一人ノ願書差出、卯十二月廿九日、十一人之願人共江尋書差出、四郎右衞門前道ノ繪圖一枚差出、　此三品ハ(寶暦九年)卯年ノ

＊松平和泉守へ出る

日記ニ有之故、此処ニ不記、
追野道ノ一、
一、巳ノ二月朔日、小堀土佐守殿へ出、御役人池田（衍カ）池田勇左衞門出會、右伺書差出、其文前ニ記、勇左衞門申候ハ、先可被待之、他ノ者ヲ可出候、松平周防守様御名有之候故、此方ニテ請取之筋ノ事ニ候哉、又和泉様へ出シ候筋ニ候哉、不知候、壹岐段々ノ訳咄候へ共、可被待被申候、圖出シ爲見候へハ、古道證據無之候へハ、役ニ不立候抔被申被引込、夫ゟ山中官左衞門出、松平周防様（松平康福）御名前有之候間、周防様御掛リノ事ハ、松平和泉（乘佑）様へ御付送ニ成候間、和泉様へ可被出候、壹岐（香取）申候ハ、御尤ニ御座候、乍去去春多宮周防様へ伺候処不通ニ不叶候者、願人共可出事、多宮願候筋有之間敷事之由、被仰渡候由ニ付、相濟候事と存候哉、願人共江多宮申候ハ、屋敷内故不被通候、重而願ニ出間敷旨申付候由ニ付、殊外難義仕、私方へ申出候、乍去周防様御名有之候間、和泉様へ出候様ニト被申候、左候ハヽ、左様ニ可仕旨申候、官（山中）左衞門へ地所ノ圖爲見候、段々咄候へハ、夫ハ心得違ト云物、跡先往還有之事有間敷筈無之候、先年ハ古道有之候事と見へ候、無左も候へハ、跡先往還道ハ無易ニ成候、又四郎右衞門壹人之往來ニ是程ノ道可付筈無之候、可通筋之事無埒も事ニて候、何ニいたセ和泉様へ出候様ニ可被致候、

追野道事、
一、二月八日、松平和泉守殿へ出ル、御役人堀川庄右衞門出會、伺書差出ス、當朔日ニ小堀土佐守様へ罷出候処、山中官左衞門殿伺書被見被申候ハ、是ハ松平周防様御名前有之候事、周防様御掛リノ事ハ、和泉様へ御付送ニ候間、和泉様へ出候様ニ御申ニ付、早速可罷出処不快ニ罷在候而、今日罷出候、庄右衞門（堀川）申候ハ、此古道慥成證據有之候哉、願人共申傳のミニて候得候共、跡先ニ往還道有之候間、古道先年有之候哉と被存候、庄右衞門無證據ニ候得共、常ニ人通候得ハ、不通候ハイカヽ、此通ナレハ多宮申分ハ不立候、願人共頭ニ勝候而も如何、常ニ人通候上ハ、死人も可通事、夫ヲ止候ハ意趣ニても有之候哉、壹岐――左様ニも無之候、多宮ハ何ト申候哉、屋敷内年貢出候処故、死人ハ不被通候由申候、四郎右衞門作勝手をモツテ付候道故、先年ゟ通シ不付、是迄通り付候道有之候、夫ヲ通候様ニト申候、願人共申候ハ、通付候道ハ四郎右衞門前ニて候、三十五・六年一度

*年貢出す道は神領に曾てなし

四郎右衞門勝手に作る道

往還中切れば無益の道

被差留、畑ノふち山中道ニも無之処ヲ通候、夫ヲ例ニ致候由、願人共申候、私義も是式之義内濟仕度、多宮へ神前ニてト申樣之事ニて憚候ハヽ、格別左樣之事も無之、常ニ人通候事故、通候樣ニト直談も仕、表立候社家・年寄之者、兩人遣、再三申候得共、得心不仕候、私差テ構候事ニても無之候得共、三年以來之義、甚難儀之由申達而願候間、私も一己之了簡ニ茂難仕、何分奉伺候而之儀、可仕奉存候、願人十一人之者共、古道有之候由申候得共、申傳已而ニ而證據無之候得共、往還道跡先有之中、四郎右衞門前ニ限リ、切レ可申謂無之候訳、有之候哉と奉存候、四郎右衞門作勝手ヲ以付候道ノ由申候へ共、左候ハヽ、左右へ一寸ト付候へハ濟可申候、夫ニ地ヲ費シ往還ニツヽケ付候ハ、訳有之候事ト奉存候、跡先往還中切候へハ、無易之道ニ成候、四郎右衞門壹人之爲ニ、跡先往還可有謂無之候、常ニ人馬致往來候ニ、死人ニ限り通間敷ト申も如何候、又社ニても其処ニ有之、憚候テト申ニても無之候、墓處ノ近所ノ道ニて候、

　宮中町ハ忌中ノ者ハ不通候、尤宮中町ノ者、忌中ノ節別宅仕候得共、死人ハ宮中町ヲ通シ申候、右道不通候樣ニ成候ハヽ、弥四郎右衞門屋敷内ニ成候ハヽ、此上人馬往來も只ハ通間敷候、左樣ニ成候而ハ大ナ騷動ニ可成候、庄右衞門――成程右道ニ垣ニても致シ、往來ヲ可止も不知候、年貢出候道ハ神領ニ曾而無之候、右道ニ限り年貢出候ハ、訳有之事ト奉存候、右道之類神領ニいくらも有之候、誰か道ト申事も無之候、夫も是ヲ例ニ可仕申候、追野百姓呼尋候処、何も不存候由申候、四郎右衞門借地請人源六ニ尋候処、此方ニ而ハ不被申上候、四郎右衞門ニ被恨候間、御公儀ニてハ可申上と申候、社地ト申不通候ハヽ、神領ニ社地ニ無之地ハ無之候、死人通候道無之候、又自分〱ノ墓所も無之物ニて候、四郎右衞門自分ハ右道ヲ死人有之候節通シ、他ノ者通間敷ト申も不道理之樣ニ奉存候、三年以前夘冬多宮出府之節、私方江御奉行所江可伺ト存候、其元江も御尋も可有之候間、爲知候と申遣候間、私も願人共呼、一通相尋申候、尋書爲致申候、則懸御目、

　二月八日差出候書付、まねい引地願書一通・夘十二月廿九日願人共一同書・四郎右衞門前道繪圖一枚・享保十三年御裁許狀写、此度伺書、以

上五通、庄右衛門被請取、前ニ記、

右書付被見、十日ニ伺候様ニ庄右衛門被申、

松平和泉殿へ伺に出る

一、二月十日、松平和泉殿へ伺ニ出ル、庄右衛門――旦那江も爲申聞候、十三・四日方可被伺候、又其内従此方呼ニ遣候事も可有之候、壹岐申候ハ、願人共も多宮ヲ相手取候ニてハ無之候、四郎右衛門相手ノ様成物ニて候、四郎右衛門方江先〻之通、死人可通段申候得共、得心無之ニ付、多宮方江通り申度段願出候処、多宮ハ難通段申渡シ、私ハ通シ可然段申、決シ不申候ニ付、往還〔屋敷内ニ成候事、〕左様ニ成候ハ、常ノ人モ只ハ通シ申間敷候、右之様ニて道神領ニいくらも有之候例ニ成候事故、私も一己ノ了簡難仕、何分奉伺候、尤願人共も右道之通候トテ、徳用も不成事ニ候得共、多宮難通段申渡候ニ付、甚難儀仕、私へ支配之事故、難儀ニ不成様ニ致了簡呉候様ニ申候、先年御裁許之筋も有之候間奉伺候、又先達テ私四郎右衛門呼、相尋候ハ、其方ニ悴成先ニ死人不通ト申證據有之候ハヽ、無益之事ニ候間、願人共願差止させ可申候、有底ニ申候様ニト申候得共、證據無之候得共、死人不通候由、女共申傳候由申候、此四郎右衛門ハ引地甚右衛門弟也、子ハ先ノ四郎右衛門実子也、

先日小堀土佐守様へ罷出候節、御役人山中官左衛門殿被申候ハ、往還道跡先有之中、四郎右衛門前計切候テハ、往還無益之道ニ成候、又四郎右衛門一人ノ往來ニ跡先、是程ノ道可付謂無之候由、御申候ト申候へハ、庄右衛門成程左右聞へ候と被申、

先日差上候願人共ゟ取置候尋書ニ、私名遠申候、去年中寃許様御役義被仰付候間憚、私名相改申候、

*松平和泉殿へ出る

一、二月十三日、松平和泉殿へ出ル、庄右衛門出會――、伺――、未沙汰無之候、十六日ニ伺候様ニ被申、〔尋書持出被聞〕願人ハ皆社家か壹岐、三人ハ社家、八人ハ私百姓ニ而候、社家ハ多宮・私両人ニ而支配仕候、庄右衛門皆名字有之候、壹岐訳不存者共故ニ而御座候、

先達テ差上候繪圖ハ分間ニモ不構有形ニて候、張紙ノ古道ハ、只今ハ無之候得共、願人申口ニ候間仕候、

願人共何ノ徳用ニも不成事ニ候得共、致難儀願候、

庄右衛門――、先年ゟ返付候義ヲ不通、障りも無之筈、夫ヲ障候ハ訳有之候様ニ聞へ一通吟味可致候、

*和泉殿へ出る

一、二月十六日、和泉殿へ出ル、庄右衛門出會、未不濟候、十九日伺候様ニ被申、

*御朱印手目録の事

和泉殿へ出る

*高千石歴代将軍の御朱印

二月十九日、伺ニ出ル、庄右衛門出會――、今日ハ御朱印ノ事ニ付、旦那も出席取込ニて候、明日廿日晩方出候樣ニ被申、

一、二月廿日、香取多宮使丹治(松本)、近邊　御朱ニ付出候間、昨晩致出府候、明日參可得御意候、――〔返事〕、多宮宿日本橋〔南脱〕四丁目金右衛門店、

一、同日、和泉殿へ出ル、庄右衛門――其元伺之義、和泉守へ爲見候処、其元出候筋ノ事ニてハ無之候間、此間之書付返候樣ニ被申候、　壹岐申候ハ、御尤ニハ奉存候へ共、乍去願人共多宮方へ相願候処、得心無之ニ付、私へ達而願候、私も往還道屋敷內ニ成候事故、一己之了簡ニ難取計、尤此迄例ニも成候義故、享保年中御裁許ニも先達而入御覽候通、兩人吴儀有之候時ハ、御奉行所江奉伺候樣被仰渡有之候間奉伺候、成程其元被申候、●事共此間中被申候事、呑込者候、乍去兩人致支配候事、配下之事ハ、万事可取治候事ニて候ニ兩人皆不決候事ナレハ、願人不出候而ハ不成事、其元伺候筋ニテハ無之候差圖ニてハ無之候得共、達而願人共願候ハヽ、添簡遣候共、兎角其元伺候筋ニてハ無之候と被申候、畏候段申、又事ニより御世話ニ罷成可申段申、

一、同日、多宮方江使高木主膳、弥御道中無御障御着珎重ニ存候、万端明日可得御意候、返事――、明日取込ニ候ハヽ御使可申進候、

一、二月廿一日、多宮使丹治、拙者其元江可參存候処、取込不參、以使申遣候、　御朱印ニ付皆出候間、明日抔出可申候、手目錄へ御印形可被成候、又御奉行所ニ而可被成候哉、手目錄二通來ル、越前大奉書半切、

下總國香取郡香取鄉
香取神宮
大宮司香取多宮 印
右同斷
大祢宜香取壹岐 印

高千石

(徳川家康)權現樣	御判物	天正十九年十一月　日
〔台〕(徳川秀忠)德院樣	御朱印	元和三年十一月十三日
(徳川家光)大猷院樣	御朱印	寬永十三年十一月九日
(徳川家綱)嚴有院樣	御朱印	寬文五年七月十一日
(徳川綱吉)常憲院樣	御朱印	貞享二年六月十一日
(徳川吉宗)有德院樣	御朱印	享保三年七月十一日
(徳川家重)大御所樣	御朱印	延享四年八月十一日

右之外、

御朱印一通茂所持不仕候、以上、

江戸宿日本橋南四丁目家主金右衛門
大宮司
香取多宮
江戸宿神田雉子町屋祢や六兵衛
大祢宜
香取壹岐

多宮方へ返事、手錄目〔目錄〕二通被遣、
則致印形候、明日御奉行所へ御出可被成候由、明四
時可罷出候、何方早ク共待合御一同ニ可致候、私義、
始而之義無之間、諸事差引奉賴候、

和泉殿に手目錄二通御朱印寫差出す
御朱印懸役人佐野與左衛門

一、二月廿二日、和泉殿（松平乗佑）江兩人出ル、御朱印懸役人佐野
与左衛門――、手目錄二通、御朱印写越前ニ而七通、美濃ニ而七通、差
出ス、与左衛門見候而、是ハ美濃写今七通不足也、
今一通り写可被出候、七通ハ此方江置、今七通ハ戸
田釆女正殿（氏英）江遣候、書樣も內外へトナタ御朱印写、

*四郎右衛門前道の儀

何國何郡――誰、――誰、ト外包共ニ、右之通書付張紙致、出
候樣ニト被仰付、札ハ其許持候ニ殘置候間、明日出
候樣ニト被仰付、

和泉殿へ出る

一、二月廿三日、和泉殿へ出ル、堀川又之丞出會、三ノ
写七通ツヽ、貳通差出ス、手目錄ホ御請取、札被遣、
三月十八日ニ伺候樣ニ被仰付、夫ゟ戸田釆女頭〔正〕殿江
出ル、

追野道ノヿ、

一、二月廿九日、多宮方江使主膳（高木）、此間ハ　御朱印御着
帳も相濟、御同然ニ致大慶候、扨先達而正月中、其
元へ得御意候、まねい引地之者共願之儀、松平和泉（乗佑）
守樣へ相伺候処、私伺候筋ニ無之、達而願候ハヽ願
人共可出と被仰候、右被仰渡候趣、願人共江申渡、
勝手次第ニ致候樣ニと、在所へ可申遣存候、右之
義、御面談爲御知可申存候処、此間中不快故以使得
御意候、　多宮返事、正月中被仰越候、まねい引
地之者願之義、松平和泉守樣江御伺被成候段、被仰
越致承知候、

〔三　月〕

三月朔日、在所へ右之段申遣、分飯司（伊藤求馬）願人共江申渡
ハ、先達而願出候四郎（追野）右衛門前道之義、松平和泉（乗佑）守
樣へ奉伺候処、是ハ願人共可出筋之事ハ、其元出候
筋ニテハ無之候ト被仰渡候間、勝手次第ニ可致旨申
渡ス、
三月九日、案主靭負・權祝悴左門、百姓源五左衛門
出府來、先達而四郎右衛門前道之義、二月中御伺之
趣、分飯司申渡承知仕候、私共難義仕、無是非御奉

*理非は御上の裁判にあり

行所江御伺可申上と奉存候、御添簡願壹岐（香取）――ハ、添簡ハ自分一人ニてハ難成事、多宮（香取）江致相談上ニて之事、多宮江も願候様ニ申聞、

三人之願人共、多宮方江添簡願ニ出候処、多宮願ニ出候ハヽ、出入ニも可成候スレハ、自分へ懸ルヿ也、　御朱印ニ懸テ居候、了簡致見候様ニ申候由、

まねい引地人道願ひの儀につき添簡願出づ

其後、又多宮旅宿へ願人共徃願、多宮公儀江願出候へハ、此方江懸候事、此方カ相手也、添簡不成候、願人共願書も御前ヲ相手取不申下書可懸御目ト申候へハ、多宮其方抔拵出候ニて可有之候、御朱印ノ障ニ成間敷トハ、下トメ上ヲ計候事、添簡不成候、願人共御前ヲ相手取候ニてハ無之候、左候ハヽ御奉行所へ可罷出候間、左様御心得可被下候由申候由、

三月九日、多宮方江使遣、主膳（高木）まねい引地願人共、今日先達而道願之義ニ付、添簡願ニ出候、其元江も出候由、私方江も兩度迄出候、其元様ニハ難成段被仰聞候由ニ御座候、左候ハヽ、其元私ヲ差越出被申候、左様候テハ、支配ノ詮も無之候、添簡致候而も理非ノ処ハ、御上之御裁判ニ可有之儀と存候、尤御承知無之候へハ、私一人立候而ハ、難成事ニて候、御得心無之候ハヽ、其段可申聞候、爲御相談、以使得御意申候、多宮返事、御口上之趣、致承知候、御返答可申上候得共、齒ニ痛有之候間、明日此方ゟ御返事可申上候、

三月十日、多宮使、昨日ハ御使上候、昨日ハ答可申上と申候、まねい引地ノ者共、願之義ニ付、添簡差出候様ニト被仰遣候と、私ホカ願出候得者、私へ懸候義ニ御座候へハ、添簡ヲ可出義之様ニハ不存候、　壹岐返事、昨日申付而申上候、まねい引地之者添簡願之義、被仰遣候、御口上之趣、致承知候、左候ハヽ、私一人立候而も難成候事ニ候間、右之段私も願人共江可申渡候、

同日、願人共呼、右多宮口上爲申聞、此通故、自分一人立、添簡難成事ニて候、勝手次第ニ可致候、差圖ニてハ無之候へ共、御奉行所へ願とも、左候ハヽ、兩人詰合候間御尋も可有之候、

同日、三月十日、左門・源五左衞門、松平和泉守（乘佐）殿江出、堀川庄左（右）衞門出會、願書差出、

追野百姓四郎右衛門の屋敷前往還の道次第

香取神宮神領百姓庄五郎以下菩提所惣持院四郎右衛門屋敷隣にあり葬送の節は通し申さず

上包、
下總國香取神宮願人惣代
香取左門
百姓　源五左衛門

乍恐以口上書奉願上候御事

一、下總國香取御神領之内、追野百姓四郎右衛門屋敷門前往還之道御座候、私共不斷往來仕候、然処、私共菩提所惣持院、右四郎右衛門屋敷隣ニ御座候処、私共不幸有之、葬送仕候節、右門前道四郎右衛門差留メ、通シ不申候、自分不幸之節ハ、罷通り申候、仍之四郎右衛門地主六郎祝大炊(安部)方江此段申談、差通候様ニ申候得共、承り不致候ニ付、去ゝ年中、兩支配江相願候処、兩人相談相調不申候故、先達而大宮司多宮松平(康福)周防守様江被相伺候由、當春大祢宜壹岐松平和泉守様江被相伺候由ニ御座候、然共、私共相願可申筋ニ御座候旨、被仰渡之由被申聞、兩人方ニても相濟不申候御事、

去春庄五郎病死の節他村へ廻り惣持院へ葬送

一、去春庄五郎病死仕候節、右之訳故、他村江相廻り、惣持院江葬送仕候、又去秋中、案主病死仕候節者、自分屋敷向江取納メ申候、右之通ニ而、大勢之者、難儀至極仕候ニ付、無是非乍恐御願申上候、御慈悲を以、不幸之節、右四郎右衛門門前ゟ道差通シ候様ニ被仰付、被下置候ハヽ、難有仕合ニ奉存候、

右之外御尋之上、口上ニ可申上候、以上、

寶暦十一辛巳三月

下總國香取神宮神領百姓　庄五郎　病死
傳兵へ　印
源五左衛門　印
彦左衛門　印
清右衛門　印
源右衛門　印
甚右衛門　印
五郎右衛門　印
同國同社下社家　權祝　印
案主　印
錄司代　印

寺社
御奉行所様

御役人被見添簡取來候様ニト申候由、左門申候ハ、大宮司多宮方江參、願候へハ、其方抔申出候へハ、此方へ懸候事故、添簡難成候段申候、大祢宜壹岐方へ申候へハ、同役得心無之候へハ、一人立不成候由申候、庄右衛門(堀川)――ハ、此筋ナレハ添簡致候而も、ヨ

サソウナル物、四郎右衛門相手之様成物也、右之趣申添簡取出候様ニ被申付候由、三月十一日、左門・源五左衛門、壹岐方へ來り願候間、添簡之事ハ、多宮得心無之候ヘハ難成事、此間も申聞候通り、自分一人立候而ハ難成候、多宮へ願候様ニ申遣、
同日、多宮方江左門・源五左衛門徃願之処、多宮申ハ庄右衛門殿左右被謂候而も、自分相手向故添簡ハ不成候、ニクキヤツ我カ相手ニハチト六ケ敷カラウ、自分通ナト云ィ付タ処ヲ願不届也、立ツテウセウト申、大ニ呵候由、

左門源五左衛門和泉殿へ出る

同日、左門・源五左衛門、和泉殿へ出候処、庄右衛門へ段々申候ヘハ、庄右衛門呵ルヿモナイ、嘸其方抔難儀ニ而可有之候、先明晩迄此願書預候間、同役共可致相談候、取上ルテハナイ預ル、明晩出候様ニ申候由也、
三月十二日、和泉殿へ願人両人出候由、庄右衛門申候ハヽ、明後日出候様ニト有之候由、
三月十四日、左門・源五左衛門出候処、十七日出候様ニ被仰付之由、
一、三月十六日、多宮方へ使主膳、十八日御伺ニ出候義、何時御出可被成哉と承度存候、返事、四時迄ニ可出と存候、左様御心得候様ニ申事也、
先達而御朱印懸り、和泉殿佐野与左衛門・堀川又之丞被渡候書付写、

三月十九日六ツ半時、
手札
松平和泉守宅寄合、
三月十八日、猶又御伺可有之候、

一、三月十七日、左門・源五左衛門伺ニ出候ヘハ、廿日伺候様ニ庄右衛門申候由、
一、三月十八日四ツ時、多宮・壹岐、和泉殿へ出ル、御朱印懸手札差出ス、裏へ両人ノ名書付、三月廿一日ニ伺候様ニト被書付、夫ゟ御改席稽古、
一、三月廿日、左門・源五左衛門、和泉殿へ出ル、廿三日出候様ニ被申渡由、
一、三月廿一日、和泉殿へ出ル、堀川又之丞出、廿五日可被伺、廿六日御改ニて候、多宮來候ハヽ、手札可渡之間御歸候様ニ申ニ付歸ル、此日雷雨也、多宮ハ遲り未出候故、御役人右之通、三月廿二日多宮方へ使主膳、弥廿五日伺、廿六日御改ニ候哉、私義ハ口上已而承候、御手札御写御見セ可被下候、則写來ル、

三月廿五日、可被相伺候、

一、三月廿三日、左門・源五左衞門、和泉殿へ出ル、庄右衞門━━先御月番故、太田攝津守(資俊)様江出候様ニ被仰渡、従此方通達可致候━━、同日太田殿へ出ル、
追野道ノ丁、
御役人山角甚內願書・例書・圖預候由、尋ル事有之候ハヽ、呼ニ可遣と被申由、

*太田攝津守より御差紙

一、三月廿四日、多宮使丹治(松本)、此間ハ明廿五日四ッ時と申合候へ共、早ク候か能候由ニて候間、五ッ半時罷出可申候、返事御尤ニ存候、
三月廿五日、両人伺ニ和泉殿へ出ル、堀川又之丞━━、明廿六日六半時可被出候、御改有之候、
三月廿六日朝六ッ半時、両人出別席ニ居ル、佐野与左衞門來り、手札請取、

*松平和泉殿にて御朱印御改濟まず

御朱印御改濟、
大御所様御朱印幷写被見被改、夫ゟ九ツ時御改、和
御朱印ハ御前へ不出、
泉殿・戸田(氏英)釆女(正)頭殿御連座、御朱印箱ノフタへ大御所(徳川家重)
前ニ役人被請取、
様御朱印ヲ上ニ重ル、
御引合ノ節ハ役人被持出、
大御所様御朱印計御改御ヨミ合有之、両人御目通江出ル、堀川又之丞差圖ニ付、机ノ上へ御朱印ヲ多宮持參、写ハ余ノ衆持參ス、夫ヨリ下リ扣ル、又差圖ニ付、両人御目通へ出ル、夫ゟ御朱印下ケル相逺ナ

イ、返シト被仰候、夫ゟ佐野与左衞門ニ逢、御改首尾能相濟、難有奉存候、歸國ノ御居申、御門ゟ取テ返シ御玄關ニテ御礼申上ル、戸田釆女(正)頭殿江も徃、御玄關ニて御礼申上ル、此日御改人數貳百七十人ノ由、御朱印七万本程出候由、寺社領七十万石程有之由ノ沙汰也、

一、同日、多宮・壹岐、松平和泉殿ニ居ル內、太田攝津(資俊)守殿ゟ御差紙、

被達儀有之候間、今日中可被相越旨、攝津守(太田資俊)被申候、以上、

三月廿六日　太田攝津守
役人

香取多宮殿
香取壹岐殿

松平和泉殿ニテ御朱印御改不相濟內也、則御玄關ニテ紙・硯箱申請、多宮文ヲ申、壹岐認ル、

今日中可罷出旨、御差紙之趣奉畏候、以上、

三月廿六日　大宮司
香取多宮
大祢宜
香取壹岐

太田攝津守様
御役人衆中

右御差紙壹岐旅宿へ來ル、宿不知之間、多宮殿へ案

*往還ありて中切れ謂れなし

内ト申由、壹岐家來新兵へ申候ハ、兩人共御奉行所へ出候由申候ヘハ、左候ハヽト申、和泉殿へ案內致、兩人家來へ渡、右之通御請ヲスル也、

多宮壹岐太田攝津守へ出る

一、同日、多宮・壹岐、太田攝津守殿へ出ル、御役人山角甚內出會━━、其許抔配下ノ左門願出候、是已而ノ事、事濟ソウナル物ニて候、願書・圖被爲見〔《圖ヲ見》多《候テ》宮申候ハ、四郎右衞門前ハ道無処ニ而御座候、此迄ノ道ハ長吉寺、片方ハ彥十、道中方ハ四郎右衞門道ニ而、往還にて無之候、私知行內ニて申候間、通シ不申候、右之段先達テゟ願人共へ度〻申聞候ヘ共、承引不仕、騷動引發候者共ニ而候、先〻ゟ通付候道ハ、權祝脇ニ有之候、夫ヲ不レ通不通付、四郎右衞門前道願候、此圖甚相違ニ而候、僞已而《ノミ》申上候、長吉寺道迄之処、此圖ハ曲り候、又四郎右衞門前も出張少ク相違ニて候、四郎右衞門作勝手ヲ以付候道ニて候、

*太田殿へ多宮壹岐出る

錄司代・案主、先〻ゟ自分〳〵ニ墓所持居候、百姓計ニ而候、夫ニ百姓ト一身仕不通付、道ヲ可通ト申候、

十一間貳尺道年貢差出す

十一間貳尺道年貢差出候、場所大宮司知行內ニテ死灵《(マヽ)》不通処、往還ニ而無之、往還ハ又見社ノ前ニ而候、壹岐申候ハ、私ハ左樣ニハ不存候、跡先往還有之、中切レ可申謂無之、常ニ人通候處故、死人も通シ可然奉存候、去〻年冬、多宮申越候者、四郎右衞門前道之事、可伺存候、神領中之事故、御尋も可有之旨、爲知申越候間、願人共召呼一通尋候而、尋書爲致申候、今日者何之御用も難計、殊ニ和泉樣御朱印御改ニ罷出候間、持參不仕候、重テ懸御目可申段申、甚內其內爲見候樣ニ被申、甚內そう見へ候、跡先往還有之上ハ通候而も可然樣ニ見へ候と被申、圖ヲ被見候テ也、多宮いや左樣ニハ無之候、寬文年中ニ屋敷ニ相成候、先年ハ道無之処ニて候、甚內多宮へ左候ハヽ、道無之処ニて候ナ、左樣ニて候、壹岐━━私義右申上候通り、往還跡先有之、中絕可申トハ不存候、御役人其內可尋ト被申歸ル、

一、三月廿七日、太田殿へ壹岐出ル処、先ニ多宮出、歸ルニ玄關ニテ逢フ、甚內出會━━昨日申上候、尋書致持參候、見セ候樣ニ被申、扨三年以前、願人共四郎右衞門方へ、先〻之通差通候樣ニ度〻申候ヘ共、得心無之ニ付、地主六郎祝大炊方江、右之段申候ヘ共、是も得心不仕候故、大宮司多宮方・私方江も願書を以願出候、懸御目ニ多宮得心不仕之間、私へ願

*繪圖は左門差上ぐ

*願人共願書一通尋書一通

*繪圖を以て壹岐申す

*往還に中絶せば無益の道

*願人共舊道あり

候故、私多宮方へ申候ハ、常人通候上ハ死人も通シ可然存候、又社ニても有之、憚候ハヽ、格別左樣も無之候間、大勢ノ者難儀之由申候間、通候樣ニ被申付可然候段、申遣候得共、承引不仕候間、是已而之儀、内濟爲仕度表立候、社家兩人ニ又ゝ右之段、多宮方へ申遣、尤直談も仕候得共、得心無之候、夘ノ十二月多宮御年礼ニ出府懸ニ、私方へ申越候ハ、四郎右衞門前道御奉行所へ可伺存候、神領中之儀故、其元江も御尋も可有之候間、爲知候由申越候、夫故私も願人共召呼、一通り相尋書申付候、如此ニ候、懸御目、又去ル二月中多宮・私方へ松平周防守(康福)樣江相伺候処、是式之儀、兩人相談仕申付候樣ニ被仰付候由申候間、私申候ハ、とかく大勢ノ者甚致難儀候間無何角通候樣ニ被申付、可然段申候得共、得心無之、又ゝ伺可申段申、致出府、其後又ゝ周防樣江伺候処、其元申出候ハ、如何ニ候、達テ通り度存候ハヽ、願人可出ト被仰候由申越候、願人共江者、此方屋敷内故、不被通候由、重而願出間敷旨申聞候由、夫故願人共、私方江度ゝ願候間、當二月中、松平和泉樣へ如此相伺申候、伺書懸御目被見候而、右三通ハ借可被成候由ニ付差上ル、繪圖ハ左門差上候、有之由ニ而御返シ、壹岐——右之通和泉樣ニ奉伺候処、願人有之候事、其元伺之筋ニ而有之間敷旨被仰渡候間、右之趣願人共へ爲申聞候、

願人共願書一通・尋書一通、右二品ハ宝暦九夘十月十七日幷十二月廿九日、右ノ日記ニ記有、壹岐伺書ハ巳二月朔日ノ処ニ記、

繪圖ヲ以壹岐申ハ、常ニ人馬往來仕候上ハ、死人も可通事ニテ御座候、又其所ニ社ニテモ有之、憚《ト》申事ニても無之候、墓所ノ近所ノ道ニて候、昨日多宮還《ニ》レ往無之由申候へ共、左樣ニて無之、往還ニテ他ノ人モ常ニ通申候、是ハ誰か道、彼道ト申往還ニ無之事ニて候、往還跡先有之、中絶候へハ、跡先無益之道ニ成候、願人共旧道《フルミチ》有之由申候へ共、申傳のミ、證據ノ書付ハ、無之候へ共、往還跡先有之、四郎右衞門前ニ限り、中絶可申謂ハ無之候、四郎右衞門作勝手ヲ以付候道ナラハ、左右へ一寸ト付可濟候、夫ニ地ヲ費シ往還ニツヽケ付候ハ訳有之哉之樣ニ奉存候、先年古道有之候哉と被存候、多宮ハ圖殊外相違之由申上候得共、此圖も願人共差出候圖ニて候、其場所

*太田殿より御差紙

*壹岐出る

神領千石の內社地になく處はなし

四郎右衛門自分に死人ある時は通し他人には通すまじ

私も見分仕候、大底相違も無之候樣相見へ申候、尤分見ニも不拵、有形ニ仕候由、弥右四郎右衛門前道屋敷內ニ成候へハ、此上人馬常ニ往來も只ハ通シ申間敷候、左樣ノ筋ニ相成候而ハ、殊之外大騒動ニ相成候、如此道神領ニいくらも有之候、是カ例ニ罷成候、甚內━━多宮社地故、不通之由申候、壹岐━━社地ト申不通候ハヽ、神領千石之內社地ニ無之処ハ無之候、左候ハヽ、死人通候処無之候、自分〳〵墓所ハ無之事ニて候、宮中町ハ、從古來忌中ニハ別宅仕候、乍去死人ハ通シ申候、四郎右衛門自分ニ死人有之候節ハ通シ、人ヲハ通間敷ト申候テハ相濟不申候、又四郎右衛門壹人之往來ニ、是程ノ道付可申謂無之候、訳ハ右之通ニて候、乍去私義ハ何方ヲ通候とも差而構無之候、大勢ノ者致難儀候事、又往還屋敷內ニ成候事故、私一己ノ了簡ニも難仕、何分奉伺御差圖次第ニ可仕奉存候而、二月中奉伺候、甚內━━ハ、成程聞入候哉、往還中絶、ソウモ無物四郎右衛門前道屋敷內ナラハ、後ニ古道無之候而ハ不成候事ニて候、不濟候、大宮司多宮先剋來、一理有りソウニ强ク被言候、乍去往還中絶候処不濟候、道無処抔被謂候へ共ツマラズ候、

一、三月晦日、太田殿ゟ御差紙、今日中可被相越━━御請例之通、

壹岐出ル、御役人甚內、左門願書も其許被出候、書付も攝津守（太田資俊）得ト被見候、是のミノ義、兩人ニ而申付候樣ニと被申、多宮へ左門願書相渡申候、其元も多宮ト致相談申付候樣ニト被申候、多宮も急ニハヲレニクカルベク候、多宮ヵ折子ハ不被濟候、壹岐━━御尤ニハ奉存候へ共、先達テヨリ私常ニ人通之上ハ、死人も差通可然ト申、大勢致難儀候事故、通候樣ニト申候へ共、多宮得心不仕候、依之表立候、社家兩人ニ右之趣再三申遣、尤直積も仕候得共、得心無之、此度又〻致相談候共、得心仕間敷候、左樣ニてハ、いつ迄も事濟不申候と申候へハ、甚內━━いや多宮へ昨日兎角往還跡、先有之、中絶可申謂無之候、四郎右衛門前道其元知行ニ而候ハヽ、後ノ古道無之候而不叶候間、明ケ可遣候、常人通候上ハ、死人も通シ可然候、此上不濟、吟味ニ成候ハヽ、其元申分立間敷候間、右之通兩人ニ而申付候樣ニ申遣候、尤多宮もアソコガイキハリニ成居候故、多宮も急ニハ折ニク

カルベク、多宮も折れねハ不被濟候、其元も和《ラ》カニナダメテ相談ノ上申付候樣ニ可被致候、四郎右衞門ハ申付、得心可致候、多宮不得心故ニて候ト被申、壹岐――御尤ニ奉存候、隨分㔟談致▨可申付候、乍去多宮又〻得心無之候ハヽ、御苦勞ニ可罷成候、甚内――其時ハ社家も皆呼、致吟味可申付候、左候而ハ訳立候而ハ勝負付候而ハ能無之候、私も如此申上候へハ、同役之儀故、思召も氣毒ニ奉存候へ共、四郎右衞門壹人之義ニ而大㔟難儀ニ相成候事故申上候、甚内――四郎右衞門前道ハ圍ノ外ニて候ナ、左樣ニて候、左候ハヽ猶以〱可通事ニて候、隨分和カニ致相談候樣ニと被仰付候、右之趣申候樣ニ、攝津守被申付候、壹岐畏候段申候、甚内――多宮配下ノ者、私田地出過之由抔申かすめられ申候ト申候由、甚内――左樣之事ハ、惡敷候ト申候、乍去此度之事ハ、其元申分立間敷候ト申候、壹岐――左樣之事ハ承不申候、

御奉行所より歸途に多宮に逢ふ

一、同日、從御奉行所歸候ニ途中ニ而多宮ニ逢、今日御奉行所へ出候、晩方其元へ參、御相談申候約束致ス、晩方多宮方へ往申候ハ、御奉行所ニて委細御役人中、

其元江も被仰聞候趣承候、兎角先達而も申候通り、無何角御通可然候、彼ホ大㔟致難儀候間ト申候へハ、多宮――其元先達而ゟ左樣被仰聞候、左樣ニてハいつ迄も不濟候、是ハ宮之助（國分大和）・物申（香取右近）申候筋カ、又書付ニても爲致通候樣ニ申付可然候哉、兎角一社靜謐ノ爲ニ候間相濟申度候、壹岐――前〻も申候通り、無何角通候樣ニ御申付可然存候、多宮左樣ニてハ濟不申候、御奉行所ニて旦那被申付候ト、御役人も被申候間、書付ニても無之候ハヽ、相濟申間敷候、壹岐――兩人罷出申上候ハヽ、書付ニも及申間敷候、多宮――いや夫ハ上之事難計候、御役人中被申候ニも双方不肖メト被仰候、壹岐――私ハ左樣ハ不承候、常人通候処故、死人も通可然候通候樣ニ、其元ト致相談申付候樣ニ被仰、多宮――私ハ左樣不承候、成程願之通可通候へ共、書付ニ而も無之候へハ、得心難致候、私義松平周防樣（康福）へ伺候へ共、御取上無之、其元松平和泉樣へ御伺候へ共、是又御取上無之候、願人共願出《イテ》候へ共、御取上無之願書如何之義候哉、私方へ御下ケ被成候、とかく是ハ私も致不肖、其元も御不肖被成、願人共も致不肖事濟樣ニ致可然候、壹

岐――ハ書付ハドウカ文言ニ可被成候哉、多宮――私周防様へ伺、其元和泉様へ御伺――、願人も太田様へ――、両人ニ而申付候様ニ被仰付候間、三方致不肖通候様ニ申付、可然段之筋ニ而可然候、成程書付も濟口ニ爲致通候様ニ申付候筋、一通ノ書付爲致相濟可然候、多宮――左候ハヽ、私義　御朱印ハ有之、市ニ留主も氣毒ニ存候、先罷歸市邊ニ文言等御相談ノ上、兩銘ニ而書付申付可然候、壹岐成程左様可然候、左候ハヽ願人共へ在所ニ而可申付之間罷歸候様ニ、兩方ゟ人可遣旨申合歸ル、

*四郎右衛門前道罷通りたき旨願上ぐ

多宮咄、和泉様ゟも私御召、添簡ナセ不致候哉ト御尋、如此ノ訳故ト不致書付上ケ申候、其後太田様御懸り被成候由、爲御知有之候ト申事也、

〔四　月〕

壹岐旅宿へ多宮來る

一、四月朔日、壹岐(香取)旅宿へ多宮(香取)來、昨日ハ於在所書付案文御相談可致ト御相談申候へ共、此方ニ而申付可致候、在所ニてハ世間取沙汰やかましく候、壹岐――左様可然候、多宮案文出ス、則写壹岐――案文之内、道無之処抔ト有之、其元御知行内ニ決候処ノ御文ニて候、公儀ノ御裁判無之事故、如何ニて候、私も得と致了簡存寄ノ認可懸御目ト申、多宮歸ル、多宮方案文、

一札之事

一、去夘年中ゟ願上候、拙者共方死人有之候節、通行之道無之ニ付、四郎右衛門前道罷通度旨願上候処、右之道者、大宮司知行畑字なすひさくと申処ノ畑、四郎右衛門先祖居屋敷ニ致候節、門道無之ニ付、同所之内ニ而、大宮司知行甚左衛門出作仕候を借添致道ニ、此分年貢差出、四郎右衛門屋敷内ノ道ニ取續、古來ゟ死人通り候場所ニ無之段、依之色ゝ差障り内ゝニ而相濟不申候ニ付、去辰年松平周(康福)防守様へ大宮司多宮奉願上、當巳正月中、松平和(乗佐)泉守様へ大祢宜壹岐奉伺上、此度ハ願人共爲惣代と案主井權祝悴左門・百姓代源五左衛門悴傳五郎三人、太田攝津守様(資俊)江連印之書付を以、奉願上候へ共、是又御取上無之、内ゝニ而相濟候様ニ被仰付候ニ付、此度兩社務御立合御相談之上、右大勢難儀仕候義故、大宮司多宮致了簡、右四郎右衛門道通り候様ニ被仰付被下候上ハ、私共申分、曾而

無御座候、依之連印一札差上申候、以上、

―――
―――
―――

壹岐多宮へ申候ハ御文ニ道無之処、大宮司知行内と有之候、其元ニも左様御申候へ共、願人共ハ左様ハ不申候、私も往還と存候、然レハ願人共も得心致間敷候、尤願人此度出候へ共、御取上無之と有之候、左様無之候、両人致相談可申下候通候而も可然段被仰候、とかく私も存寄相認候か、又其許御書付へ乍慮外致加筆候とも、得と致一覧テノ事ニ可致候、多宮近日ニ被成候様ニ申、

右案文、多宮申ハ去年中惣検校濟《ケンゲウ》口證文ノ心ニて候、始ハ此方申口、次ハ願人申口ニて候ト申、

追野道出入相濟

四月二日、多宮方へ壹岐往、其元御案文得と致一覧候、アレニてハ願人も得心致間敷、私も四郎右衞門前無道処ヤラ、屋敷内やら不存候へハ、如何ニて候、私存寄認參候ト申出、見セ其文、

追野四郎右衞門門前の道の件

追野四郎右衞門門前之道、私共不幸有之、惣持院江葬送仕候節、四郎右衞門差留通シ不申候間、難儀仕候、依之去〻年卯ゟ御両所様江御願申上候へ共、御相談相整不申候趣ニ付、御奉行所江御伺茂被成候処及難儀ニ候事ニ候ハ丶、可願出事ニ思召候旨被仰渡候由承知仕候、依之御添簡之儀、御願申上候へ共、御承知不被下候ニ付、無是非願書を以、太田攝津守様江奉願候処、三月晦日右之願書、大宮司様ニ御下ケ被遊、大祢宜様江御熟談之上、御取計候様ニ被仰渡候由被仰聞、承知仕候、尤私共江茂右之趣被仰渡候、依之御両所様へ御談合之上、私共難儀仕候義御推察之上、双方申合之儀ハ御取用不被遊、御両所様思召を以、以來通路之儀無滯被仰付被下候段、被仰聞難有奉存候、以上、

―――
―――
―――

右案文、多宮写申候ハ、是ハ私氣ニ入不申候、未ハ同シ趣ニ候得共、始方願人申口計ニて候、四郎右衞門差留候ニてハ無之候、私差留申候、壹岐――私方江ハ願人共四郎右衞門差留候ニ付、大炊(安部)方江申不埒明、其元様私江も願之由申候、私ハ四郎右衞門差留候筋ニ存候、其元様も私同様ニ願人、右道先〻ゟ通

來、門前道屋敷内之由申候も不取用[illegible]兩人相談ノ上、双方申口不取用常ニ人通候上ハ、死人以來通候樣ニ申付、可然候由申、多宮――私存寄書付願人江一度も爲御見無之候も、如何ニて候、壹岐――夫ハ御見セ可被成候、私義ハ右之通ニテ此通ニサラリト、其元も御濟御歸可然存候、多宮――左候ハヽ、私書付ハ其元御氣ニ不入、其元被成候書付ハ、私氣ニ不入候間、先達而願人申候通、四郎右衞門後ニ古道有之候由申候間、右道明ケ通シ可申候、壹岐――ハ、左候ヘハ誰も申分有之間敷候、左樣ナレハ、一社靜謐ニテ結構成思召ニて候、多宮――四郎右衞門前ハ私知行故、前ノ道はゞニ後江明通候ヘハ、私申分も立申候、願人も願之通ニて候、三方不肖ニて候、壹岐申候ハ、不肖ト申ニても無之候、四郎右衞門前道ハ其元御知行内ニて候ハヽ、後ヘ道明候ヘハ、其元御申分も立御不肖も無之候、願人も不肖も無之候、私猶以曾而不肖ハ無之候、神領中之事故、私もかゝハり候のミニて候、左樣ニ其元思召候ヘハ結構ニ相濟申候、多宮――左候ハヽ、在所ニ而番頭共呼、爲立合可申渡候、願人共方江ハ、兩方ゟ使遣、在所ニ而可申渡候間、歸候樣ニ可申付、左樣可然候段申候、四郎右衞門後ヘ道明申候ハ土手抔有之、大普請ニて候間、其元ノ人をも二・三日も遣不申候ハヽ、成申間敷候、壹岐――夫ハ立合兩人ニ而申付候事ニ候ヘハ、幾日ニても可出候、多宮申、右之通ニ濟シ候ヘハ、書付も不入候、壹岐――成程書付も不入候、多宮申候ハ、四郎右衞門家も不肖成間敷候間、少ゝハ隙取可申候、夫ハ用捨も不致ハ成間敷候、壹岐――とかく右之通、四郎右衞門後ヘ道明候ヘハ、双方申分も無之、結構成事ニて候、御奉行所江も可出段申、先事濟大慶ノ段申歸ル、

三方不肖

一、四月二日、大宮司方ゟ丹治（松本）、大禰宜方ゟ願人共方ヘ遣、其方共願之事、在所ニ而可申渡候間、致歸國候樣ニ申遣、承知候由申礼ニ來ル、

＊太田殿へ壹岐出る

一、同日、太田（資俊）殿ヘ壹岐出ル、甚内――此間ハ御苦勞奉懸候由申、左門（香取）ホ願之義多宮ト相談ノ上、多宮得心仕、四郎右衞門前道ハ、多宮知行内故、四郎右衞門後ヘ道明可通候由申候、尤願人共、古道有之ト申出候事故、左樣ニ兩人相談仕、在所ニ而可申付と願人江申聞候由申、甚内相濟一段之事ノ由被申、歸國御

屆申上ケ歸ル、尤多宮も可出由申、
同日、松平和泉殿（乘佐）へ出、堀川庄右衞門ニ逢、右之趣申、夫ハ宜候申分も無之候ト被申、

江戸出足

一、四月六日、江戸出足、七日歸郷、多宮ハ四日ニ歸宅ノ由、同日、多宮方へ使遣――、
一、四月十日、多宮方へ使求馬（伊藤）――、於江戸道之義得御相談候通、近〻申渡候テハ、如何可有御座候哉、日限ホ之儀思召次第ニ可致、其元樣へ立合候共、此方江御越候共、尤番頭をも爲立合可然候、　返事、道之義被仰遣致承知候、御左右次第ニ其元御宅へ可參候、番頭・願人共呼可然候、四郎右衞門ハ此方ニテ申付候而も可然候、
又求馬遣、日限來ル十三日ニ可致候、四郎右衞門義、各別御奉行所迄達御聞候者故、呼申付可然候、返事、差合も無之候間、十三日可參候、四郎右衞門ハ宮下ゟ呼ニ可遣由也、

壹岐宅寄合ひ多宮來る

一、四月十三日、壹岐宅寄合、多宮來ル、番頭ハ宮之助（國分大和）悴藏人、・權祢宜式部（香取）・物申悴志摩（香取）・國行事悴内記（香取）・大祝宮内（香取）・副祝采女（今泉）・錄司代悴右膳・行事祢宜悴右馬也・大長手悴丹弥・分飯司・錄司代ハ願人故別間、錄司代・案主・權祝悴左門、百姓共ハ内玄關縁ノ上ニ座、

追野道開相談、願之通申付ル事、
三年以來ノ事今日相濟、

先多宮ヲ上十五疊へ通シ、壹岐出申談ルハ追野道之儀、定而江戸ニて御相談申候通可被仰渡、多宮左樣ト申、壹岐――ハ尤私も御奉行所ニ而ドノ筋ニ申付候哉と御尋候間、四郎右衞門裏通願人申出候通、旧道前道有、はゞを以明ケ可申と申、相談ニ仕候段申上候へハ、夫ニテ能候、一段ノ事ニて候ト御申候、多宮申候ハ、私も右之段申上候へハ、其通能候、何分ニも宜樣ニト被仰候、壹岐――ハ、普請ハイツニ申付可然候哉、是ハ惣人足ニ而致可然候、多宮――惣人足ニも及間敷候、昨日爲見候処、余程ノ普請ニて候間、隙取可申候、急度往還ト申ニても、無之候間、惣人足ニ而無之共、能可有之候、四郎右衞門前道一間も可有と、壹岐申候ハ、公儀をも强候事故、延〻ニハ（申）成間敷候、とても不致ニハ不成候事、往還ニて候間、惣人足可然候、又普請も公儀へ申上候事故、五日カ十日カイツト日ヲ定申付候か能候、又願候ハヽ、四・五日延候共、先日柄申付可然候、多宮――先今日ハ申渡のミニて能候、左樣ニ江戸へも御相談極候事ニて候故、申渡計可申付候、普請之儀ハ、公

＊四郎右衛門前道の儀古道明け申す

＊立合一兩日道普請致す

古道有りと願ふ人共願ふ

古道通すべしと申付く

儀江も申上候事故、左様ニ延候ニハ出來不申候、明日ニ成共、御相談申、明後日ゟ普請申付候共、先今日ハ申渡のミと申候、壹岐――申渡ハ、其元被仰可然候、多宮何分ニもト申、壹岐――大相ニも有間敷候、惣人足ナラハ、ツイ出來可申候、次ニ申付可然候、多宮――願人共へ、普請之事申付ニ不及候、壹岐――使ハ數馬(尾形)・求馬(伊藤)江大長手・分飯司也、申付可然候、又延候ヘハ差合ホも出來之物ニて候、多宮とかく今日ハ申渡のミト申得心無之ニ付、任其意、　次ニ出、番頭共へ兩人連座申聞ル、多宮申、其方抔も存候通、四郎右衛門前道壹岐殿春中御伺候処、無御取上願人願出候得共、願書御差返シ御取上無之、自分方江願書御渡、何分兩人致相談、申付候様ニ被仰渡候、仍之古道有之候由、願人共願出候間、右古道有之ト申出候、場所江道明ケ可通ト致相談可申付存候、其方抔へも爲知候、

夫より錄司代右膳・案主靱負・權祝悴左門、其外百姓共不殘、四郎右衛門悴皆召呼、多宮申渡し候ハ、靱負・左門・錄司代、其方抔願之事、其方抔申出候通、古道可通と、兩人相談之上申付候、普請之儀ハ、重而可申付候ト申渡、相濟、

一、四月十八日、大宮司使數馬、取次舍人(伊藤)、口上、此間御立合申渡し四郎右衛門前道之義、昨日古道明ケ申候、爲御知申候、　返事、追野道之儀被仰越致承知候、

去十三日、立合、一兩日中道普請可致と相談申合候処、一圓無沙汰ニ多宮領分人足計ヲ以致候由、兩日懸候沙汰也、申合候処不埒也、壹岐右之通ノ返事致計也、

四月廿日、追野道見分ニ遣ス、求馬・三郎兵へ(額賀)・清右衛門・(尾形)大藏悴波江遣ス、四郎右衛門後古道明ケ候処、廣挾(狭)見分ニ遣ス、

惣持院ノ方欅《ケヤキ》ノ根ヨリ貳間壹尺五寸ノ道はゞニ拵候処ゟ九尺八尺五寸ノ幅、道心寮ノ処ヨリ四郎右衛門居屋敷江ウツル処八尺五寸、道心寮ヲモ東南ノ方引、

四郎右衛門居屋敷後ノ道はゞ七尺程、

雪隱ノ近所七尺程、　井土ノ柱ツラヨリ惣持院屋敷ノ堺迄七尺五寸程、井土キハ杭ノ処ニテ七尺貳寸程、引地ノ方ヨリ、四郎右衛門居屋敷入口ノ土《ド》手打候処六尺、横幅也、

*分飯司不斷所呼び後住の儀相違なし

*當所氷降る事七十年以前の由年寄申す

大聖院隱居後住の件

彦左衞門先土手有形ノ処ニテ前ノ道ヲハサミ山ノ処六尺、
四郎右衞門土手打候井戸迄五間程、切開処ヨリ也、
惣持院カマイノ道心居之屋敷八間程、樫ノ木処迄三間余有り、
右之通役人共見分罷來ル、去ル十四日以來四郎右衞門家東南ノ方江九尺程引、無左時ハ家切候故也、十四・十五日、二三日懸家ヲ引候由、
右道普請申人召候処、無沙汰ニ致候へ共、此方申分相應候故、其分ニ致物也、

大聖院隱居後住之事、
一、四月十四日、金剛宝寺ゟ使僧不斷所、大聖院義、年寄候故、隱居奉願候由、無相違挨拶ス、
四月十六日、金剛宝寺使僧不斷所大聖院後住奉願候、尤先住弟子ニ而四十余ニ罷成候春貞ト申、隨分只今迄実躰ニテ候、
同日、大宮司方へ使求馬、大聖院後住願申候、御相違無之候ハヽ可申付候、
返事、大聖院隱居後住之儀被仰越候、其元御相違無之候ハヽ、御年番ノ事故、可被仰付候、此方ニ相違無之候、

四月十七日、分飯司不斷所呼、後住之儀無相違段申渡ス、入院勝手次第目見ニ出候事ハ、又伺候樣ニ申聞ル、
四月十八日、大聖院入院目見ニ來ル、不斷所同道、茶碗箱・扇子、三本入、壹岐逢、酒出ス、壹岐盃ヲ指ス、宝暦六子年先住入院之節ハ、酒ハ不出、茶計出ス、此度ハ出ス、社家繼目ノ節、盃出故出シ、可然トテ酒出ス也、

〔五月〕

一、五月十一日ノ夜五時、夕立雷雨、氷雷ハ余り強無之、氷沢山ニ降、雨強間少シ也、尤先頃近邊氷降ル由、當所氷降ル丁七十年程以前ノ由、年寄候者申佐原邊・新市場・吉原・多田邊、強候由処ニより、厚ミ貳尺程有之候由、風ノ當ハ多候由、當所ハ右ゟ少《大シ》シ篠原・津宮・大倉村抔ハ不降候由也、江戸下り申候ハ、深田村ノ邊《ヘ》ハ降候由申、其筋ノ畑物無題成候由、大豆抔ハ蒔不直成間敷由也、たはこノ類、皆用ニ不立由也、
一、五月廿七日、大戸神主倅・大祢宜倅兩樽持參、御

朱印御改相濟祝儀、親大病氣由、

〔六　月〕

*水戸よりの御祈禱仰付らる

御祈禱水戸より被仰越訳、
一、●六月十三日、七ツ時大宮司(香取多宮)使數馬(尾形)、取次舍人(伊藤)如此、水戸ヨリ御用書狀、御祈禱被仰付候由、今晩ゟ取懸致可然候、右書狀ノ受、雨降致可遣候、則水戸ゟノ書狀來ル、水戸ゟ足輕兩人ニテ來ル、

大御所樣御病氣につき御祈禱水戸より仰付らる

一筆令啓達候、
大御所樣(德川家重)御勝不被遊候ニ付、於其御社
公方樣(德川家治)ゟ御全快之御祈禱被仰付候間、早速御祈禱御取掛御執行成就次第、御祓之儀者、神職差添、道中早追ニ而江戶表江參着次第、小石川屋形寺社方役所江申出候樣ニ御申付、尤御急之儀ニ候間、無間違樣爲御指出可被成候、恐惶謹言、

六月十二日　中山半右衞門 書判

香取大宮司樣

別紙、
追啓、至極御急候御祈禱之儀ニ候間、此書狀參着次第、早速御取懸執行、成就次第、御祓早進ヲ以、御指出可被成候、以上、

六月十二日　中山半右衞門

香取大宮司樣

返事、水戸ゟノ御祈禱被仰付候、御用御書狀被遣、致一覽候、御祈禱之儀、如此今晩ゟ致可然候、御返翰之事、成程兩銘可然候、其元ニ而御受書可被成候哉、又此方ニ而可承候哉、多宮方ニテ受書認下候書、爲ニ見遣是ニテ可然候由、先年之通之由、壹岐(香取)書判スル、其文、

御書拜見仕候、然者、
大御所樣御勝不被遊候ニ付、御祈禱被仰付奉畏候、早速取懸執行可仕候条、爲御請如此御座候、恐惶謹言、

六月十三日　香取多宮 書判
香取壹岐 書判

中山半右衞門樣

別紙、
六月十二日之
御用御書付、同十三日未剋、慥ニ請取申候、爲念如此ニ御座候、以上、

六月十三日　大宮司内 尾形數馬 印

大祢宜内
伊藤舎人 印

中山半右衞門様
御使小幡和田右衞門殿

同　寺門利八殿

水戸ノ御使鹿嶋西津迄爲送御使申ニ付、
(香取)多宮申候ハ、御祈禱先年之通、三日ニテ可然候、今夜ハ急之事故、社家も山中計兩所モ祓八反御同様一所可遣候、祓寸法万端聞合ニ數馬來ル、御祓遣候ハ、今夜明十四日・十五日迄勤、十五日ニ可差遣候、御祓ハ大ク箱さし、兩方ノ二ツ臺ゟ入、兩方より中間壹人ツヽ、さしニカツキ候様ニ致可遣候、今夜ハ御供計上可申候、返事、御祈禱三日ニテ可然候由、五日モ承候而ハ如何、社家ハ（是ハ初夜ノ丁、山中計成程可然候、御祓遣候事ハ、先年翌日直ニ遣候故、明十四日ニ書立ニも致可然候、祓八反左様可然候、祓ノ外箱ノ半左様可然候、　又多宮申候ハ、水戸ゟ來候、御使何時御祓御差上候哉と被尋候間、三日モ御祈禱致差上候段申候、尤水戸御使も差上候、日限承候而參候様ニ被申付候由申、右之訳故御祈禱仕廻十五日ニ可遣候ト申來ル、壹岐――ハ御上ニても御急之事故、明日可然候、兎角明日遣可然候由申候へハ、先今晩勤可申候、明日

*大御所様御祈禱其儀に及ばず

ノ御相談ニ可致候、　十三日夜九時、出仕廻廊ニ着、夫ゟ大床へ出、兩人祝詞、社家ハ迁宮拜殿ニて勤ル、供物兩方ゟ出、御祓も供ル、

一、六月十四日朝六ツ時、大宮司ゟ使、只今水戸ゟ如此申來候、是ハ其元ニて御請可被成候、

一筆令啓達候、
大御所様御勝不被遊方ニ付、從
公方様御祈禱被仰付候ニ付、昨十二日右之段得御意候処、寂早不及其義之旨申來候条、御祈禱御止可被成候、御祓御差出ニも及不申候、恐惶謹言、

六月十三日　中山半右衞門 書判

香取大宮司様

返事、又ゝ水戸ゟ之御書狀被遣致一覽候、御序ニ乍御世話其元ニ而御認可被成候ト申遣ス、　多宮方ゟ請ノ案文遣シ、爲見宜可有之候由申遣、御書拜見仕候、然者昨十二日被仰下候、
大御所様御祈禱寂早不及其儀、相止候様被仰下奉得其意候、恐惶謹言、

六月十四日　大祢宜 香取壹岐 書判
大宮司 香取多宮 書判

*大御所様薨御

中山半右衛門様
六月十三日之
御用御書付、同十四日夘三剋、慥ニ請取申候、爲
念如此御座候、以上、
六月十四日　大宮司内尾形數馬印
　　　　　　大祢宜内伊藤舍人印
相沢丹治殿
高橋傳藏殿

御祈禱仰付られ捨置くは如何

十四日、大宮司方へ使遣御祈禱被仰付、又御差止〳〵打捨置候も如何、御機嫌伺ニ出府、小石河迄も參承可然筋ニ候哉、致如何可然候哉思召も候哉承度候、大宮司返事、成程是程之事ヲ捨被置間敷、出府不致ハ成間敷候、乍去明日抔ハ成間敷候、何時御出府被成候哉、日限之儀承度候、又使遣御出府不申成成間敷思召ニて、私も可被致出府候、十六・七日ノ頃か、とかく御同様ニ可致候、多宮左候ハヽ、十六日可致出府候、

隱居上總江戸より歸る

一、六月十五日朝、求馬(伊藤)ヲ大宮司方へ遣、今朝江戸ゟ隱居上總(香取)歸候、

大御所様去十一日　薨御、十二日御觸有之、鳴物御停止被仰出候由ニて候、私義暑ニ當り、明日出府難致候、名代ニテモ可遣存候、　返事、　薨穢御觸有之候由、左候而も先年も薨去ニ付、致出府候例も有之候間、寂早申合之事、致出府可然候、　又使遣、其元様ニても御名代被遣候様ニ被成候而ハ如何、私ハ暑當不勝候故、名代可遣存候、返事、今暫相延可申候間、得と御保養可被成候、其内之御相談ニ可致候、何分御同様ニ可致候、
六月十七日、大宮司ゟ使、此間ハ勝不被成候由、寂早御使候哉、出府之儀、先へ寄候而も暑ニ成候間、只今ノ之内、先年も出候事故、致出府可然候、
返事、私義未得と無之候間、名代可遣と存候、御出府候ハヽ、宜様ニ被仰上可申下候、　同日、大宮司使遣、何時御出府被成哉、此方名代ノ者も同日ニ差遣度候、水戸へ口上何ト可被仰候哉、　返事、廿日當ト存候へ共、水戸江ノ口上、庄藏(水野)江對談ニテ承可申存候、
六月十九日、大宮司使、今日致出府候御神前向〳〵

△

六月十一日夜丑剋、

大御所様薨御

大御所様家重(徳川)公薨御、翌十二日御日取ニテ御觸、鳴物停止、此方ニテハ十四日ヨリ三日鳴物停止申付ル、大戸へ両方ゟ両使遣、金剛宝寺・惣持院、此方ゟ觸ル、新福寺江ハ大宮司方ゟ觸ル、

*水戸へ出る

樋口梅有致恭病死

一、六月十四日朝七ツ時、樋口梅有致恭《ハルユキ》八十四歳、病死也、去ル四月廿五・六日晩ヨリ癰背左十四ノ邊出來、段々腫物ハ愈極老數日ノ絶食也、依テ上總實行七十齢、五月廿一日出足、爲見舞出府、江戸石町四丁目旅宿、六月十四日夜九ツ前出足、十五日ニ歸郷、右不幸六月十八日ニ申來ル、致恭ハ胤雪(香取)四男、實行(香取)叔父也、實香(香取)大叔父也、大祢宜胤雪ヨリ嫡孫實行相續故、實香半輕服、四十五日ノ服受ル、宝暦九夘年美津比咩致恭姉▒八十四齢、不幸ノ節モ右ノ通ノ服受ル、胤雪嫡子ハ内膳胤信也、胤信嫡子實行也、

致恭は胤雪四男實行叔父實香大叔父なり

大御所薨御につき寺社奉行所へ出す

一、六月廿日、伊藤求馬江戸へ遣、今般薨御ニ付、寺社御奉行所へ出ス、尤水戸へモ出ス、同廿二日、寺社御奉行所へ廻ル、口上、此度薨御ニ付罷出候由申、松平和泉守殿(乗佑)・太田播津守殿(資俊)・小堀土佐守殿(政方)・毛利讃岐(匡平)守殿、右寺社御奉行也、和泉《イツミ》守殿(松平乗佑)・土佐守殿(小堀政方)ニテ御悔カト、御機嫌《キケン》伺カト薨御ニ付罷出候、先年大宮

司・大祢宜大岡越前守様(忠相)ニテ伺候処、御役人中薨御ニ付致出府候由ニテ能候由、被仰候事ニて候ト申、留置可申聞候由被申、　同日、水戸へ出ル、寺社役手代庄藏申ハ、明廿三日四ツ時出候様ニ申出候処、御屋形ニテ御馳走被仰付ト有之、饂飩・吸物・御酒被下置、口上ハ此度御祈禱被仰付候故、壹岐出府可致候得共不快、乍憚以名代申上候、御序之節、御役人中迄宜奉頼候、

求馬庄藏へ申候ハ、御不例ニ付、御祈禱被仰付候ニ、一名ニテ被仰付候、夫故先年もコダワリ、御上ノ御苦労ニ罷成候、重テハ両銘ニ而被成下候様ニ仕度候、庄藏申候ハ、此方帳面ニ一名ニ有之段被仰遣候旨ニ可有之候ト申候由、御喜事ト申ニて候ハヽ、可申上候得共、此度之様之事、又も有之候様ニ被申上間敷ト、庄藏申候由、手札ハ例之通、

一、樋口致恭、文恭院謙譽廣嚴居士深川〇雲光院寺中慈法院へ廿三日求馬代香ニ往、廿六日歸郷、

一、六月廿七日、大宮司使今朝罷歸候、庄藏へ御頼之儀申候、　返事頼礼申、

〔七　月〕

*妙塔院盆前缺落
御代官所より國役金仰付らる
國役金先々より差出さず

一、七月七日、佐原村名主方《七郎右衞門》ゟ書付來ル訳、御代官所ゟ國役金被仰付候由ニて、香取大戶ト認來ル、宮下役人・此方役人共相談、左原名主へ使遣ス、宮下ゟ小平太、此方ゟ孫大郎(高木)遣ス、國役金ハ先〻ゟ差出シ付不申候、諸役御免ノ事ニて候間、右之段御存候通、被仰上可被下候、賴入候由申遣、七郎右衞門挨拶、私共も香取ニてハ、諸役御勤不被成候事存候へ共、御代官所ゟ近所也ト、寺社領江申遣候樣ニ被仰付候間、私共了簡ニてハ不被差置候間申進候、尤香取着テ被仰付候事ニてハ無之候、此上ハ相心得申候ト申候由也、

佐原名主より來る書付

同日、佐原名主ゟ來ル書付、大戶村へ遣、正親(山口)壹人ニ而請取遣シ、近日參御相談可申由、兩代官へ申越ス、

*大宮司男子出生
*大助と名付く
妙塔院出奔
*妙塔院缺落

一、七月十三日、妙塔院(周全)淸右衞門(額賀)方へ書狀遣ス、佐原ゟ屆、拙僧致遠國候由、出奔也、右訳ハ并木神宮寺弟子也、兄弟子京ニて死、仍而并木へ行由ニて跡ヲ三次郎ニ預置出候由也、

七月廿一日、惣持院ゟ使こまとう、淸右衞門方へ來申候ハ、妙塔院事盆前欠落致尋候へ共不見候、又跡留主ノ僧ニても可遣哉ノ由申來、欠落跡留主居之事ハ、惣持院構候事無之候、留主居ハ、此方ニて申付候事也ト申遣、扨惣持院ニも不埒ニて候、周全入院ノ節ハ、弟子同前、慥成者ノ由申候故、爲致入院候処、惣持院ニも不埒之由被呵候、借金有之、杦木拂可濟候処下直故未拂候由、旦那へ申之ハ、夫ハ妙塔院居候ハヽ借金有之旨、又も木可遣候へ共、欠落ノ上ハ、右木ハ難成と被申候、夫ハ惣持院江申、惣持院了簡可有之旨被申候、右之段惣持院へ申候樣ニ、こまとうへ七月廿三日淸右衞門申候由、寺普請致候ニ付願、寺內ノ木伐之前ニ相記有之候、

七月廿二日、宝幢院道心ヲ妙塔院へ遣シ、留主居申付、宝幢院江ハ藤七ヲ申付ル、

一、七月廿六日、大宮司(香取多宮)方へ使求馬(伊藤)、今度御男子御出生、目出度存候―――、去ル七月十九日男子出生、名大助ト付ル由、右則求馬・數馬(尾形)へ咄ニ、此間妙塔院欠落致候、右之段數馬へ咄候樣ニ申付ル、

一、七月廿六日、淸右衞門方へこまとう來申ハ、此間ノ

*大長手神樂の儀

妙塔院義、惣持院へ申候へハ、一〻御尤ニ存候、乍去*寤耳ニ水ニテ金銀之事、急候事ニハ不成候、私ハ致欠落候さへ、私不調法故、御願も不成候へ共、先達而被下候木ニても拂、殘金ハ私方ゟ出候樣ニも致候ハヽ如何、又貧寺故、辻物之樣ニ寺付ニも成間敷候、兎角其許、右之木御願、私方ゟ殘金出候樣ニも成間敷候哉、清右衞門ニ了簡被致呉《クレ》候樣ニ申候由、清右衞門左樣思召候ハヽ、木私願見可申候、尤右金私請合故、何方ゟも不出候、私賴之事故、金主不申出候、先右之木願見可申候、右之段こまとうニ惣持院へ申遣候由也、

右木《杁》願ニ付、先達而遣候へ共、切殘置ヲ三本遣借金拂、

〔八　月〕

*返田社本社拜殿葺替流破風に致す

*商人共新飯市定日願出る

返田屋禰修覆

大長手神樂願ふ

一、八月三日、大宮司（香取多宮）使返田屋祢修覆之儀、定而其元江も願候事と存候、本社拜殿葺替、流破風ニ致度由、番頭見分ニ可被遣候哉御相談、又大長手（尾形數馬）來月九月四日・五日、神樂願候、御相逺無之候ハヽ、可申付候、御差合無之候ハヽ、御出勤被成可被下候、差札も今明日中——、返事、返田葺替之儀、被仰遣候、何分ニも宜樣ニ可被仰付候、乍去御拜破風直候ハヽ、大ニ六ケ敷大相成事ニ可有之候、今暫見合、重テ葺替ノ節迄延候而ハ如何、とかく宜樣ニ番頭共見分ノ上、被仰付可然候、　大長手神樂之儀被仰遣、致承知候、其節出勤可致候、差札之義相心得申候、

同日、又使數馬左候ハヽ、來ル五日ニ番頭共呼可致相談候、左樣可然由申遣、

八月五日、大宮司方へ番頭寄合、求馬（伊藤）も出ル、多宮（香取）——ハ、返田社本社拜殿葺替願候、流破風ニ致度由、宮中へも及相談、今破風直候も大相成事、重テノ葺替迄、置見候も可然哉、又本社屋祢葺替ニ板木可有之哉、又無之ハ渡シニ可致候哉、とかく見分致候樣、則同日晝ゟ番頭・數馬・求馬返田へ見分ニ往、

一、八月五日、商人共新飯市定日願出ル、大藏（尾形）・三郎兵へ・清右衞門ヲ以也、宮下（額賀）數馬・大炊（安部）願出候由、相談可致由也、

八月六日、大宮司へ使求馬、取次數馬、先達而も願△出候、新飯市定日無之候間、定日商人共願出候、定日無之故、商人も不參候由、新飯ハ今迄之通、市

*銚子筋風強し
*二十年ぶりの大風雨

ハ九月九日・十日・十一日ニ致シ可然候、爲御相談以使申進候、　返事、御年番之義故、何分宜樣ニ可被仰付候、又求馬左候ハヽ、弥可申付候ト申遣ス、　返事、何分思召ニ可被仰付候、數馬申候ハ、左候ハヽ、取替證文も直候樣ニ致可然候、

*側高祝來る

同日、主膳(高木)・大藏・淸右衛門三人ニ而、商人いかや勘兵衛ニ市ノ義、九月九日・十日・十一日、願之通候段申渡ス、

市の儀

大宮司方へ番頭寄合

一、八月六日、大宮司方へ番頭共寄合、返田社致見分候処、本社拜殿大破、宮林ニ木無之ニ付、木共ニ屋祢やニ申付可然、拜殿ハ萱出來候迄差置、モリ繕――可然、本社ハ本社(マヽ)ハ被仰付候旨、返田祝(椎名大學)ニ番頭共申付ル、　本社屋祢萺替板長サ一尺三寸、厚サ壹寸一分八枚、割萺足七分、竹釘三通り、手間扶持方共九兩ニ渡、木ハ五兩ニ相積渡ス、

*返田神主來る
*狐座山社屋禰吹落つ

*大戸より嵐見廻
大風雨の故宮林風折根反り

一、●巳八月十七日、朝より小雨、段々強ク、夜中猶以強、夜ノ四ツ時雷一度風雨强、甚强、晝ノ内ハ北風、夜ニ入、辰巳夜九時過ニ南强也、宮林風折根かへり、杦大八尺ヨリ小木迄百本程、宮林大ニ薄ク成也、所々破損、大ニ有之由、佐原村川岸・津宮村・大倉村川通、惣而銚子邊迄、岸通人家大ニ伏候由、別テ銚子筋風强、人家伏由、廿年ニも無之大風雨、乍去宮中町抔ニハ破損も無之、鹿嶋宮林ニテ大木ノ松千二・三百本も風折ホ有之、町も四・五十軒も伏候由ノ沙汰也、水邊嶋々ニも伏家多候由、

八月十八日、側高祝來、宮林ニテ松杦六・七本倒、居ヲ致、椎木二本三・四尺、百姓家へ懸り、家ヲツブシ右木右百姓ニくれ候てハ如何、挨拶ニても無相違候ハヽ、此方相違無之候、倒木書付爲見候樣ニ申付ル、

同日、返田神主來り、是も宮林ニテ松杦風折、大小十三本、書付爲見候樣ニ申付ル、小座山(狐、下同ジ)社屋祢吹落上、ナゲシヨリ上落下計立居由、分飯司(伊藤求馬)見分、生松大小七本、貳尺五寸、貳尺八・九寸、貳尺八寸、三尺五寸、〆四本、壹尺計三本、何も根かへり、十八日數馬(尾形)方へ求馬ニ申聞候ハ、小座山木ハ前々風折取來候ニ付、此度も取候樣ニ可致由、爲申聞候、

八月十九日、大戸ヨリ嵐見廻、社家來ル、大戸御宮無御障候由也、

一、八月十九日、求馬ニ申聞候ハ、壹岐(香取)儀ハ、去ル十六日高田へ往、未歸、隱居之義、不入道事思付候事故、

狐座山風折松

此度大相ニ風折、其内少〻御拂木ニ致候而ハ如何可有之哉、　又小座山風折松、小座山社破損故拂、御修覆ノ爲ニも致可然候段、大宮司方數馬へ申談候樣ニ、又十八日ニ返田社屋祢葺替、屋祢やへ申付候処、本社屋祢作料拾兩ト申ヲ番頭九兩ニ押、屋祢板ノ義渡ニト申事、十八日ニ求馬・數馬方へ風折ノ内ニテ致候ハヽ、可然段申さセル、十九日大宮司申ハ、小座山ノ風折少〻ノ義ニも有之、イカ程ニモ成間敷、今迄御取付被成候ハヽ、御座候樣ニ(マヽ)　又風折木御拂ノ事、此上ハ木伐之事も出來間敷樣ニて調候ニハ無之、材木藏參籠所ノ裏御殿ノ後、所〻へ置候樣ニ致候ハヽ、可然カコヒ申度候、御拂木二・三本も致候ハヽ廿兩ニも可成候へ共、調候段ニ成候ハヽ、此邊抔ニ無之木ニ候間カコヒ候方可然候、　又返田本社屋祢板之事申渡候事故、其通り可然候、少計之義ニも候間ト申候由、

返田社屋禰板の事

同日、國行事内記(香取)ヲ呼、隱居上總(香取)談候ハ、返田屋祢板之事、多宮申方咄候、左候ハヽ、數馬方へ參談見可申候、則《申処》多宮申候ハ、壹岐被歸候ナノヿト申由、内記數馬へ申候訳如左、内記數馬へ咄候ハ、今日宮中へ參候へハ、隱居(香取上總)被咄候ハ、沢山ニ立ル木故、返田屋祢板ニ二・三本有之候ハヽ可有之候、木惡敷候へハ其儘損、又修覆物入也、不調共沢山ニ有木ヲ遣候ハヽ可然候、今一應致相談見候而ハト、板木五兩ト申候由、此度ノ風折大相成事、材木藏別ニ拵候ハ、各別置処有之間敷候、返田屋祢板ニ遣候ハヽ可然候、風折木さけ取アツメ加テモ、返田・側高屋祢四ツ五ツ、葺替程可有之候、有物ヲ置調候ト申も、殊ニ里山ノ木ハ惡敷、十年持候か、御宮ノ木ハ十五年も持可申候、彼是委細ニ咄、被伺候樣ニ申候由也、

同月廿九日、多宮申ハ御修覆所所〻有之候間、返田屋祢板渡シニ致候が能候ト存候由申候由、求馬其段申候間、御懸リノ事何分ニモト、數馬方へ申樣ニ申付ル、

一、八月十九日、金剛宝寺門トしゆらうの間ニて、枕四尺程ノ木船板尺ニ伐ツヽミ有之由、又商人義、右衞門家へ檜打懸リ貳尺余ノ木ノ由伐候由、

*宮下氷室の木風折り

一、八月十七日、宮下氷室よの木風折井ノ中へ入、一丈計ノ木、宮下ニて取由、

一、八月廿二日、原町源二郎屋敷内ニいも松ノ大木上ノ

処、此間ノ風ニ吹落葉少付、右枝葉伺候、多宮方數
馬ト求馬及相談処、多宮申ハ、求馬ト致相談、枝葉
ハ源二郎ニ遣候様ニ申候由、身木も追付可枯と見へ
候由也、

大風雨に依り宮林根反り倒木状況

宝暦十一辛巳年八月十七日夜辰巳風、大風雨、
宮林根かへり倒木、
一、六尺、四間程、中ゟ折杦、池端、　一、（杦）七尺、貳間程中ゟ折、
右同所、　一、四尺余杦、懸り木、右同所、惡木、
一、杦三尺、中折懸、右同所、　一、杦三尺余、根かへり、南条、
一、松《カラ》五尺余、根かへり、右同所、
一、杦四尺余、一間計中ゟ折、右同所、　一、杦七尺余、五・六
間、中ゟ折、南城際、　一、杦九尺余、三間中ゟ折、らう門前、
一、杦三尺余、中折、馬場通、惡木、　一、杦五尺余、中折、御
釜、惡木、　一、杦六尺余、五間柱置折、六社、
一、杦三尺、中折、六社、　一、杦三尺、中折、祓殿裏、　一、杦
四尺、中折、右同所、
一、杦七尺、五・六間、中ゟ折、匝嵯殿裏、　一、杦四尺、かゝ
り木、宮中鳥居上、　一、杦九尺余、かゝり木、右同所、
一、杦八尺余、うら一丈計折、印手社、　一、杦三尺、折、右同
所、惡木、　一、杦九尺、四間計、中折、又見社、

一、松六尺、うら折、同所、　一、松五尺、中折、奥宮、惡木、
一、杦五尺、七・八尺、中折、宮之助畑へ落、王子、
一、松五尺、うら折、王子宮、　一、杦三尺、八寸中折、愛染後、
一、杦貳尺三寸、サツサ殿後通、
一、小杦四本、サツサ殿後、　一、杦貳尺九寸、中折、右同所、
一、杦四尺六寸、中折、宮林ノ内古ヤシキ、
一、杦五尺八寸、うら折、右同所、　一、小杦、中折、右同所、
一、杦八尺、中折、右同所、惡木、
一、杦五尺五寸、サツサ殿後、　一、杦六尺、中折、山ノ内、
一、杦四尺五寸、中折、右同所、
一、杦四尺八寸、山ノ内、　一、杦七尺、根かへり、山内、上木、
一、杦六尺、上木、山内、
一、杦五尺、山内、惡木、　一、杦四尺五寸、山内、　一、杦五
尺、中折、山内、
一、杦三尺五寸、中折、山内、惡木、　一、杦五尺八寸、中折、
山内、　一、杦五尺八寸、中折、古屋敷、大惡木、
一、杦三尺七寸、中折、山内、　一、杦七尺五寸、根かへり、
山内、　一、杦四尺四寸、根かへり、山内、
一、杦六尺六寸、中折、古屋敷、　一、杦五尺七寸、うら折、
古屋敷、　一、杦五尺、中折、古屋敷、

*孤座山
*返田宮林倒木
*側高社宮林倒木

一、杦四尺八寸、中折、右同所、　一、杦六尺三寸、八間程置折、古屋敷、　一、杦七尺五寸、同所、
一、杦貳尺五寸、中折、同所、　一、杦七尺貳寸、中折、同所、
一、杦六尺五寸、中折、同所、
一、杦四尺四寸、中折、古屋敷、　一、杦四尺八寸、未折、同所、　一、杦三尺貳寸、中折、圓壽院うら、
一、杦貳尺八寸、未折、右同所、　一、杦五尺七寸、未折、右同所、　一、杦貳尺七寸、中折、同所、
一、杦八尺貳寸、中折、大惡木、同所、　一、杦五尺、中折、同所、　一、杦五尺九寸、中折、同所、
一、杦三尺壹寸、中折、同所、　一、松八尺七寸、中折、原町裏、　一、杦五尺、本ゟ折、同所、
一、杦六尺三寸、中折、同所、　一、貳尺八寸、杦、原町裏、
一、杦五尺五寸、根かへり、古屋敷、
一、杦貳尺、右同所、　一、杦三尺六寸、中折、古屋敷、　一、杦貳尺八寸、山中、
一、杦四尺五寸、山中、　一、杦四尺、山中、　一、杦五尺七寸、未折、山中、
一、杦四尺八寸、五間計置折、同所、　一、杦壹尺六寸余、根かへり、御手洗井ふち、

一、杦貳尺八寸、右同斷、井ノふち、
孤座山　一、松三尺五寸、根かへり、　一、松壹尺余、三本、　一、松貳尺五寸、一本、　一、松貳尺八寸、一本、
一、貳尺九寸、一本松、

返田宮林倒木

一、松八尺五寸、中折、十間計、中折、　一、松四尺、　一、松貳尺五寸、　一、松六尺、十間程、中折、　一、松三尺八寸、貳丈許、中折、
一、松三尺三寸、同斷、　一、松五尺四寸、壹丈計、中折、
一、松四尺八寸、　一、松三尺五寸、同斷、
一、松壹尺七寸、根倒、　一、松四尺六寸、三丈程、中折、
一、松四尺、同斷、　一、松、同、
一、松四尺三寸、　一、松五尺、根倒、　一、杦五尺、中折、惡木、　一、杦貳尺五寸、
一、杦三尺五寸、　一、杦貳尺八寸、　一、杦四尺三寸、
右番頭見分相談ノ上拂入札代金貳兩ト三匁八分、（貳百六十五文也、拂木入札ノ節、入用金貳分、八月廿八日、九月廿一日右代納、一、外ニ倒松代三百文、錄司代納、返田社倒松ノ内也、

側高社宮林倒木

一、杦六尺貳寸、中折、　一、杦四尺七寸、中折、　一、杦壹尺四本、　一、椎四尺貳本、

倒木番頭見分カコイ木

*側高祝風折木書付を以て申出る

*新市場村より橋板願ひ

*返田へ番頭見分

*側高見分に番頭往く

*返田屋禰板の事如何

一、たら四尺、惡木、　一、椎七尺、　一、枕六尺、　一、枕三尺、惡本〔木〕、

一、枕八尺五寸、惡木、　一、枕壹丈、　一、椎四尺、惡木二本、此貳本、家ニ懸故、傳兵衞ニ遣、傳兵衞ハ百姓也、

右倒木番頭見分相談カコイ木ニ致、

一、八月廿三日、大宮司ゟ使掃部・內藏兩人ニテ九月廿六・七・八日神樂致執行度願候、御相違無之候ハヽ可申付候、　返事、可被仰付候、其故出勤可致候、

○一、八月廿三日、大宮司方ヘ使求馬金剛宝寺觀音前ニテ枕木伐引出置候無沙汰ニ可伐樣ニ無之候、四尺計木ノ由、兩使ヲ遣訳相尋候テハ如何可有之候哉、爲御相談以使得意候、　返事、金剛――木伐之義被仰越候、致承知候、依之兩使ヲ御立可被成被仰遣候、御年番ニも御座候間、何分ニも思召ニ可被成候、又使遣、左候ハヽ今日兩使可遣候、此方ゟ高木主膳宮下ゟ小平太遣ス、口上、觀音前ニテ無沙汰ニ枕木ヲ被伐候ハ、如何之訳ニて候哉、

金剛宝寺留主居根本寺折節留主、家來加右衞門ト申者、挨拶御存候通、此間之大風ニ折申候、一本ハ義右衞門屋祢ニ懸り、一本ハ往來之じやまニ成候故、伐取申候、

一、八月廿四日、大宮司方ヘ使、返田宮林風折木番頭遣、前後、見分爲致拂木ニ爲致テハ如何可有之候哉、爲御相談、　返事、返田倒木番頭見分ノ上、拂木ニ致可然段被仰越候、何分御了簡次第ニ可被成候、數馬・求馬申合、番頭廿五日寄合候樣ニ申遣、

前後、八月廿五日、大宮司使求馬、側高祝風折木、以書付申出候、番頭見分爲致候テハ、如何可有之候哉、カコイ木ニ致度段願出候、如何可致候哉御相談――、返事――、カコイ木――、如何樣左樣致可然候、番頭見分何分ニも思召次第ニ可被成候、

一、八月廿五日、新市場村ゟホツトコガス橋板願出ル、尤少ゝ代物出可申候由願出ル、

一、八月廿五日、番頭返田ヘ往、拂木相談、　廿八日入札、　八月廿七日、側高見分ニ番頭往、カコイ木ニ致了簡、

一、八月廿九日、大宮司ヘ使新市場橋木願、如何可申付候哉、　求馬申ハ、返田屋祢板ノヿ如何可被致候哉、又數馬ヘ咄候ハ、此度倒木有之候間、旦那申候ハ、御年礼其外公用ノ節ノ爲ニ、一艘ツヽ船拵可然候、

返田屋禰板の事

此段數馬へ咄候様ニ被申候、　多宮返事、新市場橋木先年も遣候事故、遣シ可然候、返田屋祢板之事、一度番頭も立合申渡候事故、其通り可然候、此方拜殿・中殿・廻廊汙段々損候間、倒木大切ニカコイ置候而可然候、舟ノ事成程木ハ可頂候へ共、其上物入可有之候、手前ニてハ預置者も當分無之由申候、
　風折木、沢山故無埒紛失、又ハすゝより可申候、
　沢山有ル木ヲ置、返田屋祢板調候ハ如何也、

〔九　月〕

不參の社家多し

一、九月四日、大宮司(香取多宮)方へ使主膳(高木)、昨夜ならしニ不參ノ（○社家不參、）
　社家多候、大進方ゟ御神慮ヲ崇敬、願主も參候事故、忌中ノ者ハ名代ニ差出候様致可然候、御相談――、
大宮司返事、御口上之趣、致承知候、社家不參之儀、忌中之者共ニて候間、㝡早今晩ゟハ間合申間敷候、此度ハ先昨夜定候通ニ致置、重テ申付候テハ如何、又此度申付可然思召候ハヽ、近所へ成共可申遣候哉、先此度ハ昨夜定候通ニ致候テハ、如何可有之候哉、

大長手神樂

○九月四日・五日・六日、大長手神樂晝朝雨天ニテ拜殿江大麻・四方幣等置故、四方拜略ス、

*壹岐松崎へ罷越す

一、九月廿三日、金剛宝寺ヨリ使僧口上(不斷所)、先頃私留主ノ節、御兩所ゟ御使被下候由、先頃大風ノ節、上門ノ脇ニテ杦ノ木中折ニ倒申候、尤院代をも差置申候得共、大風故自分寺江參り、一兩日歸り不申候由、依之家來往來之障りニ成候間、片付申候、私居り申候者、御相談可申候得共、留主故御相談も不申候、其分ニ被成被下候ハヽ忝存候、私も右木入用ニも御座候間、被下候様ニ致度存候、壹岐(香取)儀、今朝松崎へ罷越、留主歸候ハヽ可申聞候、

一、九月廿六・七・八、(日脱)正檢非違使・松本内藏兩人打合、神樂天氣能濟、

*薦長に清助仰付く

一、九月二日、追野助之丞(伊藤)求馬方へ願候ハ、薦ノ長新六坍清助被仰付可被下候、左候ハヽ服中故、新右衞門其内賴勤可申候、右ハ新六相果故也、大宮司へも願、求馬・數馬(尾形)ト致相談候様ニ旦那申候、多宮申ハ、宮中ニても無相違候ハヽ、此方無相違申付可然候、乍去申付候節、番頭申付候事故、助之丞廻シ爲知可然候、年番故求馬一人ニて申付可然候、助之丞ハ親類故願、

酒運上買人共願出づ

*尾形數馬退役
*源太祝悴勝清勘當

商人共宮下へ願ふ
內藏方より二樽半運上銀五百文受取る

〔十月〕

十月三日、追野助之丞ト新六甥呼、薦長職清助ニ申付ル、當時服中新右衞門ヲ賴――、

一、十月二日、酒運上買人共願出候ハ、千石中御酒ト申、他ゟ酒調乱ニ候間、此上御當所ハ格別、其外ハツメ樽ニて取候ハヽ、運上差出候樣ニ被仰付可被下候、此度も神樂ニ付、宮下(松本)內藏酒三樽取候間、運上出候樣ニ申候ヘハ、小見川ゟ取候、半樽ハ神酒ニ取候間、運上可出候、貳樽ハ新市場兄寄進を神酒ニて候、夫をも取候、例有之候か抔、其通書付遣候樣ニ抔ト難澁申候、左樣之事、脇候ニも有之候、迷惑ニて候、奉願候ト申出ル、此方挨拶千石中申渡之事ハ、年番故ゟ(此方)可申渡事ナレ共、此度宮下內藏事ニ付候事故、宮下ヘ願候樣ニ申遣ス、　十月四日、商人共宮下ヘ願候処、願ノ通相成內藏方ゟ貳樽半運上、錢五百文受取候由、礼ニ來ル、同日數馬來、右運上錢內藏出候段、舍人(伊藤)ヘ爲知候樣ニ多宮(香取)申候由ニ而爲知來(衍カ)ル、

一、十月、金剛宝寺ゟ使僧不斷所使僧、先達而風折木ノ義、御伺被下候樣ニ申、求馬(伊藤)可申聞由申、

一、十月九日、金剛宝寺使僧不斷所、本堂殊之外破もり申候、此間木挽又見甚九郎・大工新九郎入拵候、修覆之儀、皆不成候ハヽ、繕ニ成共、宜御相談被成被下候樣ニ申由、宮下御懸之事故、宮下ヘ願候樣ニ申候由、不斷所風折木之儀も、求馬・數馬(尾形)殿ヘ宜賴之由申候、可申聞候、

一、十月十五日、大宮司使松本丹治・小林伊織義、歸役願候、可申付存候、爲御相談以使申進候、　返事、伊織歸役之儀被仰遣、致承知候、入御念候御事ニて候、　代官役之事也、

十月十六日、尾形數馬退役ノ屆ニ來ル、

一、十月廿八日夜、源太祝主計(香取)、去年中悴勝清勘當御願申上候、大病相果取詰候と申、津宮村之者侘言申候、相免申度候、御願申候由、　同夜、大宮司(香取多宮)方ヘ使求馬、源太祝悴勝清大病相煩候、先達而勘當ノ節、其元煩ヘ申進候、此度取詰候ニ付、差免度由願出候、願之通可申付存候思召も御座候ハヽ、可被仰聞候、返事、主計悴勝清義致承知候、何分思召可被仰付候、此方ニ相違無御座候、

〔十一月〕

一、十一月十一日、惣持院ゟこまとう使清右衞門(額賀)方へ、惣持院申候ハ、先達而妙塔院(周全)欠落致候、周全義、江戸へ參候而居候ヲ、井木ノ寺連參候而、拙僧方へ井木寺願候ハ、牧野へモ惣持院江も法事ニ付、惣持院ふさかり候而ハ出候事、不成候間、免呉候様ニ達而願候間差免申候、爲念清右衞門迄爲知候由申候由、清右衞門ニこまとうへ爲申候ハ、夫ハ此方へ爲御知、其上ニて御免候筈ノ事ニて候、致欠落候者ノ事、未懸合之事も有之候、此上神領へ參候事も有之間敷物ニても無之候、左候得者此方へ爲御知、其上ニ而ノ事可然事ニて候、　又こまとう來り――ハ、惣持院へ其元御申候事、申聞候処、御尤周全可免存候、御披露と申來候、致承知候旨申遣ス、

返田迁宮、
一、宝暦十一巳年十一月十三日、兼テ相談、返田遷宮本社嘗替ニ付也《テ》、八時津宮塩垢(離脱カ)、尤ケツサイ先例年ノ通、御祭礼濟シ、後ニ迁宮、大宮司多宮(香取)・大祢宜壹岐(香取)ゟ(番頭)三奉行内主兩代官計ニテ勤候へ共、此度ハ祭礼後、直ニ迁宮可勤兼テ相談、惣神官も詰合候間爲勤ル、尤前モ番頭ハ出勤ル、例之通祭礼仕廻、直《スク》ニ庄ニ居、大神主爲知有り内陣へ入勤、中臣祓一座、大宮司(香取多宮)《モ》一所ニ勤スル、夫ヨリ大宮司ハ拜殿へ下り立居、大祢宜(香取壹岐)御輿ハ手ヲ付出シ、大神主・四郎神主ニ爲持拜殿中程奉迁宮、兼而其処ヲ拵、尤大祢宜付御燈ヲ決《ニ》ト神主爲持、此時庭上ノ明りヲシメシ御燈モ細クスル、尤大床兩脇幕ヲ張、道へモ新敷薦敷拜殿御輿遷候、假殿高ク四方薦ニテ張、拜殿假殿へ奉遷、大祢宜手ヲ付なりヲ直シ、夫ヨリ大祢宜備物ヲ御三膳、御酒三獻、御供三膳、干魚三膳、一獻コトニ祝詞、大祢宜一人奉幣、其間大宮司勤スル、夫ヨリ御供神酒不《ニ》レ下、庭上神座へ大祢宜出ル、追付大宮司も出、於庭上兩人ゟ《計》奉幣、従是大宮司ハ庭上神座、大祢宜又拜殿へ行、神輿ノ前備候供物下ケ、内神主《共》御下頂戴、夫ヨリ御戸鎖メ薦シメ縄ヲ張リ、又勤庭上神座へ歸り、御下リノ御供御酒一獻、神夫荷用頂戴退下、

○右ノ節、内院ヨリ奉幣持出ル、四郎神主申ハ、内院ヨリ庭上ノ事ニ出ルヿ無シ、此度ハ急御手支ニ成故出ル、重テハ不成由申、荷用モ致候様ニ兩

*中臣祓
妙塔院缺落

代官申候へ共不出候、先年も迁宮荷用ハ、神夫ノ
由両代官へ失念也、

庭上奉幣内院の者持来る

○庭上奉幣、内院ノ者持来ル、右ノ訳大祢宜内陣
ニて取候、奉幣ハ大神主へ申付為出、庭上奉幣ハ
内院構之筈《ハツ》無之事也、大方勤方五ケ度ノ通也、御
三サイモ有り、御酒ハ三献也ト壹岐申、
○大祢宜内陣ニテ取ル、幣ハ兼テ大神主ニ申付拵
サスル、
一、十一月十七日、金剛宝寺ヨリ使僧不断所、本堂ノ屋
祢昨日ノ風ニテ、又ゝ吹破候間、私失念ニモ可成存
候間、御見分頼入候、只今迄繕ニ木挽・大工手間十
八両程懸候、本堂ノ御懸リハ宮下ニて候間、アノ方
へ出候様ニ申遣ス、右求馬(伊藤)方へ来り申、
十一月十八日、金剛宝寺堂見分ニ両代官往、

〔十二月〕

新市場村コガスノ橋木役人

一、十二月十日、宮林ノ内池ノ端ニテ風折木新市場村コ
ガスノ橋木役人願ニ付、三本遣ス、池ノ端木伐枝葉
伊織(小林)・求馬(伊藤)・國行事(香取左近)・六郎神主四人ニテ取、

＊両御丸様へ御祓献上

一、十二月十日、大宮司使伊織(香取多宮)、取次求馬口上、御年礼
ニ御祓、両(徳川家重・徳川家治)御丸様江貳合上候事ニて候哉、左候へ
ハ、支度致罷登不申ハ成間敷候、御相談――、
返事、献上御祓ノ義被仰越候、若君様(徳川家基)御廣目ニテ
御座候哉、無左候ハヽ、御一方様ニテ能可有之被存
候、久ゝ江戸表ノ左右不承候故、曾而相知不申候、
江戸表ニテ御聞合可然候、

＊正判官夜番の事

＊尾形弾正娘縁談の儀

一、十二月十四日、正判官弾正(尾形)弟隼人・悴主殿(尾形)、當春壹(香取)
岐在府中隠居上總(香取)申付候ハ、弾正ハ病身悴主殿、此
方夜番勤候様ニ、清右衛門(額賀)を以申付候処、十月中迄
一度も不勤候故、上總弾正・主殿呼呵、此上對面ス
マシキ旨申候処、弾正娘縁談ニ付、難儀ノ由申ニ付
差許処、其後一度も右番不勤候故、十一月十六日、
壹岐弾正父子召呼、主殿番勤候様ニ春中ゟ申付候処
難許処、娘縁談ノ義ニ付、甚難儀之由度ゝ願候ニ付
差許候、夫ヲ難有存候ハヽ、一度も可勤候処、無左
隼人・主殿無沙汰ニ致他出、其上番も不勤、重ゝ不
屈悪敷心底有之故ニて候、毎ゝ諸事致遠背候、夫ニ
てハ領分ノ手本ニ成候、其分ニ難致候、此方領分立
退候様ニ申付ル、其後役人共を以、度ゝ訴詔(訟、下同ジ)ニ出ル、
物申右近(香取)も度ゝ願ニ出ルニ付、今日差許、尤書付申

付ル、

口上覺

私義、病身ニ付、夜御番之儀弟隼人相勤候処、毎年御臨場へ罷出人幷ニ相勤候事難成、然レハ御領分中穢差合有之、勤候者ハ繁ク御座候故、當巳春中、悴主殿勤候樣ニ被仰付候処、右主殿一度も不相勤候間、去ル十月中我儘成仕方ノ段、御呵被成候、去月私娘縁談之儀奉願候処、右御呵無間相濟不申、内々義故、難成段被仰聞候得共、宜方ゟ申來、此度不差遣候テハ、甚難儀之段、御願申上候ニ付、左程致難義之事ニ候ハヽ、前後不顧、相濟可申段被仰聞候ニ付、去月九日娘婚礼相整申候、然処、右娘ニ弟隼人幷悴主殿、先方へ差添遣候処、右両人不罷歸、御番も不勤候ニ付、霜月十六日、私共召寄被仰聞候ハ、甚致難儀候と願候ニ付差免候、病ヲ致亡〔忘〕却候、右主殿一夜成共相勤候ハヽ、たとひ一ケ年も用捨可被下候處、春中ゟ被仰付候義を一度も不相勤、此方ヲ蔑ニ致候、横道成心底御領分中ノ手本ニ成候故、御領分中立退候樣ニ可致候、左候へハ、私心儘此方も無世話候と被仰聞、

迷惑至極奉存候、仍之物申祝(香取右近)始、御役人中を以、度々御訴詔仕候ニ付、前々不屆之儀ニ候へ共、此度も御免可被下候段被仰聞、難有仕合ニ奉存候、此上律義ニ諸事相勤候樣ニ被仰付、難有奉畏候、爲後證依而如件、

宝暦十一巳年十二月十四日　尾形彈正印

悴

尾形主殿爪印

伊藤舍人殿

一、十二月十六日、金剛宝寺ゟ大根貳本來ル、此方ゟ返礼ニ人參廿五本、十九日ニ遣、

*御色入用拂方

*金子御手洗名主市郎右衛門に渡す

一、十二月十八日、大宮司宅へ宮之助(國分大和)・物申・伊織・求馬立合、御色入用拂方スル、

金子拾兩ト四貫三百拾貳文、御手洗名主市郎右衛門ニ渡ス、

*孤座山社廻廊袖塀大工入用

右ハ孤座山社廻廊袖塀大工入用、宮林材木々寄御神前疊返田社御本社・拜殿御冑替等入用、別ニ細帳面有り、尤名主印スル、

一、十二月十八日、金三兩三分、外ニ願ニ付、增金貳分、

〆金四兩壹分　鳥内屋祢や 右京ニ拂、

右ハ、返田本社冑替受合金不殘相濟、

卯ノ年御助成金遣、殘り十六兩三分有之候を拾三
兩壹分出シ、拂方ニ遣、殘テ三兩有、外ニ辰年夏
成遣、殘り壹貫六百四十三文、
巳年夏成四貫七百十五文ヲ出シ、拂方ニ遣仕廻、

新福寺遷化

一、十二月廿五日、丁子村圓應寺智用、來、新福寺義、今日
致迁化候、年始御礼之儀、如何可仕候哉伺申候、
返事、左樣之事ニ候ハヽ、年始之儀成申間敷候、送
葬ハ松過ト申、

父上總實行　七十齢

寶暦十一巳年十二月　日　大祢宜壹岐實香三十一齢

大宮司御年禮に舊冬出府
*寺社御奉行幷に水戸樣へ年始御禮
新福寺無住
新福寺門末より龍光院和尚遷化
*新福寺後住に郭宥

〔寶暦十二年正月〕

寶暦十二壬午年正月

正月朔日、雪降、旧冬廿五〔日脱〕夜ヨリ廿六日夜迄降、春ニ成テモ不消、至テ嚴寒、近年ニ不覺由人皆申、大(香取多宮)宮司御年礼ニ旧冬出府、　雪故元日ノ御祭礼拜殿ニテ勤ル、司召モ神座直ニ不歸勤ル、二日モ拜殿、又見ノ祭礼モ直ニ勤ル、雪故、

正月四日、惣持院來ル、例之通金剛――ハ留主、不斷所年玉持參、從此方も仲間ニ年玉爲持遣ス、

一、正月九日、新福寺無住故不往、權祢宜(香取式部)有斷、使者大宮司へハ求馬(伊藤)庶上下ニて遣ス、大宮司ゟ九日ニ掃部(小林)來ル、袴・羽織、伊織服引込居故、私參候由也、

一、正月十日、新福寺門末ゟ龍光院和尚迁化ニ付、門中寄合遣書、法脉本寺ニ此方へ越、御開見――圓應寺遣候処、尤年内迁化ノ時分、本寺へクハクユウ遣候処、正月中、門末ノ者一人遣候樣ニ申候間、昨日遣候、右之段御屆申候、　挨拶、寛保三亥年五月七日、新福寺病死ノ節、此方へ願、許容ノ上葬送取行許容ノ例、以使僧申候樣ニ住持本寺へ參候節ノ添簡、先格之趣申聞ル、尤大宮司方江も其段申候樣ニ、尤大宮司代官江も右挨拶之段、求馬談候樣ニ申聞ル、大宮司御年礼出府未歸候、許容ノ義一人ニテハ難義、飛脚遣候か、大宮司代官へ求馬談候樣ニ申付ル、先格住持不極候へハ、葬送ノ節イハイ持候法式ノ由、仍之許容相急キ候事ノ由、

一、正月十五日、寺社御奉行所・水戸樣(德川宗翰)へ年始ニ求馬差登ス、

一、正月十七日、龍光院來、昨日門中寄合、御兩所江之使僧ニ私參候、遣書ニも郭宥ト有之候、門中ニ相談も無之候、依而本寺(東寺)テモ御兩所御相違無之候ハヽ可申付ト申候、

正月十八日、龍光院舍人(伊藤)方へ來り、昨日ノ御伺ニ參候、　挨拶先格誰ヲト被願候事ニて候、門末相談ノ上、誰ヲ住持ニト被願可然候、先格ニて候、尤差圖ニてハ無之、

一、正月廿二日、大宮司使小右衞門(松本)御年礼、首尾能――、

同日、從此方主膳(高木)遣、年始口上、

一、正月廿二日、龍光院舍人方へ來、先達而御願申上候通、郭宥長老ヲ新福寺ノ後住ニ願申候、尤門末相違

*新福寺住職仰付らる

無之、相談ノ上ニて候、挨拶、大宮司年番可被願候、
正月廿三日、大宮司使小右衞門(松本)旧冬留主中新福寺(玄章)致死去候ニ付、門末ノ者郭宥長老ヲ後住ニ願候、可申付候哉、御相談、　返事、新福寺後住之儀、願之通此方へも願出候筋目ニも候間、申付可然候、先格之通、兩方ニて申付可然候、舍人小右衞門へ申ハ、先年許容ノ上、新福寺礼ニ可來(申)処、穢故不參、御許容忝由ノ使僧クハンテン寺ノ弟子、太田村イヲフ院、兩僧來ル、
正月廿三日、大宮司使丹治(松本)東壽寺ノ書簡認、懸御目候、　返事、致一覧候、能御座候、是ハ許容濟候上ニて遣可然候、

一筆致啓上候、然者、當所新福寺惠禪長老被致死去、霱雄長老を以後住被相願候ニ付、遂吟味候処、於社中相障候義、無御座候間、願之通被致許容候、右之段拙者共ゟ宜相心得御意候様ニ、兩人申御事ニ御座候、恐惶謹言、

正月廿三日　大祢宜内 伊藤舍人 書判
　　　　　　大宮司内 小林伊織 書判

平沢村 東壽寺
御役者中

正月廿三日、龍光院舍人方へ來、御許容○相濟忝存候、

正月廿四日、龍光院來、長老明日本寺へ參候間御添翰奉願候ト申、先格相违ニ候、先昨日此方許容挨拶承候而可被歸処、被申置被歸候、先格ハ許容受候上ニテ礼ニ、先年ハ兩僧來候、先格ニ违候、先可被侍候宮下ニて如何申付候哉、聞ニ可遣候、
同日夜、主膳龍光院夕ア夜ニ入來、今日宮下ニて新福寺住職被仰付、忝存候ト申置歸候、今日又龍光院來り、添簡之儀願候、舍人方へ扣させ置候、先格ハ申合セ、兩方ニて同様ニ申渡候、其ノ許容ノ礼ニ、其節新福寺葬送ニ懸り、穢候間ト申、兩僧を以礼ヲ申、其上ニて添簡ノ義願、則遣候事ニて候、此上ハ先和尚不快共申、兩僧を以右礼ヲ申、其上ニて添簡願候様ニ致可然候、左候ハヽ、龍光院御年番ノ事ニて候間、其元ゟ可被仰渡候間ト申、其元へ可遣候間、右之段被仰渡可然と存候、
大宮司返事、小右衞門先年之通ニ致可然候、其元ゟ被仰可然候、又主膳遣、御年番之義ニも御座候間、其元様ゟ被仰渡可然候、龍光院ヲ其元へ參候様ニ可申候、返事、被入御念候、御使成程此方ニて可申付候、龍光院江も致相談候、年番之義ニ候間、宮下ニ而

可被申渡候、御越ノ樣ニ申、右主膳・舍人兩人ニ而申聞ル、

正月廿四日、丁子村圓應寺智用・長福寺仙秀來ル、新福寺並門中使僧ノ由、昨日新福寺後職之儀、願之通被仰付、難有奉存候、被入御念ト計挨拶也、　新福寺靍雄ハ長部大炊子大炊相果、八月迄ハ服中也、

同日、新福寺使僧吉原村善福寺良英、新福寺申候後住被仰付、難有奉存候、直參可仕候ヘ共、忌中故、乍略義以使僧申上候、

正月廿四日、龍光院來ル、差付候義ニ候ヘ共、明後日日惡敷候間、明日本寺ヘ參候間、御添簡奉願候、返事、度〱御大儀ニ存候、添簡之義ハ致相談候間、年番之事故、宮下御出可被申候、　同日、宮下ゟ使丹治龍光院來、明後日ハ日惡敷候間、明日新福寺本寺ヘ被參候由ニ付、添簡願候、年番之事故、此方ニて可渡哉、又舍人爲立合可渡候哉、　返事、入御念候、御年番ニも御座候、其元ニ而御渡可被成候、舍人立合ニも及間敷候、

正月廿五日、新福寺門末中ゟ使僧圓應寺(智用)・長福寺(仙秀)、昨日御添簡被下、忝奉存候、

同日、新福寺靍雄使僧善福寺、昨日御添簡被下、忝奉存候、今日本寺ヘ罷越候、入御念候と申遣ス、

*松崎祖母病死

一、正月七日、松崎祖母病死、乍去松之内故、十五日葬送、

*返田祝來る

一、正月廿八日、返田祝(椎名大學)來、迁宮願大宮司方ヘ願出候処、壹人立見も不成候、宮中江も願候樣ニ申候由、當月中ニ致度由、　挨拶も可有由、

一、正月廿九日、江戸ゟ求馬歸ル、寺社御奉行所御月番太田攝津守(資俊)殿ヘ出ル、酒井飛驒守(忠香)殿御役人藤井安右衞門・朝山大右衞門・長谷川伴助、　正月十八日、水戸樣(德川宗翰)ヘ出ル、溫飩・御酒被下由、　旅宿六兵衞処ヘ御使者被下、

*水戸殿より年頭の御祝儀

水戸殿ゟ香取壹岐ヘ、年頭之爲御祝儀、名代を以口上之趣、滿悦ニ被存候、依而以使被申候、御使栗田清藏、

一、正月晦日、新福寺使僧長福寺看主仙秀、此間山根ヘ參候処、御添簡之通無相違被申付候、入御念候義と挨拶ス、

*返田社正遷宮

一、正月晦日、返田正迁宮、子ノ日八ツ時、津宮ヘ塩垢〔離脱〕ニ行、雨天故拜殿ノ緣着座、大神主爲知有り、先拜

中臣祓一座

殿ノ神輿ノ処ニテ勤スル、中臣祓一座、大宮司も來り拜スル、拜仕廻、內陣掃除《ソウジ》、次ニ御輿ヲ大祢宜(香取壹岐)手ヲ付、重シ、大神主・四郎神主、本殿ヲ奉遷、其節多宮拜スル、夫ヨリ供物・御膳三膳・干魚三膳三枚ツヽ・神酒三獻、皆三膳ツヽ也、供物仕舞、內陣ニテ大祢宜一人奉幣、右供物不レ下、神座へ下リ、大宮司・大祢宜兩人計奉幣、次又內陣へ入、供物下ケ御下リ戴キ拜シ、御戸シツメ、神座へ歸り、御供御酒一獻、荷用神夫也、退下、

兩所奉幣

右兩所奉幣、先年ハ神夫持參ノ処、此度雨《ウ》天拜殿緣故、權祢宜・田所內院《ノ》內ヨリ奉幣、持出候樣ニ尤例ニも成間敷ト申、御兩所計ノ事故、內院ゟ出候樣ニ致可然ト申、四郎神主申ハ、何事も內院ヨリ大庭ノ事ニ出候事無之候へ共、左樣訳ヲ立被申候ハヽ、可出由申、中幣神主・六郎神主持參ス、右ノ節、宮之介(國分大和)・權祢宜・物申祝(香取右近)・國行事(香取左近)・大祝(香取宮內)・副祝・行事祢宜・三奉行內院神樂方出ル、

〔二　月〕

一、二月五日、金剛宝寺使僧不斷所、先達而御願申候、堂修覆ノ義、段〻モリ觀音頭迄(漏モリ候、求馬(伊藤)――宮下御懸故申候樣ニ申由、

*實香妻照安産

一、二月六日夜九ツ時、實香(香取壹岐)妻照安產、女出生、淸《スカ》ト名付、

*孤座山社棟上入用

一、二月十二日、孤座山社棟上入用、白米壹舛・御初尾十疋・御酒壹舛、大工秀屋長、

*孤座山社正遷宮

同日晚、孤座山正迁宮、宮下伊織(小林)忌中故、名代松本小右衞門、宮中ゟ伊藤求馬・四郎神主三人ニ而相勤、御供物、御供干魚・神酒、御幣、新敷幣串ハ、古ノヲ洗用、四郎神主ニ渡ス、手傳人足御手洗名主、御供名主方ニて炊、

右社、去巳年八月十七日大風ニテ吹破故、御修覆迁宮、先年ハ兩所出勤候へ共、此度ハ兩代官內之一人ニ而勤、

一、二月廿五日、返田社拜殿ノ角木三尺余、松木一本、返田宮林風折ノ內ニテ遣、

〔三　月〕

*宮下氷室井戸普請入用

一、三月四日、杦板四間四尺、是ハ玉籬古ノ屋祢板長ケ四間余ノ積り、杦末木五本、右二口、宮下氷室井戸

普請入用ニ出シ遣ス、
一、同日、枚末木五本・杭木拾本、右ハ宮中下之井トヨ
普請入用ニ遣、
同日、枚末木〇一本原町次郎左衛門往還道門口伏木ニ遣、
同日、枚末木一本、原町平右衛門伏木ニ遣、
同日、枚悪木壹間余、まねゐ往還トヨニ遣ス、安主
願、

一、三月六日、金剛宝寺使僧不斷所口上、去年中風折木、
私方ニ入用モ御座候得共、何分ニも被成可被下候、
町前も近寄候間、宜御相談可被下候由、求馬(伊藤)宮下江
も出候哉ト承候処出候、小右衛門(松本)を以申上候得者、
近々宮中江も御相談ニ可及由ニて求馬申候ハ、宮下
御年番之事故ニ、出候様ニ申候ヘハ、不斷所申候ハ、
本堂屋祢ハ宮下御懸り、木之儀ハ、此方様ニて御座
候ト申候由、夫共宮下へ申候様ニ(マヽ)

津宮一の鳥居端口板

一、三月六日、津宮村助之丞願候ハ、津宮一ノ鳥居端口
貳尺、幅ノ板四十間、杭木ホ、宮林風折、末木願、
小右衛門・求馬相談、末木ノ節木可遣ト相談、尤大(香取多宮)
宮司も見はらかひ求馬ト相談致遣候様ニト申由也、
則三月七日、小右衛門・求馬立合、右木渡ス、

一、枚節物末木三尺余、長九尺、　一、枚四尺余、長貳
間、　一、同三尺余、長壹間、　一、同貳尺余、長□
□、
一、同四尺余、長貳間四尺、　一、同四尺、長壹間、
一、同四尺余、長貳間四尺、
〆七車
一、杭木七尺五寸ノ長ケ廿五本、三月十四日助之丞ニ
渡ス、
一、三月七日、枚三尺、長三間余、宮下水神堤、
一、同日、枚四尺、長一間、枚五尺、片割、長壹間余、大坂兵
部方へ遣、
一、同、枚四尺、長一間、まねゐ道入用、安主先達而願候ハ、
用ニ不立之由ニて又遣ス、
一、三月七日、側高祝小右衛門、求馬方へ願、玉籬修覆
五年以前ゟ願候、此比ハ大破之由、御年番宮下へ申
候様ニ求馬申聞ル、此方大分所々普請有之、其方ノ
村ニテ寄進抔ニハ出來間敷哉、掃部——ハ、追付拜殿
屋祢葺替、村方ゟ寄進可致と申間不被申由也、

*中殿屋禰修覆の儀

一、三月十日、大宮司使小右衛門、取次求馬、中殿屋祢
○修覆之儀、昨日屋祢や出、舍人(伊藤)・小右衛門致見分候

処、大破ニ候由、是ハ番頭共ニ見分爲致可申候哉、御相談ト申來ル、

金剛寶寺觀音屋禰修覆の儀

又金剛宝寺観音屋祢修覆之儀、度〻相願候、定而其元へも出可申候、モリ(漏)候由ニテ手前ニて差板抔致候由、只今ハ大破ニ及候由申出候、如何可致候哉御相談、

側高玉籬破損

中殿屋禰修覆の儀

又側高玉籬破之由願出候、柱抔モリ(漏)候テ、下地損候由、如何可致候哉、　返事、中殿屋祢修覆之儀、番頭共見分被(可)仰付候由、前〻も致左樣候、御尤ニ存候、

金剛寶寺堂修覆の儀

金剛宝寺堂修覆ノ義、是ハ大相成事、漸十五年程ニハシラ不成候、其節四十八兩懸候と覺候、致樣惡敷候故、早ク可損候、能致候ハヽ、御物入多懸可申ツヽキ申間敷候、私与風心付候か、萱屋ニ致候而ハ如何可有之候哉、私存寄申上候、　側高玉籬之儀、何分ニも可被仰付候、

側*高玉籬修覆願

一、神前宮林側木、去秋大風ニ而兩町人足三ケ村ノ者ニ爲片付、依テ酒呑スル、

一、三月九日、原町廻田検杖勘左衞門弟利助病氣ニ付、廻國テ湯治心懸出ニ付、往來證文年番三郎兵衞印形ニテ出ス、

中殿屋禰破損検分

一、三月十一日、大宮司宅へ番頭寄合、多宮——中殿屋祢損小右衞門・舍人致見分、其方抔も致見分、一兩年も見合能候ハヽ、無左(ハ)修覆致候樣ニ番頭見分、殊外損候、屋祢や右京十七兩ニテ請取ラセ申付ル、金剛——觀音堂屋祢葺替兩方へ願候、宮中へ相談致候処、萱屋ニ致候而ハト被申越候、自分了簡ニハ萱屋ノ下地ニ致候而ハ、殊外懸り可申候と存候、仕上迄ニハ百兩も可懸存候、御金ハ無之候間、番頭も得と何も筭用仕合御爲ニ成候方宜候間、了簡可致候、求馬方へ大工抔ニ承見候樣ニ可致候、右之趣、壹岐(香取)殿へも宜申上候樣ニト被申候由、

一、三月十三日、鷁雄舍人方へ來、私義新福寺首尾能被仰付、難有奉存候、忌中明早速參筈之処、何角と取込及延引候、其内又可參候、追付京江も參候、

一、三月十六日、側高玉籬修覆願ニ付、見分ニ小右衞門・求馬往、玉籬間數十三間修覆致候処、十二間、兩脇門ノ屋祢出候故、下ナゲシ目ナシ、敷居長壹間ノ処、北ノ方損取替、土臺三間半程損シ、右葺替十四間程入用、去秋風折片付置候節、物見立可申候、土臺三間取替土臺立木椎三尺四寸壹本、用立候処、長三間程扣柱ハ椎ノ枝抔取致候樣ニ棟木側高祝、自分ノ木

ニテ可仕由申、

一、三月廿二日、新福寺靍雄來ル、私義廿六日此方出足、上方へ參候、宜御□江ト申分飯司(伊藤求馬)方迄來ル、目出度挨拶、

人別改の事

一、三月廿六日、大宮司多宮(香取)兄銚子芝崎神主嫡子齋宮病死、仍而悔ニ遣、使求馬、

一、三月廿九日、大宮司――ハ、人別改ノ事伺候へハ、先〻之通ニ致候樣ニ被仰候、尤急之事ニも無之候得共、舍人へ咄置候樣ニ申之由、

櫻の馬場の處見世の事

○又櫻ノ馬場ノ処見セノ事、是迄六郎神主致世話候へ共、成程アレハ山守(内記)之不構処ニて候間、宮中ニ無相違候ハヽ、伊織・舍人何分致世話候樣ニ申候由也、先達而求馬へ咄候ハ、櫻ノ馬場ノ処ノ見セハ、山守構候事無之候間、伊織・舍人兩人致世話候ハヽ可然候、伊織へ談候樣ニ申聞候事也、四月市ノ節ノ事也、

〔四　月〕

樓門前馬場通見世

一、四月三日、舍人(伊藤)方へ山守内記來り、求馬(伊藤)へ申候ハ、内意ノ由宮下役人共より蔀《シトミ》(六郎神主悴)ヲ以、新借之事被申懸候樓門前馬場通見世ハ、宮下村之見世ニて候間、此方

ニて間打渡候間、蔀も左樣心得候樣ニ内記方(山守)江も、右之段申候樣ニ伊織(小林)・雅樂(安部)申越候由也、内記同意ノ由申事也、

*御宮愛染堂前見世

一、四月四日、御宮愛染堂前、先〻ゟ見世無之処へ、見世懸之由沙汰ニ付、求馬方へ山守内記呼尋ル、愛染堂前金剛宝寺へ願、宮下伊織小屋懸候由、是迄懸付不申処、専風聞ニ付相尋候処、内記申候ハ、宮下七郎治ニ小屋懸候由申ニ付、攝津(香取)ヲ見セニ遣候処、愛染軒内へ三尺懸候由抔申候間、拙者罷出見候処、伊織悴權六小屋懸居候間、何方へ申候間、懸候哉ト尋候処、彼者申候ハ、金剛宝寺へ願候由申候ニ付罷歸、大坂三郎右衞門金剛名主内記妻ノ弟呼、右之段申相尋候処、三郎右衞門申候ハ、方丈ハ存不申間敷候、賄之者仕方ト存候抔申、○内記申ハ、地ヲ借シ候、私も存候由申候、金剛宝寺願之樣ニ成候ハヽ、拜殿も廻廊も神樂○此方ヨリ所樓門ハ神夫共へ可願哉、皆其樣ニ可致御社内ヲ、金剛宝寺支配可致樣無之段申聞ル、

同日、又國行事(香取左近)内記方へ内記ニテ伊右衞門遣、小屋取候ハヽ能候半ト申遣、内記成程ト申、宮下伊織方へ使可遣候由也、

*内記御宮馬場見世の儀申上ぐ

*早乙女は直に拜殿へ行く
*笠は下の土間に置く

愛染堂前見世の事

又同剋、國行事方へ孫太郎(高木)遣、手前念ニ候間、大宮(香取多宮)司方江右之段可申遣ト存候、内記申候ハ、再應御使ニて候、伊織方へ内記懸見世取候様ニ、地所ハ其元へ借シ候テ進マスル、見世ハ不成候由、屋祢ヲ取小間物ニても置候様ニ申遣候由申來ル、

同日、大宮司方へ使求馬、金剛宝寺へ願、愛染堂前へ小屋二ツ懸候由、専風聞ニ付、内記ヲ呼尋候処、内記も不存候間罷出見候処、金剛宝寺江願借り懸候由申候ニ付罷歸、三郎右衞門呼尋候処、法印存候事ニテハ有之間敷抔申候、私も存候由申事ニて候、金剛宝寺此度ヲ例ニ致、諸事別當ニ候間、神前向も致支配候證據ニ若可致かと如何ニ存候、御年番ニも御座候間、爲御知申候、○《尤》右趣《ノ》求馬細取次ノ者江申候由、先《ツ》代官役伊織、右見世懸候由ニ付、誰ソ詰合候者、取次ニ而申候様ニ被申付候間、直ニ御屋敷江參候、其許ヲ以丹治(松本)也申上候、

大宮司返事、愛染堂前見世之事被仰遣候、伊織借候由父子共ニ呼尋候テ、此方ゟ御返事可申候、無程大宮司使丹治口上伊織呼尋候処、権六(伊織養子)金剛宝寺筆子故、金剛宝寺番とうと馴合、借候由、見世ヲ片付候様ニ申付之、返事、入御念候、御使ニて候、御尤成儀ニ存候、

一、同日、國行事内記昨日ハ御宮馬場見世之儀申上、御苦勞懸申候へ共、今日私打渡シ申事濟申候、宮下ゟも伊織・雅樂大小ニて見世割ニ出候由、

一、宝暦十二年年四月四日ノ夜、例之通御祭礼勤、五日・六日・七日雨天強、七日ノ晝七ッ時少前、猶降ル、申合、社家ハ拜殿ニテ勤メ、早乙女ハ直ニ拜殿へ行、切目緣ニ立居ル、笠ハ下ノ土間ニ置、役人軒下切石ノ処ニテ勤ル、降續故至極道悪敷、深田のとく穴有り申合、樓門前鳥居迄籠ニテ出ル、歸候節も天降迄不行、直ニ拜殿ゟ歸ル、稲葉ハ道悪敷ニ付、神夫兩所より始、惣社家ノヲモ天降、神夫持參ス、右相談ニて右之通勤ル、尤如今年七日迄降候事、年寄共何も不覺由也、雨天故、狩衣ニテ勤ル、天氣能レハ異冠(衣)也、

七日ノ夜、六ツ過早ク出ル、雨不止、此節もらう門前迄籠ニテ出ル、

一、四月八日、求馬処へ大神主・四郎神主呼、御供内陣へ不備事尋ル、

御田植祭禮神座へ社家多く不參

*村々廻狀につき初尾差上ぐ

大宮司家來内藏へ閉門申付く

大宮司方へ修理料役人立合

*御巡見の節銀三包今に沙汰なし

右訳ハ、七日夜内陣祭礼ニ桶端御供出候間、壹岐(香取)、大神主悴・四郎神主へ申候ハ、此夜御共可上と申候へハ、内院皆不覺、今夜無之由申、夫故大神主父子四郎神主ヲ呼尋候へハ、成程有之候、私共無相談候由申候、

一、四月八日、田所(伊藤圖書)・安主(案)呼求馬処、御田植祭礼神座江社家多不參故尋ル、錄司代忌中両人申候ハ、御尤ニ奉存候、惣社家呼相尋可申由申歸ル、

一、四月十日、大宮司家來内藏ヲ閉門申付之由、四月十三日、大宮司使伊織口上、私領分ノ内藏儀、内借等有之、不埒ニ候間、閉門申付之、返事、入御念候――、(四月廿六日、此間申上候内藏儀相免申候、御返事ニ不及由申歸ル、使伊織、)

一、四月十三日、田所圖書(伊藤)・案主靭負、舍人方へ來、此間之儀、惣社家寄候而申聞候ト申來ル、

一、四月十三日、大宮司方へ修理料役人立合、辰物成封金切十八両壹分ト六百三文拂ニ出ス、尤細帳有り、金貳両ト貳百五十文、外ニ三百文、錄司代二口、〆貳両ト五百五十文、返田宮林拂木ノ代、此日大帳ニ付、同日旧冬臼ノ代九貫四十五文、杁皮ノ代六百四十四文、貳口、〆九貫六百八十九文、

四月十四日、修理料米拂七十三俵貳斗三舛五合、代金廿壹両壹分ト四百四十壹文、両ニ壹石三斗壹舛かへ、殘両ニ四貫貳百文かへ、

一、午四月十七日、求馬、宮下數馬方へ遣、去々年辰雨乞、又十四年以前辰年雨乞節、村々江廻狀出ス、依テ村々より廻狀ニ付ト申御初尾差上、又ハ御内陣へ乍少御納抔ト申口上也、其節和泉申候ハ、右初尾此度ノ入用ニ成共、又ハ御修理料へ納候様ニモ致、可然由數馬へ申候へハ、多宮(香取)在府留主故歸候ハヽ可伺、數馬預候由、其節申候間、右之趣數馬へ申如何御伺御挨拶御座候哉、又十四年以前雨乞御祈禱ノ節、村々ゟ御初尾上り候、又去々年御巡見御初尾モ御座候、則其節祓箱臺共ノ入用六百文、両方ゟ三百文ツヽ相拂、其節御初尾小御巡見両度ニ銀三包上ル、多宮勘定不知候間ト申、右之通六百文両方ゟ出候、今以右之銀三包沙汰無之候、右之趣數馬承候様ニ申遣、又うば山ノ松ノ木、大宮司土藏普請ニ付、伐物出ノおともの畑ニ差懸候、松ノ木伐り遣度由、健治申候由、昨日拂木共帳面ニ載候間、是ハ求馬・數馬ニ自分咄候由、狹《サ》山ノ木も御座候ト申候へハ、數馬申候

ハ、狭山ノハ未レ伐候うば山ノ分、成程ト申候、大宮司挨拶、次ニ記、△△

大御巡見御祓小見川村迄遣す
大御巡見は御初尾百疋上ぐ

去々年辰○大御巡見御祓小見川村迄遣、御初尾不上也、先年大御巡見ハ御初尾百疋被上候間、入用ニ遣、殘兩方へ分ケ、此方ニてハ町ノ役人共江大骨故酒代ニ遣、此度小御巡見兩度ニ始ハ二包、後ノハ壹包被上、此節ハ小御巡見兩度也、

一、△△午四月十七日、大宮司返事、數馬・伊織口上、前々此方江納付之間、其例ニ相心得申候、

*閏四月市の儀

●一、四月廿九日、大宮司方へ使求馬來ル、閏四月五日抔ニハ天氣も能候ハヽ、參詣も大勢可有之——、沙汰ニテ御座候、是ハ臨時之事ニ御座候間、惣メ御社内ノ地代等御修覆料ニ致候テハ、如何可有之候哉、爲御相談以使申候、　大宮司返事、取次伊織、閏月町ノ見世賃之儀被仰遣候、思召御尤ニ存候、此方相違も無御座候、

〔閏四月〕

閏四月朔日、大宮司(香取多宮)代官伊織(小林)舍人(伊藤)方へ來申候ハヽ、當月ノ市、此方ニテ致世話候段、國行事(香取左近)呼立合申渡、可

然ト多宮(香取)申候由ニて來ル、　舍人へ壹岐(香取)申候ハ、是ハ臨時ノ事故、立合申渡ニ及間敷候、伊織方より爲ニ知人遣、夫ニテ能可有之候、改テ申渡候テハ、先々より國行事方ニテ致世話候事ヲ、此度改テト申筋ニ聞候、たとへ今ゟ國行事致世話來候とも、此方共不知事也、又神前へおとり抔來り候とも、あめうり才來居候共、國行事ヵ方へ可申哉、臨時之事故、夫ニ及間敷事ニ被存候、乍去大宮司立合申渡候樣ニト有之候ハヽ、何分ニモト、右之通壹岐申候と伊織江求馬申、

右閏四月市ノ義、廿年以前閏月有之、五日ノ日・七日位ノ賑ニテ、商人共余程商致候由申傳、今年ハ始ノ四月ノ市三日共降續ツブレ同然、依之閏月ニハ參詣大勢可有之、諸商人大勢可參ノ由、処々ニテノ御沙汰也、

*諸商人大勢參るべし

閏四月五日・六日、大勢參詣も有之、商人共も大勢來り、殊外賑也、

*大勢參詣もあり商人共も大勢來り殊の外賑ふ

一、閏四月九日、大宮司方へ求馬(伊藤)差遣、宮之介(國分大和)・物申(香取右近)も出ル、神納物・冥加金・市見世賃才ノ義ニ付、金子壹兩ト三百五十文大工拂、金貳分ト五百五十文木挽

*先代の事容易ならず
*六年帳に載せず
*大宮司斷絶
閏四月市御社內見世賃御修理料へ納む
*又見藤助方へ江戸より差紙來る
*馬喰藤助の事
享保年中御船山拂木幷に風折拂木代帳

ニ拂、二口、〆金壹兩貳分ト九百文、側高祝掃部ニ渡ス、
右ハ側高社玉籬修覆大工・木挽扶持方手間內渡、尤細帳可出、
同日、金三兩ト四百廿九文、宝暦八寅神納物代大宮司方ゟ納ル、
金四兩・四百七十七文、同九夘神納物代大祢宜方ゟ納ル、
金三兩貳分・六百廿三文、同十辰神納物代大宮司方ゟ納ル、
金貳兩貳分ト百三文、同十一巳大祢宜方ゟ納ル、
金壹兩塙祝裝束冥加金納ル、金壹兩大長手悴裝束冥加金納ル、
金貳分大長手神樂金納ル、金貳分正檢非違使神樂金納ル、
金四兩貳分ト九百拾六文、閏四月市御社內見世賃御修理料江納ル、
皆大帳ニ記、兩人印形皆金封置、
一、宝暦十二年年(閏脫)四月十一日、大祢宜(香取壹岐)宅へ宮之介大和・物申祝右近(香取)呼談候ハ、享保年中、御船山拂木幷其砌

風折拂木代等、四人連印ノ帳ニ不付候、未無慮にも可成と存ル、其方江も致相談、大宮司方江其方抔往、致相談帳ニ記置度候、尤右金ハ遣仕廻候事ニ可有之候、先達而右之義、大宮司方へ申遣候へハ、先代之事容意(易)ニ難致段申越候、先代之事ニても、皆知居候、御舟山拂木之事ニて候、夫より前ハ帳ニ付候、其後も下帳ニ致置候、此間又六年帳ニ不載候、是ハ其節出入抔打續有之、其後中務(香取)不幸抔ニテ、大宮司斷絶、彼是ニテ引延候、則御舟山拂木、其外も有之書付兩人ニ見セル、先達而多宮ニも爲見候書付也、又享保十六亥年迄付之連印ノ帳も出シ見セル、大和・右近御尤ニ候、大宮司方へ參り可致相談ト申行、
同日、兩人大宮司方ゟ歸ル、大宮司ニ逢、右之段々申候へハ、成程帳ニ可記候、相違無之候由、多宮申候由、兩人其內伊織・求馬方ゟ沙汰可有之候、其節罷出帳へ記候樣ニ可致申兩人歸ル、
一、閏四月十三日、又見藤助方へ、江戸ゟ差紙來ル、半切也、

下總國香取　百姓　馬喰藤助

右之もの相尋儀有之候間、名主差添早々役所江可

罷出者也、
小兵衞
午閏四月十日役所　右村名主
*大聖院百姓藤助無沙汰にて出府
此壹封香取村名主方江無遲滯村次ニ可相送者也、
小兵衞　午閏四月十日役所　下總國中田村・岩富
村ゟ村〻名主、
右御差紙、下總國香取村迄村繼を以、無滯早〻順
達可被成候、以上、
午閏四月十一日　中田村名主吉右衞門印
村〻名主衆中　中田村ト申ハ佐倉ゟ五里程南ノ由、芝山小兵ヘト、
右差紙、香取村ト有之間、宮下(安部)雅樂致開封、又見
*藤助去年勘當
大聖院呼可渡申合、宮中三郎兵衞相談ノ上、大聖
院兩度呼候ヘ共不來、百姓傳兵ヘ遣候由、雅樂申
候ハ、兩度迄呼ニ遣候処不來候、左候ハヽ、此上
藤助如何樣ニ被成候とも、此方世話ニ不成候樣ニ
藤助又見惣右衞門子大聖院百姓
致候樣ニ申遣候由、　藤助又見惣右衞門子大聖院百姓也、
閏四月十六日、金剛宝寺ゟ使僧不斷所取次求馬御聞
及も可有之候、又見藤助義、御差紙ニて中田ヘ參候
処、從公儀ニ而江戸ヘ出候樣ニ御申歸候、尤差紙表
――傳兵ヘか源四郎差添可遣候哉、大聖院ハ病身ニ
て候、御相談法印も兩人相談ノ上ト有之候間、爲御
知申候、求馬申ハ宮下ニてハ何ト御挨拶有之候哉ト
尋候処、宮下ニてハ入御念候事、誰ソしかと致候者
差添被遣可然候、尤差圖ニてハ無之由、此方ニてハ
承置候由申遣、
同日、又見大聖院・藤助・〻悴三人一同ニ出府、此
方ヘハ無沙汰也、
閏四月廿日、大聖院分飯司(伊藤求馬)方ヘ來り、此間藤助ヘ御
差紙ニ付、私藤助父子連登処、早速相濟、今朝罷歸
候、先達而ハ、從本寺爲御知申候、此度ハ本寺も私
爲御知申上候樣ニ申付申上候訳ハ、役所ヘ藤助悴計
出申候、藤助義、去年中祖父心ニ不合、勘當仕居所
も不相知候由申候処、左候ハヽ能候ト有之、歸候由
申、
同日、三郎兵衞方ヘ藤助も來ル、
一、閏四月廿六日、不斷所分飯司方ヘ來ル、私義上方登
之節借金も有之、堂修覆も仕度候間、芝居仕度、先達
而地方ノ衆ヘ出候処、御年番故宮下ヘ出候樣被□
候、宮下ヘ出候処、此方樣ヘも御相談ノ上可被仰付
之旨被仰候、宜御相談奉願候、

同日、大宮司使伊織――不斷所すのふニおひて芝居
仕度由願出候、可申付候哉御相談、返事、芝居之儀被
仰遣入御念候御義、願候通被仰付可然候、

大宮司多宮閏月を除かず社參の事

〔五　月〕

一、五月朔日、大宮司多宮(香取)朝參也、當三月廿六日銚子村ノ兄齋宮死去也、閏月ヲハ除候処、不除服明社參スル也、

伊織母死去

一、同日、大宮司方伊織(小林)養子權六、六月ヲ半服明、神前へ出ル、伊織母去巳年十二月十五日か死ス、閏月ヲ不除、明ケ五月朔日ニ神前へ出ル、

志摩亂心座敷籠破り江戸へ出奔

一、閏四月廿八日哉覽、物申(香取右近)悴志摩(香取)春中ゟ乱心ノ樣也、座敷籠拵入候処破り、江戸へ出奔也、

拜殿冑替、

一、五月二日、大宮司使伊織、取次求馬(伊藤)、御本社屋祢前かわノ内朽有之、タルキ迄も水可廻申、且拜殿前かわ屋祢損、見苦敷候、修覆致候テハ如何可有之候哉御相談、　返事、御修覆之儀被仰遣、御尤ニ存候、從是も御相談可致ト存罷在候、被仰付可然存候、夫共番頭見分をも致候樣ニ被仰付可然樣ニ存候、

番頭神前へ寄合

同日、番頭神前へ寄合、拜殿三十兩ニ冑替表かわト兩妻三分二ツヽ、右之通屋祢や右京ニ爲請負、本社朽候処ハ、金貳分ニてぬのこふきに可致候由受負也、

一、五月八日、分飯司(伊藤求馬)宅へ新福寺靍雄來、昨日罷歸候共、道中草臥故不上候、御見廻ニ參候由、扇子貳本・あせ取長一ツ・大風呂敷一ツ持參ス、　道中無恙被歸珎重、品ゝ御持參忝存候、右靍雄服未明候故不逢、長部大炊次男大炊死服也、求馬入院ハいつ比ト聞候へハ、來月ニモ不成候ハヽ出來間敷由也、

一、五月九日、大宮司使伊織不斷所芝居地所間遠候ニ付、錄司代屋敷ヲ借度ト願出候、如何可然候哉御相談、　返事――、何分ニも思召ニ可被仰付候、

同日、分飯司(伊藤)舍人方へ案主來、錄司代忌中故被賴來、錄司代屋敷内へ不斷所芝居場ニ借シ申候御居ノ由、尤宮下江も出候由、

同日、不斷所求馬、取次すのふ不出來候間、錄司代方申上候へ共、又ずのふ出來申候間、ずのふニ仕候由申來ル、尤宮下江も申候由、　すのふ可然由及挨拶、

一、五月十二日、高木主膳ヲ新福寺へ使ニ遣、一樽遣、去ル八日ノ返礼也、

中殿殘金拂皆濟右京に支拂ふ

一、五月十四日、大宮司宅宮之助(國分大和)・物申・求馬モ出ス、修理料金封切、去ル巳御物成金廿一兩壹分・四百四十壹文、金子七兩中殿殘金拂皆濟、鳥内屋祢や右京ニ拂、金子拾五兩、右ハ拜殿ノ屋祢葺替金三十兩ノ内ノ請合ノ内金也、

二口、〆金子二十貳兩渡ス、

國行事内記悴江戸へ差出す

○一、五月廿六日、分飯司方へ國行事内記(香取)來、悴攝津義、江戸へ差出候御屆申候由、聞置候由申遣、

人別の儀

一、五月廿七日、大宮司使伊織、取次舍人、當正月十九日、大田攝津守(資俊)樣御役人山角甚内殿へ人別之儀伺候処、五月ゟ七月迄ニ出候樣ニ被申候、　返事、人別之儀被仰遣候、七月迄ハ未間も有之候得共、御取懸被成候共、何分思召ニ可被成候、

〔六　月〕

國行事内記悴攝津懲しめの爲に勘當

一、六月二日、國行事内記(香取)分飯司(伊藤求馬)方へ來、求馬(伊藤)取次、此間悴攝津(香取)義、求馬方迄申上候、実ハこらしめの爲勘當仕候、宜御披露ト申來ル、

一、六月廿一日、金剛宝寺ゟ使僧不斷所四ケ寺ゟ七月迄人別差出候樣ニ相觸申候、七月ニ成出候而ハ、御上へ對シ無調法ニも御座候、此方ノ人別ハ如何御座候哉、伊織(小林)・求馬兩人ニ而金剛宝寺之ヲ請取被下間敷哉、四ケ寺へも何月大宮司(香取多宮)・大祢宜(香取壹岐)へ差出候ト申書付出シ申候、觀福寺・惣持院抔も出候而濟候由、金剛ノモ四ケ寺ニて沙汰有之候由、とやかく迷惑ニ而御座候、　前方申上候觀音堂・愛染堂も屋祢破りとり御預りノ机抔モ損シ候――、年番大宮司方へ可申候、

一、六月廿七日、大宮司使伊織、取次求馬、人別之儀近日ニ致、如何可有之候哉思召可被仰聞候、　返事、人別之儀何分ニも思召ニ可被成候、

〔七　月〕

*人別改神領人數公儀へ差出す帳面

一、午七月三日、人別改神領▒人數七百九十六人、公儀へ差出候帳面へ致印形扣写置、大祝宮内(香取)、江戸へ遣筈、

*大祝江戸へ人別帳持參

七月五日、大祝(香取宮内)江戸へ人別帳持參、入用金壹兩遣、松平和泉殿(乘佑)役人堀川庄右衞門、

一、七月十▒(七)日、屋祢や金子願、金出ス、

一、七月九日、大宮司(香取多宮)ゟ使伊織(小林)、取次求馬(伊藤)、口上廻廊屋祢・愛染堂破候処、重〻此度拜殿も出來仕込申候間、次ニ爲致可申候哉、又金剛宝寺觀音堂之儀も、萱葺《フキ》ニも可致候哉御相談、ㄘ返事、廻廊・愛染堂ハ少〻ノ義無御座候而、左様被成可然候、觀音堂ハ大相之儀候間、番頭共御相談被成、何分宜様ニ可被成候、私儀相逺無之候、

＊祭當の酒桶番頭願ふ

一、七月廿三日、三郎兵へ兵庫(額賀)・大藏(尾形)呼申付候ハ、孫大夫左京ニ先達而取上候、恩免ノ内百目遣候、原町勘兵衛ニ五十目遣候、神庭要助ニ取上候屋敷□ヲ返シ遣候由申渡ス、領分者訴詔(訟)ニ付、右之通前ニ訳有之候へ共、去巳年二月五日夜、臺所ニ而要助ト勘兵へ子戸助召遣候処、右左京博奕致毎夜様ニ人寄ヲモ致ス、壹岐(香取)在江戸留主隱居見付呵ル、欠落左京ハ當夜番(マヽ)　戸助ハ七月中宥歸參、要助ハ午六月中親末期ニ及候間差宥ス、要助へハ恩免ハ不遣、

大宮司宅寄合

一、七月廿九日、大宮司宅寄合、番頭分飯司(伊藤求馬)も出ル、大宮司━━金剛本堂屋祢萓替致ニ、材木ハカイ上ニ致可然候哉、又うば山・小さ《ソ》山・御舟山旨、爲伐候様ニ可致哉ト相談、求馬宮中へ往、致相談候様ニ、

＊返田祝中殿繕ひの儀願ふ

返事、何分ニも宜御相談可被成候、小木ノヿ御舟山・うば山・こざ山抔ニて伐候共、又調候共、六ケ敷も有之候、夫ゟ番頭申ハ、來月三日ニ神前へ寄合候様ニ相談スル由、又不斷所呼、萱葺ニ致候段、伊織・求馬爲申聞候様ニト大宮司申、

正月、祭當ノ酒桶ヲ番頭願、

同日、伊織・求馬不斷所呼、本堂修覆之事御金無之間、萱葺ニ可致旨、今日番頭相談ノ上相極候、此段申渡候様ニ被申候、不斷所兩人爲待金剛━━へ御聞候而、金剛━━申候ハ、私代ニ只今迄板ニ候処、萱葺ニ成候而ハ、氣之毒ニ候へ共、不斷所咄ニて承候、御金も無之ト申候、何分ニも宜御相談被成可被下候、　先達而風折候木、此間ひわれ見候、私も隱居前遣度存候、御斷有之候間差扣候、宜ト申事也、

〔八　月〕

一、八月二日、大宮司(香取多宮)使伊織(小林)、取(次脱)求馬(伊藤)、先達而御沙汰有之候人別之儀、只今迄之通ニ、御修理料ニ而遣可申候哉、千石江懸候様ニ可致候哉御相談、又返田祝(椎名大學)玉籬中殿繕之義ヲ願出候、當夏倒松抔有之候由、番頭則

人別入用の儀

返田拂木の儀
*御手洗道

天子當禁樣崩
御私領御領に
鳴物停止

鳴物停止三日

神前へ番頭寄
合

*伊能神主伊能
若狹病死
人別入用の事
番頭相談

見分ノ上入札ニ可申付候哉、夫ヲ以修覆爲致可申哉御相談、

△返事、人別入用義被仰遣候、如何樣是ハ神領千石ゟ差出候筋可然候、夫共何分ニも御懸リノ事故、返田拂木ノ義被仰遣、御尤ニ存候、何分ニも宜被仰付可然候、

一、八月二日、大宮司使伊織、取次舍人(伊藤)、天子(桃園天皇)　當禁樣　崩御之御沙汰有之候、私領・御領ニ而ハ鳴物禁候由《ヨシ》ニテ候、如何可致候哉、　返事、何分ニも思召ニ可被成候、余り永クモ成申間敷候、三日カ五日ニ而能可有之候、

鳴物停止三日ニ定ル、神領ハ兩町役人へ申付、大戸江ハ兩方ゟ人遣、宮中ゟ平馬、宮下ゟ治左衞門、金剛┣━━惣持院へハ、此方ゟ新福寺江ハ宮下ゟ申遣ス、

一、八月三日、神前へ番頭寄合、分飯司出ル(伊藤求馬)、金剛┣━━本堂萱下地大工手間入札ニスル、丁子村小四郎金四兩貳分ニて請取、

人別入用ノ亅番頭相談ニて候、千石ヨリ出候ニハ貫目ニモ成間敷、一人別ニ入用爲出可然候由申也、

返田普請拂木ノ事、其内番頭參、見分可致候由申候由、

一、八月十二日、宮下伊織方へ分飯司悴求馬遣ス、昨十一日新神事ニ旦那《タンナ》側高《ソハタカ》へ被參、歸りニ御手洗コウシヤクヲ被返候ニ、道甚惡敷破大難義云ゝ致候故ニ尋ラレ候、從古來ノ往還斷絶ニて候、殊ニ御手洗江之道ニて候、絶候而も能可有之候哉、先達テ此方役人者申候間、數馬(尾形)へ仰候樣ニ覺候、アレハ雨降候節、御宮ノ水、先年ハ六所へ落候処、此頃ハ不落候故、御手洗道へ計流道大破、井ノ脇ノ田地、大分破候、雨水所ゝ落候樣ニ落候樣(衍カ)ニいたし、又櫻ノ馬場脇ノ土取候処へ、水道付落候樣ニ致候ハヽ、根水ニ成能可有之候、おかま堀もうまり候間、堀之樣ニ致可然候、宮下ニ而得心無之候ハヽ、御手洗道斷絶候而も能可有之候哉、此度伊織へ咄候樣ニト被申候、此義ハ被伺候樣ニト申、伊織伺候処、多宮(香取)相違無之、何分宜樣ニト申候也、

一、午八月十三日、伊能神主伊能若狹病死ノ由申來ル、悴岩松申來、

一、八月十四日、神前へ番頭寄合、伊織・求馬出ル、觀音堂屋祢、觀音堂屋祢ノ事、大宮司懸り、去ゝ年ゟ雨もりニ付、

修覆相願、大祢宜(香取壹岐)申遣候ハ、十五年以前代金四十八
両ニて葺替之処、十三・四年ノ内損シ、此上モ又如ニ
此可有之候、仍而萱屋祢ニ致候而ハ、如何ト及相談、
仍之此度右之積りニ而、下地大工小四郎ニ金子四両
貳分ニて相渡、屋祢ハ大坂惣七ニ一色金二十壹両ニ
て申付ル、右午ノ八月十四日、番頭・両代官・多宮
ニモ聞合、右之通申付ル、

人別帳面納む江戸往來入用の件

一、人別帳面相納候、江戸往來入用ノ義、金三分余懸之
由、是迄ハ御修理料金遣候、七年以前、此費ゟ申候
ハ、御修理料遣候ハ、如何ト申遣、此度も右之通申
候ニ付、同日、於神前番頭共相談、武領ニ居候者ハ
武領へ入用差出候、二重ニハ如何ト、多宮申候ハ、
とかく神領千石へ懸可然ト申候由▨、
一、同日十四日、返田玉籬繕、中殿東ノ方損候処繕、倒
木二・三本有之候間相拂、右入用ニ致度ト返田祝願
候ニ付、大工ニ作料ツモラセ候処、金壹両貳分ト又
金壹両三分ト、大工両人ツモリ書出候、仍之番頭・
両代官、來ル廿日玉籬・中殿損候処、倒レ木等見分
ニ參ル筈ニ相談ス、

*人別入用千石出錢

要人悴病身につき養子願

一、八月廿日、大宮司使伊織、要人悴病身ニ付、養子願

申候、可申付候哉御相談、　返事、被入御念候御
儀、何分ニも可被仰付候、
一、八月廿日、返田社へ番頭幷伊織・舍人、倒木見分ニ
行、
一、貳尺廻杦一本、一、三尺杦一本、一、三尺五寸松、中
折一本、一、五尺松一本、
一、八尺松、中折一本、一、四尺松、根かへり一本、〆
六本、
右玉籬屋祢ハ板ふき内屋祢ハ杦皮ニて葺候様ニ申候
由、中殿屋祢破候処、繕ニ何角入用ホ、右木ニ而致
候様ニ返田祝ニト、右木六本渡之由《ヨシ》、右ノ人數相談
ニ而、右之通ノ由、

〔九　月〕

△九月朔日、三郎兵へ兵庫(額賀)・大藏(尾形)召呼、孫大夫左京ニ
百目加增遣候、先達而遣候ト、此度合貳百目遣候、
右之段左京ニ申渡候様ニ申付、
一、九月朔日、人別入用千石出錢ニ相談極、社家・大戸
社家・社僧・百姓地借ト次第ヲ付出錢爲致《ル》、委ク別
帳ニ記、先〻ハ修理料ゟ出候処、此度相談ノ上、

＊宮中原町又見掃除申付る

一、九月四日、新福寺(義雄)使僧惠順口上、明日入院之式整▨、
明後日御披露ニ上り可申候、　返事、御口上趣致承
知候、

御代官先觸

一、九月五日朝、

覺

一、加籠(駕)人足四人、
一、雨懸挾箱持三人、
合羽箱持人足、

右ハ明五日、常刕鹿嶋出足、江戸表江罷歸候間、
宿〻迄も書面之人數、無滯差出候樣ニ御申付可
給候、以上、

午九月四日　　水野壹岐守(忠見)内
石束与左衞門印

大舟津　津宮　香取參詣、　左原　吉岡　成田
左倉
洒(酒)〻井　大和田　舟橋　八幡　新宿　千住

右宿〻名主問屋中

＊長竿村より書狀來る

追而指急キ罷通候間、宿〻無遲滯、西ノ御丸下水
野壹岐守屋敷石束与左衞門宅迄、此先觸幷書狀壹
封共ニ、千住ゟ無相違兩通共相屆候樣ニ賴入存候、
以上、

同日、宮中・原町・又見掃除申付ル、尤神前向手洗
道具長柄之方土器出置、御祓兩銘ニ認、臺へ載セ、
神前へ備置、西光内伊織(小林)服中故、代六郎祝雅樂(安部)狩衣
小井土神主織部、此方ゟ分飯司悴求馬布衣、鄕長悴
主膳(高木)、淨衣案内、此方ゟ彥七、宮下ゟ内藏袴・羽織、
原町迄出ス、樓門前迄歸候節▨、
神前ニ而御幣頂戴、御酒頂戴、石束与左衞門御丁寧
ノ由、再應挨拶、御祓頂戴致度ト望、則侍置候、御
祓出ス、御初尾廿疋差上ル、雅樂請取、大宮司(香取多宮)方へ
持參、右相談ニて取計、求馬神前ニ而口上、兩社務申
付候、御用ノ義も御座候ハヽ、被仰聞候樣ニ申、
右代參水野壹岐守殿ハ若年寄、今度御上(徳川家治妾、津田氏)御女中御懷
胎ニ付、酒井雅樂頭殿(忠恭)引目御役被蒙仰、先達而江戸
親類共ゟ申來ニ付、御内證ニてノ御代參ニ而も有之
候哉、訳不相知候、然共先觸旁ノ訳を以、右之通取
計者也、
一、九月六日、大宮司使伊織、長竿村ゟ書狀來ル、飛脚
兩人事觸猪野兵部大病相煩候由、爲知來候、免狀一
昨年出候まゝニて、昨年も今年も狀出候、此方ノ構
無之樣ニ存候、如何致寬宥之候哉、思召可被仰聞候、

九死一生の病體
*猪野兵部大病

返事、猪野兵部大病之由、長竿村ゟ爲知來候義、被
仰聞致承知候、如仰之、一昨年・昨年・今年も免狀
不出候へハ、構無之樣ニ被存候、何分宜樣ニ御取計
可被成候、

長竿村ゟ來候文

以飛札奉啓上候、未得御意候へ共、其御觸下猪野
兵アト申仁、昨日當村へ執行ニ罷越、不斗病付、
當村鄕藏番屋ニ病氣付、伏居候を見付、近村ゟ相
屆候ニ付、私罷越見屆醫師貳・三人呼寄、病躰相
伺候処、九死一生之病躰御座候由申之候ニ付、出
生相尋候得共、一向言舌相分り不申候、夫故無是
〔非〕悲人差上《アケ》申候、生國御改被遊、此飛脚之者と御一
同ニ被差遣、病躰御見屆ケ可被遊候、委細之義者、
御親類中ゟ御立會之節、可申上候、以上、

伊奈半左衞門(忠宥)御支配所
名主勘兵へ印

午九月五日未上剋出ス、　与頭八郞兵へ印

香取
大宮司樣
大祢宜樣(香取壹岐)
御役人中樣

追啓、御神職往來御披見被遊、写相違之儀御座候
ハヽ、可被仰下候、以上、

外ニ宝暦十庚辰年二月と有之候免狀法度書之写
壹通、

常州河內郡長竿村
伊奈半左衞門御支配所
名主勘兵へ印
与頭八郞兵へ印

上書、
大宮司樣
大祢宜樣
御役人中樣

上書ノ裏ニ急用事、封目ニ〆印、

返事、

御使札致拜見候、如仰之未得御意候へ共、弥其表
無御別条珎重之御儀ニ御座候、然者猪野兵部大病
之由被仰聞、致承知候、乍去此者義ハ、去ゝ年辰
ノ年二月免狀相受、其以後昨年も今年も、右之書
替無之、不參之者ニ御座候、則免狀之法度書ニも
每年二月可書替、文言相定ニ而有之、一ケ年〳〵限
りニ而差出申候、古免狀ニ而ハ、當宮ゟ構無御座候
間、左樣御心得可被成候、以上、

大宮司內
小林伊織書判
大祢宜內
伊藤舍人書判

九月六日

勘兵衞樣
八郞兵へ樣

猶〻以古免状徘徊之神人、重而有之候共、御取用
被成間敷候、以上、

新福寺靍雄入院見廻

一、九月六日、新福寺靍雄入院見廻ニ來ル、壹岐逢、吸
物・酒出ス、盃サス、進物壹岐へ大枚原五状〔帖〕・扇子
三本入、（香取上總）隱居へさとう箱・扇子二本入、壹岐妻へ小枚
原貳状持參、
九月七日、新福寺へ返礼使者遣、高木主膳羽織・袴
ニて進物、年代紙三、・三本入扇子、口上、今般首尾
能御入院被成目出度存候、右御祝詞以使申入候、印
迄ニ兩種進申候、留主ノ由歸候ハヽ可申聞候、

*猪野兵部病死

一、九月七日、長竿村ゟ又飛脚書状來ル、
貴答之趣奉拜見候、然者猪野兵部殿義病死仕候、
且又右兵部殿義、御免状之義書替、延年ニ付御差
構無御座候段、承知仕候、然共、兵部殿出生者、
御指圖可被下候処、此義も不被仰下候、出生も相
知レ不申者ニ御免状御指出シ被成候哉、又ハ出生
之儀相知レ申候哉、乍憚承度奉存候、御差構不被
成候段、被仰下候ニ付、無是非江戸表御支配様へ
御訴申上候、依之右之趣奉承度《タク》、如此ニ御座候、
以上、

九月六日子ノ上剋

常州長竿村
名主勘兵へ
与頭八郎兵へ

大宮司様御内
小林伊織様
大祢宜様内
伊藤舎人様

返事、
御再書改致拜見候、猪野兵部義病死《シ》之由致承知候、
生國御尋ニ候、先達而申入候通ニ候へ共、再應御
申越候間、七年以前免状相願候、其節ノ請人方へ
生國相尋候処、請人相果、其子ハ訳不存候由申候、
依之右之砌立合候者へ尋候処、房刕朝比奈郡貝渕
村ノ者ニ御座候由、咄候事ニ御座候、
一、先達而も申入候通、當年免状出候者ニ候得者、此
方之構有之候へ共、去〻年之事ニ而、此方ハ壹ケ
年〳〵切ニ而免状も反古ニ致候事ニて候、左樣御
心得被成候、以上、

九月八日

大宮司内
小林伊織
大祢宜内
伊藤舎人

長竿村
名主勘兵衞樣
与頭八郎兵へ樣

*長竿村より書状來る

九月十日朝、長竿村ゟ又書状來、其文、

猪野兵部病死につき御検使様御尋

態〻以使札致啓上候、然者、昨日御答之趣承知仕候、今日御検使様御越被遊候而、御尋御座候者、其許様御挨拶、如何有之候と御尋ニ御座候間、昨日御返書之趣申上候処ニ、其元様ゟ請人方へ被仰付、引取候共、又ハ當村ニ取置候様ニ成共、何れニも請人一札無之内、御片付難被爲遊候由、被仰渡候間、其段請人方へ御申付可被下候、尤右請人も相果、御子息ニ而相分リ不申候由、御申越被成候得共、親ノ被成置義者、子共引請可申旨、御役人様ゟ御意ニ御座候間、今日使之者兩人差越申候、依之請人之衆中、別而御難儀懸候筋も無御座候、御立合被成候へハ、御検使様御用向も相濟、何れニも御相談を以取置申事ニ御座候、万一彼是申御立合無御座候ハヽ、江戸表寺社御奉行所様江御届可被遊之旨被仰渡候、左様仕候而ハ、御互ニ難儀ニ罷成候間、疾と御考弁を以、請人此使之者ト一同ニ可被差遣候、請人衆中御越シ、委細可申上候、以上、

午九月九日未下刻出ス、　名主勘兵へ
与頭八郎兵へ

大宮司様御内 小林伊織様
大祢宜様御内 伊藤舎人様

同日、大宮司方へ使求馬、證文ニ請人一人ニ候ハヽ、一人・貮人ニ候ハヽ、貮人被遣候様ニ證人次第ニ被成可然候、　大宮司返事、猪野兵部儀、又長竿村ゟ申來候義申進候処、其節ノ兵部證文請人可有之候間、一人ナラ一人、二人ナラ二人、使ヲ長竿村使へ差添遣可然之由、御申越候得共、其節ノ證文、他出ニても致用事ニ而も有之、延〻ニ相成候哉、證文相見へ不申候、

同日、(香取)多宮使伊織、左原源兵へ・清左衛門計先へ遣候而可然候哉、此方ゟ者兩方ゟ壹人ッヽ人添遣可然候哉御相談、源五左衛門方江之下受證文有之候、此方へニてハ無之候、懸御目候、

大宮司方へ使求馬、伊織ニ添遣、御口上之趣致承知候、ケ様ノ時ノ爲ノ證文ハ、請人ニて御座候、御出不被成候而ハ了簡ニ難及候、乍去從公儀検使ニ御座候へハ、左原之者あれ一人ニ而ハ如何ニて御座候、伊織ヲ御揃《ソヘ》《ヲンソヘ》へ被成候ハヽ、早速相濟可申と存候、

多宮方ゟ遣被爲見、九月十日清左衛門持參候書付、

覺
此兵部《ヒョウブ》印申者、いか樣儀御座候共、私請合印仕候付、
少茂御くろうかけ申ましく候、以上、
源五左衞門樣　　山本喜內印
同日、大宮司返事、左原之者江伊織を差添而ト被仰
遣候、致承知候、右ハ大宮司年番〇〔世話〕證文も大宮司方
へ預候故也、兵部證文紛失也、

*香取大神宮神職猪野兵部の儀

一、九月十日、左原村ノ者清左衞門壹人并伊織、長竿村
へ遣候由、九月十一日伊織歸ル、道ニ而求馬逢候而
聞候へハ濟候而歸由、請人左原ノ者ハ、長竿村中連
印ニ而伊奈半左衞門殿江伺候、夫濟候迄被留候由、伊
織ハ書付致濟歸ル、尤兵部ハ長竿村ニ而取置候由咄
候也、

樋口梅仙病死

梅に求馬を江戸に遣す

一、九月十一日、江戸樋口仙安方ゟ書狀來ル、九月九日
八ツ時樋口梅仙病死之由、爲知來ル、同十三日梅（香取上總）ニ
求馬、江戸へ遣ス、梅仙ハ梅有養子、梅有ハ實行叔
父也、

江戸より梅仙急死の由申來る

一、九月十二日、大宮司方へ使求馬、昨日承ニ人可遣存
候処、江戸ゟ梅仙急死由申來候故取紛、以使御尋不
申候、求馬途中《ト》ニ而伊織逢候由濟候由、左原ノ者ハ
未被留不歸之由、先〻相濟御同意致大慶候、
多宮返事、御口上趣致承知候、樋口殿御不幸之由、
驚入申候、御笑止ニ存候、伊織も夕べ歸候、夕べ不
御知可申上候へ共、老足故草臥、今朝私方へ罷出申
候間、不申遣候、從此方爲御知可申上存候処、御使
ニ而御存候、
同日、多宮使伊織、猪野兵部義も檢使ト立合候而事
濟申候、
返事、被入御念兵部義被仰遣候、事濟致大慶候、江
戸不幸ノ義被仰下、御悔故御返事不申候、
長竿村ニ而伊織書付致來候、印致先へ遣候由、
口上覺
香取大神宮神職猪野兵部義、常州河內郡長竿村之
內ニ而致病死候ニ付、□〔村カ〕方ゟ爲知來候処、右之者免
狀書替不參之者故、帳外ニ致候、然共親類・身寄
之者も可有之旨、村方ゟ被申越候ニ付、則免狀渡
候節之請人、香取郡左原村源兵へ・清左衞門申者、
兩人召連罷越一同ニ死がい見屆候処、兵部ニ無紛
病死無相違相見へ申候、右兵部死かい源兵へ・清
左衞門方へ御引渡御座候樣ニ致度候、右ニ付、香

*重陽の祭禮

*重陽市

*新市につき取替證文

死骸は長竿村に葬る

祭禮壹岐出仕

八月新飯祭禮市相談

取社家方ニ而申分願之筋、曾而無御座候、

右之通相違無御座候、以上、

宝暦十二壬申年九月十日　香取大宮司内
小林伊織印

臼倉喜六殿

九月十日、長竿村ニて伊奈半左衛門殿検使臼倉喜六、伊織へ申候ハ、我ホハ見分致候、同道可致候間、其元も見分被致候様ニト申候由、伊織申候ハ、参候上ハ見分可致候へ共、其元ノ様ニ而御見分被成候ハヽ、私見分致候而も、相替候儀も有間敷候間、私同道致候、立合之清左衛門ニ見セ可申候、尤之由申ニ付、清左衛門ニ為見病死ニ相見へ候由、臼倉喜六申入、成程病死ニ相見へ、惣身ニ疵も見へ不申候、瘡毒煩候共インノウ片〻クサリ見へ候へ共、血ハ出テ不申候、衣類ハ一重物、袷ぬのこ着候へ共、肌帯無之、上帯ハ三尺手拭、柳こりの内ニ錢三文・餅三ツ・板木二ツ有之候由、左原清左衛門ハ村中印形伊奈半左衛門迄訴候迄被留、死骸ハ長竿村ニ葬候由、

一、九月九日、祭礼壹岐出仕、すほふ壹人・上下一人・袴一人供召連ル、此頃日より新市始ル故也、去年迄ハ八月新飯祭礼市相談ノ上、九月ニスル也、

右重陽ノ祭礼、霜月十三日返田ノ祭礼ニハ、兩所ハ出仕無シ、然処元祿十三年御宮御修覆後、大宮司丹波(香取)仕勤致可然候由申勤ル、然処、近來大宮司多宮參詣ニ出、自身不勤名代、仍而大祢宜も其通名代ニ而可勤ナレ𪜈、當年ハ重陽市初年故、壹岐出勤、多宮不勤処、此方下社家ノ様ニ壹人計可勤様無之、來年ハ多宮同様可然候、

九月九日新市ニ付、取替證文互ニ引替ル、

其文、

取替證文之事

一、當御宮、八月新飯之御祭礼之町宮中・宮下兩町ニ而、隔年ニ相立候処、商人共願ニ付、九月九日之御祭礼より、十日・十一日ニ引移し町相立申度段、諸商人願之通被仰付候、然上者、新飯御神事町之通宮中・宮下兩町ニ而、隔年ニ商人附賣買可為仕候、尤所〻商人義ハ、格別休年之方ニ而ハ、中見世等も不致、他ノ商人差置申間敷候事、

一、御神前御山内并馬場通之諸見セ、是又隔年ニ支配可致事、

一、御神前并兩町並火之元ホ、其外之儀、休年之方ゟ

*姥山は大宮司
孤座山は大禰宜

*木伐覺

壹岐江戸出足

人足差出ニ而爲致警固候事、
右之通相定候上者、永相違有之間敷候、仍而取替證
文如件、

宝暦十二壬午〔年脱〕九月　日　　宮下町 小林伊織印
　　　　　　　　　　　　　　　同所 安部雅樂印
宮中町 伊藤舍人殿
同所 額賀兵庫殿

一、午九月廿日、大宮司方へ宮之助〔國分大和〕・伊織・求馬立合、金子出ス、寛延元辰年ゟ三年ノ神納物金拾貳兩貳分ト錢壹貫百四十六文、
宝暦元辛未年十二月十日、封之ト有之、封金切遣、
右金ノ内拾兩萱□〔手カ〕大坂惣七ニ渡ス、金剛本堂ふきかへ萱ふき請合金内也、
一、九月十九日、惣持院ゟこまとうを以、兵庫方迄篠原龍德子弟子五十計ニ成候、長吉寺願、右僧出世も不願候、兵庫挨拶、旦那用事有之、出府披露も難成候段、及挨拶、
一、九月廿一日、壹岐江戸出足、旧地願、大風雨雷、廿三日夜四ツ時、江戸鳥越江着、
一、九月廿二日、觀音堂屋祢下地神前殘木風折ニて大工小四郎拵ル、今日廿二日木伐之由、伊織申來り、舍人も出ル、
右堂先達而相談、是迄ハ板葺也、去々年ゟ雨もり、今年十五年ニ成、入用四十八兩也、仍而萱屋ニ相談、仍而下地直ス也、
小座山ニて右用木伐ル、御用ニ不立、枝葉猶申合、うは山ハ宮下、小座山ハ此方へ取筈也、仍之九月廿三日右之段舍人へ申付、御手洗ノ者、大工江も其段可申、

九月廿二日木伐覺

孤座山
一、松三尺、半枯惡木一本、一、松貳尺三寸、うら枯一本、一、松三尺一本、
一、松▒〔壹〕尺七寸、半枯一本、一、松壹尺八寸、惡木一本、一、松壹尺七寸、三本、
一、松貳尺、二本、　右孤座山ニて伐ル、數十本、
一、松枯壹尺七寸、一本、一、松貳尺貳寸、一本、一、松壹尺五寸、三本、一、松壹尺六寸、三本、
右うば山ニて數八本伐ル、
一、神樂所後杦壹尺五寸、惡木一本、一、おほり下り口枯杦一本、壹尺三寸、一、枯杦壹尺五寸、貳本、
一、杦二十一本、壹尺▒〔五〕六寸ゟ八寸、

酒井飛驒守へ願書出す
配當帳寫石高帳寫大禰宜系圖三品差上ぐ

一、九《江戸》月廿六日、酒井飛驒守(忠香)殿へ願書差出ス、御役人中村平内出會、願書被見、先留置候、廿八日ニ伺候樣ニト被申、配當帳写・石高帳写・大祢宜系圖、右三品差上ル、壹岐段々內證分ノ段口上ニ申候へ者、平內申候ハ、其元ハヒヨンナ願也、職分御取上□可逢是候也、勤來候ニカンナンニ勤ルノ難取續ノト書テハ、職分御取上、他ノ者ニ可被仰付候抔ト被申候、壹岐申ハ大祢宜職料減候而も不勤ト申事ハ無之候、乍去、夫ニ次第有之候、百姓《セウ》ニ而も仕候へハ、成程勤り申候、夫ニ而ハ勤候と申ニ而無之候、大社ノ社務をも仕候者、左樣ニ不淨ニ勤候而ハ勤ト申ニ而無之候、又職がら相應ニ勤候ニハ、誰か勤候テモ勤リ申候、其外段々訳申候へハ、廿八日ニ伺候樣ニ被申、願書幷別紙差上ル、

香取神宮領高千石

乍恐以書付奉願上候御事

香取神宮領高千石、大宮司・大祢宜兩人江御宛ニ而、

元和年中大禰宜藏人の儀
*天正年中御判物以來大禰宜職役料高配當目錄歷然

御朱印被下置候ニ付、無二ニ申合、兩人同高ニ頂戴仕、其上惣神官・社僧才江配分仕、國家御安全之御祈禱相勤來り候、然處、元和年中、大祢宜藏人儀、不届有之、御追放被仰付、三十年來大祢宜闕職仕候、尤知行不殘御修理料ニ被仰付候、其後承應年中、大宮司弟与一郎を以、大祢宜職相續被仰付、知行不殘御返シ被下置候、然処大祢宜家ニ傳候、唯受一人之神道・古書共、右藏人御追放之節持去候而、悴齋宮方ニ所持仕候ニ付相渡候樣ニ申候得共、承引不仕候、依之取扱を以、与一郎方江齋宮妹を娶、其上齋宮方江大祢宜知行之內幷兼帶之社職料都合四十石、爲扶持方內證、合力仕、右唯受一人之神道幷古書共、与一郎方江傳來仕候、其後与一郎一子無之、病死仕候節又候右神書、齋宮方江引取申候、大祢宜職大助と申候者ニ被仰付候ニ付、神書相渡候樣ニ、齋宮江申候得共、承引不仕候、依之大助幼年ニ付宮之助召連、御奉行所江奉願候得者、齋宮被召出、右神書才不殘相渡候樣ニ被仰付候処、御請不申上候ニ付、御追放被仰付候、右合力之四十石、齋宮江配當之樣ニ被思召候哉、御修理料ニ入置候樣ニ被仰渡候、此節內證ニ而浪人者江合力仕置候段、委細申上候者、天正年中、御判物以來、大祢宜職役料高配當目

重き御祈禱一ケ年に五ケ度

*元和八年大禰宜藏人御追放

錄〔歴〕然ニ御座候間、御修理料ニ被仰付間敷、御返シ可被下置義之様ニ奉存候得共、大助ハ弱年後見之者、又候右之段奉願候義、憚之様ニ奉存、延引仕候、然共、從古來兩社務同様之義ニ而、　公用・神用尤年中職役之義、万端同様ニ相勤來候処、右之通大祢宜職料ハ相減候得共、年中之行事、　公用神務ホ迄、少モ古來不相替相勤申候、依之年々衰微艱《カン》難ニ相勤候ニ付、先達而當職之者、御役料内證内分之儀ニ御座候間、奉願候處、年來久敷義難被仰付趣、奉承知候、併大祢宜職役神事祭礼、且内陣向重キ御祈禱一ケ年ニ五ケ度と申、一人ニ而相勤、外ゟ供物ホも數度、其上　公用・神用御年礼ヲ始、

御朱印御書替等御修覆御願、又ハ支配之者大勢有之、願訴詔〔訟〕万端、他ゟ入用ホ、少も差出候義無之、相勤候處御役料ハ相減、難儀仕候、惣神官ハ只今以配當帳面之通、少も無相違御役料所持神役相勤申候、元來配當と申候も、私共兩人相談ニ而配▨分仕候、御上之御割符ニ而ハ無御座候、則其節之證文所持仕候、大祢宜一人之御役料計御修理料江入御役料相揃候而も、高相知レ候義ニ而御座候、御役義繁多、私一代切ニ御神役相勤候義ニ御座候者、御願申上間敷義ニ奉存候得共、後代迄當職之者無恙御祈禱相勤候様ニ奉願上候、畢竟内證内分之儀ニ相違無御座候間、右之段聞召被爲分以御憐愍古證之義共、御吟味被下置、兼帯之塙祝・近藤大夫兩職之御役料十三石貳斗ハ、是迄之通御修理料ニ相殘、廿六石八斗先規配當高之通、頂戴仕候様ニ被爲仰付、被下置候者、冥加至極難有仕合ニ奉存候、委細之儀ハ、乍憚口上を以可奉申上候、以上、

寶暦十二壬午年九月　下總國香取神宮 大祢宜香取壹岐㊞

寺社 御奉行所

口上覺

一、元和八年、大祢宜藏人御追放被仰付、闕職仕、其間之御役料御修理料江被仰付、則年々之収納帳面所持仕候、承應元年与一郎江職分被仰付、右職料不殘被下置候、元祿年中、前大宮司美作〔香取〕神職被召放、職料御修理料被仰付候、其後大宮司職被仰付、

與一郎大禰宜仰付らる
酒井飛驒守へ伺に出る
與一郎病死　大助に大禰宜職仰付らる
*伊能より我妻と云ふ座頭來る　齋宮の儀御追放

則職料不殘大宮司丹波江被仰付候、
一、与一郎大祢宜被仰付、大祢宜家ニ相傳仕候、唯受壹人之神道幷古書共、齋宮所持仕候、右無之候而ハ、大祢宜職役深秘ホ有之、内陣向を始、職分ニ差支候間、浪人者江御役料之内、内證合力分仕緣者取詰、神役相勤申候、然処与一郎病死仕候、其後大助ト申者ニ大祢宜職被仰付候、家附之古書、大助方江又候齋宮相渡不申ニ付、御奉行所江奉願候処、御意遠背仕候ニ付、齋宮義御追放被仰付候、右▨浪人齋宮所持之知行ハ、大祢宜職料ニ而内證合力分之分地ニ而御座候得者、齋宮御追放之砌、右之訳申上候者、御返シ可被下処、大助ハ幼年介添ニ而罷出候、宮之助其砌一言申上候者、職料之儀御座候間、早速御返シ可被下置義ニ奉存候、則齋宮居住仕候、屋敷幷百姓六人屋敷、只今以私所持仕候、内分之四十石、右居屋敷茂同様之義ニ奉存候、大切之御役料浪人齋宮江内證合力仕候ハ、与一郎不調法ニ而御座候、改大祢宜職大助ニ被仰付候得者、大助不調法之義ハ無御座候得者、右四十石内分之段申上候者、大祢宜職ニ付申候、御役料之義ニ御座候間、右古例之通早速御返シ可被下置義と、乍憚奉存候、以上、

午九月　　香取壹岐

一、九月廿八日、酒井飛驒守(忠香)殿へ伺ニ出ル、御役人藤井安右衞門出會、此間中村平内殿願書差上候、今日御伺ニ罷出候樣ニ被仰付候間罷出候、安右衞門申候ハ、吟味も可有之候哉、夫ハ不相知候得共、尋候事有之候ハヽ、呼ニ可遣之由被申、

〔十月〕

國
一、十月朔日、伊能ゟ我妻ト云座頭來、伊能村名主与兵へ幷善兵へ、此兩人神主家ノ世話致無如在之者ノ由、善兵へハ少宛有、神役少勤候由、右神主若狹(伊能)八月十二日病死、當五月病氣重キニ付、親類故父子ノ内、壹人來くれ候樣ニ申來ル、則隱居上總(香取)五月廿八日ニ往候処、妾腹姉十二才、弟ハ五才跡之事賴添候、申置賴候事也、仍之後見之樣ニ書付をも致候ニ付、折ゝ諸事ノ沙汰有之事也、

國
一、十月六日、觀音堂屋祢ホグス、下地かやぶき、舍人(伊藤)・伊織(小林)出見ル、

若君樣御出生
*姥山は大宮司小座山は大禰宜支配
松崎式部妻安産
*鹿嶋前大宮司へ先年の譯尋ぬ
*元和二年伊織八歳の時出入り

神納金ノ内四兩貳分相渡、皆濟、伊織・求馬（伊藤）兩人ニ而渡ス、右ハ觀音堂かや屋祢下地直候手間扶持不皆渡ス、四兩貳分ニて請取処也、皆濟、午十月十五日渡大工小四郎、

一、江戸十月十一日、松平和泉殿（乗佑）・鳥居伊賀守殿（忠孝）・毛利讃岐守殿（匡平）江機嫌聞ニ出ル、和泉殿ニてハ芝田文大夫ニ逢、去年追野道之儀御礼申庄右衛門迄頼、鳥居役人瀧山矢柄・志水和田右衛門、

一、江戸十月廿四日、若君樣（德川家治男、後ノ家基）御出生、竹千代樣、

一、國十月十八日、神樂願錄司代・正判官兩人、十一月十九・廿日・廿一日ト、同日大宮司（香取多宮）方へ神樂之儀、願（日脫）之訳申遣、其節御出勤被下候樣へ返事承知、其砌出勤可致――、

一、國午十月廿三日朝八ツ時、松崎式部妻安產、出生男子、城之助名付、

一、國午十月廿四日、金五兩觀音や祢請負惣七方へ相渡、請取取（マヽ）右ハ神納物金也、

一、國十月廿五日、大宮司使明後廿七日うすくり（臼 栗）村ゟおとり申來候、御留主ニも有之、如何可致候哉、隱居返事、何分ニも宜ト申遣、

一、國十月廿七日、大宮司使伊織來月三日返田村ゟ神前へおとり持參願候、御留主之事ニも參候、可申付候哉と申、　返事、何分ニも宜御計可被成候、此方相遠無御座候、今日ノおとり樂屋へ兩方ゟ同樣ニ可致候、申合重ノ内計ニて可然候、伊織申、

一、國十月廿六日、伊織方へ求馬申候、隱居（香取上總）申候、小座山ニて先日觀音堂入用ノ松木伐貫有之由御用ニも無之候ハヽ、代物差出遣度由申候へハ、伊織――御遣候樣ニ先達而御相談ニ而枝葉御取御相談ニて候、多宮（香取）先日申候ハ、うは山・こざ山、我ホ兩人計見分ニて能候、山守見分ニハ及間敷候、乍去出席ナレハト被申候由、伊織申候、うは山ハ大宮司、小座山ハ大祢宜支配致、昔ゟ立枯枝葉取來候由也、

一、國〇午十月廿八日、鹿嶋前大宮司當時浪人塙内匠方へ小沢夘右衛門聞ニ遣訳、鹿嶋大宮司先年之訳、元和二年、伊織八才之時出入、和泉ハ隱居、悴中務病死、隱居和泉被召出、元來知行三百六十石之処、百六十石被召上、右出入、貞享四年濟、神職被召放百石被下置候、

中務悴伊織に歸職仰付らる

惣大行事二代一度は御追放一度は遠嶋

*御師場帳三冊高木庄大夫持參

*右近悴志摩自害

物申悴志摩切腹

元祿六年、中務悴伊織ニ歸職被仰付、知行不殘被下置候、右之間ハ知行御修理料ニ入申候、

惣大行事二代一度ハ御追放、一度ハ遠嶋、遠嶋決所(闕)ニ成候、其間ハ知行御修理料ニ入候、其後職相立、知行被下候、右之趣内匠物語之由也、

〔十一月〕

一、國十一月二日、額賀兵庫來り、今朝江戸ゟ兵馬下り候、押領使也、物申(香取右近)悴志摩(香取)義、去十月晦日切腹致候由申來候、右志摩ハ物申右近嫡(香取)、當春ゟむら氣之樣ニ而、佐原邊其外へも往あばれ、其後江戸へ往、惣檢校二男隆養(香取)方へ往、當夏始方、右之氣止人并ニ成候由、然ルニ右之事也、右志摩事、春中よりノヿ、所々ニて跡之外事共、其後江戸へ往候事も、一圓ニ此方へハ無沙汰也、神職ヲモ勤、親名代ニ神役勤ル、不屆之仕方也、親右近六十五才、孫十、

物申悴志摩事、
同日、大祝(香取宮内)來り、右近ニ被賴、志摩江戸ニて病死、致出府之由屆ニ來ル、仍之壹岐(香取)方へ書狀遣、

十一月四日、次郎神主悴親正來ル、物申右近ニ被賴之由、志摩義、江戸表ニ而病死仕候、分飯司(伊藤求馬)方迄御屆申上候、大祝宮内(香取)江戸ゟ歸候由風聞、志摩義、連歸候樣ニ隆養申不埒明由ノ沙汰也、

十一月四日、
一、國御師場ノ帳三冊、高木庄大夫持參、御師出度由遣、

十一月六日佐倉關屋戸筋也、

一、國午十一月六日、大宮司(香取多宮)使伊織(小林)、取次舍人(伊藤)、今月物申祝、右近悴志摩自害致候由、此間ハ病死ト申候、如何挨拶可仕候哉、御留主ニ候間御隱居之儀ニ而も被仰聞可被下候、返事、志摩自害之儀被仰遣候、此方江ハ沙汰無之候、此間ハ大祝志摩病死ニ付、被賴出府之屆仕候、御聞被置候ト御挨拶ゟ外ハ有御座間敷ト存候、扨使伊織へ可咄候ハ、夏中ゟ一度も此方へハ屆無之候段可申と申付候、

十一月九日、兵庫(額賀)、物申右近ニ被賴、分飯司処へ來ル、悴志摩於江戸自害致候、御屆申由也、

一、江戸十一月四日朝、大祝宮内出府之由、國上總(香取)方ゟ之書狀持參訳ハ、なべ町香取隆養方ニ居候、物申悴志摩十月廿九日自滅葬処無之、難儀仕候段申事也、壹岐――ハ、使ハ多宮(香取)へハ屆候哉、病死ト屆候由申事也、先右近不屆ニて候、志摩御當地へ出候ハヽ、其段自分抔方へ可屆事也、此方ハ何方ニ居候も不知候、又

*松平和泉守御内寄合へ出る

延享書付
*町醫師香取隆要
*志摩亂心の上怪我仕り相果つ

此度多宮へ病死ト僞届之義、是以不届ニて候、有躰ニ可申事也、多宮年番之事故、多宮方ゟ自分江ハ通達有之事也、年番ヲ差置候而ハ、此方何共差圖不成候、先年番へ可申候、又御當地町方御法可有之候、大屋名主江も致相談取計可然事、先年番故多宮へ可申事、御當地町方ノ法ハ自分不知候、

○志摩十月廿九日夕六ツ時死之由、○町口書檢使へ十一月二日ノ由、

○町奉行檢使ハ五日ノ夜、○町奉行ハ依田和泉(政次)月番、

○死骸取仕廻被申付候ハ十一月六日、取仕廻ハ七日ノ由、○宮內又來候ハ、十一月八日夜、

一、十一月四日、被達儀有之間、明五日四時可被相越旨、(酒井忠香)飛驒守被申候、以上、酒井飛驒守、

十一月四日役人

香取壹岐殿、　留主之由申、六兵衞請致シ遣、

十一月五日、飛驒守殿へ出ル、御役人藤井安右衞門、明六日松平和泉(乘佑)御內寄合へ可被出候、扨上總先年對(松平近禎)馬へ願候訳、又延享書付、重而可被出候、宿連出候樣ニ可致候、其元も用有之物、又此方ニも用有之事も有之候、壹岐先〻ゟ宿連候事、無之段申候へ共、連候樣ニト有之候故、畏候由申歸ル、

十一月六日、松平和泉守殿御內寄合へ出ル、伊賀守(鳥居忠孝)殿・讚岐(毛利匡平)殿願書讀《ヨム》、御奉行所追而沙汰ニ可及ト也被仰渡、夫ゟ飛驒守殿へ出ル、安右衞門(藤井)礼申宿之事願濟、不連樣濟書付之事、得と書上可申候間、隙取シ可申之間、暫ト申候へハ不急候、得ト有ル――、

一、志摩切腹ノ〻、十一月七日、松平和泉殿へ出ル、伴源七出會、書付出候処、尤ナレ𪜈宮內方ゟ書付取カ、且右近ホ居、兩人ニ而可尋事、人別ニ入候者不居候ハヽ、兩人不審之筋ニ可成候、得と兩人相談ニ而申出可然候事也、夫故和泉守ニも爲見間敷候、壹岐左候ハヽ御存無之分ニ被成可被下候、源七申候ハ、被聞合度事有之候ハヽ、可被參候、

口上覺

去ル四日、香取下社家大祝香取宮內と申者、私旅宿へ罷越申聞候趣、香取下社家之內、物申祝香取右近悴志摩ト申者、當夏中ゟ江戶鍋町ニ罷在候、町醫師香取隆要と申者一類ニ而、右志摩事半平ト申、隆要方ニ逗留仕罷在候処、乱心之上、怪我仕相果申候、依之早速參府仕之由、宮內申聞候ニ付、

大宮司多宮の儀

*死骸片付く樣に仰渡さる

私相尋候ハ、大宮司多宮義、當年八年番ニ候間、相屆いかゝ之挨拶ニ而罷出候哉、相尋候得共、大宮司方并私留主江茂病死ノ由相屆之由、宮内申聞候間、私挨拶仕候ハ、志摩事、半平江戸表へ罷出候事屆も無之、其上江戸町方ニ而右變死之趣、取計之義、自分義不案内ニ候、何分隆要方ゟ町方江達シ、有躰ニ可取計事ニ候、并ニ差掛事ニハ候得共、其方存候通り、社法も有之事故、年番を差越非番之自分として挨拶ホ難成候、年番ゟ通達も有之ハ、否も可申聞候へ共、右之訳故、無其儀候段申聞差歸申候以後、町御奉行ゟ隆要方へ御檢使之遣候由、風聞承候へ共、若此上御吟味ホニ可有御座候哉、宮内義、私方へ一應申來候義故、爲念此段申出置候、以上、

午十一月　　香取壹岐

是ハ其大祝宮内方ゟ其元口上書取候哉、いや取不申候、宮内早ゝ在所へ歸り、多宮へ右之段申候樣ニ申付、早ゝ歸候間、書付印形も不取候、源七申候ハ、夫ならハ此上右宮内只病死ト申間敷事ニ而も無之、其元死骸ハ見ハ致間〔敷脱カ〕候へハ、此上宮内口上相違有之

候而ハ、其元之伺も楚忽《ソコツニ》成候、又右志摩江戸表へ出候を支配トして不知ト申ハ、兩人なから無念ニ候、壹岐申候ハ、乍去志摩部屋住之者、神役諸事親右近相勤申候間、御當地へ出候義、屆も無之候間存不申候と申候、源七申候ハ、成程部屋住ならハ、其元存被知間敷候へ共、公儀向ニ而ハ支配トして不知《ト》申候而ハ不立候、先此子其元手ぬけニも成間敷候、内ゝニ而濟候ハヽ、濟候か、能ゝ町奉行ゟ檢使濟候ハヽ、内ゝニ而可濟候、此方ニても不聞分ニ可致候、左右被心得候樣ニト申候事也、

十一月七日夜、隆要來、今日町御奉行依田和泉守(政次)樣直ニ被仰付候ハ、死骸かた付候樣ニ被仰渡候ニ付、御詰合被成候間、爲御知申候、尤思召も御座候哉《ヤ》、思召有御座間敷候へ共、爲念申上候、取次額賀右馬、

壹岐儀、他出歸候ハヽ可申聞候、

同八日、隆要方へ使右馬(額賀)、昨夜被申置候段ハ、自分年番ニも無之故、年番ゟ相談有之候事故、何共挨拶不成候、尤其元此方配下ニも無之候へハ、屆可承訳ニも無之候、右段申置候、

一、〔國〕十一月九日、兵庫、物申右近ニ被賴來ル由、分飯司

悴志摩江戸に於て自害

司宅へ來ル、悴志摩於江戸自害致候、御屆申由也、

一、國 伊能事、十一月八日、伊能へ高木庄大夫遣、伊能村名主与兵衛神主家ヲ如在ニ不存訳有之、致世話、又善兵衛是も不在不成者、下社家石見岡右衛門神主ゟ分り同血縁若狭(伊能)親爲ニハ、甥右四人ニ而一月替リニ神主方へ參居、致世話候樣ニ、尤壹人ニはなかミ代壹俵ッ、も遣候樣ニ東《アツマ》ト云座頭ニハ、何ソ礼ヲ申、百日も追付ニて候、永クモ被頼間敷候、右之段致相談候樣ニ申遣処、先後家も致爲請候処、何も如在不致者ニ候へ共、合点致間敷候、名主ハ多用成間敷、善兵衛ハ二・三年前方遣候へ共、訳有之難成候、岡右衛門不埒ノ者、若狭存生之内、隣ノばかくト申事ニて候、石見も得心致間敷抔と申後家得心不致由、去レトモ庄(高木)大夫・与兵へ・善兵へ方へも參咄候、石見へも咄、然共四人一月替ニ致世話くれ候樣ニト相談ノ訳ハ、後家不得心なくノ丁ノ由申、從此方申付候事ヲ不咄ハ、能無之段申聞ル、少前へも伊能ノ丁記、

酒井飛騨守へ出る

一、江戸 十一月八日、酒井飛騨守殿へ出、長谷川伴介出會、安右衛門他出、明日出候樣ニ申事也、壹岐口上ハ、此間安右衛門殿先年親御願申上候訳、得と書付出候樣ニ被仰付候、少ゝ承合申度儀御座候、且又無據社用御座候間、在所へ罷歸度奉存候、

一、江戸 十一月八日夜、大祝宮内來ル、

一、十一月九日朝、出ル、安右衛門へ此間被仰付候書付之義、得と不仕候間、在所へ罷歸、上總へモ承得と書上申度奉存候、又在所ゟ社用申來候間罷歸、同役多宮へも相談仕度候、安右衛門左候ハヽ、書付ニ致、今八時出候樣ニ被申、

同日、又出、今朝申上候義、□(咄カ)方も相濟候樣ニ承候、在所へも濟寄候事ノ由承候間、私歸候義、先見合申度候段申候へハ、左候ハヽ未旦那へ不申候間、左樣ニ致候抔安右衛門申候、

*延享三年四年の社家連印本書差出す

一、十一月十三日、酒井飛騨守殿へ出ル、安右衛門――、先達而――御尋之書付、致持參候、延享三年・同四年社家連印本書差出ス、是ハ写ヲ致可出候、又對馬(松平近禎)殿江上總願事、年号記候而出候樣ニト被申候、

一、江戸 十一月十六日、飛騨(酒井忠香)殿へ出ル、安右衛門處延享三・同ヨ四年、下社家連印写下。下家連印写《イタス》貳通出、

口上覺

一、松平對馬守(近禎)樣江享保四亥年私親上總奉願上候者、前

大禰宜與一郎齋宮へ内證合力

四十石は大禰宜職料兼帯の社職料

大岡越前守に延享三年四年の香取下社家連印にて願ふ

*和泉守へ出る

*大禰宜職料兼帯の知行分

*中川平内願書以下大禰宜系圖等返却

大宮司兼帯の處修理料に入る

ゝ大祢宜与一郎齋宮江内證合力仕候、四十石ハ大祢宜職料幷兼帯之社職料ニ而御座候間、先規配當高之通、頂戴仕度段奉願候処、御吟味可被成下候由ニ被仰渡候処、永在府仕、奉願候儀難仕、折ゝ奉願候、然処享保十年對馬守(松平近禎)様御死去ニ付、右願書小出信濃守(英貞)様へ御請取被遊候由、享保十一年太田備中守(資晴)様江御附送御懸り被成候、同三月年久敷事故、難被仰付段被仰渡候、

一、大岡越前守(忠相)様江延享三年、同四年香取下社家連印ニ而奉願候処、大祢宜内證合力分ト筋相分り、相聞《キコヘ》候得共、年來久敷義故、難被仰付由ニ而、願書御返被遊候、右之通ニ御坐(座)候、以上、

午十一月　　　香取壹岐印

安右衞門受取、旦那へ爲申聞候、重而可及沙汰と被申候、安右衞門又申候ハ、先年上總對馬様へ願候願書も、此趣ニ候哉、左様ニ而候、又多宮方ニ百四十石之内、修理へ入候事無之候哉、不入候、惣檢校・角案主、古來大宮司兼帯之処、元祿年中、修理料ニ入候、夫大宮司方ノ百四十石ノ外カ内カ、外ニ而候由申上ル、下社家遠候ハ、皆入候哉、一類無之候へハ入申候、一類有之候へハ、右職分申付爲勤申候、

十一月十八日

被達儀有之間、今八時可被相越旨、飛驒守被申候、以上、

十一月十八日　　酒井飛驒守役人

香取壹岐殿

同日(十八日)、八時出候処、安右衞門明十九日五ツ半時、松平和泉守様御内寄合江被出候間、右之段申渡候様被申候、奉畏之由御請、

十一月十九日、和泉守殿へ出ル、飛驒守殿被申候ハ、大祢宜職料兼帯ノ知行分地願之事、年久敷事不成候、依而願書差遣シ候ト被仰渡候、夫ゟ次間ニ而中川平内願書・例書・配當帳・石高帳・大祢宜系圖才被返候、夫ゟ飛驒殿御宅へ參、安右衞門ニ逢、右之通咄、又重而願可申由申候へハ、筋立候事故、重而折を以願候様ニと被申、歸國ノ御屆申歸ル、

一、十一月廿日、松平和泉殿へ出、伴源七先達而御伺申

上候儀、在所も相濟、町方も相濟候由ニ付、弥御聞不被成分ニ被成被下候樣ニ申候へハ、源七成程自分も旦那も不申聞、同役江も不申聞候事、濟候か能候間、夫カ能候、な(鍋)へ町醫師隆要方(香取)ゟ寺カ此方へ望有之候事ト被申、

十一月廿五日、江戸出足、廿六日歸宅、廿七日大宮司方へ使求馬例ノ口上使、

一、午國十一月十八日、大宮司使伊織、取〔次脫カ〕求馬、金剛宝寺堂屋祢も出來寄候由、就夫入佛之儀、又南ノ方行道縁損之由、又門ノ脇袖屛扣程修覆願候、如何可申哉、御留主ニも候間、御相談致候、　返事、隱居上總入拂・入用オ、修覆之義被仰遣候、留主之儀ニも候間、何分ニも宜樣ニ御取計被仰付候樣ニ可被成候、

一、十二月十三日觀音蕢替代金廿壹兩ノ処

〔十二月〕

一、十二月三日、大宮司(香取多宮)方へ使求馬(伊藤)、明日朝飯後、以參得御意度候、御差合御座候ハヽ、明後日ニ可致候、是ハ伊織(小林)へ可咄、金剛觀音屋祢萱能無之、蕢樣もうすく候と沙汰ニも致候、代先扣へ可然候哉と存候、

尤先年もまねゐ内屋祢や念入候へハ、余□子ニ金子も遣候事、重テノ爲ニも候間扣拂可然候、觀音脇、去年中ノ木ハ、此度入用ニ拂候而遣可然哉と存候、御相談ト申遣、

返事、明日・明後日ハ、普請ニ而取込候故、明後日抔ハ存樣も有之間敷候、

*金剛寶寺一樽持參
*金剛寶寺堂屋根出來
*開帳來年致したし

一、十二月五日、金剛宝寺一樽持參、本堂屋祢存候外、能出來忝存候、御礼ニ來候、又開帳、來年致度候、爲御知申候、　挨拶、夫ハ年番故多宮へ御申候樣ニと申、宜御相談御賴候由申事也、又去年中風折木、御兩所ゟ御斷有之候、何分ニも宜御相談御賴申候、壹岐(香取)此間歸候故、相談不致と挨拶、

*若君樣御出生

一、十二月七日、大宮司方へ行、若君樣(竹千代、後ノ德川家基)御出生被遊候間、獻上物、　御兩所樣江ノ心懸ニ可致存候、

扨又、金剛風折木致拂木、此度本堂蕢替入用足ニ致候而ハ如何、とかく思召ト申候へハ、多宮――成程夫カ能可有之候、金剛も拂木被成候ハヽ、私代物差出取度ト申候、何分ニもト申、

*舊地願

此度私義、旧地願致候、上總(香取)當職被仰付候ゟ度〻願

*番頭其外兩支配の社家呼ぶ
*宮下社家宮中社家來る

候而も不出來候間、無用と申候へ共、拙者當職ニ成、寂早八年一度も不願候間、此度願候処、酒井飛━━願候処、去月十八日御內寄合延、十九日之召連上り地ニ成候事不成候、先奉行も夫故每度不成段申渡候、願書差返候段被仰渡候、夫故御役人中へ余り殘念ニ存候、重テ又御願可申上候、一通御吟味ニ而候、御座候へハ、タンノウ仕候へ共、余殘念奉存候段申上候へハ、上地ニ成不出來事ニて候、又其許自分之願ヲ自分ニ而願候ト申ハ、無之事ニて候、同役か社家抔申事ナラハニて候、夫ニ而も此事ハ不成候事、願候而も無易止候樣ニト被申候、難出來候事、余り殘念一通御吟味ニ而も有之候へハニて候へ共、モギトウニ被差返ニて候、役人中同役カ社家抔ト被申候事も有之候間、何ト其元煩御同心被成被下間敷候哉、難出來事ニハ候へ共、夫ナレハタンナフ致候、多宮□□御殘念ノ段御尤ニ存候、申先年上總殿ノ時、求馬・主計社家連印ニ而願候、其節私ニも御尋有之、大岡(忠相)━━左右左被申候ハ、齋宮追放上り地ニ成候事、決而難出來事ナレハ、一通尋候ト被申、夫故寬文年中、御定書も差出シ、私存寄も書上候間、致御同心可然候哉、又能有之間敷哉、早速了簡ニ難及候、得と可致了簡候、大岡━━自分ノ夫も皆御上ニ御留有之候ソウニて候、其節ノ通ノ被仰渡ニて候、とかく早速ニハ御了簡も難被成可有御座候、私も少〻內用も有之候間、近日致出府候間、一兩日中御挨拶被成可申下候、相心得之由申事也、多宮(香取)申ハ、大名衆ノ分地抔ノ例有之、相成物ニて候、壹岐申候ハ、齋宮御追放ニ成候故、左樣ノ例も易ニ不立候事、ソウニて候、扨其元樣御同心被下候ハヽ、何も不入候、乍去先年も社家江も致相談候間、此度も可復存候、尤先年連印いたし候間、相遠も有之間敷候、▨其節御領分ノ社家致同心候樣ニ被仰付可被下候、多宮夫ト私申付候而も印致候事故難計候、△得と致了簡可申候、△社家共江も可申聞候哉、

十二月八日、多宮使伊織、取次求馬、昨日被仰候義、得と考合候処、先年も不德間此度致候も延引ニ存候、左樣思召可被下候、下ノ社家共呼、一通申聞候、差留も不□致候樣ニも不申候、返事、　御口上之趣致承知候、御尤ニ存候、

十二月八日、番頭其外兩支配ノ社家呼、尤宮下社家・宮中社家來ル、多宮談候段委細申聞ル、先年も

連印致候事ニて候間、連印致呉候様ニ申、右近(香取)申先
年仕候事、同筋之御願之事可致、内記(香取)江も相談、皆
可致候由《ヨシ》、明日印持參可仕候由申、

印致す宮下社家は十一人

*觀音堂屋禰萱手の事

九日、印致宮下社家ハ十一人、先年も不致候間、此
度も不被致候由申、仍之求馬を以申聞候、先年セす
共、皆一同之事故、可致筋之事ハ致道理、公儀ニ而御
尋之節、子共之様ニ右之通不被申上候、コウシタ訳
を以不成候由可申事也、又候申聞候処、少ハ旦那ニ
ジユンマスルト申事、

惣檢校將監來る

同日、惣検校將監(香取)來、親頼母ニ相談可仕由申歸存寄
有之候間、難致段申不致、夫故宮下十二人無印也、

*宮下へ立合

○連判願書ハ、未正月ノ処記、
一、十二月十日、大宮司使丹治(松本)・求馬・伊織、扶持方之
儀相願候、如何可致候哉、前方も遣候間少〻貳俵ッヽ、
も申遣ニ而候、苦カル間敷様ニ存候、十二月十二日、

*金剛寶寺開帳につき念佛の儀

御返事、求馬・伊織貳俵ッヽ遣、　右ハ御宮御普請ニ付、毎
日出世話スル故也、

金剛寶寺開帳の件

一、同日、大宮司使伊織、金剛宝寺開帳之義、如何□
渡候哉、又神前殘木拂木ニも可致候哉、　御返事、
開帳之儀、此方相違無御座候、神前殘木拂木ノ事被

仰遣候、成程拂候方御尤ニ存候、相違無御座候、
求馬方へ申付候ハ、伊織ト致相談、金剛宝寺枚壹本
直段ヲ聞、拂候而可然候、此間大宮司ト及相談候、
一、觀音堂屋祢かや手ノ事、伊織申候由申出候、セん有
之、爲少〻壹兩計も減拂候様ニ、重テノ爲ニ候間ト
申聞ル、
一、十二月十日、伊織・求馬、宮下へ立合、不斷所呼、
開帳願之事無相違段申渡ス、金剛宝寺去年中例(倒)木之
事、拂木ニ致候由申渡ス、
萱手四郎右衞門作料廿壹兩ノ処、仕方不宜候間、壹
兩扣候様ニ申渡ス、
一、十二月十二日、宮下へ立合、宮之助(國分大和)・物申(香取右近)ハ不來、
伊織・求馬(マヽ)、
酉・戌・亥三年、神物封金切金九兩三分・壹貫六百
九十壹文封、
一、十二月十三日、〇使伊織、金剛宝寺開帳ニ付、念佛ノ
義、其元へも御願可申存候、無御相違候ハヽ、可申付
候、爲御相談以使申進候、　返事、何分ニも思召可
被仰付候、御供所へ立合、不斷所呼、右之訳申渡ス、
一、同日、去年八月十七日大風ノ節、切《キリ》候木四尺余ノ枚、

無斷伐候間相咎メ差置候処、一度相談之上ニ而金子壹分貳百文ニ相拂、不斷所調度由、金剛｜━━申付ル、任其意候、右金子伊織預ル、

＊其落日記に委し

一、十二月十四日、大宮司へ使尾形波江、私義今日致出府候、御神前向例ノ口上、

一、十二月十四日、在所出足、十五日夜五ツ前、らうそく町ニ着、大屋皆川町七郎左衞門店、

國一、十二月十五日、宮下修理檢校要人養子すほふき來ル、留主故求馬取計也、

鳥居伊賀守若君樣若年寄に仰付らる

江戸一、十二月十五日、鳥居伊賀守(忠孝)殿、若君樣若年寄ニ被仰付、御跡役ハ未出來、

寺社御奉行所へ廻る

江戸一、十二月十九日、寺社御奉行所へ廻ル、勤ル、酒井飛驒守(忠香)殿へ年始御礼書付差上ル、御役人長谷川伴助出會、例之通獻上物書付差出、前〻ハ如此ニ而御座候、

＊酒井飛驒守へ出る

當年ハ如何可仕候哉伺、伴(長谷川)助申候ハ、享保九長福樣(後ノ德川家重)十辰ゟ上申候、元文二巳ノ例書出候樣ニ被仰候、夫ハ在所へ不申遣ニハ相知不申候、何日程かゝり候哉、四・五日もかゝり可申候、右兩例書上候樣ニ御申候、伊能神主御礼書付も一所ニ出候樣ニ被仰候、

若君樣御廣目につき獻上物

國一、若君樣御廣目ニ付、獻上物之儀伺候処、先例御尋ニ付、江戸飛脚庄助廿一日來ル、同廿二日ニ歸ス、仍之大宮司方へも申遣、日記致僉儀、享保十巳正月、若君樣(德川家重)江獻上物訳書付遣、其落日記ニ委シ、又延享二丑年、大宮司多宮御年礼ニ出府、寅正月勤ル、旧冬十二月廿三日、大岡越前(忠相)殿御月番故、御礼届申上候処、御差圖有之、正月御月番山名因幡守(豐就)殿へ届申上、獻上物之儀相伺候処、三御所樣江差上候樣ニ被仰付、山名殿御役人小原直、大岡殿御役人山本左右太、右之通書付來ル、則右相認、江戸へ遣ス、

△十二月廿一日、江戸ゟ飛脚入用ノ義、求馬大宮司方伊織へ社用之事故、飛脚代兩方ゟ出候樣ニ致候而ハ、如何ト申候処、大宮司へ申聞候処、前方此方年番ノ節、此方ゟ出候ト申候而承引不致候、仍之能覺重テ年番ノ節、右之通此方ニても致可然候、

江戸一、十二月廿四日、酒井飛驒守殿へ出ル、中川平内此間伴助殿、享保九・元文二ノ例書上候樣ニ被仰渡候▨▨間、在所へ申遣、今晝時相届候間罷出候、

乍恐以書付奉願上候御事

來ル正月六日、年頭御礼申上候砌、爲冥加

若君樣江茂

*例書奉書半切表包美濃紙無印

(徳川家治)
公方様御同様ニ献上物仕度奉願上候、以上、

宝暦十二壬午年十二月　下總國香取神宮 大祢宜香取壹岐印

寺社
御奉行所

例書

例書、

一、享保九辰年十二月廿八日、御月番松平相模守(近禎)様江、
來巳正月六日御礼御届申上、
若君様江献上物之儀、巳正月御月番黒田豊前守(直邦)様
江奉伺候処、正月二日御書付を以、

*大須賀大明神御朱印三十石

若君様江、來巳年始より以先格献上物可差上候、
但差上物、御本丸江可相納候事、
右之通被仰渡、
若君様江も献上仕候、

一、延享二丑年十二月廿三日、大岡越前守様江、來寅
正月六日御礼御届申上、寅正月御月番山名因幡守(豊就)
様へ献上物之儀奉伺候処、

*大須賀神主伊能若狭病死

三御所様江差上候様ニ被仰渡、
三御所様御同様献上仕候、
右之通ニ御座候、以上、

午十二月　香取壹岐

右例書奉書半切、表包、みのかミ無印、

一、如例年、來正月六日年頭御礼、於獨礼座申上候、
一、献上物之儀、御祓并鳥目壹貫文差上申候、以上、

午十二月　下總國香取神宮 大祢宜香取壹岐

右奉書半切、表包、みのかミ無印、
是ハ例年差上候由申出ス、
右書付共、平内被見、來正月五日例之通可伺候、
若君様献上物之儀ハ、此方ゟ可申遣候と被申、

口上覚

下總國香取郡伊能村大須賀大明神領
御朱印三拾石、右神主伊能若狭義、去ル八月中病
死仕候、嫡子龜松當午五才、年始御礼不參仕候御
届申上候、以上、

宝暦十二壬午年十二月　下總國香取神宮 大祢宜香取壹岐印

寺社
御奉行所

右伊能若狭義、八月中病死仕候、私義遠親類故、
被相頼申候、惣礼五年三度相勤申候、悴幼年故、
暫御礼不參可仕候ト申上ル、來正月五年目ニ候哉
と被尋候間、來ル正月五年目と若狭妻申候得共、

録司代正判官神樂執行道具金納む*

毛利讃岐守へ機嫌伺に出る

水戸殿へ出る

女之儀故覺遠可有之哉、悴幼年故、暫不參可仕候
間、御届申上候、
一、被尋儀有之間、今明日中可被相越旨、飛驒守(酒井忠香)被申
候、以上、
十二月廿六日　酒井飛驒守 役人
香取壹岐殿
御請例之通、
同日罷出候処、長谷川伴介出會、書付貳通持被出候、
一、寺社之分、
西丸江御禮罷出ニ不及、
一、六日、御礼之寺社、
西丸江獻上物ハ、御本丸江相納、
右之通來未年始ゟ可有獻上候、
午十二月
御出生様御名松平貞次郎殿(徳川家重妾、藤井氏)与奉称候事、
帳面江右貳通慥受取申候、下總國大祢宜香取壹岐印、
獻上物　若君様江も御同様ニ、先格之通可致候、尤
例之通正月五日可伺候、
一、十二月廿六日、毛利讃岐守(匡平)殿へ機嫌伺ニ出ル、
一、十二月廿七日、水戸殿(徳川宗翰)へ出ル、右ハ去ル十一月廿七
日長局ゟ出火、御殿向焼失ニ付、寺社役手代水野庄
藏可申聞之由申事也、
來正月ハ駒込屋敷へ玄關迄御越、手札可被差置候、
駒込江被引込候、
一、午十一月、録司代・正判官兩人ニ而神樂執行道具金
貳分納ル、來ル春中可差出候、

宝暦十二壬午年十二月

香取大祢宜壹岐實香
三十二齢
父上總實行七十一齢

＊獻上の御祓二合
＊矢的の神事
御祭禮例の通り
舊冬の日記に記す

（原表紙）「十一月內陣祭礼控、祢宜服難勤物申祝右近勤候ニ付、先格之事、

寶曆十三未年
同十四申年
六月明和改元、

（縦二八・二糎、横二〇・四糎）」

〔寶曆十三年正月〕

宝曆十三未年正月元日・二日、青天（晴）、長閑、御祭礼例之通、名代權祢宜（香取式部）勤ル、壹岐（香取）義、旧冬十四日御礼ニ出府、大宮司多宮（香取）旧冬十二月十四日、妻產、次男出生、血忌故御祭礼名代江戸ゟ之書狀、正月二日ニ相達、旧冬廿六日酒井飛驒守（忠香）殿ゟ御礼之儀、以書付被仰渡、則旧冬ノ日記ニ記、則大宮司（香取多宮）方へ右之段三日ニ求馬（伊藤）ヲ以申遣、大宮司念ノ入候事、社法之事故ト申由、

一、正月二日、獻上之御祓二合、高木孫大郎・長四郎ヲ以差遣ス、

一、三日ノ夜、大祢宜（香取壹岐）館ノ內、矢的之神事、小雨故、庭上難勤、切目縁ヘウスヘリ敷、五間程社家着座、權祢宜ハヌグイ縁ノ內ニヒザ付敷、

四日、嵐雪故、ヌグイ縁ヘ琉玖ヲ三間半程処、是ハ新前敷、尤新敷無之候ヘハ、其心得可有之、緣不淨ニ成故、弓射ルハ切目縁ヘ出射仕懸、然処天氣晴、青天（晴）ニ成故、庭上ヘ用意スル、尤悉ク板ヲ敷、雨落江ハ杁ノ葉敷、右板土足ニてふミテモ能、板射候者、立時ノ爲メ通路ニ所〻ニむしろヲ敷、神座ニハ板ヲ敷、上ニ敷物スル也、三日夜・四日ノ夜、雨天ナレハ、大ニ難儀スル、兼テ可心懸事也、疊臺之樣ニ切目縁ノ外ヘ取はなしニ五間余拵置、入用ノ節切目緣ヘ付候ハヽ、弓射之時も可然哉、

一、未正月七日、金剛宝寺ゟ使僧不斷所、分飯司（伊藤求馬）処へ來、観音きちやう被寄進人有之候間、仕直可申候、御屆候由申來ル、

一、江戸正月五日、主膳（高木）名代ニ出ス、長谷川伴助出會、酒井殿也、

正月六日　　下總國香取神宮大祢宜香取壹岐

獨

御礼　　獻上

御祓

鳥目　　壹貫文

公方樣(德川家治)・

若君樣(後ノ德川家基)御同樣ニ獻上仕候、以上、

登城御目見

正月六日、朝六時、登城、御目見濟、御老中・若年寄・寺社御奉行所へ廻ル、酒井《ワ》石見(忠休)守殿・松平《ワ》攝津(忠恒)守殿・松平《老》右京(輝高)殿・松平《ジ》和泉(乘佑)守殿・酒井《シ》飛彈(驒)(忠香)守殿・松平周防(康福)殿・井上《老》河内(正經)守殿・坂(板)倉佐渡(勝清)守殿・水野肥(忠見)前殿・松平右近(武元)將監殿・鳥居伊賀(忠孝)守殿・小出信濃(英持)守殿・酒井左衞門(忠寄)殿・秋元但馬(凉朝)殿・毛利讚岐(匡平)守殿、供籠四人、侍三人、そうり・鑓・挾箱・長柄・合羽箱、

水戸御屋敷駒込

一、正月七日、水戸御屋敷駒込也、御玄關ニテ申置、手札置、尤小石川へ行、庄藏(水野)へ逢、訳聞寺社役ト庄藏へ進物持參ス、

舊冬舊地願

＊江戸より舊冬の連印願に出府

一、未正月十二日、江戸ゟ二日ノ飛脚歸、其節旧冬旧地願、社家連判求馬(伊藤)才出府之樣ニ申來ル、則權祢宜へ申、成程出府可願候由申、　正月十三日、權祢宜大宮司方へ出府之屆スル、又番頭仲間へも可爲知、明十四日ト人ヲ廻ス、十四日、神前御供所へ番頭寄・國行事內記(香取)ハ不出、權祢宜申ハ、此度從江戸旧冬ノ連印願ニ出府致候樣ニト御賴之由申、物申右近(香取)、大ニ立腹、先此方共へ申筈、夫ニ大宮司ニ先ニ申筈無之ト、大ニ呵り申、權式部も立腹致申候ハ、御支配ノ事故出府御屆申候、又右近申候ハ、宮中隱居(香取上總)ノ差圖ノ由被申候、式部ハや隱居、左樣之事不申候、右近タツタ今申候事ヲへんかへスル、式部声高ニ不申事ヲ申ト可申候哉、行事祢宜(額賀兵部)ソコニ居、吉原ニてハ左樣不被申候と申も候へハ、右近自分カ聞遠ニて候哉抔、不埒申候由、宮之助(國分大和)悴藏人出候間、親大和呼ニ遣、病氣故何分ニももれ申間敷候、宜悴へ申來ル、國行事內記処へハ、大祝(香取宮內)勝手故、行〔事脫〕內記申候ハ、物申申候通、權祢宜仕方不宜候、大宮司へ參、御屆ハ權祢宜壹人ニて候、私共ハ御屆不申候由申、式部申ハ、如此コブフシニてハ自分出府被致不申候、御詔〔訟〕可申ト申候へハ、大祝勝手ニ致候樣ニトイキヲイ强申候由、物申申ハ、神夫ヲ使ニ廻候、此義も神用

*舊地御願

彼是大に立腹

*舊冬の連印願

*舊冬連印の上は異議なし

*神前にて大に口論

ニてハ無之ト申候由、式部申候ハ、前例有之候間ト申候由、口論致候由、余ノ者ハ何共不申之由、皆退散、權祢宜式部、分飯司求馬処へ來り、如此ノ訳故出府之儀、御免被下候樣ニ申、○隱居(香取)上總勝手ニ致候樣ニ、式部參候樣ニト申遣、則式部來ル、出府之儀ハ免ト申候事、成程勝手ニ致候樣ニ、求馬壹人ニ出府可爲致、どうて埓明事ニてハ無之候、乍去權祢宜ニハ似不合、アレラニ妨ケラレ、サリトハ臆病也、其樣成、其方トハ不思アレラカ押《ヲサ》ヘ候共、請負候テハ不登《レバ》不《ト》叶、アレラニカスメラルヽ㋙有間敷ト、彼是大ニ立腹シテ申聞ル、

式部申ハ、私もセキ申候而、右之段申上候、とかく御請申候通、出府仕度ト度〻申候間、其分ニ致ス、式部何ノ咎も無之候ヲ願ヲ妨ケ候、大宮司へ屆候而、出府ハ念ノ入候事、尤至極ノ㋙也、然ルヲ彼レホハ番頭仲間ニて相談致候上ニてト、屆ト申氣味カ、又ハ不足有之カ、物申抔、甚申方不宜、國行事(香取内記)・大祝も不屆也、旧冬連印ノ上ハ、异儀有間敷㋙、畢竟壹岐へ當り候、殊ニ物申申ハ、大宮司ニ早ク屆、此方共へハ遲クト申立腹也、式部御支配之事故、無用ト

御座候へハ止候事故、先御屆申候抔ト口論致由、扨又内記・物申申通、權祢宜仕方能無之ト、大祝へ申遣事、ナセ尋不申候哉、又神夫ノ事も壹岐公儀へ御屆、權祢宜連印惣代ニ出府、御願申候段、御屆此方へ申遣候、自分ハ隱居取次也、然レハ公用也、夫ヲ神夫ヲ遣トハ如何、彼是申聞ル、尤彼是用事取込候間、式部方へ其方出府之跡ニて、大祝ヲ以内記申ハ、權祢宜仕方不宜ト申訳、又物申口論ノ訳可尋ト申候へハ、式部其段ハ彼是御用捨ト申致出府候、

正月十七日、旧地御願ニ權祢宜・分飯司悴求馬出府、

一、正月十八日、大祝宮内(香取)ヲ呼、上總申聞候ハ、去ル十二日江戸ゟ飛脚歸候、壹岐方ゟ申越候ハ、公儀江も旧冬ノ連印願、權祢宜罷出候段申上候、出府致願候樣ニ相賴來候間、自分ハ隱居之儀、右之段ヲ取次也、權祢宜成程ト請候間、大宮司江も屆候樣ニ申候処、相心得候、仲間江も爲知可申由申候、成程其通能候段申聞候、十三日ニ出府之屆、大宮司へ致候処聞置候、大義ノ段挨拶ノ由、同刻番頭ハ大勢故、神夫へ申付廻シ候由、然処十四日神前ニ而、大ニ口論ノ由、大宮司へ不屆前ニ、此方共へ爲知内不屆也ト、大ニ

権禰宜立腹
*江戸へ其譯申遣す

口論致候由、仍而権祢宜立腹致、大宮司ハ御支配ノㇷ故御屈申候、無用と御座候へハ相止申候存寄、國行事不出候間、其方迎ニ參候処物申申通、権祢宜仕方不屈成と有之候事ノ由、ケ様ニ喧嘩フシ〱ナレハ、自分訴詔〔訟、下同ジ〕致參間敷申候処、其方勝手ニト申候由、其方もリキンテ申候由、式部仕方惡敷事ハ無之と存候処、又大宮司へ早ク爲知候由ヲ申、立腹之由大宮司ハ連印ニても致ニ而無之、支配之事故たとへハ銚子へ行御屈ヲスルとく也、然ルニ仲間へ不爲知、早ク大宮司へ申候と申事不濟、既ニ十三日ニ大宮司へ屈ケ同斷、仲間へも神夫ニ申、十四日ニ神前へ寄候事無間事、大宮司ハ壹人伊織方へ申ニて濟〻、仲間ハ大勢故一人計へ爲知候様ニハ不成候、然ルニ仕方能無之ト大ニ咎メ声高ニ立腹之由、昨十七日ニ式部致出府候へハ十三日からハ四・五日ニ成候、申サハ御大儀也、其元壹人計ニても如何也、誰ソ仲間より今一人も登候様ニ致候而も能候、永クモ懸候ハヽ我〻替リニ出府《ト》可致ウツクシク可申筈、純勢ニ有之ソウナル▒ㇷ、左候時ハ口論ケ間敷事ハ可有道理ナシ、訴訟シ被參間敷ト申候へハ其方勝手ニト申候由、左

右可申筋ニ無之候、とかく內記カ仕方能無之ト申候由、今一應其訳聞、此方へ可被申候、自分ハ取次也、江戸へ其訳申遣候、大祝申候ハたとへ宮下ニて無用とおさへ候共、私共差登セ可申道理故申候事也ト申、ソナタ衆へハ爲知也、大宮司江ハ他行ノ屈如何ニいたセ順勢ナレハ笑候而、少も口論ケ間敷事ハ無之道理、然レハ皆壹岐へ懸り候、願妨ケ申と申物也ト彼是申聞ル、　無程大祝分飯司方へ來り、內記ニ承候処、私申上候通りニ御座候由申、

同日、十八日物申右近方へ使源太祝(香取)主計、訳ハ大概右之趣順勢ニ可有之処、喧嘩口論ケ間敷、権祢宜ヲイジメ、仍而式部も御請申候へ共、御免ト申候事、式部ニ咎ハナシ、願ニ妨ト申物也、段〻右之趣申ハ如此ト色〻談候由、とかく直ニ參、懸御目可申上之由ニて來ル、上總今朝ゟ心遣故、頭痛平臥ノ由申聞ル、右近申候ハ、御家ニ付候物申故、少も御內惡敷ク疎意成義、曾而無之候抔申事、是ハ訴詔ゟ外無之候、実ハ私共屈も右御知可有事ト申下心故、拙者計色〻申申懸候故、被參間敷申間、出府勝手ニト申事也、小沢夘右衞門取次也、口上趣承知ト計申遣ス、

*壹岐不快故御内寄合へ出でず

渡邊半十郎手代立川文藏先觸

*社家の書付三通出す

近村四十何ケ村廻狀廻す

野錢

神領に宿する筈なし

同日十八日、國行事内記方へ右主計遣、右之趣段々申、右之通訳□ハ隱居之事故、向後參會致間敷段申遣、内記色々ト申訳御返事ハ不申上候、全御如在ノ心底無之、御内惡敷心曾而無之訳、幾度も申候由也、

一、未正月十七日、渡部半十郎手代市川文藏先觸、御朱印寺社御用ニ付、宿申付可給候由申來ル由、額賀兵庫申、夫ハ又見廿七石ノ御代官所ナラハ、兵部方ニて宿致可然申候処、　御朱印寺社御用ト御座候由申、左候ハヽ、此方留主故、何分宜御計候樣ニト、大宮司方へ申候樣ニト申聞ル、其間ニ早兵庫(額賀)宅ソウジ致來ル、廿七石ノ内ニて宿可致道理也、廿七石ノ内ニハ、　御朱印寺無之候、仍而廿七石ノ名主三郎右衞門、彼一判ニ而書付取候由、尤近村四十何カ村廻狀廻シ可寄由申ニ付、當町忌中ノ節、家内皆退候、大勢村々寄候へハ、服忌水火ノ処、如何ニ御座候、近村丁子村へ御寄候樣ニ願候ニ付、其通りニ成、文藏(市川)も廿七石之内ニ宿無之筈無之、少迷惑ソウ□段々訳聞、殊外慇懃ニ後ニハ申由也、尤野錢出候由、野錢有之由申候、然共野錢ニ付、毎年來候方も無之、當年始テ也、重而も右之心得尤也、神領ニ宿スル筈無之、尤廿七石ノ支配ニて無之、他代官ナレハ、御朱印ニ付、寺社有之哉ノ御尋ナレハナレ𪜈也、

一、江戸正月十八日、壹岐不快故、御内寄合江不出、

△一、同正月廿一日、酒井飛驒殿へ壹岐并式部・求馬出ル、御役人藤井安右衞門出會、先連印ノ願書迄、願書宮下ノ社家連印不致候、社家ノ各書付三通出ス、夫ゟ壹岐、此度迄願書・例書出ス、又石高帳・配當帳・御朱印写打分ケ横帳配當ニ付、無二ノ證文・四十石修理料ニ被仰付候、御書下シ〆八通出ス、安右衞門飛驒殿へ被伺、四十石遣候付、齋宮ゟ〇《來候》書付ハ無之哉ト被尋無之ト覺候、夫共吟味可仕と申候、安右衞門申ハ、是程ノ證據有之候ハヽ、先年濟ソウナル物ト被申、齋《イツキ》宮召狀上給二通爲見候処、是ハ本書重テ尋候節、出候樣ニト被申被返候、夫ゟ安右衞門願書預置候由申、壹岐伺ニいつ比伺公可仕哉ト申候へハ、夫ハ此方ゟ尋候事有之候ハヽ可申遣候、壹岐申候ハ、旧冬大宮司へ申談候処、尤之筋ニ候へ共、先年大岡(忠相)殿へ書上候筋も有之候間、延引之由申候、連印不仕候、社家十二人ハ大宮司家來兼居候間、大宮司ヲかね、自分ハ仕候心底ニ而も被仕不申候、

*天正年中御判物以來大禰宜職役料配當目錄歷然

大禰宜藏人不屆あり御追放仰付らる

與一郎大禰宜職相續仰付らる

與一郎一子なし

大禰宜職大助に仰付らる

権祢宜・求馬も、此之内ニ仕心之者も有之候へ共、大宮司ヲかね不仕候、安右衛門――ハ、兩人も大宮司被出候哉、成程相届出候由申、

乍恐以書付奉願上候御事

香取神宮領高千石、大宮司・大祢宜兩人江御宛ニ而、御朱印被下置候ニ付、無二ニ申合、兩人同高ニ頂戴仕、其上惣神官・社僧ヾ江配分仕、國家御安全之御祈禱相勤來り候、然処、元和年中、大祢宜藏人義、不届有之、御追放被仰付、三十年來、大祢宜闕職仕候、尤知行不殘御修理料ニ被仰付候、其後承應年中、大宮司弟与一郎を以、大祢宜職相續被仰付、知行不殘御返シ被下置候、然處、大祢宜家ニ傳候、唯受一人之神道・古書共、右藏人御追放之節持去候而、悴齋宮方ニ所持仕候ニ付相渡候樣ニ申候得共、承引不仕候、依之取扱を以、与一郎方江齋宮妹を娶、其上齋宮方江大祢宜知行之内幷兼帯之社職料、都合四拾石、爲扶持方内證合力仕、右唯受一人之神道幷古書共、与一郎方江傳來仕候、其後与一郎一子無之、病死仕候節、又候右神書、齋宮方江引取申候、大祢宜職大助与申候者ニ被仰付候ニ付、神書相渡候樣ニ、齋宮江申候得共、承引不仕候、依之大助幼年ニ付、宮之助(國分大和)召連、御奉行所江奉願候得者、齋宮被召出、右神書ヾ不殘相渡候樣ニ被仰付候處、御請不申上候ニ付、御追放被仰付候、右合力之四拾石、齋宮江配當之樣ニ被思召候哉、御修理料ニ入置候樣ニ被仰渡候、此節内證ニ而浪人者江合力仕置候段、委細申上候者、天正年中、　御判物以來、大祢宜職役料高配當目錄暦〔歷〕然ニ御座候間、御修理料被仰付間敷御返可被下置義之樣ニ奉存候得共、大助ハ弱年後見之□〔者ヵ〕、又候右之段奉願候義、憚之樣奉存、延引仕候、從古來兩社務同樣之儀ニ而、　御公用・御神用、尤年中職役之儀、万端同樣ニ相勤來候處、右之通大祢宜職料者、相減候得共、年中之行事、　御公用・御神務ヾ迄、少茂古來ニ不相替相勤申候、依之年ゝ衰微艱難ニ相勤候ニ付、先達而大祢宜職役料内證内分之義ニ御座候間奉願候處、年來久敷義難被仰付趣奉承知候処、私共此度奉願候義、甚以恐多奉存候得共、大祢宜義職役神事祭禮、且內陣向重キ御祈禱仕、一ケ年ニ五ケ度申、壹人ニ而相勤、

大宮司大禰宜相談にて配分仕る

齋宮は不居にて御追放

天正の配當に相違あり

外ゟ供物ホ茂數度、其上御公用・御神用御年禮始、
　御朱印御書替ホ御修覆御願、又者支配之者大勢
有之、御願御訴詔〔訟〕万端、他ゟ入用ホ少も差出候義
無之相勤候処、御役料者相減難儀仕候、惣神官者
只今以配當帳面之通、少茂無相違御役料所持神役
相勤申候、元來配當と申候茂、大宮司・大祢宜相
談ニ而配分仕、御上之御割符ニ而者、無御座候、尤
前段ニ申上候通、大助義者不調法之義、曾而無御
座候得共、齋宮義者不居ニ而御追放ニ罷成候、右齋
宮江之御咎ニ付、內證合力之四拾石不存寄、御修
理料ニ相入申候、大助幼年故、介添不束ニ而恐入罷
在候耳ニ而、右之申披義不仕、當時迄大祢宜一人、
天正之配當ニ相違仕候、則其節之證文、所持仕候
全、天正以來之御修理料之餘分ニ相加り申候、四
拾石ニ而御座候得者、大祢宜後代迄、當職之者御公
用・御神用支配ホ、爲無差支奉願上候、右申上候
通、內陣向重キ御祈禱相勤候職ニ御座候得者、衰
微仕候段、永〻私共迄難儀至極仕候、旁以難見捨
奉存、此度茂一同ニ奉願上候、畢竟內證內分之儀
ニ相違無御座候間、右之段被爲分、聞に以御慈悲
古證之義共御吟味被下置、兼帯之塙祝・近藤太夫
兩職之御役料十三石貳斗者、是迄之通御修理料ニ
相殘、廿六石八斗先規配當高之通、頂戴仕候樣ニ
被爲仰付罷下置候者、冥加至極難有仕合ニ奉存候、
委細之義者、乍憚口上を以可奉申上候、以上、

下總國香取神宮下社家

寶暦十三癸未年正月

孫太夫印
土器判官印
大細工印
正判官印
田冷判官印
小長手印
五郎祝印
三郎祝印
油井檢杖印
堀口神主印
廻田檢杖印
塙祝印
中幣神主印
押領司印

左原祢宜印
權　祝印
雉子判官印
祢宜祝印
權次郎祝印
鍛冶屋檢杖印
中　祝印
秀屋長印
吉原檢杖印
幣所祝印
次郎神主印
源大〔太〕祝印
返田祝印
側高祝印
鄉之長印
分飯司印
四郎神主印
權檢非違使印
大神主印
安〔案〕主所印

*香取鹿嶋社職料一旦御修理料へ加入仰付らるる例

*元和八年香取大禰宜藏人御追放

田所印
高倉目代印
權之介印
番頭 行事祢宜印
番頭 錄司代印
番頭 副祝印
番頭 大(香取宮內)祝印
番頭 國行事印
番頭 物申祝印
番頭 權(香取式部)祢宜印
番頭 宮之助印

寺社
御奉行所樣

香取・鹿嶋社職料一旦御修理料江加入被仰付候、其以後如元其職分江被下置候例、

一、元和八年、香取大祢宜藏人御追放被仰付、職料不殘御取上、三十年之間御修理料ニ被仰付候者、以後承應元年与一郎ニ大祢宜職被仰付、職料不殘被下置候、与一郎死後、直ニ大祢宜職料共、大助江被下置候、右大助江被下置候、大祢宜職料之内ニ、

香取大宮司美作神職召放たる
丹羽大宮司仰付らる
鹿嶋大宮司和泉闕職仰付らる
知行御修理料入に仰付らる

齋宮江内證合力之四十石も相籠有之候、

一、元祿十一年、香取大宮司美作神職被召放、職料不殘御取上、御修理料ニ被仰付候、元祿十三年、丹(香取)波大宮司職被仰付、職料不殘被下置候、

一、常州鹿嶋前ゝ大宮司和泉(塙)ト申者、出入有之、貞享四年、酒井河内守(忠擧)様御役之節、闕職被仰付、知行御修理料入ニ被仰付候、妻子扶持ニ右大宮司料之内、百石被下置、屋敷も三分二御取上被遊候由、元祿六年、戸田能登守(忠眞)様御役之節、和泉孫伊織江大宮司職被仰付、知行屋敷不殘被下置候由ニ御座候、

鹿嶋惣大行事も二代迄神職召放たる

一、同鹿嶋先ゝ惣大行事(司)も二代迄神職被召放、知行御修理料ニ被仰付、跡職被仰付候節ハ、知行不殘被下置候由ニ御座候、當時鹿嶋大宮司・惣大行司神職被召放、兩職共闕職ニ而御座候、依之右職料御修理料ニ被仰付候旨、承知仕候、

右之通ニ御座候、以上、

未
正月　奉書半切、無印、　香取壹岐

香取大禰宜職役料の件

香取大祢宜職役料之儀、本紙連印を以奉願候通、

神役諸色入用多難取續候間、職料之内分地之分二
文書我惡シ、
十六石八斗御修理料ニ入候分、被下置候義、難相成候ハヽ、右之分年ゝ拜借仕候様ニ御慈悲を以、右之通被仰付被下置候ハヽ、私共迄重疊難有仕合ニ奉存候、以上、

宝暦十三癸未年正月　下總國香取神宮社家惣代
分飯司　伊藤求馬　印
權祢宜　香取式部　印

寺社
御奉行所様

右御役人安(藤井)右衞門被見被申候ハ、是ハ年ゝ拜借仕度ト申候事カ被申候、兩人左様ト申候、

大宮司領連印不致、社家ト表包記シ出ス、

惣検校・正検非違使・西光内(小林伊織)・六郎祝(安部大炊)・分三郎祝・大長手(尾形數馬)・六郎神主・小井土神主・修理檢校・角案主(松本小右衞門)・權判官・酒司、

乍恐追而奉願上候御事

香取大祢宜職役料之儀、先達而奉願上候処、年來相立候義故、難被仰付段、被仰渡奉畏候、然處、猶又申上候義、甚恐至極ニ奉存候得共、此度下社

*江戸青山より出火

*不斷所開帳來月節句迄日延相願ふ

*大宮司へ相談致す

*壹岐飛驒殿へ出る

家連印ニ而奉願候ニ付、乍恐私義も再應奉願候、何分ニも御吟味被成下候者、難有仕合ニ奉存候、以上、

宝暦十三癸未年正月　下總國香取神宮 大祢宜香取壹岐印

寺社
御奉行所

右ノ願書共ハ、何も正月廿一日ニ差上ル、

一、(國)未正月廿五日、分飯司へ申付ル、伊織(小林)方へ往、致相談候様ニ事觸免狀ニ、免狀ハ毎年二月書替、勿論先書返納不可踰限事ト申ヲ、若於踰限者、可爲反古(ト)前方宮下ゟ來ル案文也、然処、去年長竿村ニ而事觸(猪野兵部)病死、免狀所持存候、六ケ敷有之候へキ、尤免狀四・五年ニも成候也、去年長竿村之事有之候故、前之通ニ認直候而ハ、如何有之候哉、又反古ト認候而ハ、彼ホ返間敷候哉、此段致相談候様ニ申遣ス、則大宮司へ致相談候由、成程可爲反古ニて能可有御座候、彼ホ不返時ハ、新免狀出間敷旨、大宮司申、仍之可爲反古ト認ル、

〔二　月〕

一、(國)二月十三日、從江戸書狀來ル、去ル五日夜四時ゟ翌日四ツ時迄、江戸青山邊より出火、小石川邊・目白邊、類燒ノ由、大風ノ由、此方も六日ハ初午、朝四時小雨、風も段〻止、

一、(國)二月廿四日、金剛宝寺ゟ使僧不斷所、開帳來月節句迄日延相願候、分飯司処へ來ル、大宮司懸リノヿ申聞ル、無程大宮司使伊織(小林)不斷所──日延ヲ相願候、可申付候哉付間敷候哉、御内意御相談ト申來ル、返事、㝡早閙敷時ニ成候、此方之者共も、毎日就夫客有之之(衍)候而致難儀候由ニ有之候、仍而廿八日迄相極り候通ニ御申付候而ハ、如何可有之候哉、御内意と有之候間存寄申進候、　廿五日、大宮司使伊織不斷所又〻參、所〻へ紙袋一万三千程引候処、三千計ハシラ不寄候、濟候上ニてハ袋不寄候由、達而節句迄日延願候、尤一兩日之事ニて候由、如何可申付候哉、爲御相談ト申來ル、　返事、何分ニもト申遣ス、二月廿六日、金剛宝寺使僧不斷所、日延之儀被仰付、忝奉存候、早速御礼ニ可參候得共、取込罷在候、相濟候節、御礼ニ參可申候由申置歸ル、

一、(江戸)二月廿八日、飛驒殿(酒井忠香)へ壹岐(香取)出ル、藤井安右衛門先達而被仰候、齋宮方ゟ書付致候哉と被仰候間、在所へ

*香取大禰宜藏人元和中御追放

*與一郎新規に大禰宜職仰付らる

*家付の古書神書共に藏人持退く

土井大炊頭に寺社奉行仰付く

*與一郎病死により齋宮方神書古書共引取る

も申遣、随分吟味仕候得共無之候、只今以寺院其外大祢宜方ゟ合力仕置候者も有之候得共、彼ホ方ゟ書付差出候事ハ無之候、齋宮方ゟも与一郎方へ書付不遣事ト奉存候、上總(香取)儀、先達而差上候処、本書故御返被遊候間、始方写差上候系圖も去年も上候間、今日持參仕候ト申候ヘハ、安右衛門(藤井)系圖ハ、去年写置候、上總ハ請取見可申候、又是ハ御手前樣へ口上ニ而一通申上度奉存候、長キ事故、口上書ニ仕持參仕候ト申候ヘハ、安右衛門今日殊外鬧敷候、預置得ト見可申候、尋事有之候ハヽ、呼ニ可遣候、　此口上書ノ文、先ニ記、半切紙也、△△△

同日、土井(利里)大炊頭殿へ出ル、二月十八日寺社奉行被仰付、右御祝に寺社役石黒志津摩・浦野文次郎・小宮久左衛門、大檢使石川又右衛門・鈴木小八・渡部弥左衛門、

一、被達義有之間、明朔日四時可被相越旨、飛驒守被申候、以上、

二月廿九日　酒井飛驒守 役人

香取壹岐殿　御請例之通、

△△△前ニ可記処失念也、

一、未二月廿八日ニ差出趣、

口上覺　半切紙、

一、香取大祢宜藏人、元和年中御追放被仰付、知行御取上不殘御修理料江入申候、右之節大祢宜職料、從御公儀御改之上、帳面相極、今以所持仕候、

一、与一郎新規ニ大祢宜職被仰付、則知行高不殘御返シ被下置候、然処、家附之古書・神書共、藏人持退候而、悴浪人齋宮所持仕、近在ニ罷在候間、与一郎方江差返シ候樣ニ申聞候得共、樣〻難澁ニ付、齋宮儀も本同家筋目之者之儀ニ候間、与一郎方江齋宮妹ヲ娶、右之由緒を以、齋宮方へ与一郎方ゟ四十石内分合力仕、漸神書・古書請取申候、其後与一郎病死仕、相續之悴無之ニ付、又候齋宮方へ右神書・古書不殘引取申候、其後与一郎甥大助ニ大祢宜職被仰付候ニ付、又〻齋宮方ニ有之候神書・古書、不殘大助江可相渡旨、齋宮被召《メシ》出被仰付候處、齋宮御請不申上、不屆ニ付御追放被仰付候処、內證合力四十石之儀ハ、御修理料江可相入置候趣被仰付候、右之通內證合力之義ニ御座候得ハ、其節大祢宜方江相返り候筈之処、大助ハ十一

＊御代々様御朱印の表大宮司大禰宜連名にて成下さる
＊大禰宜料減少に成る
＊大宮司始め惣神官配當所持の者
大禰宜藏人御追放後闕職与一郎職分仰付く
与一郎死後大助に仰付く
＊飛驒殿へ出る

才、後見之者ハ神書・古書請取候已而、専一ニ相心得、右内證合力之儀共不奉頼候、尤与一郎ゟ齋宮方江内證合力仕候砌、田畑地所帳面を以、相渡候処、明白ニ御座候、則元和年中、闕職之節、大祢宜知行御改之節相極り候、帳面ニ茂右之地所相載有之候、仍之大祢宜知行高之内ゟ内證合力仕候段、相違無御座候、

一、浪人齋宮居住仕候屋敷幷百姓六人屋敷ハ、齋宮御追放後ゟ、只今以大祢宜方ニ所持仕候内分之四拾石、右〇居屋敷も同様之儀ニ奉存候、

一、大祢宜藏人御追放後、闕職ニ付、知行御改之上、御修理料へ入申候、仍之与一郎職分被仰付候節者、知行御修理料ゟ御取出被成、不殘古來之通被下置候、与一郎死後跡職、大助江早速被仰付候故、与一郎跡其儘ニ而知行被仰付候へハ、前々之通り知行不殘被下置申趣ニ、別義無御座候、然上者、齋宮江合力之分ハ大助江被下置候、知行之内ニ相籠有之候、右之節、大祢宜闕職間も有之候ハヽ、知行御修理料へ入可申候、左候ハヽ、齋宮江合力之四十石も一同ニ入可申候、然時ハ齋宮何方ゟ四十

石合力受可申哉、畢竟与一郎跡職、早速相立候故引續キ齋宮も合力ヲ受罷在候、其後御追放之節、右合力之義不申上候ニ付、大祢宜知行とは別段ニ而齋宮江配當之知行と被思召候義と、乍恐奉存候、此節委細申上候者、御代々様　御朱印之表、大宮司・大祢宜連名ニ而被成下、同高ニ相定候処、配當目録明白ニ御座候得者、大祢宜料減少ニ相成候段、相違無御座候、

一、大宮司始、其外惣神官配當所持之者、相應ニ差上候者、各別大祢宜壹人ニ限り、御役料之内廿六石八斗御修理料ニ相入候義、迷惑至極ニ奉存候、以上、

未
二月　　　香取壹岐無印

〔三　月〕

一、三月朔日、飛驒殿（酒井忠香）へ出ル、安右衞門（藤井）――大宮司多宮（香取）江被尋候事有之候間、呼ニやられ候、則差紙其元へ渡、其元ゟ遣候様ト飛驒守被申付候、
尋儀有之候間、早々罷出可相届、若於不參者可爲越度者也、

未
三月朔日　飛驒印
下總國香取村
香取神宮大宮司
香取多宮

尤合点ニ可有之候得共、差紙返候樣ニ其元ゟ可申遣旨、被申渡奉畏候由、壹岐申ハ御差紙、私家來ニ差遣申候、御判物之義ニ御座候、此度詰居候願人之內、壹人差添差遣申度候、安右衞門成程左樣可然候、尤上下四日懸申候、又風雨ニても候得者、五日も六日も懸り申候、

香取多宮方への御差紙

香取多宮方江之御差紙一通、慥ニ請取申候、以上、
香取壹岐印、右書付上ル、

一、三月二日、權祢宜(香取式部)井(高木)主膳、大宮司江之差紙爲持在所へ遣、

多宮方への書状

多宮方江之書状

一筆致啓上候、弥　御神前表無御別条、貴宅御揃御安全ニ可被成御座、珎重之御事ニ奉存候、然者、昨朔日酒井飛驒守(忠香)樣御召ニ付、罷出候處、貴樣江御差紙、拙者方ゟ差遣候樣ニ被仰付候、尤御出府御座候節、右御差紙御持參被差上候樣ニ可申進旨被仰渡候条、以飛札得御意申候、恐惶謹言、

三月二日　　香取壹岐書判
香取多宮樣

一、三月三日、當日御祝儀ニ松平和泉殿(乗佑)・土井大炊殿(利里)・酒井飛驒殿・毛利讃岐殿(匡平)、　一、三月四日、酒井雅(忠恭)樂頭殿へ懸御目御懇意、

覺

酒▒飛驒守樣ゟ早〻罷出候樣ニと御差紙、慥ニ受取奉畏候、尤飛墨ホも無之候、爲念如此ニ御座候、以上、

三月三日　　香取多宮印
香取壹岐殿

貴札致拜見候、如仰當表　御神前表無御別条、於貴宅御揃御安全被成御凌候、貴樣弥御堅勝ニ御在府之段、珎重之事ニ奉存候、然者、酒井飛驒守樣ゟ早〻出府可仕旨、御差紙之趣承知仕候、早速出府可仕候得共、道中風雨之程も難計候間、其段ハ宜樣ニ被仰上可被下候、尤右御差紙、拙者出府候節差上候樣ニ被仰付候由、是又承知仕候、依爲御服如此御坐(座)候、恐惶謹言、

三月三日　　　香取多宮　書判

香取壹岐樣

三月六日、權祢宜・主膳歸ル、

酒井飛驒守へ出る

一、三月六日、飛驒守殿(酒井忠香)江出ル、安右衛門出會、多宮方ゟ之請取書狀差出候処、被請取預置候由被申候、

一、三月十日、飛驒殿へ出ル、安右衛門――香取大宮司多宮ハ御屆申上候哉、今晝時出候、此方江之屆ハ濟候、旅宿何方ニ居候哉、私方へハ沙汰無之候間不存候、馬喰町貳丁目相模屋吉右衛門方ニ居之由、

三月十一日、多宮方へ使主膳、昨日拙者飛州樣へ出候処、御役人昨日御屆被成候由承候、弥御道中――、此度御召ハ定而私願筋――宜奉賴候、先達而御返事被仰聞候趣、飛州樣御役人中へ申候、

松平貞次郎樣御死

一、貞次郎樣御死、三月十六日、

國一、三月三日、式部(香取)・主膳御差紙持參、

三月七日、大宮司出府、隱居神前向賴ト口上使來ル、

國一、三月七日、國行事内記(香取)悴攝津來り、口上、親類共、内記方へ訴詔[訟]仕、今日被召歸候ニ付、御臺所迄御書ニ參候由、式馬取次、風氣草臥故、不逢之由申遣ス、

未三月三日晝時、分飯司(伊藤求馬)方へ內記來り申ハ、年內御

＊攝津懲しめのため勘當

屆申上候、攝津(香取)義、私心底ニ不叶者ニ候間、コラシメノ爲勘當仕候、親左近(香取)も當分相煩、苦ニ致候、親類共も許ス樣ニト申故可許存候、宮下へ御屆申候へハ、此方無相違候、宮中年番故居候樣ニト伊織(小林)を以被申、舍人申ハ、留主之義▨私承置之由、及挨拶之由、

三月八日、舍人自分ノ念ニ宮下伊織方へ往、節句ニ内記參り、左近も病氣苦ニ致、親類共も許候樣ニ申ニ付、可許と存候、宮下へも參之処、此方ニ無相違候、年番ニ候間、宮中へ居候樣ニ、此方無相違之由、其元被申渡候由申事ニて候、弥内記申候通ニて候哉、私念ニ承候▨▨、昨日手前屋敷へ攝津參候、隱居ハ不逢之由、此方挨拶ヲ聞候而ノ上ニて有之、ソウ成事ト隱居申之由ニ御座候、多宮(香取)へ申聞候へハ、去年ハ手前年番、當年ハ宮中ノ年番、宮中へ屆無相違候ハヽ、此方ニも無相違候と被申候、又内記參、宮中無相違候由、又參申候事ニて候、又伊織申ハ、昨日攝津此方へ參候、多宮出府取込候と申不逢候、八日ニ伊織申候ハ、我ゝ方へ願、其元ト私相談致候上ナラハ各別、是ハ願筋之事ト伊織申候由、舍人申候ハ、旦那歸候ハヽ不申聞候へハ、不成候間、拙者

*關東一の大町に明神樣一錢もなし

當町小屋場の儀

*的場には笠賣煙草賣居る

小屋壹軒につき金壹分宛御修理料へ差上ぐ

*主人の爲には打死切腹もす

念故其元ニ承候、　右ノ義、未ノ六月七日ノ処ニ出
ル、

（國）一、三月十五日、　乍恐以書付奉願候

一、當町小屋場之儀、近年增長諸商人難儀仕候段、所〻於町〻私共江相談有之候、必竟〔畢〕私共商賣障ニ相成候樣ニ相聞、甚以氣之毒《ニ》奉存候、依之何卒當年ゟ小屋場一ノ鳥居ゟ東方馬場通江相懸候樣ニ仕度奉存候、然上ハ、地代之外、小屋壹軒ニ付、金壹分宛御修理料江差上候樣ニ可仕候、被仰付被下候樣ニ、右之趣奉願候、以上、

寶暦十三未年三月　　小見川村　幸　七印
新寺村　九兵衞印
文　平印

御役人中樣

三月十六日、宮下伊織呼、舍人・上總出、相談ハ如此願出候、御宮ノ御爲ニ成候事故、其方兩人致相談申付候樣可然候、我〻義ハ、隱居之事ナレトモ、多宮出府之砌、神前向賴ト有之、口上也、無左共、御爲ト有之候事ヲ不取上候テハ、重テ何ソノ時、公儀ゟ御尋有之時ハ申分立間敷候、一己ノ事ニ無之候故、御爲ニ成候事ヲモ不取上、御修覆所ハ大相也、如何樣之御呵ニ可逢も不知候、願人共申ハ、關東一ノ大町ニ明神樣一錢も御爲無之候ト申由也、今迄之所ニ小屋廿ナレハ的場ニも廿懸候樣ニ成候ヘハ、御爲ニ成候、尤國行事（香取内記）・六郎神主ヲモ呼、如此願之趣咄爲知候テ可然候、的場ニハ是迄笠賣・たはこうり抔居、右之処ハ宮下ノ者見世場、夫ゟ先ハ御手洗ノ者ノ見セ場也、彼是申談、兩人ニ而何レニも相談致可然候、伊織申候ハ、御爲ト有之候ヘハ、御尤ニて候、留主之事故、奧江も申聞候上ニ而之事ニ可仕候、自分ハ隱居之事故、何も不構候ヘ共、兩人留主之事也、何ソ急變之事・火事〻、其外隱居ト申、何も不構之樣ニも不成候、御爲ヅクノ事ヲ願出候間、一通り咄候、主人之爲ニハ打死・切腹をもスル事也、然レハ御神慮御爲ニ願出候事ヲ不《ニハ》取上袮候、無念ニ成間敷ニも無之抔申談候、文平ト云ハ、大倉村之者之由、宮下要人名代ノ由也、

同日、伊織分飯司宅へ來り、奧方申ハ御隱居御得心ニ候ハヽ、此方ニ相違無之候由、小屋懸人足之儀ハ、廿ナレハ十ツヽ懸候樣ニ致度候、

返事、御爲ヅクノ事ジヤニよつて、何分ニも純㔟ニ致相談候樣ニト申聞ル、

同日、國行事・六郎神主、分飯司処へ呼、伊織・舍人立合、右兩人へ咄申聞候処、國行事・六郎神主申ハ、御爲ヅクト御座候へハ、結構成事ニて候、只今爲御知候ニ不及候、入御念候事ニて候と申、

一、同日、伊織申ハ、地代ハ前〻之通、

*小屋と云ふは博奕なり

一、かさうり(笠　賣)・あミかさうり、神前へ不出候樣ニ、宮下町ニてうらセ候樣ニ可致候、要害抔ニもかさうり居之由、是才も神前江不出候樣ニ伊織申、

*舊冬壹岐舊地願連印四十五人印形致さず

一、宿ハ前〻之通、　　伊織申、

一、小屋懸候ハ、兩方ニ而半〱、　　伊織申、

一、三月十六日、舍人宅へ伊織袴・羽織ニて、兩人願人へ申渡口上、

願之通申付ル、第一小屋之火元、第二ニハ喧吪・口論無之樣ニ可致候、笠賣・身のうり(養)抔ハ、脇へ片付候樣ニ申付ル、幸七名代村山次郎兵衞・九兵衞宿名代弥右衞門・文平宿要人三人へ申渡ス、

*佐原餅賣

*當所に居候水戸浪人政之進

風說、去年ノ町抔ニハ佐原餅賣ト哉覽抔見セヲ繼シ、小屋ニ致候由、乍去地代三兩出候ハヽ、やはり居候樣ニ可致候、彼者申候ハ、祖父ゟ七十年出府御影ニて相立候事ニて候ト申、兩代官へも願ニ出候へ共、不埒内見セ被繼候由、泪ヲ流シ難儀かり候由、其外近在ノ者も、其通り段〻賣人《アキンド》見セ繼候由、仍而佐原・小見川、其外近在之者、幸七・九兵衞抔賴候由故、右之願致候沙汰也、右ハ山守國行事方ゟ宮下ニ居候、七郎次ト申者ニ申付、地代取候由、餅賣・けんとん抔ノ小屋ニてハ、地代不多ニ付、小屋ト云ハ博奕也、仍而右之小屋ナレハ、地代沢山故也、

一、(國)三月十六日、旧冬壹岐(香取)旧地願連印四十五人、印形不致、宮下領之者十二人除、先年ノ連印ニハ惣檢校賴(香取)母致印形、悴將監此度ハ存寄有之由ニて候、不致候、仍而隱居上總内證ニて立腹ス、先年彼カ親賴母出入ノ節、世話心遣、其後ノ出入ニも壹岐致世話候、十一人之者ハ、大宮司ヲ兼、先年も不致、然処將監兄(香取)隆(香取)要醫師致、江戸ニ居住、立腹和ケニ申分ケニ下ル、江戸樋口梅仙後家方ゟも樣〻申越、其分ニ相濟、親賴母今年八十三才、七月中病死也、

三月十七日、同三月廿日、當所ニ居候水戸浪人政之進江ハ、小屋願無沙汰故不足致候処、彼是仲人有之、

御手洗者へ申付く

*小屋場地代の件

馬場通り計にては小屋場不足

*小屋場地所につき騷動

小屋場一間宛の冥加金百疋宛

和談小屋場ヲ當候由、仍而幸七・九兵衞・要人・政之進四人、町ノ衆致世話候ニ付、壹人ニ百疋ツヽノ▨〔役料〕遣候四人也、余程內證ニて、六ケ敷訳方有り、事濟、水戸邊常陸ヨリ來ル、通り者共ハ政之進勝手也、夫ヲ不知無沙汰ｏ致候而ハ男不立抔ト申謂張也、

國
一、三月十八日、舍人・伊織出、御手洗者へ申付、宮林ノ內、厚キ処ノ杦苗八・九寸、廻り廿四・五本、大細工屋敷ノ上、堺通り杦無之処、材木藏邊無之処へ植サスル、

國
一、三月廿三日、伊織・舍人相談、馬場通り計ニてハ、小屋場不足ノ由、通道ヲ明ケ、訪諏〔諏訪〕ノ社ノ前ノ方迄不懸ニハ足間敷、六郎神主方へも可申聞候、成程御尤年番ニも候間、其元へ呼、爲御知可被成候由申ニ付、六郎神主呼、分飯司咄由、右ノ筋ハ六郎神主支配ノ場所故也、

三月廿四日、伊織方へ舍人往、隱居申候ハ、其方兩人ハ多用、其方抔ニてハ大勢ノ事、中〻出來申間敷候、仍小屋之世話要人・政之進・九兵衞・幸七四人、喧嘩・口論無之候樣ニ致世話候樣ニ申付候ハヽ可然候、尤小屋場一間ツヽノ冥加金百疋ツヽ、四人へ役料可遣候ハヽ可然候、伊織御尤ｏ六郎祝ト被相談候（ｏ留主ノ㆑故、）上、其元へ參、要人・政之進呼可申付候、

同日、要人・政之進呼、伊織・舍人立合、右之段申付ル、九兵へ・幸七相談ノ上、御請可申由、兩人神慮江可差上ニト申事、

三月廿五日、分飯司処へ御手洗ノ者呼、今度小屋場地代ノ事ニ付、前方願ニ出、其後とやかく有之由、今度御爲ヅクノ㆑結構ニ事濟候事ヲ、我ホ妨ヲスル不屆也、地所取上ル間ソウ心得候樣ニ申付ル、訳ハ是迄も五・六百文程取候間、沢山ニ取度下心ニて也、

三月廿六日、舍人幷尾形波江兩人、伊織方へ申遣候ハ、夜前小屋場地所之事ニ付、如此〳〵御手洗ノ者へ申付候、宮下ノ者も九兵へ・幸七方へ人ヲ遣、小屋場地所ニ付騷動、ドコ迄も可出抔ト有ル沙汰ノ由、虛實ハ不知、御爲ヅク結構之㆑出來候ヲ妨ヲスル不屆也、其元器量働を以取治候樣ニ、其方器量ニイカス候ハヽ、自分カ世話スベシ、自分ニてもイカス候ハヽ、公儀へ可申上候、右其方ト相談也、舍人ハ年寄物忘スル故、波江〔尾形〕ヲ添遣ス、伊織申候ハ、御尤ニ奉存候、此方ハ私隨分申付候樣ニ可仕候、御手洗之

*小屋懸代幷に冥加金一小屋より金貳分と貳百文宛

*冥加金滯るは宿々の請負

*鎌倉神主主膳三島神主伊織香取大宮司度度出會

小屋見世檢地

天降社諏訪社の前々通祭禮道除く

者御免被下候様ニ仕度由申候由也、
三月廿七日、伊織方へ使波江、此間御手洗ノ者訴詔(訟)スル、仍テ可《ト》レ許思フ、純埶スル様ニと、此間爲知候間シラスル差許ス、
三月廿七日、舍人処へ伊織・雅樂(安部)兩人來ル、笠見セ之義、何も承知相濟申候ト申來ル、申置歸ル、仍而舍人ヲ伊織方へ遣、隱居申、純埶ニ而相濟候由、大悦致ス由、伊織被入御念難有ト申來ル、
右御手洗ノ者ト同樣ニ地代多取度フ、笠賣抔ハ、大宮司門前廣処へ引ケル、大宮司始、宮下村中前ゟ市立、大ニ宜沙汰也、

〔四　月〕

四月朔日、神前江宮下ゟ伊織(小林)・雅樂(安部)・要人、此方ゟ舍人(伊藤)・兵庫(額賀)年番故、舍人介添ニ小沢夘右衛門出、小屋見世倹(檢)地打らう門前、鳥居より東方へ壹間程置、間口ニ三間ニ北南兩側、其外天降社・訪諏(諏訪)社ノ前通祭礼道除、十八御供所・參籠所ノ後、櫻ノ馬場材木藏・近所小屋敷六十八、右宮中・宮下兩方へ半分ツヽ小屋懸候申事定也、二日ニも右之人數出ル、一二三ト

小屋クジ取ニスル、
四月六日、小屋懸代幷冥加金一小屋ゟ金貳分ト貳百文ツヽ納ル、取立ルハ新寺ノ九兵衞・宮下要人、此方ゟ夘右衞門・小見川幸七ハ櫻ノ馬場ヲ取立候由、右四人ニて取立ル、尤　御供所後ノ茶見セゟ金壹分納ル、是ハ小屋場ニ懸候処、立木有之、不勝手故茶見セニスル故也、小屋場壹分納ル、右冥加金滯ハ、其宿ゝ請負者也、冥加金納ル処、拾五兩也、其外未壹分有之由、九兵衞請負、未八月迄未納、

江戸
一、三月十四日、鎌倉神主主膳(大伴時芳)・三嶋神主伊織(矢田部)・香取大宮司多宮、度ゝ出會、壹岐(香取)願ニ付、同心ノ段申談候処、多宮得心無之候、挨拶ノ訳ハ別紙ニ記、

江戸
一、三月廿四日、多宮御暇願、在所へ歸候沙汰ニ付、權(香取式部)祢宜多宮旅宿往、御歸候ハヽ、私も願度段申候へハ、多宮昨日願ニ出候処、願書認出候樣ニ被申候間、今日可出存候ト申由、仍之(マヽ)

乍恐奉願上候御事

來ル四月五日、私義、神前當番ニ御座候、大祭礼市ニ而大勢參詣有之、火元ホ之儀、組下之者共計ニ而ハ無心許奉存候間罷歸、祭礼且番日相勤申度

奉存候間、御暇被下置候樣ニ奉願上候、以上、
宝暦十三年三月廿四日　下總國香取下社家 権祢宜香取式部 印
寺社
御奉行所樣
右願書、差出候処、安(藤井)右衞門留主中川平内━━、明日出候樣ニ被申、
三月廿五日、式部・求馬出ル、安右衞門出會、罷歸候樣ニ尤用濟候ハヽ、早速登候樣ニ被申渡、多宮も出合之由、余日無之候間歸間敷旨申上候由、

*商人大勢荷物澤山につき火の用心致すべし

大坂四郎右衞門家出火自家一軒燒類火

*不斷所江戸へ出府

*四郎右衞門出火の件

〔國〕一、宝暦十三未年四月七日ノ夜、四ツ半時、大坂四郎右衞門家出火、大騷、自火一軒燒類火、無風、少計南風ト云程ノヿニても無シ、上ノ三郎右衞門家ふせく、七日ノ日余程ノ雨故、類火ナシ、津宮・丁子村、其外所々ゟ見廻來ル、此日晝時權祢宜并行事祢宜(額賀兵部)悴右馬出府、
四月七日、金剛宝寺ゟ使僧、私百姓出火御騷可被成候、差懸ノ木小屋ゟ出火ノ由申事、使不斷所人々未寤時也、
四月八日、右四郎右衞門惣持院へ懸籠候由ニて候、金剛━━ゟ不斷所使、町役兵庫方迄未火有之候間、はいかき度々ト伺、兵庫未町ノ人入込候間、早クかヽセ可然申候樣ニト申聞ル、
四月十一日、金剛━━ゟ使僧不斷所、四郎右衞門妻子居候処無之、小屋懸候樣ニ可致御居申候由、返事、隱居之事故、何れ共不被申候、舍人咄候樣ニと申聞ル、風有之候へハ、御宮迄も不殘候、町時未商人大勢荷物沢山、此節ねすにも心懸、火ノ用心可致事也、未二・三日立無間もヿ也、
四月十二日、金剛━━使僧夕アゟ雨故、小夜(屋)居候樣ニ申付度候、伺候隱居之事故、何共挨拶不出來候、舍人咄ニドコソ借候樣ニ致候ハヽ可然候、咄候樣ニ可致候、
四月十四日、不斷所江戸へ出府、右妻子共小屋懸居住ノ願ノ由也、
四月十九日、不斷所江戸ゟ歸ル、四郎右衞門出火、在寺ノ義、又妻子小(屋)懸候事願候処、大宮司(香取多宮)申ハ、此方ニ無相違候、差許候ハヽ可然旨申候、小屋懸候義、不斷所時分柄故、四郎右衞門御免ノ訴詔(訟、下同ジ)致、是又多宮許可然候、此方無相違之由申、壹岐再在(三)及相談候処、右之通也、風無之候へハコソ、風有之候へハ、

御宮迄も也、又無間之間ト及相談候処、不断所江戸迄訴詔ニ出府御免無之内ハ、五日も逗留御願可申候由申、仍之四郎右衛門訴詔相済由也、

同日、金剛宝寺右爲ニ知使僧來ル、分飯司《(伊藤求馬)》方也、

*妻子小屋懸願

一、江戸四月十四日、多宮旅宿へ權祢宜并求馬、壹岐ニ被頼往ク、今度儀、兩人不和合故相談才不相《ト》整様ニ御役人被申候由、壹岐本領之義故、貳拾六石八斗壹岐江御預ニ相願、御修覆之儀ハ相殘候、修理料ニ而不足之処ハ、壹岐方ゟ差出、御修覆引請、御手支無之様ニ被可《(マヽ)》致候、左候得者、寛文年中御書付も相立、御修覆御差障ニも不成候間、御得心ニ御座候ハヽ、一同ニ御願被下候様ニ頼候処、多宮申候ハ、先達而矢田《(伊織)》部三嶋神主・鎌倉神主《(大伴時芳)》江申候ニ、不相替預リト申候而も、寛文之御書付不立候間、同心難致、又大岡《(忠相)》へ書上候通ニ、此度も申上候間、自分口上相違ニ成候、同心難成候、幾度被申候而も不成候ト申、

*在所に於て伊織舎人立合

*不断所へ小屋懸の儀

*大坂四郎右衛門出火の件

一、未四月十五日、江戸旅宿へ不断所來、金剛宝寺ゟも口上有之、爲見舞一樽來ル、不断所申ハ、當七日夜、大坂四郎右衛門出火、當人ハ惣持院江在寺仕候、妻子風雨難凌ニ付、小屋懸居度ト相願申候、仍之態々

拙僧御願ニ態々出府仕候、何卒願之通被仰付被下候様ニ奉願候、金剛も宜敷御御《(マヽ)》願申候様ニ申付候、

壹岐――出火ノヿ、平日共遠大勢取込候、市ノ節人々別テ相愼候事、折から左様之事不屆ニ候、乍去▨妻子難儀之由、多宮共相談候上、可申聞候、

同日、多宮方へ使求馬、不断所出府、出火ノヿ――、妻子小屋懸願、定而其元へも可出候、常共遠大勢人寄候節、不埒ニ存候へ共、妻子小屋懸願ニ出候、甚難儀之由、如何可申付哉、爲御相談以使得御意候、

多宮返事、四郎右衛門出火――、小屋懸願被仰付可然候、何分此方ニ相違無之候、　又求馬遣ス、於在所伊織・舎人立合、可爲申付候哉、又不断所態々願ニ出府ノ事故、此方ニ而不断所ニ可申渡候哉、御相談、多宮返事、入御念候義、其元へ不断所御呼、此方ニて被仰渡可然候故、私も態々願出候、詮ニ而候、何分思召可被成候、

十六日、不断所へ小屋懸之儀、願之通取次求馬、難有之由申、不断所又願候ハ、在寺之儀も拙僧出府ニ而相願申候間、口上間違之様成義ハ、宜御取成、是も御許被下、拙僧手柄ニ相成様ニ被仰上被下候様ニ、

市の節夜も寢ずに用心
*惣檢校孫民部職料願ふ
四郎右衞門在寺免願ふ
大坂四郎右衞門奥の宮へ松葉積重ね夫に火付く
四五十日も閉門申付く

求馬へ願申候、　　壹岐――小屋懸願之席ニ願候ハ、宜無之候、先此度ハ小屋懸願計ニ而能候、在寺許候事ハ、未間も無之、アレ程之事、仕出シかるく可許事ニ而無之候、風惡敷候へハ、町並・御宮迄も程不知候、常共遠、人ゝ別テ市ノ節夜も不寤ニ用心可致事、不埒ニ候、又在寺許候へハ、多宮江も相談無之テハ不成候、先以余り早ク候、難成段申聞、不斷所――左候へハ、又私出府不仕ニハ不成候、御兩所御歸之程も不知候、尤御意之段ハ至極御尤ニ奉存候へ共、又ゝ遠方出府も難儀ニ御座候、何卒御免願之由、度ゝ申事也、

四月十六日、多宮方へ使求馬、四郎右衞門在寺免之事願候、如何思召候哉御相談、私ハ法ニ相成候事、余り輕ク免候ハ、能有之間敷存候、折柄も惡敷、大勢人ヲ騷シ風ニても有之候へハ、御宮江も――、早ク差許候テハ、掟も宜有之間敷存候、先年も大坂四郎右衞門奥ノ宮へ松葉積重、夫ニ火付、其節四・五十日も閉門申付候樣ニ承及申候、　　多宮返事、大坂四郎右衞門在寺ノ義被仰遣候、御社中引離シ候間、許候樣ニ被仰付、宜可有御座候、夫共思召次第ニ可被仰付候、私方ニ相遠無之候、　　不斷所方へ多宮申候ハ、此方ニハ相違無之候、壹岐方へ願候樣ニ申聞候由、依之多宮得心ニ付、在寺願願候通宥、尤伊織・舍人江も、右之段申聞候樣ニ申、不斷所難有由申歸ル、

一、三《江戸》月廿五日、惣檢校孫民部旅宿へ來り、私前方職《シヨク》料《レウ》之儀、又ゝ願申度候、御添簡被下候樣ニ申來ル、壹岐――未二・三年ニ成候、未無間願筋ニ無之不成候、相止候樣ニ申、

一、四《江戸》月廿一日、多宮方へ權祢宜往申候ハ、内ゝ一己ニて參候、扨此度壹岐願ニ付、私も御存之通、被賴罷出、永ゝ相詰致迷惑候、此義ハ御兩人御和談被成、一同ニて御同心ニ而御願被成被遣候而ハ、如何可有之候哉、御上ニても左樣之筋ニ相聞候、私ケ樣ニ申上候ハ、壹岐ヲかたん仕可申上可思召候へとも、左樣ニ而ハ曾而無之候、兩《御》支配請候、私故以後、ケ樣之事御互ニ御遺恨《イコン》ニも可相成哉と、氣毒ニ存候、何とそ御同心御願被遣候ハヽ、御互ニ御懃懇ニて一社も靜謐可仕存候間申上候、御修覆も壹岐引請可致被申候へハ、御差支にも相成申間敷候間、御了簡被成

可然奉存候、　多宮申ハナニシニ自分壹岐預ニ可障樣無之候、大宮司ヲ勤ルカラハ寛文御書付事、又修覆之儀、一通り申上候已而ニ而、從上被仰付候ヘハ、曾而違背無之事、壹岐願ニ決而障ル中無之ヲ一通申候事也、又壹岐預りト有之事も、却テ苦ヲ求候事無易成事、ケ樣ニ被存候、式部申ハ、御兩所御相談ニて候、御修覆被成候ハヽ、如何樣ニも可成事と存候と申候ヘハ、多宮それハあて無之事と申候由、

一《江戸》、四月十四日式部求馬多宮旅宿ヘ行申ハ壹岐被　前ニ
前後、記失念、

鎌倉神主大伴主膳多宮旅宿へ往く

一《江戸》、四月廿日、鎌倉神主大伴主膳(時芳)多宮旅宿ヘ往、談《ト》候ハ、先達而壹岐願之事、とかく被和融御同心御願可然申候ヘハ、多宮申ハ、其方ハ矢田部其許ヘ先達而申候通、相違無御座候、違變無之事ニて候、寛文年中御書付之事、御修覆之事ハ一通り不申不成候間申上候、從公儀被仰付候ヘハ、違背無之、壹岐願ニ差障之心底無之候、乍去中務代(香取)より同心ニ而相願候事も無之候間、同心ト申事ハ相成不申候、壹岐ト不和成事ハ、曾而無之、此上之了簡ハ無之段申候由、　右趣內證ゟ書付差出候、尤矢田部・大伴、兩度多宮ヘ同心之儀談候趣、書付差出候、

*伊能村神主後家方より座頭東來る

一《國》、四月廿七日、伊能村神主後家方ゟ座頭東《アツマ》來ル、村ノ地頭ゟ
御朱印御渡ノ御沙汰有之候ニ付、可申通之間、其節致出府候樣ニ、用人ゟ龜松方ヘ申來、　神崎神主丹波請取ニ出府致くれ候樣ニ、御手帋ニても被下候樣ニ申、上總(香取)此方ゟ使可遣由申聞ル、　四月廿八日、

*源太祝主計を神崎に遣す

源太祝主計(香取)ヲ神崎ヘ遣、差合有之候ハヽ、名代遣候樣ニと委細申遣、　返事、相心得承知之由申來ル、伊能(伊能)ゟも今朝下社家石見來申事ノ由、　龜松爲ニハ右丹波ハ從弟親若狹甥也、

〔五　月〕

五月三日、神崎丹波使松森仁兵ヘ口上、伊能石見又來、　御印印ハ石見出府可請取申來候、爲御知申候、　返事、入御念候、御使致承知候、夫ハ左ハ有間敷、其元ヲ御賴候筈ニて候処、如何致候哉と存候、

*座頭東へ不埒の儀

五月七日、伊能神主後家弟神崎村ニ居、要助願書持參、座頭東江不埒之故、与兵ヘ・善兵ヘニ御吟味被

下候様ニト、家ノ為存候故ト申趣也、
一、（江戸）御差紙、壹岐（香取）・權祢宜（香取式部）・求馬、飛驒殿（酒井忠香）ゟ召、五月十一日也、
被達儀有之間、今日中被相越候様ニ飛驒守（酒井忠香）被申候、
以上、例之通、壹岐同文請、香取式ア殿・伊藤求馬殿并レ名ニ通来ル、
同日出候処、安右衞門（藤井）御用ニ付出候由、長谷川伴助━━明四ツ時出候様ニ、多宮（香取）・壹岐・式部・求馬歸ル、
五月十二日、四ツ時出ル、壹岐・式部・求馬・安右衞門申候ハ、多宮シキツテ歸村願候、在所両人留主、神用も差支、收納之義未相濟、其上在所邊物騷ニて火早御座候由願候、仍而何も被歸候由、飛驒守被申候、壹岐━━奉畏候、乍去多宮申上候而も、両人在府之義、先年も三・四年程も両人在府仕候義、幾度も有之候、左候而も神用差支候事無之候、在所ニも相應ニ名代相勤候者、其外、留主ノ者有之申付置候間、是迄両人留主ニ而も神用差支義無之、此節神用、何も無之候、又多宮收納時と申上候得共、只今收納時ニてハ無之候、火早之由、是も田舍之義、火事抔ト申事、何年ニも無之候事、尤程ハ相知不申候へ共、御當地之様ニハ無之、火事抔ト申ハ、何年ニも無之事ニて候、安右衞門━━ハ多宮シキリニ願候へハ暇被下候、其許ハ致逗留度候ハヽ、可致逗留候、且又此度御上御法事御用被仰付、暫ハ御尋不成候、先其元七ツ請被致可然候、奉畏候由申歸ル、式部・求馬江も、右之通り被申渡、御上御用濟候ハヽ、宿迄呼ニ可遣候、左候ハヽ、早速相居可申と被申候、

*酒井殿へ壹岐一人出る

五月廿一日、酒井殿（忠香）へ壹岐一人出ル、安右衞門━━弥近日歸村之由申候へハ、御法事御用も有之、急ニハ尋有之間敷候、未尋候義致候事も有之候、御用濟次第宿迄可申遣候、尤願人共江も此間右之段申候、其元も先歸村可然候、

*錄司代不勝手につき屋敷内に芝居立てたき願

一、（國）五月十四日、此間錄司代不勝手ニ付、屋敷内ニ芝居立度願、大宮司（香取多宮）方無相違候ハヽ、此方無相違候段、舍人（伊藤）方へ申渡、

*兵庫子座頭泉賀芝居願神前小屋來る

兵庫子座頭泉賀、芝居願神前小屋來、願去年不斷所へも借シ候、仍之少さト申事借ス、是ハ場所すかふニ立由、
一、五月十六日、大宮司・式部・求馬、右酒井殿上野御

法事被仰付候、尋候事も有之候間、歸村致來月呼ニ
可遣之間、致出府候樣ニ――、
十六日、歸國之由、五月廿一日大宮司使伊織(小林)口上、
見廻ノ口上也、
返事、御使ニて候、先以永ゝノ御在府御苦勞御大儀ニ存候、御道中御安全御歸宅、珎重ニ存候、此方御宮御安全、私方へも――、從私方も以使可得御意候へ共、隱居之義故差扣罷在候、入御念候御使ニて候、

愛染堂漏り多し

一、五月廿四日、金剛――ゟ使僧不斷所、分飯司処へ來り、愛染堂漏《モリ》多候間、修覆賴候、分飯司申候ハ、大宮司懸リノ由申、又愛染堂へ子共ワルサ致、戸ヲ明、彼是致候、其段ハ伊織申合、親共へ兵庫方ゟ可申付候、宮下也、其返事、宝曆八年ニ不斷所愛染堂ノヿ願來候、宮下懸りノ由申聞ル、

御修理料藏拂相場
*攝津臺所迄來る
*勘當の屆あり

一、宝曆十三未年五月廿七日、
御修理料藏拂相場、壹兩ニ付九斗三舛、かへ錢兩ニ四貫百五十文、七十三俵三斗三舛代、金子三拾兩ト錢七百五十七文、同日右代伊織預ル、宮之助(國分大和)・物申(香取右近)致印形、大祢宜(香取壹岐)義ハ在江戸無印、

〔六月〕

一、六月二日、江戸出足、三日朝壹岐(香取)歸宅、
一、六月七日、國行事(香取)內記(伊藤求馬)、分飯司方へ來、悴攝津(香取)義、御神前向名代ニて差出不申候、差出度段申、先達而致勘當事故申上候、　六月八日、大宮司(香取多宮)方伊織(小林)方へ求馬(伊藤)ヲ相談ニ遣、昨日內記來り申分――、去年申出候、宮下年番ノ節也、何レニも致相談候樣ニ申付ル、多宮(香取)申ハ、三月中屆一通之樣ニ申候、宮中無相遠候ハヽ、此方無相遠候段申、夫ニ年番ト申訳も有之間敷候、　又求馬遣御年番ノ節申出候、何分ニも御同樣ニ相心得事申候、返事、年番懸りニ可被仰付旨、近ゝ內沙汰ニ可及候、
右訳三月節句ニ分飯司方へ內記來り、宮下へ申候処、宮中無相遠候ハヽ、此方無相遠候ト御申之由、舍人(伊藤)承置候由、及御挨拶、然レハ即剋伊織方へ內記往、宮中ニも無相遠候由、三月六日攝津臺所迄來ル、勘當ノ屆有之、挨拶も不聞、來ルヿ支配ヲ蔑《ナイカシロ》致事也、三月七日朝、多宮(香取)方へも攝津往由、多宮出府取込候之由、不逢之由ノ伊織申事也、右

之訳故、上總(香取)ハ攝津ニ不逢也、

大坂四郎右衞門出火類焼もなし

一、六月九日、多宮使伊織、私領分七兵衞悴義、此度親類共願ニ付、可差免存候、爲御知申候、且先達而四月市ノ節、大坂四郎右衞門出火、類焼も無之、御同前ニ弥重、此段御隱居様(香取上總)へも宜、　返事、御領分七兵へ悴御免可被成候由、入御念候義、何分宜可被仰付候、四月中出火之儀被仰遣候、隱居江も可爲申聞候、

內記仕方惡しき事

一、六月十一日、分飯司方へ國行事內記伺ニ來候、舍人申ハ、此間御相談も有之候、宮下へ被出候様ニ申候由、　六月十三日、多宮使內記願之事、免候様ニ可申付候哉、舍人・伊織立合、內記不屆様之事も有之候間、爲申聞可然候哉、御相談、　御返事、內記願之事被仰遣承知、何分ニも可被仰付候、私方相違無之候、伊織・舍人立合、內記仕方惡敷事を可被仰候由御尤、何分ニも宜可被仰付候、

一、同日、宮下伊織方へ求馬立合、內記呼申渡ス、不屆も有之候へ共、ソウ有テハ末々准《ジュン》下シ乱ニも成事、急度も可申付候へ共、此度ハ其分ニ致候、重テハ隨分愼□(重カ)之様ニ可致候、攝津(香取)事願之通相談ノ上、願之通申付候ト伊織申候、求馬申候ハ、不屆義と有之ハ、其元攝津勘當屆被致、兩方挨拶も不聞差歸シ攝津差歸シ、其上三月七日兩方へ攝津差出候義、支配ヲ蔑ニ致、仕方不屆之由被申候と申候由、

右去午年攝津勘當之由、內記相屆、當未三月親類共世話ニ付、免候由申候間、留主之事故、承置候由申候処、三月七日內記此方挨拶も不聞、攝津を手前宅迄參候者不屆也、

*壹岐舊地願の儀

*大宮司大禰宜同血筋

*御手洗百姓等の事も相談

一、六月廿二日、隱居上總(香取)田所圖書(伊藤)ヲ呼咄候ハ、壹岐旧地願ノ義、其方多宮ト心安候由、一通申くれ候様ニ頼可申呼候、先兩家同血筋頼朝(源)公ノ時ノ大祢宜ハ惟房、其弟ノ廣房、神主相續、其後も度々長房・幸房ハ兩(二)代兼職、其ノ後も兩家同血筋、此上も多宮子孫大祢宜ニ成マシキニモ無之、壹岐子孫同斷、今迄ヒタト相互ニ相續致候、実應・貴宗ノ訳、齋宮へ分地ノ訳、カレ是委細ニ咄ス、事觸免狀ノヿモ多宮へ直談、一ツ祓ゟ出、余り遠クモ無之、連名隔年ニ出候訳ニ成候へハ、純熟無レ上もヿ、公儀へ申被仰付候ニてハ、かノ字モ無之事、一紙連名ニ致度段申、其後物申祝(香取右近)ヲ以申遣候へ共、得心無之、又御手洗百姓抔ノヿモ、

*高井助五郎妻市實行嫡女なり

御宮の古繪圖古書

*大々神樂の儀

*大々神樂執行

*月々三度宛御供獻上

度々談候へ共、承引無之、彼是咄、當月御法事後ニ呼ニ可被遣旨、被仰渡候由、當月カ來月始方ニも可被召候、公儀ノ事故、一年又ハ半年懸り可申も、此上不知候、此上程不知候、多宮ハ人ノ事ニ、江戸永詰、氣毒成物一同致候へハ、此上出府ニも及間敷候、たとへ大勢一同ニても、上ノヿ故、成ル不成ヿハ、上ニ有之ヿ也、一同致ナレハ、純㔟一同無之候へハ、意地惡敷誰か聞候而も自分之事ニてハ無之、尤本知之事、修理料ニ成間敷物か、其節一言不申上候故、其證據ニハ、齋宮知行ト御書付有之候ニて知レ候、浪人者知行所持可致樣ナシ、委細申談ス、圖書致得心、明日可參由申、　御宮ノ古繪圖・古書共、是迄不見候哉と尋候処、古書不見候、私処ニ御下文ホノ写ハ有之由申候間、右之物見セ及構訳〔講〕、

同廿三日、圖書多宮方へ往、咄候処、中務（香取）イサイ書付置候、其趣公儀へ書付申上候へハ、自分ハ濟候樣ニ思候致方無之候、此上被呼候共、職ヲ勤候へハ抔ト申、曾而得心無之也、圖書少も和成挨拶ニ候ハヽ、二・三度も參可申存候へ共、中々不埒御挨拶ノ由也、

一、七月六日（マヽ）、大宮司使愛染堂修覆屋祢・御供所屋祢も

損候由、壹岐留主、歸候ハヽ可申聞候、

一、六月廿三日、高井助五郎妻市（眞展）ー、實行嫡女也、高井ハ三百石、御小姓組、此度出不付之儘之故對面ニ下〇十九齡ノ時ル、四十六齡、八月廿二日ニ歸ル、鹿嶋惣大行事娘ノ腹ニ出生也、五月廿七日、〇松崎式部迎ニ遣、六月廿三日來ル、送りモ式部同道也、

一、未六月十四日、金剛宝寺使僧不斷所、此間も御願申上候、前々ゟ愛染堂損候、又出府候樣ニ承及申候ーー、去年中も御覽之通、表門も一・二ケ所もり有之候、屋祢や席マトーー分飯司申候ハ、宮下御掛り被申候樣ニ可申聞候、

一、六月十四日、多宮使大長手（尾形數馬）悴願出候へ共、御留主故差扣候、大々神樂之義也、御相違無之候哉思召候ハヽ、可被仰遣候、　書付來ル、

來ル春中大々御神樂執行、

朔日・十五日・廿八日、月々三度ツヽ御供獻上、

是ハ御供代毎年金三兩ツヽ、御供所御年番江差上申度候由、是ハ書付ニハ無之候へ共口上、此三兩內ニテ百疋をも勤候者へ遣度候由、

額永代月々三日御供獻上、

御燈月頸七日・十五日・廿八日、
是ハ爲冥利手前へ引受獻シ申度之由、
金燈二ツ、尤來春之義ニ候へ共、支度のため御願、
右書付趣、願主葛錦(飾)郡船形村、
返事、何分ニも思召次第ニ可被仰付候、

〔七　月〕

愛染堂修覆の件

一、七月六日、大宮司(香取多宮)使伊織(小林)、金剛宝寺方ゟ以使僧度ゝ愛染堂修覆之儀願申候、　返事、如何可仕候哉御相談、御供所ももり候由、御相談、　返事、此間壹岐(香取)儀、松崎へ罷越、留主之由申遣、

一、七月九日、大宮司へ使求馬(伊藤)、此間ハ金剛宝寺願愛染堂修覆義御相談御懸之儀ニ御座候、何分ニも思召次第ニ可被仰付候、御供所之儀も被仰遣承知、是又何分ニもト申遣、　返事、明日番頭寄相談、屋祢やも呼可申由ト來候、

大宮司へ愛染堂幷に御供所につき寄合

一、七月十日、大宮司旁へ番頭寄合、愛染堂幷御供所、右両所屋祢や右京ニ金十五両ニ而受負、木之事御藏ニ有之候、木ハ能木故、たしなミ置、小木ヲ見立致可然ト申遣処、多宮(香取)尤之由申付ニ付、木番頭ニ見立候様ニ申遣、先《マツ》有之木ヲ遣、重テ可見立之由申歸之由、

*宮下へ金渡に立合

一、七月十一日、宮下へ金渡ニ立合、舍人(伊藤)出ル、去午年閏四月、御社内見セ代四両貳分・九百拾六文ト有之、封切、
金子六両、　屋祢や右京ニ渡ス、
右愛染堂・御供所貳ケ所御葺替半分ツヽ、右十五両請合ノ内六両内渡、
七月廿一日、屋祢や右京板へきに取付、廿五日ゟ水戸ゟ屋祢や共來ル、

〔八　月〕

*新飯神事
*博奕小屋四五軒懸る

一、未八月、新飯神事、四日大細工屋敷ノ上ゟ馬場通両かわ懸見セ小間物賣人ヒシト居、神樂所後ニ、ばくち小屋四・五軒懸ル、此方年番ナレトモ、不沙汰故、店イカヤ勘兵衛呼、分飯司(伊藤求馬)尋候処、又はくち小屋ノヿハ、原町弥右衛門宮下ノ者尋候処、勘兵衛申候ハ、市も九月へ延候間、去年も懸候、私存候も有之、不存も有之、不心付之由申候、夫ニてハ不濟候ト申聞ル、　右之通尋候へ共、余りセドヒ成事故、尋候

のミニて、其分ニ差置、

御祭禮供物打散る時勤めず

○一、内陣外御燈ノ事、八月四日、大宮司(香取多宮)方へ使求馬(伊藤)、昨三日夜内陳御祭礼ノ節、中殿大床マツクラニテ往來怪我も無心元供物打散候時ハ、御祭礼不勤候、仍之御燈ノ義、番頭明朝飯後呼相談可致と存候、其方も出候様ニ申遣、伊(小林)織相心得申候由申事也、

八月五日、番頭呼、物申(香取右近)ハ不出、三奉行も來ル、申聞候ハ、右段々之訳申聞ル、御祭礼供物打散時ハ不勤事也、御燈代出候事故、宮下ゟ可被差出哉、一夜・二夜計ノ丁、又ハ修理料ゟ出可然候哉、又ハ當番ゟ可出哉、又ハ自分内陣勤候故、自分方ゟ可然候哉、祭當ゟ出候例無之、去々年も近藤祭之節不出候、帳面ニも古來ゟ出候例無之候、右之段可致相談、伊織方へ右之段歸候而伺參候様ニ申聞ル、　大宮司返事、可出段申來ル、番頭――ハ、此方ニ有之候、燭臺一ツ、宮下ノ一ツ、拜殿へ二ツ、番頭ゟトボシ、中殿へハ宮下ゟ一ツ、前々ノ通差出候様ニ、又内陳御祭礼ノ節ハ、宮下ゟ御燈内陳江差出候様ニ、右之通相談相極者也、四ケ度内陳御祭礼ノ節ハ、宮下ゟ中殿江出候、明シヲ大床へ置、社家ゟ出候、拜殿ノ二ツヲ一ツ中殿へ差置、内陳江ハボンボリヲ新規ニ拵候テ、大宮司方ゟ明シヲ立候様ニ、右之通相談極ル者也、　尤中殿ニ内陳供物拵置事故、明シ無之候テハ不成事也、

一、未八月七日、スグイ文藏願、先年立退候、寺嶋忠兵へ路次往來願、三郎兵へ(額賀)・兵庫(尾形)・波江出候、度々願候存候差宥、

一、八月十一日、燭臺火カサトモ一ツ、當番へ渡ス、使廻田検杖、

一、未八月十五日、北天風雨、宮林風折、十六日朝止、杦大小六十四本、御舟山ニて小木松五本、　八月十五日、風雨、姥山ニ而松中折貳尺程廻、三間程有之、伊織・求馬申合、前々之通宮下ニ取、孤座山ニて松三尺一本・貳尺一本・壹尺余、以上三本風折、東へ取根かへり、与兵衞上返り一ツ所ニて、

一、八月十六日、金剛宝寺使僧不斷所、塔ノ脇ニテ昨十五日風折木杦貳尺計カヘリ候、御神前へ差上可申哉、又手前へ引取可申哉伺之由、舎人(伊藤)申候ハ可申聞候、其通リニ致差置候様ニ申候由、

*側高祝來る

一、同日、側高祝來ル、宮林ニて椎三尺一本、杦壹尺五

壹岐宅へ番頭呼ぶ
*國行事神樂願ふ

*新市祭禮は名代權禰宜勤む
*此の神事大宮司名代にて勤め壹岐は勤む
*市引大勢混亂すと心得名代とす

寸貳本カヘリ候、片付置候樣ニ申由、

一、八月十八日、多宮(香取)方へ使求馬、此間宮林風折拂木ニ十本計計(マヽ)致候テハ如何、爲御相談ト申遣、伊織へ求馬申候ハ、木も當分御入用も無之、入置候処モ無之、材木藏へ入置候ヘハ、惡敷成候、夫故十本計も拂可然と申事也、

多宮返事、風折木之義被仰越候、何分ニも思召可被成候、無相違之由、

八月廿二日、壹岐(香取)宅へ番頭呼、物申ハ不出、此間風折木拂木ニ致可然ト、宮下へ及相談之処、尤之由、仍之見分致印ヲ付置拂可然候、去ゝ年大風ノ節、未折枯木才も拂可然候、得ト見分致候樣ニ申、貳尺・三尺ノ木拂候而も、易も有間敷候、四尺ゟ拂可然候、未折枯木朽候由ニ候間、拂可然候、求馬・伊織へ申候ハ、未折枯木ノ事申上候樣ニ申、宮之助(國分大和)申候ハ、廻廊抔も追付萱替前ニ候間、木御カコイ可然候、壹岐申候ハ、廻廊抔ニハ貳尺・三尺ノ木も有之、風ニサケ候木も有之候、當分御入用も無之候、置処ハ無之、材木藏へ置候ヘハツキ候由ニ候間、拂可然及相談候、先得と致見分候樣ニ申旨候、見分ニ往、

原町裏通、一、六尺四寸、六間程置、中折惡木、一、同所、五尺九寸、五間程置、中折、一、同所、六尺七寸、八間程置、中折、宮林中程、一、五尺五寸、貳間程置、中折、一、同所、五尺四寸、八間程置、中折、一、七尺壹寸、一間程置、中折、一、五尺三寸、昨年木懸神樂所ノ裏、一、五尺六寸五分、宮林中程、一、五尺壹寸、同所、〆枚九本、番頭見分、九月十三日入札、とうさく文内、代金廿六兩落ス、

〔九　月〕

一、九月二日、多宮(香取)使伊織(小林)、取次求馬(伊藤)、國行事(香取左近)神樂願候、來ル十月十日・十一日・十二日、御差合も無御座候ハヽ可申付候、返事、神樂ノ義被仰遣候、其節出府可致候、求馬・伊織差札相談も存候由、

一、未九月九日朝、樂士貳人スホウ・羽織、長柄袋ニ入、爲持被取申入也、右新市八月ノヲ引、祭礼ハ名代權祢宜(香取式部)爲レ勤、此神事、大宮司(香取多宮)名代ニて勤、壹岐(香取)ハ毎年自身勤ル、御宮御修覆前ハ返田ノ祭礼并長端祭礼ニハ兩所不勤、名代ノ由申傳、多宮右之訳故、今年ハ市引大勢コンラントト心得名代也、多宮ハ去年迄ハ不勤候処、今年ハ勤候由、　右長柄爲持事、九月八日ニ多宮へも爲知候処、九日ノ朝、多宮申越候ハ、士何人御

連候哉、御同様ニ可致ト申越、又長柄持ニ白張者候哉と申越、士ハ貳人連申候、白張ハ不着候、只袋へ入爲持候ト申遣ス、

右九日祭礼ノ丁、元禄年中相談之上、致出勤之処、多宮廿年計朝參致候へ共、祭礼ニハ名代計出爲勤候間、此方ハ昨年迄出勤致候へ共、今年名代權祢宜出候、何ト被存候哉、當年ハ多宮出勤、昔ハ霜月十三日、九月九日ハ両所無出勤、　右前ニも記、清書之時失念也、

大風に依り狭山の杉大宮司土藏の上を蓋ふ

一、九月十二日、先達テノ大風ニ狭山ノ杦大宮司土藏ノ上へ蓋《ヲヽウ》、伊織・求馬へ申候ニ付行見ル、杦六尺、且那へも爲申聞候、爲伐候樣可然ト申由、

*狭山の杉

拂木、
○一、未九月十三日、宮林風折入札、とうさく文内落ス、代金廿六両爲手金貳両濟、殘ハ山入ノ時――、十一月廿九日、惡木不足ニ付、先達而杦六尺一本増ニ遣候へ共、末不足、又大宮司相談ニて金壹両引遣ス、

*愛染堂屋根葺仕込み

一、九月十五日、大宮司使伊織、取次求馬、狭山ノ杦私藏へ倒可申樣ニ子申候、生木ニ候へ共切可申哉、又姥山ニ松五尺位三本、下へ可落始ニ候、爲伐可申哉御相談、　返事、狭山・姥山ノ杦松之義被仰遣候、何分ニも宜樣ニ可被成候、

○一、未九月十九日、三郎兵へおとも畑出作申ハ、私作候畑ノふちニ杦木四本壹尺廻有之候、右杦ノ枝ヲ香春院留主居道心、右杦枝取候、其許畑へ可落候間、おとも彦七畑ノ上ハ香春院山ノ由、三郎兵へ畑ノふちハ道ヲ越候故、香春院山ニハ無之見へ候、先年ハク子有之候由、夫も今ハ取候由、三郎兵へ畑ノふちニて細帶ノ樣ニ打、畑ニ付候樣ニ見へ候由、右ニ付三郎兵へ申候ハ、春道心へアノ所ハ此比迄クネ有之、香春院ニハ無之、畑ノふちノ木也、其方ゟ木枝可取筋ニ無之、今ハクネヲモ取、其上道ヲ越、其方地抔ト申事不成候ト、右道心へ尋候由申、

一、九月廿日、伊織求馬へ申候ハ、狭山ノ杦、昨十九日爲伐候、見候樣ニ申、求馬往見ル、拂木致可然ト申候処、多宮も左樣可然由申、

九月廿六日、右木拂代金貳両壹分貳朱、此錢五百文也、當所ノ木挽調ル、

一、八月廿二日、愛染堂屋祢葺仕廻、同廿三日箱棟上ル、夫ゟ御供所屋祢ニ取付、

一、未九月廿六日、拂木代金廿両文内納ル、殘金六両ハ、行事（額賀兵部）祢宜受負、霜月十五日差上可申由也、

〔十月〕

一、未十月二日、宮下正検非違使掃除悴〔部カ〕、私義明日御師ニ出申度候、求馬(伊藤)カ神樂ニ不參ニ成可申候、申候へハ身上取續、難儀仕候間罷出候、神樂ハ不勤候、大祭礼之節、勤可申存、早ク罷出候、其元旦那へハ御願候哉尋、手前旦那相違無之候ト申候由、四日、多(香取)宮方へ使求馬掃除悴御師ニ出候由申候、(弥被仰付候哉、)神樂ノ節不參ニ成、神樂邊ニ出候ハヽ可然候、無左候ハヽ、名代ニても出候ハヽ可然候、願主大勢遠方ゟ來候事、御威光ニも御座候心付候間申進候、　多宮返事、正検非使〔違脱〕事被仰遣、致承知候、

○一、(四方拜巡改、)十月五日、大宮司(香取多宮)方へ使求馬、神樂ノ節、四方拜之事、前方願主申候ハ、逆ニ有之候、如何之道理哉と致沙汰候由、依之北ニテ拜ノ時、祝詞致候にも、南ノ祝詞ヲ致相紛候、依テ日月巡行ノとく致候而ハ、如何可有御座哉、与風心付申候間、御相談ノ爲申進候、只今迄ノ通被成候様ニ思召候ハヽ、何分ニも一通御相談、可致得御意候、　同日、大宮司返事、取次伊織(小林)、四方拜ノ義被仰遣候、致承知候、御尤ニ存候、左候ハヽ、伊織・求馬書付候而、無間違候様ニ可致候、

伊織方へ爲見候書付、

宝暦十三癸未年十月五日、御相談ニ而極り候、大ゝ神樂四方拜ノ巡先岩戸之前、北 東 南 西 御借物、神子茂、右之通内主荷用人神樂方江も相心得候様ニ、玄蕃(小林)始伊織・舍人(伊藤)方ゟ可申渡候、

一、十月五日、原町店葉右衞門金剛宝寺店、娘娵ニ可遣申談候処、右娘夫ニ申合候舅死去ニ付、服忌ノ事伺候、尤未結納も不致、ト可遣申候計之由ニ付、服忌も有之間敷候へ共、金剛宝寺江も申、金剛ゟ大宮司方・此方へも可申事ト申候処、多宮も服忌有之間敷旨申候間、此方ニても左思候、服有之間敷ト申也、宮下藤内治へ可遣約束之処也、

一、大宮司使求馬、孫大夫左京、來月神樂執行致度願候、九日・十日・十一日、乍御苦勞御執行――、左京神樂日限之儀、被仰遣候、致承知候、出勤可致候、右使十月七日也、

一、十月九日、金剛宝寺ゟ使僧不斷所、今朝四ケ寺ゟ川サライ金ノ義被來候、其元へハ不申來候哉ト申來ル、

孫大夫左京來月神樂執行願ふ
＊四ケ寺より川浚金の儀
四方拜の儀

舍人取次、

多宮甥死去

一、十月二日、多宮太田ヤランニて甥死去ノ由、依テ此度神樂不勤候由、
十月九日、多宮使玄蕃、私服ニて神樂出勤難致候、夜晝ハ名代、十二日ニハ私勤申候、爲御知申候、
返事、御服之由、爲御知致承知候、舍人玄蕃へ咄ニ公儀向父母ノ忌計、聞日ゟ取候由、其外ハ死日ゟ取候由、寂早日數立候へハ、聞日一日忌之由ニて候間、御勤被成候而も可然候、

國行事神樂

十月十日・十一日・十二日、國行事神樂、多宮服ニて十三日計勤ル、
一、十月十三日、多宮方へ使求馬、浪江(尾形)宮林枯松井杁朽木無相違段申來、同日番頭申遣、十五日ニ見分代物差出、

*大宮司大禰宜頂戴の御朱印

大長手悴丹彌も關屋戸邊五十ケ村廻る

○一、御師場之事、未十月十四日、大宮司方へ使求馬、取次玄蕃、佐倉邊・關屋戸邊・葛西邊、其外先年か大夫・左中御師ニ廻候処、近年兩人共相果候ニ付、致中絶候、今年庄大夫高木孫右衛門事、廻候処事觸宮本平大夫・宮野宇大夫、大祢宜(香取壹岐)方ゟ暫致中絶候ニ付、手前廻之由申廻り、又大長手(尾形數馬)悴丹弥も關屋戸邊旁五十ケ村程廻候由

承候、近年致中絶候処ハ、此方無調法ニ而候へ共、人之御師場へ一應之屆も無之、廻候ハ不宜候、尤神樂抔すゝめ候ハ、是ハ臨時之祈禱ニ候へ者不苦候、右之通無沙汰ニ廻候樣ニ有之候而ハ、向後之乱ノ元ニ成候、仍之右之段一通り奉御聞置候、　多宮返事、關屋戸邊丹弥(尾形)廻之由被仰遣候、承置候、
一、十月十五日、浪江願候松番頭見分松二本ニて代金貳分未折杁壹兩貳分、又文內先日之折杁、大分さけ見へ候、代引候共、多宮方へ使番頭見分おかまノ方ニ有之、杁さけ候ヲ代りニ遣、可然ト番頭申候、如何ト及相談、
返事、文內願之義致承知候、入御念候義ニ御座候、
○一、御朱印、未十月廿日、多宮方ゟ申來候ハ、江戸遠藤(良致)兵右衛門殿ゟ飛脚、只今來候間、早々可來旨申越ス、依テ舍人往、

下總國香取郡香取鄕
香取大明神大宮司　香取多宮
同　大祢宜　香取壹岐

右大宮司・大祢宜頂戴之
御朱印、近々相渡候ニ付、當月廿四日迄致出府、
拙者方江相屆候樣、向寄御代官遠藤兵(右脫)衛門ゟ相達

候様ニ致度候、

十月十七日

右之通、松平和泉守(乗佐)殿御斷之由、於御勘定御書付を以、被仰渡候間、來廿四日迄罷出、出府之届、和泉守殿江申上、自分役所江も其段被申聞、其節此書付可被相返候、勿論、此書付披見承知之趣、此飛脚之者江請書可被越候、以上、

未十月十九日　遠藤兵右衛門印

下總國香取郡香取郷
香取大明神
大宮司　香取多宮殿
同　大祢宜香取壹岐殿

表包、

下總國香取郡香取郷
香取大明神
大宮司　香取多宮殿
同　大祢宜香取壹岐殿

遠藤兵右衛門

御朱印御用、

右遠藤兵(右脱)衛門牛込神樂坂キワ、使足輕高橋甚八、

覺　紙西内半切、表包美濃、

御朱印御用之儀ニ付、來廿四日迄ニ出府可仕旨、

松平和泉守様ゟ被仰出候通、被仰付候、御書付之趣承知仕候、追付出府可仕候、尤右御書付其節差上可申候、以上、

十月廿日

下總國香取神宮
大祢宜香取壹岐印
同
大宮司香取多宮印

遠藤兵右衛門様

同日、多宮方ゟ右江戸飛脚之者、今日致逗留度由申候へ共、此方ニハ祭當有之宿無之候間、御年番之事故、其元御領分ニ而可被仰付候由申來、仍之正判官(尾形彈正)ニ申付ル、

十月廿日、大宮司方へ使求馬、私義ハ明日致出府候、其元様ニ如何ト申遣、　返事、私も明日ト未十月廿一日在所發足、廿二日、南風ニ而市川ノ渡不渡、市川ニ止宿、尤多宮・金剛――も同宿、廿三日四時、鳥越高井助五郎(眞展)宅へ着、高井ハ三百石御小性組、姉聟也、

一、十月廿四日、多宮ト申合、松平和泉守殿へ両人出ル、御朱印御懸金折甚助――、此間遠藤兵右衛門殿御召候段、被申越候間、御届――、甚助――ハ、此方ゟ呼ニ遣可申と申事也、夫ゟ牛込御門外御代官遠藤兵右衛門宿へ往、右在所へ遣候書付返ス、加藤喜四郎

*鳥越高井助五郎宅へ著す

*多宮と申合せ松平和泉守殿へ出る

御朱印御用の儀

遠藤兵右衛門朝鮮人御用につき東海道筋へ出る

手代ノ由出會、兵右衛門此間朝鮮人御用ニ付、東海道筋へ出申候、御兩人御受候趣ハ、今日御評定所へ可申遣候、

酒井飛驒守より御差紙來る

○同日、雉子丁六兵衛江戸宿、方へ往、去ル廿一日酒井飛驒(忠香)守殿ゟ御差紙來候、壹岐(香取)御朱印ニ付、致出府候哉と御使申候間、未出候ト申候へハ、左候ハヽ差紙ハ持可歸候、壹岐二・三日中ニ致出府候ハヽ出候樣ニ可申と申歸候、仍而直ニ飛驒殿へ出ル、中川平内被出、今日安(藤井)右衛門他出、明朝出候樣ニ申間歸ル、

飛驒殿へ出る

十月廿五日、飛驒殿へ出ル、安右衛門出會、先達而願之儀、別テ呼可申事ナレトモ、幸御朱印ニて可被出ト存、此間呼ニ遣候処、未出候由、願之儀、隨分致吟味候へ共、年久敷事ト、殊ニ少不別処も有之間、願書ホ被備候、又折ニも可有之事ト飛驒守被申候、下社家願書も彼ホ呼出可差返候へ共、夫も大相一ツ願、此方挨拶も不替事故、其元へ返候樣ニ被申候、壹岐――何共殘念奉存候、左候ハヽ、私願書其外古證ホハ、私差上候事故、請取可申候、不殘請取、御役人不別処有之ト被申候、不別所ハ御吟味被下候樣ニ御願申候、私共ハ筋相別《ワカリ》候事ト奉存候、願人共願書之儀ハ、四十五人連印之義ニ而、如何之存寄ニ御座候哉、夫も不承、私請取候義、難仕候ト申候へハ不替候事、願人呼も大相其元請取候樣ニ可申付旨、飛驒守被申候間、受取候樣ニト再三被申候間、左候ハヽ私方ゟ申遣、願人召呼可差上候間、兎角彼ホ之直ニ御渡被下候樣ニト申候へハ、左候ハヽ其通リト安右衛門被申候、

*松平和泉殿へ出る

一、同日、松平(乗佑)和泉殿へ出、金折甚助ニ逢、私旅宿昨日書上候へ共、少ゝ隙有之宿かへ仕候、未不定候、此節御差紙被下候ハヽ、大宮司連名ニ被下候樣ニト申、成程心得申候、此方ゟニてハ無之、土井(利里)大炊頭樣ゟ被遣候、此方ゟ右之段可申遣候、其元宿定候ハヽ、早速御屆候樣ニト申事也、

*和泉殿へ出る

十月廿六日、和泉殿へ出ル、甚助出會、私宿橋本町三丁目結城や又市子幸次郎屆ル、夫ゟ土井大炊殿へ御玄關ニ而機嫌伺、旅宿之義取次へ申置歸ル、甚助咄ニ明日か明後日、御朱印可渡ト申事也、

*土井大炊頭殿より差紙

十月廿七日、夜五ツ時、大炊殿ゟ差紙、

相達義有之候間、只今早ゝ可被相越、右之趣宜可申遣旨、大炊頭被申候、以上、

土井殿へ出る

*御朱印請取の文先年の通り

兩人御朱印頂戴壹岐は多宮より三間程下り居る

*飛驒殿へ出る

香取大明神社領下總國香取郷の内都合千石

十月廿七日　土井大炊守〔頭〕役人御請例之通兩人名

兩人連名

兩人申合出ル、小宮久左衛門以書付明六ツ時〔半〕、御朱印相渡候間、可被出候、尤鹿嶋羽生求馬も出ル、

十月廿八日、土井殿へ出ル、　御朱印渡ル、金剛宝寺・多宮・壹岐、大炊殿（土井利里）御一人ニ而御渡シ、先例之通ニスル、尤脇差如何可致候哉と伺候処、先年如何ト御尋候間、先年差出申候、左候ハヽ、可被差候、如何様御朱印之事故、左様も可有之候、　御縁側ニ而御礼申、夫ゟニジリ出ル、兩人多宮御朱印頂、壹岐も多宮ニ三間程下り居、夫ゟ御縁側ニ而御礼申、別席へ往、　御朱印請取江印スル、御門ゟ取テ返シ、御玄關ニて御礼申帰ル、久左衛門勝手次第ニ歸國ト申、

差上申一札之事

○一、香取大明神社領下總國香取郷之内、都合千石、宝暦十二年八月十一日与有之候　御朱印壹通御渡被成下頂戴仕、慥ニ請取難有仕合ニ奉存候、爲後證仍而如件、

宝暦十三未年十月廿八日　下總國香取大明神　大宮司香取多宮印

同社　大祢宜香取壹岐印

寺社
御奉行所

鹿嶋羽生求馬一通印スル、金剛宝寺も一通印スル、此方ハ金剛トハ別兩名也、

御朱印請取ノ文、先年之通也、

土井役人久左衛門申ハ、毛利殿（匡平）ハ當時御遠慮御伺候事故、ドウモ差圖難成候、勝手次第可致と有之候事故不參候、

十月廿九日、大宮司方へ使主膳（高木）、　御朱印首尾能頂戴御同意致大慶候、写候義ハ在所ニ而可写候ト申遣、御尤之由申來、

〔十一月〕

一、十一月七日、飛驒殿（酒井忠香）へ出ル、安右衛門（藤井）出會、此間下社家願人共方へ申遣候処、兩人共病氣全快次第、早速出府可仕と申越候、右之段御届申上候、私旅宿橋本丁、

十一月七日、飛驒殿へ出ル、安右衛門──・式部（香取）・求馬（伊藤）病氣故、式部倅幾馬親名代ニ出府仕候段申候へ与、安右衛門式部・求馬へ可申候、願之儀、致吟味

候得共、年久敷事不別処も有之候、重而折も可有事、
先願書返候ト有之事也、
一、十一月十一日、帰國、　左京神樂九日・十日・十一
日也、

*鳥内屋禰屋右京に拂ふ
*請取仕様帳差出す

一、十一月十四日、大宮司(香取多宮)使玄蕃(小林)屋祢や右京愛染堂并御
供所萱替、天氣悪敷故、受合金不足由、加金願候、
如何可申付候哉、

*大宮司方に御朱印寫に參る

又私実父銚子芝崎神主社ノ拜殿戸ビラ板致候、脇ニ
無之候由、此方材木藏可有之、杦木相應之代、爲差
出可爲致候哉御相談、
返事、右京增金、とひら板之儀被仰遣、何分ニも思
召ニ可被成候、此方無相違候、

屋禰屋加金願ふ

一、十一月十九日、屋祢や加金願候、物申(香取右近)不出、五両程
不足之由四両願候、三両も可遣候哉御相談、　返
事、屋祢や請負之事故、彼者損ニ成候共、無是非候、
貳両も遣シ可然候哉、尤先年本社萱替之節、余り金子返
納致候事も有之候へ共、受合候事申程ニハ成間敷
候、　拂木文内廿六両之内廿両納、　屋祢やニ
都合十一両拂、九両ニ增金貳両也、
金九両、愛染堂・御供所屋祢萱替ノ殘金、

金貳両不足金願ニ付、〆十一両、
鳥内屋祢や右京ニ拂、
右請取仕様帳差出候節、返シ可申筈也、
△十一月四日、内陣御祭礼權祢宜(香取式部)晝時服ニ成、仍而物
申祝晝時ゟケツサイ、先例之通於大床御祈禱相勤ル、
内陣江ハ不入也、御道具ハ外之者出用ル、
一、十一月廿日、大宮司方へ使、明日御朱印写ニ、其
元へ可參候、御差合も無之候ハヽ、──(香取)、十一月廿一
日、多宮宅へ罷越、尤求馬并源太祝主計手筆ノため
召連ル、

香取大明神領下總國香取郡香取郷之内千石事
依當家先判之例、永不可有相違者、抽國家安泰之
懇祈、可專祭礼修造之狀如件、
寶曆十二年八月十一日　御朱印(徳川家治)
大宮司
大祢宜

○右之節、多宮へ咄候ハ、此度　御朱印出府ニ付、入用神
○領千石ゟ爲出候而ハ如何、脇〻ニてハ皆自分物入ニ
ハ無之由ニテ候、如何思召候哉、　多宮申ハ、成程
脇〻ハ、是ハ御割付抔有之候、此方ノハ　御朱印両

人御宛所ニテ、兩人へ被下、兩人心ヲ以《モッテ》別遣候事也、
爲出候へハ、當分其元自分も勝手ニ成候へ共、以後
支配之爲不爲出方、宜可有之候、私ハ右之通ニ存候、
先年御隱居樣も、右之御相談有之候、私ハ右之通不
爲出方、宜可有之と存候ト挨拶也、脇〻ハ御年礼抔、
其外一己ニ不懸事ハ、皆支配ゟ出候段聞及候、尤百
里・貳百里遠國之者ハ、一己ノ入用ニてハ難成事ト
被思候、右之段多宮了簡至極、尤ニて候、重テ共、
從支配爲出候事必〻無用也、家來へ知行呉候氣味ニ
て候、支配ノ者めたと遠〔背〕輩難成筋也、夫共無理成候
事ハ、決而無用也、兩所之威光、右之訳ニて宜也、
右之訳聞合候処、脇〻ニ無之事、仍而從支配爲出候
樣ニ進メ申候者有之候へ共、不宜事也、多宮も脇ヲ
モ聞合候由也、不爲出方重ク宜候由也、元祿年中、
御修覆願ハ大宮司・大祢宜・金剛宝寺、惣神官四番
ニ一月替リニ、江戸詰相願候、是ハ永キ願ノ事也、

*大禰宜舊地人別改仰付らる

又近來人別改被仰付候、△△

一、十一月廿日、多宮方ニて咄候訳認候へ共、又〻重テ
ノ爲記ス、

御朱印頂戴江戸往來入用の儀

御朱印頂戴、江戸往來入用義、何方ニても配當所持
之者ゟ、惣而御年礼ヲ始、配當取候者ゟ入用差出候、
仍而此度入用出させ候樣ニ致候而ハ、如何可有之哉
と及相談、多宮申ハ、先年も御隱居其段御申候、私
も所〻承合見申候、脇ノ御朱印御文言共遠、御割符
抔も無之、此方共兩人ゟ別《ケ》くれ候、兩人ニて五百石
ツヽニて候ト上ニても可被思召候、何ソ支配遠〔背〕輩之
節抔ノ爲ニて候、是迄申付不來候、仍而とくと御了
簡可然候由申、壹岐――、成程御尤ニて候、乍去入
用爲出候ハヽ、結句シマリ能格も能何方爲公儀へ申
ニ能可有之候、所〻承候ニ御年礼ヲ始、何方ニても
配當ノ者共ゟ差出候由ニて候、遠〔背〕輩不致爲ニハ、能
可有之候、可出道理ニ候へハ、爲出候も同事ニて候、
遠國百里・二百里御書替頂戴ニ出府、惣而一社ニ付
候事、一己ニてハ入用難勤、何方ヲ承候而も配當所
持ノ者ゟ出候由也、其外ハ前ニ記、
內〻ニて咄見候、大祢宜旧地、此節も願候、左樣之
爲ニハ申方ニ能候、御年礼・御朱印御書替大勢支配
ノ者、願訴訟公事六ケ敷、万端同役ト一ツも不遠相
勤候事也、然ルニ御役料ハ減シ相勤兼難儀也、尤道理
筋ノ立候願也、年久敷事ト被仰、シカ〳〵御吟味も

支配の者は神領を御神慮より頂戴と申す
*修理料藏拂御朱印御文言第一
先格を以て天正年中にも皆へ配當
*番頭御宮へ寄る
銚子芝崎扉板相談

無之、是又実行廿八齡ゟ四十四・五年間願候事也、
支配之者ハ、神領ヲ御神慮ゟ頂戴ト、何も申事也、
然共此方兩人ゟ配りくれ候上《ミ》ニて御かまい無事、
御朱印御文言第一ニて候、鹿嶋抔ノニハ社家屋敷免
除抔ト有之候、御文言也、此方ノハ何も無之候へハ、
兩人へ計ノ御宛ニて候、支配ノ者江ハ此方共心ヲ以、
配分致くれ候事也、仍而遠輩〔背〕致間敷事也、乍去其昔
ゟ支配之者知行所持致來候、先格を以天正年中にも
皆々へ配當致タルヿト被思候事也、
金剛宝寺○《始》、寺院共ゟ抔ハ爲出申度事也、左無之候
故、面々格々之仕方致出入出來申候、毎度也、
△△帳面ヲ飛脚を以差上候、始ハ○《度々ニ》御修理料遣候、○《當年ノ》近比
一度ハ配當持候者ゟ出候、是ハ飛脚代遣事也、
一、十一月廿九日、とう作村文内拂木、惡木ニて不足ニ
付、先達而枚六尺一本增ニ遣候へ共不足、多宮へ相
談、壹兩引遣ス、

〔十二月〕

一、十二月一日、銚子芝崎とひら板、先達テ相談濟候、
取度由求馬(伊藤)出ル、材木藏内枚八尺、大サ長六尺物、
直段ハ木挽ツモリ金三分計ト申候由、
一、十一月廿九日、修理料藏拂ノ節、物申方(香取右近)へ玄蕃(小林)・求
馬申ハ、先年廿一年祭節、拜借米返納致候樣ニ申候
へハ、當年ハ御免ト申、
一、十二月五日、大宮司(香取多宮)へ使求馬口上、私裏宮林ニ枯松
一本有之候、皮もむけ見へ候、風ノ時隱居家(香取上總)へかゝ
り可申候、あふなく候、先年座敷へ廿年計以前、屋祢へかへり、大ニ難儀繕、普請致候訳也、
尤少々遣用も有之候、代物差上調申度候、御相違も
無之候ハヽ、番頭申付見分代物ツモラセ可申候、
返事、多宮(香取)枯松之儀被仰遣、此方ニ相違無之候、
十二月七日、番頭御宮へ寄、求馬申候ハ、壹岐(香取)申候
ハ、隱居裏通枯松皮モむけ、風之節倒レ可申哉、甚
心遣ニ候、尤少々入用も有之、相應ニ代物差上候而
調申度候、尤宮下江も及相談候、相違無之候、右見
分代物相應ニ差上可申候、國行事(香取左近)申候ハ、右松木見
候ニ朽用ニハ立間敷候、三百文位ニて可然候、求馬
申候ハ夫ハ余り下直、今少高直ニ致度ト申候へハ、
權祢宜(香取式部)五百文ト申候ニ付、皆番頭夫か可然申候、番
頭ニ爲伺候処、多宮皆左樣見候ハヽ、何分ニもと申

*大宮司御年禮に出府
七舛定免の處八舛相談

*朝より夜中迄大北風雨により宮林倒風折

由、

十二月七日、修理料藏當年不作俵ニ付、七舛定免ノ処、又〻願八舛相談ノ上也、

一、十二月十二日、大宮司方へ使浪江(尾形)、當年御宮御修覆ニ付、玄蕃(小林)・舍人(伊藤)へ扶持方米、尤御修覆も少ノ義ニ候間、不遣共可然候哉、又少〻も可遣候哉、多宮返事、兩人扶持米之儀被仰遣、何分思召可被成候、當年不作ニも候間、少〻被遣可然候、又申遣、左候ハヽ、兩人へ壹俵も遣可然候哉、左樣宜可有之候、

一、百六十四文　　右未十月廿日

御朱印ニ付、御召狀御勘定所ゟ御申付候由ニ付、御代官ゟ飛脚來候、右止宿入用代也、正判官尾形彈正処止宿、大宮司・大祢宜申合、兩方ゟ半分ツヽ差出ス者也、

○一、十二月十八日、高木市郎右衞門・同主稅、其子庄大夫、是迄恩免ノ外ニ壹俵ツヽ遣、万事相勤故、去年中ゟ庄大夫始ハ孫太郎改メ御師ニ出候、仍之宛ニ不成不勤ニ付、差上候樣ニ申付ル、當年計ト願ニ付、任其意恩免ハ是迄之通ニ遣ス、

一、十二月廿一日、大宮司御年礼ニ出府、御神前向賴ト申來ル、使正檢非遠使返事相應、

宝暦十三癸未年八月十五日、朝より夜中迄大北風雨、宮林倒風折、

一、杦貳尺一寸、根返(反)り、原丁源二郎裏通、　一、杦壹尺七寸、同、同所、　一、杦六尺四寸、六間程置、中折、惡木、同所、

一、杦貳尺三寸、貳間程置、中折、宮林中程、　一、杦五尺五寸、貳間半程置、中折、同所、　一、杦五尺九寸、五間程置、中折、同所、

一、杦貳尺三寸、貳間程置、中折、右同所、　一、五尺四寸、八間程置、中折、同所、　一、六尺七寸、八間程置、中折、同所、

一、同貳尺五寸、三間置、中折、同所、　一、(同)壹尺六寸、三間置、中折、　一、貳間七寸、五間置、中折、同所、

一、同壹尺、根ゟ倒レ、同所、　一、(同)貳尺、三間置、折、同所、

一、貳尺八寸、貳間置、中折杦、同所、

一、同三尺、三間置、中折、同所、　一、貳尺三寸杦、貳間余置、中折、同所、　一、貳尺六寸杦、三間置、中折、同所、

一、同貳尺貳寸、根ゟ折ル、同所、　一、壹尺九寸、貳間、中折、同所、　一、貳尺四寸、壹間、中折、同所、

一、同匁(壹)尺七寸、貳間、中折、同所、　一、杦貳尺、三間、中折、

同所、　一、貳尺三寸、三間、中折、同所、
一、同壹尺五寸、貳間、中折、同所、　一、壹尺九寸、根か(反)へり、
同所、　一、壹尺貳寸、根かへり、經藏中程、
一、同壹尺三寸、根かへり、同所、　一、壹尺貳寸、同宮林中
程、　一、壹尺壹寸、三間中折、馬場ノ内、西ノ方、
一、三尺四寸、三間中折、同所、　一、壹尺七寸、貳間中折、
一、貳尺六寸、貳間中折、同所、
一、壹尺六寸、根かへり、同所、　一、壹尺六寸、根ゟ折、同所、
一、貳尺、根かへり、同所、
一、壹尺、根かへり、同所、　一、椎貳尺、根かへり、同所堀、
一、椎壹尺四寸、根かへり、同所、
一、枚壹尺八寸、壹間中折、同所、西ノ方、　一、壹尺三寸、壹
間中折、同所、　一、壹尺四寸、壹間中折、同所、

*御船山

一、壹尺三寸、壹間中折、同所、　一、壹尺四寸、貳間中折、同
所、　一、壹尺三寸、壹間中折、同所、
一、壹尺四寸、貳間中折、同所、　一、壹尺五寸、貳間置サケハナ
レス、同所、　一、壹尺三寸、壹間中折、同所、東方、
一、壹尺八寸、根ゟ折、同所、　一、貳尺壹寸、四尺中折、同所、
一、壹尺六寸、三尺中折、同所、

*風折木の内六本番頭見立の拂木に定まる

一、三尺四寸、四間中折、同所、　一、三尺三寸、壹間中折、同

所、　一、貳尺七寸、壹間中折、同所、
一、壹尺、根かへり、同所、　一、壹尺五寸、貳間中折、同所、
一、貳尺六寸、元ゟサケ、同所、
一、壹尺九寸、元ゟサケ、同所、材木藏進、　一、壹尺六寸、七間
中折、同所、　一、六尺、中折、御かま行道、東ノ方、
一、三尺八寸、五間中折、同所、　一、三尺壹寸、七尺サケ不離、
同所、　一、八尺四寸、五間、九間中折、惡木《ハシノキハ》、同所、
一、七尺壹寸、壹間折ル、同所、　一、三尺壹寸、貳間中折、馬場
御堀方、　一、四尺九寸、貳間程置《サケ》、中折、池ノハタ、
大小惣〆六拾四本、椎二本、外ハ皆枚、
惡懸候六本ト、外ニ去ゝ年八月十七日、大風ニ倒懸、
木うら折木三本入、〆九本、未八月廿二日、拂木ニ
番頭見立ル、

御船山

一、松壹尺四寸、根かへり、　一、八寸、　一、五・六寸、
一、壹尺、　一、壹尺、〆五本、
一、枚五尺貳寸、一昨年木懸りニて枯候、神樂所ノ後、
一、枚五尺六寸五分、一昨年未折、宮林中跡、
一、枚七尺一寸、右同斷、同所、
右三本ト此度風折木之内六本、番頭見立拂木ニ定ル、

隠居上總實行七十二齢

寶暦十三癸未年十二月

香取大祢宜壹岐實香三十三齢

〔寶暦十四年正月〕

御年禮に大宮司多宮舊冬出府

寶暦十四甲申年正月元日、靑(晴)天、御年礼大宮司多宮(香取)旧冬出府、御祭礼五日・六日迄晴天、相濟、七日雨天、拜殿ニ而祭礼勤ル、宮中町馬ノ節も長柄ニて勤ル、

一、正月七日、角案主(松本小右衛門)分飯司(伊藤求馬)方へ來り、當年祭當故、前〻御手洗ノ者遣候間遣申候、御屆申候ト申來ル、挨拶、夫ハ不成候、先年トハ御裁許後訳立候、与兵へ・又次郎ハ各別、其外ハ不成候、若可遣候ハヽ、宮中町大藏(尾形)始、原町引地之者迄も遣候か能候ト申聞ル、但多宮被申付候哉ト申候ヘハ、角案主不心付候、前〻遣候故申上候、旦那之申付候事ニてハ無之候、當年ハ此方ニ祭當も多候間申上候、不心付候間、宜ト申歸ル由、公事前ニ角案主祭修理料ニて祭ル故、御手洗者人足ニ遣候事、急度御裁許不屆也、

一、正月四日、國行事(香取内記)方へ使浪江(尾形)、明五日旧礼ニて年始ニ其方へ參候へ共、當年ハ用事有之、急候故候、門礼ニ可致候、必支度ホ不致候樣ニ申遣、五日自身往門礼、

一、正月十二日、大宮司(香取多宮)使玄番(蕃、下同ジ)(小林)、私今朝罷歸候、六日御礼も首尾相勤候、年始口上有挨拶、例之通、

同日、大宮司方へ使、六日御礼首尾能御勤御同前、珎重ニ存候、

一、正月十二日、物申(香取右近)方へ淸右衛門(額賀)使ニ遣、明十三日旧礼ニて、其方へ參候、當年ハ用事急候故候、使者以門礼ニ可致候間、必支度被致間敷候、十三日左京遣候、上ケ・吸物ホ出由、

*庄大夫年始に江戸へ登る

一、正月十六日、江戸へ年始ニ庄大夫(高木)差登ス、

一、正月廿日、權祝孫名ヲ付、香取織衞ト付ル、

*大聖院後住の願

大聖院移轉、
○一、正月廿二日、金剛宝寺ゟ使僧不斷所、大聖院義昨日ツブラ(津福浦)村江移轉仕候、御序ノ節、宜御披露了、求馬(伊藤)アイサツ、宮下御年番之事故、宮下へ可被申候、尤自分も旦那右之訳ニハ有之間敷事ナレトモ、年番多宮ゟ此方へ沙汰も不致事也、

宝暦十一巳年四月十四日、金剛宝寺使僧不斷所、大聖院年寄候故、隱居仕度段願申候、此方無相違段申遣、　四月十六日、金剛使僧不斷所、大聖院後住願候、尤先住弟子ニ而四十余罷成候、春貞ト申隨分只今迄実躰ニて候、　同日、多宮方へ使求馬大聖院後住願申候、御相違も無之候ハヽ、可申付候、多

宮返事、大聖院隱居後住之義、被仰越候、其元御相違も無之候ハヽ、御年番之事故可被仰付候、此方ニ相違無之ト申來ル、

大聖院後住の件

四月十七日（マヽ）、求馬方へ不斷所呼、大聖院後住之儀、無相違段申渡、入院勝手次第目見ニ出候事ハ、伺候樣ニ申聞ル、　四月十八日、大聖院入院見廻ニ來ル、不斷所同道、茶碗箱・三本入扇子持參ス、壹岐（香取）逢、酒取肴出、盃サス、

大聖院入院見廻に來る

側高祝來る
*叺持參す

一、正月廿日、側高祝來、側高武躬御酒造之酒桶破候、去年中宮林倒木椎有之候、御願申度候、又側御手洗井カワ破候、是も右椎ニて仕度候、酒桶之義ハ、先年も御願頂申候、宮下年番可申と申聞ル、

大長手神樂の件
*權祝悴母忌中

一、正月廿四日、大宮司使玄蕃、取（次脱）求馬、大長手（尾形數馬）神樂之儀、先達而申懸置候、今度願主來、日限定度願候、三月八日・九日・十日願主差合も有之間敷候哉、御出勤被成被下候、　返事、大長手――承知、其節出勤可致、

*權祝親子神役勤めず

庄大夫江戸より歸る

一、正月廿九日、庄大夫從江戸歸ル、寺社御奉行所・水（徳川宗翰）戸殿へ年頭御礼、御月番土井大炊殿（利里）・松平和泉守殿（乘佑）・酒井飛驒守殿（忠香）、毛利殿（匡平）ハ未御引込存候、不出、

一、正月廿七日、大宮司使玄蕃、取（次脱）舍人、側高祝願去年風折椎木酒桶御手洗――御相違無之候ハヽ、可申付候哉、　返事、何分宜樣ニ可被仰付候、又多宮申候ハ、事觸免狀法度書御相談ニて、文直り候処有之候、致失念候間、御書付被遣被（衍カ）遣可被下候、則去年書付遣、

〔二　月〕

一、二月朔日、惣檢校賴母（香取）孫民部、叺《カマス》持參、縫目壹岐（香取）逢、去年祖父賴母病死、舍人（伊藤）尋候ハ、將監（香取）如何と申候へハ、私親若死私若輩故、其間後見仕候由申、將監ハ民部爲ニハ叔父也、

一、二月二日、權祝悴左門、舍人方へ來り、母忌中ニ付、忌中ニ成度段、宮下へ願候処、宮中ニ相違無之候ハヽ、此方無相違之由被仰候、被仰付可被下候、二月三日、權祝呼親子三人、乍在神役不勤事惡敷候、又無據一人者ニも有之ハ、各別無左三人神役勤候者有之事、追付神樂も有之、遠方神心ニて來、社家壹人遣候も多出候か能候――、宮下へも申權祝一人忌ニ不成候ト申事也、

天神社大宮司方へ引取る

一、二月五日、大宮司(香取多宮)使玄番(蕃、下同ジ)(小林)兼テ得御意候、天神社此方へ引取申候、爲御知申候、　返事、天神社之儀致承知候、入御念候事ニ御座候、

*四月市の節夥敷く入込み大勢の事

*店代運上金修理料に入るは如何

○一、二月五日、(大聖院移轉、正月廿二日、)多宮方へ使主膳、(高木)明六日四時御内談申度儀御座候、御差合無御座候ハヽ、可參候、　返事、御出可被成候、　二月六日、大宮司宅へ――、壹岐申候ハ、此間ニ金剛宝寺ゟ不斷所使僧ニ候、昨日大聖院移轉之由申越候、是ハ先格ニ致相遠候、四年以前巳年、大聖院先住隱居之節、拙者年番ノ節、隱居之義願出《イテ》候ハヽ、其元樣へ御相談申、數馬(尾形)・舍人爲立合可申渡ト申候処、其許樣舍人計ニ而申渡ス、後住入院見廻才申候へも及沙汰候上ニ而致候事、此度ハ移轉後ニ爲知、先格相遠ニ而候、是才如何ニて候御相談、又

圓壽院二十六年無住

圓壽院も無住廿六年ニも可成候、是ハ寺領修理料へ無住之間ハ入、可然候樣ニ存候、尤金剛ざつと寺立候へ共、余り數年之事、寺領金剛方へ取納メ可申事ニてハ無之候、尤二・三年ノ間之事ニても有之候ハヽ、――、數年之事、寺領修理料へ入、住持有之候ハヽ遣候樣ニ致候ハヽ、自ラ後住居《ス》へ可申候、是才

も御相談、其分ニ差置、兩人無念ニハ成申間敷哉、

○去年四月市之節馬場通見セ伐之儀、(四月市見セ代義宝十三未ゟ初、)其元樣私も在江戸ニて留主隱居働《ヲ》以致候事ニて候、尤玄蕃委細存知之事故、御聞被成候事と存候、當年ハ御世話可被成候、夫ニ付、神用・公用數多、去年中　御朱印入用之樣成事も有之候、又四月市之節、夥敷入込大勢之事ニ候へハ、此上如何樣之六ケ敷事出來、　公儀沙汰ニ成候事も難計候、仍之右見セ代運上金抔之樣ニ、少〻も御修理料へ上ケ相談、右入用ニ致候而ハ如何、右之段御相談申可然間隱居(香取上總)申、

大宮司檢校大聖院方之事、御尤ニハ候へ共申遣候へハ、不得止事筋之成候間、得と了簡致可申候、小敵ト見テニて候、皆〻段〻ヲフドウニ成こまとう申出候而も、如何挨拶可致候哉不知候、挨拶ニより不捨置筋ニも成候へハ、早速公事も相成候、又圓壽院事、火事も廿五年計ニも可成候、成程是も余り久敷事ニて候、御尤ニて候、乍去是もめたトハ申出され間敷候、得と了簡可致候、其元ニても御了簡可被成候、先年も本多長門殿(忠英)御裁許後、御隱居樣右義御相談も有之候か、右申上候通不被引事故、左樣御嘗申候、

壹岐申候者、成程被仰候通り、長門殿(本多忠英)御裁許ハしか
と無之事ニて候へ共、大聖院事ハ、四年以前巳ノ年、
私代ニ成、右御咄申候通之筋ニて候が、此度ハ先格
ニ相違ニて候、多宮(香取)とかく金剛方之儀ハ、得と了簡
致御挨拶、從是可申候、金剛――へ右之趣申遣、承
引無之、挨拶直〻ニ無之候而も、其分ニ差置可申候、
先ニて無念無之爲ニて候、多宮申ハ、四月市之節、
見セ代之儀、是ハうちわの事、其元様・私両人相談
ニて相濟候事、他ゟとやかく無之事ニて候、殊ニ少
〻も御修理料へ差上ルト申事ニて候へハ、筋ノ立候
事ニて候、相違無之事ニて候、とかく從是御挨拶可
申候、

四月市の節

*六月霜月社家出勤

一、二月九日、大戸治部來、求馬(伊藤)取次、今日宮下へ參申
上候へハ、宮中へも可申上ト被申候訳ハ、此度川尻
村太左衞門、川尻村出水ニ而欠ケ仕由ヲ申上、大戸
原山御願申上、壹年ニ打拂、三ケ年ニ開發仕、往〻
居屋敷ニ仕度段、御願申上被仰付、右原山ハ三十六
町御座候、山ノ中程ニ白籏明神ノ石宮御座候而、毎
年六月十五日・十一月廿五日ニ祭礼御座候間、川尻
村多(太)左衞門方江書付致候様ニ、去正月中申上候へ共、

川尻村出水

*求馬を大宮司に遣す

白籏明神の石宮

*白籏明神の石宮あり毎年二度宛祭禮も勤む

不成由ヲ申候而布而取替《カヘ》ノ證文致候様ニ申下書貳通
遣申候、則懸御目候神主權頭(山口)山城可參候へ共、先御内
意ニ私參申上候、如何可仕候哉、宜申上度由申候、
治部持參ノ書付三通一覽写置、　夫ハ重キ事、
夫程之事ヲ今日急ニ爲知候伺ニも扨又ハ成間敷様ニ
被思候、宮下年番、両人可出事ノ其方ニて候ハ不濟
候、　宮下ニてハ如何――、其方ハ名主ヲ致候へハ、
尋ニ不及候、両人參候ハヽ、宮中へも相談可致と被
仰候、求馬尋候ハ、六月・霜月、社家出勤候哉、公
儀役人ニても集合候へハ、大勢出、祭申候、常白籏
祝ト神樂祢宜計出祭申候、
同日、大宮司使玄番、私義江戸親類共方病人有之、
此間飛脚來候、今日も飛脚來候、明日出府致候間、
爲御知申候、　返事――、
二月十日、求馬ヲ大宮司へ遣、昨日者大戸治部、其
元へ參候由、此方へも參候、其元ニて治部へ被仰候
ハ、其方ハ名主兼候名故尋ニも不及候、両人參候
ハヽ、宮中へも相談可致被仰候由、扨大戸原山ト申
候ハ、三十六町有之、大倉山よりハ廣由ニて候、何
ニもセよ白籏明神ノ石宮有之、毎年二度ツヽ祭礼も

＊白幡明神は大戸大明神の末社にて白鳳年中に建立

末社帳もなし佐原諏訪の祭に參る

相勤、白簱祝ト申神主も有之候へハ、訳も有之候様ニ被存候、今日ニも明日ニも大戸両人可參候、其元様出府御手間取レ申候哉、二・三日も御懸り被成候哉、両人と尋候ハヽ、其元様御歸之時分出候様ニ可申聞候哉、心付之間申進候、　多宮返事、治部參候ニ付、御使ニて候、私方へも參候、私申聞候両人方ゟも使ニ候哉ト尋候へハ、左様ニも無之候、尤両人方へも爲相知、私訳能存シ候故、御内意被參候ト申候間、是ハ重キ事ニ候、罷歸得ト相談いたし、達而ト申事ナラハ、両人此方へ罷越候ハヽ、宮中へも可致相談候、とかく其方ニて代官所江願候か、一色安藝守(政方)殿へ願候様ニ致可然候、年内見分も相濟、御用地ニ相成、開發之事ニ候得者、用意ニ難及挨拶候由申聞候、治部川尻太左衞門か相對之儀ニ御座候間、差急候義も有之間敷様ニ存候、　又咄ニ求馬へ申候様ニト、多宮申候由、白簱明神石宮計ニ而末社帳も無之、しかと不致候様ニ申候、此方ノ社家佐原諏諏〔訪〕ノ祭ニ參候筋ノ様ニ被思候、治部ニ證據有之候哉と尋候へハ、しかと致候證據無之ト申候、

同日、又使求馬何時御歸候哉、承度存候、大戸ノ者、

今日ニも參候ハヽ、御歸候節、罷出候様ニ可申聞候、左様御心得可被成候、　返事、余手間取申間敷候へ共、病人之事ニ候間、程相知不申候、神樂ニも御座候間、急キ可罷歸存候、致出府候、

大戸治《ハチ》部持參書付三通、其分、

一札

此度御林地境田畑入會芝地宮地御吟味御尋ニ付、白幡明神之儀者、大戸大明神之末社ニ而、白鳳年中ニ宮柱相建、毎年六月十五日・霜月廿五日両度之祭礼執行仕候、神供之儀者、白幡祝指出シ、其外掃除等ニ至迄、神役ニ而相勤申候、前廉之通少茂相違無御座候、以上、

寶暦十二年午十二月　下總國香取郡大戸村　下社家白幡祝　椿　内匠
大戸宮大祢宜　香取山城
同村神主　山口權頭

渡邊半重郎様
御役所

相渡置候一札之事

一、下總國香取郡大戸村字原山御林立木伐拂跡地開發之義、奉願上候所、一色安藝守様於御奉行所ニ願

白籏明神石宮寺社

*大戸村字原山御林立木伐拂跡地開發石宮祭の儀

*御朱印御除地幷に神木等の證據

之通り被仰付、御代官遠藤兵右衛門(良致)樣御手代中、此度御伐被成、御立會之上、御材木幷地所共不殘奉請取候、然所右御林地之內ニ白籏明神石宮寺社、其元ゟ祭置候、然共右石宮ニ付、
御朱印御除地神木ホ之證據茂無之候へ共、右石宮其元江引取可申義ニ候得共、前〻ゟ祭置候、石宮之儀ニ候間、自今以後共、建置可申候、尤右石宮祭之儀者、其元ニ而御勝手次第ニ可被成候、然共諸人群集等相催候義ハ、被成間敷候、且又社地立木者立置候共、又者重而代拂候共、開發仕候共、我ホ存寄可爲儀ニ候、右石宮之義者、六ケ敷仕出來仕候共、其元ニ而引請埒明可申段、尤候、且又右社地立木ホ之儀者、万端如何樣之儀出來仕候共、我ホ引請埒明、其元方江御役義懸ケ申間敷候、自今以後共相互ニ心得違無之樣、一札相渡置候、依而如件、

宝暦十三未十二月廿六日　下總國香取郡川尻村　名主太左衛門

同國同郡大戸村　白籏神主

同村惣社家代　衆中

同村　名　主　衆中

〃　組　頭　衆中

〃　百姓代　衆中

一札之事

一、下總國香取郡大戸村字原山御林立木伐拂跡地開發之儀、一色安藝守樣御奉行所江、其元ゟ奉願上候所、其元願之通被仰付候ニ付、御代官遠藤兵右衛門樣御手代中、此度御伐被成御立會之上、双方立合、右御林立木幷跡地所共ニ不殘、其元江引渡候処、右御林地之內ニ白籏明神石宮一社、私共ゟ祭り置候、然ル處、右石宮ニ付、
御朱印御除地幷神木ホ之證據茂無之、右石宮計り、私共支配之儀ニ御座候間、右石宮私共方江引取可申義ニ候得共、祭り置候、石宮之儀ニ御座候間、此上共差置可被下候、万一差支之儀ニ候ハヽ、何時成共石宮引取可申候、仍之右立木不殘伐拂、跡地不殘開發被成候共、自今以後共、此方ゟ少も差障之儀無御座候、右石宮ニ付、御公邊ゟ差支幷於所何之構無之候、且又妊〔妖〕妄怪異之儀抔申觸、或者諸人郡〔群〕參抔相催ニ而ハ、毛頭無之候、万一外ゟ遠

乱之儀出來候ハヽ、石宮私共方江早速引取、我ホ共、何方迄も罷出埓明、其元江少も御難儀懸申間敷候、縱此上右社地御除地ホニ被仰付候共、其元支配ニ可被成候、此方ニ而少も差障之儀申出間敷候、其許勝手次第ニ可被成候、爲後日我ホ共印形一札相渡置候所、仍而如件、

寶暦十三未

十二月廿六日

下總國香取郡大戸村
白籏明神石宮神主　同村證人

惣社家代

同村名主

同村組頭

百姓代

同國同郡川尻村
名主太左衞門殿

*取替證文の事

右之通、下書差上申候間、御印形被下候様ニ奉頼上候、尤西の内紙江被入御念御認被下候様ニ、乍御六ケ敷奉頼上候、以上、

申正月晦日　川尻村
太左衞門

大戸村
御役人衆中様

*白幡祝神樂社家參り祭禮勤む

一、二月十三日、大戸權頭（山口）・山城（香取）來ル、尤宮下江も往之由、多宮□江戸留主、此方へ來候間對面、此間治部來一通り聞候、如何之訳ニて候哉ト尋候処、兩人方ハ、先達而太左衞門大戸村之內原山被仰付候由ニ付、白幡社宮林セマク候間、大戸村名主方ゟ、右太左衞門へ申候ハ、此度開發ニ付、宮林余りセマく候間、宮林付吳候様ニ申候へハ、太左衞門夫ハ先ニ而、何分ニもト申候、旧冬原山拂木伐候節、右宮林廻ヲ伐り界と札下ケ不伐候間、私共兩人も是ヲ宮林ニ付申候事ト存候処、右之通ノ取替證文之事申越候、右證文江印致候ヘハ、白幡明神ハ太左衞門勝手次第ジヤマニ成候ヘハ、片付候とも、此證文いたし上ハ被構不申候間、何程宮林付吳候とも、太左衞門自由ニ相成候而ハ、難成事ニて候間、御奉行所江御届ケ不申ハ成間敷候、此度捨置候ハヽ不念ニ相成可申候、
右原山ノ內、処ヽニ各有之候、ソコヲ白幡山ト申、白幡明神ト申候、新規ノ社ニ而ハ無之候、大戸下社家白幡祝祭礼・供物ホ差出申候、每年六月十五日・霜月廿五日先ヽゟ一年ニ兩度祭礼有之、白幡祝神樂社家參、祭礼相勤申候、往古ゟ右祭礼有之候、社地ハ

白鳳年中宮柱の事は書付になし
塚ノ様ニテ十間四方も可有之候、石宮ハ元祿五年ニ相建、右石宮ニ切付有之候、白鳳年宮柱之事ハ申傳候書付抔ハ無之候、

○先年、公儀御林御拂木有之候節も、右社地ノ木ハ御殘置候事ニて候、九本か十本《ホン》有之候、五・六尺之松壹本有之、殘ハ少ク御座候、

○午年、渡邊半十郎殿手代江差出候、書付も名主方へ申來候、其節凢テ処々山ノ内畑宮抔有之哉、御尋有之候節、右書付差出申候、

○右太左衞門方江證文ナシニいたし候様ニ申遣候へハ、夫ハ不成候ト挨拶致候、其後右石宮廻ニ切界ト札付切殘候木ヲ皆切拂候由、尤石宮社地塚様之処ニ有之、木ハ不手付之由、

*大戸両人來る
*両人白幡山の件を申す
右両人へ壹岐申候ハ、段々様子承候へハ、新規之事ニも不相聞候、從古來事ト相見候、地所白幡山ト申白幡明神ト申、社家も白幡祝ト申有之事之趣、其分ニハ成間敷事、不伺ハ成間敷候様ニ被思候、乍去當年多宮年番進之、江戸ゟ可歸候間、多宮方江被出候様ニ被申、玄番ハ何ト申候哉尋候へハ、江戸留主ニて候、歸候ハヽ両人御越候段可申聞候ト有之由、

*山田大助病死
一、二月十七日、大宮司江戸ゟ歸之由口上使──、返事、例之通多宮甥、江戸山田大助(張居)御旗本貳百石、新市場大神主地頭大病ニ付出府、大助病死ノ由、廿一・二才計、　同日、大宮司方へ悔使遣ス、

*秀屋長左内忌の事
一、二月十九日、宮下氷室麻右衞門來、秀屋長左内忌之事、五十日ニテ明申度奉伺候、宮下へ申上候へハ、夫ニモ及間敷ナレトモ、宮中へも申候様ニト有之由、先年源太祝(香取)主計・廻田檢杖抔も、五十日ニテ明候由申候、此方挨拶、成程五十日ニて明可然候ト申、

*秀屋長勘右衞門妻春病死
*勘右衞門其子病死
右訳當春死候女ハ先秀屋長勘右衞門妻也、▨勘右衞門其子病死、織衞死ス、其神職分申付候処、不勝手ニ付奉書致候、未神役不勤内病死ニ付、少ツヽキ有ニ付、今ノ左内ニ職分申付ル、四代也、

一、二月廿一日、大戸両人來ル、　同日、大宮司使玄番口上、大戸両人白幡山之儀ヲ申候、差テ急度致候、證據も無之、下社家かたの神主江神樂祢宜一人參、祭之由、尤供物ハ白幡祝差出候由、大勢社家共參、祭ト申ニても無之候、御受致候上ハ、川尻太左衞門力地ニ候、重事證據も無之事ヲ願候而も如何ニ存候、如何挨拶致可然候哉御相談、

*白幡山白幡明神と申す
*白幡祝と申す社家あり
大戸兩人來る
*御宮殘木拂木入札

使玄番ニ承候ハ、大戸兩人如何申候哉伺ニ而も致候哉、如何可有御座候哉、私共ハ、公邊向不案内ニ御座候間伺申候ト申由、　返事、大戸ノ義被仰遣、御口上之趣、委細致承知候、此方無案内之義ニ御座候間、ドウコウ被申間敷候、達而伺度申願候ハヽ、添簡ハ不《ハ》致成間敷候、とかく大戸兩人之存寄次第ニ御座候ト存候、

同日、大戸兩人來、逢度由――、多宮何ト申候哉尋候へハ、末社ト書、タシカナ證據も無之事、太左衞門江、右地所被下候事故、其分ニ致置可然候、却テ申出伺候而も太左衞門被下候地之事、其方抔構候事無之抔《ナド》ト有之候テハ、却テ手持あしく引込ゟ、其分ニ致置可然ト被仰候、壹岐申候ハ、とかく此方不案内之事、其元兩人了簡ニ有之候事、又達而ト存候ハヽ、格別とかく地所抔、其元抔得ト存候事、其元抔了簡ニ有之事、此方不案内ニ而トウコウト申事も不成候、山城ハ私共も左樣ニて候、伺可然哉、又如何致可然候哉、下社家共申候ハ、先〻ゟ又□(川尻)末社之事太左衞門すきニハ成間敷候、伺候而太左衞門心儘ニ致候樣ニ被仰付候ハヽ、格別、夫ナレハ能候、とかく伺可然ト申候、又私共兩人計ニ而可申止とも、又伺可申候間、御添簡被下候樣ニとも、兩人計ニてハ、不被申上候、下社家共へも致相談可申上ル間、宮下樣御挨拶も御同樣ニ而御座候、末社と云慥ナ證據も無之と被仰候、壹岐申ハ、□(いカ)や末社ト申書付證文ハ、何方ニも有之間敷候、白幡山ト申白幡明神ト申、白幡祝ト申社家有之、毎年兩度ツヽ祭礼有之候へハ、證據無之候、無之候ト申候、兩人とかく罷歸、下社家共とも致相談可申上ト申歸候、

〔三月〕

○一、三月朔日、御宮殘木拂木入札、宮下ノ者金壹分・八百文ニ拂、末木抔之殘木也、

四月市見セ代大聖院事、
○一、三月四日、大宮司(香取多宮)使松本丹治、取次主膳(高木)、今日晝時其元へ參、御內談申度存候、御差合も無之候ハヽ可參候、　差合無之候、御出可被成候、

圓壽院事、
多宮(香取)來ル、酒・吸物出ス、多宮申ハ、先達而貴樣御咄御相談有之候、四月市之節、馬場通り見セ代之儀、御相談之通致可然候、乍去當年ハ、先兩年通ニいたし樣子見合候而可然被存候、先是迄右所ニ居候賣人

*大長手悴丹彌來る

大聖院移轉の屆なし

圓壽院無住二十五六年

共も、去年中難義之由も申候由、又願出申間敷事ニ而も無之候、修理料江少も差上候事も、先當四月ノ樣子見又御相談申、來年ゟハ差上候樣ニ可致候、先當年去年通ニいたし候へハ、他ノ聞も宜候、少々も差上候へハ、訳立候間、寂早沙汰ニも可及候、先當年ハ去年通ニいたし、見合可然候、壹岐(香取)申候ハ、私も左樣存候、先不定ナルㇷ゚ニ候間、當四月ノ樣子御見合、其上ニ而何分ニも御相談可申候、

大宮司申ハ、大聖院移轉ノ屆無之事、此方江不沙汰ニ可致事ニ無之候、二・三年以前、御伺申付候筋ニて候、又本多長門(忠英)殿御裁許しかと無之候へ共、後住移轉ホ不沙汰ニ致セトハ無之候間、兩使ニ而も遣置可然候、又圓壽院無住も廿五・六年ニも可成候、是も後住すへ候樣ニサイ□致可然候、配當ハ少々ノ事ニ可有之候、是迄金剛宝寺代僧出シ候事も不知候、壹岐――ハ、圓壽院も廿七年ニ成可申候、配當有之候ニ金剛――無沙汰ニ取納可申事無之候、夫故修理料へ入可然ト申遣度事ニて候、右申遣、金剛――フテ候、挨拶致候とも、早速可及公訴事ニても無之折も可有之候、先兩使遣捨置可然候、又右之訳申遣置

候へハ無念ニも成間敷候、其內兩使遣可然候、大宮司――ハ、二・三日中遣可然候、又其義ハ玄番(蕃、下同ジ)(小林)ニ可申進候ト申歸ル、

一、三月七日、大長手悴丹弥(尾形數馬)來ル、私神樂ノ節、去年申上候、金燈爐拜殿へ差上申度候、宮下へ申上候へハ、何分ニもト御申候、　此方挨拶大相成物セマキ拜殿へハ成間敷候、シヤマニ可成見苦敷可有之候、庭上ニ只今有之、前後ノあたり置候ハヽ、能可有之候、丹弥(尾形)申候ハ、庭上へ置候シカケニてハ無之候、先神樂之內ハ拜殿御緣ニテモ置、懸御目拜殿不成候ハヽ、御緣江成共置候樣ニ願可申と申歸ル也、

又申御供御膳參候、御供料差上候、右之內ニ而御供所勤候者へ、壹分被下候樣ニ奉願候、尤去年中も奉願候、　右御供料末ニ記、

三月八日、大宮司使玄番金燈爐も出來參候、拜《ハイ》殿へ置度由申候、又先達而も申進候、月々三日御膳も出來參候、明日ハ日柄宜無之候間、今晩ゟ上度ト願候、今晩・明日兩日上度と願申候、御相違も無之候ハヽ、可申付候、　返事、何分ニも宜樣ニ被仰付可然候、金燈爐之事ハ、昨日丹弥江も申候、大相成

金燈爐事、

物拝殿へハ成間敷旨申聞候、　　三月八・九・十日、
神樂濟、　　神樂料十日來ル、

照安產男子出生

△一、宝暦十四甲申三月十二日、癸亥日、夜ノ九ツ時、照安產、男子出生、名東之助付ル、

さき安產きね出生

△一、三月廿一日、晝八時、さ起《キ》安產、き祢出生、

大長手神樂願主金燈爐二ツ上ぐ

一、三月八日、大長手(尾形數馬)神樂願主、金燈爐二ツ上、月頭七日・十五日・廿八日大長手致世話上ル、又御膳ハ御供所番ノ世話、月〻三日、此度神樂日八・九・十上ル、

大長手悴丹彌御膳御供料持參

△一、御供料之事御供所、三月十三日、大長手悴丹弥御膳御供料持參、金貳兩三分ト十一年七分九リン、此錢八百八文也、請取舍人(伊藤)、取次書付ヲ以申事也、右書付之內貳分ハ御取次料ト有之候ハ、壹分ハ御供所勤候者ニ被下候樣ニ奉願、金壹分ハ何分ニも御相談ニ被成可申下候、私御願ハ不申上候、請取も被下候樣ニ申事也、此方ゟト申歸ス、

*永代月々三ケ日御供米料

三月十四日、大宮司使丹弥如此書付差出、書付之通金子も受取申候、爲御知申候、扨又右書付之內金貳分、御取次料ト有之候、內百疋ハ御供所勤候者ニと

願申候、其殘此度功《コウ》ニ御座候間、貳朱も丹弥ニ遣可然候哉、思召承度候、爲御相談申進候、皆も可遣候得共、永代ト有之候事故ニて候、如何いたし可然候哉、受取ノ文、ケ樣ニて可然候哉御相談、又來年もケ樣ニて候、　大宮司返事も口上之趣承知、丹弥差出候書付幷請取文致承知候、何分ニも思召可被成候、

求馬(伊藤)へ玄番(蕃、下同ジ)咄ニ、旦那申ハ御供所勤之者へハ、何程遣候哉、百疋ト申候へハ、先ゟも貳分ト當遣候事、丹弥へ貳朱遣候テハ、先ノ聞も宜有之間敷候、丹弥も永〻毎年先ゟ參候者、宿も可仕、又此上御供料滯候ハヽ、先へ丹弥參、世話も可致候、其外何角と世話も可有之候間、如何ニ候と申之由、　又求馬遣、御供所勤候者へ百疋、丹弥へ百疋可遣被仰遣候筋、御尤ニ存候、

　大長手悴丹弥持參ノ書付、其文丹弥事主膳
　　ト申、

覺

永代月〻三ケ日
　御供米料

*當社御神前へ永代月三ケ日御供奉獻

一、金貳分也、
但、毎月三ケ日共ニ一日上白米壹舛宛奉獻、壹ケ月分三舛、壹ケ年分三斗六舛、金壹兩ニ付、
※直段七斗貳舛与相定積之、
一、金三分・銀六匁、右同斷、御菜料、
但、毎月三日共ニ時之魚鳥・菜草、共ニ四品宛取調奉獻候積り、一日御菜代銀壹匁四分壹厘六毛余、
壹ケ月分銀四匁貳分五厘宛、
一、金壹分也、右同斷、塩・噌・薪代、
但、毎月三日共於御供所ニ御膳を仕立奉獻候積、一日塩噌薪代銀四分壹厘六毛余、壹ケ月分銀壹匁貳分五厘宛、
一、金三分、銀五匁七分九厘、右同斷、御供所江納、
但、有來候於御供所御膳を仕立奉獻候ニ付、一日銀壹匁四分壹厘余相納、壹ケ月分銀四匁貳分三厘宛、
一、金貳分也、　右同斷、　御取次料、
但、毎月三日共ニ、　御神前江御供獻上之御取次ニ付、一日銀八分三厘三毛余、壹ケ月分銀貳匁五分宛、

〆金貳兩三分・銀拾壹匁七分九厘、
右ハ私共爲四恩報、　當社御神前江永代月三ケ日御供奉獻度書面ニ記候、貳兩三分・銀拾壹匁七分九厘之金奉納仕候間、右利足ヲ以、永代共、前書好之通、御取調御獻上被成下候樣奉賴上候、以上、

寶暦十四甲申年三月十日　當國相葛　二葉談中
發願人舟戸村　平樂專藏印

香取宮御社內
尾形數馬殿

右之通書狀〔付〕宮下主膳(高木)差出ス写置、
右貳兩三分・銀十一匁七分九厘、請取被下候樣ニ願候ニ付、遣其文、

覺

金子貳兩三分・銀拾壹匁七分九厘、
右者、毎月三ケ日御供被獻度由ニ而、右之通之金子慥ニ致社納候、御書面之趣委細承知、無相違毎月三ケ日御供可致獻上候、爲其如此ニ御座候、以上、

寶暦十四甲申年三月十四日　下總國香取神宮
大祢宜
香取壹岐內

伊藤舍人印

當國相葛
二葉御談中
發願人舟戸村平樂専藏殿

大長手悴主膳に金百疋遣す

三月十五日、右書付ニ貳分ツヽ取次料ト有之ニ付、相談之上、當年御供所勤候間、三郎兵衞ニ金子百疋遣、又大長手悴主膳(尾形)ニ金百疋遣、

圓壽院配當

一、三月十六日、大宮司使玄番[蕃]、取次求馬、先達而御相談申候、金剛宝寺へ兩使之事、今日抔遣候而ハ如何、返事、成程遣可然候、追付小平太使ニ來ル、御口上ハト求馬聞候へハ、圓壽院配當も有之候事、後住願候ハヽ可然候と申事ニて候、求馬申候ハ、大聖院之事ハト申候へハ、夫ハ沙汰無之ト申候由、　右ニ付、大宮司へ求馬遣、大聖院義、去ル正月廿二日金剛使僧昨日大聖院義、移轉御屆申上候、此義先格ニ逺、近所御修覆所有之、無住ニ而ハ如何樣弥事出來、難計候へハ先格之通り、此方へ願、移轉可致処、無其義先格ニ逺不屆ニ候、

大聖院移轉御屆申上ぐ
*百姓共修理料米拝借願ふ

圓壽院事二十七年以來無住の配當地無住の間は修理料へ入るべし

圓壽院事、廿七年以來、無住ニ候間、住持之儀ハ不及申候、配當地無住之間ハ、御修理料へ入可然候、

右之通申遣可然候、御口上之趣ニてハ如何ニ存候、大聖院之儀御沙汰無之候、

大宮司返事、　大聖院義ハ、不願移轉故申遣可然候、圓壽院義ハ、先後住之儀申遣、其上挨拶承、又申遣可然ト、此間も御相談申候、

又求馬遣、大聖院義ハ、左樣可然候、圓壽院義ハ、寺領之義申遣候ハヽ、アノ方ゟ後住之義、可申越候間、寺領之義申遣可然候、乍去難申遣名思召候ハヽ、得と御了簡被成、其内遣可然候、

大宮司返事、先達而ハ寺領之義も御相談無御座候、其後ノ御相談ニハ、先ノ挨拶返事ニ依テハ、其分ニも難成候ニ付、後住一通之儀ヲ申遣、先ノ挨拶ニ依御相談可得と申候、其内被遣候而可然思召候ハヽ、思召次第ニ可被成候、

一、三月廿三日、大宮司使御手洗名主甚兵へ・百姓共、修理料米ヲ秋中迄拝借願出候、如何可致候哉御相談、返事、拝借之儀――、此迄只今時分願出候事も不覺候、願候半分も被仰付てハ、如何――、仍之半分米四俵名主ニ借候由、

三月廿四日、米壹俵玄番・舍人ニ遣、是ハ去年御宮

大宮司使事觸

御普請ニ付、彼ホ出候扶持方ニ遣、
一、三月廿五日、大宮司使事觸、村瀬司馬參候、兎狀へ四郎祝村瀬司馬ト被成被下候樣ニ願申候、如何可致候哉御相談、　返事、村瀬事――承知、親カ各ニ御座候間、近江か能可有之候、四郎祝村瀬近江組ト被成被遣候而、能可有也存候、夫共思召次第何分ニも宜樣ニ可被仰付候、　同日、親近江ハ受領いたし司馬ヲ近江ト申付ルニハ、只今近江ト計可然候、　返事、被入御念候御義、只近江ト計ニ而宜御座候、

*櫻の馬場小屋場地代

*毛利讃岐守退役跡役松平伊賀守

一、三月廿八日、金剛ゟ不斷所使僧、先達而御居申候、大聖院義、永々無住ニ差置候、氣毒ニ御座候へ共、相應之住持無之、紀州者ニて候が実躰ニ相見へ候間、ᄋ當分留主居爲致候、ᄋ夏經も有之、僧少々求馬方へ宮下ニて宮中へ御相談可成被申候由、

*四日市小屋場發起人

〔四　月〕

大聖院の儀

四月朔日、大宮司(香取多宮)使此間金剛宝寺使僧大聖院義、永之無住ニ致候義、氣毒ニ存候得共、相應之住持無之候、年若ニハ有之候へ共、紀州者之由、留主居相應ニも、相見へ候間迎付、夏經も有之候間、當分ノ留主居ニ差置申度由願申候、私挨拶、年若ニも候由吟味可被致候、宮中へも御相談被申候、則申聞置候、當分ノ留主居ニ可申付候哉御相談、　返事、大聖院義被仰遣致承知候、此方へも申出候、先達而使遣候、御相談ニ御座候へ共、延引ニ罷成候、先町過ニ使ヲ遣可然存候、
一、申四月九日、櫻ノ馬場小屋場地代三貫五百文之内、半分壹貫七百五十文請取、櫻ノばゝノ外、六所ノ前通たはこホ居処、六所江之通り六百文、夫ヲ半分ツヽ玄番(蕃)(小林)・求馬(伊藤)遣ス、
一、四月一日、江戸ゟ申來ル、毛利讃岐守(匡平)殿御退役、御跡役松平伊賀守(忠順)殿、秋元但馬守(凉朝)殿御老中御退役之由、
一、四月十二日、宮下要人・卯右衛門(小澤)願候ハ、小見川幸七・原丁政之進、四日市小屋場發起人ニて候間、去年通被下候樣ニ願、當年ハ宮下嘉右衛門小屋ニ少出入ニ付、政之進出濟、樣々世話も致候間、去年も遣候事、透と不遣ニも成間敷候、夫共宮下年番へ可申候、去年通りニ、是ホへも百疋ツヽ遣候由、

同日、大宮司使要人・夘右衞門・幸七・政之進願出候、此間御相談、當年ハ世話も不致候間、遣間敷ト御相談申候ヘ共願出候、如何可致候哉、　返事、去年も遣候事、左候ハヽ不被遣ニも成間敷候、夫共御年番ノ事故、何分思召ト申遣、　同日、金貳分幸七・政之進ヘ遣ス、

大宮司多宮佐倉より江戸へ出足

一、四月十二日、大宮司使明日內用有之、佐倉江參候躰ニゟ江戸江も出候事も可有之候、御神前向御賴ト申、返事、例之通、　同十三日、多宮(香取)出足、佐倉家中舅郡役跡ノ知行所ヘ引越由、仍之暇乞ニ夫婦共往、又江戸山田木助ハ多宮爲ニハ甥ノ子也、姉ノ孫二才計、

*松葉のふ貳日出火
*類火なし

○一、四月十▨(十六日)日、金剛宝寺幷不斷所同道、出府之由此方(出羽ノ山形、)ヘハ無沙汰、
御修覆所預置候処、火事其外如何樣之事、出來も難計ニ他出、一應之屆も不致候、此度ハ何か訴人之樣成沙汰ニて候、

惣檢校民部來る

一、申四月十七日、惣檢校民部(香取)來、去年中も御願御座候故差扣申候、此度無止事御願可申上と存候、御添簡被下候樣ニト申職料願、(マヽ)　挨拶五年以前扱ニ而內濟致候儀ヲ申出候ハ不宜候、致無用候樣ニ尤添簡も不成候、

四月廿五日、大宮司方ヘ使求馬、今朝御歸候由┣━、扨御出府後、十五(六)日金剛宝寺・不斷所致出府候、何カ願有之由沙汰ニて候、又十七日民部職料義ニ付、可申上存候、添簡願候、五年以前內濟致候事ヲ申出候ハ不宜、無用ニ可致候、尤添簡ハ不成と申聞候、御留主中之義ニ候間爲御知申候、
大宮司返事、金剛願候ても有之樣ニ沙汰御座候由、差當何も無之候、民部儀も爲御知被下候、忝存候、從此方可申進存候処、御返事ニ相成候、

〔五　月〕

一、五月七日、晝時過、又見惣右衞門裏松葉のふ貳日出(又見惣右衞門松葉火事、)火、無類火、
同日、大聖院留主居之由也、口上、先剋者、惣右衞門不慮之儀ニ而御サワキ被成候事ト存候、早速遠慮申付候申置歸ル、▨(金剛宝寺ゟ來候、留主居之由也、)
一、五月十一日、大宮司(香取多宮)ヘ使求馬口(伊藤)┣━、運上之義、一圓沙汰も無之候、不埒ニ存候、如何思召候哉、他之

者江成共申付候而ハ、如何可有御座候哉、爲御相談
以使申進候、
大宮司返事、運上之義被仰遣候、節句後迄申延候処、
今ハ沙汰も無御座候、呼候而今一應相尋、御相談可
申候、

香取大禰宜家文書

凡例

一、本叢書は、香取神宮に関する古来の史料・文献、下総における国学者の著作等を蒐集分類して逐次刊行し、香取神宮の歴史、先賢の業績を明らかにせんとするものである。

一、本書「香取大禰宜家文書」は、香取市香取在住旧大禰宜家香取一郎氏所蔵の文書である。

一、本書の翻刻に当たっては、つとめて原本の体裁・用字を尊重したが、便宜、改めた部分がある。

1、文中に、便宜、読点（、）及び並列点（・）を加えた。

2、原本の欠損文字は□□等で示し、その字数が不明の場合は［　　］で示した。

3、抹消文字は、解読可能な場合は、左傍に抹消符（〻）を付し、不能な場合は▨で示した。

4、字体については、原則として正字体を用いた。若くは現時通用の字体に改めたが、字体の甚だしく異なるもの、或いは頻出するものなどは、底本の字体を存した。

5、底本の用字が必ずしも正当でなくても、それが当時一般に通用したと思われるものには、敢えて注を施さなかった。

6、校訂注は、原本の文字に置き換えるべきものには〔　〕、参考または説明のためのものには（　）を用いた。

7、人名・地名等の傍注は、原則として各文書の初出の箇所のみに附したが、頻出する場合は省略したものがある。

一、既刊の「香取神宮古文書纂」「千葉県史料　中世篇　香取文書」「香取大禰宜家文書目録」「千葉県の歴史　資料編　中世2」を参照した。特に「香取神宮古文書纂」は、〔イ〕として校合に用いた。

一、本書の公刊に当たって、原本所蔵の香取一郎氏はこれを許可せられ、種々の便宜を与えられた。特に記して深甚の謝意を表する。

一、本書の校訂は、香取神宮史編纂委員会が担当した。

目次

香取古文書　巻之一（一七通）

一　長治三年四月九日　大禰宜大中臣眞平寄進狀案〈一〉……四三七
二　保元元年十月　日　關白藤原忠通家政所下文〈二〉……四三七
三　長寛二年六月　日　關白左大臣近衞基實家政所下文〈三〉……四三八
四　治承七年正月廿八日　源頼朝下文案〈四〉……四三八
五　嘉祿□〔二カ〕年九月　日　關白前太政大臣近衞家實家政所下文〈五〉……四三八
六　天福□日　攝政左大臣九條教實家政所下文〈六〉……四三九
七　寛元元年九月廿五日　關東下知狀案〈七〉……四四〇
八　文永八年二月　日　下總國司廳宣案〈八〉……四四一
九　文永八年二月　日　關白前左大臣鷹司基忠家政所下文〈九〉……四四一
一〇　建久七年十一月廿二日　關白前太政大臣九條兼實家政所下文〈一〇〉……四四二
一一　建仁元年八月廿二日　攝政近衞基通家政所下文〈一一〉……四四三
一二　元久二年八月　日　攝政前太政大臣九條良經家政所下文〈一二〉……四四三
一三　承久三年十月廿九日　關東下知狀〈一三〉……四四四
一四　文永九年十二月十八日　關東下知狀〈一四〉……四四四
一五　弘安四年十一月廿五日　關東御教書〈一五〉……四四四

一六　弘安十年七月十八日　大禰宜大中臣實政書狀案〈一六〉……四四五
一七　永仁三年十二月　日　關白前右大臣近衛家基家政所下文〈一七〉……四四五

香取古文書　卷之二（一六通）

一八　應保二年六月三日　大禰宜大中臣實房讓狀寫（斷簡）〈一〉……四四六
一九　（年　月　日　缺）　大禰宜大中臣眞平讓狀〈二〉……四四九
二〇　仁安二年二月十一日　大禰宜大中臣眞房讓狀〈三〉……四五〇
二一　永仁七年正月廿日　大禰宜大中臣眞房讓狀〈四〉……四五〇
二二　正安元年十二月廿八日　多田有時和與狀〈五〉……四五一
二三　ゑいにんくわんねん（永仁元年）九月廿日　大禰宜大中臣實政讓狀付關東外題安堵〈六〉……四五一
二四　正安貳年七月廿八日　大禰宜大中臣實幹避狀〈七〉……四五一
二五　正安三年十一月廿九日　大禰宜大中臣實幹起請文〈八〉……四五二
二六　正安三年五月　日　關白前太政大臣二條兼基家政所下文〈九〉……四五二
二七　乾元二年四月十二日　大禰宜大中臣實幹・同實秀連署和與狀〈一〇〉……四五二
二八　乾元二年四月十二日　大宮司大中臣實康等連署避狀〈一一〉……四五三
二九　嘉元二秊卯月廿二日　大宮司大中臣實秀等連署和與狀〈一二〉……四五五
三〇　嘉元二年十一月十一日　大宮司大中臣實康讓狀付關東外題安堵〈一三〉……四五六
三一　正和元年七月　日　關白前太政大臣鷹司冬平家政所下文〈一四〉……四五六
三二　正和四年十一月十四日　藤氏長者鷹司冬平宣〈一五〉……四五七
三三　正和五年丙辰十二月日　大宮司大中臣實秀充行狀〈一六〉……四五七

香取古文書　巻之三（五四通）

三四　（年月日缺）　關東下知狀（斷簡）〈一〉……四五八
三五　（年缺）三月六日　眞聽請文〈二〉……四五八
三六　（年月日缺）　關白家政所下文案（斷簡）〈三〉……四五八
三七　（年月日缺）　香取大神宮神木銘寫（斷簡）〈四〉……四五九
三八　（年月日缺）　遷宮覺書（斷簡）〈五〉……四六〇
三九　（年月日缺）　造營料官米目錄〈六〉……四六〇
四〇　（年月日缺）　造營料官米目錄案〈七〉（三九號文書ノ寫、省略）……四六一
四一　（年缺）六月廿三日　山城權守某奉書〈八〉……四六一
四二　（年缺）六月廿三日　山城權守某奉書案〈九〉（四一號文書ノ寫、省略）……四六二
四三　（年缺）十二月十六日　左衞門尉宗沭奉書〈一〇〉……四六二
四四　（年缺）六月十六日　千葉胤宗請文案〈一一〉……四六二
四五　（年缺）七月廿九日　左衞門尉基春奉書〈一二〉……四六二
四六　（年月缺）廿八日　前內藏權頭某奉書〈一三〉……四六二
四七　（年缺）正月廿七日　國通（姓不詳）書狀〈一四〉……四六三
四八　（年缺）三月廿四日　禪助（上杉朝宗）卷數返事〈一五〉……四六三
四九　（年缺）十二月一日　禪助（上杉朝宗）卷數返事〈一六〉……四六三
五〇　（年缺）七月一日　禪助（上杉朝宗）卷數返事〈一七〉……四六三
五一　（年缺）十二月十九日　沙彌利行書狀〈一八〉……四六三

五二　（年　缺）十一月廿七日　沙彌利行書狀〈一九〉……四六三
五三　（年　缺）六月廿一日　沙彌道敷書狀〈二〇〉……四六四
五四　（年　缺）二月廿五日　千葉滿胤書狀〈二一〉……四六四
五五　（年　缺）三月廿三日　千葉滿胤書狀〈二二〉……四六四
五六　（年　月　日　缺）　千葉滿胤書狀〈二三〉……四六四
五七　（年　缺）七月二日　千葉滿胤遵行狀〈二四〉……四六五
五八　（年　缺）卯月十五日　平長胤施行狀〈二五〉……四六五
五九　（年　缺）卯月一日　平胤重安堵狀〈二六〉……四六五
六〇　（年　缺）六月六日　平胤將充行狀〈二七〉……四六五
六一　（年　缺）卯月廿三日　左衞門尉氏泰書狀〈二八〉……四六五
六二　（年　缺）五月廿六日　沙彌聖應・誓阿連署書狀〈二九〉……四六六
六三　（年　月　日　缺）　某願文〈三〇〉……四六六
六四　（年　月　日　缺）　香取社神事覺〈三一〉……四六七
六五　（年　缺）霜月四日　北條綱成書狀案〈三二〉……四六七
六六　（年　缺）十二月六日　正木時茂書狀〈三三〉……四六八
六七　（年　缺）卯月廿七日　正木時忠書狀〈三四〉……四六八
六八　（年　缺）五月十五日　原胤安書狀〈三五〉……四六八
六九　（年　缺）菊月廿三日　原胤安書狀〈三六〉……四六九
七〇　（年　缺）六月十六日　千葉胤貞書狀寫（折紙）〈三七〉……四六九
七一　（年　缺）三月九日　設樂利繼書狀〈三八〉……四六九

七二　（年　缺）十月五日　設樂利繼書狀〈三九〉……四七〇
七三　（年　缺）九月　某書狀案〈四〇〉……四七〇
七四　（年　缺）九月三日　原胤榮書狀〈四一〉……四七〇
七五　（年　缺）夘月廿八日　香取正忠書狀〈四二〉……四七〇
七六　（年　缺）夘月五日　大禰宜大中臣胤房書狀〈四三〉……四七一
七七　（年　缺）十二月廿八日　原胤富書狀〈四四〉……四七一
七八　（年　月　日　缺）　三月御幸神事留守人數交名案〈四五〉……四七一
七九　（年　月　日　缺）　多田村分御神樂切符〈四六〉……四七一
八〇　（年　缺）十月廿八日　伊達政宗書狀案（切紙）〈四七〉……四七二
八一　（年　缺）八月四日　伊達政宗書狀案〈四八〉……四七二
八二　（年　缺）五月廿三日　大禰宜大中臣實勝目安案〈四九〉……四七三
八三　（年　缺）戌霜月五日　しせうほう某書狀〈五〇〉……四七三
八四　（年　缺）夘ノ十二月七日　實和姓不詳書狀〈五一〉……四七四
八五　（年　月　日　缺）　目安等案〈五二〉……四七四
八六　（年　缺）今月吉日　國行事大中臣實盤充行狀案〈五三〉……四七五
八七　（年　缺）二月六日　法印長演書狀〈五四〉……四七六

香取古文書　巻之四（四通）

八八　嘉祿三年十一月廿日　香取社遷宮用途料注進狀案〈一〉……四七六
八九　（年　月　日　缺）　香取社遷宮用途料注進狀〈二〉……四七七

九〇　（年　月　日　缺）　香取社遷宮用途料注進狀〈三〉……四七七
九一　（年　月　日　缺）　香取社遷宮用途料注進狀案〈四〉……四七八
九二　香取社重書案〈五〉……四九〇
(1)　應安五年十一月八日　藤氏長者二條師良宣案（一二八號文書ノ寫、省略）……四九〇
(2)　應安五年十一月九日　藤氏長者二條師良宣案（一二九號文書ノ寫、省略）……四九〇
(3)　（年　缺）十一月八日　關白二條師良家御教書寫……四九〇
(4)　（應安七年）十一月十二日　關白二條師良家御教書案（一三一號文書ノ寫、省略）……四九〇
(5)　應安五年十一月十四日　管領細川頼之奉書案（一三二號文書ノ寫、省略）……四九〇
(6)　應安七年三月廿二日　關東管領上杉道譿奉書案……四九〇
(7)　（年　月　日　缺）　鎌倉府條々事書案（一三四號文書ノ寫、省略）……四九〇
(8)　應安七年四月廿五日　關東管領上杉道譿奉書寫……四九〇
(9)　應安七年四月廿五日　關東管領上杉道譿奉書案（一三八號文書ノ寫、省略）……四九一
(10)　應安七年四月廿五日　關東管領上杉道譿奉書案……四九一
(11)　應安七年五月十八日　千葉滿胤請文……四九一
(12)　應安七年五月廿七日　安富道轍注進狀寫……四九一
(13)　應安七年六月五日　關東管領上杉道譿奉書案……四九二
(14)　應安七年六月五日　關東管領上杉道譿奉書案……四九二
(15)　應安七年六月廿四日　安富道轍注進狀案……四九二
(16)　應安七年八月九日　關東管領上杉道譿奉書案……四九三
(17)　（年　月　日　缺）　鎌倉府條々事書案……四九三
(18)　應安七年八月九日　關東管領上杉道譿奉書案（一四一號文書ノ寫、省略）……四九三

(19) 應安七年五月廿五日 安富道轍等連署奉書案……四九四
(20) 應安七年五月廿五日 安富道轍等連署奉書案……四九四
(21) 應安七年六月廿一日 安富道轍等連署奉書案（一三九號文書ノ寫、省略）……四九四
(22) 應安七年六月廿一日 安富道轍等連署奉書案（一四〇號文書ノ寫、省略）……四九四
(23) 應安七年九月廿七日 安富道轍等連署奉書案……四九四
(24) 應安七年九月廿七日 安富道轍等連署奉書案……四九五
(25) 應安七年十月十四日 圓城寺政氏避狀案（一四三號文書ノ寫、省略）……四九五
(26) 應安七年十月十四日 山名智兼打渡狀案……四九五
(27) 應安七年十月十四日 安富道轍打渡狀案……四九五
(28) 應安七年十月十四日 安富道轍等連署奉書案……四九五
(29) 應安七年十月十四日 安富道轍等連署奉書案……四九六
(30) 應安五年十一月九日 藤氏長者二條師良宣寫……四九六
(31) 應安五年十一月十八日 藤氏長者二條師良宣寫……四九六
(32) 應安五年十二月十四日 管領細川頼之奉書案……四九六
(33) （年月日缺） 應安七年鎌倉動座關係文書跋……四九六

香取古文書 卷之五（二通）

九三 寛喜元年四月日 關白九條道家家政所下文〈一〉……四九七
九四 永仁四年八月日 關白左大臣鷹司兼忠家政所下文〈二〉……四九七

香取古文書　巻之六（二二通）

九五　元亨三年十月廿七日　關東下知状〈一〉……四九九
九六　元亨四年八月　日　大禰宜大中臣實長覺書案〈二〉……四九九
九七　嘉暦貳年八月廿一日　前大禰宜大中臣實胤讓状〈三〉……四九九
九八　嘉暦貳年八月廿一日　前大禰宜大中臣實胤讓状〈四〉……五〇〇
九九　嘉暦貳年八月廿一日　前大禰宜大中臣實胤讓状〈五〉……五〇〇
一〇〇　嘉暦貳年八月廿一日　前大禰宜大中臣實胤配分状〈六〉……五〇〇
一〇一　嘉暦貳年八月廿一日　前大禰宜大中臣實胤讓状并大中臣實長分田畠注文〈七〉……五〇一
一〇二　「嘉暦年間」　前大禰宜大中臣實胤陳状案（断簡）〈八〉……五〇二
一〇三　元徳二年六月廿三日　大行事代蓮性井祓料送文〈九〉……五〇三
一〇四　建武五年六月二日　大禰宜大中臣實長讓状〈一〇〉……五〇三
一〇五　建武五年六月二日　大禰宜大中臣實長讓状〈一一〉……五〇四
一〇六　建武五年十月六日　大宮司大中臣某等連署補任状〈一二〉……五〇四
一〇七　りやくおう五年二月九日　沙彌道恵讓状〈一三〉……五〇五
一〇八　暦應四年九月廿六日　千葉貞胤安堵状〈一四〉……五〇五
一〇九　康永三年十二月八日　藤氏長者鷹司師平宣〈一五〉……五〇五
一一〇　康永肆年乙酉二月十三日　神子別當藤原末眞讓状〈一六〉……五〇五
一一一　文和三年十月廿三日　大中臣實顯和與状〈一七〉……五〇六
一一二　文和三年甲午十一月十八日　左衞門常家讓状〈一八〉……五〇六
一一三　文和五年夘月十日　大宮司・大禰宜連署補任状〈一九〉……五〇六

一一四　延文五年庚子十月十六日　返田神主中臣實家讓狀〈二〇〉……五〇七
一一五　延文五年庚子十月十六日　返田神主中臣實家讓狀〈二一〉……五〇七
一一六　貞治三年甲辰卯月八日　國分胤氏・同胤詮連署田地賣券〈二二〉……五〇七

香取古文書　卷之七（二七通）

一一七　「貞治五殘簡」　大禰宜大中臣長房申狀案（斷簡）〈一〉……五〇八
一一八　貞治七年三月二日　沙彌聖應等總州一揆連署願文〈二〉……五〇九
一一九　貞治七年三月六日　平長胤誓狀〈三〉……五〇九
一二〇　貞治七年三月六日　平長胤誓狀〈四〉……五〇九
一二一　貞治七年三月八日　平長胤施行狀〈五〉……五〇九
一二二　貞治七年三月　日　平長胤寄進狀〈六〉……五一〇
一二三　貞治七年三月　日　平長胤寄進狀寫〈七〉（一二二號文書ノ寫、省略）……五一〇
一二四　貞治七年三月十一日　平長胤安堵狀〈八〉……五一〇
一二五　貞治七年三月十二日　平長胤安堵狀〈九〉……五一一
一二六　「貞治六」年八月□日　關東管領上杉道譓奉書〈一〇〉……五一一
一二七　應安元年戊申七月十五日　彌三郎置文〈一一〉……五一一
一二八　應安五年十一月八日　藤氏長者二條師良宣〈一二〉……五一一
一二九　應安五年「十一月日」　藤氏長者二條師良宣〈一三〉……五一一
一三〇　「應安頃」十一月九日　關白二條師良家御教書案〈一四〉……五一二
一三一　（應安七年）十一月十二日　關白二條師良家御教書案〈一五〉……五一二

一三二　應安五年十一月十四日　管領細川頼之奉書〈一六〉……五一二
一三三　應安五年「十一月　日」　藤氏長者二條師良宣寫〈一七〉（一二九號文書ノ寫、省略）……五一三
一三四　（年　月　日　缺）　鎌倉府條々事書（斷簡）〈一八〉……五一三
一三五　應安五年十一月　日　大禰宜大中臣長房訴狀〈一九〉……五一三
一三六　應安六年後十月十四日　藤氏長者二條師良宣〈二〇〉……五一四
一三七　广安七年二月廿二日　大禰宜大中臣長房置文〈二一〉……五一四
一三八　應安七年四月廿五日　關東管領上杉道譿奉書〈二二〉……五一四
一三九　應安七年六月廿一日　安富道轍等連署奉書（切紙）〈二三〉……五一五
一四〇　應安七年六月廿一日　安富道轍等連署奉書（折紙）〈二四〉……五一五
一四一　應安七年八月九日　關東管領上杉道譿奉書〈二五〉……五一五
一四二　應安七年十月十四日　安富道轍打渡狀〈二六〉……五一五
一四三　應安七年十月十四日　圓城寺政氏避狀〈二七〉……五一六

香取古文書　卷之八（三一通）

一四四　「應安七」（月　日　缺）　海夫注文〈一〉……五一七
一四五　「應安七」（月　日　缺）　海夫注文〈二〉……五一七
一四六　「應安七」（月　日　缺）　海夫注文〈三〉……五一八
一四七　「應安七」（月　日　缺）　海夫注文〈四〉……五一八
一四八　「應安七」（月　日　缺）　海夫注文〈五〉……五一八
一四九　「應安七」（月　日　缺）　海夫注文〈六〉……五一九

一五〇 「應安七」（月 日 缺） 海夫注文〈七〉……五一九
一五一 「應安七」（月 日 缺） 海夫注文〈八〉……五二〇
一五二 永和元年十一月廿四日 大禰宜大中臣長房安堵狀〈九〉……五二〇
一五三 永德元年六月一日 沙彌道助年期賣田地目錄〈一〇〉……五二〇
一五四 永とく三年正月廿八日 大禰宜大中臣長房安堵狀〈一一〉……五二一
一五五 永德二二年三月八日 大禰宜大中臣長房置文〈一二〉……五二一
一五六 永德二二年三月八日 大禰宜大中臣長房置文〈一三〉……五二一
一五七 永德二二年甲子三月十日 大禰宜大中臣長房文書目錄〈一四〉……五二二
一五八 至德元年七月十一日 大禰宜大中臣長房請取狀案〈一五〉……五二三
一五九 至德元年十二月廿五日 押領使中臣實泰讓狀〈一六〉……五二三
一六〇 至德二年三月五日 大禰宜大中臣長房等連署補任狀〈一七〉……五二三
一六一 至德三年十二月一日 藤氏長者二條良基宣〈一八〉……五二四
一六二 しとく（至德）二年十月四日 大禰宜大中臣長房讓狀〈一九〉……五二四
一六三 しとく四年五月一日 大禰宜大中臣長房讓狀〈二〇〉……五二五
一六四 しとく四年五月一日 大禰宜大中臣長房置文〈二一〉……五二五
一六五 しとく四年五月一日 大禰宜大中臣長房讓狀〈二二〉……五二六
一六六 嘉慶二年三月廿九日 千葉滿胤充行狀（折紙）〈二三〉……五二七
一六七 嘉慶貳年十月廿五日 千葉滿胤書下〈二四〉……五二八
一六八 嘉慶貳年十月廿五日 千葉滿胤遵行狀〈二五〉……五二八
一六九 嘉慶二年戊辰十二月二日 圓城寺常義等連署打渡狀〈二六〉……五二九

一七〇　嘉慶二年戊辰十二月二日　圓城寺常義等連署打渡狀案〈二七〉……五二九
一七一　嘉慶二年戊辰十二月十四日　大禰宜大中臣長房補任狀〈二八〉……五二九
一七二　嘉慶二年十二月廿二日　大禰宜大中臣長房補任狀〈二九〉……五三〇
一七三　(康應元年)二月九日　千葉滿胤書狀〈三〇〉……五三〇
一七四　康應元年七月六日　千葉滿胤安堵狀〈三一〉……五三〇

香取古文書　巻之九（二九通）

一七五　明德元年十二月十三日　大禰宜大中臣長房安堵狀〈一〉……五三一
一七六　めいとく（明德）二年十月八日　大禰宜大中臣長房讓狀〈二〉……五三一
一七七　めいとく二年十月八日　大禰宜大中臣長房讓狀〈三〉……五三二
一七八　明德二年辛未十一月廿五日　大禰宜大中臣長房紛失狀〈四〉……五三二
一七九　めいとく貳年十二月廿七日　大禰宜大中臣長房補任狀案〈五〉……五三二
一八〇　明德二季六月廿六日　大中臣幸房充行狀〈六〉……五三三
一八一　めいとく四年十月十五日　大禰宜大中臣長房置文〈七〉……五三三
一八二　めいとく四年十月十五日　大禰宜大中臣長房置文〈八〉……五三四
一八三　應永四年八月廿七日　大禰宜大中臣長房充行狀〈九〉……五三四
一八四　應永五年三月五日　鎌倉公方足利氏滿御教書〈一〇〉……五三五
一八五　應永八年十一月廿四日　大禰宜大中臣長房補任狀寫〈一一〉……五三五
一八六　應永九年夘月四日　大禰宜大中臣幸房避狀〈一二〉……五三五
一八七　應永十一年十一月廿日　大禰宜大中臣幸房補任狀〈一三〉……五三五

一八八　應永十三年九月五日　大禰宜大中臣幸房補任狀〈一四〉……五三六
一八九　應永十四年丁亥二月九日　大禰宜大中臣實常讓狀〈一五〉……五三六
一九〇　應永十二年二月十一日　返田和泉嚴範避狀〈一六〉……五三七
一九一　應永十二年卯月　日　大禰宜大中臣幸房訴狀案〈一七〉……五三七
一九二　應永十五年十二月十九日　大禰宜大中臣幸房充行狀〈一八〉……五三七
一九三　應永十六年己丑十一月廿日　馬場殿御祭机日記寫〈一九〉……五三八
一九四　應永二十年八月廿八日　千葉兼胤香取社參記錄〈二〇〉……五三八
一九五　應永廿三年十月廿二日　沙彌某卷數披露狀〈二一〉……五三九
一九六　應永廿二年五月廿五日　大禰宜大中臣幸房讓狀〈二二〉……五三九
一九七　應永廿九年壬刁卯月五日　四月御祭日記〈二三〉……五三九
一九八　應永卅年癸卯六月廿七日　中村胤秀寄進狀〈二四〉……五四〇
一九九　應永卅二年三月十一日　行事禰宜藤井但房避狀〈二五〉……五四〇
二〇〇　應永三十三年九月八日　國行事大中臣憲房讓狀〈二六〉……五四一
二〇一　應永三十四年九月九日　國行事大中臣憲房避狀〈二七〉……五四一
二〇二　應永卅五年五月十六日　大禰宜大中臣秀房寄進狀寫〈二八〉……五四一
二〇三　正長元年戊申十二月　日　國行事大中臣憲房副狀寫〈二九〉……五四二

香取古文書　卷之十（五四通）

二〇四　正長三年かのへいぬ五月七日　大禰宜大中臣元房證狀〈一〉……五四二
二〇五　正長三年かのへいぬ五月七日　國行事大中臣憲房證狀〈二〉……五四二

二〇六　正長四年かのとのゐ九月廿四日　大禰宜大中臣満房賣券〈三〉……五四三
二〇七　永享三年十二月廿九日　國行事大中臣憲房充行狀〈四〉……五四三
二〇八　ゑいかう十年つちのへむま四月四日　國行事大中臣憲房充行狀〈五〉……五四三
二〇九　嘉吉三年二月廿一日　大禰宜大中臣胤房安堵狀〈六〉……五四四
二一〇　嘉吉三年癸亥九月六日　大禰宜大中臣胤房安堵狀〈七〉……五四四
二一一　嘉吉四年　月　日　國行事大中臣憲房等連署目安案〈八〉……五四四
二一二　文安元年十一月八日　大禰宜大中臣胤房充行狀〈九〉……五四五
二一三　文安二年六月一日　大禰宜大中臣秀房讓狀〈一〇〉……五四五
二一四　寶德二年かのへむま四月廿六日　國行事大中臣憲房本錢返田地賣券〈一一〉……五四六
二一五　寶德二年辛亥〔未〕五月七日　大禰宜大中臣胤房讓狀寫〈一二〉……五四六
二一六　享德元年壬申十二月廿三日　大禰宜大中臣胤房充行狀〈一三〉……五四六
二一七　享德三年甲戌六月十三日　前下野守直仲打渡狀〈一四〉……五四七
二一八　きやうとく三年九月廿四日　大禰宜大中臣胤房出狀〈一五〉……五四七
二一九　享德十七年(マヽ)正月十六日　足利成氏卷數請取〈一六〉……五四七
二二〇　享德廿年(マヽ)八月廿七日　千葉孝胤安堵狀〈一七〉……五四七
二二一　長祿貳年九月吉日　大宮司大中臣直房等連署補任狀〈一八〉……五四八
二二二　寬正四年二月九日　大宮司大中臣直房安堵狀〈一九〉……五四八
二二三　寬正五年六月吉日　大禰宜大中臣胤房讓狀〈二〇〉……五四八
二二四　應仁三年己丑正月十一日　大禰宜大中臣胤房讓狀〈二一〉……五四九

二二五　文明三年七月吉日　國分之胤安堵状〈二二〉……五四九
二二六　(年　缺)八月六日　足利成氏書状〈二三〉……五四九
二二七　(年　缺)八月十八日　足利成氏書状〈二四〉……五四九
二二八　(文明三年)八月十九日　足利成氏書状〈二五〉……五四九
二二九　文明三年辛卯十月廿日　大禰宜大中臣胤房充行状案〈二六〉……五五〇
二三〇　文明亖年壬辰正月吉日　國分之胤安堵状〈二七〉……五五〇
二三一　文明四年壬辰三月五日　御手洗水直常證文〈二八〉……五五〇
二三二　文明十一年十二月廿四日　大禰宜大中臣胤房充行状〈二九〉……五五〇
二三三　文明十九年丁未閏十一月廿三日　國分胤盛安堵状〈三〇〉……五五一
二三四　延德亖年壬子十二月十五日　香取宗師讓状〈三一〉……五五一
二三五　香取宗師讓状案〈三二〉……五五一
(1)　延德亖年壬子十二月十五日　香取宗師讓状案……五五一
(2)　延德亖年壬子十二月十五日　香取宗師ヵ讓状案……五五二
二三六　文龜貳年壬戌十二月廿九日　大禰宜大中臣實之充行状〈三三〉……五五二
二三七　明應九年庚申四月十九日　國分胤盛安堵状〈三四〉……五五二
二三八　永正貳年乙丑卯月十三日　國行事大中臣直房讓状〈三五〉……五五三
二三九　永正貳年乙丑卯月十四日　國行事大中臣直房讓状〈三六〉……五五三
二四〇　永正二年乙丑六月十八日　大禰宜大中臣實之安堵状〈三七〉……五五三
二四一　永正亖年ひのとう九月十一日　國分胤盛安堵状〈三八〉……五五四
二四二　永正九年壬申七月十一日　國分胤景條書〈三九〉……五五四

二四三　永正十六年己卯四月九日　大禰宜大中臣實之證狀〈四〇〉……五五五
二四四　永正十六年己卯六月廿一日　香取直宗讓狀〈四一〉……五五五
二四五　大永八年戊子孟夏吉日　御手洗再興勸進帳案〈四二〉……五五五
二四六　大永八秊戊子七月廿七日　國分胤相寄進狀〈四三〉……五五六
二四七　享祿二年己丑三月九日　香取社宮定〈四四〉……五五六
二四八　享祿貳年十二月五日　千葉勝胤書狀〈四五〉……五五七
二四九　享祿三年庚刁三月四日　大禰宜大中臣實之讓狀〈四六〉……五五八
二五〇　天文四年夘月廿九日　胤元等連署起請文〈四七〉……五五八
二五一　天文十年辛丑九月六日　下總十一郡之次第案〈四八〉……五五八
二五二　天文十三秊甲辰二月吉日　香取社每月宿直結番次第〈四九〉……五五九
二五三　天文拾二年乙巳八月廿六日　國分勝盛等連署寄進狀〈五〇〉……五五九
二五四　天文十四年乙巳九月廿日　大宮司大中臣清房等連署補任狀案〈五一〉……五六〇
二五五　天文拾五年丙午十月廿七日　飯田朝英證文〈五二〉……五六〇
二五六　天文十八秊己酉十月吉日　國分勝盛安堵狀案〈五三〉……五六〇
二五七　天文十八年己酉十月吉日　國分勝盛安堵狀案〈五四〉……五六〇

香取古文書　卷之十一（二六通）

二五八　天文廿一年ミつのへ子七月二日　大禰宜大中臣實隆充行狀〈一〉……五六一
二五九　天文廿一年十二月廿八日　大禰宜大中臣實隆充行狀〈二〉……五六二
二六〇　天文廿二年三月十日　國分胤藝起請文〈三〉……五六二

二六一　天文廿二年十二月吉日　大禰宜大中臣實隆充行状〈四〉……五六二
二六二　天文廿三年甲刁十一月吉日　大宮司大中臣清房起請文案〈五〉……五六三
二六三　天文廿四年癸丑八月三日　香取社元三御頭人之次第〈六〉……五六三
二六四　天文廿五ひのへたつ年三月廿七日　大禰宜大中臣實隆安堵状〈七〉……五六四
二六五　永禄貳年己未二月六日　二郎神主本錢返賣券〈八〉……五六五
二六六　永禄二暦辛酉三月吉日　國分胤憲寄進状〈九〉……五六五
二六七　永禄十年丁卯九月吉日　大禰宜大中臣實隆置文〈一〇〉……五六五
二六八　永禄十一年己〔戊〕辰三月　香取社三月御神事注文案〈一一〉……五六六
二六九　天正四年ひのへね卯月廿七日　神俊申状〈一二〉……五六七
二七〇　天正拾八年五月　日　木村重茲・淺野長吉連署禁制案〈一三〉……五六八
二七一　（天正十八年）五月晦日　大禰宜大中臣實勝書状案〈一四〉……五六八
二七二　（天正十八年）五月晦日　大禰宜大中臣實勝書状〈一五〉……五六八
二七三　（天正十八年）六月廿八日　豐臣秀吉朱印状（折紙）〈一六〉……五六九
二七四　（天正十八年）六月廿九日　石田正澄書状（折紙）〈一七〉……五六九
二七五　天正廿年壬辰正月五日　大宮司大中臣盛房誓文〈一八〉……五六九
二七六　天正廿年壬辰二月十四日　諸社人連名契状〈一九〉……五六九
二七七　天正廿年壬辰二月十七日　行事禰宜等六人衆契状〈二〇〉……五七〇
二七八　天正廿一年太歳癸巳正月三日　大山龜御占饗膳注文〈二一〉……五七〇
二七九　「天正中」　大戸神領支配状（折紙）〈二二〉……五七一
二八〇　（文祿元年）辰正月十三日　原田種雄・大久保長安連署定書寫〈二三〉……五七一

二八一　文祿三年甲午三月晦日　香取實忠等書狀〈二四〉……五七二
二八二　文祿三年甲午十一月吉日　香取社祭禮頭番次第注文〈二五〉……五七二
二八三　文祿五年丙申十一月十八日　大禰宜大中臣實勝證文案〈二六〉……五七三

香取古文書　巻之十二（一通）

二八四　元龜三年三月吉日　小原院院宣寫〈一〉……五七四

香取古文書　巻之十三（三五通）

二八五　慶長三年三月八日　大禰宜大中臣實勝充行狀寫〈一〉……五七四
二八六　慶長三年三月八日　大禰宜大中臣實勝充行狀寫〈二〉（二八五號文書ノ寫、省略）……五七四
二八七　慶長亖年己亥三月七日　物申祝某起請文〈三〉……五七五
二八八　（慶長三年カ）十一月廿四日　大宮司大中臣成房・大禰宜大中臣實勝連署陳狀〈四〉……五七五
二八九　慶長五年かのへ子二月吉日　小林加賀守等連署請文寫〈五〉……五七六
二九〇　慶長六年辛丑拾月吉日　大禰宜大中臣實滿充行狀〈六〉……五七七
二九一　慶長七年壬刁拾月三日　大禰宜大中臣實滿安堵狀〈七〉……五七七
二九二　慶長八年夘ノ八月廿五日　大禰宜大中臣實滿書狀案〈八〉……五七七
二九三　「慶長」刁ノ拾一月廿五日　大禰宜大中臣實滿陳狀〈九〉……五七八
二九四　香取社元三御祭頭番次第并香取社流鏑馬次第等案〈一〇〉……五八〇
(1)　天文三年申午正月十日　香取社元三御祭頭番次第……五八〇
(2)　元和五年己未正月廿七日　香取社流鏑馬次第等案……五八一

二九五　元和七歳辛酉二月中旬　諷誦文案〈一一〉……五八二
二九六　元和九いノ年霜月廿九日　田所等連署證文〈一二〉……五八二
二九七　寛永三年ひのへ刁正月吉日　返田大學等連署證文〈一三〉……五八二
二九八　(寛永四年)夘月五日　前大禰宜大中臣貴宗言上書寫〈一四〉……五八三
二九九　寛永五年辰三月卅日　拂米證文〈一五〉……五八四
三〇〇　大宮司年貢請取狀寫〈一六〉……五八四
寛永六年巳六月十七日　大宮司年貢請取狀寫……五八四
寛永八年未ノ五月廿一日　大宮司大中臣實應年貢請取狀寫……五八五
三〇一　寛永十二年正月四日　修正料田渡狀〈一七〉……五八五
三〇二　寛永廿二年太歳乙酉正月　香取社社官等姓名注進狀〈一八〉……五八五
三〇三　正保貳年乙酉六月廿二日　前大禰宜大中臣貴宗訴狀扣〈一九〉……五八七
三〇四　慶安元年十一月吉日　千葉定胤證狀〈二〇〉……五八八
三〇五　慶安三年刁ノ霜月廿七日　金子借用證文〈二一〉……五八八
三〇六　慶安五年正月七日　御觸書案〈二二〉……五八八
三〇七　羕應三年甲午正月七日　正月元三祭頭番之差定〈二三〉……五八九
三〇八　明暦三年酉霜月日　大宮司大中臣範房訴狀寫〈二四〉……五八九
三〇九　万治貳歳己亥二月廿三日　椎名惣兵衞證文〈二五〉……五九〇
三一〇　寛文四年辰ノ十二月八日　小林玄蕃等連署契狀〈二六〉……五九〇
三一一　「寛文八」　香取大禰宜家文書目錄〈二七〉……五九一
三一二　寛文十二年子ノ十一月廿七日　香取神領役人等連署訴狀案〈二八〉……五九二

三一三 延寶二年きのへとら極月十二日 田所某契狀〈二九〉……五九三
三一四 延宝三年二月九日 大禰宜大中臣勝房訴狀案〈三〇〉……五九四
三一五 延寶三乙卯年極月廿九日 大禰宜大中臣勝房充行狀寫〈三一〉……五九四
三一六 延寶五丁巳年八月十四日 大宮司大中臣由房等連署起請文案〈三二〉……五九四
三一七 元祿十一寅年八月廿一日 鐵砲渡狀寫〈三三〉……五九五
三一八 「元祿中」 社殿等修理目錄〈三四〉……五九五
三一九 正德五乙未年六月日 返田社修理料請取狀寫〈三五〉……五九六

香取古文書寫 第一卷(二一通)

三二〇 保元元年十月 日 關白藤原忠通家政所下文案〈一〉(二號文書ノ寫、省略)……五九八
三二一 關白左大臣近衞家實家政所下文案幷關白左大臣近衞基實家政所下文案〈二〉……五九八
(1) 建永元年七月 日 關白左大臣近衞家實家政所下文案……五九八
(2) 長寬二年六月 日 關白左大臣近衞基實家政所下文案(三號文書ノ寫、省略)……五九八
三二二 仁安二年二月十一日 大禰宜大中臣眞房讓狀案〈三〉(二〇號文書ノ寫、省略)……五九八
三二三 建久七年十一月廿二日 關白前太政大臣九條兼實家政所下文案〈四〉(一〇號文書ノ寫、省略)……五九八
三二四 建久七年十一月廿二日 關白前太政大臣九條兼實家政所下文案〈五〉(一〇號文書ノ寫、省略)……五九九
三二五 關東下知狀寫幷關白前左大臣近衞家實家政所下文寫(續紙)〈六〉……五九九
(1) 兼元三年三月十七日 關東下知狀寫(三四號文書ノ寫)……五九九
(2) 建永二年十月 日 關白前左大臣近衞家實家政所下文寫……六〇〇
三二六 香取社重書案(續紙)〈七〉……六〇三

(1) 治承七年正月廿八日　源頼朝下文案（四號文書ノ寫、省略）……六〇三
(2) 承久三年十月廿九日　關東下知狀案（一三號文書ノ寫、省略）……六〇三
(3) 文永九年十二月十八日　關東下知狀案（一四號文書ノ寫、省略）……六〇三
(4) （年　月　日　缺）　關東下知狀案（斷簡）（三四號文書ノ寫、省略）……六〇三
三二七　香取社重書案（續紙）〈八〉……六〇三
(1) （年　月　日　缺）　關東下知狀案（斷簡）（三四號文書ノ寫、省略）……六〇三
(2) 治承七年正月廿八日　源頼朝下文案（四號文書ノ寫、省略）……六〇三
(3) 承久三年十月廿九日　關東下知狀案（一三號文書ノ寫、省略）……六〇四
(4) 文永九年十二月十八日　關東下知狀案（一四號文書ノ寫、省略）……六〇四
三二八　（年　月　日　缺）　大禰宜大中臣眞平讓狀寫〈九〉（一九號文書ノ寫、省略）……六〇四
三二九　文永七年十二月四日〔庚〕甲午　嫗殿指圖次第案（切續紙）〈一〇〉……六〇四
三三〇　文永九年太歳壬午〔申〕三月十五日癸酉　阿闍梨行宣置文寫〈一一〉……六〇五
三三一　香取社重書寫（竪切紙）〈一二〉……六〇五
(1) 承久三年十月廿九日　關東下知狀寫（一三號文書ノ寫、省略）……六〇五
(2) 文永九年十二月十八日　關東下知狀寫（一四號文書ノ寫、省略）……六〇五
三三二　關白左大臣鷹司兼忠家政所下文案并藤氏長者鷹司兼忠下知狀案〈一三〉……六〇六
(1) 永仁四年八月　日　關白左大臣鷹司兼忠家政所下文案（九四號文書ノ寫、省略）……六〇六
(2) 永仁五年四月十二日　藤氏長者鷹司兼忠下知狀案……六〇六
三三三　元亨三年十月廿七日　關東下知狀案〈一四〉（九五號文書ノ寫、省略）……六〇六
三三四　貞治七年三月二日　沙彌聖應等總州一揆連署願文案〈一五〉（一一八號文書ノ寫、省略）……六〇六

三三五　香取神領相論文書等案（續紙）〈一六〉……六〇六
(1)　貞治七年三月二日　沙彌聖應等總州一揆連署願文案（一一八號文書ノ寫、省略）……六〇六
(2)　貞治七年三月八日　平長胤施行狀案（一二一號文書ノ寫、省略）……六〇六
(3)　貞治七年三月　日　沙彌聖應等總州一揆連署願文案……六〇六
三三六　貞治七年三月八日　平長胤施行狀案（竪切紙）〈一七〉（一二一號文書ノ寫、省略）……六〇七
三三七　平長胤寄進狀案幷圓城寺氏政書狀案（續紙）〈一八〉……六〇七
(1)　貞治七年三月　日　平長胤寄進狀案（一二二號文書ノ寫、省略）……六〇七
(2)　（年　缺）五月九日　圓城寺氏政書狀案……六〇七
三三八　香取神領相論文書等案（續紙）〈一九〉……六〇七
(1)　貞治七年三月　日　平長胤寄進狀案（一二二號文書ノ寫、省略）……六〇七
(2)　（年　缺）五月九日　圓城寺氏政書狀案（三三七-(2)號文書ノ寫、省略）……六〇七
(3)　應安五年「十一月　日」　藤氏長者二條師良宣案（一二九號文書ノ寫、省略）……六〇八
(4)　貞治七年三月　日　沙彌聖應等總州一揆連署願文案（三三五-(3)號文書ノ寫、省略）……六〇八
(5)　貞治七年三月十二日　平長胤安堵狀案（一二五號文書ノ寫、省略）……六〇八
(6)　（年　月　日　缺）　某寄進狀案（斷簡）……六〇八
三三九　貞治七年三月十二日　平長胤安堵狀案〈二〇〉（一二五號文書ノ寫、省略）……六〇八
三四〇　沙彌聖應等總州一揆連署願文案幷平長胤安堵狀案〈二一〉……六〇八
(1)　貞治七年三月　日　沙彌聖應等總州一揆連署願文案（三三五-(3)號文書ノ寫、省略）……六〇八
(2)　貞治七年三月十二日　平長胤安堵狀案（一二五號文書ノ寫、省略）……六〇八

香取古文書寫　第二卷（三五通）

三四一　香取社重書案〈一〉……六〇九
(1)（年　缺）十一月十二日　關白二條師良家御教書案（斷簡）……六〇九
(2) 應安五年十一月十四日　管領細川頼之奉書案（一三二號文書ノ寫、省略）……六〇九
(3) 應安七年四月廿五日　關東管領上杉道譿奉書案（九二-(8)號文書ノ寫、省略）……六〇九
(4) 應安七年四月廿五日　關東管領上杉道譿奉書案（一三八號文書ノ寫、省略）……六〇九
(5)（年　月　日　缺）　鎌倉府條々事書案（斷簡）（一三四號文書ノ寫、省略）……六〇九
(6) 應安七年六月五日　關東管領上杉道譿奉書案（九二-(13)號文書ノ寫、省略）……六〇九
(7)（年　月　日　缺）　鎌倉府條々事書案（九二-(17)號文書ノ寫、省略）……六〇九
(8) 應安七年十月十四日　山名智兼打渡狀案（九二-(26)號文書ノ寫、省略）……六〇九
三四二　广安七年二月廿二日　大禰宜大中臣長房置文案〈二〉……六一〇
三四三　（應安七年甲寅三月八日）　御輿動座之覺〈三〉……六一〇
三四四　應安七年四月廿五日　關東管領上杉道譿奉書案〈四〉（一三八號文書ノ寫、省略）……六一〇
三四五　應永五年三月五日　鎌倉公方足利氏滿御教書寫〈五〉（一八四號文書ノ寫、省略）……六一〇
三四六　應永十二年十一月廿五日　鎌倉公方足利滿兼御教書寫〈六〉……六一〇
三四七　香取社重書案〈七〉……六一〇
(1) 貞治五年四月　日　大禰宜大中臣長房申狀寫……六一〇
(2)（貞治五年）五月八日　關白二條良基家御教書寫……六一一
(3) 貞治五年八月八日　藤氏長者二條良基宣寫……六一一
(4) 應安七年五月廿五日　安富道轍等連署奉書案（九二-(19)號文書ノ寫、省略）……六一一

(5)　應安七年六月廿一日　安富道轍等連署奉書案（一三九號文書ノ寫、省略）……六一一
(6)　應安七年九月廿七日　安富道轍等連署奉書案（九二-(24)號文書ノ寫、省略）……六一一
(7)　應安七年五月廿五日　安富道轍等連署奉書案（九二-(19)號文書ノ寫、省略）……六一一
(8)　應安七年六月廿一日　安富道轍等連署奉書案（一三九號文書ノ寫、省略）……六一一
三四八　應安七年四月廿五日　關東管領上杉道譚奉書案〈八〉（一三八號文書ノ寫、省略）……六一二
三四九　應安七年四月廿五日　關東管領上杉道譚奉書案〈九〉（一三八號文書ノ寫、省略）……六一二
三五〇　香取社重書寫〈一〇〉……六一二
(1)　應安七年四月廿五日　關東管領上杉道譚奉書寫（九二-(8)號文書ノ寫、省略）……六一二
(2)　應安七年四月廿五日　關東管領上杉道譚奉書寫（一三八號文書ノ寫、省略）……六一二
三五一　香取社重書案〈一一〉……六一二
(1)　（年　月　日　缺）　鎌倉府條々事書案（斷簡）（一三四號文書ノ寫、省略）……六一二
(2)　應安七年四月廿五日　關東管領上杉道譚奉書案（一三八號文書ノ寫、省略）……六一二
(3)　應安七年四月廿五日　關東管領上杉道譚奉書案（一三八號文書ノ寫、省略）……六一二
(4)　應安七年四月廿五日　關東管領上杉道譚奉書案……六一二
(5)　應安七年六月五日　關東管領上杉道譚奉書案……六一三
(6)　應安七年八月九日　關東管領上杉道譚奉書案（九二-(16)號文書ノ寫、省略）……六一三
(7)　（年　月　日　缺）　鎌倉府條々事書案（九二-(17)號文書ノ寫、省略）……六一三
(8)　應安七年八月九日　關東管領上杉道譚奉書寫……六一三
三五二　應安七年十月十四日　圓城寺政氏避狀案〈一二〉（一四三號文書ノ寫、省略）……六一三
三五三　香取社重書案〈一三〉……六一三

(1) 應安七年十月十四日 安富道轍打渡狀案（九二-(27)號文書ノ寫、省略）……六一三
(2) 應安七年十月十四日 圓城寺政氏避狀案（一四三號文書ノ寫、省略）……六一四
三五四 應安七年十月十四日 圓城寺政氏避狀案〈一四〉（一四三號文書ノ寫、省略）……六一四
三五五 永德元年十月廿四日 大禰宜大中臣長房等連署證文寫〈一五〉……六一四
三五六 永德元年十二月廿五日 大禰宜大中臣長房等連署證文寫〈一六〉……六一四
三五七 嘉慶貳年十月廿五日 千葉滿胤遵行狀案〈一七〉（一六八號文書ノ寫、省略）……六一五
三五八 文明七年乙未十月八日 大禰宜大中臣胤房等連署補任狀寫〈一八〉……六一五
三五九 文明七年乙未十月八日 大宮司大中臣直房等連署補任狀寫〈一九〉……六一五
三六〇 明應九年庚申四月十九日 國分胤盛安堵狀寫〈二〇〉（二三七號文書ノ寫、省略）……六一五
三六一 永正十三年八月廿一日 大禰宜大中臣眞之等連署目錄案（斷簡）〈二一〉……六一六
三六二 永正十五年戊寅三月十四日 大禰宜大中臣實之補任狀寫〈二二〉……六一六
三六三 大永八年戊子九月廿九日 大宮司大中臣國房等連署補任狀寫〈二三〉……六一六
三六四 天文十二年八月廿六日 國分勝盛等連署寄進狀寫〈二四〉（二五三號文書ノ寫、省略）……六一七
三六五 （年月日缺） 御教書之覺〈二五〉……六一七
三六六 （年缺）二月八日 某起請文案〈二六〉……六一七
三六七 （年月日缺） 文書寫（斷簡）〈二七〉……六一八
三六八 （年月日缺） 香取社神官連署文書案（斷簡）〈二八〉……六一八
三六九 香取社重書寫〈二九〉……六一八
(1) 承久三年十月廿九日 關東下知狀寫（一三號文書ノ寫、省略）……六一八
(2) 文永九年十二月十八日 關東下知狀寫（一四號文書ノ寫、省略）……六一八

香取大禰宜家文書

〔香取大禰宜家文書　第一卷〕

(題簽、外題)「香取古文書　　卷之一」

一　大禰宜大中臣眞平寄進狀案〈一〉　二六・七　二三・二

寄進　惡王子御社神□(田)事

合、參段半、

在草那谷里者、

右、件御神田寄進如件、始自眞衡(大中臣)之身、妻子・兄弟・近親・眷屬、所躰之牛馬之寶安身秦(泰カ)爲令保給、永代神由(田カ)奉寄如件、仍捧寄文狀以斛(解カ)、

長治三年四月九日　　香取大祢宜朝臣

眞衡(花押影)

二　關白藤原忠通家政所下文〈二〉　三〇・二　五二・六

(別筆)「使舍人貞包」

關白(藤原忠通)家政所下　下總國香取社司等

可任親父實房(大中臣)讓狀、令大中臣惟房領掌社領葛原(香取郡)牧內織幡・小野兩村事

右、得惟房(大中臣)去九月　日解狀云、謹撿案內、件兩村者、依爲先祖相傳私領、相副調度文書等、自親父實房手所讓得也、加之長兼三年之比、宮司眞元成妨之日、訴申政所之處、任文書理、實房賜政所御下文了、而稱故左大臣家仰給斬登宣、去六月廿四日成私下文、所宛給鹿嶋大祢宜則近也、是無指由緒、只航賄賂偏巧無道之故也、何以香取社領猥可給鹿嶋神官哉、相傳有限文書不暗者、可任親父實房讓狀令大中臣惟房領掌彼兩村之狀、所仰如件、社司等宜承知、不可違失、故下、

保元元年十月　日　　案主惟宗(花押)

別當木工權頭兼石見守源朝臣(季兼)(花押)　大從主計允安倍(花押)

右中辨藤原朝臣(資長)(花押)　知家事主計允兼中宮屬惟宗(花押)

散位平朝臣(花押)

散位藤原朝臣(花押)
中宮權大進藤原(邦綱)朝臣

三　關白左大臣近衛基實家政所下文〈三〉　三二・一 五二・二

(異筆)「使舍人□(貞カ)道」

(近衛基實)關白左大臣家政所下　下總國香取社司等
可任法家勘狀、令大祢宜眞房(大中臣)知行大戸・神崎井小野・織(幡カ)服村事
副下　法家勘狀一通
右村々、任法家勘狀、以大祢宜眞房可令知行之狀、所仰如件、社司等宜兼知、不可違失、故下、
長寛二年六月　日　案主惟宗(花押)
別當大宰大貳兼式部大輔藤原朝臣(永範)(花押)　大書吏主計允兼皇太后宮屬惟宗(花押)
右京大夫兼中宮亮播磨守藤原朝臣(邦綱)　知家事主税允安倍
大學頭兼讃岐介藤原(季能)朝臣　民部錄惟宗(花押)
文章博士兼陸奥守藤原朝臣(長光)(花押)　右兵衛志惟宗
上總介藤原朝臣
左京權大夫平朝臣(信範)(花押)
左少辨兼文章博士中宮大進藤原朝臣(俊經)(花押)
中宮權大進藤原朝臣(花押)
中宮少進兼飛驒守源朝臣(季長)
散位平朝臣(花押)
兵部少輔平朝臣(花押)

四　源頼朝下文案〈四〉　二九・四 四六・八

(源頼朝)(花押影)
下　香取宮大祢宜惟房(大中臣)
可早令停止諸人之煩安堵事
右、雖指無罪科、國中騒動間、一旦成恐欤、於于今者、全以不可有其恐、如本可令安堵之狀、所　仰如件、
治承七年正月廿八日

五　關白前太政大臣近衛家實家政所下文〈五〉　三四・一 四九・九

(近衛家實)關白前太政大臣家政所下　下總國在廳官人幷香□□□□、

可早任親父實員(大中臣)讓狀已下證文、以嫡男大中臣實□□〔澄爲カ〕祢
宜職、領掌相傳私領葛原牧小野・織幡・金□□□□□〔丸散在神カ〕
□田等、令勤仕□□〔恒例カ〕・臨時社役事

副下

親父實員讓狀已下證文等

右、彼實澄(大中臣)解狀云、鹿嶋・香取兩社者、依爲氏御祖神、自
往□□□□□并大祢宜之輩、任相傳成賜政所御下文者、兼
前例也、□□□□職者、嫡々相承、敢無吴儀、爰實澄爲實(大中臣)
員嫡子、讓得大□□□、然者任親父實員讓、爲大祢宜職、
領掌相傳私領葛原牧□□□□□〔金カ〕丸・犬丸散在神田等、可勤
仕神事之由、欲被成下政所御□□□〔下文〕、早任親父實員讓狀已
下證文、以嫡男實澄爲當社大祢宜職、□□彼所領等、令勤
仕恒例・臨時社役之狀所仰如件、故下、

嘉祿□〔二カ〕年九月　日　案主惟宗

別當右中辨藤原(賴隆)朝臣(花押)　大從右衞門少志□□

左少辨藤原(親俊)朝臣(花押)　少從彈正少忠□□

中宮權大進兼越中守藤原(光俊)朝臣(花押)

右衞門權佐兼□□□□□朝臣(花押)

中宮少進平朝臣(花押)

六　攝政左大臣九條教實家政所下文〈六〉

三〇・二　①四二・三　②四九・〇

攝政左大臣(九條教實)家政所下　香取社司等

可早爲大祢宜大中臣實藤令進退領掌葛□□□□〔原牧小野カ〕織幡・
□□□〔金丸散在カ〕神田等、勤仕恒例・臨時社□□〔役事カ〕

右、得實藤(大中臣)解狀偁、謹撿案內、鹿嶋・香取兩社者、□□□
□神、自往昔爲□□〔神主カ〕并大祢宜之輩、任親父之讓狀成□□□
□者、兼前之例也、□□〔自元カ〕秋雄之時、至于父實澄(大中臣)、三十□□〔九代カ〕
相兼敢無□□〔其妨カ〕、而去年四月十五日實澄受□□□□代代證
文、讓實藤畢、其後言上子細之處、無相遠□□可勤仕御祈
之由、被下御教書畢、而實廣(大中臣)乍□□〔存カ〕□子細、致訴□□□□
之條、猛惡之至、何事如之□□□□實廣妨、任代代御下文
旨、成賜政所御下文、彼職□□□可進退領掌之由、被仰下
者、弥仰正道憲法之貴□□千秋万歲□□□□□〔等カ〕矣者、早爲
彼實藤令□□□葛原牧小野・織幡・金丸散在神田等、可
勤仕有限□□社役之狀、所仰如件、社司等宜兼知、勿遠失、
故下、

(紙繼目)

天福□□日　案主左衞門少志□□

令　彈正少忠中□〔原カ〕

大従右衛門少尉安□
別當修理左宮城使左中辨藤原朝臣（爲經）（花押）
右馬權［　（源有長）　］（花押）
右中辨兼內藏頭藤原朝臣（光俊）
讚岐守源朝臣（兼教）（花押）
權右中辨□□□□（藤原兼高）（花押）
大炊頭兼大外記能登權介中原朝臣（師兼）（花押）
修理東大寺大佛長官左大史□□祢（小槻宿）（花押）
宮內權大輔□□□□（花押）
大外記兼備後權介清原眞人（賴尚）（花押）
主殿頭［　　］（花押）
修理左宮城判官大舍人頭兼［　］（花押）
防鴨河使左少辨藤原朝臣（忠高）（花押）
兵部大輔藤［　（季賴）　］（花押）
兵部權少輔［　（藤原經俊）　］（花押）

七　關東下知狀案〈七〉

三一・六
①三八・三
②三三・四

〔下總國〕□□□香取社神官權祢宜有助・撿非違使千与房・□□□□〔權次郎祝〕
□□〔貞家カ〕永等、与當社領織幡・多田鄉地頭胤平・有朝・□〔有イ〕胤法

師母尼代常忠等相論、神官等自作田并□□〔神田〕事
右、對決之處、如神官等申者、當社神田者、自往昔□〔神〕官等
令耕作之、有限神事勤行之外、地頭全無□□〔違亂カ〕、而自有胤法
師胤平等亡父、之時、始令押領之間、与賄賂□□〔之刻イ〕一旦雖返付之、
又押取之条無其謂、且号逃死亡□□□〔之跡而カ〕不可押領神官等名田
之由、承元三年御下知狀□□□□〔炳焉也云々カ〕、如地頭等申者、於織
幡・加苻〔符〕・多田三箇所者、至有□□□〔朝等之カ〕時、四代相傳之所領
也、以所當雖勤神役、地本者一□□〔向爲カ〕地頭進退也、且同訴人
權次郎祝貞家者、爲地頭□□〔令進カ〕止之由、出押書畢、所詮當社
領十二鄉其內九□□□〔箇鄉者カ〕千葉介之領也、令進退地本之条、有
御尋無其隱□〔歟イ〕、又兼元御下知狀者、可被召出正文云々、爰如
神官□□□〔等所帶カ〕兼元三年下知狀者、可令停止神官逃死亡跡田畠
□□□□〔押領云々イ〕、加之依地頭申請、被問千葉介之處、如去八月□〔十〕
〔五日〕（紙繼目）□□請文者、神官寺有限之自作田畠、爲地頭無遠乱云々、
□〔如カ〕地頭寺追進七月廿七日御教書不記年号、者、神官名田事、□〔守イ〕大
須賀四郎經有之例、可致沙汰云々、如彼狀者、可進退之旨
無所見歟、但不知行過廿箇年者、不論理非、不及改□沙汰
之由、被定置畢、然則神官寺廿箇年於不令領作之坪々者、

非沙汰之限、地頭又至于廿箇年以後押領□〔之カ〕地者、任兼元三年下知狀、神官才可領知之、次非神□〔官〕□〔之イ〕輩、屬神人致濫訴之条、無謂之由、地頭才支申之□〔處カ〕、神官才申云、雖非神官、爲神田跡之間、可返給之旨、所訴申也云〻者、於爲往古神田者、縱其身雖非神人、令領作之、可勤行神事之狀、依鎌〔藤原賴經〕倉殿仰下知如件、

寬元元年九月廿五日　　武藏守平〔北條經時〕朝臣

八　下總國司廳宣案〈八〉

三四・〇
四八・〇〇

廳宣　留守所　大須賀保土民等所

可早以中臣重茂大須賀保御輿作殿沙汰事

當社再拜申、中臣重茂申大須賀保御輿作殿事、訴狀如此、近來地頭爲各別之間、有限之在家等、或稱屋敷所、或号郎從之住數、猥令抑留件作殿用途之間、御神事之日、定及闕怠歟、然者任先例、不嫌在家之新本、早以中臣重茂、平均可致其沙汰之由、被下御廳宣者也、宜土民等承知、敢勿違失、故下、

文永八年二月　日

大介源朝臣

九　關白前左大臣鷹司基忠家政所下文〈九〉

三三・五
①五〇・一
②二七・五

〔鷹司基忠〕
關白前左大臣家政所下　下總國在廳官人幷香取社神官等

可早且依代代相傳、且任父實久〔大中臣〕法師讓狀以下證文、停止神主惟實〔大中臣〕濫妨、以大祢宜大中臣實政、領掌葛原牧〔香取郡〕小野・織幡、金丸・犬丸兩名幷屋敷・田畠等事

副下、

次第相傳證文等

右、彼實政〔大中臣〕解狀偁、件名田畠以下屋敷、代代蒙御成敗、令進退領掌之處、實廣〔大中臣〕法師等、以金丸・犬丸名內之田畠・屋敷、稱有母堂之讓狀、成違乱之條、無道之企、未曾有之結構也、夫實員〔大中臣〕讓嫡子實澄〔大中臣〕之上、實員・實澄他界之後、同居嫡孫之祖母不相觸嫡孫、密密爭任自由、以彼名田內、可割与庶子乎、謀書之條顯然也、不可遁申罪科者乎云云、實廣母堂之讓狀有疑殆之上、實員讓嫡子實澄之條分明欤、早任代代相傳證文、停止神主惟實妨、以大祢宜大中臣實政、〔紙繼目〕可令進退領掌件名田等之所仰如件、在廳官人幷香取社神官等

宜兼知、不可違失、故下、

文永八年二月　日　　案　主　中　原

別當權右中辨兼皇后宮亮藤原朝臣（光朝）（花押）　大從彈正少忠惟宗

右少辨藤原朝臣（勘解小路兼賴）（花押）

治部少輔藤原朝臣（花押）

一〇　關白前太政大臣九條兼實家政所下文〈一〇〉三四・一　①四九・三　②五四・三

關白前太政大臣（九條兼實）家政所下　香取社神官等

可令早任親父大祢宜惟房（大中臣）讓狀、以男實員（大中臣）爲大祢宜職勤仕

有限神事等事

右、彼實員解狀云、謹撿案內、鹿嶋・香取兩社者、依爲氏御祖神、自往昔以降、爲神主幷大祢宜之輩、任相傳譜代之理、成賜政所御下文者、兼前不易之例也、就中至于大祢宜職者、嫡嫡相兼敢無有異議、爰實員既爲惟房家督、專堪社務之器量、兼又相傳私領葛原牧小野・織幡、金丸・犬丸散在神田等、同任親父讓狀、將令領掌勤仕神事、早成賜政所御下文、欲致不退之御祈禱矣者、早任親父惟房讓狀、以件實員、宜令爲大祢宜職勤仕神事之狀所仰如件、神官等兼知、（宜脱カ）

不可違失、故下、

建久七年十一月廿二日　　案主中務錄中原

令中宮大屬大江朝臣（花押）　大從左衞門少志安倍（花押）

別當太皇大（太）后宮亮源朝臣（花押）　知家事內藏少允紀」（紙繼目）

內藏頭兼播磨守高階朝臣（花押）　西市佑中原

大宰權少貳兼對馬守中原朝臣（經仲）（花押）　太政官史生中原

中宮亮藤原朝臣（定經）

右馬權頭源朝臣

修理左宮（マ、）宮城使左中弁藤原朝臣（宗隆）（花押）

修理右宮城使右中弁藤原朝臣（日野資實）（花押）

造東大寺大佛長官左大史小槻宿祢（隆職）

主殿頭兼大外記加賀權介中原朝臣（師直）（花押）

修理左宮城判官河內守小槻宿祢（廣房）（花押）

右少辨平朝臣（親國）

主水正兼大外記助教越後介清原眞人（良業）

防鴨河使左衞門權佐藤原朝臣（朝經）（花押）

權左少弁兼中宮大進藤原朝臣（長房）（花押）

勘解由次官藤原朝臣（範光）

刑部權大輔藤原朝臣（花押）

右衞門權佐兼中宮權大進藤原朝臣（宗方）（花押）
內藏權頭源朝臣（花押）
大舍人頭兼日向守高階朝臣（業國）（花押）
少納言兼侍從和泉守平朝臣（宗信）
安藝守兼中宮少進藤原朝臣（宗行）

一一　攝政近衞基通家政所下文〈一一〉

三四・〇
五一・二

（近衞基通）攝政家政所下　下總國在廳官人幷香取社神官等
可且依先例且任先度御教書幷代代證文、停止神主助康妨
神領□□（葛原）牧內小野・織幡村村事
右、件織幡村事、神主助康注入可知行神領內之間、無左右
被成下政所下文畢、而大祢宜惟房（大中臣）捧代代政所下文以下、證
文依訴申、止當時使入□（部カ）、有子細者、隨身次第證文可參洛
之由、被下御教書之處、稱謀書之由□（不カ）兼引云云、事實者自
由所行、甚無其謂、早任先度御教書旨、止使責□子細者、隨
身證文可參洛之狀、所仰如件、在廳官人幷神官等宜兼知、
不可違失、故下、
建仁元年八月廿二日　案主中原

別當散位平朝臣（基親）（花押）　大從右衞門志惟宗（花押）
宮內大輔藤原朝臣（花押）　少從民部錄惟宗（花押）
右馬權頭平朝臣（花押）
勘解由次官平朝臣（親輔）（花押）
權左少辨藤原朝臣（光親）（花押）
兵部權大輔藤原朝臣（花押）

一二　攝政前太政大臣九條良經家政所下文〈一二〉

三三・八
①五三・八
②五四・〇

（九條良經）攝政前太政大臣家政所下　下總國在廳官人幷香取神官等、
可早停止神主助康濫妨、任度度政所御下文□（旨カ）實員（大中臣）令領掌
葛原（香取郡）內小野・織幡等村事
右、彼大祢宜實員解狀偁、謹撿案內、件小野・織幡村村者、
實員先祖相傳私領也、領掌無妨、以件地利、所勤仕來神役
也、而助康動致濫妨之間、可停止其妨之由、代代所成給之
政所御下文及數度、子細見副進狀、就中去建仁二年禪定殿（九條道家）
下御時、尙致濫訴間、停止其妨、可令愚父維（惟）房（大中臣）領掌由、被
成下畢、而猶任自由、依□（不カ）兼引、下遣政所舍人久宗、被落
居畢、子細同見所進證文、爰助康又復舊惡掠申、載御下文

中、欲押領、所行之□甚以不當事也、乍守代代御下文、伺
隙一旦雖申載、」(紙繼目)爭可有遵行哉、望請、任代代政所御下文、
停止彼濫妨、可令實員領掌之由、爲被成下、言上矣者、早
停止助康濫妨、任度度政所御下文旨、彼葛原内小野・織幡
村等、實員可令領掌之狀、所仰如件、在廳官人幷神官等宜
兼知、勿違失、故下、

元久二年八月　日　　案主左衞門府生惟宗

別當皇后宮亮平朝臣(親國)(花押)　　大從左衞門少志安倍(花押)

修理左宮城使左中辨藤原朝臣(長兼)(花押)

修理右宮城使右中辨兼中宮亮藤原朝臣(光親)(花押)

權右中辨藤原朝臣(清長)(花押)

右少辨藤原朝臣(盛經)(花押)

防鴨河使右衞門權佐兼中宮大進藤原朝臣(親房)

少納言侍從兼中宮大進藤原朝臣(宗行)(花押)

右衞門權佐兼春宮權大進平朝臣(經高)(花押)

一三　關東下知狀〈一三〉　三二・二 四七・六

香取大祢宜大中臣實員所領下總國(香取郡)小野・織幡兩村幷金丸・
犬丸名田畠等事、如申狀者、爲私領三十七代之間、于今無
濫妨云々、然者、任相傳、不可有相違之狀、依仰下知如件、

承久三年十月廿九日　　陸奥守平(北條義時)(花押)

一四　關東下知狀〈一四〉　三四・〇 五四・二

可令早香取社大祢宜實政(大中臣)、致沙汰下總國(香取郡)小野・織幡兩村、
金丸・犬丸田畠等事

右、任親父實久(大中臣)文永四年五月廿日讓狀、可致沙汰之狀、依
仰下知如件、

文永九年十二月十八日　　相摸守平朝臣(北條時宗)(花押)

左京權大夫平朝臣(北條政村)(花押)

一五　關東御教書〈一五〉　三三・五 四三・〇

香取大祢宜実政(大中臣)代實□申条々事、重訴狀遣之、子細見狀、
所詮不日企參上、可弁申之狀、依仰執達如件、

弘安四年十一月廿五日　相摸守（北條時宗）（花押）

多田小四郎（有時）殿

一六　大禰宜大中臣實政書状案〈一六〉　三四・一 五一・九

□〔多〕田九郎入道蓮念・同小四郎□〔有〕時才申条ゝ事、五月十九日
御□□月五日到來、謹下預候畢、抑當社御造營寂中候之間、
令進代官香取三郎実有具旨令載于訴狀候畢、以此旨可有御
披露候、恐惶謹言、

弘安十年七月十八日　香取大祢宜（大中臣實政）□

○充所缺ク、

一七　關白前右大臣近衛家基家政所下文〈一七〉　三四・〇 五〇・〇

閞白前右大臣（近衛家基）家政所下　香取社司等
可早依嫡嫡相兼道理、且任亡父實政（大中臣）讓狀以下調度證文、
且停止神主實秀（大中臣）非分競望、以大中臣實親爲當社大祢宜
職、恒例・臨時社役致忠勤事
右、彼職者、實親（大中臣）嫡流相兼之條、具于所進證文等、爰去正
應元年實政罪科之由、自閞東就有御注進（マヽ）　前御代御沙汰
落居之程、蹔被宥置當職於神主實秀畢、而今以彼一旦被宥
置之御下文、實秀稱兼帶之職、及濫訴之條、無其謂、且實
親於閞東申披、亡父實政無誤之子細賜御教書、而令持參之
上者、旁以叶理致矣者、早任嫡流相兼證文道理、以實親爲
大祢宜職、至于子子孫孫領掌不可有相違之狀、所仰如件、
神官等宜承知、勿違失、故下、

永仁三年十二月　日　案主中原

別當權右中辨藤原（爲行）朝臣　大從散位惟宗朝臣（花押）

〔香取大禰宜家文書　第二巻〕

（題簽、外題）「香取古文書　　卷之二」

一八　大禰宜大中臣實房讓狀寫（斷簡）〈一〉

二七・五
①四一・六
②四五・〇
③四六・五
④四六・八
⑤四六・八
⑥四三・〇

讓渡
大祢宜職金丸（香取郡）・犬丸并葛原牧織幡村所ゝ神田等讓狀抄帳
在管
下總國香取神領大槐郷內
一、大祢宜職
（大中臣）惟房依爲當時嫡子、任先例所讓与也、
一、處ゝ神田等
淺木葉參町參段、　小見郷壹町、畠壹町、　木內郷田壹町、畠壹町、
千田庄內福田郷　田壹町
一、末社大戸宮神主并社領知行同讓与、
四至者、所被載　宣旨并應（廳カ）宣也、
一、葛原牧內織服（幡カ）村

四至　限東海上郡木內堺、限南千田郡堺二重堀、
限西相根堺小加（條）酢渡戸、限北雨引堤・田多・吉原・大畠堺、
一、金丸・犬丸二名修里坪付、
一條
一大貫里　十三南湖田三段　廿七大貫田三段
二上座里　六駒井田五段　七漆田五段　」（紙繼目）
○第二紙以下缺ク、
○前紙缺ク、
卅行橋田三段七十步　二上座里　六駒井田五段
七漆田五段　同圭里二段　三片野里
十八千田一段　廿一三枝田五段　廿二槻田二段
廿九北口二段　卅南利田一段八十步　卅一小山田三段
三十步
四松原里　七種上二段八十步　廿二大野田六段
卅一上井山四段　十小治田一町百八十步　十一松田五
段
廿一中河代五段　下川代二段二百二十步　五川廻里
六大坪田一段三百步
二條
一大桑里　廿五松田三段　二山前里　十三柴前田三段

廿谷本田二段　廿四稲毛田八段三百歩　三努岐里
五甲田四段　七益田二段　南圭田一段
八美豆田一町　十一強田一段二百歩　十二五百田三段
六歩
十三足田二段　十四鹿嶋田五段　十五小前田一町
十六嶋田三段　廿六下赤木田三段　廿三大田一段
廿二樋口田三段　卅二五百田二段　同里圭田三百歩
四岡本里　八油井田三百歩　五濱里　同坪北國田三段
六村山里　廿八南國田二段百歩　卅四佐長田八段百歩
　卅六阿利田三段
三條
一吉原里　廿三千田五段十歩　廿六赤田一段百歩
卅四眞廣田二段　同坪圭田三百歩　卅三石井田三段百
四歩
廿四里田五段　二鈹山里　八大槻池尻田三段
三蟬田二段　四船木田四段　五井道田一丁
六椿田二段　十依田二段　十八加千田三段
卅五古牒田七段二百歩吉原里内

（紙継目）

廿冰室田三段三百歩　廿一南冰室一反〔段イ〕百四十歩

廿四粉前田二段卌歩　十五三田三段　廿五宮田七段段（マヽ）
三百歩　廿七鍛冶田三段七十歩　廿九椎田一段
卅五里井田四段八十歩　十四庭田三段公田二百歩
廿二牛田五段　廿八於布支田四段百八十歩
卅六久曾田七段　三編玉里　廿一安玉田一段
廿八人田三段百八十歩　四新家里　十八澤田四段百歩
四千人田二段　九甥田二段二百歩　十四北相田二段
廿三苗代田二段　十六次田一反〔段イ〕六歩　五杖田里
廿六中田二段　六野田里　二牧田七段
五俵〔綾カ〕田二段三百歩　九坩田四段　卅二草本二段
四條
一山川里　十八眞得田二段三百歩　二許夫里
三安田三段　十六許夫田一丁百八十歩　廿五窪〔窪〕井田一
反百八十歩
三小總里　五雜布利田二段百十歩　十七小總田三段
廿九行守田二段　十九名西田一町　四蒲田里
二波尼田七段　十一蒲田三段百七十歩
五夫雜里　卅二西餅田三段
五條

二神苽里　一高總田五段　十三鳴水田四段二百歩
十二大井田七段百歩　廿二大方田四段十歩　廿七弓田
二段百卌歩
廿四船田三段四十歩　廿八眞弘田五段　三船下里
（紙繼目）
十四眞得田二段百歩　十八若田一段　四大屋里
十六東道迫田二段　十八國田七段百七歩　十九小鳥田
四段
同坪五段二百歩　廿四犬田三段二百歩　十二柄田六段
廿四忍（マヽ）田一町　廿七君田五段　廿九足田八段四十歩
廿二思田四段百歩　廿七北榎本田二段三百歩
六條
一賀是里　二拂田三段　七君田二段
卅形見田一段　卅三歳田三百歩　卅六綞〔縫〕田三段
十一斗借田二段　二楊里　一小貞田一反二百歩
十四椎田五段　三惠津里　廿四与曾布田八段
七條
（紙繼目）
君負里　卅二青田二段　卅三諸足田五段
十一弓前田八段　二小野里　二調田二段百十歩
三調田三段百廿歩　十四吉田四段百歩　卅五皮田三段

三氣里　三東新田二段　七大田三百歩
八條
一、葛倉里　廿南鳥見田八段　二若栗里
四若栗田四段　五若栗田七段八十歩　廿九安田五段三
百歩
十六佐多田四段卅歩　卅二曳相田三段卅歩
三清水里　五虫田四段百廿歩　廿一小佐〔作イ〕田二反三十歩
十四曳俣相田二段卅歩
一、熟田
八條　一葛原里
（紙繼目）
五目支木田二段二百歩　僧能円立券
同里六圭田二百卌歩　同東圭田二百〻同人立券
一町内高總田二段　乱谷田八段　僧元生立券
七段三百歩内三条二彼山里、廿池上田四反三百歩、五条二神苽里高總田一段、十二大井田二段、仏相藤介立券、
安田二段坪付不知、中臣吉員立券　十二高總田七段三百歩
郡司判官代苅田立券　芝床田七段　判官代占ア延晴立
券
玉田二段　金田一段　僧良筭立券

一村〻名畠坪付　金丸・犬丸
香取村
迫畠三町　姦畠六丁三段小　井上畠一丁
大槻池上畠一丁　里井戸畠一丁有支地、尻富畠三段
於支畠三段　迫上畠二段　一丁字宮邊畠、
一處字大根地西方畠御年代有垣地、　窪井畠三段　大畠村五段字大歳畠、
同東方峯畠一所二段字久蒲畠、　三段東ハ大井戸東ムクノ木、南脱井、西ハ小路黃路、北ハ垣根、　五段字二方、東ハ道、南井道、畠云、西宮參道、北峯中、　五段副祝松依立券、
一町字余富井尻畠、　一丁五段眞鄉畠六段、延晴家内五段、峯高居住西迫畠四段、延晴立券、
六段眞行畠三反、氷屋畠三段、　良算立券　五段東ハ小岡、南垣、西ハ迫小道、北中垣、
弘常并良従立券　山二所字前支山云、　牧野二所字立佐、今田上野、
二俣村五段字濱畠、　新家村林六町二所各三町、　西佐山云、東ハ佐男云、〔二脱カ〕
五代以後畠作　田太村二段字下地畠、　吉原村一丁又所字廉畠丁、
堀邊地一所、　津部五段小字片山畠、　新寺〔施カ〕絶入畠加定
右、件私領田畠并大祢宜職・大戶宮司・同」社領等所〻神田、（紙繼目）
前神主大中臣惟房依爲嫡子、相副本券并次第證文、所讓与
也、限在於神役者、任先例不可致懈怠、又於次男知房（大中臣）者、
中補神崎社宮司、可知行彼社領之由、書讓狀同与畢、自餘
事隨便宜可令芳心者也、又於妹一人者且一腹也、可致哀憐
依不便所申置也、仍爲後日之證文、注條里坪付、相副本〇券
所讓与如件、
應保二年六月三日　　財主大祢宜散位大中臣（實房）（花押）

一九　大禰宜大中臣眞平讓狀〈二〉　二六・〇　三六・七

大祢宜眞平（大中臣）讓渡相傳私領田畠等事
一、大祢宜職事
件職三十五代嫡〻相承、然者眞房（大中臣）依爲嫡子讓与者也、
一、末社大戶宮社領壹所事并件社家進止事
件社者領〔領者〕、親父助員（大中臣）時、白河院御時、
後二條長者殿（藤原師通）下申下　宣旨、被定神戶田畢、二代令領掌、
所致御祈禱也、仍同讓与眞房畢、
一、私領葛原牧（香取郡）内以南織幡村壹所事
四至、限東海上木内堺、限南二重堀千田堺、限西福田相根堺、限北太田吉原大畠堺、
件私領、先祖豐鄉以後、至于眞平十代相傳令領掌、所勤
仕神役也、仍相副本券、任先例、同所讓与也、
一、金丸・犬丸兩名田畠事

件名田、自往古依爲大祢宜口分田、同所譲与也、於坪付者在本公驗、

○以下缺ク、

二〇　大禰宜大中臣眞房譲状〈三〉　二六・四 三二・五

大祢宜散位大中臣眞房譲渡大祢宜職并神田・名田織幡村(香取郡)處分帳事

一、大祢宜職　　一、末社大戸神領壹所

一、葛原牧(香取郡)内以南織幡村、於四至者、在本公驗并手次、

一、散〻[在]神田畠捌町參段者、

一、金丸・犬丸両名參拾余町、於坪付者在本券、

右、件私領神田・名田等、自親父眞平(大中臣)之手、依爲嫡子、相副本券并手繼所譲也、仍任彼譲状、申賜□□(政所カ)御下文、領掌已及多年之間、依老耄、神事勤(勤)仕之處、不能行歩者、息男惟房(大中臣)依爲嫡子、譲与畢、早申賜政所御下文、可知行社務、兼又末社大戸神領者、永保年中之比、可爲神戸田申成宣旨、三代領掌無相違、仍同譲与畢、爲後代之譲文、勒公驗以譲、

仁安二年二月十一日　　大祢宜散位大中臣(眞房)(花押)

二一　大禰宜大中臣眞房譲状〈四〉　三二・四 三九・三

ゆつりわたす(譲渡)水田壹町・在家壹う(宇)の事

在家壹う、田壹町内、參段太郎兵衞作、

ニワタ、參段内、ナカヘサキ、一反六郎入道作、一反五郎四郎作、一反大夫三郎作、

イヤイシリ、參段藤九郎作、宮三郎作、

カトタ、壹段平次三郎作、在家者吉原こん次郎□、

右、件田壹町・在家一うハ、大祢宜實親(大中臣)重代さうてん(相傳)の田也、しかるを、親子けいやくあるによんて、とよたの十郎大郎ねうしひめつる御せんに、永代をかきんて、ゆつりわたすところ實也、これよりのちハ、實親子〻そん〱にいたるまて、この状まほんて、向後なりといふともけいはう(競望)をいたすへからす、もしけいハうをいたさんものハ、しそんへなかくたうそく(當職)をつくへからす、いかにいはんやそのほかのいちもんゐらん(違亂)をいたすへからす、よんて末代のために、ゆつり状如件、

永仁七年正月廿日　　大祢宜大中臣實親(花押)

二一二　多田有時和與狀〈五〉　三三・五 四六・〇

和与　葛原村（香取郡）所務以下事

右、當村所務、神主實秀（大中臣）与大祢宜實胤（大中臣）□□（可爲カ）新司由就于被申、正安元年分可被領主□□旨、雖令申之、依實秀罪科、自本所ゝ職□□由、本所御下文社壇披露之間、於實胤知□□付令致弁、被出皆納返抄畢、仍於向後實□□（秀知カ）行時者、付作人、毎年任撿注得田、可令致□□租穀事、有限除社役分、實胤方可直納之□注文別締也、然者任彼狀、向後可致弁也、□（仍）□（狀）如件、

正安元年十二月廿八日　平　有時（多田）（花押）

二一三　大禰宜大中臣實政讓狀付關東外題安堵〈六〉　三三・五 五一・二

（外題）「任此狀、可令領掌之由、依仰下知如件、

正和二年七月廿日　相摸守平朝臣（北條熙時）（花押）」

ゆつりわたすしもつさのくに（下總國）かんとりのこをり（香取郡）かねまろ（金丸）・いぬまろ（犬丸）りやうゝやうやしき・てんはく・さいけらの事

みき、てんはく・さいけらハ、さねまさ（實政）ちうたいさうてんのしりやうなり、よつててうと（調度）のしようもん（證文）らをあいそへて、ちやくしさねちか（實親）に、ゆつりあたうるところなり、しゝそんくにいたるまて、たのさまたけあるへからさるしやう、くたんのことし、

ゑいにんくわんねん（永仁元年）九月廿日

かんとりのさきのおゝいねきさねまさ（大禰宜實政）（花押）

二一四　大禰宜大中臣實幹避狀〈七〉　三三・五 四五・〇

下總國香取郡内金丸・犬丸名田畠事

右、田畠者、代ゝ大祢宜職分所付來也、爰依爲所職相違、欲申賜實幹（大中臣）安堵御下文、剰京（都カ）堵進物以下不令合期之處、舎兄實胤（大中臣）子息犬房（大中臣）殿彼用途被出間、金丸・犬丸田畠下地田九丁半・在家十宇幷所當（云下地坪付、云所當取帳、別帋在之、）大中臣犬房殿雖爲何、實幹大祢宜職知行之時者、限永代所奉避也、若申給彼職之後、致田畠違乱押領者、以本錢三百貫、相副利分一信（倍）可返進也、若雖爲一字偏頗（頗カ）於申者、可罷蒙鹿嶋・香取大明神・二所・三嶋・八幡・若宮・熊野罸實幹身上候也、依爲後日證文之狀如件、

正安貳年七月廿八日　　大中臣實幹（花押）

二五　大禰宜大中臣實幹起請文〈八〉　二七・八　三六・八

大祢宜職御宮うつしの時得分事、實幹（大中臣）當職之時者、半分實（大中臣）胤方可致沙汰、將又實胤當職之時者、實幹方半分可致沙汰、相互不可有違乱、若背此旨者、可蒙當社大明神之罰候、仍之状如件、

正安三年十一月廿九日

大中臣實幹（花押）

二六　關白前太政大臣二條兼基家政所下文〈九〉　三三・五　四六・〇

（二條兼基）關白前太政大臣家政所下　下總國香取社神官等

可早停止實幹（大中臣）所帯、任相傳理、以大中臣實胤、如元爲當社大祢宜職、任先例進退領掌神領以下、勤仕社役事

右、得彼實胤（大中臣）解状偁、當社大祢宜職幷所帯葛原牧（香取郡）小野・織幡・金丸・犬丸・新福寺幷當社供僧一口・神夫三人一二幷新藤太、等者、自大明神御垂跡之以來、實胤嫡家所相傳也、而實幹爲實胤代官、乍預置文治・建永政所御下文、構不實、稱有實胤之讓、掠賜御下文之條、罪科不輕、仍可被付本職之由、神官等連暑〔署〕状分明也、兼又實康（大中臣）・實宗（大中臣）・實綱（大中臣）等以非分之身、雖致訴詔〔訟〕、武家被管〔官〕之輩也、可被停止濫訴之由、欲被仰下矣者、早停止實幹所帯、以彼實胤、如元爲大祢宜職、任先例可令進退領掌件神領已下、勤仕社役之状、所仰如件、神官等宜承知、勿違失、故下、

正安三年五月　日　案主中原

別當大藏卿藤原朝臣（經繼）（花押）　大從左衞門少尉安倍（花押）

二七　大禰宜大中臣實幹・同實秀連署和與狀〈一〇〉　三二・一　①四一・九　②四三・〇　③一九・七

□〔和〕与　下總國香取社領犬丸・金丸下地渡田乙金田畠・屋敷・在家等事

□〔右〕、屋敷・田畠・在家等者、相互雖致相論、以和与之儀、□〔實〕秀・實胤（大中臣）・實康（大中臣）・實宗（大中臣）・實幹（大中臣）・實綱（大中臣）等、各所分領也、丆（大中臣）不可致競望、且面〻分文仁載、田畠坪付・在家等名□、各加判所書与也、堅守彼狀等、至于子〻孫〻不可令違□〔亂〕、若又此外有注漏者、追實康・實秀・實胤・實幹四分仁可令等

分焉、
一、神役事
右、於有限神役之田畠者、任先例可令勤仕、敢不可令違
犯矣、
〔一〕
□地頭押領田畠事
右、於地頭押領分田畠等者、面〻令合力、致訴詔〔訟〕申給之、
可令等分、於不合力輩者、不及分与矣、
〔一〕
□犬丸・金丸、田畠・在家等可申給安堵事

（紙継目）（實秀花押）（實幹花押）

右、名田畠・在家寸者、被成下關東代〻御下文畢、任面
〻讓狀幷沽劵分狀等之旨、給安堵御下文、可令相傳領掌、
縱以彼狀等雖難事行、何度毛申談天不可存異儀矣、
一、面〻屋敷等事
右、實胤者東本屋敷、實康者南屋敷、實秀者渡屋敷、實
綱者西屋敷、實幹者乙母屋敷、實宗者藤九郎屋敷、各以
彼屋敷等、面〻所定也焉、
一、和与人等中令違犯輩事
右、背彼狀、一分毛致違乱煩、有不法之仁者處罪科、殘
仁等等分可知行、行〔マヽ〕彼斷〔跡〕寄事於左右致押領者罪科同前矣、
一、面〻可守彼和与狀旨、載先段畢、但衆儀令同者、〔一脫カ〕雖爲一、
自今以後、隨事躰可計沙汰、雖爲一人、不一同者不可有
其儀焉、
一、相互不可插野心事
右、爲斷向後牢籠、相互所致和与之儀也、然而此外相論
事出來時、定插害心欤、縱雖有宿意、不可成放火・放害〔殺〕・
阿黨矣、
以前条〻、堅守彼狀、至于子〻孫〻事

（紙継目）（實秀花押）（實幹花押）

已上不可令違犯、若致違乱煩者、奉始上梵天・帝尺〔釋〕、下
焰魔法王・□□□□〔五道冥官カ〕、日本國中大小諸神、殊鹿嶋・香取
大明神罸於各身中仁可罷蒙者也、仍狀如件、
乾元二年四月十二日　大中臣實幹（花押）
大中臣實秀（花押）

○紙継目裏ニ實秀・實幹ノ花押アリ、

二八　大宮司大中臣實康等連署避狀（一一）

三三・〇 ①四一・三 ②四八・八 ③一九・八

□□〔避渡カ〕
下總國香取社領内渡□□□□□〔田金丸犬丸カ〕兩名・乙金・新福寺等内田畠・在家・□〔屋〕敷等事
合

一、田數坪〻在所事

犬丸南 壹段　犬丸中 壹段

カトタヒカシ 壹段 太郎兵衛作、　貳段內、ナカサコ 一反藤次五郎作、イヤイシリ 一反藤九郎作、

サヽハラ 壹段 渡田ノカミ、　サワタ渡田 壹段小 藤三作、

ワタリ田 貳段內、一反法橋作、サカノシタ 一反五郎四郎作、　壹段小內、一反清七作、大戸□□小、物申ノ井シリ、

トマキノヲキ 大 次郎太作、　ウマアライノミノクチ 壹段小 太郎兵衛作、

貳段內、カマワタリ田ノ下 一反法橋作、クヌキサキ 一反觀教房作、　サヽハラノ二三番 貳段 渡田、

ヒムロノカミ一番 壹段陸拾歩 源五郎作、　サヽテラノ四番 壹段 又次郎作、

ヲナサコ 貳段內、一反信智作、一反六三郎作、　ヲリワタ四番 壹段

參段內、ナカヘ 一反大源三郎入道作、ナカヘ 一反小藤次五郎作、　ナカヘ 壹段 藤次五郎作、

トマキ 壹段 ツヽミノカミ、　マヽタ 壹段小 五郎四郎作、

ムマアライノカミヨリ二番 壹段 三郎次郎作、　伍段 カマカミタ、

ヤキノサキ 貳段 下ヨリ三四番、　テンカ 貳段 長平作、

（實綱花押）（實宗花押）（實康花押）（紙繼目）

大方 壹段小 弥三郎作、　シハサキ 壹段小 〔介カ〕勿四郎作、

マエタカミ四番 壹段　タカタノナハシロ田 壹段

カミヨリ四番 壹段 コヌマリ、　大 コヌマリ、

ウマアライ 貳段 ツヽミヨリ八番・九番、　乙金シタ 壹段

寺五段大內、三反信智作、修正田 一反觀教作、クトク田西　修正田東 大觀教作、鎮守前 一反修理田、ツヽミソイ　參段內、ヲナサコ 二反明蓮作、同所 一反京洛作、

ヲナサコ 壹段小 三郎次郎作、　フナラシ 壹段 六次作、

フナラシノ河ヨリムカエ 大 平次三郎作、　フナラシ 貳段 新三郎作、

エツ 參段 法藏作、　大方 壹段 四郎太郎入道作、

ヒロマロ 貳段 源五郎作、　參段內、大方 二反コウカキ、同所 一反祢宜太郎作、

ユミタ 壹段 源藤三作、　ユミタ 大 小兼太作、

三百歩內、マミアナ 半 三郎次郎作、テムカ 小 京洛作、　カミヨリ二番 壹段 マツタ、

タカタ二番メ 壹段

已上、柒町柒段大、

一、屋敷・田畠・在家等事

壹所、東本屋敷　壹所、下条畠等

壹所、森山　壹所、門田上畠

壹所、北畠　　壹所、平四郎內
壹所、戸牧畠　　壹所、板持畠
壹所、長邊中太郎入道內　　壹所、長邊先生內、付山、
壹所、寺阿闍梨屋敷　　壹所、寺前畠二番目、」
（實康花押）－－－（實宗花押）－－－（實綱花押）－－－（紙繼目）
壹所、寺參河內　　壹所、大輔房內
右、彼田畠・屋敷・在家等、爲實胤殿分、□〔永カ〕代可被知行領掌、至于子々孫々、不可□〔有カ〕一塵之違乱之狀如件、
乾元二年四月十二日　　大中臣實綱（花押）
大中臣實宗（花押）
大中臣實康（花押）

○實幹・實秀ノ署名ナシ、三枚續キ、紙繼目裏ニ實康・實宗・實綱ノ花押アリ、

二九　大宮司大中臣實秀等連署和與狀（一二）　三二・五　①四五・三　②四一・八

□〔和〕与
下總國香取社領葛原〔香取郡〕牧小野・織幡・加苻〔府〕・相根・二俣・大畠・佐原・津宮・返田・丁子〔古〕・追野・小見・木內・福田以下村々祖〔租〕穀撿田米、淺黃□〔谷カ〕上分田幷金丸・犬丸・太神田・司名々田畠所務等事
右、社領等者、相互雖致競望、於向後者、以和与之儀、村々名々、除相根・二俣□、實康〔大中臣〕・實秀〔大中臣〕・實胤〔大中臣〕・實幹〔大中臣〕才各等分仁令四分、可領知、但實幹分仁籾拾石減之、燈油粁所相根・二俣兩村者、爲實綱分可令領知、各不可致競望、且面々分文仁書載、名田畠坪付村々名字、各加判形所書与也、堅守彼狀、至于子々孫々、不可令違犯、若又此外有注漏者、追實康・實秀・實胤・實幹四分仁可令等分焉、
一、神役事
右、於有限神役・神祭物才者、守先例率法、各無懈怠等分可令勤仕、但實幹分者、隨分限可令勤仕、實綱分者、燈油可令勤仕之、神事宛注文面々書与之、敢不可令違犯矣、
一、地頭押領所々事
右、於所分与所領內押領分者、面々領主致訴詔〔訟、下同ジ〕、各可申給之、但爲一人之訴詔不合期、其所領主令〔不カ〕兼詫〔諾カ〕者、相互合力之、入眼之時者、等分可領知、次相語于地頭、不可有訴詔之妨、次九ケ村地頭押領未配分之、追四分可才分矣、
一、本所御進止所領等事
右、任證文幷和与狀分文才、面々給安堵、可令全相傳焉、

一、和与人ホ中令遠犯輩事
（實秀花押）（實康花押）（實幹花押）（紙繼目）」
右、背彼和与狀、一分毛致遠乱煩、有不法仁者、殘仁等
申給彼跡、ホ分可令領知、又寄於事〔事於〕左右、企所望者、罪
科同前矣、
一、大戸・神崎・村田・櫻田以下神祭物ホ事、令四分可勤仕
也焉、
一、加符村金丸事、実秀・実胤・實綱三人令合力之、被訴詔、
落居之後、可令三分、若有子細者、申談天不可存异儀矣、
一、面〻可守彼和与狀之旨、載先段早、但衆儀〔議〕令一同者、雖
爲自今以後、隨事躰可計沙汰、雖爲一人不一同者、不可
有其儀所〔矣〕、
一、□〔所〕職補任御下文、不可載所領名字事
右、所職補任之時、不可載所領名字、但他或〔マヽ〕致競望、掠
給彼所領之時者、申載御下文、可全面〻知行、縦一人雖
載給所領名字於御下文、任彼和与狀幷分文敢勿違犯矣、
以前条〻、守彼狀、至于子〻孫〻、一事已上不可令遠犯、
若背彼和与狀、一分毛致遠乱煩者、奉始上梵天・帝尺〔釋〕、下
焰魔法王・五道冥官、日本國中大小諸神、殊香取・鹿嶋大
明神神罰・冥罰於各身中仁可罷蒙也、仍狀如件、

嘉元二季卯月廿二日　大中臣実綱
大中臣実幹（花押）
大中臣實康（花押）
大中臣實秀（花押）

○紙繼目裏ニ實秀・實康・實幹ノ花押アリ、

三〇　大宮司大中臣實康譲狀付關東外題安堵〈一三〉　三〇・六　三七・九

（外題）
「任此狀可令領掌之由、依仰下知如件、
正和二年七月廿九日　相摸守平朝臣（北條熙時）（花押）」
譲渡　下總國香取郡犬丸・金丸兩名内田畠・在家ホ事
右、田畠・在家ホ者、嫡子実綱（大中臣）〔マヽ〕所、依爲實康（大中臣）先祖相傳私領、
右大將家（源賴朝）以後代〻御下文ホ炳焉也、然所相副田畠坪付幷在
家ホ注文、所譲与嫡子実綱也、不可有他妨之狀如件、
嘉元二年十一月十一日　大中臣實□□□〔康〕（花押）

三一　關白前太政大臣鷹司冬平家政所下文〈一四〉　三〇・〇　①三〇・八　②四一・九

○前缺ク、

□(右カ)、得彼實長(大中臣)解狀偁、鹿嶋・香取兩社者、忝□(依爲イ)
秋雄至于實長四十余代爲嫡家管領所□例也、而
今實國(大中臣)爲法師慶賢之□職之条、先
規無其例、然者□煩之条、爲神爲君尤不忠也、
所詮於實國者□□□可被斷絶向後濫訴云々者、早被停止
實國所□□(職 以カ)大中臣實長、爲當社大祢宜職、令知行□
□金□(丸カ)・□(犬カ)丸・乙母(女イ)屋敷・新福寺以下散在□□勤行神
事、可致御祈禱忠之狀、所仰如件、神官□□□□(等 宜 承 知カ)勿遠失、
(紙繼目)
故以下、

正和元年七月　日　案主民部□

□□(別當カ)修理左宮城使左中弁藤原朝臣(光藤)(花押)　知家事左衞門□(少 尉イ)

□弁平朝臣(親時)(花押)

大外記中原朝臣(師宗)(花押)

大外記淸原眞人(良枝)(花押)

大炊頭兼大外記□中原朝臣(師古)(花押)

修理東大寺大佛長官左大史小槻宿祢(伊綱)(花押)

少納言平朝臣(花押)

□衞門□佐藤原朝臣(花押)

春宮權大進平朝臣(花押)

三二　藤氏長者鷹司冬平宣〈一五〉　三三・六　五一・七

當社大祢宜職事、以實長(大中臣)所被補任也、社領葛原(香取郡)・小野・織
幡・金丸・犬丸幷散在神田畠等、可令知行領掌者、長者宣(鷹司冬平)
如此、悉之、以狀、

正和四年十一月十四日　右少弁(勘解由小路光業)(花押)

香取社實長舘

三三　大宮司大中臣實秀充行狀〈一六〉　三〇・五　三九・二

宛行

香取社分飯司之新田事

合在田貳反アサキヤ者、

右、件之新田者、印手年中仁四方江御出之新田也、分飯司
末友宛行處実正也、至于子々孫々全知行、任先例可令社役
勤狀如件、

正和五年丙辰十二月日

宮司散位大中臣實秀(花押)

〔香取大禰宜家文書　第三卷〕

（題簽、外題）「香取古文書　　卷之三」

三四　關東下知狀（斷簡）〈一〉　三二・二　四六・三

下　下總國□□（香取）社地頭神官等

仰下條條

一、可停止以相根村（香取郡）爲地頭堀內事

右、件村依神主廣房（大中臣）訴、令召決地頭代信廣之處、廣房申狀非無其謂、加之可令停止地頭押領之由、　殿下政所下文明白也、早於自今以後者、爲神主之沙汰、可令徵納有限所當・官物等矣、

（附箋、下同ジ）「承元三年三月十七日　殘闕　甲」

一、可停止以神官等令召仕京都・鎌倉夫役事

右、同令召決彼此之處、神主幷神官等申狀非無其謂、早任先例、於神官等夫役者、可令停止矣、

一、可令停止以神官迯亡跡田畠・在家恣押領事

右、同召決彼此之處、神主廣房申狀有其謂之上、以神官迯亡・死亡之跡、爲地頭令押領事、可令停止之由、　殿下政所下文明白也、早於自今以後者、可令停止地□（頭）之押領矣、

○以下缺ク、

三五　眞聽請文〈二〉　二七・二　三八・八

依□　□　□田壹□（乙）　□あつかり候上ハ、自本檀那□思申上候うゑハ、於向後□□も□　□お存可申□　□も如是□（與カ）存可申候、仍狀如件、

□　□壬□三月六日　　□之住持眞聽（花押）

（附箋）壬午三月六日「應永九　廿七」

三六　關白家政所下文案（斷簡）〈三〉　三〇・三　二九・八

○前缺ク、

□　□時社役ホ事

□　□宗解狀偁、謹撿案內、當職者、累祖大中臣□□

「丙」
□□任此職以來、至親父實久（大中臣）、四十代嫡流相承、□□□□
神領一分地乃多田小四郎有時、於關東□□家督相論之刻、
依御下知遠背咎、可被改易□職之由、就御注進、被改彼職
早、仍氏人才面〻雖致訴詔（訟）、神主実秀（大中臣）申子細之間、暫所被
宥補也、□然當職者、神事之毎度着左右之座、備威儀之礼、
遷宮之時、神主（者）祗候社壇、大祢宜者參仕內陣、爰奉抱渡
神躰、兩方役爭一身可□□乎、彼故實・口傳更非實秀存知
之限、御遷宮已近〻輙難居其職乎、云譜代云理運、勿論之
次第也、欲被停止實秀兼帯職云〻、然□以大中臣實宗補任
大祢宜、令知行領掌神領葛原（香取郡）牧小野・織幡・金丸・犬丸散
在神田畠才、可勤仕恒例・臨時社役才之狀、所仰如件、神
官才 ○以下缺ク、

三七　香取大神宮神木銘寫（斷簡）〈四〉　三四・九　四四・八

香取太神宮
「丁」　御神木銘
中龜二日、晴天、白日而風不揚塵、午刻計雨（三）粒・四粒
降而霧又少、于時宮右二牓之有椎木、片牓十有五尺廻、
切根如投沒落宮庭、此木幾等雖有大風雨、枝葉倉〻而經
數百年、到今裂折時與告恠目乎、前代未聞也、難量近國
隣里吉凶、可敬神慮、是以神官等、於神前四夜五日、天
下泰平・國家安寧・五穀成熟富貴、抽丹心祈禱勤行之、
是神代之唯法、神慮豈無感應、
當社者、經津主尊奉崇敬、下總一國之宗廟、此國大社、扶
桑興立之弓矢神也、昔神軍之時、大將軍發向座賜故、武家
之元祖也、基本也、荒振神退治之後、本朝之鎮守統領勳一
等香取太神宮也、又天下大平（泰）・國家安寧後、齊（齋、下同ジ）主神申須、
今世上流布齊亥云、是經津主尊始賜、然者不下總一國而已、
日本國中之人人、不可不敬此神德、莫云、不蒙難計神慮、
皆放失、問人少也、烏（鳴）呼哀哉、答人亦稀也、昔此神國之自
拂平賜邪神以降、春夏秋冬不違耕農行世、五穀成就・万物
養育・長世之祭礼等、當社無懈、祭如在祭神如在神、信心
起是者、彼莫云、不通、又神者以一滴滿四海、云一國之生
民、他國迄最初之恐吉凶、耕農獻初尾物、而以備神供、步
詣宮庭（廷）、謹而談神慮、祭必有法、□ ○以下缺ク、

三八　遷宮覺書（斷簡）〈五〉

二七・三
三三・六

覺

一、番匠二千人、手間、
一、かち（鍛冶）五（三）百人、手間、
一、かやて（萱手）三百人、手間、
　　あら
一、くわ十五たん　「戊」
一、つなを十たん
　　あしかや
一、よし一万たん
一、山くちまつり（口祭）斷〔料〕、ちやうかくはんちやう
　　うけとり申候、
一、御柱たて御ゆわひの斷〔料〕、大祝うけ取申候、
一、ちしんきやう（地鎭）のりう（れカ）、ちやうかく大神主
　　うけとり申候、
一、御むねあけ（棟上）ゆわひりう（れカ）、番匠うけ取候、
　　かち・はんちやう（番匠）たまへり候、　きぬ（絹）四十七ひき
一、かわらの御ゆわひりう（れカ）、　かやてたまへり候、布百十五たん、
一、せんくう（遷宮）の次第
　　あこやのかさりの事　○以下缺ク、

三九　造營料官米目錄〈六〉

二六・九
①三三・六
②三四・一
③二〇・四

注進

香取御造營一國平均郡鄕庄薗之課役之次第、正神殿以下、
末社舍屋、作斵官米目錄

一、正神殿一宇　　五間、檜皮葺、金銅金物在、日隱間登棟橋隱在之、作斵官米千五百斛、千葉・葛西打遶輪番、今度者千葉當御役、
一、渡殿一宇　　五間、檜皮葺、在金物、作斵官米五百斛、幸嶋所役、
一、內院中門一宇　　檜皮葺、在金物、作斵米七十斛、匝嵯〔瑳〕北條本役、
一、外院四足門一宇　　檜皮葺、在金物、作斵米百八十斛、印西庄本役、
一、不開殿一宇　　三間、葺葺、在金物、作斵米百七十斛、小見鄕本役、
一、佐渡殿一宇　　一間、葺葺、在金物、作斵米三十斛、匝嵯〔瑳〕北條本役也、
一、勢至殿一宇　　一間、葺葺、在金物、作斵米三十斛、神〔保イ〕役鄕本役、
一、㜎殿一宇　　三間一面、葺葺、在金物、已假殿云〻、寂前造畢之、作斵米百斛、大戶・神崎兩庄本役也、
一、寶殿一宇　　三間、葺葺、在金物、作斵米六十石、猿俣鄕本役、
一、東西脇門一宇　　各一間、蘆葺、在金物、作斵官米六十斛、平塚鄕役、
一、東廊一宇　　五間、葺葺、作斵官米七十斛、風早鄕本役也、
一、西廊一宇　　五間、葺葺、作斵官米七十石、矢木鄕本役、　」

（紙繼目）
一、若宮社一宇　一間、葦萱、在金物、作粁米五十石、萱田郷本役、
一、祭殿一宇　三間四面、葦萱、作粁米百廿石、結城郡本役、
一、中殿一宇　三間、葦萱、在金物、作粁米五十斛、植〔埴〕生・西(印旛郡)条本役、
一、酒殿一宇　五間、葦萱、作粁米百斛、河栗(香取郡)・遠山方本役、
一、廳屋一宇　五間一面、葦萱、作粁米百斛、大須賀(香取郡)保本役、
一、大炊殿一宇　三間、葦萱、在金物、作粁米三十石、無足之間、爲國司御沙汰造進之、
一、薦殿一宇　三間、葦萱、作粁米三十斛、同無足之間、可爲國司御沙汰、
一、火御子社一宇　一間、葦萱、在金物、作粁米卅石、遠山方本役、
一、日王子社一宇　一間、葦萱、在金物、作粁米卅石、下野方郷役、
一、息栖社一宇　一間、葦萱、在金物、作粁官米卅石、吉橋郷本役、
一、瞻男社一宇　一間、葦萱、在金物、作粁官米卅石、恒〔埴〕生・西条・富谷郷本役、
一、忍男社一宇　一間、蘆萱、在金物、作粁官米卅石、下野方郷本役、
一、馬場殿一宇　一間、葦〔蘆イ〕萱、在金物、國司御沙汰、
一、脇鷹社一宇　一間、葦萱、在金物、作粁官米卅石、爲無足、爲國司之御沙汰造進之、
一、印手社一宇　國司之御沙汰造進之、
一、鹿嶋新宮一宇　一間、蘆萱、檜皮萱、在金物、無足之間、「造營注進」爲國司之御沙汰、
（紙繼目）
一、一鳥居一基　作粁米百石、印東庄(印旛郡)本役、
一、二鳥居一基　作粁官米百石、葛西郡本役、
一、三鳥居一基　作粁官米百石、大方郷本役、
一、樓〔樓〕門一宇　三間、檜皮萱、在金物、作粁米三百斛、埴生・印西之本役、
一、又見之御社一宇　同無足之間、國司之御沙汰、
一、玉垣三十一丈六尺　無足之間、爲國司御沙汰造進之、
一、四面釘貫四百五間　作粁官米六十斛、國分寺本役也、
一、馬場埒并獅子・咒・鳳凰・御弊〔幣〕棚以下、八足寸、國司御沙汰云々、
一、內殿御造作在別紙、神輿四基、種々御神寳寸國司爲御沙汰云々、〇以下缺ク、

四〇　造營料官米目錄案〈七〉

二八・〇　①三七・八　②三八・〇　③三七・八

〇三九號文書ノ寫、「庚終」ノ附箋アリ、省略ス、

四一　山城權守某奉書〈八〉

三一・三　四一・八

□〔香〕取社□〔於カ〕□□□〔事イ〕、只今雖□〔有イ〕望申輩、爲用意令申上殿下給候處、惟房存生之□〔時イ〕讓給實員〔大中臣〕畢、其之上不及沙汰之由、所被

仰下也、件御教書相交他事之間、不下遣也者、可令存其旨
給之由、中納言殿「一」所仰也、「二」謹言、
六月廿三日　山城權守（花押）
香取袮宜殿

四二　山城權守某奉書案〈九〉　三〇・四　四〇・七

○四一號文書ノ寫、「二」ノ附箋アリ、省略ス、

四三　左衞門尉宗沭奉書〈一〇〉　二九・七　三七・一

當社二鳥居事、以二江入道兼信、令申之旨候、被聞食候、
道行候之樣、御秘計候者、可爲悦候、恐々謹言、
「三」
十二月十六日　左衞門尉宗沭（花押）
謹上　香取社大袮宜殿

四四　千葉胤宗請文案〈一一〉　二六・三　三七・一

（端裏書）
「千葉介殿御請文案」
（千葉胤宗）

下總國津原村住人尼行心申粎事、去二月十二日御奉書幷訴
狀、今月十四日就于御使催促之狀、謹拜見仕候畢、任被仰
下之旨、令召進論人候、以此趣可有御披露候、恐惶謹言、
「四」
六月十六日　（千葉）平胤宗　請文
在御判

四五　左衞門尉基春奉書〈一二〉　三三・七　四六・八

當職事、競望輩候、就其可有尋御沙汰候、忩可令參洛給之
由、右中弁殿御奉行候也、仍執達如件、
七月廿九日　左衞門尉基春（花押）
謹上　香取大袮宜殿
「五」

四六　前內藏權頭某奉書〈一三〉　三一・〇　四三・三

□長房（大中臣）申狀□　□見狀候歟、可□　□知給
「六」
之旨□　□氣色所候也、□　□如件、
□（月）廿八日　前內藏權頭（花押）
□□阿波守殿

四七　國通〈姓不詳〉書状〈一四〉　二九・〇／三五・七

年始卷數一箱入見參候處、忝入之由候也、恐〻謹言、

正月廿七日　國通（花押）

「七」（ウハ書）
「香取社大祢宜□」

四八　禪助〈上杉朝宗〉卷數返事〈一五〉　二八・五／三九・八

臨時祈禱卷數一合給候了、忝入候、恐〻謹言、

三月廿四日　（上杉朝宗）禪助（花押）

「八 二枚」
香取社大祢宜殿

四九　禪助〈上杉朝宗〉卷數返事〈一六〉　二八・四／四一・四

卷數一合給候了、悦入候、恐〻謹言、

十二月一日　（上杉朝宗）禪助（花押）

香取大祢宜殿

五〇　禪助〈上杉朝宗〉卷數返事〈一七〉　三〇・五／三七・六

卷數一枝給候畢、悦入候、恐〻謹言、

七月一日　（上杉朝宗）禪助（花押）

「九」
香取大祢宜殿

五一　沙彌利行書状〈一八〉　三〇・三／三五・四

□〔高カ〕山入道殿預之御造役所事、自余之御造役より□〔もカ〕、被懸一陪〔倍〕之課役候之由、被歎仰候事、実ニ候者、不可然候、所詮御沙汰落居之間、以一烈〔列〕之通、無爲ニ被召候者可然候、尚〻其聞無勿躰候之程進狀候、恐〻謹言、

十二月十九日　沙弥利行（花押）

「十」
謹上　香取大祢宜殿

五二　沙彌利行書状〈一九〉　二七・七／三六・〇

大御堂殿御雑役一艘事、御教書と申、千葉殿御遵行明鏡候之上者、無爲ニ可被通候、仍御文書可被見申候哉、恐〻謹

言、

十一月廿七日　　利行(花押)

「十二枚」

香取大祢宜殿

五三　沙彌道敷書狀〈二〇〉　三〇・四 三八・三

御神馬一疋栗毛、令引進候、祈禱事能々被懸御意候者、喜入存候、

抑新恩地相摸・武藏兩國ニ拜領候之間、併當社御計候歟、請取候者、廳可進人候之處、相摸ニ候小所先請取候之間、忩進人候、武藏ニ候地幷相摸候相殘之地請取候者、可進人候、仍御初者雖少事候、使者申付候、恐々謹言、

「十一」

六月廿一日　　沙弥道敷(花押)

謹上　大祢宜殿

五四　千葉滿胤書狀〈二一〉　二八・〇 三四・九

不懸思雖所望候折節、空歷〔櫪〕時分候之間申候、栗毛駮馬候由

「應永頃滿胤」

聞及候、給候者忝入候、尙〱弥毛馬之由、聞候之間、如此令申候也、恐々謹言、

二月廿五日　　(千葉)平滿胤(花押)

謹上　大祢宜殿

五五　千葉滿胤書狀〈二二〉　二八・一 三四・六

鳥撿扙跡田地四帳內、事、無主地候之間、相尋器用仁、神事・當役才無退轉候者、可然候、恐々謹言、

三月廿三日　　(千葉)平滿胤(花押)

謹上　香取大祢宜殿

五六　千葉滿胤書狀〈二三〉　二九・三 四一・五

さうま(相馬)の御くりや(厨)くへ山の事、けんふの內にて候らゑは、もとのことく御ちきやう(知行)、しさい候ましく候、あなかしこ、

(千葉)滿胤(花押)

「十三イ弐枚ミユ」

香取大應寺坊主御房

五七　千葉滿胤遵行狀〈二四〉　二九・八　三四・〇

香取社領九ケ村内司名下地并渡殘事、先日任渡狀旨、莅彼所、相共圓城寺平次、可渡付下地〔於脱カ〕長房代官者也、謹言、

七月二日　滿胤(千葉)(花押)

「イ十三二枚」
匝瑳彈正殿

五八　平長胤施行狀〈二五〉　三〇・七　四三・三

長房(大中臣)・実公(大中臣)知行分香取内相□□〔根村カ〕神物以下所務事、如先〻致其□□〔沙汰カ〕、御神事無退轉可令勤仕之□〔旨カ〕、自鎌倉所被申下候也、存其□〔旨カ〕可有沙汰候、恐〻謹言、

卯月十五日　長胤□□〔花押カ〕

「十四」
内山又次郎入道殿

五九　平胤重安堵狀〈二六〉　三三・八　四六・五

香取九ケ村(香取郡)并葛原・相祢〔根〕神物以下所務ホ、長房(大中臣)・實公(大中臣)・實雄(大中臣)ホ於知行分者、先如前〻被沙汰付、至于御神事者、任先例可被行之候、下向之後、於國委細可有沙汰候、恐〻謹言、

卯月一日　胤重(平)(花押)

「十五」
香取大祢宜殿

六〇　平胤將充行狀〈二七〉　二六・二　三九・二

當國香取小野(香取郡)・織〔織幡〕綿兩村事、今度爲當病平喩〔癒〕宿願、渡進之候、先規祭礼并臨時祭無退轉、精誠祈禱候者、目出候、但神事至于無沙汰者、直可有成敗候也、恐〻謹言、

六月六日　平胤將(花押)

「十六」
謹上　香取大祢宜殿

六一　左衞門尉氏泰書狀〈二八〉　二六・四　三一・〇

乇便宜令申候、

抑烏撿挍跡並ニ定額〔杖〕事、社家へ可渡申候由、自御陣被申下候、近日ニ可參候、若又參候も煩にて候へハ、人を一人給候て、渡狀を可進候哉、御返事に委示給候ハゝ恐悅候、加樣ニ御所存のとくニ候へハ、目出乇存候、恐〻謹言、

卯月廿三日　　　　左衛門尉氏泰(花押)
「十七」
謹上　大祢宜殿

六二　沙彌聖應・誓阿連署書状〈二九〉　三一・〇　四二・一

其後何条御事候哉、
抑可有常州合戰候、此事鹿嶋東条大事候間、一揆一族ホ、
少ゝ先罷越候、愚身ホも今明日之間罷越候、
一、香取就神領事、御　輿於出申候て、於公方訴詔〔訟、下同ジ〕仕候時分
御越候て、御　輿奉成歸座候へ、中村入道性阿押領地可
被歸之由、雖〔被イ〕彼御狀出候、其後一事以上無左樣御沙汰候
間、又御　輿を出申候て、可訴詔仕候由、社人ホ申候、
然者以前御沙汰も無正躰樣覺候、且公方聞も不可然候、
悉候ハすとも、一道御計も候て、社人ホの心おもなくさ
められ候へかしと存候、委細旨難盡狀候、恐ゝ謹言、
五月廿六日　　　　沙弥誓阿(花押)
「十八」　　　　沙弥聖應(花押)
謹上　上總次郎殿

六三　某願文〈三〇〉　三四・二　四六・三

敬白　「十九」
夫鳥居之根本幷社頭之粧謹申、
抑二柱之御神、於乾坤開闢之砌、赤白之鳥居一門涌出、見
金烏一來居彼上、天地与日月告可長事、神威与人間敎可久
旨、驅虛空飛去而、此一門・此家之成心柱、故名鳥居、其
後亦天神与地祇國諍之時、國津神之御前、五色之鳥居一門
涌出、于時白雉一來居此門、伺案內治國、故是号鳥居、又
從其地神五代過、神武天王〔皇〕之御宇、吾朝七ケ所之社造有、
同年同月同時立座、鹿嶋・香取・伊勢兩宮・記〔紀〕伊熊野・出雲
之大社・大和藏王權現・信濃之諏訪、是也、彼御代十代崇神天
王〔皇〕御宇、彼ホ之社頭鳥居先造立給、自其代ゝ任綸言、國ゝ
名社・名宮之鳥居建立叓、非一也、然崇〔宗〕廟・社稷・權社・
実社共、神前鳥居立定、秘中深秘也、一鳥居阿字門ト曰、
出入門云、初生門云、外門曰、二[illegible]字門云、祈念門云、產
生門云、中門云、三吽字門云、利生門云、胎宿門云、內門
号、其鳥居一門建立之功德者、瑠璃之社頭、金之御戶爲押
開尙勝、然者當社之鳥居建立御旨趣、天下太〔泰〕平・國土安穩・

當國武運長久・庄中堅固・社頭繁昌・地主威勢・郷内富貴、
誇樂者也、仍意趣如件、

六四　香取社神事覺〈三一〉　三三・一　四五・四

御當社神まね申御神事覺
先酒、其上ニ御へい（幣）、次ニ拂殿へ參、すげ（菅）の拂、同榊舞、
其上大庭へ歸、其上御へい、次机飯膳、同御へい有、御へ
い三度、菅《すげ》の拂ト四度也、其上ニ夜庭ニても榊舞有也、大
饗之御神事ニハ御へいなし、
霜月四日之御戸開ニハ、先大庭へ出仕、さけ二度過、其上
ニ大床へ登、御社内ニテ御酒二こん、其上御膳上申也、御
膳之上ニ御酒、以上御酒三度、御膳とらずして大庭へ歸、
御へい有、扨さつさ（匝瑳）殿へ出仕、御膳四郎神主上申也、其後
御へい有、さつさ殿より直ニ御社内へ參也、以前之御膳ヲ
とり申也、其上大庭へ歸る也、同五日之御戸しつめニハ大
床へ直ニ出仕申也、
八月古飯御神事覺、豆之御肴ニテ御酒三こん、御さかつき
ヲ執り、御供物上、其上ニ御酒二こんあけ、大庭へ歸り、
同さつさ殿へ參、直ニ社内へ入、以前之御供膳ヲとり、其
上ニ御酒二こん、合七こん也、大庭ニて御へい有也、
「二十」

六五　北條綱成書状案〈三二〉　三四・四　三〇・七

急度預御一翰御使ニ候、再三披見恐悦候、如來書、其以來
遠境不自由故、絶音問候、仍去夏御息動之剋、御立還面上
本望候、尤於向後對御父子へ不可存疎意候、然而愚息左衞
門（北條氏繁）大夫別而貴殿申合候由、連々申事ニ候、愚老本望不過之
候、扨又今度氏政（北條）不圖出馬、當地開宿（葛飾郡）へ被取詰候処ニ、兼
日之從擬、敵流之外、早速本城へ引籠候、流之儀更以渡無
之深早候間、流之外曲輪三ケ所、自昨日普請堅固ニ被致之、
人衆無不足差置、縱敵取掛候共、心易相拘候樣ニ可被申付
段ニ候、其上世上靜ニ付而者、流之儀如何樣ニも可被及行
段迄ニ候、爰許取寄之模樣、御使可爲御見聞、具不及申
達候、將又遠路ニ候処、鮭如御書中來着、賞味此事ニ候、
猶御息左衞門太郎殿無二ニ可申合覺語（悟）ニ候、委曲御兩口ニ
申達候、恐々謹言、

「廿一」

霜月四日　北條上總入道

道感(綱成)(花押)

○充所缺ク、

六六　正木時茂書狀〈三三〉

一八・九
三六・九

如來意重而御音信、屋形幷愚所御樽・肴贈給候、具令披露候、先書如申、社内之儀者不及申、御神領制札進置候之上、一点不可存無沙汰候、其口動之時分、警固才堅可申付候、委曲彼口上申述候、恐々謹言、

十二月六日　大膳亮時茂(正木)(花押)

「廿二」

大祢宜殿(大中臣胤房)御報

謹上　大宮司殿同

六七　正木時忠書狀〈三四〉

三一・九
三二・六

近日者依無指儀、不能音問候、何才之御事候哉、承度存候、然者各々之御書中令披見、驚入候、一社人衆召仕之由、一

向不存子細ニ候、一社領沒倒之事、是又努々自心底不發候、不知安内(案)之事ニ候間、成敗之致所務糺候、前々者如何モ候得、五か年以來、國分方無沒倒、御社領少も無沙汰申間敷候、五か年以前迄、國分方所務請給之外、無沙汰ニて存間敷候、妙見・八幡も照覽可有之候、某一代寺社領少も沒倒申候事無之候、御正理ニ蒙仰候者、可爲快然候、恐々謹言、

「廿三」

夘月廿七日　正木左近大夫

時忠(花押)

兩社務

御宿所

六八　原胤安書狀〈三五〉

三一・五
三一・七

當月御祈念候て、屋形へ卷數、殊御肴以下被進候、則令披露候處、目出之由被仰候、依之態御花頭百疋、被進候、猶以御精誠可然奉存候、随而私へ卷數御肴被懸御意候、目出度畏入奉存候、社家中何事無之由蒙仰候、管腰(簡要)奉存候、態自愚所鳥目卅疋、令進御覽候、誠以御祝儀迄候、諸事重而可申承候間、不能具候、恐々謹言、

原大藏丞

五月十五日　胤安（花押）

「廿四」
香取
大祢宜殿御報
（大中臣胤房）

六九　原胤安書状〈三六〉

三二・九
二六・八

厥以後者依無差儀、不申通候、然者先月娘煩候時分、致立願候間、彼出家を爲參申候、平刀〔手カ〕作正光、面裏月星御座候、御寂花五十疋、奉進入之候、能々御祈念奉頼候、特彼出家鹿嶋へ被罷透〔通〕候、便船之奉憑候、雖御造作候、彼方其口不知案内ニ候之間、不顧斟酌申宣候、恐々謹言、

原大藏丞
胤安（花押）

「廿五」菊月廿三日
香取
大祢宜殿御宿所
（大中臣胤房）

七〇　千葉胤貞書狀寫（折紙）〈三七〉

三〇・八
四四・七

尚々御祈念偏頼入候

大明神奉立願候、神馬鹿毛駒、奉納候、御懇御精誠候段、惣別頼入之外無他候、巨細令期後音候間、不能具候、恐々謹言、

六月十六日　（千葉）胤貞判
「廿六」
香取大明神
祢宜殿御宿所
（大中臣胤房）

七一　設樂利繼書狀〈三八〉

二八・四
三四・七

當地長々　屋形樣被立御馬付而、於御　寶前被勵御精誠、卷數一合、御進上〔上カ〕、卽令披露候、目出歡悅之由、被仰事候、仍東海之令勸進之俵物、急速被爲引取度之由承候、尤可然候、石毛甚助者、當陣ニ候之間、東へ被仰付、誰成共撿使を可被差副分候、可御心安候、將亦御奉加之事者、被納御馬候へん上ニ可申調候、此方之趣、自私能々可申入分候之条、如此候、恐々謹言、

設樂出雲守
利繼（花押）

「廿七」
三月九日
香取社
大祢宜殿御返報
（大中臣胤房）

七二　設樂利繼書狀〈三九〉　三二・二 三九・七

去月晦日、　御當社棟上之由蒙仰候、卽令披露候之處、目出肝〔簡〕要之段、何茂仰事候、葺之事、日柄次第ニ人足を可被差越候、當月衞〔末カ〕ニ者、霜重可申候之間、諸人可相求候、然者野場も詰候者、御用之分若可爲御不足候、早速可思食立候、次御勸進之事、至于今岩付（武藏國足立郡）番手國中惣別、被致之候之間、不被及菟角候、彼番被爲引候而之上、可有御催促候、〔催促候事ニ〕事ヽ〔候イ〕奉期後音候、恐ヽ謹言、

以上、

追而鮭貳尺、御賞翫御悅喜候、仍某送給候、畏入計候、

「廿八」

十月五日　　設樂出雲守

利繼（花押）

香取
神主殿
大祢宜殿參御報
（大中臣胤房）

七三　某書狀案〈四〇〉　三四・三 四五・四

下總國香取御社頭幷神領事、何向如前ヽ可爲任計候、如何樣御歸陣之上、御朱印申請可進候、仍狀如件、

「廿九」

九月　　御判

香取
大祢宜へ

七四　原胤榮書狀〈四一〉　三三・八 三六・〇

於　御神前、當月之有御精誠、卷數一合被指越候、目出令頂戴候、於此上も無御失念、御祈念奉憑候、殊御造營之儀付而、御使口上承届候、相當之勤物之儀、愚領之儀不可存疎意候、委細彼口上被申候、恐ヽ謹言、

「三十」

九月三日　　原

胤榮（花押）

香取
大祢宜殿御報
（大中臣胤房）

七五　香取正忠書狀〈四二〉　二七・二 三四・三

先日罷上、諸事以面申承候、本望此事候、就其香取大祢宜身之於國諸事申承仁候、貴方ニ懸御目、可申入候子細候、被懸御意候者、可畏入候、委細者三富兵衞次郎殿定可被申

候欤、毎事期後信候、恐々謹言、
卯月廿八日　沙弥(香取)正忠(花押)
「卅一」
謹上　長尾殿御宿所

七六　大禰宜大中臣胤房書状〈四三〉　二七・八　三三・五

脇鷹江御祈禱之御神馬給候、目出度候、御祈禱之精誠令申候、以此旨於御披露候者所仰候、恐惶謹言、
卯月五日　散位大中臣胤房(花押)
「卅二」
謹上　圓城寺殿
○端裏書アリ、判讀能ハズ、

七七　原胤富書状〈四四〉　二〇・三　五〇・三

態申越候、從當年改而爲御祈禱、鳥目三百疋毎年可指越之候、猶長久・安穏之精誠、不可有怠慢候、巨碎(細)鏑木長門守可申遣候之条、閣筆候、恐々謹言、
「卅三」
十二月廿八日　平(原)胤富(花押)
謹上　香取大祢宜殿(大中臣胤房)

七八　三月御幸神事留守人數交名案〈四五〉　二七・三　三八・四

(端裏書)「三月御幸神事留守人數社名写」
三月御幸御神事御留守人數之事
錄司代　佐原案主
目代　分飯司
文三郎祝　權祝
弊(幣)所祝　秀野長
權次郎祝　五郎祝
六郎祝　祢宜祝
脇鷹祝
以上
「卅四」

七九　多田村分御神樂切符〈四六〉　三一・〇　四一・一

(端裏書)「多田之村分」

當社大神宮さうほく御神樂きりふ(切符)多田村之分
一、　七斗　惣領之分
一、　七斗　よしハし方
一、　七斗　〔刑〕形部少輔跡
一、　二斗　小太郎分
一、　二斗　橋本
一、　三斗　文三郎祝
合三石三斗　多田村之分
三石三斗　織幡之村分
大饗　九ケ村之分四方勤《ツトメ》
六石六斗
一、方分四石九斗五舛
一、方分一石六斗五舛
合六石六斗御兩所御勤切府〔符〕也、
「卌五」　案主
田所宗好
錄司代

八〇　伊達政宗書狀案(切紙)〈四七〉　一六・八　四五・五

○前缺ク、
□□忝□□□一切給候つる、扨〻何と仕能候ハん哉、
「卌六」
相州へ被仰候か、何とそ御奉行へ御才覺候て給候者、一世
之可爲御芳志候、將軍樣へ御茶進上申度念願に候へ共、松
無之候て成不申奉賴候、恐惶謹言、
十月廿八日　〔政〕正宗(花押)
(伊達)
「(ウハ書)　羽越
鵜兵庫樣人〻御中　正宗」

八一　伊達政宗書狀案〈四八〉　三四・二　四六・七

○前缺ク、
守伊內能ニ萬之理、追而飛脚尤得其意候、扨者右衞門大輔
牢人衆、福壽寺へ引籠候哉、明日者堅〻船引欤、石澤へ可
被除候条、其心得尤ニ候、被見合月形以相談、是非之取扱、
此時ニ候欤、清顯筋目無二ニ相立へき存分ニ而、後室さへ
船引へ爲移申候上、牢人衆ニ被引渡、如此之挨拶無是非次

第候、何篇天明ニ者早天ニ可打越候、如何様善悪之處ニ而
候、爰元より者跡ニ不具〔武カ〕各もたせ、すはたにて可打越候、
全油断者無之候、二本松之人衆も拂而可打越候条、彼是以
可心安存候、明日者無二無三寂前ニ可打越候、其以前之賦
専要ニ候、急候間早々、恐々謹言、
「卅七」
追而此飛脚之以前、百目木筋へも心得之儀共申越候キ、
旁用心無申計候、実城之構肝心ニ候、自是者直ニ舘可打
入存候、以上、

八月四日子刻　　政宗（伊達）（花押）

白右

八二　大禰宜大中臣實勝目安案〈四九〉

三二・八
四五・八

拙者稼立之事

一、御神事數ケ度つとめ申候事
一、少指出しの社人ニ知行かさね候事
一、たいてん（退轉）の社人したて申候事
一、むそく（無足）の社人へ知行あて申候事
一、壹町の知行をたて、毎年大祭《り》の社人へ助成ノ事
一、京都へ同心の社人衆へ知行かさね候事
一、去年大風ニ破損之末社、致建立候事
一、御神前幷宮中ニおゐて、數年毛乃見苦敷儀不致之事
一、御宮山幷御神前ニ、椙苗毎年植申候事
一、於當社ニ五十ケ年怠〔退〕轉申候大神樂つとめ申候事
右、条々如何様神主同心申罷登、委細可申達候、以上、

「卅八」
五月廿三日　　大祢宜実勝（大中臣）

江戸
御奉行所

八三　しせうほう某書状〈五〇〉

三一・〇
一八・一

本之屋敷きにあひ不申候間、いとの上之はたるゝ十月地し
んニ相定候て屋敷仕申候、以來之ためニ候間て□□々相
渡申候、仍如件、

「卅九」
戊霜月五日　　しせうほう（印）

若久殿へまいる

八四　實和姓不詳書状〈五一〉　二七・一　三〇・四

（端裏ウハ書）
「謹上　御東殿樣　又五郎
御披露　」

乍恐申上候、今度おゝセ付られ候儀とも、御神妙之至、無申計候、是ニよつて、於我〳〵ニも、少も御ふさたハ不存候、若於此上ニ、別心ヲ存候ニ付而ハ、御當社大明神幷ニ左右之八龍神ニ、ふちさるたノ御はつをかふむり、人外ノ身をうけ申、二度人前ヲ見申間敷候、左候へは、右ニ如御意於此上ニも可被懸御目候、若又いつわり人も候て、それをまことに被成、御ちよさいニ付而ハ、りうけんなく候、さて又ふしんノきも候ハゝ、ちきたんニおゝセられ候へく候、我ゝもちきニうけたまハり候へく候、爲後日ノに候間、一札ヲあけ申候、

卯ノ　又三郎

十二月七日　実和（花押）

「四十」

謹上　御東殿樣へ　御つかい市右衞門

八五　目安等案〈五二〉　三六・五　①三七・〇　②三七・五

乍恐不口上ニ御座候間、口書を以申上候

一、此度大宮司あとしき（跡職）ニ付、傳九郎儀、壹家一人も無之候間、名代被仰付可被下之由、僞り仕候所ニ、先月九日之御寄合ニ、先大宮司しつし御座候由、我ホ共申上候故、只今ニ罷成、鹿嶋大宮司罷出、當四年以前、御　公儀樣ゟ被仰付候大祢宜をひきかたし、大宮司ニ致、又大祢宜あとしきニハ、別腹之かゝもんセかれ彼之傳九郎弟宮内を大祢宜ニなとゝ、別國別社之鹿嶋大宮司罷出、香取之大祢宜あとしきまてニ有度間候之儀申上候故、社僧とも迄罷出候、然ルニ先大祢宜貴宗（貴應）と申者、御かさ山ニ而神木を數多きり取申候故、御勘氣かうむり、御ついほう（追放）ニ被仰付候間、どいノおゝい（土井利勝）樣・さかいうたのかみ（酒井忠世）樣、其以後又安藤右京（重長）樣・松平出雲（勝隆）樣、寺社御奉行被遊候ゝきり、度ゝ御訴詔〔訟、下同ジ〕仕上候得共、大祢宜子ゝそん〳〵迄も、たて置申間敷之御安書被下候間、則御手形指上申候、御公儀樣ゟ被下候御安書、於于今大宮司所持仕候、然ルニ大祢宜儀、前代ゟ當社ニ可有之家職ニ御座候間、色ゝ山中相

談を以、相計申候得共、大祢宜ニ相當之者、余人ニハ無
之候とて、先大宮司（秀房）弟与市（實富）」郎を大祢宜ニ仕度と、社中連（紙繼目）
判を以訴狀仕、御訴詔仕上候所ニ、則御前相濟、彼之与
市郎を大祢宜職ニ被仰付被下置候、然ル所ニ与市郎壹子
無御座相果申候故、四年以前先大宮司（範房）セかれ甚平（由房）と申者
ニ被仰付被下候所ニ、山中色〻御六ケ敷儀申上候、然ル
ニ大宮司・大祢宜兩祢宜ともニ、兄名跡之儀ニ御座候、
御せんき之上、大宮司・大祢宜退轉不仕樣被仰付被下候
ハヽ、難有可奉存候、
「卌一二枚」
如此仕候間、其元ニ而能〻御相談可被成候、ひとくたり
ニひとつゝ御心か《つ》け、能〻御しあん可被成候、
一、鹿嶋權左衞門傳九郎と道道申候も、又傳九郎鹿嶋へ參候
も、貴様其元へ御登被成候間之儀ニ御座候間、りやうじ
ニむこうへ傳九いつくわと御意被成間敷候、
傳九郎惡口之文言覺之事
一、先年も傳九郎大儀成我儘仕、おもてニきすをつけ、不法
度仕候故、香取を八ケ年あまりおいはら（追拂）われ申候得共、
家來之者ふひんニ存、大宮司へ色〻訴詔仕候故、漸五・

七年以前香取へきさん（歸參）仕、無程如（加脱カ）樣ニ御前へ僞申ノ故、
山中色〻訴六ケ敷申上候、○以下餘白、

八六　國行事大中臣實盤充行狀案（五三）　二六・二 三五・八

安（案）文之事
一、代物五百文ハもと、此子せん三百六十九文ハ六文子也、但十二月ノ分、
代物合八百六十九文ハ、此礼錢うけ取、
一、□□しよく
籾合　貳拾表（俵）ハ京舛五斗入、同斷、
右□社しよく（稷）の事、連〻我ホ手前を、神妙ニかセきたて
被申ニ付而、さし出し申処なり、彼田地之つほハ、寺向五
百文之処、別當作畑百五十文之処、合六百五十文之辻ニ少
之礼錢を請取、末代出し申者なり、これニ付而、御神前ニ
おゐて、社役事、大まつり之時分、御つくゑ合力可有候、
又年役之儀者、おほたれゝやつゝ・うちむきホ、無沙汰有
間數、若由（油）斷ニおゐてハ、可口惜者（事カ）也、
年から御書候へく候、
今月吉日　香取社國行司新三郎
大中臣実盤判
「卌二」

太郎さへもんへゐ

八七 法印長演書状〈五四〉 二一・二 四三・九

就 御當社鳥居額、預尊書候、日域無雙靈神、一朝崇敬、威光不易□候、然上堅思慮仕候處、社務可應貴意旨、蒙仰候間、不顧他嘲哢、認令進覧候、當寺事も、三社一社之別當職候條、只此龜鏡外無他候、何邊春中以參宮之次、可申宣候、餘事奉期拜面候、恐々謹言、

「卅三」
二月六日 法印長演(花押)

謹上 大祢宜殿
神主殿 回報

〔香取大禰宜家文書 第四卷〕

(題簽、外題)「香取古文書 卷之四」

八八 香取社遷宮用途料注進状案〈一〉 二四・五 三二・二

□(香取宮遷宮用途記イ)

□御遷宮用事

御正躰纒析

□一疋 內院一疋

□座纒絹三帖、御內三所御析、

□用途

八丈絹八疋二丈、自正神殿、至于嬬殿、十六丈□□(間料イ)
大□、

□四帖析

白布十六段、帖別四段、大祢宜□請取之、

細布六丈、內院神主三人捧襷(襷イ)析、

□(白イ)布三段、延(莚)道析、請取之神主當日敷之、

□(御イ)供析

五石　當日御供析、大炊中臣（　　）兼日請取之、
五石　後朝御神樂析、小行事眞之請取之、
〔三カ〕□石　御燈由〔油〕析、権祢宜請取之、
三帖　御幣所、幣所使正助請取之、

神官祿析

神主　八丈絹一疋稲草　　大祢宜　八丈絹一疋稲草
御物忌　八丈絹一疋稲草　　物申役　八丈絹一疋稲草
〔裏書〕
「大細工　稲草
　　嘉祿三年十一月廿日」

八九　香取社遷宮用途料注進狀〈二〉　二五・〇　三一・九

○前缺クカ、

御帶一筋金銅巡方、以緋糸付緒、
御沓一足八分　唐綾裏　〔附箋〕「嘉祿四ノ次　十五ノ下」
御襪一足
女躰一具　納赤辛櫃、在兩面覆、金銅金物、但紙薄相交、
□二領　平絹白色、各綿五兩入之、長五尺二寸、袖四尺五寸、
□□一領、白色寸法同、御單一領也、
御袴一腎、紅花色、長五尺八寸、四倍腎、
御扇一本、金銅堀繪、以村濃糸烈之、
御帖紙一帖、紅薄搓、納白物少々、
御櫛十枚、摺具、此内一枚止木櫛、今度被調副之、
御負炭帖紙一帖、同被相副之、
〔御カ〕□紅粉佐良一口被相副之、
御油壺三口、一口油綿、一口白物、一口丁子、
王子廿五所御衣析、可付大祢宜、
准八丈絹三疋、

○後缺クカ、

九〇　香取社遷宮用途料注進狀〈三〉　二五・〇　三三・五

□用途析或京下或徵下、或又被召付成功輩、
〔銅イ〕□類者、皆悉自京都所被調進、
御裝束□具内
　男躰一具、納赤辛櫃、在兩面覆金銅金物、但紙薄相交、
　御冠一頭、有〔文イ〕□納筥、以白唐紙押之、

御袍一領、綾長三尺五寸已〔巳イ〕身、□一丈二尺、袖五尺□
□□〔襲イ〕一領　平絹白□〔面イ〕
○二行分程度斷裂ス、
□□金物鋼等栗二鐵
師子〔獅〕　□□　高三尺　長三尺八寸、以金銀薄押之、
雲形四枚採〔綵、下同ジ〕色、長二尺、弘一尺、正神殿打之、
鳳凰四羽採色、高三尺、○〔長〕二尺五寸、正神殿鰹木上立也、
千木各二支、採色、一羽別一支定
龍形十八頭採色、長一尺八〔四イ〕寸、正神柱打之、
○後缺クカ、

九一　香取社遷宮用途料注進狀案〈四〉

二五・六
八五四・七

○前缺ク、
綿廿兩　　藏人所斤定
已上用途料徵下郡鄉、募所當行事、所須令調進也、□
□不知子細、所被調進、
一、御遷宮用途料并色〻下用事

大祢宜惟房〔大中臣〕請取之、
除爐殿御遷宮之、
於籾者、兼日奉短冊下行、
上品絹拾一疋三丈五尺
六丈　香取社御遷宮御袍裏料
六丈　同御下襲面料
六丈　同裏料
二丈　同表御袴面料
二丈　同裏料
三丈　同半臂料
三丈　同御袙面料
三丈　同裏料
□〔四カ〕丈　同單料

（紙繼目）

四丈　同大口料
三尺　同襪料
一疋　同女躰御衣二領面料
四丈　同御單料
六丈　同紅御袴料
四丈　同御輿御帳裏料

四丈　同引物析、不見治兼文書、御輿析、
四丈　同御行時付〇〔付〕御前張析、同不見、同、
一丈二尺　同神寶漆皮析
四丈　同御輿四面壁代析
六丈　同御遷宮綿交易析
一尺〔丈〕四丈〔尺〕　同析漆三舛交易析
中品絹一疋　同御遷宮女躰御衣二〔一イ〕領裏析
國絹參拾陸疋貳丈
八疋　正神殿兼塵幌析
八疋二丈　御遷宮幄覆析
自爐殿至正神殿十六丈、九拾也、

（紙繼目）

四丈　不開殿兼塵析
四丈　八龍神帳綱四筋析
一疋　正神殿御戸二間帳析
六丈　御輿赤綱六筋析、各一丈、
二丈　御唐鞍四具鞦析
六丈　御下襲中倍析
二丈　表御袴中倍析
九疋　御輿金銅鳳凰一羽
鸞四羽・蕨形四〻
師子〔獅、下同ジ〕四頭析
七丈　御座等裏析
一疋　御輿表菁糸三兩
交易直析
四疋　御遷宮神官等祿析
宮司一疋・大祢宜一疋
物忌一疋・御物申一疋
□□〔十一カ〕丈　燈樓綱析
細布陸段壹丈

（紙繼目）

四段　正神殿承塵析、不見治兼文書、
二丈　八龍神繪書地布析
一丈　御鞍四具下鞍緣析
六丈　內院神主襷褌析
准布參佰拾壹段
廿段治兼十六反、　御遷宮大幔五帖析、治兼四帖、
一段　同膝突《ヒサツキ》析
三段　同步布析
三段　御井祓鎮膝突析

二段　不開殿壁代斦
二段　諸社御帳斦
一段　八龍神六躰御衣斦
一段　同綱中子斦
十丈　同糸
二丈　御井鎭陰陽師襷襌斦
五段　山口祭斦
□段　水汲装束幷襷襌斦
（紙繼目）
□段　鳳凰四羽足黒斦
　正神殿棟上立之、高二尺、長三尺、
十五段　御遷宮御輿幷御大〔太〕刀鉾・大小御器
　手洗等塗漆舛直斦
二丈　燈樓綱中子斦
三段　銅細工祿斦
二段　御神寳渡先拂當色襷襌斦
二段　御装束納辛櫃二合作斦
一段　樋一口杓一支直
二段　同鞍等手綱腹帶面懸胸懸ホ中子斦
一段二丈　同鞍幷御臺大小御器大〔太〕刀鉾ホ着古久曾斦

八十段　紅花百六十兩交易直斦
七段　茜交易直斦
十段　御幣紙幷覆勘文書及諸鎭紙交易斦
一段　銅細工淨衣斦
一段　轆轤師同斦
（紙繼目）
一段　丹洨斦
四段　御唐鞍四具腰交易斦
二段　同鐙四懸交易斦
八段　御輿御簾一間皆具直
六段　同正面長押上壁板金折二枚直
十六段　同上桁木尻金物八直
卅二段　同土居木尻金物八直
二丈　同御帳壺八直
二丈　同臂金四直
四十段　同赤地唐錦一丈六尺直
十八段　正神殿御鏡六面直
五段　日月形修理斦金銀薄直
一段　御遷宮鍫鎌直
二丈　御飯櫃鼻曲直

二段　若宮御戸装束物御幣棚釘直
二丈　瞻男御疋〔正〕躰纒析
二丈　忍男同析
二丈　於岐〔息〕栖同析

（紙継目）

二丈　日王子同析
二丈　火御子同析
一段　勢至殿同析
二丈　佐土殿同析
二丈　若宮社同析
二丈　脇鷹同析
二丈　八龍神六躰同析
紺布一段　銅細工祿析、色々布五反内、
藍摺布一段　同析
糸十五兩　御輿幷宮殿二基表薦析
茜七日〔マヽ〕　同析糸幷綱絹唐鞍物具ホ染析
□草二枚　同平胡籙〔張カ〕二腰・御大〔太〕刀二腰装束析
苧三斤　同縄幷帳綱等析
紙十三帖
五帖　御遷宮御幣析
三帖　御井祓御幣析
五帖　御座裏祿〔縁カ〕下倍析

（紙継目）

籾參佰貳斛參斗
五石　御遷宮御供析
三石　同夜御燈油直析、一ツヽ諸神燈也、
六石六斗　六十六所神供析
五石　後朝御神樂析
三石　御井祭析
八斗　八龍神供析
五斗　田冷析
五斗　鄕長析
二石三斗　八龍神繪書析、物申神官ホ□、
五石　大細工食幷雜舟析
五石　大細工請御舩修理析、不見治兼、
十石　須利唐櫃一合作析
十三石　正神殿以下丹直幷粥祿析
十五石　御釜一口直析
卅石　□大小御器・御臺・椋・平手洗ホ作析

（紙継目）

五石　御飯唐櫃二合作析

二石　御幣棚一前作析
十一石　小寶廿二宇作析
十石二斗　雲形四・八龍神六躰大指作析
十石　鳳凰四羽・龍乃十八乃作析
六石　師子形二頭作析
七石　漆工單工食析
十石　水汲例祿析
一斗　漆合藥地粉析
□五斗欤、内殿机三前作析
卅石　一釘打例給祿析
卅石　一御柱抱例給祿析
八石　御饌棚作析
□□　□一基作析
□拾石欤、□所作析
六石六斗　社乃木守助房一人食析

（紙繼目）

十石　行事祢宜宗吉食析
五斗　山口祭析
五斗　正神殿地鎭析
五斗　御釜塗析

□石二石欤、宮殿二基作析
一石　日月形二本作析
一石五斗　御琴一張作析
□　鳳凰立□〔千カ〕木析
二斗　佛師滿酒欤、肴析
廿二石欤、
□二石　十五石社乃行方盛康、十石同、小行方御佐目代下人云々、　行事食析
十石　行事書生長光食析
馬一疋　銅細工祿析
稻佰參拾束
二十束　〔大〕太宮司祿析、正神殿同析廿束、
二十束　大祢宜同析、同、

（紙繼目）

二十束　物申同析
二十束　物忌同析
五十束　大細工同析、御遷宮五束、
已上用途析徵下郡鄉募所當之、
□析物等事
史生盛季分
國絹五十七疋〔マヽ〕　加薄衣析、上品絹一疋代定
四十疋　覆勘例祿析

一疋　同狩襖袴裏析
一疋　同衣二領裏析
二疋　同衣面中絹一疋代析
一疋四丈　同下袴一腰上絹六丈代析
一疋七丈　同小袖一領上絹六丈代析
三丈　同葛袴裏析
二疋　同別給物中絹一疋准絹
二疋　同火長衣服析一疋代析
四丈　同宣旨請取祿析
二疋　同厩別當析

（紙繼目）

二疋　同膳所別當析
綿五兩　同衣二領入析
布三百十（マヽ）九段二丈
百三段　覆勘例祿析
二段　同沓・烏帽子析
二段　同兩面白水干一頸析
八十七段　同供給机代析
五十二段　同日別房士析
六段　同兵士析　同兵士析（マヽ）

四段二丈　同傳馬三疋代析
六段　同火長机代析
三段　同膳所別當析
四段　同膳所厩沙汰人才析
□段　同催使析
葛布一段　同袴析
□一反　同帷析

（紙繼目）

甲冑一領　同析
弓一張　同析
胡録〔籙〕一腰、在弦卷腰元、　同析
大〔太〕刀一腰、在手袋、　同析
沓一足　同析
行縢一懸　同析
鞍一具、黒漆皆具、　同析
馬十九疋、中馬六疋、駄馬十一疋、文馬二疋、　同析
小使宗久分
國絹九疋五丈
五疋　覆勘例祿析
二疋　同衣一領析

六丈　同狩襖袴裹析
六丈　同下袴析
二丈　同水干裹析
三丈　同〔勒脱カ〕葛袴裹析
四丈　同火長衣服析
布百六段一丈　同例（衍カ）祿析
（紙繼目）
廿七段　同狩衣袴析
三段　同帷析
二段　同沓・烏帽子析
卅三段　同供給机代析
十七段　同日別房士析
二段　同兵士析
二段一丈　同傳馬析
四段　同火長衣服供給机析
紺布二丈　同水干析
葛布一段　同水干袴析
馬鞦一具剗　同別給析
弓一張　同析
胡籙一腰　同析

沓一足、鞍一具、　同析
行縢一懸　同析
馬九疋內、中馬二疋、駄〔馬脱カ〕四疋、文馬二疋、　同析
小使千与重分
（紙繼目）
國絹九疋五丈
五疋　同覆勘例祿析
二疋　同衣一領析
六丈　同狩襖袴〔裹脱カ〕析
六丈　同裹下袴析
二丈　同水干裹析
三丈　同勒葛袴裹析
四丈　同火長衣服析
布百六段一丈
廿七段　同例祿析
五段　同狩衣袴析
三段　同帷析
二段　同沓・烏帽子析
卅三段　同供給机代析
十七段　同日別房士析

二段　同兵士析
二段一丈　同傳馬析
四段　同火長衣服供給机析
（紙繼目）
紺布二丈　同水干析
葛布一段　同水干袴析
馬鞦一具剡　同別給析
弓一張　同析
胡籙一腰　同析
鞍一具、黒漆、同析
沓一足　同析
行騰一懸　同析
馬九疋內、中馬二疋、駄四疋、〔馬脫カ〕文馬二疋、　同析
一、同雜具等
宿房
上殿三宇
一宇三間四面　史生析
二宇三間　使部二人析
侍一宇三間　史生析

膳所三間〔宇カ〕、各二間、人別一宇、
厩廿間
一宇十間　史生析
（紙繼目）
鋪設雜事
疊十五帖
九帖　史生析
六帖　使部二人析、各居、
上莚三枚、人別一枚、
薦五十枚
皮沓廿足
旅籠三懸
蒲栖廿四々
結鞍卅具
差綱廿方
上道粮析六石八斗、白米、史生析
二石四斗　使部析、各二石二斗、
四石四斗　使部二人析、各、〔脫アルカ〕
日別祗候、
大使

白米六斗、宣旨斗〔舛〕、酒四瓶

（紙継目）

雑菜五種之內、魚二種、秣十束
藁《ワラ》蒭卅束　薪十束
房士二人　兵士二人
已上、日別十箇日間、如此沙汰也、其後者粮析可入之雑菜・蒭秣才者如元、房士・兵士隨人數同前、
桶杓折敷、
手洗　塩
油　酢《ス》
炭　鍋《ナヘ》
金輪《カナワリ》　菓子
已上、物等者、大使・小使等、各相分テ可入之惣數也、非毎日之徴下、經廻之間析也、
小使・〻部二人
白米四斗、各二斗、　酒四瓶、各二瓶、
雑菜　秣十束、各五束、
藁蒭廿束、各十束、　薪十束、各五束、
房士二人、各一人、　兵士二人、各一人、
已上、日別十ケ日間如此、以後可墮〔隨〕一人數之、

桶已下物等大使支配、宣經廻間析也、

（紙継目）

火長三人
白米三斗、各一斗、　酒一瓶、三人析、
雑菜　秣二束、三人析、
蒭《イクサ》六束、各二束、　自余無沙汰之、
落立垸飯三具、三人析、
已上、物才、臨時徴下、百姓所課也、
一、依宣旨支配作析國中庄〻幷〔弁〕濟否事、
（葛飾郡）八幡加納五十斛　究濟了、
（葛飾郡）船橋御厨八十斛　進濟了、
（葛飾郡）國分寺六十斛　造進所課也、
先例不勤仕云〻、
（千葉郡）千葉庄三百斛
對捍
（印旛郡）白井庄八十斛
對捍
（印旛郡）同加納勝田六十斛
對捍
（印旛郡）印東庄百五十斛　半濟了、
（印旛郡）埴生庄二百斛　究濟了、
（印旛郡）大戸・神崎二百石　半濟了、

松澤庄七十石　進濟了、
（紙繼目）
（匝瑳郡）南条庄百石　進濟了、
（北）（匝瑳郡）比条庄百石　造進所課祉了、
先例不勤仕云〻、
（葛飾郡）下河邊庄三百石
勅免了、
（豊田郡）豐田庄二百石
勅免了、
（豊田郡）同加納飯沼百石
帶免除了、
（相馬郡）相馬御厨二百斛
對捍
（海上郡）三崎庄八十斛
對捍
（海上郡）同加納横根八十石
對捍
（海上郡）同加納須賀三郷七十石
橘庄百石　究濟、
木内庄百石　究濟、
一、依　宣旨・國宣、不論便補別納、可支配御遷宮用途并覆
勘祿析雜事郡郷事、
（千葉郡）神保郷
籾三十石　布五段　絹一疋

（千葉郡）萱田郷
籾五石　布二段　（千葉郡）吉橋郷　但究濟了、籾二十石　布四段
（紙繼目）
（印旛郡）埴生西　十　（印旛郡）平塚郷　籾十二石　布五段
籾二十石　布段　絹一疋　唐鞍橋一口、絹一疋、
（印旛郡）印西条
籾卅五石　布十段　絹三疋　唐鞍橋一口
（埴生郡）河栗郷
籾五石　布二段　絹一疋
（印旛郡）遠山方郷
籾十石　布五段　絹一疋四丈
（香取郡）大須賀郷
籾二十石　布十七段　絹三疋四丈　唐鞍橋一口
（香取郡）小見郷
籾二十五石　布一段　絹一疋四丈
（葛飾郡）風早郷
籾十石　布五段　絹一疋四丈
（葛飾郡）矢木郷
籾十石　布五段　絹一疋四丈
（葛飾郡）猿俣郷

籾十五石　布四段　絹一疋四丈（紙継目）」

下葛西加小山木遅代裏定、

籾五十五石　布廿四段　絹十疋　唐鞍橋一口

上野方

籾廿石　絹七疋　上品糸廿両

下野方

籾五石　絹一疋四丈　上品糸十両

結城郡

籾十石　絹七疋　上品糸廿両　唐鞍橋一口

大方郷（豊田郡）

籾十石　絹七疋　上品糸十両

已上、募所當濟之、

覆勘使例祿引物雑事、

神崎郷　布廿五段　絹二疋　馬二疋内中馬一疋、白米一石、魚三隻、酒三瓶、精進物少々　秣卅束　蒭八駄　木八束　房士一人

兵士二人　疊一帖　薦三枚　沓一足

蒲栖一懸　結鞍一具　差縄一方　折敷三枚（紙継目）」手洗一

口　味曾〔噌、下同ジ〕一舛　塩一舛　酢一舛　油一舛　炭二籠

菓子三合　白鳥羽一鳥　厩三間　代布三段

萱田郷（千葉郡）

布八段　馬一疋已中、魚二隻　精進物少々　蒭五駄　白米五斗　酒二瓶　木五束　房士一人　兵士一人　薦二枚　皮沓一足　結鞍一口　差縄一方　杪一支　折敷二枚　酢五合　油一合　炭一古〔籠、下同ジ〕　菓子一合　秣十五束

吉橋郷

布十六段　馬二疋中馬一疋、　白米一石　酒二瓶　魚二隻　精進物少々　秣卅束　房士一人　兵士一人　上莚一枚　薦二枚　皮沓一足　結鞍一口　差縄一方　杪一支　折敷　味曾五合　塩五合　酢五合　油一合　炭一古　菓子二合

平塚郷

布廿五段　絹一疋　股貫一足　馬一疋已中、白米一石　酒三瓶　魚三隻　精進物少々　蒭三駄　木二束　房士二人（紙継目）」兵士一人　薦二枚　皮沓一足　差縄

一方　杪一支　折敷二枚　味曾五合　塩五合　酢五
合　油一合　炭一古　菓子二合　秣卅束
埴生西
布四十段　絹三疋四丈　行膳〔縢〕一懸　馬四疋内、白米
三石　秣五十束　酒七瓶　魚八隻　蒭十八駄　木廿
三束　房士三人　兵士三人　疊一帖　筵一枚　薦五
枚　皮沓二足　旅籠一懸　蒲栖二懸　結鞍三口　差
縄二方　杪一支　手洗一口　折敷三枚　味曾一舛
塩二舛　酢一舛　油三合　炭三籠　金輪一脚　菓子
五合　苧二斤　白鳥羽一鳥　借屋一宇三間、侍柱八尺、二尺間、
代布九反
（印旛郡）
印西条
布八十三段　絹六疋四丈　甲冑一領　馬五疋中馬二疋、
白米五石　秣百束　酒十瓶　魚十二隻　精進物少
〻　蒭廿五駄　木廿五束　房士五人　兵士五人　疊
二帖　筵二枚　薦十枚　皮沓三足　旅籠二懸　蒲栖
三懸（紙継目）結鞍三口　差縄三方　樋一口三斗納、杪一
支　手洗一口　鍋一口五舛納、金輪一脚　菓子十一
合　苧三斤　白鳥羽一鳥　上殿一間半柱一丈一尺、七尺間、代

十段二丈
（埴生郡）
河栗郷
〔布〕
南八段　絹一疋　白米五斗　秣廿束　酒一瓶　魚二
隻　蒭二駄　木三束　房士十二人　薦二枚　皮沓一
足　結鞍一口　差縄一方　塩五合　厩一間代布一段
（印旛郡）
遠山方
布廿段　絹三疋四丈　馬二丈中馬一疋、白米一石　秣
卅束　酒三瓶　魚三隻　精進物少〻　木七束　蒭七
駄　房士二人　兵士二人　疊一帖　薦三枚　皮沓一
足　蒲栖一懸　結鞍一口　差縄一方　折敷二枚　味
曾五合　塩一舛　酢一舛　油一合　炭二古　菓子三
合　厩三間代布三段
（香取郡）
大須賀郷
布八十段　絹六疋四丈　胡籙一腰　乗鞍一口（紙継目）傳
馬四疋中馬二疋、白米三石　秣四十束　酒十瓶
木廿五束
莚二枚　薦五枚
差縄三方
此ヨリハキレテウセ畢、

九二　香取社重書案〈五〉

三〇・五　八二六・二　一八紙

(1) 藤氏長者二條師良宣案

○本文書ハ一二八號文書ノ寫、省略ス、充所ノ後、紙繼目裏ニ花押影アリ、（附箋）「應安五七七十五」トアリ、

(2) 藤氏長者二條師良宣案

○本文書ハ一二九號文書ノ寫、省略ス、

(3) 關白二條師良家御教書寫

香取社大祢宜長房（大中臣）申実秋（大中臣）・実持（大中臣）幷中村式ア丞胤幹ホ、奉射神輿、敛害神人、社頭放火以下惡行狼籍〔藉〕事、申状副具書、如此、子細見状候欤、可令計成敗給之由、　關白殿（二條師良）御氣色所候也、仍執達如件、

十一月八日　　左中弁宣方（中御門）

謹上　武藏守殿（細川頼之）

(4) 關白二條師良家御教書案

○本文書ハ一三一號文書ノ寫、省略ス、

(5) 管領細川頼之奉書案

○本文書ハ一三二號文書ノ寫、省略ス、紙繼目裏ニ花押影アリ、

(6) 關東管領上杉道諲奉書案

下總國香取社造替以下事

事書一通遣之、早山名兵庫大夫入道（智兼）相共、令下向當國、守彼狀、可致嚴蜜〔密〕沙汰之狀、依仰執達如件、

應安七年三月廿二日　　沙弥在判（上杉道諲、能憲）

安富大藏入道殿（道轍）

山名兵庫大夫入道殿　同文章、

(7) 鎌倉府條々事書案

○本文書ハ一三四號文書ノ寫、省略ス、紙繼目裏ニ花押影二ケ所アリ、

(8) 關東管領上杉道諲奉書寫

下總國香取社〻人ヰ申造替以下事、任事書可致沙汰之旨、
所被仰安富大藏入道(道轍)・山名兵庫大夫入道(智兼)ヰ也、且可存其旨、
若及异儀者、可被處罪科之状、依仰執達如件、

應安七年四月廿五日　　沙弥在判(上杉道諼、能憲)

千葉介殿(千葉滿胤)

(9) 關東管領上杉道諼奉書案

○本文書八一三八號文書ノ寫、省略ス、

(10) 關東管領上杉道諼奉書案

下總國香取神輿御歸座事、可致警固之状、依仰執達如件、

應安七年四月廿五日　　沙弥在判(上杉道諼、能憲)

大須賀左馬助殿・國分三河入道殿・東次郎左衞門入
道殿・木内七郎兵衞入道殿、四通同前、

(紙繼目)

(11) 千葉滿胤請文

(端裏書)「千葉介請文 応安七 六 二」

去月廿五日御教書之旨并以兩使被仰下候之趣謹承候訖、
抑香取社造替事、尤早〻可致榮(營)作之沙汰候、以前延引之謂、
具令申御使候、次家人中村式ア丞胤幹事、急可召進之候、
然者被召決訴人ヰ、同長房(大中臣)ヰ奸訴・惡行之段、胤幹可申披
候欤、次社人知行神領押領之由事、更以無其儀候、於地頭
職者、重代相傳之本領候、仍于今知行無相違候、有限至神
役者、致其沙汰、且為本領文書ヰ兩使披見之間、其段可被
申注進候欤、條〻委細以代官追可言上候、以此旨可有御披
露候、恐惶謹言、

應安七年五月十八日　　平(千葉)滿胤請文

(12) 安富道轍注進狀寫

下總國香取社人ヰ申造替以下條〻事、任御事書之旨、相觸
千葉介滿胤候之處、請文如此、謹令進覽候、次當社領事、
任被仰下之旨、山名兵庫大夫入道(智兼)相共、今月廿六日欲沙汰
付下地於神官ヰ之處、滿胤(千葉)代官円城寺式ア丞(政氏)并深志中務
(紙繼目)
丞ヰ出逢堺、曳橋塞路、次如申者、被向御籏被成治罰御教
書輩事、猶以就歎申、被經御沙汰者傍例之由構之、彼代官
ヰ同處申候間、不及打渡候、次神輿如元假殿御歸座事、雖
加催促候、神領ヰ未道行候間、難成御歸座之由、社人ヰ申
之候、此条〻若僞申候者、

八幡大菩薩御罸於可罷蒙候、以此旨可有御披露候、恐惶謹
言、
應安七年五月廿七日　沙弥道轍(安富)裏在判
進上　御奉行所
同文章注進、同日在別帋、　沙弥智兼(山名)裏在判

(13) 關東管領上杉道諲奉書案

下總國香取社〻人等申當社領事、就注進狀其沙汰早、所詮
千葉介滿胤捧自由請文支申云〻、甚招罪科歟、不日任先度
事書之旨、山名兵庫大夫入道(智兼)相共莅彼所、縱雖及異儀、不
可許容、沙汰付下地於神官等、可執進請取狀、次　神輿御
歸座事、社人等不應催促云〻、嚴蜜(密)有其沙汰上、置就(直)被仰
付、乍令領狀、於國難澁、難遁」(紙繼目)其咎、急度可奉成歸座之
由、可相觸之、若尚令遲引者、爲有殊沙汰、載起請詞、可
注申之狀、依仰執達如件、
應安七年六月五日　沙弥(上杉道諲、能憲)在判
安富大藏入道(道轍)殿
山名兵庫大夫入道殿　同文章、別帋有、

(14) 關東管領上杉道諲奉書案

下總國香取社警固事、先立　神輿御歸座時被仰了、所詮神
領靜謐之程、可被致警固之狀、依仰執達如件、
應安七年六月五日　沙弥(上杉道諲、能憲)在判
大須賀左馬助殿　國分三河入道殿
東次郎左衞門入道殿　木内七郎兵衞入道殿
四通同前、

(15) 安富道轍注進狀案

下總國香取社大祢宜長房(大中臣)等申社領事、任被仰下之旨、山名
兵庫(智兼)大夫入道相共、去十七日莅彼所遵行之處、千葉介滿胤
代官円城寺式ア丞(政氏)以下輩、馳塞彼所〻、雖何ケ度候、不可
渡之由、雖支申之、不能許容、」(紙繼目)堅欲沙汰(付脫カ)下地於社人等處、
無知行実之間、不可請取之由、長房等申之、結句兩方及合
戰、社人等打負者、燒拂社壇、奉失神躰、各擬打死仕之間、
不及打渡候、次滿胤(千葉)家人內山中務丞稱(構カ)一城、遵行之時、率
多勢、無是非欲打取使者之間、不能打渡候、若此条〻僞申
候者、
八幡大菩薩御罸お可罷蒙候、以此旨可有御披露候、恐惶謹

言、
　應安七年六月廿四日　沙弥道轍(安富)裏在判
進上　御奉行所
同文章注進、在別帋、　沙弥智兼(山名)裏在判

(16) 關東管領上杉道譿奉書案

下總國香取社人長房㫖与千葉介滿胤相論當社領犬丸・金丸以下田畠在家㫖事、事書一通遣之、早安富大藏入道(道轍)相共、重令下向、可沙汰付下地於長房㫖之狀、依仰執達如件、
　應安七年八月九日　沙弥(上杉道譿、能憲)在判
(道轍花押影)　(智兼花押影)　(紙繼目)
　山名兵庫大夫入道(智兼)殿
同文章御教書在別帋、沙弥在判、
　安富大藏入道殿

(17) 鎌倉府條々事書案

一、下總國香取社人長房㫖与千葉介滿胤(大中臣)代常忠相論當社領犬丸・金丸以下田畠在家等事、
就注進狀、其沙汰了、所詮常忠或帯地乃職相傳安堵、或捧他人所得下知狀案文、雖申子細、長房㫖令備進難對揚兼元・兼久・文永・正和・元亨㫖下知狀并安堵㫖上、神輿御動座異(于)他之間、任先落居沙汰付下地於長房㫖、可執進請取狀、於滿胤訴詔〔訟〕追而可有其沙汰矣、
一、滿胤(千葉)家人中村式ア丞胤幹事
於胤幹者、可召進之由、乍捧請文、延引、難遁罪科、今月中可召進其身之由、重可相觸滿胤矣、
一、實持(大中臣)・実秋(大中臣)事
御沙汰落居之程不可下國之旨、被仰(紙繼目)付常忠之處、乍領狀於國致狼籍〔藉〕之由所有其聞也、同可召取進之条同前矣、
一、社人刃傷・殺害・放火事
胤幹(中村)以下輩、押寄油井撿𣏐在所、致刃傷・殺害・放火㫖狼藉之由、神主実公所注申也、紏明之(上脱カ)載起請之詞、任実正可注進子細矣、
一、常陸・下總兩國海夫事
重嚴蜜〔密〕加催促可致其沙汰矣、

(18) 關東管領上杉道譿奉書案

○本文書ハ一四一號文書ノ寫、省略ス、充所ノ後、紙繼目裏ニ花押影アリ、

(19)　安富道轍等連署奉書案

下總國香取大祢宜長房(大中臣)申當國浦〻海夫事、注文一通遣之、早任先例可致沙汰之由、所被仰下也、各不可存吴儀之由候、仍執達如件、

應安七年五月廿五日　　智兼(山名)判
　　　　　　　　　　　道轍(安富)判

地頭御中

（道轍花押影）（智兼花押影）（紙繼目）

(20)　安富道轍等連署奉書案

下總國香取大祢宜長房(大中臣)申常陸國浦〻海夫事、注文一通遣之、早任先例、可致沙汰之由、所被仰下也、各不可存吴儀之由候、仍執達如件、

應安七年五月廿五日　　智兼(山名)判
　　　　　　　　　　　道轍(安富)判

地頭御中

（紙繼目）

(21)　安富道轍等連署奉書案

○本文書ハ一一三九號文書ノ寫、省略ス、

(22)　安富道轍等連署奉書案

○本文書ハ一四〇號文書ノ寫、省略ス、充所ノ後、紙繼目裏ニ花押影アリ、

(23)　安富道轍等連署奉書案

下總香取社大祢宜長房(大中臣)申常陸國大枝津(南郡)・高摺津(南郡)以下浦〻海夫事、度〻被仰之處、不〇事行云〻、甚不可然、所詮云知行分、云庶子分、嚴蜜(密)可被致其沙汰、若尙及吴儀者、可有殊沙汰之由候也、仍執達如件、

應安七年九月廿七日　　智兼(山名)在判
　　　　　　　　　　　道轍(安富)在判

地乃殿
大掾(丞)殿　廳生殿　宮崎殿　小高殿
鹿嶋殿　東条殿　小栗殿
小田殿　同兵ア少輔入道殿　吉原殿
難波殿　山河殿
鹿嶋大祢宜殿　以上十三通、名所〻付之外者、同文章、

(24) 安富道轍等連署奉書案

下總國香取社大祢宜長房(大中臣)申當國津宮(香取郡)以下浦ゝ海夫事、」(道轍花押影)---(智兼花押影)---(紙繼目)注文
一通遣之、度く被仰之處、不事行云ゝ、甚不可然、所詮云
知行分、云庶子ホ分、嚴蜜(密)可被致其沙汰、若猶及異儀者、
可有殊沙汰之由候也、仍執達如件、

應安七年九月廿七日

智兼(山名)判
道轍(安富)判

千葉介殿(千葉滿胤)

國分三河入道殿　同与一殿　海上筑後八郎入道殿　木
內七郎兵衞入道殿　東六郎殿　同次郎左衞門入道殿
藝
神崎安藝次郎殿　多田左衞門五郎殿　粟飯原彥次郎殿
同虎王殿

以上十一通、名所ゝ付之外者、同文章、

(25) 圓城寺政氏避狀案

○本文書ハ一四三號文書ノ寫、省略ス、紙繼目裏ニ花押影アリ、

(26) 山名智兼打渡狀案

下總國香取社ゝ人長房(大中臣)・實公(大中臣)ホ申當社領香取郡大槻鄉內神
田畠事、任御教書・御事書之旨、安富大藏(道轍)入道相共莅彼所、
沙汰付下地於長房ホ候早、仍渡狀如件、

應安七年十月十四日

沙弥智兼(山名)在判

○充所
缺ク、

(27) 安富道轍打渡狀案

下總國香取社ゝ人長房(大中臣)・実公(大中臣)ホ申」(紙繼目)富社領香取郡大槻鄉內
神田畠事、任御教書并御事書之旨、山名兵庫大夫(智兼)入道相共
莅彼所ゝ、沙汰付下地於長房ホ候早、仍渡狀如件、

應安七年十月十四日

沙弥道轍(安富)在判

○充所
缺ク、

(28) 安富道轍等連署奉書案

香取社大祢宜長房(大中臣)申燈油料所下總國風早庄內戸崎・大堺(葛飾郡)開
務事、實持(大中臣)并實秋(大中臣)跡輩致違乱云ゝ、甚無謂、所詮止彼妨、全
關務、專神用之樣、可被加扶持由候也、仍執達如件、

應安七年十月十四日

智兼(山名)在判
道轍(安富)在判

千葉介殿(千葉滿胤)

(29) 安富道轍等連署奉書案

香取社大祢宜長房(大中臣)申木内庄内虫幡郷年貢以下神役事、無沙汰云々、甚無謂、不日可被皆濟、若尙有難澁義者、可有殊沙汰由候也、仍執達如件、

(道轍花押影)

應安七年十月十四日　智兼(山名)在判

(智兼花押影)(紙繼目)　道轍(安富)在判

木内掃部助殿

○紙繼目裏ニ花押影アリ、

(30) 藤氏長者二條師良宣寫

香取大祢宜・神主兩職、常陸・下總兩國海夫幷戸崎(葛飾郡)・大堺・行德ホ關務、可令知行者、長者宣如此、悉之、以狀、

應安五年十一月九日　左中弁(中御門宣方)在御判

香取長房(大中臣)館

(31) 藤氏長者二條師良宣寫

香取社燈油料所長嶋(葛飾郡)關事、任先例可被管領者、長者宣如此、悉之、以狀、

應安五年十一月十八日　左中弁(中御門宣方)在御判

大祢宜長房(大中臣)舘

(32) 管領細川賴之奉書案

香取社大祢宜長房申條々

一、戸崎(葛飾郡)關務事

一、大堺(葛飾郡)關務事

一、行德(葛飾郡)關務事

以前条々、自關白家就被執申、所有吹噓也、神訴異于他歟、早嚴蜜(密)可被遵行之狀、依仰執達如件、

應安五年十二月十四日　武藏守(細川賴之)在判

上椙兵部少輔入道殿(道譓、能憲)

(33) 應安七年鎌倉動座關係文書跋　三〇・二　二〇・四

香取太(大)神宮神輿應安七年甲刁三月八日鎌倉御動座畢、神訴悉道行、同五月八日安富大藏入道(道轍)・山名兵庫大夫入道(智兼)以兩使、本社御皈座畢、其時御教書・事書・注進及三ケ度道行之間、同渡狀共ニ案文書立、爲後證彼兩使所被裏封也、

〔香取大禰宜家文書　第五卷〕

(題簽、外題)「香取古文書

卷之五」

九三　關白九條道家家政所下文（一）

三三・四　①四九・三　②五一・七

關白(九條道家)家政所下　下總國香取社神官等
可早停止助道(中臣)濫妨、任代代政所御下文幷相傳理、大中
臣實澄令進退領掌神領小野(香取郡)・織幡兩村事
副下
證文等案
右、得實澄(大中臣)解狀偁、當社大祢宜職者、自元秋雄(大中臣)之時、至實(大中臣)
澄卅九代、敢無異論所補來也、且相傳次第見于彼證文等、
兼又小野・織幡兩村者、實澄代々相傳所領也、而助道父助
康之時致乱妨、祖父惟房(大中臣)捧次第證文、令言上子細之時、去
文治六年九條殿(兼實)御時、任長寬元年四月日法家勘狀、停止助
康濫妨、以實澄祖父惟房、可進退領掌之由、被成下政所御
下文畢、而助道乍存知此等子細、動成其妨之間、去嘉祿二
年停止助道妨、任證文理、實澄父實員(大中臣)可領知之由、云御教
書、云政所御下文、顯然也、爰當御時、猶致濫訴之條、猛
惡之至、何事如之乎、早任代代御下文」(紙繼目)旨、永停止助道妨、
實澄可進退領掌之由、欲被成下政所御下文矣者、早停止助
道濫妨、任證文理、實澄可令進退領掌彼小野・織幡兩村之
狀、所仰如件、神官等宜承知、勿違失、故下、
寬喜元年四月　日　　案主左衞門少志安倍
別當右京大夫藤原朝臣(親房)(花押)　大從彈正少忠安倍(花押)
修理左宮城使左中辨兼武藏介平朝臣(有親)(花押)　少從少監物安倍(花押)
權右中辨藤原朝臣(爲經)(花押)
前土左守源朝臣(有長)(花押)
勘解由次官藤原朝臣(忠高)(花押)
兵部大輔藤原朝臣(花押)
兵部權少輔藤原朝臣

九四　關白左大臣鷹司兼忠家政所下文（二）

三三・四　①四六・六　②四九・一

關白左大臣(鷹司兼忠)家政所下　下總國在廳官人幷香取社□□□(神官等)
可早以大中臣實親、令補任大祢宜職、社領葛原(香取郡)牧小野・

織幡・金丸・犬丸・同名内乙女〔母カ〕屋敷、新福寺以下散在
神田畠等進退領掌事
右以人、所被定補彼職也、可令進退有限神領之狀、所仰如
件、在廳官人幷香取社神官等宜承知、不可違失、故下、
永仁四年八月　日　案主中原
別當文章博士兼越前權介菅原（在輔）朝臣（花押）　大從彈正少忠惟宗（花押）
左京大夫菅原（在兼）朝臣（花押）
中宮亮兼尾張守藤原朝臣（花押）
修理左宮城使左中辨藤原（經守）朝臣（花押）
修理右宮城使右中辨藤原（信經）朝臣（花押）
散位藤原朝臣（花押）
造興福寺長官權右中辨藤原（爲行）朝臣
大外記中原（師顯）朝臣（花押）

（紙繼目）

大外記兼備後介中原（師宗）朝臣（花押）
修理東大寺大佛長官左大史兼能登介小槻（秀氏）宿祢（花押）
博士中原朝臣（花押）
助教兼加賀介淸原眞人（花押）
大炊頭兼直講中原朝臣
修理右宮城判官主殿頭小槻宿祢

左少辨藤原（雅俊）朝臣（花押）
右少辨兼春宮大進藤原（定房）朝臣（花押）
右衞門權佐兼中宮大進平朝臣（花押）
造酒正兼直講備後權介中原朝臣（花押）
兵部大輔平朝臣（花押）
中宮權大進平朝臣（花押）
宮內權大輔藤原朝臣（花押）
中宮權大進平朝臣（衍カ）
右衞門佐藤原朝臣（花押）
春宮權大進平□□〔朝臣〕

(題簽、外題)「香取古文書
　　卷之六」

九五　關東下知狀(一)　三三・〇 五〇・二

香取藏人三郎實胤(大中臣)申下總國香取郡金丸・犬丸兩名田畠・
屋敷等事

右田畠等者、實胤爲重代相傳私領、帶代々御下文處、叔父實成(香取)幷從父兄弟實春(香取)致濫妨之由、實胤依訴申、尋下訖、如實成去八月廿九日・實春同九月十日請文者、代々御下文御外題等無相違之上者、止違乱候云々、就之可令停止向後濫妨之由、預御下知者、不可殘訴訟之旨、實胤所捧申狀也、此上不及異儀、任彼狀、自今以後不可有異論者、依鎌倉殿(守邦親王)仰、下知如件、

(附箋、下同ジ)「元亨三　卅一」
元亨三年十月廿七日
相摸守平朝臣(北條高時)(花押)
修理權大夫平朝臣(北條貞顯)(花押)

九六　大禰宜大中臣實長覺書案(二)　二六・二 三三・八

副上之具書、大祢宜大中臣惟房賜長寛元年法家勘狀云、大戸・神崎・小野・織幡・葛原牧等代々宣旨〇者、神祇官移國苻(府)御外題狀幷宮(官)裁賜所也、而嘉兼・長兼・保元・長寛殿下政所御下文令知行〇早、鎌倉殿(守邦親王)御教書建久二年如・承元三年・文永九年・弘安十年御外題〇幷元亨三年御下知狀者、於金丸・犬丸兩名散在屋敷・田畠事如斯者、大祢宜累代相傳爲私領(愚)云々、

元亨四年八月　日
大中臣實長

「元亨四　卅二」惟房(大中臣)者眞房之父也、

九七　前大禰宜大中臣實胤讓狀(三)　三〇・五 三八・九

讓渡　下總國香取大神宮大祢宜職事

右、於彼職者、四十余代嫡々相傳所職也、而捧永仁三年開東安堵御教書・本所御下文ホ、去正和元年嫡子實長(大中臣)所申補　長者宣也、早任先例申給彼職、可致天長地久御祈禱之狀如件、

嘉暦貳年八月廿一日
香取藏人三郎入道〻寂（大中臣實胤）（花押）

九八　前大禰宜大中臣實胤讓狀〈四〉　三二・二　四九・〇

讓渡　下總國香取郡內金丸・犬丸兩名田畠・屋敷等事

右田畠等者、爲重代相傳之私領、帶代〻御下文、御外題・御下知ホ、知行無相違、而嫡子（大中臣）實長相副調度證文等、所證〔讓〕与也、次二男（大中臣）実連讓与分、相互不可有其煩、若實長子息有煩之時者、實連彼跡可令知行、又実連無男子者、實長子息可令領知、於女子者、田貳段一期之程可讓之、兩方相共不可有余人綺、早任先例申給安堵、全向後相傳、致〔至〕于子〻孫〻、可令知行領掌之狀如件、

嘉暦貳年八月廿一日
沙弥道寂（大中臣實胤）（花押）

「嘉暦二　卌四上」

九九　前大禰宜大中臣實胤讓狀〈五〉　三一・〇　三五・七

讓渡　下總國香取郡金丸・犬丸兩名內田畠・屋敷等事

右田畠等者、先祖相傳私領也、仍帶代〻御下文等、相傳知行無相違、而以彼名內田畠ホ、坪付注文貳通別締在之、二男（大中臣）實連限永代所讓与也、而爲（道寂花押）存知調度文書案文ホ、道寂（大中臣實胤）以自筆所書与也、相互任彼讓狀、不可有其煩、若嫡子實長子息有煩之時者、實連彼跡可令知行、又実連無男子者、實長子息可令領知、於女子者田貳反、壹期之程嫡女一人可讓也、兩方相共不可有余人綺、早任先例申給御外題、全向後相傳可令知行領掌之狀如件、

嘉暦貳年八月廿一日
沙弥道寂（大中臣實胤）（花押）

「嘉暦二　卌四下」

一〇〇　前大禰宜大中臣實胤配分狀〈六〉　三〇・七　四八・三

（香取郡）九ケ村百姓付金丸・犬丸田數參□十五石四斗五舛九合、
同祖數撿ᄋ（租穀カ）田米壹□分・籾四石五斗七舛八合、大神田壹□
所當拾壹石三舛、司四段分、籾三□鍬山祖數撿（租穀カ）田米參丁
壹反斗□五石四斗四舛三合、
已上、田籾拾丁八反六十歩分、所當參拾七石七
斗壹舛、在取、（帳脫カ）

右守注文、在取帳、嫡子実長(大中臣)可令知行也、□□(實連カ)分金丸参丁三
反以下得分所讓与也、道寂(大中臣實胤)□□四分三、実長毎年無懈怠可
令勤仕之、四□□(分一カ)実連(大中臣)可致其勤之、相互不可有違乱煩□
五反、自実長分内、女房一期之程、止公事可被□□状如件、
一、九日米参斗、長手方より取へし、貮斗実連可取、　九日米二斗五舛□
一、下福神田(香取郡)四反、可令知行之、　三反実連□、
一、葛原所(香取郡)當道寂分一圓可知行、
一、小野(香取郡)・織幡所當道寂分、女子四人、二石毎年一人別五斗ツヽ入□、　五分三実長
分、五分貮者実連分可知□(行イ)
嘉暦貮年八月廿一日　　沙弥道寂(大中臣)〇以下破損、
「嘉暦二　卅五」

一〇一　前大禰宜大中臣實胤讓狀并大中臣實長分田畠注文〈七〉

三二・四
①四九・四
②五〇・一

讓与　嫡子實長(大中臣)分田畠注文
本屋敷、比畠(北カ)、　壹所ゆや(湯屋)□□(の跡カ)、
畠壹所、平四郎内、　畠壹所、トマキ、　畠壹所、倉跡、
畠壹所、門田上、　畠壹所、新寺、源藤次入道作、
田坪付、

上壹段、門田、　此坪所役者、六月〃ソキ(禊)・ハライ(祓)チム、毎年籾六斗弁代田二反、下ヒロマロ源五郎作、　地本ヲ田冷方渡、
上壹段、ナカヘ、藤次五郎作、　上壹大、(段脱カ)中ア、源三郎作、　上壹段小、中ア、藤次五郎作、
上四段、サヽハラ、　上壹段小、大方子タ、彦大郎作、　中貮段、大方□(コカ)、ユウカキ作、
上小、大テムカ、京樂作、　中壹段、小テンカ、長平作、　中二反、ヤキノサキ、下ヨリ三四番、
中壹段小、シハサキ、モ四郎作、　下二反、テムカ、中大郎入道作、　下參段、エツ、法藏作、
下大、弓田、小新太作(マヽ)、　下大、大方、ハイタ、當作才三郎、　下ゝ二反、ヲナサユ、京樂作、當作才三郎、
五段内、中四反、カマ神田、下一反、　下壹段、ユヌマリ、ソハタカノ神、毎年有祭、　下ゝ二反、フナラシ、新三郎作、不作田、
中貮段、大方、　下壹段、乙金、弥五郎作、　下ゝ壹反、ユヌマリ、
下ゝ一反、タカタ、ヲカナリ、　下ゝ一反、マツタ、ヲカナリ、
下壹段、小テムカ、長平作、　中壹段、大方四番、六郎大郎入道作、〃ソキハライニ貮段イタス、
已上、田數四丁參段小内　上田壹丁大、不作□參内、中田壹丁四反小、ヲカナリ二反、下田壹丁小、神田一反□(ユヌマリイ)
定　二丁五段小」

(紙継目)

一、一期後者惣領可付田畠注文、
一、女房一期分、もりやまのまへのこしの畠、

田壹段上、トマキ、ツヽミノ上、　壹段上、三船山、物申下、　小上、三船山、物申前、
壹段上、大方、清七作、　壹段上、クヌキサキ、觀教房作、　大下、ユヌマリ、兵衞入道作、
一、てこおとかふん、
半中、クワヤマ、フカツホ、　壹段中、クワヤマノ、フカツホ、
一、とらいぬかふん、しもてう次郎三郎作畠、
壹段上、新寺修正田、　大上、トマキ、　次郎大郎作、
一、に〔すカ〕ていぬかふん、
貳段上、くわやまの前田、こうかき（紺播）か下、
一、やすいぬかふん、ミかしきや（御炊屋）の下、次郎大郎屋敷并下ノ
太畠付、
壹段上、中ア、藤次五郎作、　斗中、マミアナ、五藤次作、
已上、田數壹丁壹反大
一、六郎ｏ実清方いたすふん、　壹段下、フナラシ、六次作、　大下、フナラシ、平次三郎作、
一、あさりきやうれんの方いたすふん、屋敷一所、ミタウノ前、
畠一所、同所、三分一、　斗□、
壹段上、修理田、チムスノ前、　參段上、新寺ヒカム田、了智作、　大上、修正田、觀教房作、
一、七郎実重方いたすふん、

壹段上六十歩、ヒムロ、　壹段中、ヲリワタ、ハヽノシタ、　壹段下、乙金、
已上、九反斗
一、うりち、大井土尼殿（屋敷イ）、カイチ、　畠二所内、一所新寺參海内、一所吉原トラサコ、
田二反内、上一反、ニワタ、上一反、ナカヘ、
一、うりち、丁古尼殿、田參段内、上二反、西ヌマ、　一反、スクイ、
已上、五反
右注文之狀如件、　惣田數六丁九反斗、
嘉暦貳年八月廿一日
沙弥道寂（大中臣實胤）（花押）
「嘉暦二　二枚ツヽク　卌六」

一〇二　前大禰宜大中臣實胤陳狀案（斷簡）〈八〉　三三・六　五〇・〇

○前缺ク、「嘉慶年間殘闕　四十六下」　「文永八年ミミミ」

□□□□□所云ミ、若□
家人之思者、爭可令□加之道寂（大中臣實胤）亡父實政（大中臣）御下
□時、去正應元年可被改所職之旨、可被觸申本所
之由、被成御教書□六波羅畢、將又道寂實胤于時、依致害罪
科、可召進其身□〔之〕由、正安二□〔年カ〕御教書明鏡也、若爲御

家人者、可被收公所帶、豈可及如此御沙汰哉□□傍輩又不支申哉、偏爲社司之間、或被仰本所、或致煞害并自由出家事、强不及御沙汰者哉、實雖浴關東御恩、卿相雲客・醫陰兩道以下者、不可号御家人、況於社司道寂等哉、太以僻案之了見也、

問狀云、鹿嶋大祢宜所領羽生・大窪開東御領也、同社惣追補使知行田畠同前、鹿嶋荒次郎并千葉介等社司職兼帶云〻、取意、

此條、鹿嶋大祢宜開東御領知行之由事、雖難知實否、付道寂自稱謂之、雖爲開東御領、社家進止之間、大祢宜相傳知行歟、以之不足道寂之潤色、次鹿嶋荒次郎・千葉介等社職兼帶由事、諸御家人社職兼帶勿論也、是則品秩爲御家人令相傳社職歟、道寂者品秩社司也、号私領者社領也、不足准據矣、

問狀云、兩名內押領之条、兼伏之上者、何可爲不實哉、早遂結解、可被糺返年〻抑留物云〻、

此條、下地胤有知行之條、自稱兼伏畢、胤有不知行下地者、遂結解可糺返、年〻抑留物之旨、可載訴狀哉、弘安御下知炳焉之上、道寂兼伏之上者、称勿論也、

以前條〻大概如斯、彼兩名下地地頭知行之間、付所濟物、帶返抄之上者、被弃置濫訴、爲被行其身於重疊罪科、重披陳如件、

一〇三 大行事代蓮性并祓料送文〈九〉 二六・三 二三・四

送進并秡料籾事

合參石者、

右、守先例下行如件、

元德二年六月廿三日 大行事代蓮性（花押）

「元德二 卅七」

一〇四 大禰宜大中臣實長讓狀〈一〇〉 三一・〇 四一・九

ゆつりわたす

大祢宜職

一、葛原內小野・織服村事〔（香取郡）〕〔（幡カ）〕

一、金丸・犬丸兩名事

一、大戸・神崎兩庄事

一、福田事、下福神田、
一、木内神田事
一、司大神田幷祖石《祖穀カ》撿田米の事
右所ゝ者、実長《大中臣》重代相傳所領也、而ちやくし《嫡子》長房《大中臣》ゆつりわたすところなり、しゝそんそんにいたるまて、たのさまたけあるへからさるしやう如件、

建武五年六月二日

大中臣実長(花押)

一〇五　大禰宜大中臣實長讓狀〈一一〉　三一・〇　三七・八

ゆつりわたすしもつさのくに《下總國》かんとりのこほり《香取郡》かねまろ《金丸》・いぬまろ《犬丸》りやうゝやうやしき《両名屋敷》・てんはく《田畠》・さいけ《在家》らの事
みき、てんはく・さいけらへ、さねなか《實長》ちうたいさうてん《重代相傳》のしりやう也、よつててうと《調度》のしようもん《證文》をあいそへて、ちやくし長房《大中臣》にゆつ《り脱》あたうるところ也、しゝそん〳〵にいたるまて、たのさまたけあるへからさるしやうくたんのことし、
「建武五 卅九」
建武五年六月二日

大中臣実長(花押)

一〇六　大宮司大中臣某等連署補任状〈一二〉　三三・〇　四六・三

香取宮をきすの《息栖》御神田貳反小の事
本主行事祢宜のてより、孫次郎景久法師これをかいとんて、知行數ケ年さをい《相違》なし、而しきよのゝち、ちやく女にゆつりあたへ畢、かのゆつり状を、景久か後家にあつくるところに、塙の大夫房彼状をぬすゝとて、《つ脱カ》この田にいらんわつらいをなすあいた、すこ方《守護》にして沙汰をいたすところに、ぬすゝとる条、ろんけんせしめ畢、仍後のために、社家《とカ》にして補任を申給へき由、善空ひくに《比丘尼》申さるゝ上者、いきにをよはす、彼田を知行せしめて、神役をつとめらるへき狀如件、

建武五年十月六日　物申祝中臣(花押)
権祢宜中臣(花押)
大祢宜大中臣朝臣《實長》(花押)
宮《大脱カ》司大中臣(花押)
「建武五 五十」

一〇七　沙彌道惠讓狀〈一三〉　三一・〇 四一・〇

ゆつりわたすしもつさのくに（下總國）かんとりのこほり（香取郡）かねま
ろ（金丸）・いぬまろ（犬丸）りやうミやうやしき（兩名屋敷）・てんはく（田畠）・さいけ（在家）ら
の事
右、てんはく・さいけらハ、道惠ちうたいさうてん（重代相傳）のしり
やうなり、しかるをそりやうのちうもんのあいそへて、二
郎にゆつりあたうるところ也、二郎しそくなく候は、そう
りやうたねふさ（胤房）かあとへつくへし、たねふさしそくなく候
は、三郎かあとへつくへきなり、しゝそん〳〵にいたるま
て、たのさまたけあるへからさるしやう如件、
りやくおう五年二月九日
しや〻道惠
「曆應五　五十二」

一〇八　千葉貞胤安堵狀〈一四〉　二七・九 三一・八

（附箋）
「房刄〻正木左近殿
千葉矢作殿ナリ、」
彦兵衞入道〻惠申小野（香取郡）・織幡・葛原牧所務事、実高以下輩
致違乱云〻、事実者不可然、早可沙汰付道惠之由、相觸面
〻地乃ホ、可遂行恒例神事之狀如件、
曆應四年九月廿六日　貞胤（千葉）（花押）
「曆應四
五十二」　中村弥六入道殿

一〇九　藤氏長者鷹司師平宣〈一五〉　三三・七 四七・四

所被補香取社大祢宜職也、政所御下文遲〻之間、且可被存
知者、
長者（鷹司師平）宣如此、悉之、以狀、
康永三年十二月八日　東宮學士（菅原在守）（花押）
「康永三　五十三」　香取長房（大中臣）舘

一一〇　神子別當藤原末眞讓狀〈一六〉　二七・三 三八・〇

讓与　屋敷・田畠事
嫡子彦太郎所
合在、田安久名田壹段、新部崎西宮御神田壹段小、本と下町九日御祠田大屋敷壹宇、畠五段內肆段、垣名田六十歩、者、
右屋敷・田畠、神子別當先祖相傳所帶也、而嫡子彦太郎所
讓与實正也、彼田所當者、任先例可弁濟者也、將又三ケ夜

於御祈禱者、無懈怠任先規可令勤仕、仍讓之狀如件、

康永肆年乙酉二月十三日

「康永四 五十四」　香取社神子別當藤原末眞(略押)

一一一　大中臣實顯和與狀〈一七〉　二五・二 三二・五

和与　所職事

右、兩職之時者、壹職つゝ拝領仕へく候、もし一職給事候者、壹年つゝ知行仕へく候、但御造〔營カ〕延之時者、とくふんをホ分すへく候之狀如件、

文和三年十月廿三日

「文和三 五十五」　大中臣実顯(花押)

一一二　左衞門常家讓狀〈一八〉　二九・六 四三・九

(端裏書)「左衞門五郎」

讓与　下總國香取郡大槻郷內加苻〔府〕村內田畠・在家事

合

一宇　大補〔輔カ〕次郎《濱てら》內付屋敷田畠并庵室屋敷・同庵室內、付田畠等事、坪付在讓狀、

右、田畠・在家者、常家重代相傳所領也、然間子息永倫房所讓与実正也、永倫房一期後ハ、惣領計として、彼庵室屋敷同在家・田畠ホ、盡未來際、永代僧ニヲ可令住持也、若在家ニ成事有ラハ、永不孝仁ノとして、常家か跡お不可知行也、然間子ゝ孫ゝニ至まて、固守此旨、不可違背也、仍爲後日讓狀如件、

文和三年甲午十一月十八日　左衞門常家(花押)

「文和三 五十六」

一一三　大宮司・大禰宜連署補任狀〈一九〉　二九・四 三五・〇

補任

香取太〔大〕神宮四郎祝職事

右、以家光所被補任彼職也、於神役者、任先例可令勤仕之狀如件、

文和五年夘月十日

「文和五 五十七」　大祢宜散位(花押)

太宮司散位(花押)

一一四　返田神主中臣實家讓狀〈二〇〉　三〇・三 四六・二

讓与妙圓房所〔處カ〕分田畠・屋敷等事

在坪付別帋、

右、於彼田畠者、依爲實家(中臣)重代相傳、讓与妙圓房、永代手繼證文相副處也、但於社役者、守先例可勤也、仍爲後日證文讓狀如件、

延文五年庚子十月十六日

「延文五五十八」

返田神主中臣實家(花押)

一一五　返田神主中臣實家讓狀〈二一〉　三〇・四 四一・三

讓与後家所〔處カ〕分田畠等事

在　西田一反、御穀田、

畠ハ向篠田一反

井ノ道ノ下ノ小畠共

ツイチ畠、ミタラシノ畠

資財雑具等

右、於彼田畠者、依爲實家(中臣)重代、讓与一期之間處也、自一期後、可妙圓房永代知行、於社役者、守先例可勤也、

延文五年庚子十月十六日

返田神主中臣實家(花押)

一一六　國分胤氏・同胤詮連署田地賣券〈二二〉　三一・一 四四・八

○前缺

クカ、

依有要用永代賣渡田□〔在カ〕□坪付在別紙之、事

右田・〔畠脱カ、下同ジ〕在家者、下總國大戸庄岩崎村内也、件田地者、國分五郎七郎常泰後家尼西阿、永仁六年十二月廿三日給御下知狀後、無知行相違、彼西阿、胤氏法名契道、自幼少爲養子、證文等相副、件田・在家所讓得也、而岩崎接待積善菴限永代、直錢五拾貫文所賣渡実也、但永仁六年御下知以下證文置失候、出來候者、追可進候、雖彼狀失候、爲此狀證文、御知行不可有相違候、將又西阿跡文書、雖爲契道子孫・親類・他人等中、令持參致違乱仁出來候者、可爲盜人、上樣幷守護御方御披露候、罪科可被申行、雖成錢貨不足候、爲所且接待間、奉賣上者、契道菩提可訪給、背此狀、彼田地致違

乱煩於子孫ヰ者、爲不孝仁、契道跡不可知行、次西阿跡田
在家令若相違事候者、契道本知行青根村内菱崎在家、同田
壹町相副、限永代、接待所可被知(致脱イ)行候、爲後日證文賣渡狀
如件、

貞治三年甲辰卯月八日　參河守胤詮(國分)(花押)
沙弥　契道(國分胤氏)(花押)

「貞治三　六十」

〔香取大禰宜家文書　第七卷〕

(題簽、外題)「香取古文書　卷之七」

一一七　大禰宜大中臣長房申狀案(斷簡)〈一〉　三二・〇　二七・四

○前缺ク、

□□□者任□□□(明カ)□神者本朝
開闢□□神□□擬碎失彼土之剋、悉滅讎敵之
後、奉請下□□乎、神宮(功)皇后責(攻)新羅・百濟給之時者
□□伐之、軍神鎭護國家之譽報□社、爰□□
戊寅歲被立宮柱以降、廿一ケ年一度、爲一國平均之□□
成造替遷宮之處、云貞胤(千葉)云氏胤(千葉)、度〻配懸□□之宮作料
米於諸庄薗、責取乍犯用之、雖相當觀□□(應元カ)年庚寅歲、未終
一塵之功、十七ケ年馳過之間、御神躰忽□雨露訖、啻匪社
頭之荒廢、朝家重事何事如之、剩□□(押カ)領往古御神領之間、
每年九十餘ケ度之祭禮悉令□※条、神鑑叵測者乎、於守護人
者爲當敵之間、依無□申之、去年十二月貞治四、十一日、捧申

状之處、力石入道送両年□賦申之間、弥誇御沙汰延引、今
年正月四日子剋、彼［　　　　］〇後缺ク、
※（附箋、下同ジ）「貞治五殘簡『六十一』」（朱、下同ジ）

一一八　沙彌聖應等總州一揆連署願文（二）　三〇・二　三五・四

任建永・兼元御下知御神領之事、無子細可口入申候、仍總
州以下一揆、爲所願成就、立願状如件、

貞治七年三月二日　沙弥誓阿（花押）
「貞治七『六十二』」
沙弥宏覺（花押）
沙弥禪廣（花押）
沙弥壽觀（花押）
沙弥聖應（花押）

一一九　平長胤誓状（三）　三〇・一　三二・一

香取御神領事、任先例不可有子細之旨、御沙汰之時、可心
得申候、就中當國安全祈禱事、殊以可令致精誠給之状如
件、

「貞治七『六十三』」
貞治七年三月六日　平長胤（花押）

一二〇　平長胤誓状（四）　三〇・七　三一・七

（大中臣）長房所領事、一揆御契状見候了、尤可然存候之間、御沙
汰之時、可心得申候、就中當國安全祈禱事、可令致精誠給
之状如件、

「貞治七『六十三』（マヽ）」
貞治七年三月六日　平長胤（花押）

一二一　平長胤施行状（五）　三一・九　三三・八

香取大祢宜長房（大中臣）申中村入道生阿等押領地事、御神領之条、
文書明白也、然早任老父淨心、所爲之旨、上裁落居之間、無
所殘所沙汰付下地於社家也、仍奉歸座　神輿、付公私可令
致祈禱精誠給之状如件、

「貞治七『六十四』」
貞治七年三月八日　平長胤（花押）

一二二　平長胤寄進狀〈六〉

①三一・三　三五・二
②二七・二

奉寄進　香取社

下總國千田庄多［部郷内カ］□□□田地壹町事

右、當社者本朝無雙之地、別者當國有緣之神、靈驗異于他、誰不欽仰哉、爰生阿［故中］□□村入道、爲別駕之舊臣、爲當所之政所、動誇其權威、恣令押知神領、是故社人等、爲達鬱訴於上聞、奉出神輿於［假殿］□□、其間之星霜良積四ケ年也、不測去ゝ年貞治五之秋、竹壽丸（ノチ千葉滿胤）幼稚之間、可輔佐國務之旨、老父淨心、承之畢、世以無［其隠者也カ］□□□□而氏政円城寺圖書允以下之輩、非蔑如上裁而已、對于一族并淨心、取弓箭動干戈、是又三ケ年也、次輈胤中村式ア丞、押寄宮中、依致合［戰射立箭カ］□□□□於神輿、令放火於嫐殿、今之ーー也、加之在ゝ所ゝ之神社・佛寺等、或逢破損之難、或稟回祿之事、（紙繼目）因茲田地者荒廢、黎民者失堵者歟、世縱及澆季、神鑒爭不至哉、冥慮不空、賞罰分明者、罰逆臣、守當家、古語曰、神安者人卽安、國安者民卽安、文、測知神輿歸本座者、人又如元安穩歟、御歸座之費、其靳分拔群也、爲退散輈胤（中村）、令進發之間、依陣中之忩劇、錢貨不足之餘、爲償彼大營、所寄附小所也、微者著之始、小者大之赴也、悉之所之、唯仰明鑒耳、就中、神之爲神者、依人之敬也、人之爲人者、依神之助也、彼志趣全非限長胤（中村）父子息災、爲竹壽及一揆之仁、兼又國土安全・万民快樂、寄進之狀如件、

「貞治七上
六十五」

貞治七年三月　日　　平長胤（花押）

一二三　平長胤寄進狀寫〈七〉

①三〇・八　四〇・五
②四六・〇

○本文書ハ一二二號文書ノ寫、省略ス、

一二四　平長胤安堵狀〈八〉

三〇・三
三一・四

香取社人長房（大中臣）中小野（香取郡）・織幡・葛原十二ケ［村散在犬カ］□□□丸・金丸以下村ゝ并屋敷・田［畠］□等事、任代ゝ御下知［及老父カ］□□□淨心、所爲［之カ］□旨、云下地、云所務、所沙汰付于長房之狀如件、

貞治七年三月十一日　　平長胤（花押）

「貞治七
六十六」

一二五　平長胤安堵状〈九〉　三二・一 四四・五

香取社人長房(大中臣)申小野(香取郡)・織幡・葛原十二ケ村散在犬丸・金丸
以下村〻并屋敷・田畠等事、任代〻御下知及老父淨心、所
爲之旨、或云下地、或云所務、所沙汰付于長房之状如件、
貞治七年三月十二日　平長胤(花押)

一二六　關東管領上杉道護奉書〈一〇〉　二九・四 三六・五

□□〔下總〕國□〔香〕取□□□〔社人長〕房ホ、与千葉介滿胤相論當社領犬丸・金
丸以下□□〔田畠〕・□〔在〕家ホ事、□□一通遣之、早□□□□□□(安富大藏入道相)
□□〔共令〕下向、可沙汰□□□〔付下地〕於長房(大中臣)ホ之□〔條〕、□〔依〕仰執達如件、(道轍)
□□□年八月□(智兼)
□弥(上杉道護、能憲)(花押)
「貞治六十七」　山名兵庫大夫殿

一二七　彌三郎置文〈一一〉　二五・七 三九・七

押領使實家庶子神平二跡田畠ホ事
右田畠は、神平二重代たる間、子息三郎太郎相繼之處ニ、

死去之後、惣領のしんたい(進退)いたるよつて、女子ニ御恩ニ給了、
於自今以後者、忘惣領御恩を、不可成敵を候、就中かの大
田おいてハ、祖父存生之時より御持候上ハ、及末代不可違
乱候、背此状を妨をなし候者、田畠をめしあけらるへく候、
若此条僞申候ハゝ、當社惡王子御罸を、各可心中罷蒙候、
仍狀如件、
應安元年戊申七月十五日　弥三郎〔花押カ〕

一二八　藤氏長者二條師良宣〈一二〉　三〇・五 ①四七・七 ②三〇・四

實秋(大中臣)・實持(大中臣)ホ奉射神輿、致害神人、剰社頭放火之條、所行
之企罪科不輕、早解却神職、止神領綺、爲社家一円進止、
可被全神役」(紙繼目)者、長者(二條師良)宣如此、悉之、以状、
應安五年十一月八日　左中辨(中御門宣方)(花押)
香取大祢宜長房(大中臣)舘

一二九　藤氏長者二條師良宣〈一三〉　二七・六 ①三七・一 ②二六・五

(朱書)『關白家二條殿(師良)御代、中御門左中弁宣方被報之、

應安五年十一月　日　』
香取□□(神領カ)下總國小野(香取郡)・織□(幡)・葛原・加苻(符)・相根村□□□(犬丸・金丸・
□□(司・大カ)神田弍、□□□□(任建永・承元カ)代々御下知之旨、停止實秋(大中臣)・□(實)持(大中
幷中村式ア丞胤□(幹)弍□□(濫妨)」可令全領知者、長者(二條師良)宣如此、悉
臣)
-------------(紙繼目)
之、以狀、
　應安五年□(大中臣)□日　左中弁(中御門宣方)(花押)
「應安五七十六十九」　長房(大中臣)舘

一三〇　關白二條師良家御教書案〈一四〉　三〇・八 五三・八

香取社大祢宜長房(大中臣)申武藏國猿俣關務事、申狀副具書如此、子細見狀候歟、可令計成敗給之由、關白殿(二條師良)御氣色所候也、仍執達如件、

　十一月九日　左中辨宣方(中御門)

「應安頃七十二袖書にて」

謹上　安房守殿

一三一　關白二條師良家御教書案〈一五〉　三〇・五 三七・四

香取大祢宜長房(大中臣)申當社造替千葉竹壽丸(ノチ滿胤)幷大須賀左馬助弍無沙汰事、申狀如此、子細見狀候歟、可令計成敗給之由、關白殿(二條師良)御氣色所候也、仍執達如件、

　十一月十二日(應安七年)　左中辨宣方(中御門)

謹上　武藏守殿(細川賴之)

「應安七十二」

一三二　管領細川賴之奉書〈一六〉　三一・〇 四九・三

香取社大祢宜長房(大中臣)申條々

一、當社造替、千葉竹壽丸(ノチ滿胤)幷大須賀左馬助弍無沙汰事

一、常陸・下總兩國海夫事

一、実秋(大中臣)・実持(大中臣)幷中村式部丞胤幹弍、對于神輿及狼籍(藉)、神人致害、社宇放火以下事

以前条々、關白家(二條師良)就被執申、所有吹嘘也、神訴異于他歟、早嚴密且被遵行之、且可被申左右、更無遅怠樣、殊可有其沙汰之狀、依仰執達如件、

　應安五年十一月十四日　武藏守(細川賴之)(花押)

上椙兵部少輔入道(道諲、能憲)殿

一三三　藤氏長者二條師良宣寫〈一七〉　三〇・八　①一九・四　②一〇・三

○本文書ハ第一二九號文書ノ寫、省略ス、附箋ニ「應安五七十三」トアリ、

一三四　鎌倉府條々事書（斷簡）〈一八〉　三一・〇　①三九・三　②四二・四

下總國香取社大祢宜長房（大中臣）等申訴詔〔訟〕條々

一、當社造替事

雖徒經年序、一向不道行之由、長房等申之間、召出千葉介滿胤代官、相尋之處兼伏早、仍雖可被處罪科、以寛宥之儀、所被定置年紀也、不日七ケ年以前可終榮〔營〕作之功、若尚緩怠者、可有殊沙汰之由、可相觸滿胤（千葉）也矣、

」（紙繼目）

一、滿胤家人中村式部丞胤幹事

對當社專爲惡行張本人之由、長房等就訴申、滿胤代官無誤之由、雖陳謝之、胸臆詞不足許容之上者、無糺決者、社人等愁訴不可休、仍來月十五日以前、可召進胤幹（中村）、若尚及異儀者、可加退治之旨、仰付滿胤可申左右矣、

一、社人等相傳知行神領事

胤幹以下輩押領之間、及愁訴之處、滿胤代官不実之由所陳申也、所詮各莅彼所々、有押領之儀者、嚴密止其妨、守社人等所帶證文、如元沙汰付下地於面々、可執進請取狀、若又社人等乍知行所領、致奸訴者、就注進可有其沙汰矣、○以下缺ク、

一三五　大禰宜大中臣長房訴狀〈一九〉　二九・六　①四四・八　②二九・二

下總國香取太〔大〕神宮大祢宜長房（大中臣）謹言上、

欲早千葉竹壽丸（ノチ滿胤）家人中村弥六入道□〔聖カ〕阿今者死去、子息式部丞胤幹（中村）依非法張行、一年中九十余箇度祭礼悉令退轉、剰相語氏人實持（大中臣）・實秋（大中臣）等、令放火假嬿殿、奉射神輿、致害・刃傷神人以下、罪責不可廻踵上者、可被處彼等於所當重科由、被成御擧於武家、且任建永・兼元例、停止地頭非分綺、可爲社家一圓進止旨、蒙御成敗、全社役、神領同國小野（香取郡）・織幡・葛原・加荷〔符〕・相根村・犬丸・金丸・司・大神田等事、

副進、

一巻　次第證文䓁案

右、於當社領䓁、地頭代胤幹、恣年來押領之間、連〻雖申子細、曾不兼引、只誇守護之權威、寄事於左右、結句相語實持・實秋䓁、去貞治四年正月四日、翌年二月十一日迄、于兩度、引率多勢押寄宮中、依令放火假⿰女盧殿、御供所、幷神主・神官䓁在所、類火既欲移　神殿之間、奉出」(紙繼目)神輿之處、忽射立申箭訖、其外切碎八龍神木像上者、神人致害・刃傷不可勝計、自尓以來、社祠䓁被追籠社内、及多年之間、任雅意在〻所〻押領之條、先〔代脱カ〕未聞之惡行絶常篇、就之逐〔遂〕年隨日面〻牢籠之条、不便次第也、所詮是䓁子細、卽於關東雖歎申、近來依忩劇、御沙汰延引之上者、嚴蜜〔密〕可有御成敗之由、被成御擧於武家、至神領䓁者、任建永・兼元御裁許之例、停止地頭非分之綺、可爲社家一圓進止之旨、長房蒙御成敗、全社役、弥爲抽祭礼御祈禱之丹誠、恐〻言上如件、

應安五年十一月　日

一三六　藤氏長者二條師良宣〈二〇〉　三一・七　四二・八

所被補下總國香取社神主職也、可令存知者、長者宣如此、悉之、以狀、

「應安六後十月七十五」　應安六年後十月十四日　左中弁(中御門宣方)(花押)

(大中臣)實公舘

一三七　大禰宜大中臣長房置文〈二一〉　二七・〇　三五・六

しもうさの國香取ひこひやうへ入道さねつらのあとの事、まこ小五郎さねつねかさうてんせしむる間、あんとの御下文を給わらん時、さため御〔て脱カ〕たつねあるへく候か、其時かの狀をうけ文として、あとを申給わるへく候、仍爲後日しせう狀如件、

广安七年二月廿二日

「應安七二月七十六」　大中臣散位長房(花押)

一三八　關東管領上杉道譿奉書〈二二〉　三一・四　四五・九

下總國香取社造替幷社人才相傳知行神領才事、任建永・兼元・兼久・文永才下知狀幷京都御教書、可致其沙汰之旨、

所被仰安富大藏入道(道轍)・山名兵庫大夫入道(智兼)也、可存知其旨之
狀、依仰執達如件、
　　應安七年四月廿五日　　　沙弥(上杉道譚、能憲)(花押)
「應安七 上 七十七」　大祢宜殿

一三九　安富道轍等連署奉書(切紙)〈二二三〉　二〇・三 三九・六

下總國香取社大祢宜長房(大中臣)申常陸國浦々海夫事、先度被仰之
處、不事行云々、甚無謂、神慮尤難側〔測〕欤、所詮嚴蜜〔密〕可被致其
沙汰之由候、仍執達如件、
　　應安七年六月廿一日　　　智兼(山名)(花押)
「應安七 下 七十七」　　　　道轍(安富)(花押)
　　地乃朩中

一四〇　安富道轍等連署奉書(折紙)〈二二四〉　三一・二 四三・四

下總國香取社大祢宜長房(大中臣)申當國浦浦海夫事、先度被仰之處、
不事行云々、甚無謂、神慮尤難側〔測〕欤、所詮嚴蜜〔密〕可被致其沙
汰之由候、仍執達如件、
　　應安七年六月廿一日　　　智兼(山名)(花押)
「應安七 七十八」　　　　　道轍(安富)(花押)
　　地乃朩中

一四一　關東管領上杉道譚奉書〈二二五〉　三一・〇 四六・二

下總國香取社人長房(大中臣)等申神領朩事、退千葉介(滿胤)押領、可沙汰
付長房朩之由、所被仰兩使也、早相催一族、可加合力、若
無沙汰者、可有其咎之狀、依仰執達如件、
　　應安七年八月九日　　　沙弥(上杉道譚、能憲)(花押)
　　　木内七郎兵衞入道殿

一四二　安富道轍打渡狀〈二二六〉　三二・四 四四・九

下總國香取神宮寺別當民ア卿律師賢海申當社領香取郡大槻
鄉内寺實命名田畠等事、任御教書御事書之旨、山名兵庫(智兼)大
夫入道相共莅彼所、沙汰付下地於賢海候了、仍渡狀如件、

「應安七 下『七十九』」

應安七年十月十四日　沙弥道轍(安富)(花押)

○充所缺ク、

一四三　圓城寺政氏避狀〈二七〉

三一・〇
四四・七

(端裏書)「千葉介代円城寺」

避渡條々

一、實持(大中臣)・實秋(大中臣)跡自作田并所務事

一、夫雑役事

一、諸神官訴詔(訟)散在地半分事

一、死亡・逃亡跡事――(道轍花押)――(智兼花押)――

一、國行事職并良田町事

一、地頭知行内所務者、任先例、嚴蜜(密)可令沙汰社家事

右、於國行事職者、避渡申社家者、向後不可成違乱煩候、

仍避狀如件、

應安七年十月十四日　式部丞政氏(圓城寺)(花押)

「應安七『八十』」

○充所缺ク、

○「一、死亡・逃亡跡事、」ノ裏ニ、安富道轍・山名智兼ノ花押アリ、

〔香取大禰宜家文書　第八巻〕

（題簽、外題）
「香取古文書　巻之八」

一四四　海夫注文〈一〉

二七・〇
四三・〇

海夫注文下總國、

いひぬまかうや（飯沼荒野）の津、いひぬま知行分、
野しり（尻）の津、海上知行分、
さゝもと（篠本）の津、さゝもと知行分、
いして（石出）の津、石出知行分、
さつさかわ（篠川）の津、東六郎知行分、
たとかうやの津、大藏知行分、
ゐちこうちの津、大藏知行分、
ほつかわ（堀川）の津、中村三郎左衛門、内山中務今ハ中澤、知行分、
つのミや（津宮）の津、中村式部知行分、
いとにわ（井戸庭）の津、

かきね（垣根）の津、うなかミ（海上）知行分、
もりと（森戸）の津、もりと知行分、
しほかわ（鹽川）の津、海上知行分、
いまいつミ（今泉）の津、今泉知行分、
お見かわ（小見川）の津、粟原彦二□知行分、
そはたか（脇鷹）の津、大藏知行分、
すくゐの津、中村三郎左□□知行分、
よこすか（横須賀）の津、内山中務今ハ□□、知行分、
しの（篠）原津、けつさわ知行分、
さわら（佐原）の津、中村、

せきと（關戸）の津、國分与一知行分、
いわかさき（岩ケ崎）の津、木内知行分、
なかす（中洲）の津、國分三川知行一方御料所、
かうさき（神崎）の津、神崎西□□知行分、

（附箋、下同ジ）
「應安七海夫（朱、下同ジ）『八十一』」

○「ほつかわの津」ノ裏ニ「在判安富殿・在判山名殿」トアリ、

一四五　海夫注文〈二〉

二七・二
三八・〇

（端裏書）
「注文」

海夫注文
いゝぬま（飯沼）の津
かきね（垣根）の津
のしり（野尻）の津
もりと（森戸）の津　（道轍花押）（智兼花押）
さゝもと（篠本）の津
しほかへ（鹽川）の津

「應安七海夫『八十二』」

以下の知行分浦〻

○「のしりの津」ト「もりとの津」ノ行間裏ニ安富道轍・山名智兼ノ花押アリ、

一四六　海夫注文〈三〉

二七・二
三五・六

海夫注文
いしての津(石出)
いまいつミの津(今泉)
------以下の知行分浦ミ------(道轍花押)------(智兼花押)------

「應安七海夫『八十三』」
○「以下の知行分浦ミ」ノ裏ニ安富道轍・山名智兼ノ花押アリ、

一四七　海夫注文〈四〉

二七・四
三五・二

(端裏書)
「注文」

海夫注文
たとかうやの津
そはたかの津(脇鷹)
------(道轍花押)------(智兼花押)------
ゐちこうちの津
以下の知行分浦ミ

「應安七海夫『八十四』」

○「そはたかの津」ト「ゐちこうちの津」ノ行間裏ニ安富道轍・山名智兼ノ花押アリ、

一四八　海夫注文〈五〉

三〇・三
四四・二

海夫注文常陸國、
あはさきの津(阿波崎)、東条能登入道、一方難波知行分、むまわたしの津(馬渡)、東条地頭領家、
ふつとの津(福戸)、した一方小田知行分、一方吉原知行分、かしわさきの津(柏崎)、小田兵部少輔、入道知行分、
ふつとの津、一方《ミうてう》東条能登入道、ひろとの津(廣戸)、同人、知行分、ふなこの津(舟子)、同人、
あんちうの津、小田知行分、あさうの津(麻生)、麻生知行分、
ミやさきの津、玉造知行分、川むかひの津(向)、同人、
しまさきの(嶋崎)、鹿嶋知行分、さるをかヽの津(猿小河)、同人、
くわうやの津(荒野)、鹿嶋知行分、やたへの津(谷田部)、あかし(明石)、知行分、
にっかへの津(日川)、鹿嶋知行分、しはさきの津(柴崎)、柴崎知行分、
はなかさきの津(鼻崎)、花崎知行分、おきすの津(息栖)、鹿嶋知行分、
はきはらの津(萩原)、はきはら知行分、たかはまの津(高濱)、石神知行分、
かむらの津(加村)、鹿嶋知行分、大ふなつ(舟津)、同人、
はたきの津(幡木)、鹿嶋知行分、

ぬかゝ（糠賀）の津、ならやま知行分、　かけさき（懸埼）の津、つか知行分、
ぬまりの津、つか知行分、　ならけ（奈羅毛）の津、中むら知行分、
しろとりふなつ（白鳥舟津）、しろとり知行分、　たうま（當麻）の津、ゝやかさきの知行分、
なるた（鳴田）の津、たけた知行分、ふなこの津、おたか知行分、やまた（山田）の津、同人、
ひらはま（平濱）の津、てか知行分、　水はらの津、小栗へちこ知行ふなつ、
しまさきの津、嶋崎知行分、ふなかたの津、同人、いたく（潮來）の津、當知行、しまさきの知行分、
うしほり（牛堀）の津、鹿嶋知行分、　とみた（富田）の津、かめおか知行分、
はしかと（橋門）の津、おたか知行分、　さいれんし（西蓮寺）ふなつ、おたか知行分、
たかす（高須）の津、玉つくり、　はねう（羽生）ふなつ、はねう知行分、
大ゑたの津、大せう知行分、

「應安七海夫『八十五』」

○「ぬかの津」ト「ぬまりの津」ノ行間裏ニ「在判安富殿・在判山名殿」トアリ、

一四九　海夫注文〈六〉

二六・六
三七・〇

鹿嶋郡内

嶋崎津　　河向津

荒野津　　猿小河津
新河津　　谷田邊津
鼻崎津　　柴崎津
（道轍花押）　（智兼花押）
萩原津　　息栖津
加村津　　高濱津
波田木津　　大船津
糠賀津　　奈羅毛津
白鳥津　　牛堀津

「應安七海夫『八十六』」

○「鼻崎津」ト「萩原津」ノ行間裏ニ安富道轍・山名智兼ノ花押アリ、

一五〇　海夫注文〈七〉

二六・七
三四・九

東条庄内一方

阿波崎津　　馬渡津
福戸津　　飯手津
大壺津　（道轍花押）　（智兼花押）

「應安七海夫『八十七』」

○「大壺津」ノ裏ニ安富道轍・山名智兼ノ花押アリ、

一五一　海夫注文〈八〉　二六・八　三六・二

行方郡内

宮木崎津　　嶋崎津
尾宇津　　江崎津
信方津　　橋門津
西蓮寺船津　　鎌谷津
高須津―（道轍花押）（智兼花押）―鳴田津
水原津　　船子津
山田津　　平濱津
土古津　　逢賀津

「應安七 海夫『八十八』」

○「高須津」ノ裏ニ安富道轍・山名智兼ノ花押アリ、

一五二　大禰宜大中臣長房安堵状〈九〉　二六・五　三六・七

うちわたすしいき（椎木）の田二□〔反〕内、まつ千葉よりわたさるゝ一

反六十歩の所、大神主こん次郎は□□〔うりカ〕さうろんすといへと
も、大神主申しさいあるによつてさたしつくる所如件、

永和元年十一月廿四日

「永和元『八十九』」　大祢宜散位長房（大中臣）（花押）

一五三　沙彌道助年期賣田地目録〈一〇〉　三〇・四　四三・五

坪付目録

伊能郷内　　作人十郎大郎入道

四段　へた　　一反　とりうち
三反　さかさき　　二反　からきさく（唐木谷）

屋敷壹宇

合田壹丁、在家壹間

壹丁　うちのゝねより、おきへおしまへして、一おもてにあり、
奈土郷内　　作人栢葉大夫

屋敷壹宇

合田壹丁・在家壹間

右、此貳丁・貳間屋敷ホ、自今年辛酉年（永徳元年）作、至于庚午年（明徳元年）作、
十ケ年拾作之間、任左状禁（マヽ）大應寺御代官渡申候了、仍坪付

状如件、

永徳元年六月一日　　沙弥道助（花押）

「永徳元『九十』」

一五四　大禰宜大中臣長房安堵状〈一一〉　二七・〇　三六・六

かやた（返田）のあくわうし（惡王子）のまい月ついたち御こくてん（穀田）の事

合三反はん（半）者、本ハくさたとかうす、いまハやくち（押領使）とかうす、

右、件御神田ハ、あうりやうしのそしいつゝはうけんはんちうたひさうてん（重代相傳）たる文しよめいけひたる間、しよ人のわつらひをちやうして、たうり（道理）ニまかせて、かの神田、けんはんニさたしつくる處なり、仍ちきやう（知行）をまたくし、せんれいにまかせて、かきりあるしや（社役）ゝくをきんし（勤仕）すへき状如件、

永とく三年正月廿八日　　大祢宜兼大宮司長房（大中臣）（花押）

「永徳三『九十三』」

一五五　大禰宜大中臣長房置文〈一二〉　三〇・三　四四・八

「（端裏書）長房かおきふミ」

抑當社神領已下就訴詔〔訟、下同ジ〕、長房（大中臣）投身於國家、於都鄙雖訴詔令申、依爲强敵、未盡道行之条、歎尚有餘、雖然如形道行所もありけに候、于茲長房得病氣存命不定候、適可繼於跡之万壽房ハ幼稚候間、彼仁きらくしかるへしとも不覺候、縦ひかみわろく候とも、一度二度三度かほとは、長房之以忠節、神官達万壽房ニ不可有難事候、社務と神官才心く（く）に候ハゝ、如先年、地乃ニこなされ候ハん事、可爲決定候、一ハ神慮お存、一ハ長房か志おわすれすして、彼仁ニ同心之思おなさは、偏　神御納受もあるへく候、我又草影〔陰イ〕にても、まほりめとなるへく候、此之由を万壽房にも具申付候了、仍状如件、

永徳二二年三月八日　　長房（花押）

「永徳四上『九十四』」

一五六　大禰宜大中臣長房置文〈一三〉　三〇・五　四四・四

「（端裏書）長房かおきふみ」

抑當社御神領已下事により、長房（大中臣）於都鄙就沙汰申候、數通

御下知・御教書給候了、心をもち候ハん事、神妙ならは、先神慮可相叶候、縦おさなく候とも、親の所存之おもひをうけ、神官ホ事をは、大明神御事と存て、いるかせにおもふ事あるへからす候、神官ホもとより身も不肖ニなり、心も愚癡也、わろから〔と脱カ〕うする条ハ勿論、縦わろしといふとも、すつるおもひあるへからす、一ニハ神をおもひ申、又ハ長房か遺言を不忘して、彼ホをたすくへく候、わろきによてすつる事あるへからす候、我久候ハヽ、不斷いさめへく候へとも、受病氣候之間、いくましく候ほとに、一筆書留候、兄弟おいこともをちからとして、可致神訴候、努ゝゝ不可有忘事候、仍之狀如件、

永德亖年三月八日　長房（花押）

「永德四下『九十四』」

一五七　大禰宜大中臣長房文書目錄〈一四〉　二九・八　四三・六

（端裏書）「文書目錄」

文書目錄

一、建永二年本所御下知、廣房（大中臣）胤道（大中臣）相論御下知

一、兼元三年關東御下文、廣房胤道番《ツカイ》ノ御下知

一、永仁三年安堵狀、同本所長者宣（近衞家基）

一、治兼七年ニ大將殿（源賴朝）御判

一、兼久　關東御判、ニイケノ御代、

一、文永　關東御判、ニイケノ（二位家）御代、

一、正和　關東御判

一、元亨　關東御判

一、自貞治年中、至于應安年中、自將軍家鎌倉殿マテ、千葉介ニ番《ツカテ》ニ長房（大中臣）ニ所給置文書共

一、海夫御教《ケウ》書、及三ケ度所給文書共

一、文永八年ニ長宣國行事安堵狀

一、弘安十年ニ三ケ度村番《ノツカイノ》御下知

右、此文書共、於所載目錄之內者、滿珠丸物也、縱自余輩取之雖出帶、爲御沙汰、滿珠丸可申給、爲後日文書目錄如件、

「永德四『九十五』」

永德亖年甲子三月十日　長房依仰所注之也、

（裏書）「これハまんしゆはう（滿珠房）にゆつる所なり、此狀一つらもよそ

に候とゆふとも、此もくろく（目録）をもつて、上へ申てとりか
へすへく候、よつて後のためニ、うら（裏）をふうし（封）て、ゆつ
るところなり、

大祢宜兼大宮司長房（花押）」

一五八　大禰宜大中臣長房請取状案〈一五〉　二九・五　四〇・二

（端裏書）
「湯淺五郎（業宗）左衞門尉自筆也、」

下總國
香取大神宮御奉弊〔幣〕使湯淺五郎左衞門尉業宗、奉捧五色絹御幣帛已下幷
御神馬・帖絹幣帛色々之御神物ホ事
右、於當社、爲開〔間〕東將軍家安穩泰平・異國降伏之御祈禱、
被捧色々御幣帛所奉請取如件、

至德元年七月十一日

「至德元『九十六』」　香取大宮司長房（大中臣）有御判

一五九　押領使中臣實泰讓狀〈一六〉　二六・二　三四・二

讓与　惡王子御神田畠ホ事

合田畠坪付一反半、宮下、　小、にし、御こく田、　一反、あき上、
ゆの木さくをのほりニ、ちやの木はたけ、きたの内に
わなきめん、天王と井の道ついち（築地）、御たらし（手洗）のはたけ
まて、

右、件田畠者、依爲押領使中臣実泰重代相傳、いはふつニ
永代子々孫々いたるまて、ゆつりわたす處実也、但於社役
者、守先例可令勤仕候、仍爲後日讓狀如件、

至德元年十二月廿五日

「至德元『九十七』」　押領使中臣実泰（花押）

一六〇　大禰宜大中臣長房等連署補任狀〈一七〉　二六・四　三四・六

補任
香取社次郎神主職幷屋敷・田畠ホ事
右、以中臣廣信補彼職、有限致社役者、任先例、無懈怠可
令勤仕之狀如件、

至德二年三月五日　案主
田所
錄司代

「至德二『九十八』」

行事祢宜

物申祝

権祢宜

大宮司兼大祢宜散位長房（大中臣）（花押）

一六一　藤氏長者二條良基宣〈一八〉　二八・六　四三・四

□（下）總國香取社□（神）主職所被補任也、可令存知之由、
長者（二條良基）宣如此、仍状如件、

至徳三年十二月一日　左兵衞佐（花押）

長房（大中臣）舘

一六二　大禰宜大中臣長房讓状〈一九〉　二九・七　①三三・七　②四〇・三

ゆつりわたすしよしよくならひにしよたひ（所帯）らの事

合

香取まんし《ゆ》まる（満珠丸）か所

一、大祢宜職・しりやう・神領ならひにさんさひ（散在）の神田畠ホ
事

一、金丸（香取郡）・犬丸・司・大神田租石（穀）けんてんまい以下名〻事

一、おの（小野）・おりわた（織幡）両村ならひにつなはら（葛原）の村事

一、しもふくた（下福田）郷うたひしやうよりとも（右大將頼朝）の御きしんの事

一、さうま（相馬）のとかしら（戸頭）の郷たからち（尊氏）しやうくん（將軍）の御きしん

一、むしはた（虫幡）の神田畠、小見の郷内畠の事

一、たへ（田部）の壹丁田、かとさの次郎殿御こし、御とうさの御き
しんなり、

一、ひたち（常陸）の國なめかた（行方）のうち、てんか（殿下）の御きしんの事」

（紙繼目）

一、神主職ならひにからうあうね両村の事

一、香取十二ケ村さんさひの神田畠ホ、もろ〳〵の名〻事

一、ひたち・しもつさの両國のかいふ（海夫）の事

一、ほつかわ（堀川）のほりのうちの田畠ホの事

右所〻ハ、長房（大中臣）かちうたひさうてんのしりやうなり、ある
ひハ御神田畠として、代〻の御下文を給は（御イ）いりやうの所な
り、しかるを、ちやくしまんしゆ丸ニ、てつき（手繼）のせう文ら
をあひそへて、ゆつりわたす處なり、仍ちきやう（知行）をまたく
して、神官ホふちし、神の御いくわう（威光）をあかめたてまつり、
きやうたひらをふちすへし、しるす所のうちをぬきいたし、
後け（家）とによし（女子）五人ニ、一後分（期）ゆつる處なり、たゝしこれら

か中ニ、そうりやう（惣領）にあひしたかわすして、てきたひ（敵對）をいたす事候ハゝ、一後（期）のうちも、とりかへすへく候、されはとて、ことをさうによせ、てこめ（手籠）を見することもあるへからす候、あひたかひに同心のおもひをなして、しやけこうきやうのおもひをなすへく候、仍ゆつり状如件、

しとく（至徳）二年十月四日　　大中臣長房（花押）

「至徳二 十月 『百』」

一六三　大禰宜大中臣長房譲状〈二〇〉　二八・一 三四・四

ゆつりあたうるかんしゆ（干珠）丸か所の事

合

やしきにハ、おして（印璽）の社の下、わたりやしき（渡屋敷）よりはしめて、まちおもてハ、へいしたらう（平次太郎）かやしきまて、道より東ハ、七郎五郎かいへよりゝなゝへ、たけた（武田）かいて（へカ）候所まて、たつゝハ、かちやけんちやうかいて（へカ）候より一おもて、畠ハ五郎四郎殿いて（へカ）候前のこほりよりはしめて、いつゝ房のおんの畠の下、につてらへまいるよこ道まて一さく（谷）、國行事職内らう田畠町おハのそく者、

右所ゝハ、長房（大中臣）ちう代さうてん（相傳）のところなり、广（應、下同ジ）安年内より广永年中まて、上の御はんならひに千葉介ゝつたね（滿胤）のわたし状ふんゝやう（分明）なり、そう（惣）領幸房かもとにあり、御さたの時ハ、上へもそうりやうへも、此由を申へし、國行事職らう田畠ニおいてハ、次なんかんしゆ丸ニ、永代おかきつてゆつりわたす所の狀如件、

しとく（至徳）四年五月一日　　大祢宜兼大宮司長房

「至徳四 五月 『百一』」

一六四　大禰宜大中臣長房置文〈二一〉　二九・七 ①三六・四 ②三九・二

社家はんしやうを相存候によつて、おきふゝ（置文）をする所なり、此上へも此由を申へし、長房（大中臣）かしそんたらんともからハ、此狀をまほんて、このせいはう（制法）をおかすへからす、そむかんともからにおいてハ、長房かふけうのこたるへし、上へ申て、社領をもたすへからす、まんしゆ（滿珠）丸ハ、神官をかへり見、ふち（扶持）のおもひをなすへし、神官ホハ、まんしゆと一同のおもひをなし、社家のはうをかたくもちいて、まんしゆにそむく事あるへからす、されハすてにちやうち（貞治）のころよ

り、長房身をこつかになけ、命のあることをわすれ、社家のたうるゝこと、きやうと《（京都）》・かまくら《（鎌倉）》・いなか《（田舎）》においてそせうを申立、神官ホたうるゝ所をたす〔け脱〕田畠ホをとりかへしもたする上ハ、いかてか此をんをわするへき、其上ハ長房かしそんにむいて、ふちう《（不忠）》をいたさハ、長房ちからをもつて、しよくしよりやうをもちたらん所〻に、いらん《（違亂）》をいたすへし、此由を上へも申へし、次ニ長房かやうにそせうをいたし、神にちうせつ《（忠節）》のおもひを存候とハいへとも、」〔紙繼目〕五十七ニまかりなり候まて、なんしをもたす候しほとに、きうひやうの時分、さりとてハとて、なんし《（男子）》によし《（女子）》におもひはからうといへとも、長房五十八年、なんしをまうけて、まんしゆ丸となをつけ候、せんとによしにゆつり候所をくいかへ《（悔返）》して、まんしゆニ一円ニゆつる處なり、によしもおろかのきハ候わねとも、わつかに候神領を、あまたにわけあたへ候てハ、御神事をつと〔め脱〕かたく、神官の人にこなされ候時、かたうとをもしへ候ハす候間、社家の事を存候て、一人ニゆつり候處なり、あへてうら〻をなすへからす候、によし・まこ《（孫）》ともに、此内をせう〱いちこふん《（一期分）》ニおもひはからい候、あひかまへて、せうふんたりとゆふとも、ゆつりあたへらるゝともから、そうりやうにてきたひをいたすへからす、たとひせんにち《（先日）》のゆつりありとかうして、そせうをいたす事あらハふけう《（不孝）》のこたるへし、社家一同ニ上へ申て、其とかに申をこなうへし、たかひに此はうをまほんて、社家をかたくまほり、いよ〱神の御ことを、とうかん《（等閑）》のきあるへからす、仍爲後日おきふ〻如件、

しとく《（至德）》四年五月一日

「至德四『百二』」　香取大祢宜兼大宮司大中臣長房（花押）

○第一紙中央ニ「神宮寺ニヨミテキカセヘキモノ」ト裏書アリ、

一六五　大禰宜大中臣長房讓狀〈二二〉　二九・〇　①二九・六　②三九・四　③二一・五

ゆつりあたうるしもつさのくに《（下總國）》かんとり《（香取）》の御神領ならひニ所職、おなしきしりやう《（私領）》田畠ホ事、司名下地田畠者、

合

一、大祢宜職しりやうおの《（小野）》・おりわた《（織幡）》・つなはら《（葛原）》村十二ケ村うちの、さんさひ《（散在）》（香取郡）の犬丸・かねまる《（金丸）》・司〻やう・大神田以下の〻やう〱、とんちやうもくろくにまかせてちきやうすへし、

一、しもふくた(下福田)のかう(郷)、大しやう(源頼朝)との〻御きしんなり、
一、さうま(相馬)のとかしら(戸頭)のかうの事、たかうち(尊氏)の御きしん
一、てんか(殿下)の御きしんちんたのしやう(千田荘)のうちたへ(田部)の御きしん
一、小見・木内神田畠ホの事
」(紙継目)
一、こくきやうし〻よくならひニらう田畠ホの事
一、かさはやのしやう(風早荘)のうち、とかさき(戸崎)ならひに大さか(堺)へ、しもかわへ(下河邊)のうち、ひこな(彦名)のせき(關)・つるかそね(鶴曾根)のせき・きやうとく(行徳)のせき、合五ケせきの事
一、うちのうミ(内海)のかいふ(海夫)、くさひれうの文しよに見えたり、
一、大戸・かうさき(神崎)の神もつの事、た〻しまつとうけちしよの時
一、にんてらのたうの事
一、當社まちの事
右、この所〻ハ、長房(大中臣)かちうたひさうてん(重代相傳)のしよりやうなり、あるひハ代〻御神領のためニ、御きしん(寄進)なり、代〻御けち(下知)・御下文あひそへて、ちやくしたる間、まんしゆまる(滿珠丸)ニ、永代をかきんて、ゆつりあたうるところなり、此内ニによし(女子)ならひニまこ(孫)ともニ、せうく一〔期〕後分ニゆ〔つ脱〕るところあり、いちこのうちたりとゆふとも、まんしゆかめいをそむかんともからにおいてハ、上へ申て、此狀をさきとして、ひろう申てとりかへすへし、されハとて、とか(咎)もなからんに、とをかすめとるへからす、又かのゆつりをせうふん(少分)たりとゆふとも、ゆつりあたへられてもちなから、そうりやう(惣領)のめいをそむき、てき人ニもかたらわれ、他」(紙継目)人にもく〻して、うしろくらくて、まんしゆかめいを、一こんもそむき、したかわさらんともからハ、長房かふけう(不孝)のこたるへし、其上ハ、御神領ならひニしよくをかすめ給候とも、神官一同して、其とかに申おこなうへし、此上ハ、ちきやうをまたくして、社家をまほり、神官ホをふち(扶持)して、天長ちきう(地久)・ふけはんしやう(武家繁昌)をいのりたてまつるへき狀如件、

しとく四年五月一日

「至德四『百三』」　香取大祢宜兼大宮司大中臣長房(花押)

○紙繼目裏ニ長房ノ花押アリ、

一六六　千葉滿胤充行狀(折紙)〈二三〉　二九・六 四〇・三

定額所務下地事、依有申旨、香取四張披見畢、彼内於三張合點者可知行下地、於二張合點者、令中分之間、合田地壹

町小、所被宛行也、早守先例、可致沙汰狀如件、

嘉慶二年三月廿九日

「嘉慶三〔二〕『百四』」　滿胤〔千葉〕（花押）

右京阿闍梨御房

一六七　千葉滿胤書下〈二四〉　二九・五　四一・四

香取社大祢宜并神官ホ訴詔〔訟〕所ゝ事

一、散在地半分、先立被渡殘分三町貳段并渡殘畠、

一、別當分

一、八乙女分

一、御物忌分

一、定額分

一、少輔律師分

一、死亡・迯亡跡

〔右脱カ〕應安七年十月十四日任円城寺式ア丞政氏避狀之旨、匝瑳彈正左衞門氏泰相□〔共〕莅彼所、重可被沙汰付下地於長房之狀如件、

嘉慶貳年十月廿五日　平〔千葉滿胤〕（花押）

「嘉慶二『百五』」　円城寺隼人佑〔胤泰〕殿

一六八　千葉滿胤遵行狀〈二五〉　二九・九　三八・五

渡下總國香取社神官ホ訴詔〔訟〕所ゝ事

一、散在地殘半分、先立被渡殘三町貳反并渡殘畠、

一、別當分

一、八乙女

一、定額

一、御物忌

一、少輔律師分

一、死亡・迯亡跡

右、任應安七年十月十四日円城寺式ア丞政氏避狀旨、爲円城寺隼人佑胤泰・匝瑳彈正左衞門尉氏泰使節、重所渡付下地於社家之狀如件、

嘉慶貳年十月廿五日　平滿胤〔千葉〕（花押）

「嘉慶二十月『百六』」　大祢宜殿

一六九　圓城寺常義等連署打渡狀〈二六〉　三一・二　四四・三

香取社大祢宜并神官ㄔ訴詔（訟）事

一、散在地殘半分、先立被渡殘分參町貳段、畠□□、

一、別當分

一、八人（乙）女分

一、御物忌分

一、定額分

一、小（少）貳（輔カ）律師分

一、死亡・逃亡分

右、應安七年十月十四日任円城寺式ア丞政氏避狀之旨、莅彼所、重渡付下地於（大中臣）長房代所也、仍渡狀如件、

嘉慶二年戊辰十二月二日

左衞門尉（匝瑳）氏泰（花押）

沙弥（圓城寺）常義（花押）

「嘉慶二上『百七』」

一七〇　圓城寺常義等連署打渡狀案〈二七〉　三一・〇　三六・二

香取社大祢宜并神官ㄔ訴訟事

一、散在地殘半分、先立被渡殘三町貳反、畠同前、

一、別當分

一、八人（乙）女分

一、御物忌分

一、定額分

一、少貳（輔）律師分

一、死亡・逃亡分

右、應安七年十月十四日任円城寺式ア丞政氏避狀之旨、莅彼所、重渡付下地於（大中臣）長房代所也、仍渡狀如件、

「嘉慶二寫『百七下』」

嘉慶二年戊辰十二月二日

左衞門尉（匝瑳）氏泰

沙弥（圓城寺）常義

一七一　大禰宜大中臣長房補任狀〈二八〉　二五・三　三五・五

補任　香取社押領使田畠事

合在畠一反、殘半分、作人相良、ヤシキ、ニハナキ、　畠半、同人、南向、ニハナキ、

右、以押領使全彼知行、於社役者、守先例、可令勤仕之狀
如件、
嘉慶二年戊辰十二月十四日
大祢宜兼大宮司長房(大中臣)(花押)
「嘉慶二『百八』」

一七二　大禰宜大中臣長房補任狀〈二九〉　三〇・九　四二・〇

補任　香取社物申与四郎實次所
田二反半、赤馬、田三反、ミフノ山ノコシ、家ノ下田大、ヒラタ、
合在田二反内、スマクチ、一反中澤方、一反胤幹(中村)、カチサク、畠大、畠二百四十歩、荒野、
畠半、ハサマタ、「袈裟法師跡」(異筆)
右、以實次全彼知行、於社役者、守先例、可令勤仕之狀如
件、
嘉慶二年十二月廿二日
大祢宜兼大宮司長房(大中臣)(花押)
「嘉慶二『百九』」

一七三　千葉滿胤書狀〈三〇〉　二八・九　三七・五

□〔香〕取社家訴詔〔訟〕事、如先日□□〔注文カ〕避渡候畢、但於去年嘉慶貳、避狀
以前沽券之地者、任文書之□□〔旨不カ〕可有知行相遠候、就中大應
寺寶幢院事、貞胤(千葉)・氏胤(千葉)三代爲佛陁施入之地、有限被沙汰
神役候上者、不可有社家遠乱候、恐々謹言、
(康應元年)二月九日　滿胤(千葉)(花押)
「康應元『百十』」
大祢宜殿(大中臣長房)

一七四　千葉滿胤安堵狀〈三一〉　二九・二　三三・八

就香取社領事、於自社家注出目錄以前、常義(圓城寺)・氏泰(匝瑳)封裏內、
除長房(大中臣)押書田畠并□□□(屋敷等カ)任兩使判形之旨、知行□□□(不可有カ)相遠
之狀如件、
康應元年七月六日　平(千葉滿胤)(花押)
「康應元『百十一』」
大祢宜殿(大中臣長房)

〔香取大禰宜家文書　第九巻〕

（題簽、外題）
「香取古文書　　　巻之九」

一七五　大禰宜大中臣長房安堵狀〈一〉　三〇・一　四二・四

香取又五郎宗幹賣〔買〕得所ゝ事
右、社家において神訴の時分、親類多といへとも、とり分
致忠節候間、宗幹かはいとくの地ニおいてハ、しまう（死亡）・
てうまう（逃亡）又ハ御とくせい（徳政）ありといふとも、無相違知行をい
たすへく候、但社役においてハ、先例ニまかせ候て、けたひ（懈怠）
なく勤仕せしむへき者也、なを〱いらん（違亂）さまたけあるへ
からす候、仍爲後日狀如件、
　　明徳元年十二月十三日
（附箋、下同ジ）
「明徳元『百十二』（朱、下同ジ）」
　　　　大祢宜散位長房（大中臣）（花押）

一七六　大禰宜大中臣長房譲狀〈二〉　二八・三　四一・五

かやうにハ、ゆつるといへとも、すてにかう
□〔つるイ〕つうまるゝ上ハ、実公のあとハ、しさいあ
らしと存候間、中〱せうふんをもゆつるま
しく候、もしふしきニにしのあとをもたぬ事
候ハゝ、此ゆつりをとらせよと、おきふミ（置文）を
して候狀如件、めいとく（明徳）四年十月十五日
　　長房（大中臣）（花押）

「明徳二『百十三』」
ゆつりあたうるかうつるか所の事
　やしきニハ、又五郎かおかたのこはたをかきり、
合　まこ四郎殿やしきの下をかきり、五郎四郎殿やし
　きをかきり、にしハこほりをかきる、いまうちた
　をす所者、
　つなはら（葛原）の村のしよむ（所務）のうち三石者、
　　つるかそねのせき者、
右所ゝハ、かうつるいちこちきやう（一期知行）して、其後ハ、そう（惣）
りやう（領）まんしゆ（滿珠）丸か方へかへすへし、いますこしもそへて

ゆつるへく候へとも、にし殿あとをもつへく候ほとに、此分をゆつる所なり、にし殿あとさほひする事候ハヽ、せうふん《少分》たりといへとも、いまゆる《〔つ脫〕》所を、永代ちきやうすへく候、にし殿あとをもち候ハヽ、いちこふん《一期分》たるへし、仍ゆつり状如件、

めいとく《明德》二年十月八日

大祢宜兼大宮司大中臣長房（花押）

一七七　大禰宜大中臣長房讓狀〈三〉　二八・二　三二・四

○前缺ク、

やしきハ、雲あゝやしき、かゝまち、其したのこ

合　はたけあいそうる所なり者、

さわらねき《佐原禰宜》のしよく・しよたひ、其内ニかゝるしよむともニ者、

なかへのはたけ一円に者、

たゝし道より東者、

右所ゝハ、長房《大中臣》かちうたひさうてん《重代相傳》のしよりやうなり、こほつし一後《〔期〕》ちきやうさほひあるへからす、一後《〔期〕》の後ハ、かうしニゆつる所なり、ゝによし《女子》ハ、いちこふん《一期分》たりといへとも、まんしゆ《滿珠》ニあいしたかい、てきたひ《敵對》をいたさすして、一同ニならハ、はゝのあとを、永代ちきやう《知行》すへし、まんしゆニてきたひ、社家ニふちう《不忠》をいたさハ、此所をもつへからす、返〳〵まんしゆニあいしたかひて、ちきやうさほひ《相違》あるへからす候、仍爲後日のゆつり状如件、

めいとく《明德》二年十月八日

「明德二『百十四』」大祢宜兼大宮司大中臣長房（花押）

一七八　大禰宜大中臣長房紛失狀〈四〉　二四・八　三二・一

返田神主文書分《〔紛〕》失する事実也、此文書をいたしたらんものハ、ぬす人たるへし、如法其罪科をいたすへき状如件、

「明德二『百十五』」

明德二年辛未十一月廿五日

大祢宜兼大宮司長房《大中臣》（花押）

一七九　大禰宜大中臣長房補任狀案〈五〉　二五・八　三四・五

補任
香取社あうりやうし（押領使）職の事
右、以実吉當社のあうりやうしとして、やしき・田畠のちきやうをまたくして、かきりある社やくにおいてハ、せんれいをまふんて、けたひ（懈怠）なくきんし（勤仕）せしむへき状如件、
めいとく貳年十二月廿七日
「明徳二『百十六』」 大祢宜兼大宮司（大中臣）長房

一八〇　大中臣幸房充行状〈六〉

二九・二
四一・九

三郎次郎幸実
合在御名一反、坪ハツハラ二郎神內、
明徳二季六月廿六日
「明徳四『百十七』」 幸房（花押）

一八一　大禰宜大中臣長房置文〈七〉

二八・五
四〇・四

もし又たれにても、（大中臣）実公のあとゝして、其あとをもちたらん物、まんしゆ（満珠）ニてきたい（敵対）をいたさハ（大中臣）長房かはゝのあとゝい、其後御はん給、上之御けちの旨ニまかせて、そせう（訴訟）いたすへし、長房（花押）
せんにちハ、まんしゆうまされ（れ脱）ハ、かうつるハ、ちやく（嫡女）によのこたるによつて、長房かあとをとらすへきよしを存候つれとも、まんしゆすてにいてき候、実子の上、これニとらせ候、うら〻をのこすへからす、其後次なんニしてゆつりをせるふんしハくいへとも、にしとのゝあと、ゆいしよ（由緒）あるによつて、長房申給て候によつて、にしとの実公か事、御めん候ハゝ、ひとり候によしニかうつるをあひかさせて、実公かあとを、かうつるに一円ニとらすへきよし、やく（約諾）たく候間、長房かあとのわつかに候をわけ候てハ、まんしゆ社家のかためとなりかたく候ほとに、中〱ゆつり候ハす、ふしきニにしのあとをさほひする事候ハゝ、めいとく（明徳）二年十月八日ゆる（つ脱）所の状を、かうつるか方へわたすへし、実公のあとを、いかほともつ事あらハ、めいとく二年十月八日のゆつりをハ、わたすへからす候、かのゆつる所をハ、まんしゆ一円ニちきやう（知行）せしむへく候、次ニかうしゆニすくなくとらせて候、はゝにゆつりもせす候、大くらの

あねニも、あいかまへてく〵ふち(扶持)をすへく候、ふさたニ候
ハゝ、うら〵入候へく候、仍ゆつり状如件、
「明德四『百十八』」
たゝしこれハおきふ〵(置文)なり、此旨まほるへし、
めいとく四年十月十五日　　大祢宜長房(花押)

一八二　大禰宜大中臣長房置文〈八〉　二八・八／四〇・三

(端裏書)「性闇之前ノ掟幸房(大中臣)方へ長房(大中臣)」
さね(實)もち(持)のそし(庶子)・そうり(惣領)うともに、一りう當社ニてきたひ
をいたし、神てきニかたらわれて、神そにさまたけをなす
ニよつて、くけ(公家)・くわんとう(關東)より社内をはらわれ〵やうし(名字)
をけつらるゝによつて、其あとの〵やう田畠を、長房あて
給わる間、ちきやうをいたす處なり、こゝに実もちかそし
ニ五郎四郎とゆふ仁、たちかへり長房ニめしつかわるゝ間、
かれかもつ所の田畠を、かの仁いちこ(一期)の間、きうをんニふ
せしむる所ニ、其せうく〵ふちう(不忠)ありといへとも、長房い
[こ脱]ちの間ハ、もたする處なり、長房いちこの後ハ、まんしゆ(滿珠)
かはからいたるへし、五郎四郎たとひまんしゆかめいをそ
むかすとゆふとも、こともまてハもたすへからす、五郎四
郎のことも、まんしゆニめしつかわるゝとゆふとも、よ人
のしゆんしよくたるへき間、くはうのきこへもしかるへか
らす、二代まてハきうをん(せイ)にもすへからす候、めしつかわ
れハ、へちの所とらせて、めしつかうへし、これかあとを
ハとりかへして、まんしゆちきやうせしむへし、返く〵ま
んしゆかはゝに、とうかん(等閑)なくふち(扶持)をいたすへく候、仍爲
後日おきふ〵如件、
「明德四『百十九』」
めいとく四年十月十五日
大祢宜兼大宮司散位長房(花押)

一八三　大禰宜大中臣長房充行狀〈九〉　二九・四／三三・八

神子別當の屋敷・田畠ホ事
合坪付、安久名壹反、又見御神田、壹反小、ホツトノツヽ〵下、九日の御神田、壹反、おしほの御神田、貳反、おかわ田、十一月御神田、
畠坪付、吉氏名七反、私金丸壹反、司小、御名小
右、件の田畠ニおいてハ、他人のさまたけなく、知行おまた
くし、神ちう(忠)おいたし、任先例御神事をつとめ、庶子ホニ

おいてハ、社家の法ニまかせ一期分たるへき也、仍狀如件、

　應永四年八月廿七日　　長房(大中臣)(花押)

「應永四『百廿』」

一八四　鎌倉公方足利氏滿御教書〈一〇〉　三三・四 三八・〇

香取社造替遷宮事、役人千葉介滿胤(千葉)乍捧押書、數十年無沙汰云〻、可有殊沙汰之由、所被仰滿胤也、可令存知其旨之狀如件、

　應永五年三月五日　(花押)(足利氏滿)

　　大祢宜殿(大中臣長房)

「應永五『百廿一』」

一八五　大禰宜大中臣長房補任狀寫〈一一〉　二八・五 三九・二

補任

　香取社返田惡王子押領使庭なき免畠壹段半事

右、任重代相傳之道理、押領使与和泉嚴範半分宛可令知行、於社家者弥可致忠節、有限致(至)神役者、任先例可令勤仕之狀

如件、

　應永八年十一月廿四日

　　大祢宜兼大宮司散位長房(大中臣)(花押影)

「應永八『百廿二』」

一八六　大禰宜大中臣幸房避狀〈一二〉　二八・三 三九・一

さ(避)りたてまつる田畠の事

合　田五段・畠五段者、坪付有別帋、

右の田畠ハ、亡父のゆつり狀ありといへとも、ふそくのしさひ候上、身のためニゑいかんの御こゝろさしせつニ候あひた、御壹期分ニ、田五段・畠五段、合壹町さりたてまつり候ところ也、仍狀如件、

　應永九年卯月四日　　幸房(大中臣)(花押)

「應永九『百廿三』」

一八七　大禰宜大中臣幸房補任狀〈一三〉　二八・五 三九・五

補任

香取社次郎神主職田畠之事
右、以重次所補彼職也、仍全知行、於社役者、任先例可令
勤仕、仍所補之狀如件、
應永十一年十一月廿日
大祢宜兼太〔大〕宮司散位幸房（大中臣）（花押）
「應永十一『百廿四』」

一八八　大禰宜大中臣幸房補任狀〈一四〉　二七・六　三九・三

補任
次郎神主内良屋敷一所・畠大者、
右、次郎神主孫三郎ニ彼屋敷・畠所宛行也、於御神役者、
任先例可勤仕之狀如件、
應永十三年九月五日
「應永十三『百廿五』」　大祢宜兼大宮司幸房（大中臣）（花押）

一八九　大禰宜大中臣實常讓狀〈一五〉　二八・三　三六・五

（端裏書）「ひやうふ七郎ゆつり狀」

讓与
実つらかあとの事、わうしやく（尫弱）ニ候へ共、面ゝ少宛思あて
かい申候、一期より後ハ、此跡の惣領の方へ返れ候へく候、
いつれも一人ニかきらす御神領の事候程ニ、一期分と申定
候、御限ハあるましく候、此跡の惣領立候ハんお、たとい
ゆうにかいなく候共、兇〔兄〕弟皆ゝ同心し候て、取上かゝけて
くれ候ハゝ、草の村にても、うれしく存候へく候、相構く
僧膳ノ一盃ハなく候共、此旨を存せ〔ら脱〕れ候へく候、此旨背子
共においてハ、ふけう（不孝）の子たるへく候、田ノ坪は、さハ田
大・ほんこめの田一丁内、八段殘・瀧しり貳反ハ、三郎か
方へ讓、公くやく若ある事候ハゝ、談合して、其分のさた
させられ候へく候、ほんこめハ、在家一宇、屋敷ハ本居ら
れて候所知行候へく候、此旨背子共ニおいてハ、ふけうの
子たるへく候、若此子共の中一人も、惣領背、いきある事
候ハゝ、殘同心ニ教くんし候て、用す候ハゝ、思宛候所を、
惣領ゑ同心して、取付け給候へく候、いつれも皆ゝ一期分
たるへく候、仍爲後日讓狀如件、
兵衞七郎方へ　「應永十四『百廿六』」
應永十四年丁亥二月九日　實常（大中臣）（花押）

一九〇　返田和泉嚴範避狀（一六）　二六・四 三四・〇

避渡申押領使庶子和泉嚴範知行内田畠事

　馬打金丸二反内、一反御別供、一反所務、　兼田下町金丸一反、所務、

合在、波打堀シリ壹反、御別供、　同所司二反、所務勤役、

　畠坪三反小、ミタラシ、　一反大、和田、

右、於彼田畠者、依和泉嚴範重代相傳之處候、難去御志候間、自愚身壹期後、可有永代御知行候、但於社役者、任先例可令勤仕給候、仍爲後日之證文狀如件、

　應永十二年二月十一日

「應永十四『百廿七』」

香取新五郎殿　　　返田和泉嚴範（花押）

一九一　大禰宜大中臣幸房訴狀案（一七）　①二九・四 三六・五 ②三三・二

香取社大祢宜幸房（大中臣）謹言上

　欲早當社領下總國風早庄内戸崎開務、任公家・關東御判、雖令知行、号御倉役、不弁開務間、蓋令闕如御神役畢、如先例被止御倉役、全開務弥致御祈禱精誠間事、

副進　一卷　長者宣幷京都御推擧、關東御教書、同御使山名（智兼）・安富（道轍）狀、千葉介（千葉滿胤）渡狀ホ、

一通　物忌代押書ホ、

右、於彼開務者、被閣長日護摩、同神前御燈油粁所處、近年一向号御倉役、不弁開務之間、令退轉御祈禱畢、此之段欲言上剋、物忌代石神入道久阿准新開」（紙繼目）雖申掠、既誤登存、任公家・關東御判、如新開不可破之由、出押書畢、其上去應永二年仁、先御管領御時、如此依致直訴、令一社同心、背本所御成敗、獨立致濫訴之条、無謂之旨就歎申、爲難儀之間、無本所御擧幷社家推擧者、不可致訴詔（訟、下同ジ）之由、押書狀分明也、此之上者、無本所御擧、同社家推擧者、訴詔不可被入聞召、然者如先例被破御藏役、專開務、奉成御神事、弥爲致武運長久御祈禱精誠、恐々言上如件、

　應永十二年夘月　日

「應永十四『百廿八』二枚」

一九二　大禰宜大中臣幸房充行狀（一八）　二七・六 三八・三

宛行

返田神主内七郎次郎屋敷一所者、
右、惣領神主ニ宛行所也、於神役者、任先例、無懈怠可勤
仕之狀如件、
応永十五年十二月十九日
「應永十五『百廿九』」　大祢宜大中臣幸房（花押）
田所（花押）

一九三　馬場殿御祭机日記寫〈一九〉　二二・四　二九・三

（端裏書）
「廿日大はしのつくゑのにんき」
注進　德治貳年丁未十一月廿日馬場殿御祭机日記
大はし
二反小ノ内、一反六十歩つとめ、
神主殿御前机、白米《しんまい》三舛・まるた四・とりいちハ、
これハこめ一斗三舛ノ内、はんふんつゝの事なり、
一、ミやのすけ（宮之介）とのゝ御まへつくゑ、こしやう・こつくゑと
もに、こめ六舛五合欤、おなしきしたせんニ、まるた一・
とり一ノうちはんふん、これハあんしゆ（案主）二人してはんふ
んつゝのつとめ、
仍爲後日之、本帳ヲかきうつし畢、
「應永十六『百三十』」
應永十六年己丑十一月廿日

一九四　千葉兼胤香取社參記錄〈二〇〉　二七・四　①一五・五　②一五・六　③三八・六　④八・二

香取御社參事
「應永廿『百三十一』」
（千葉）兼胤御參詣、應永二十年〔癸〕庚巳八月廿八日
一、御神馬一疋、栗毛、印雀、　神主請取申、
一、御神樂錢十結　大祢宜請取申、
一、返田大明神六司代御代官參五結〔錄〕
（紙繼目）
一、大般若御布施十結　供僧中
一、御幣役　円城寺隼人佑（胤泰）「（異筆）御代官役」
一、社乃御劔役　木内平次左衞門尉
一、御敷皮役　木内平三郎
一、笠懸（マヽ）
（紙繼目）
一、御引出物事
一、御太刀一腰、海梅花、目貫杜〔牡〕丹、　役人円城寺隼人佑
一、御小袖一重、朽葉、　役人円城寺五郎兵衞督〔尉カ〕

一、御馬一疋、月毛、印雀、　役人円城寺兵衛次郎「多古」
一、御遷宮時、満胤(千葉)爲御代官下總守殿御社參事
一、御幣、社人直取渡之、依御遷宮也、
一、御神馬一疋、鴾毛、印雀、　神主請取申、
一、御神樂錢十結　大祢宜請取之、
一、大般若御布施十結　供僧中
一、返田大明神五結　六司代(錄)御代官
一、御劔役、社人、　木内七郎左衞門尉
一、御敷皮役　木内四郎
一、御引出物事
一、御太刀一腰、鮫、目貫菊、　役人円城寺五郎兵衛督(尉カ)」
（紙繼目）
一、御小袖一重、朽葉、　役人円城寺次郎兵衛
一、御馬一疋、鴾毛、印雀、　役人円城寺四郎兵衛

一九五　沙彌某卷數披露狀〈二一〉　二八・四 三八・一

香取社御祈禱御卷數一枝入見參候了、仍執達如件、
「應永廿三『百卅二』」
應永廿三年十月廿二日　沙弥（花押）
當社大祢宜殿(大中臣幸房)

一九六　大禰宜大中臣幸房讓狀〈二二〉　二八・七 三九・三

讓与　嫡子德壽丸所
合在　下總國香取御神領同所職私領田畠・屋敷在家・名
ゝ所務下地租穀撿田米等事
一、大祢宜職幷私領名ゝ所ゝ所領ホ者、至德年中任長房(大中臣)讓
狀・置文旨、惣領德壽丸可令知行、同長房女子ホ跡事者、
一期後者、可令知行惣領也者、
右、件之所領者、爲幸房(大中臣)重代相傳私領之間、代ゝの手繼證
文・御下地(知)・御下文お相副て、嫡子德壽丸仁限永代所讓渡
實也、有限致(至)社役者、任先例可令勤仕、仍爲後日讓狀如件、
應永廿二年五月廿五日　「應永廿四『百卅三』」
香取社大祢宜大中臣幸房（花押）

一九七　四月御祭日記〈二三〉　二八・六 三九・七

（端裏書）
「四月御祭文三郎祭日記」

四月御祭日記
一、文三郎祝勤、地本ハかまのいり（釜入）三反
小上一饍、宮介殿、御前机、
同下饍、田所内ニアリ、
一、半机二饍内、一饍副祝、一饍權介、
一、仁王講机、半机一饍、
一、三月御幸ニさんたいの帋二帖・瓶子一・大佛子析、
一、此外祭析かゝる役アリ、
田所宗祐（花押）
權祢宜義房（花押）
田所帳ヲ写早、
「應永廿九『百卅四』」
應永廿九年壬刁卯月五日　大祢宜幸房（秀）（大中臣）（花押）
大宮司元房（大中臣）

一九八　中村胤秀寄進狀〈二四〉

二七・九
三五・〇

香取太（大）明神寄進申候田畠之事
右、件ノ田ノ坪ハ、こさめ田・まち田、合一町三反、於長房（大中臣）永代ニさり（避）渡といゑ共、御神領に候間、我か家にてハ知行しかたく候間、寄進申候也、畠ノ坪ハ、行事祢宜内そと畠、身のちきやう（知行）分を相そゑ候て寄進申候、相違なくちきやう候て、御祈禱之誠精お、いたされ候へく候、若一言も旲き（者）申物候ハゝ、香取大明神御罸を、深あたり申候へく候、然に長房の孫兵衞七郎常滿方へ、しつくる所実正也、たとい御得政（徳）なり下候共、寄申候上ハ、旲きあるへからす候、仍爲後日寄進狀如件、
應永卅年癸卯六月廿七日　中村左衞門二郎胤秀（花押）
「應永卅『百卅五』」
「八　應永卅年廿九」
香取兵衞七郎殿

一九九　行事禰宜藤井但房避狀〈二五〉

二八・六
三七・五

（端裏書）「祢宜萱畠之しよけん」
避渡申畠之事
右、件之畠之坪ハ、そと畠を一圓ニ万雑公事をちやうし（停止）候て、永代ニ避渡申處実正也、此上ハ行事之祢宜之子孫、又

いつ方よりも呉儀あるましく候、此上ハ七郎殿本領と定申
候上ハ、子々孫々までも御知行あるへく候、仍爲後日狀如
件、

應永卅二年三月十一日

行事祢宜但房《藤井》(花押)

「應永卅二
『百卅六』」

避主香取之、

二〇〇　國行事大中臣憲房譲狀〈二六〉

二七・七
三四・四

ちうたいさうてん《重代相傳》のしりやうたりといゑとも、五郎ひやう
へとのゑ、こゝろさしあるによんて、つはら《津原》・くほ《窪》いとら
うの田一反お、そしふん《庶子分》ニしつくるところなり、しよむ《所務》ハ、
まいねん二百文つゝ、ふさたなくさたあるへく候、こ日の
ためのしやう、〇以下缺ク、

應永三十三年九月八日

こくきやうし《國行事》憲房《大中臣》(花押)

「應永卅三
『百卅七』」

二〇一　國行事大中臣憲房避狀〈二七〉

二八・六
三九・〇

（端裏書）
「大橋田之渡狀」

さわら《佐原》のきやう田の事

れん〱うけ給候あひた、わたし申候、したかつて、あん
とのれうそくおいの《追野》ゝ寺のさたにより候て、めしつかい候、
大祢き殿へいゆ《平癒》候ハゝ、やかて〱ふにん《補任》狀を進すへく候、
それまても、かくのことくしたため候て進申候、

應永三十四年九月九日

憲房《大中臣》(花押)

「應永卅四
『百卅八』」

二〇二　大禰宜大中臣秀房寄進狀寫〈二八〉

二四・二
三一・八

（端裏書）
「安永四未年四月十四日求馬方ニ有之書付寫シ持參之、」

印手大明神奉きしん《寄進》屋敷一宇

合在　坪、分飯司ノ町屋敷、ヲシテコウチヲサカツテ、山ハ月ケンモリマテ、者、

右、彼所ハ爲天長地久・御願円滿・子孫繁昌、可致御祈禱
之精誠者也、此上子々孫々ニ不可成違乱煩於、仍爲後日き
しん狀如件、

應永卅五年五月十六日

大祢宜秀房《大中臣》判

「應永卅五
『百卅九』」

分飯司方江、

二〇三　國行事大中臣憲房副狀寫〈二九〉　二八・〇　三八・二

兩奉行、円城寺駿河守、草部兵ア少輔入道、

付御造替闕所之事

一、依面間狹、御輿無出入、上なけし切事

一、御輿足一寸五分短候、

一、鳳凰足きられ候事

一、御輿上ふき、糸にて候お、糸おハ用意ありなから、ねりぬき（練貫）にてふき候事

一、白木の御輿、金物なき事

一、神寶物、多分無沙汰之事

此後の御造替のひきかけになされましく候、

「正長元『百四十』」

正長元年戊申十二月　日

香取社國行事（大中臣）憲房

〔香取大禰宜家文書　第十巻〕

（題簽、外題）「香取古文書　巻之十」

二〇四　大禰宜大中臣元房證狀〈一〉　二六・四　三五・二

香取南之弥六入道正仲（忠）之跡事、文書否失（紛、下同ジ）によて、孫実長ニ否失狀を出候也、此上ハ正仲の遺跡の文書いつ方より出來候とも、実長より外ハ、他人の違乱あるへからす候、仍爲後日狀如件、

（附箋、下同ジ）「正長三『百四十一』（朱、下同ジ）」

正長三年かのへいぬ五月七日

大中臣元房（花押）

二〇五　國行事大中臣憲房證狀〈二〉　二八・一　三〇・六

香取南之弥六入道正忠之跡之事、文書否失（紛、下同ジ）仁よて、孫実長仁否失狀を出候也、此上者、正忠之遺跡の文書いつ方より出來候とも、実長方より外ハ、他人の違乱あるへからす候、

仍爲後日之狀如件、
正長三年かのへいぬ五月七日
「正長三『百四十二』」　大中臣國行事憲房(花押)

二〇六　大禰宜大中臣滿房賣券〈三〉　二七・五 三八・八

(端裏書)「おともの屋敷下畠　大祢宜四郎三郎(大中臣滿房)」
永代ニ賣渡申畠の狀の事
合直錢九貫五百文者、
右、件の畠の坪ハ、おともの屋敷の下の畠三ケ所お、みな〳〵ハうは山のみちおかきり、下ハ田はたのみちおかきつて、一ゑんに万雜公事おちやう(停止)し申候て、永代にうりわたし申候處実正也、若彼畠相遠する事候ハゝ、本錢一はい(倍)おもつて、さた申へく候、この上ハ、子〳〵孫〳〵ニおいて、遠乱妨一言もあるましく候、たとい御德政候とも、いきお(異議)申ましく候、仍爲後日永代の狀如件、
正長四年かのとのゐ九月廿四日
「正長四『百四十三』」
うりぬし香取大祢宜四郎三郎滿房(大中臣)

二〇七　國行事大中臣憲房充行狀〈四〉　二七・九 二九・二

宛行　鹿嶋御神田之事
右、彼田者、坪平田貳反、次郎神以實次令安堵處也、於社役者、守先例可懃仕之狀如件、
「永享四『百四十四』」
永享三年十二月廿九日
大祢宜代憲房(大中臣)(花押)

二〇八　國行事大中臣憲房充行狀〈五〉　二六・〇 三四・五

あておこなふ(充行)二郎かううちの大の田、かしまの御しん田たる間、二郎かうのかたへ、しつくるところなり、しやく〔や脱〕ハ、せんれいニまかせて、きんす〔し脱〕へきところなり也(マヽ)、よつてあて狀くたんのとし、
ゑいから十年つちのへむま四月四日
「永享十『百四十五』」　大ねき代憲房(大中臣)(花押)

二〇九　大禰宜大中臣胤房安堵狀〈六〉　三一・〇　三七・九

香取社大祢宜長房(大中臣)之□幷宗幹(平)買得所〻事、明徳元年十二月
十三日長房判形明鏡之上者、縱雖有御徳政法、香取五郎兵
衞尉氏宗知行不可有相違、但除若宮御神田、於社役才者、任先例可
致沙汰之狀如件、
「嘉吉三『百四十六』」　「四十五　嘉吉三　三十三」〃〃〃
嘉吉三年二月廿一日　(花押)(大中臣胤房)

二一〇　大禰宜大中臣胤房安堵狀〈七〉　二七・一　二六・八

佐原大橋經田事、長房(大中臣)之判形明白〻候之間、任先例、兵部
阿闍梨祐尊知行不可有相違候、於社役者、任先例可勤仕狀
如件、
嘉吉三年癸亥九月六日
「嘉吉三『百四十七』」
大祢宜散位胤房(大中臣)(花押)

二一一　國行事大中臣憲房等連署目安案〈八〉　二七・四　①三三・〇　②三五・八

目安
請香取國行事憲房(大中臣)・兵衞次郎秀長(香取)謹言上申条〻、蒙御
裁定子細之狀
一、四郎三郎新賣買之地事
一、四郎三郎可停止大祢宜職綺事
一、文書可預人躰之事
右、就香取大祢宜職、其濫觴尋、應永卅五年戊申、在改元号正長、
既四郎三郎其時彼文書可申見付由、再三所令致披露、而
自屋形其年八月三日預御奉書處仁、憲房(大中臣)申子細一〻被聞
召、駿河方仁被仰付、其御返事仁就、大祢宜田畠賣買等
相觸、應永卅三年以後之沽却之地、不可爲信用由、堅可
致成敗与兼胤(千葉)被仰付、某甲證文之狀在之、
一、大祢宜職令停止四郎三郎綺候、秀房之違例、若無減候者、
千代壽十五以前者、以鶴壽丸出仕代官仁申定、爲後日如
此申候御成敗分明也、其上國御一族樣各〻一通宛狀〻も
(可)停止長四郎三郎綺由、在狀明鏡處仁、限(猥カ)身上大切不存社
乃引籠、」(紙繼目)大祢宜田畠お、任雅意沽却仕条、不及信用由、
申處お不用而、其上千代壽丸身之引當召籠条、無勿躰由、
度〻申處仁、不致承引間、私國仁居住申、此由致成敗時

者、不指置是非、亡〔傍〕若無人也、此上者、他國仕、公方爲
歎申也、隨而彼千代壽丸屋形仁一字給上者、我ホ殊更不
存ホ閑、綷已先落居處、恣雅意申條、不心得次第也、加
樣事お依申、大祢宜仁對不和之由、訟申也、
香取四所明神可有御照覽、全別儀・意趣不存也、
一、文書事者、大祢宜致談合、是非別〔分〕候間者、可然人躰お馮
申可預也、此旨以可預御披露者也、仍目安言上如件、
「嘉吉四
『百四十八』」　「十四十四　嘉吉四三十四」
嘉吉四年　月　日

二一二　大禰宜大中臣胤房充行狀〈九〉　二六・八　三三・五

御他國以後、御手洗水六郞方江渡候田畠之事、承候之間、
文書を返給候者、彼所ゝを可有御知行候、
一、きよ田五段小（苅馬谷十坪）
一、かまかみ畠二反大
一、二段いけ畠
合三ケ所者、御越候て、御和睦候者、御知行不可有相違
候、仍如件、

「文安元
『百四十九』」
文安元年十一月八日　胤房〔大中臣〕（花押）
「〔附箋〕當時社番二日ゟ始、一ケ月ニ二日・十二日・廿二日と三度、晝
夜一番相勤申候、依之十番を十一日番と當時申候、　」
香取兵衞次郞〔秀長〕殿

二一三　大禰宜大中臣秀房讓狀〈一〇〉　二六・〇　三四・〇

讓与　実子神三郞胤房〔大中臣〕所
合在　下總國香取御神領・同所職・私領田畠・屋敷・
在家・名ゝ所務・下地祖〔租〕穀撿田米等事、長房〔大中臣〕・幸房〔大中臣〕ゆ
つり狀之旨ニまかせ、惣領胤房可令知行也者、
右、件之所領者、爲秀房〔大中臣〕重代相傳私領之問〔間〕、代ゝ之手繼證
文御下地〔知〕・御下文お相副て、胤房仁限永代お所讓渡実也、
有限致〔至〕社役者、任先例可勤仕、仍爲後日讓狀如件、
「文安二
『百五十』」
文安二年六月一日
下總國香取大祢宜秀房（花押）

二一四　國行事大中臣憲房本錢返田地賣券〈一一〉 三〇・五 三九・九

（端裏書）
「本錢返田之狀」
本錢返賣渡申田の狀之事
　合本錢廿二貫文者、
右の田つほハ、はなのいらう（井浪）ノ二反、いゝ田のきわ一反ニ
あかむまさきらう（赤馬埼浪）せいあミ（誓阿彌）つくり一反、あわせて四反を、
貳拾貳貫文に、ほんせんかゑし（本錢返）に賣申候、もしうけかゑし
申事候ハゝ、卅年すき候て、下地になり候て、本錢をもつ
て、うけ申候へく候、もしこの田さをいする事候ハゝ、こ
れほとの田を四反、たてかゑ申候へく候、もし御とくせい（德政）
なりくたり候とも、此田におき候てハ、いき申ましく候、
たゝしこれよりいせんのうりけん（賣券）の狀ハ、たつましく候、
仍爲後日狀如件、
「寶德二
『百五十一』」
　寶德二年かのへむま四月廿六日
　　國行事憲房（大中臣）（花押）
うりぬし香取

二一五　大禰宜大中臣胤房讓狀寫〈一二〉 二六・七 三七・六

御神領小野・織幡之内、妙見之神田畠之事、以前同名与五
郎宗師之所へ出所ニ、重而訴詔〔訟〕をいたされ候間、村中同心
ニ候へ共、田役ホ之事者、神田と申、別儀之志として停止
之處也、以下之妙見之所役者、世界之法儀ニまかせられへ
く候、但惣領大祢宜之命をそむき候ハゝ、不可依彼狀〔状〕候、
仍爲後日讓文如件、
「寶德二
『百五十二』」
　寶德二年辛亥〔未〕五月七日
香取社　大祢宜散位胤房（大中臣）

二一六　大禰宜大中臣胤房充行狀〈一三〉 二九・二 三九・九

（付箋）
「行司祢宜職之書付〔事〕」
充行
　香取社行事祢宜庶子藤次三郎跡之事、
右、彼於〔於彼〕屋敷・田畠ホ者、源三郎政房ゆいしよ（由緒）たる間、長（大中臣）
房之任判形旨、源三郎令安堵處也、於社役者、守先例可勤

仕狀如件、
「享徳元
『百五十三』」
享徳元年壬申十二月廿三日
香取社　大祢宜散位胤房(大中臣)（花押）

二一七　前下野守直仲打渡狀〈一四〉　二八・一 四〇・二

下總國香取小野・織幡兩村之事、先證云、依御歡樂爲祈願、今月九日任御寄補狀旨、下地お大祢宜胤房(大中臣)代仁打渡者也、於御祈禱社役者、守先例可被致沙汰之狀如件、
「享徳三
『百五十四』」
享徳三年甲戌六月十三日　前下野守直仲（花押）
香取大祢宜殿(大中臣胤房)

二一八　大禰宜大中臣胤房出狀〈一五〉　二六・八 三五・四

心さしあるによつて田壹丁、七郎左衞門方へいたす處也、
右、件の田つほ(坪)ハ、馬内六反町四反、又わたひやうち三反、いと田三反つゝミそへ、合壹町、七郎左衞門方へ心さしニ出處也、たゝし子そんこうとわらハへ心ニ出處也、しんそ(マヽ)ん(に脱カ)おいて、いきあるましく候、たゝし大祢宜胤房(大中臣)むき子そんニむき、とうかんの存、ふきに候ハゝ、やかて〱取かへすへく候、仍爲後日狀如件、
「享徳三
『百五十五』」
きやうとく(享徳)三年九月廿四日
大祢宜胤房(大中臣)（花押）

二一九　足利成氏御巻數請取〈一六〉　二九・五 三四・八

祈禱巻數到來了、弥可抽精誠之狀如件、
享徳十七(マヽ)年正月十六日　（花押）(足利成氏)
「享徳十七(マヽ)
『百五十六』」　(ウハ書)「香取大祢宜殿」(大中臣胤房)

二二〇　千葉孝胤安堵狀〈一七〉　二七・一 三六・〇

香取御神領下總國葛原(香取郡)・小野・織幡所ゝ事、任代ゝ證文旨、御知行不可有相違候也、此上者、天下御祈禱幷御祭礼不可有御退轉狀如件、
「享徳廿(マヽ)
『百五十七』」

享徳廿年（マヽ）
八月廿七日　孝胤（千葉）（花押）
香取大祢宜殿（大中臣胤房）

二一一　大宮司大中臣直房等連署補任状〈一八〉　二七・〇　三六・二

補任
香取社次郎神主之職之事
右、彼於〔於彼〕所職・屋敷・田畠等者、小乙令安堵處也、於社役
者、守先例可勤仕狀如件、
長祿貳年九月吉日
案主滿房（花押）
田所祐房（花押）
錄司代慶尊（花押）
行事祢宜吉助（花押）
物申祝氏久（花押）
權祢宜元義（花押）
大祢宜大長（中）臣散位胤房（花押）
大宮司大長（中）臣散位直房（花押）
「長祿二『百五十八』」

二一二　大宮司大中臣直房安堵狀〈一九〉　二九・六　三六・八

依有神忠、永轄（平）賣得地、於宗春（香取）之知行分仁、縱雖死亡・迯
亡御德政成下候、末代知行不可有相違候、仍爲後日狀如件、
寛正四年二月九日
「寛正四『百五十九』」
□□□（大禰宜イ）散位直房（大中臣）（花押）

二一三　大禰宜大中臣胤房讓狀〈二〇〉　二五・八　三三・五

讓与
香取社大祢宜職之事
右、彼所職・屋敷・命〔名カ〕田畠・町并山野寸ぉ嫡子松次郎丸仁
讓与處実正也、親類・他人之逺乱・濫妨、不可有一言者也、
親類・社人仁成親氣、又社人・親類者、松次郎丸ぉ可被致
崇敬、一言モ不可被存疎略事也、仍爲後日狀如件、
寛正五年六月吉日
「寛正五六月『百六十』」
下總國香取社大祢宜散位胤房（大中臣）（花押）

二二二四　大禰宜大中臣胤房譲状〈二一〉　二五・三 三四・六

譲与

下總國香取社大祢宜職之事

右、件大祢宜所職・屋敷・田畠、犬丸(香取郡)・金丸・司・大神田・町屋敷一面乙長房(大中臣)代々之任置文之旨仁、惣而公家・関東之如御下知状、為胤房(大中臣)之重代相傳之私領間、商(嫡)子松次郎仁譲与處也、於社役者、全申付可勵天下御祈禱者也、仍為後證状如件、

「応仁三」
『百六十一』

應仁三年己丑正月十一日

下總國香取社大祢宜散位胤房(大中臣)(花押)

二二二五　國分之胤安堵状〈二二〉　二八・五 三六・三

香取社家之てう□□の所々事、先々の法にまかせて、可有「於」知行候、仍為後日證文之状如件、

文明三年七月吉日

之胤(國分)(花押)

「文明三」
『百六十二』

香取社大祢宜殿(大中臣胤房)

二二二六　足利成氏書状〈二三〉　二五・九 三九・一

香取神領下總國小野村(香取郡)・織幡村・葛原村ホ事、當知行人尓能々有御尋、社家江可被還付候、其間事者、可相待申候、謹言、

八月六日　(花押)(足利成氏)

香取大祢宜殿(大中臣胤房)

二二二七　足利成氏書状〈二四〉　二五・九 三三・九

香取神領所々事、如前々被返付候、至神事等、無沙汰之儀不可有之候、謹言、

八月十八日　(花押)(足利成氏)

香取大祢宜殿(大中臣胤房)

二二二八　足利成氏書状〈二五〉　二五・九 三六・二

就當國仁被立御籏候、弥屬御本意候之様、可致御祈禱之精
誠候、然者當社江一所可有御寄進候、謹言、
「文明三年辛卯八月十九日『百六十三』」
(文明三年)八月十九日　(足利成氏)(花押)
香取大祢宜殿(大中臣胤房)

二二九　大禰宜大中臣胤房充行状案〈二六〉

二八・一 三七・五

(端裏書)「お田
おのおり(小野・織幡)□□しやう」
依有志之、兩村之內、多田之兵庫之跡之內壹町并畠三段、
くぬ木崎之峯を副候て、与五郎宗師(香取)之方へ出處實正也、其
上代〻　神忠と申、仰　神慮お、大祢宜之不可有才閑之儀
候間、丂(至)于致子〻孫〻而、不儀お不存、不可有知行相違之
候、但於　神役者、任先例之可勤仕者也、又者彼所〻仁於遠
乱輩者、胤房(大中臣)仁不孝云、可爲　神敵候、仍爲後日之狀如件、
文明三年辛卯十月廿日　胤房
「文明三『百六十四』」　与五郎殿

二三〇　國分之胤安堵狀〈二七〉

二六・二 三〇・九

下總國香取社別當職之事
右、彼所者、如先〻大祢宜胤房(大中臣)知行不可有相違、仍爲後日
執達如件、
文明亖年壬辰正月吉日
國分宮内少輔平之胤(花押)
「文明四『百六十五』」
香取社大祢宜殿(大中臣胤房)

二三一　御手洗水直常證文〈二八〉

二六・二 三四・七

なか邊の下にわはき(庭掃)田之事、一度進候上ハ、菟も角も御計
たるへく候、仍爲後日一筆如件、
文明四年壬辰三月五日
御手洗水兵衞四郎直常(花押)
「文明四『百六十六』」
大祢宜殿(大中臣胤房)

二三二　大禰宜大中臣胤房充行状〈二九〉

二五・五 三四・六

當社領小野（香取郡）・織幡兩村之事
右、件織幡左近六郎内一宇屋敷・田畠、別田貳段指副、同名神七方依有志、子息神九郎方へ爲志、彼地令補處也、但社役嚴密ニ并公方役、其外懸惣村役ホ之事者、彼村しゅんしよくたるへく候、但惣領被背大祢宜之儀候者、不可寄彼狀候、神忠專可被勵候、於彼一宇内つく田之事ハ、此方へ可致所務候、此上夫錢已下公事そない之事ハ（爲志）指置處也、又夫てん馬ホ之事者、可被屬おとな（乙名）ニ候、依爲後日狀如件、

文明十一年十二月廿四日

大中臣大祢宜散位胤房（花押）

「文明十一『百六十八』」

二二三三　國分胤盛安堵狀〈三〇〉　二七・四 三九・七

香取源（胤長）七知行之事、迯（亡）忘候由承候間、任其法、御知行不可可有相違候、仍而爲後日一筆如件、恐々敬白、

文明十九年丁未閏十一月廿三日

（國分）平胤盛（花押）

「文明十九『百六十九』」

（大中臣胤房）大祢宜殿へ

二二三四　香取宗師讓狀〈三一〉　二六・三 三四・二

讓狀

右、讓与所々者、又五郎入道殿法名ゑいかん、神忠あるニよつて、大祢宜長房（大中臣）之方よりさりわたさ（避渡）るゝ所もあり、又神官之田地を買德（得）之所もあり、佐原祢宜之職之事者、自長房永代ニさりわたさるゝ所なりと、おうちゆつりとして、親にて候五郎兵衞入道宗春（香取）之方へ出され候、又新五郎入道殿からうゑんの御方より、宗春之方へゆつられ候所もそろ、此地を又五郎の方へ、讓あたふる所実也、此内を余兄弟の所へ出候所者、違乱あるましく候、仍爲後日讓狀如件、

延德二年壬子十二月十五日　（香取）宗師（花押）

「延德四『百七十』」

二二三五　(1)香取宗師讓狀案并(2)香取宗師カ讓狀案〈三二〉　二七・六 三三・一

(1) 香取宗師讓狀案〈三二―一〉

（端裏書）「又五郎方へ」

讓与

右譲与屋敷・田畠幷佐原祢宜職屋敷・田畠

右、彼所〻者、宗師(香取)之住(重)代之所也、又五郎之所江出處実也、但於神役、任先例可勤者也、此内余の兄弟之所江出も可有《たる所あり、》候、於其違乱あるましく候、仍爲後日譲狀如件、

延徳二年壬子十二月十五日　宗師

(2)　香取宗師ヵ譲狀案〈三二—二〉

譲与、所〻者又五郎入道殿法名ゑいかん、しんちう(神忠)あるニよつて、大祢宜長房(大中臣)之自方去渡るゝ所もあり、又神官之田地を買徳(得)之所もあり、佐原祢宜之職之事者、自長房永代ニさりわたさるゝ所也、《なるを》おうちゆつりとして〇《親にて候、》五郎兵衞入道宗春(香取)之方へいたされ候、又新五郎入道殿からゑんの御方よりの譲り候、此地を又五郎の所へゆつりあたうる所実也、於社役者、必先例可勤(如イ)者也、仍爲後日譲狀如件、

延徳二年壬子十二月十五日　宗〻師〻

「延徳四『百七十一』」

二三六　大禰宜大中臣實之充行狀〈三三〉

二八・〇
三七・一

宛行

香取藤七迯亡跡田地貳反之事

右、件田地之事者、返田王子御供田なるよし被申候間、同名次郎兵衞之方へ令安堵處也、於社役者、守先例可令懃仕候、但大祢宜ニ才閑候者、不可依彼狀、仍狀如件、

文龜貳年壬戌十二月廿九日

大祢宜實之(大中臣)(花押)

「文龜二『百七十二』」

次郎兵衞殿

二三七　國分胤盛安堵狀〈三四〉

二三・九
三四・一

香取御神領内死亡・迯亡跡之事、任代〻御下知・御教書並滿胤(千葉)之御判形之旨、可爲大祢宜之成敗候、於已後不可有其妨候、仍證文如件、

明應九年庚申四月十九日

宮内少輔胤盛(國分)(花押)

「明應九『百七十三』」

香取社
大祢宜殿(大中臣胤房)

二三八　國行事大中臣直房譲状〈三五〉　二四・七　三六・六

(端裏書)
「ようかいのおかたへ　さくより」

ゆつりあたうる状之事

合田貳たん

右坪は、たいおうしの下壹たん、なかへ下いんたん〔つ〕、畠は、おいのたいうりはたけ、かの所ゝお〔もイ〕、をとそう女の方へ、永代おかきつて、ゆつりあたうる所実也、此上おいて、そうりやうまつ三郎か所をまほり、とうかん（等閑）不可有候、仍爲後ゆつり状如件、

「永正二『百七十四』」

永正貳年乙丑卯月十三日

ようかいのおかたへ　國行事直房(大中臣)(花押)

○コノ文書、抹消ノ×印アリ、

二三九　國行事大中臣直房譲状〈三六〉　二三・六　三一・四

(端裏書)
「新兵衞方へ　さくより」

ゆつり与田畠之事

右田坪は、ほうとういん（寶幢院）の山のこし壹反、くそたさく（黒田谷）の二郎作壹反、畠は、かなくほ（金窪）のはたけの事は、國行事所分所なる間、畠の事は一後〔期〕分、此上おいて末三郎まゐをとうき候ハヽ、此状よるましく候、仍爲後日状如件、

「永正二『百七十五』」

永正貳年乙丑卯月十四日

國行事直房(大中臣)(花押)

新兵衞方へ

二四〇　大禰宜大中臣實之安堵状〈三七〉　二六・二　三七・七

(端裏書)
「香取返田中納言所　大祢宜散位實之(大中臣)」

香取社押領使職・屋敷・田畠・山野之事

右、彼所職・屋敷・田畠・山野者、依有別而志、以同名返田次郎右衞門入道之孫中納言、所令安堵之也、此上者、社役於嚴蜜〔密〕令懃仕、可勵晝夜之

神忠、次者大祢宜之所、無余儀相守忠節可爲肝要之者也、然者於自今以後者、妨一塵モ不可有之也、但社役無沙汰、向于大祢宜而後闇候者、不可依彼状候、仍爲後日證文如件、

永正二年乙丑六月十八日

「永正二『百七十六』」　大祢宜散位大中臣實之(花押)

香取返田中納言之所

二四一　國分胤盛安堵狀〈三八〉　二七・一 三四・五

下總國かやた(返田)かうしよくを、香取次郎衞門入道方より、大祢宜のふにんを相副候て、過分にしち(質)にとり候を、あらためて田はたけ・やしき・山野才まて、知行不可有相违候、仍爲後日一筆如件、

「永正四『百七十七』」

永正二年うひのと九月十一日　(國分)胤盛(花押)

香取次郎兵衞殿(直宗)

二四二　國分胤景條書〈三九〉　二九・三 四一・〇

(端裏書)「香取社大祢宜殿(大中臣實之)　左衞門督(マヽ)」

今度於香取神領迯亡所〻の事

一、定額之所帶の事、如先度申候、可然仁躰をもつて、補任させられ、神役を可爲専一候、

一、御手洗水所分の事、もとより大祢宜之本分と云、同賣地と云、もとのことく屋敷・田畠才成敗なされ候て、神事を全きんせられ候へく候、

一、津宮忍男の御神田八反之事、是又大祢宜方の本領之事ニ候之間、同無相违知行被成候て、祭例(禮カ)ふさたあるへからす候、

一、丁古阿弥陀堂めん(免)の事、器用人躰ニ被仰付、佛の奉公かんようニ候、

一、勢至殿御神田無相违計あるへく候、

一、新六分の事、相尋返付候、別當ニしつけられ、神宮寺役※けん〻つたるへく候、

右条〻、罪科の跡たる間、其沙汰およひ候ところニ、承候子細共候間、任先規、彼所〻大祢宜方へ返付候、此上神役堅可被勤仕候、よけ判かさし、及呉儀やから(族)候ハヽ、是より可申付候、

永正九年壬申七月十一日　(國分)胤景(花押)

香取社　大祢宜殿

※「永正九『百七十八』」

二四三　大禰宜大中臣實之證狀〈四〇〉

二六・一
三二・八

井土庭淺間下金丸壹反讓道秀作を、親候胤房(大中臣)依有要用、小林(惠日坊)か所へ、本錢返三貫五百文賣渡被申候を、又彼小林惠日坊當代うりわたし候處実也、然間拙者又かい返申候ハんまてハ、彼胤房賣劵先として、惠日坊(小林)知行不可有相違候、於此上者、他之妨一言もあるましく候、又某買返申度候ハゝ、本錢を嚴密ニたて候て、買返可申候、たとへ又自今以後、小林進退ニいか様成子細候共、彼田ニおいてハ、其煩あるましく候、仍爲後證一筆指加候、仍狀如件、

永正十六年己卯四月九日　大祢宜實之(大中臣)(花押)

「永正十六『百八十』」

惠日坊御方

二四四　香取直宗讓狀〈四一〉

二八・六
三七・九

(端裏書)「讓狀松次郎丸所　次郎兵衞入道」

讓与　松次郎丸所

合　屋敷・田畠・山野以下所〻事者、

右、件屋敷・田畠・□□(山野カ)朩之事者、次郎神主職・同返田神主庶子分相共ニ、嫡〻孫子たる間、某直宗(香取)か重代相傳之知行分と申、もとの書劵朩相副、松二郎丸ニゆつり渡所実正也、然者彼所ニ者、纔の地たりといへ共、御神領たる間、□□神役大切のまゝ管要(肝)、遺跡相□(續カ)仕候ハん仁、一人之刷たるへき故を以、段歩不殘、一円ニ松二郎丸所讓与也、若又万一松二郎懈怠あり、□□□□を一人可申付候、此上ハ、他之妨一言不可有之候、於社役者、守先例可懃仕者也、仍爲後證讓旨如件、

永正十六年己卯六月廿一日　香取次郎兵衞直宗(花押)

「永正十六『百八十一』」

二四五　御手洗再興勸進帳案〈四二〉

二七・五
①三六・五
②三七・八

敬白

請《コト》下特《コト》蒙《リ》下十方恩施上、預《ヲ》レ貴《リ》賤顧《ノコ》眄《メンニ》一、於下下總刕香取社頭《ニ》上再下興御手洗《ヲ》上、成内《シ》一外清一淨一祓《ヲ》、令中成就《ミソキ》上二一世安樂《ノ》大利一知識《ノ》狀、

抑當社者、葦原寂初之降臨《カウリン》○扶桑山執政之靈神也、然則鳳闕《ホウケツ》大〔内〕裏也、
之渇仰超《コエ》于餘祠《ヨシニ》、柳-營《鎌倉》之敬信留《ヘタリ》《トヽメ》于當社ニ一、方今四季之祭例〔禮〕
無レ退轉一、大小之礼奠無レ懈怠、是偏天長地久ノ精祈《セイキ》、國土泰
平ノ之願念、云《コヽ》ニ開基《カイキ》ノ昔、准下橘之於土ヲ能河原《カハラ》ニ上、湛御手洗ヲ一、依之
往詣ノ諸輩沐レ之、跨《ホコリ》〔誇〕下離苦清淨之樂ニ上、成下美麗却老之形ヲ上、加
之五臟三州〔焦〕之万病忽愈《イエ》、福壽長久之榮花頓《タン》ニ保《タモ》、悦哉求富貴《グフキ》
得富貴《トクフッキ》之佛意、頼《タノモシ》哉求長壽・得長壽神慮、仍《ヨテ》御手洗ノ癈埋《ハイマイ》暨《ヲヨフ》
レ累年ニ一、雖レ數箇度企下中興上未成就、是願人之微力ヒ欤、時刻
之不レ至欤、尓《シカルカ》遐迩《ジ》參宮之者、不用レ禊《ミソキ》ヲ而恣近《チカツキ》于花表社」（紙繼目）
壇ニ一、汚穢不淨而ニ蔑《ナイカシ》臨于瑞籬・玉庭ニ一、計知ヌ兩脇兩出之五衰、
沙風鐵丸之三熱、奉《ラン》レ煩《ワツラハシ》レ神輿一、依之刀疾飢之三災逐レ日ヲ
起リ、水火風ノ之七難隨レ時來ル、▨《ヒネム》終日不レ食シテ歎キヲ之一、宵夜《ヨモスカラ》不レ寢シテ
愁《ウ》レ之ヲ一、不レ如下晉《タヽ》勸《スヽメ》レ隣里○鄕黨ヲ一、乞《コヒ》二半錢ノ合力ヲ一、叩《タヽキ》テ二柴屋《卑人》朱門《高家》一、
○冀《コイネガハン》一粒ノ施与ヲ上、莫下嫌二微少ノ奉-加ヲ上、積レ纖芥一成レ太山リ一、莫
レ厭《イト》二毫-末ノ助縁ヲ一、聚《アツマ》二一露一成レ巨海ト一、倩計ルニ二人間所念ヲ一、名利之
千金、易ル二於摩《ナツ》レ頂《イタヽ》キヲ、善根之半錢難《カタ》ハ於離《ハナツ》レ爪ヲ、悲哉生涯百年之
是非、胡蝶之夢易《ヤス》レ驚《ヲトロキ》一、身後万劫之浮沈、鐵蛇之逼《セメ》叵レ免《マヌカレ》、豈
抛レ佛道ヲ一、奔《ハシラン》二世路ニ一乎、所詮同心《セハ》レ此儀ニ一、愚聖依旦那助《ハリ》○力ニ成
就《シ》無邊之大-功ヲ一、旦那待《ハチ》下愚聖之勸《カ》進ヲ上、得脱未來之倒懸《タウケン》一地嶽
而已、仍所請如件、
大永八年戊子孟夏吉日　敬白
「大永八『百八十三』」

二四六　國分胤相寄進狀〈四三〉

敬白
奉寄進香取大明神江田地狀之事
右、小野・織幡之村內、田坪嶋田一反・柳田一反・あわま二
反・井土田一反、合五反、奉寄附所也、仍爲後日一筆如件、
大永八季戊子
七月廿七日　國分參河守胤相（花押）
「大永八『百八十四』」
香取大祢宜殿（大中臣實之）

二六・七
三七・五

二四七　香取社宮定〈四四〉

宮定

二九・七
①三五・八
②三八・七
③五・八

正一位勳一等香取大明神并王子三十餘ヶ所・左右八龍神
等、於中殿三月御祭御陣幟帳次第
一、楯札二人、白杖一人、田令
一、次立標一人、左右綱取二人
次立將軍代、物申祝中臣
次立將補代、副祝中臣
次立大補代、大祝梶取
次立永箱所馬乘代、權祢宜中臣
次立大將軍代、大宮司散位大中臣國房
次立手振十二人
次立撿杖八人、御鉾役
次立御弓箙役、内院八人、大神主
」（紙繼目）
次立御神輿持十二人
次立桙取五人、御厩別當酒司
次立四疋御馬口付四人、神夫
次立歌人十二人并八乙女八人
次立三御船人夫二人、行事押領使
次立二御船人夫二人、行事權撿非使（違脱）
次立一御船人夫二人、行事正撿非違使

次立副將軍代、大祢宜散位大中臣實之
右、件御船遊陣幟帳次第、任恒例被定置注進如件、
享祿二年己丑三月九日　案主（花押）
「享祿二『百八十六』」
田所（花押）
錄司代（花押）
行事祢宜（花押）
物申祝（花押）
權祢宜（花押）
宮介（花押）
」（紙繼目）
大祢宜散位大中臣實之（花押）
大宮司散位大中臣國房（花押）

二四八　千葉勝胤書狀（四五）

三一・三
三八・七

香取假殿造榮（營）附、奉加万疋可進置候、并一家〻中江可□（有カ）勸進（者カ）尤也、
享祿
「享祿二『百八十七』」十二月五日　常胤（千葉勝胤）（版花押）
貳年

二四九　大禰宜大中臣實之讓狀〈四六〉　二八・四 三九・〇

讓与　滿珠丸所
香取太〔大〕神宮大祢宜職之事、都鄙之任御掟、金丸・犬丸・司・
大神田、殊大戸・神崎・祖石〔租穀〕撿田米、重度之御掟、又者代
ゝ家之任置文、彼滿珠丸限永代讓与處実也、此上者、神事
不怠、抃神忠、可勵社人憐愍狀、任神慮如斯、
「享德三『百八十八』」
享祿三年庚刁三月四日　大中臣實之（花押）

二五〇　胤元等連署起請文〈四七〉　二八・三 三八・〇

別而申合候上者、たかひに努〱不可有之別条候、此旨
爲〔偽カ〕申候ハヽ、
當社大明神并王子三十四ケ所・左右八龍神・返田・脇鷹、
別而天神・人丸・赤人、其外日本國中大小神祇御罸、各可
罷蒙物也、仍如件、
「天文四『百八十九』」
天文四年夘月廿九日　國房（花押）
実長〔大中臣〕へ参　清六〔房カ〕（花押）
胤元（花押）

二五一　下總十一郡之次第案〈四八〉　二七・五 三五・六

（端裏書）「下總十一郡之次第　實房〔大中臣〕」
下總國十一郡
葛飾《カツシカ》郡　千葉《ハ》郡　印幡《ハン》郡
匝嵯《サツサ》〔瑳〕郡　海上郡　垣《ハ》生《ブ》〔埴〕郡
香取郡　相馬郡　幸《サ》嶋《シマ》〔猿〕郡
結城《ユウキ》郡　豐田郡
十一郡田數
二万六千四百二十二町六段二百三十歩
錢九万二千四百七十九貫四百文
目錢二千七百七十四貫三百八十文
「天文十『百九十』」
天文十年辛丑九月上旬六日書之早、　実房在判

二五二　香取社毎月宿直結番次第〈四九〉

①三三・四　四八・四　②五三・三

定

香取大神宮毎月三日三夜御宿直番之事

一番　大宮司　大神主　惣撿挍　文三郎祝

　　　　　　　塙祝　吉原撿扙　祢宜祝

二番　大祢宜　四郎神主　田所　六郎祝　丁古修撿理挍

三番　宮介　次郎神主　高倉目代　角案主　秀野長

四番　權祢宜　六郎神主　權判官代　土器判官代　酒司

五番　物申祝　中平〔幣〕神主　田冷判官代　權撿挍返田

　　　　　　　鍛治〔冶〕屋撿扙　擬祝　油井撿扙

六番　國行事　堀口神主　中祝　三郎祝

七番　副祝　正撿非遠使　大細工

　　　　　　　小井土神主　權介

　　　　　　　權祝　佐原祢宜

（紙繼目）

八番　大祝　大長手　正判官代　五郎祝

　　　　　　　源太祝　木守判官代

九番　錄司代　小長手　權撿非遠使

　　　　　　　佐原案主　分飯司　權次郎祝

十番　行事祢宜　弊〔幣〕所祝　雉判官代

「天文十三『百九十一』」　鳫撿扙　神子別當

右番之叓、

酉剋到來、可相渡、不可有懈怠、仍狀如件、

于時天文十三秊甲辰二月吉日

以本文移之、

（花押）

二五三　國分勝盛等連署寄進狀〈五〇〉

三〇・五　四七・八

香取大神宮小長手職事

右、彼社人之跡之事、屋敷・田畠・山野ホ、數年致散在候、爲當代心願、改而早速ニ奉寄附、於此上不可有相違候、社役事、如先例可勤者也、仍寄附之狀如件、

「天文十四『百九十二』」

天文拾二年乙巳八月廿六日

國分宮內大輔朝胤（花押）

同平勝盛（花押）

（ウハ書）
「奉寄附香取大明神御寶殿」

二五四　大宮司大中臣清房等連署補任狀案〈五一〉　二七・五　三七・七

補任
香取社小長手職之事
右、彼至于所職・屋敷・田畠・山野等、以虎房令安堵處也、於社役者、守先例嚴密可勤仕之狀如件、
天文十四年乙巳九月廿日
「天文十四『百九十三』」
案主
田所
錄司代
行事祢宜
物申祝
權祢宜
大祢宜散位大中臣実長
大宮司散位大中臣清房

二五五　飯田朝英證文〈五二〉　二五・九　三三・七

あひはなへはなへ（塙）はうり（祝）職之田地之事、大戸之大祢宜以取刷、代七百文、御礼分香取明神返令申候、飯田右衛門（朝英）之右馬四郎丞（尉、下同ジ）使候、以後爲證文一札如件、
天文拾五年丙午十月廿七日
「天文十五『百九十四』」
飯田右衛門丞朝英（花押）
香取大祢宜殿（大中臣實長）江、

二五六　國分勝盛安堵狀案〈五三〉　三〇・九　四四・〇

小野之村内江戸山之事、任　香取御神領、御知行不可有相違候、仍爲後日證文如件、
天文十八季己酉
「天文十八『百九十五』」
十月吉日
國分左衛門五郎
勝盛拜
香取大祢宜殿（大中臣實長）

二五七　國分勝盛安堵狀案〈五四〉　三二・一　四三・九

香取彈正前庶子分之事、退轉之上、任惣領御知行不可有相違候、御奏者之事者、御臺樣被成候、爲後日一札如件、

天文十八年己酉

「天文十八『百九十六』」十月吉日　國分左衛門五郎
勝盛拜

(大中臣實長)
香取大祢宜殿

〔香取大禰宜家文書　第十一卷〕

(題簽、外題)
「香取古文書　卷之十一」

二五八　大禰宜大中臣實隆充行狀〈一〉

三一・八
四九・二

依有志、はさまた(迫田)けんちやうしよく(傔仗職)の事、神四郎にいたし《こゝろさしと》していたし候、こいけのさく(小池谷)おはしめとして、たうたい地《ち》行之分ハ、野山才にいたるまて、一ゐんにちきやうたるへく候、社やくにおいてハ、せんれいにまかせて、きんすへく候、とに　大祢宜代〻のめいお、すこしもそむき候ハヽ、此一筆ニよるへからす候、仍而爲後日之一ひつ如件、

天文廿一年子〻つのへ七月二日

(附箋、下同ジ)
「天文廿一『百九十七』」(朱、下同ジ)

大祢宜散位大中臣實隆(花押)

二五九　大禰宜大中臣實隆充行狀〈二〉　三〇・〇／四四・〇

織幡〔譜〕不代之物なるによつて、別而屋敷處あておこなふ物なり、右件之屋敷坪者、織幡之村之中、ひろはたけぬいの助分、同しゝ（宍）あな（穴）次郎左衞門作出おく處也、此上ニおゐてハ、村中同心ニひやくやくのくうし（公事）おつとめへく候、すこしも無沙汰儀候ハゝ、此一筆によるへからす候、仍而爲後日之一筆如件、

天文廿一年十二月廿八日

「天文廿一『百九十八』」

大祢宜大中臣實隆（花押）

しのつか惣衞門方へ

二六〇　國分胤藝起請文〈三〉　二三・七／三二・八

敬白

起請文之事

右意趣者、先度不可有御余儀由、被仰出候、某事も爭可存別心候哉、互不可有御才閑候、若此心僞候者、

上梵天・帝尺〔釋〕・四大天王、下堅牢地神・焰魔法王・五道冥

官・司命・司祿・倶生神才・泰山母〔府〕君、別而香取大明神・鹿嶋大明神・大戸・脇鷹・神崎大明神・天滿大自在天神・妙見大井・八幡大井・广〔摩〕利支天、各御罸可罷蒙也、仍起請文如件、

天文廿二年　　國分

「天文廿二『百九十九』」（大中臣實隆）三月十日　　胤藝（花押）

香取大祢宜殿

二六一　大禰宜大中臣實隆充行狀〈四〉　三〇・七／四一・七

心さし（志）の一筆

右、件田つほハ、井土庭せんけん（淺間）下ひへしろ、當作人者井土庭三郎大郞、親子之分を一えんに出所実正也、此上之事者、おうし安主〔案、下同ジ〕ことくに奉公可致者也、おうし安主ハ、実之ゆう山之てうしんの者也、殊ニ身之前をも、度〻奉公致候、そのま子（孫）之事に候へハ、一入ふひん（不憫）に存候間、すこし之所ニ候といへとも出候、此上ニも奉公ニより、少所成共さしそへ可申候、さて不奉公ニ候ハゝ、此一筆ニよるへからす候、萬事みめとおもひ、相祉〔神カ〕やくきんすへく候、依爲

後日之一筆如件、

「天文廿二
『二百』」

天文廿二年十二月吉日

大中臣実隆（花押）

安主弥三郎方

二六二　大宮司大中臣清房起請文案〈五〉　二八・八 三八・〇

（端裏書）（大中臣）
「大宮司清房神文　香取監物」

敬白　起請文之事

右意趣者、無別条申合候、自今於以後者、縦誰人偽申雖候、存別身〔心、下同ジ〕旨、少モ申間敷候、若背此旨申候者、上梵天・帝尺〔釋〕・四大天王、下難陁跋難陁、殊ハ堅牢地神・司命・司祿・當年行本命曜宿、惣而ハ當社大明神并左右之八竜神・四十八ケ所之王子部類眷屬、別而鹿嶋大明神、日本國中之大小神祇蒙御罸、現世者白頼〔癩〕・黒頼〔癩〕受身、來世ニ於堕阿〔鼻〕弥受報申、存別身旨、少御座有間敷候、爲後日一書如件、

天文廿三年甲刁十一月吉　日　　清房書判

「天文廿三
『二百一』」

大祢〔宜脱〕殿實隆（大中臣）

二六三　香取社元三御頭人之次第〈六〉　二九・二 ①三七・〇 ②三九・二

香取大神宮元三御頭人之次第

宮介殿　次權撿非遠使　次正撿非遠使　次大祝

次祿〔司〕代　次四郎神主　次吉原撿挍　次權祢宜

田所　正月祭擬祝　次物申祝

文三郎祝　大神主　權介

權祝　行吏祢宜　目代　惣撿挍　次副祝

相撲之人數

祢宜祝　織幡長　中祝　中平〔幣〕神主　二郎神主

五郎祝　分飯司　撿挍

田冷判官代　鳩〔雉〕判官代　角安〔案、下同ジ〕主

小長手　秀野長　塙祝

幣所祝　三郎祝　權二郎祝　以上十七人

一、同大饗之御頭人

源太祝　返田神主　酒司

（紙繼目）

土器判官代　鍛治〔冶〕弥〔屋〕撿挍

大細工　神子別當
六郎神主　烏撿挍
小井土神主　桶掾〔縁〕判官代
大長手　六郎祝　油井撿挍
堀口神主　佐原祢宜　以上十六人
一、八月祭人數、神衞門、
御物忌　木守判官代　笛大夫
正判官代　大明〔命〕婦　返田撿挍
進敷〔神藤カ〕大夫　孫大夫
三郎大夫　四郎大夫
大床八乙女　天道明〔命〕婦
※脇鷹祝　兵衞大夫
已上十四人
右、毎年狀安〔案〕ヲしらへ申事、上代安シ、近代社人不弁ナリ、然間かやうニりやくして、次第ニまかせて記也、
以上、大役人六十六人
御兩所ハ年中四方之つとめと申、國行司〔事〕ハ年中大役人、佐原安主は佛頂會之頭人、
天文二十四年癸丑八月三日

大祢宜散位大中臣實際〔隆カ〕（花押）
物申方へ
※「天文廿四『二百二』」

二九・三
①三三・二
②四四・三

二六四　大禰宜大中臣實隆安堵狀〈七〉

（端裏書）「香取こそう殿へ　大祢宜實隆」
なをくかくしゆつわけ分之事ハ、しさひあるましく候、さりなからも、大祢宜まへお、とうかん（等閑）候ハヽ、此一さつニよるましく候、さうてんニ□□に入申へく候、もしふさた候ハヽ、くちおしく候、御神事時分ハ、いとしをほうくう〔こカ〕あるへく候、
目代そしかくしゆつあとよりのわけ分六郎二郎まへの事、おやニ候実なり、はんきやう（判形）のむねニまかせて、永たい（代）ちきやうあるへく候、於此上ニハ、彼田ニつゐて、目代ましてしんぬい〔る〕・た人之いらん（違乱）、ゆめくあるへからす候、しややく（社役）の事ハ、せんれいニまかせて、其さたあるへく候、ことに大祢宜めいおそむき候ハヽ、此上一さつよるへからす候、もし又へい二郎殿しそんニおゐて、いかやうのきも候ハヽ、与五郎かたへかへし候へく候、よつて後日之ため

如件、

天文廿五年ひのへたつ三月廿七日　大祢宜散位大中臣實隆（花押）

「天文廿五『二百三』」

平二郎殿
こそう殿へ

二六五　二郎神主本錢返賣劵〈八〉　二九・六　二〇・五

（端裏書）「田之狀　二郎神主」

依有要用本錢返賣渡田之狀事

本錢返四貫文者也、

右、件之田坪者、かうりきつゝミの上一反、當年己未年より始候て、來候へん辛酉年迄、三年過候へゝ、本錢をもつて、ありあいこうけかへし可申候、たとへ公家・武家の御とく（德）せい（政）成下候とも、彼田おき候て、他之妨一言有間敷候、仍爲後日一筆、○以下缺ク、

「永祿二『二百四』」　藏本藤内次郎

賣主二郎神主

永祿貳年己未二月六日

二六六　國分胤憲寄進狀〈九〉　三二・七　四六・二

敬白

御寄進狀事

奉捧香取大明神

御所領一村

右、爲精誠旨趣者、本意滿足・身躰安全、別者子孫繁昌處如件、

「永祿四『二百五』」

于時永祿二二暦辛酉三月吉日　（國分）胤憲謹言

二六七　大禰宜大中臣實隆置文〈一〇〉　三三・六　四五・六

於房州正木左近太夫（時忠）下總國へきり出候て、永祿三年かのへさる極月より、同九年ひのへとら七月七日まて、小見川相根塚を城にとり、七年の間、國中乱入、なかく無申計候、香取をも打破へきよし、日ゝ夜ゝ申來り候、依之御こしをかき出し、前殿の大床ニ十日・廿日、又ハ一月・二月たて置、神慮次第と存候處ニ、結句御こしをも打やふり可申よし、日

〻夜〻申來り候間、御こしの四方の番衆、と〱く迷惑申、用心折角ニ存候間、御こしひゐんニたて置申度よし、侘言申候へ共、神ハ大床を出候ても、大床を御座と定申事ハ神慮也、若ひゐんを御座と申候ハヽ、御こしの四方の番衆の次第も相違申、社參の道も無之候へは、神慮難計候間、我才ハ合点申間敷候、よく〱分別可被申候、ひゐんを御座と申事有間敷也、爲後〻書置候、

「永禄十九月『二百六』」

永禄十年丁夘九月吉日　香取大祢宜〔大中臣〕實隆（花押）四十八才

二六八　香取社三月御神事注文案〈一一〉

三一・六
①四五・一
②四五・九
③四五・五
④四〇・二

永禄十一年己〔戊〕辰三月御神事早安〔草案〕

建仁二年之帳末、至德三年明白之旨、公私可有披露云〻、以勅使被成事、上代法例也、

香取大神宮毎年三月初午御幸御祭、異國追伐之御發向之次第目錄、任往昔例式、所ニ誌《シタヽメ》置一之事

一、先忌《キ》齋《サイリ》刺之事者、來初午日迄十三日以前之自午日被定之畢矣、

一、亥日御神事者、御酒肴大細工職役、自當日至于來巳日、役人・大細工・大佛士〔師〕・修理所四人以下之徒、皆社頭致參籠、支度之致御畫細工者也、食粁造粁良田役矣、

一、丑日御祭者、御休所御假屋被造、祭頭在地頭方矣、

（紙繼目）

一、刁日御祭者、入于本山、三艘御船木奉採、御酒肴四方之勤、役人・行事祢宜并内院修理所神夫等是也焉、

一、巳日御神事、神輿有御出、明日御幸供奉役人被定、号神倉部、當日御供米神崎庄祖〔租〕穀厨、登戸判官代御菜鱒一、參、同人役

一、同日、於中殿陣職帳如斯、

宮定、其文章是也、

正一位勳一等香取大明神并王子三十餘ケ所左右八龍神等、

於中殿三月御祭、陣職帳次〔第〕等事

一、楯礼《しゅんらい》二人、白杖一人、田冷

次立標《りうひう》一人、左右綱取二人

次立將軍代、物申祝、當代名乘、爰可有之、

次立將補代、副祝中臣

（紙繼目）

次立大補代、大祝梶取

次立永箱所馬《ゑいさうしよめ》粜代《さうたい》、権祢宜中臣

次立大將軍代《はゝ》大宮司散位大中臣、有實名、爰當代名ヲカクヘシ、
次立手振十二人
次立撿杖八人、御鉾役
次立御弓箙役内院八人、大神主中臣
次立神輿持十二人
次立棒取五人、御厩別當酒司
次立四疋御馬口付四人、神夫
次立歌人十二人幷八乙女八人
次立三御船人夫二人、行事押領使
次立二御船人夫二人、行事權撿非違使
次立一御船人夫二人、行事正撿非違使
次立副將軍代大祢宜散位大中臣、有實名、爰當代名乗ナルヘシ、
右、件御船遊陣職帳次第、任恒例被定置注進如件、
于時年号有之、今月　日　案主
田所
錄司代
行事祢宜
物申祝
權祢宜
「永祿十一『二百七』」
（紙繼目）

宮介
大祢宜散位大中臣某在判
大宮司散位大中臣某在判
一、御力餅之事、厨木守判官代
一、國司代号在廳官人次郎介、同六所神主出仕、御酒机其外立物、先例取帳在別紙、
一、獅子二疋、参、當郡十箇庄舞〻所役、御酒大瓶二、請取、一疋各一宛、自兩社務乎、
一、午日御神事、先國司代捧官幣給、使者苻〔符〕之判官代、則大宮司・大祢宜出仕、於若宮王子御前奉請取之、自社家役人幣所祝矣、

二六九　神俊申状（一二）　三一・七 四七・五

（端裏書）「御東　申給へ　明星院」

尚〻かの田地之事、すへくの御とちめ御意候、無御余儀存計候、すこしも已後むつかしくさせ申ましく候、早〻、

右、御ひかし（東）より被下候田地之事、神しゆん（俊）一命おわり已

後者、無相逺御東へ返し可申段、若又相逺致、六ケ敷助目(筋イ)
候ハヽ、篠塚六郎左衛門・同修里(理)之助父子ぬし立、御ひか
しへ返申され候へく候、かやうに申あけ候ことも、村ニし
たかひ、万端とりはからい申物ニ候間、後日ニおゐて、す
こしも意乱(違)申ましく候、愚老一命之間、是非さしおきくた
され候へく候、

神俊(花押)

天正四年ひのへね 夘月廿七日

「天正十八『二百十』」

「天正四『二百九』」

(大中臣)実隆 申上候

二七〇 木村重茲・淺野長吉連署禁制案〈一三〉 三四・二 四七・六

禁制、下總國香取□拾貳ケ村、
同大戸六ケ村、

一、當手軍勢乱妨狼籍(藉)之事

一、放火之事

一、對地下人百姓非分申懸儀、付麥毛苅取候事

右條々、堅令停止訖、若逺犯之輩於在之者、可處嚴科者也、

「天正十八『二百十一』」

天正拾八年五月　日　淺野彈正少弼(長吉)
木村常陸介(重茲)

二七一 大禰宜大中臣實勝書狀案〈一四〉 二四・〇 五一・八

(端裏書)「開白殿(豊臣秀吉)關東入之時分、書狀之安(案)文也、」

謹言上、就 御動座、於香取大神宮寶前勵精誠、卷數一合、
奉進上、此旨所仰候、恐惶謹言、

(天正十八年)五月晦日 香取社大祢宜 正散位上大中臣實勝(花押影)

「天正十八『二百十二』」

進上淺野彈正少弼(長吉)殿

二七二 大禰宜大中臣實勝書狀〈一五〉 二四・三 四九・三

態令啓達候、今度就 御動座、香取神領十貳ケ村・同大戸
六ケ村警固之御判、神角介方手繼以申請候之處、無相逺之
条、壹段歡悅之至候、依就 御動座、抽精誠卷數奉進上、
此旨御披露所仰候、將亦貴殿江勵丹精卷數令進覽之候、於
此上茂武運長久之御精誠不可有怠慢候、猶當社安全之儀凴

入候、恐ゝ謹言、

(天正十八年)五月晦日　香取社大祢宜 正散位上大中臣實勝(花押)

「天正十八『二百十三』」

謹上　淺野彈正少弼殿(長吉)

木村常陸介殿(重茲)

參御陣所

二七三　豐臣秀吉朱印狀(折紙)〈一六〉　三五・八 六六・〇

卷數二合幷蠟燭五百挺到來、被悅思食候、猶淺野彈正少弼(長吉)
可申候也、

(天正十八年)六月廿八日(朱印)(豐臣秀吉)

「天正十八『二百十四』」　香取社

大宮司(大中臣盛房)

大祢宜(大中臣實勝)

二七四　石田正澄書狀(折紙)〈一七〉　三二・三 四九・〇

猶ゝ淺彈(淺野長吉)先陣之事候間、　御朱印相調遣候、自然用之
事候者、可被申入候、以上、

爲御進上、蠟燭五百挺・卷數遂披露、則被成　御朱印候、
將亦我ホ方へ、越布一端・蠟燭百挺、到來、祝着之至候、猶
追而用之儀候者、可被申越候、不可有疎略候、恐ゝ謹言、

「天正十八『二百十五』」

(天正十八年)六月廿九日　石田木工頭

正澄(花押)

香取社　大宮司(大中臣盛房)

大祢宜中(大中臣實勝)

二七五　大宮司大中臣盛房誓文〈一八〉　三五・五 四三・三

今度配當ニ付而無二ニ申合候上者、何方より六ケ敷儀申出
候共、同前可申候、ひいき(贔屓)偏頗之儀、聊有間敷候、爲後日
一筆如斯、

天正廿年壬辰正月五日　神主

盛房(花押)(大中臣)

「天正廿『二百十六』」

大祢宜実勝(大中臣)ゐ

二七六　諸社人連名契狀〈一九〉　二三・四 三九・二

御訴訟申上候壹儀、於此上も御無沙汰有間敷候、
當社大明神幷左右之八龍神ヰの御□〔罰〕かふむるへく候、仍爲
後日一札如件、

権祢宜　物申祝　行司〔事〕祢宜　權介
分飯司　土器　源太祝　佐原□□〔禰宜〕
大神主　犛〔幣〕所　中はうり（祝）　二郎□□〔神主〕
四郎神主　小長手　おけはた（桶端）　中平〔幣〕神□〔主〕
擬はうり　五郎祝　はさまたけんしやう　□
丁古けんきう（檢校）　おりはたおさ（織幡長）　かちやけんしやう（鍛冶屋檢杖）
錄司代　田所　案主
諸社人

「天正廿『二百十七』」
天正廿年壬辰二月十四日　敬白

二七七　行事禰宜等六人衆契狀〈三〇〉

二五・一
二九・〇

申合候壹儀、於此上も御ちよさい申間敷候、若御ふさた
申ニつゐてハ、
當社大明神、王子卅よケ所、左右之八瀧神の御はつ（罰）とかふ
むるへく候、

九郎右衞門　忠右衞門
八郎衞門　弥四郎
源次左衞門　行事祢宜

以上六人之衆壹米〔味〕申、御前を守申へく候、
天正廿年壬辰二月十七日
○香取太〔大〕神宮牛王寶印ノ裏書ニアリ、

二七八　大山龜御占饗膳注文〈三一〉

二九・九
三六・三

惟天正廿一（文祿二年）年太才癸巳正月三、請大山龜御占饗膳之事
一、歳德在西宮、處字中部立木給、此人平安吉哉十合、
一、早田、中平田、末田、不食蟲、此人平安、吉哉十合
一、蟲養、平安如意、吉哉十合
一、天下万民快樂、一切如意、吉哉十合
一、祭祝等家〻平安、吉哉十合
一、大祢宜舘内家〻平安、吉哉十合

内院神主中臣
内院神主中臣
内院神主中臣

「天正廿一上『二百十九』」　内院神主中臣
惟令申大祢宜散位大中臣實勝さねゝつ

二七九　大戸神領支配状（折紙）〈二二二〉　三五・一　四七・三

（附箋）「天正年中香取御神領被下置候節、末社大戸神領大祢宜實勝（大中臣）配當仕遣候書付」
大戸神領之事
二貫三百文　神主領
二貫二百文　大祢宜領
八貫二百文　諸社領
以上、十二貫七百文、
同　寺領之分、
以上、拾貫文、
「天正中下『二百十九』」
香取大祢宜実勝
（ウハ書）「大戸寺社領之日記」

二八〇　原田種雄・大久保長安連署定書寫〈二二三〉　三二・二　①三八・九　②二九・八

（端裏書）「香取大祢宜殿（大中臣實勝）」
急度申入候、九州御陣、夫丸以下之儀、彼如一書、可被
仰付候、何も江戸ニ而、各へわり合、可有御渡候間、來
廿八日物主を御付候而、奉行所へ御渡、慥ニ手形御取可
被成候、已上、
一、夫丸御ふれの事、千石ニ夫丸壹人宛可被仰付候、此爲（爲此イ）路
錢、ひた（鐚）錢五貫文、千石之所にて、郷中に有之、夫免之
内を以、調越可申候、但千石候ハぬ郷中ハ、りん（隣）郷と寄
合候て、千石之場にて可出之事、
右之ひた錢あつめハ、壹石ニ五文、拾石ニ五十文、百石
ニ五百文、此積を以、大小へふりかけ調可有之事、
一、夫丸ハ、罷出候日より、一日ニ六合つゝ、路次之所ゝに
て、上より御ふち（扶持）被下事、
一、路ニ殘置候夫丸之妻子ニハ、壹月ニ米壹俵つゝ、御藏よ
り御ふちを被下事、
一、今度罷立候夫丸ニ、田三反・畠三反幷居屋敷、其郷中よ
り作付候て、とらせへき事、但作毛」（紙継目）惡作出候者、名主方
へ渡、壹石之所ニ而夫丸ニ越候者、名主才覺次第候事、
付、たねふちの事ハ、郷中之つくのへにて仕付へき事、

一、右之夫丸、御陣よりかけおち申ニおゐてハ、夫丸之一類之事者不及申、其名主、殊ニくゝの郷中、御成敗急度可有之事

右之分、堅被仰付候而、無相違様ニ御尤候、此御返事御油断有之間敷候由可承候、以上、

「文禄元
辰正月
『二百二十』」

（文禄元年）
辰正月十三日　（大久保長安）大　十兵
原　佐左（原田佐左衛門種雄）

二八一　香取實忠等書状〈二四〉

二八・一
①二二・八
②二〇・八

猶以申上候、今度御六ケ敷儀を、御耳へ立候事、外聞内儀無面目候、右ニ如申上候、此度計をハ、如何様ニも御意を以、相濟申度候、末ゝ之儀ハ、とても罷成間敷由、下地分別仕候、此趣宜御披露所仰候、恐ゝ、

今度不計儀以、拙者一代之失面目候處ニ、御下知故、左右方大方相濟可申躰ニ罷成候、御芳情更ゝ難申盡候、節ゝ御前へ罷出候而、過分之由雖可申上候、公內共迷惑仕候間、御無沙汰を申候、縱此上、身上引破候共、今般之儀ハ、如何様ニも　御意を以、取靜申度候、然而某之田地筑前所へ相渡候、世間不定之儀、其身」（紙繼目）窮屈ニ被取候欤、御意を被指添候事与申、大途御德政成下候共、筑前被抱候之間之儀ハ不可有相違候、恐ゝ謹言、

文祿三年甲午三月晦日　香取權介実忠（花押）

「文禄三二枚
『二百廿一』」　又三郎

御東
殿様御披露人ゝ御中

二八二　香取社祭禮頭番次第注文〈二五〉

三三・九
四九・〇

（端裏書）
「香取祭礼頭番次第」

香取大神宮祭礼頭番之次第

宮介、次權撿非違使、次正撿非違使、次大祝、次祿司代、次四郎神主、次吉原撿挍、次權祢宜、次田所、次擬祝、次物申〔祝脱〕、次文三郎祝、次大神主、次權介、次權祝、次行事祢宜、次目代、次惣撿校、次副祝、以上十九人、

相僕〔撲カ〕人數

祢宜祝、次織幡長、次中祝、次中平〔幣〕神主、次二郎神主、次

五郎祝、次分飯司、次丁古撿挍、次田冷判官代、次鵜〔雉〕判官
代、次角〔案〕安主、次小長手、次秀野〔屋〕長、次塙祝、次弊〔幣〕所〔祝脱〕、次
三郎祝、次權次郎祝、以上十七人、

大饗人數

源太祝、次返田神主、次酒司、次土器判官、次鍛治〔冶〕屋撿杖、
次大細工、次神子別當、次六郎神主、次烏撿杖、次小井戸
神主、次桶緣〔端〕、次大長手、次六郎祝、次油井撿杖、次堀口
神主、次佐原祢宜、以上十六人、

八月祭人數

御物忌、次木守判官、次笛大夫、次正判官、次大命婦、次
返田撿挍、次近藤大夫、孫大夫、三郎大夫、四郎大夫、次
大床八乙女、次天道命婦、次脇鷹祝、次兵衞大夫、以上十
四人、

文祿三年甲午十一月吉日書之㕝、　大宮司盛房（大中臣）

「文祿三　『二百廿二』」

二八三　大禰宜大中臣實勝證文案〈二六〉　二八・五 三七・一

（端裏書）「香取」

一札

一、猿房身上之儀、源左衞門子共ニ契約仕候間、可致養育之
由尤候、左候者、於行末も、少對源左衞門猿房親子、如
在存間敷候、殊自手元七百文之処、田地を源左衞門ニ出
し候、是を猿房老母かたへ可相渡之由肝要候、但此內貳
百文之所ハ、追野ノ穀八俵之分、十年相渡申候、十年過
候者、七百文之所同前さしそへ申へく候、爲後日御一札
被指添者也、如件、

追而申房を引立申付而ハ、土器職之儀相渡候、毛髮遠
乱不可有候、以上、

文祿五年丙申十一月十八日

香取大祢宜実勝（大中臣）書判

「文祿五　『二百廿三』」　土器源左衞門尉かたへ

〔香取大禰宜家文書　第十二巻〕

（題簽、外題）
「香取古文書　　卷之十二」

二八四　小原院院宣寫〈一〉　三三・一　一六・一　三三・三　四六・五（包紙）

（包紙ウハ書）
「謹上御院宣（黒印影）　　給　香取大祢宜（大中臣實隆）」

勅宣　下總國在廳官人并香取社神官并司、任先例、大中臣
實隆・同新太郎實勝、宜可守所、
右、件社家之事、従上代雖正散位候、今度勵忠信之条、
正二位職、就中上之衣裏紫倦者黃定者也、仍執（達脱）如件、
元龜三年三月吉日
御室院大指南　柳原小指南
小原院（花押影）
香取大祢宜大中臣朝臣實隆

○本文書ハ僞文書ナカラン、

〔香取大禰宜家文書　第十三巻〕

（題簽、外題）
「香取古文書　　卷之十三」

二八五　大禰宜大中臣實勝充行狀寫〈一〉　二八・八　三二・二

一札之事
右、中祝就絶負、（椎名）五郎左衛門ニ出シ候、於此上者、社役
仍大祢宜前少も無沙汰有間敷候、爲後日一筆如件、
香取社大祢宜大中臣実勝
慶長三年三月八日
（附箋、下同ジ）
「慶長三『二百廿四』（朱、下同ジ）」
新アニテ
椎名五郎左衛殿（マヽ）

二八六　大禰宜大中臣實勝充行狀寫〈二〉　二三・九　三三・一

○本文書ハ第二八五號文書ノ寫、附箋ニ「慶長三寫『二百廿四』」
トアリ、省略ス、

二八七　物申祝某起請文〈三〉　二九・五 三二・七

〔起〕
記請文事

香取大明神ᇀ御證礼候へ、此度しさいニおいて、御なさけ無ニ仍而ふき申候、この上御こんせつ候ハヽ、それかし事ニ不申及(及申)、子孫まて何事なりとも相遠申間敷候、爲後日一札如件、

慶長二年己亥三月七日　　物申祝（花押）

「慶長四『二百廿五』」
(大中臣實勝)
大祢宜殿樣へ参　使六郎へもん

○香取大神宮牛王寶印ノ裏ニ記ス、

二八八　大宮司大中臣成房・大禰宜大中臣實勝連署陳狀〈四〉　三二・八 ①四七・五 ②四八・三 ③三二・七

社人共有申分、目安上申候ニ付而、返答御所望ニ候、それまても無之御事ニ候へ共、□

一、過御年乃之御礼之砌、御礼錢之儀、如何樣之御模樣ニ御座候哉、全阿弥永樂錢ニ被改候、依之　(德川秀忠)中納言樣へ御礼錢も、御改可有之欤と存、千石之高ニ懸、我ホ□□前まて、出錢仕罷上候處ニ、如毎年ひた(鐚)錢□□(ニ而イ)御礼□、然處ニ諸社人ひた錢ニて之御礼ニ候へ者、殘之分相返□□由申候、我ホ申所者、連ゝ社人共我か(マヽ)まゝ(儘)いたし、出錢已下之儀、難澁仕候間、とても出し候分をハ、來御年乃之御礼も無程候へ者、重而之出錢も六ケ敷候間、筭用次第ニ此儘指置候へ由申候、如此之儀も、御礼遲ゝ仕候へ者、御大途を御無沙汰申儀ニ候間、申事ニ候、出錢之申樣、定過分之樣ニ可思食候間申候、永樂十貫文ニ貳百七十文つゝ之筭用ニ候、是ハ春中　(德川家康)内府樣江御礼申時之積にて申付候事、

一、社人共ニ知行配當ニ付而申樣御座候欤、入かた御繩之樣子無案内ニ候、其上指出之儀も、永樂何貫何百と申候間、如其前ゝ之年貢かた之積りニて配當申候、自元指出も何も穀積りニハ不申候、剩指出少分之社人廿人余りニハ、知行を重而出申候、又京都へ召連候社人及十人加恩を出候、其上前ゝ者無之候へ共、いつれも」(紙繼目)祭太(大)儀ニ候間、祭田と名付知行を相立候而、年ゝ之祭礼をなさせ申候、是

も諸社人ニ情ニ仕候事、
一、我ホ手前ニ、知行過分ニ抱申候由申候歟、右之ことく配當仕候へハ、千石之知行之分量、淵底可爲御塩味事、
一、我ホ知行をは抱候て、祭をも不致由申候歟、妄語不及是非候、年〻之祭之儀ハ不申、大祭之儀も、怠〔退〕轉之社人之前をハ、我ホ勤申候、就中去年も當年も、我ホ両人祭申候所を、如此申候事、不及是非候、彼社人共祭礼、其外之社役共難澁申事、無際限候、色〻申付候へ共、一圓もちい申さす、結句、かやうの妄語不及申候、殊御年頭御礼之砌も、我ホ手前より造作を不申由申候歟、千石之高ニ懸候上ハ、申所も無之候事、
一、社人共、千石を七百石抱置度由申候歟、彼社領之儀ハ、我ホ両人こそ申請候所を、諸社人まゝニ申度由、案之外ニ候、其上なにのうへにも、かゝしもと申事ハ有之ものニ候、是を以我ホへ之慮外共、御塩味可被成候事、
一、社人共屋敷之儀、侘言申候間、早〻出置候處ニ、不罷移候て、かやう之申事、不及是非候、又山中へ移申候社人ニハ、屋敷を出、于今謂申候事、
一、祭礼ニ社人闕候事、申上候歟、神招之祭之儀十月廿五日より相始候處ニ、廿三日ニ寠元を罷出候、如此之申様、不合之申事ニ候、其上自前〻我ホニ」(紙継目)背申候社人共、神前へ出仕之儀押へ申候事、于今不始事ニ候、此度之十五人之社人共ハ、自分より祭礼を背候儀、不及是非候、其外※ノ社人・社僧共ニ、いつものことく罷出、祭礼を勤申候事、
右之条〻、一ケ条も可申立子細無之候處ニ、我ホにたいしあらつれのやつはら、如此之慮外、不及申候、我ホへ不儀をかまへ申に付而、十五人之社人共、神水をいたし候、自前〻於當社かやうの神水之儀、法度ニ候處ニ、やふり候事ハ、社人ニハいたすましく候、大かたニいたし候ハゝ、當山之悪事たるへく候、御塩味所仰候、

(慶長三年カ)十一月廿四日　　香取社　神　主(大中臣成房)(花押)
　　　　　　　　　　　　　　　　　大祢宜(大中臣實勝)(花押)

御奉行中

※(附箋)「慶長三三枚『二百廿五ノ下』」

二八九　小林加賀守等連署請文寫〈五〉　二八・二　三九・八

(端裏書)「香取監物」

一、祭礼ニ社人闕候事、申上候歟、神招之祭之儀十月廿五日

今度三谷野弥八郎身上依不罷成、社職を御両所江指上申候、
然間某佗言申相請申候、就之御手寄之御職ニ候へ者、一筋
ニ稼可申候、後日ニ踈略申ましく候、就御無沙汰申ニハ、
彼職へ御手ヲ可被入候、爲後日如件、

慶長五年かのへ子二月吉日　宮下小林加賀守判

同　玄蕃判

同　新六判

「慶長五『二百廿六』」

進上　大祢宜（大中臣實勝）殿へ参

二九〇　大禰宜大中臣實滿充行狀〈六〉　二三・三 三〇・〇

一礼

かいとり職之事、定額へ相渡候、此上も猶てもとヲ〔へイ〕御守可
被成候、左なく候者、以來於子孫も口惜儀、御てもとへ可
申斷候、其時御うらミ有ましく候、仍爲後日如件、

香取社大祢宜

慶長六年辛丑拾月吉日　実滿（花押）

定額へ
御同宿中

「慶長六『二百廿七』」

二九一　大禰宜大中臣實滿安堵狀〈七〉　三二・六 三〇・〇

大戸塔屋敷之事、先年社領配當之砌、知行之員數ニ相付候、
自今以後、不可有相違候、仍爲後日之一筆如件、

慶長七年壬寅拾月三日　香〔取脱カ〕社大祢宜

実滿（大中臣）（花押）

「慶長七『二百廿八』」

西福寺江参

二九二　大禰宜大中臣實滿書狀案〈八〉　三二・三 四一・〇

安〔案〕文

大戸社領之儀者、香取千石之內、祝分配を以、百石之所付
置被申候、此內三貫五百文ひかい置候、田地をいだし候分
ハ、社乃爲修造与〔云カ〕言、三月大神事、其外祭礼のくりうのた
めに候、其上如前ゝ年乃節句物計かセきたて尤候、扨又次
世断御中たち候へ者、於于拙者も如在申ましく候、若寺社
衆如在ニ付而ハ、重而も可申出候、身之無沙汰ニあるまし
く候、仍如件、

「慶長八
『二百廿九』」　　　香取大祢宜
慶長八年夘ノ八月廿五日　實滿(大中臣)(花押影)(黑印)
大戸　寺社へ

二九三　大禰宜大中臣實滿陳狀〈九〉

三四・三
①三五・六
②四六・一
③四八・〇
④二九・二

目安返答書之事

一、大戸之寺社共、百石之知行、御大途より付被下候由申上候歟、案之外候、香取千石之社領つけをかれ候時分、大十兵衞(長安)様香取江御出候、其砌親候大祢き、大戸之社領をもならへて、侘言被申候、然處聞召分られす候、就之おやに候もの、香取千石之内大戸百石付置候、然間十三ケ年以來、前〻のとく差引にしたかい申候、然に此度それかし若輩を見屆候歟、不測儀を申上候、其上大戸之村ハ、鳥居彥右衞門殿(元忠)御領中ニ罷成候を、おやに候者侘言申、千石之内百石折分相渡し、四万石より大戸之村を百石申請候、これも大戸寺社共ノために屋敷所も自由ニなさセ申候樣ニおやに候者、神慮与云、慈非(悲)を存、相渡し被申候事、

一、百石之社領を過半うり申候よし申上候歟、毛頭僞ニ候、但かい主候ハゝ、其かい主共御尋有へく候、右之百石之内十四石程、手元へ所務申候、是ハ每年三月中ノ巳午御神事ニ、香取の社人衆五十余人同心いたし、御まつりをつとめ申候、そのくりうのために候事、

(紙繼目)

一、京都へ上洛之時分、同道可申由申上候歟、これもつていつわり(僞)ニ候、代物三百文合力申候、是ハ大戸ニかきらす、香取十二ケ村より合力を申請候付而、百石之所務之儀、凡ニいたし申よし申上候歟、在京之砌、香取の神主与談合申、借錢申候而、其年者千石を所務いたし相渡し候、乍去神事之分ニハ、大戸ノ寺社共ニ渡し候事、

一、大戸之寺社廿七人へ八十石あまりはいとう(配當)いたし候、殘十四・五石之儀、右之とく神事之くりうに候、扨亦造榮(營、下同ジ)之儀、おや殘命之砌、稼被申候て、一小屋ならす、番匠おうかを入被申候、雖然親死去以後者、某若輩ゆへ、一兩年にハ遲〻申候、乍去先月よりはしめ申、番匠を遣候事、

一、枕之木切申候由申上候歟、拙者之儀若輩故不存候、乍去年より共ニたつね(寄)候へ者、十二・三本此内風おれも御座

候由申候、其者共申上候とく、造榮のために候、此内大
木貳本御大途ニまかりあかり候、其上かやうの儀も、お
や殘命之時者不申上候候（衍カ）て、某若輩ゆへニ申上候、迷惑
ニ存候事、
一、造榮の請合之ために、番匠・代官を指越申候処ニ、神主
申候程ニハ、さうゑい（造営）の儀者指置、右之十四・五石を被
下候得よし申候、扨又大戸百石之儀、御大途までも申上
候、香取千石之外ニ候ハヽ、香取之御差引請申間敷由申
候、若又千石之内ニ候者、神主をはしめ、大戸之者共、
無縁ニ罷成候共、侘言申ましき由申定候、たとへ千石之
外ニ候共、前々某先祖よりいろい（綺）立申候大戸ニ候、况千
石之内其隱なく候、大十兵衞様（大久保長安）之存知之御」（紙継目）前ニ候付候
而、大戸之寺社香取へ參候而、右之田地へ申分候、千石
之内欤外欤、わけ候て罷歸られへき由、神主ニ申付候処
ヲ、十余人之者共、神主同心可申由申候て路（マヽ）候、然共千
石之内と分別申し、彼田地ニ違乱申ましきよし申候て罷
歸候間、次日作として人足を指越申候処、憐（隣）郷・憐（隣）村之
者共三百余人あつめ候て、某者共百石之うちへ入ましき
由申て、某もの共ヲちやうちやく（打擲）申候事、

一、造榮のために、くわんしん（勧進）いたし候事、親ニ候者、鳥居
殿奉行衆へ侘言申、御領中をくわんしん申候、彼兵粮い
ノ年の秋百三十俵ニ候、此内八俵手元へ取申候、其外者
大戸神主をはしめ、寺社共ニ借申候間、御造榮ノためニ
本利共ニさいそく（催促）申候、御造榮を可申候事、
一、代替之礼錢之儀申上候哉、案之外ニ候、某代替ニハ、努
々取不申候、大戸ニおゐて北之坊・山中彼兩寺死去被申、
彼弟子衆坊跡へなをり申候時、樽分として、少々心はへ
ヲ請候、それかし非分ニハ有間敷候事、
一、毎年御年乃之御礼ニ付而、大戸之社家共、可罷上之由申
候欤、毛乃いつわりニ候、扨又御礼錢の儀者、千石の高
ニ候ゑ者、香取なミニ申付候事、

以上、

右之趣、不計儀を申上候、從前々至某迄、據立無其隱大戸
ニ候ヲ、某若輩与存、如此之儀申上候、迷惑千万ニ存候、
大戸百石之儀者、親之分別を以て被付置候間、末代」（紙継目）と云、
御塩味尤ニ候、於此上も、造榮之儀者右ニ如申候、少も如
在申間敷候、

「慶長
『二百三十』」

ヨノ
拾一月廿五日　香取社大祢宜大中臣実満（花押）
▨▨▨江戸奉行所へ御返書

二九四 (1)香取社元三御祭頭番次第并 (2)香取社流鏑馬次第等案〈一〇〉

三三・五
①四五・一
②四四・六
③四五・二
④四五・二
⑤四四・七

(1) 香取社元三御祭頭番次第

定
香取太〔大〕神宮元三御祭頭番次第

未一 宮介　申二 権撿非違使　酉三 正撿非違使
戌四 大祝　亥五 錄司代　子六 四郎神主
丑七 八郎撿杖　寅八 権祢宜　卯九 田所
辰十 擬祝　巳十一 物申祝　午十二 分三郎祝
未十三 大神主　申十四 権介　酉十五 権祝
戌十六 行叓祢宜　亥十七 目代　子十八 惣撿挍
丑十九 副祝　以上十九人也、

相撲御祭頭番次第
一 祢宜祝　二 織幡長　三 中祝

四 中平〔幣〕神主　五 二郎神主　六 五郎祝
（紙継目）
七 分飯司　八 権撿挍　九 田冷判官代
十 雉判官代　十一 角安〔案〕主　十二 小長手
十三 秀屋長　十四 塙祝　十五 弊〔幣〕所祝
十六 三郎祝　十七 権二郎祝　以上十七人、

大饗《キャウ》御祭乃番次第
一 源太祝　二 返田神主　三 酒司
四 土器判官代　五 鍛冶屋撿杖　六 大細工
七 神子別当　八 六郎神主　九 鳥撿杖
十 小井土神主　十一 権判官代　十二 大長手　十三 六郎祝
十四 油井撿杖　十五 堀口神主　十六 佐原祢宜
以上十六人也、

八月御祭頭番次第
一 物忌　二 田なかし木守判官代　三 神右衛門笛太夫
（紙継目）
四 絶間正判官代　五 大命婦　六 返田撿杖
七 神右衛門近藤太夫　八 孫太夫　九 大宮三郎太夫

十 絶間 四郎太夫　十一 六郎はうり 大床八乙女　十二 絶間 天道命婦
十三 脇鷹祝　十四 甚衛門 兵衛太夫　以上十四人也、
右、毎年狀安しらへ申事、上代ハ安し、累年ハ社人不弁
也、然間かやうに略し、次第ニまかせてしるし申也、以
上大役人六拾六人也、御兩所ハ年中四方のつとめと申、
國行事ハ三月御幸の大役人、佐原安〔案〕主ハふつしやうゑ（佛生會）の
乃人たりと心得へし、
天文三年甲午正月十日　田所宗好記之、

（紙繼目）

(2) 香取社流鏑馬次第等案

御當社五月五日鏑流馬㕝
上馬次第、
一番　宮介
二番　大祢宜
三番　神主
四番　織幡役
射事、次第不同、
一番　宮介
二番　大祢宜　宿〔初〕所之二番賞翫也、
三番　國行事
四番　追野中務跡 立澤二人役
五番　物申祝
六番　ほての二番賞翫也、　神主
七番　織幡役
以上、

（紙繼目）

（異筆）「十イ」九月相撲役才之事
一人　擬（祝）はうり
一人　土器判官代
一人　當雉屋敷　新市場 又四郎入道内
一人　ほて織幡
一人　丁古 左内
一人　大倉
一人　秀屋長
一人　佐原祢宜
「元和五五枚『二百三十一』」

毎年十月神マネキ（招）田冷請取祭物
一石三斗　多田
五斗　大倉
くほの又四郎沙汰ス、
永和ノ帳ヲ、
正長三年ノ帳ヲ元和五年己未正月廿七日書写、
大祢宜室町院実應（花押）
筆者宮中仕太郎兵衞眞信（花押）

二九五　諷誦文案〈一一〉　三一・〇 三五・三

敬白　請諷誦事
三宝衆僧御布施一裹
夫以、奉納場者、諸神來集《影向》灵地、諸佛影向《來集》道場也、厥三十番神、奉尋本地、兩部之諸尊都无余、又十羅刹女、是五佛四井及大自在天之化用、是本跡一致之會場、慈悲深重之内證也、是以二世求願豈空乎、爰香取大神宮先賢造立之奉納堂、破壊斷絶而及《リ》ニ卅ケ年一、于時元和七歳重光作噩之花月、以假屋殿一、金資俊尊奉建立之一、此道場定《ハ》、然者四ケ安樂之法孫、仰妙經器量《ヲ奉納シ》、五種難行之佛子ホ《ハ》、謹金筒奉納《安置》而ｏ《不怠、》祈ニ現當悉地一、無レ怠依之惣《テハ》日域▨将軍・社家繁昌、別者伽藍安穏・興隆佛法、乃至有頂沙界、平等普利、敬白、
「元和七『二百三十二』」
元和七歳辛酉貳《二》月中旬敬白　『元和七』

二九六　田所等連署證文〈一二〉　三〇・五 三四・九

正月二日又見之神事机ニ付而出入之事
一、物申申分ニハ、先き代物ニて相濟候間、其通申候、又宮之介ハ及二・三代ニ米貳舛ニて相濟申候、たゝいま此ことわり合点不申候、此四人立合曖申候、當年ハ代物百文、以來及末代ハ、米貳舛《但九ツ判舛》ニ相定申候、そう方いぎ有間布候、
仍爲後日如件、
元和九いノ年霜月廿九日
曖人 惣撿校（略押）
同 新　八（花押）
同 分飯司（略押）
同 田　所（略押）
「元和九『二百三十三』」
宮之介殿まいる

二九七　返田大學等連署證文〈一三〉　二八・〇 三九・二

返田神主職之事　　貳貫目也、

一、右之貳貫文め之うちヲ壹貫、〔右脱カ〕作衞門末代ニ相渡、十月の大神事ヲつとめさセへきやくそく実正也、たとへいかやうの儀御座候共、子ミ孫ミニいたるまて、たかひニくゑ（悔）かへ（返）すへからす、但シ返田大明神之年まつり・かんとり（香取）八月まつりには、いろわせ申間敷候、

一、返田大明神之御ふきかひ（葺替）なとをは、兩人談合可申候、爲後日之一札如件、

寛永三年ひのへ刁正月吉日　　返田大學印

同善二郎印

口入又見御いんきよ
眞顯印

小井土神主印

返田村
かけい印

同
はやと印

「寛永三『二百三十四』」

作衞門江
參

二九八　前大禰宜大中臣貴宗言上書寫〈一四〉

三一・八
①四四・八
②三九・七

謹言上

下總國香取
大祢宜大中臣實應
今ハ貴宗、

一、拙者儀、廿一年以前ニ、蒙御勘氣、在所を立のき、他所を〔流浪〕窂流仕、かつへにのそミ申候、御侘言申上度、念願ニ御座候へ共、御奉行樣江可申上樣も無〇（御）座、弥ミ身代不罷成、年月を送り申候、哀ニ御慈悲を以、御赦免奉仰候御事、

一、大祢宜家ハ、明神御垂跡始ゟ宮中へ出入仕候、但シ唯受一人之傳受を、代ミ末期之時、嫡子ニ相傳仕、神事・祭礼執行仕候、我等不屆者ニ候へハ、申上も憚ニ御座候へとも、拙者代ニ罷成、他所ニ而朽果候者、神道傳受絶へ申儀、殊ニハ御造營なと被　仰付候者、下遷宮・上遷宮之時、明神御守り可仕者無御座候、此段神慮も如何敷、亦拙者後世まても口惜存候、右之傳受、他家へ相傳不罷成御事、

一、神事之刻、社內江出入仕者ハ、權祢宜与申候、昔ゟ大祢宜或ハ忌、或ハ煩なとの時、代官ニかりに宮中へ入申候、然共御几帳之內へハ、中ミ入不申候、又內八」〔紙繼目〕人と申八人之神主御座候へ共、猶以此者共は、御調物なと持參仕計候、右如申、御造營之時ハ、大祢宜ならてハ、明神之御

もり不罷成御事、

一、正神殿、付末社之繪圖目錄・祭礼御幸之次第亇書物所持仕候、其外往昔ゟ大祢宜中臣氏江　公家・　武家ゟ被下置候文書數通御座候內、　御院宣并賴(源)朝公・　高(尊)氏(足利)公御判も御座候、か樣之物共、むなしく朽果可申儀、無是非迷惑仕候御事、

一、香取一山之寺社家中連判を以、拙者儀を御侘言申上度と申合候へ共、何角と罷過候、右之連判いまに御座候、一度香取へ被召歸、祭礼執行へ致、せかれに神道傳受仕度と、老後之歎、此御事に御座候御事、

右之條〻、御慈悲を以、被聞召上、御赦免被成候樣にと、奉仰計ニ御座候、以上、

「寬永四二枚
『二百三十五』」
(寬永四年)
夘月五日　　　　貴宗(大中臣實應)(黑印影)

寺社
御奉行樣

二九九　拂米證文〈一五〉

三〇・八
二九・二

一、御町米一札之事

宮中御藏夘ノ御年具〔貢〕

夘ノ御年具〔貢〕

右之米貳拾四俵ハ、江戸ニてうりまへに御さ候ハヽ、そのな〻ニ金子さし上可申候、又こゝもとニてうれ申候ハヽ、御藏拂御さ候ハヽ、そのそうはしたいにいたし可申候事実正也、仍如件、

寬永五年辰三月卅日

徳右衛門(黑印)
又二郎(略押)
四郎兵へ(黑印)
三郎兵へ(略押)
かけゆ(略押)
清左衛門(略押)
作右衛門(花押)

大宮司樣
御內
仁左衛門殿ゟ

「寬永五
『二百卅六』」

三〇〇　大宮司年貢請取狀寫〈一六〉

三〇・三
四二・六

巳ノ六月十七日賣米之事

一、米合三百五俵壹斗壹舛八合壹勺

此金五十壹兩壹分代三百文

外
米三拾俵、卯ノ年金ニて五両納、
金子合五十六両壹分三百文
右ノ金ハ、卯・辰両年御藏はらい賣米金として、請取処実
正也、爲後日仍如件、
寛永六年巳六月十七日　　大宮司
宮中
百性中

巳ノ物成
午ノ六月廿五日うり米覺之事
一、米百三十九俵貳斗四升、但三斗七升入
此石五十壹石六斗七升
右ノ金子十六両四百七文、請取処実正也、
「寛永八
『二百卅七』」　但壹両ニ付三石貳斗ね也、
午ノ物成
未ノ五月廿一日うり米覺之事
一、米百五十壹俵貳斗三升四合
此石五十六石壹斗四合
右ノ金子拾八両壹分五十〔四百〕七文
但壹両ニ付三石五升ね也、
右、請取処実正也、爲後日仍如件、
寛永八年未ノ五月廿一日　　香取大宮司（大中臣實應）

宮中
百性中

三〇・一
四一・三

三〇一　修正料田渡状〈一七〉

一札之事
いノ正月十四日のしゆしやう（修正）ノつとめとして、かはいノ下
百文のところ、來る丑ノ年よりわたし申候、當年來年貳百
文ニさため申候、田地ちかい申候ハゝ、せん〳〵のごとく
貴殿ニわたし可申候、仍如件、
寛永十二年正月四日
口入　四郎兵衛（黑印）
「寛永十二
『二百卅八』」
同　長二郎（黑印）
宮ノ介（略押）
神宮寺様へ
参

三二・九
①四五・八
②四七・二
③四七・二
④四七・四
⑤一三・五

三〇二　香取社社官等姓名注進状〈一八〉

（端裏書）
「司召
香取（大中臣實應）
大祢宜」

敬白

「寛永廿二（マヽ）四枚續『二百卅九』」

惟當來歳次寛永廿二年（正保二年）太歳乙酉正月、撰定吉日良辰、掛忝令御座被崇賜、本朝鎭守棟梁正一位勲一等香取大明神幷王子卅余ヶ所・左右八龍神等、於宇豆廣前、恒例依次第、社官等姓名令食進之狀

一、大宮司正散位上大中臣朝臣（マヽ）　房召

左大祢宜正散位上大中臣朝臣實應召

左宮介代召

右權祢宜正散位上大中臣朝臣

左物申祝（納言）正散位上大中臣朝臣

左國行司〔事〕召　　右大祝梶取中臣召

『一』」（紙繼目）

左副祝中臣召　　右惣撿挍中臣召

左權介源召　　右行叓祢宜藤井召

左錄司代中臣召　　右田所藤井召

左安〔案〕主仲〔中、下同ジ〕臣召　　右正撿非違使中臣召

左權撿非違使中臣召　　右押領使藤原召

左六郎祝藤原召　　右祢宜祝中臣召

左三郎祝文屋召　　右權祝中臣召

左塙祝中臣召　　右源太祝中臣召

左擬祝中臣召　　右五郎祝藤原召

左酒司藤原召　　右修理撿挍中臣召

左幣所祝中臣召　　右鄕長中臣召

左高倉目代藤原召　　右文三郎祝中臣召

左小長手中臣召　　右中祝仲臣召

左油井撿扗藤原召　　右迫田撿扗礒守召

左大細工文屋召　　右鍛治〔冶〕屋撿扗中臣召

左分飯司鑰取召　　右權次郎祝文屋召

『二』」（紙繼目）

左脇鷹祝藤原召　　右吉原撿扗文屋召

左土器判官代藤原召　　右佐原祢宜中臣召

左正判官代藤原召　　右權判官代（マヽ）　召

左秀野長〔屋〕中臣召　　右判官代中臣召

左角案主文屋召　　右田冷仲臣召

左木守判官代召　　右權撿扗中臣召

左四郎祝中臣召

一、內院座

左大神主仲臣召　　右四郎神主中臣召

左內院神主中臣召　　右內院神主中臣召

左内院神主中臣召　　右内院神主中臣召
左内院神主中臣召　　右内院神主中臣召
一、神夫座
左薦長神夫召　　右新藤神夫召
左一神夫召　　右二神夫召
左宿直惣使召　　右定使召
一、大床并神子座　　（紙継目）」
左物忌中臣氏女召　　右八乙女中臣氏女召
左大命婦召　　右天道命婦召
左十郎命婦召　　右松山命婦召
左坂中命婦召　　右和田命婦召
左堀河命婦召　　右鏡命婦召
左神子別當召　　右孫太夫召
左四郎太夫召　　（後）右兵衛太夫召
左近藤太夫召　　（前）右三郎太夫召
左民部太夫召　　右笛太夫召
一、御讀經座
寺別當俊尊
左定額代召　　右又見召
左不斷所召　　右圓壽院召
左神主・供僧召　　右讀師召
右、依恒例之次第、社官等之姓名」『三』（紙継目）令進之狀如件、
筆者大仲臣実應『四』

三〇三　前大禰宜大中臣貴宗訴狀扣〈一九〉　二九・一　四〇・〇

正保貳年乙酉六月廿二日御評定所ニ而、御老中・同諸御奉行江直訴申上候旨趣之事、
先年私不屆仕候故を以、在所を立のき、當年□□〔まてカ〕廿五年他所を流牢〔浪〕仕、もはやかつへに及申候によつて、乍憚直ニ御訴訟申上候、其子細者、香取明神御垂跡以《ノ》降《タ》、正神殿・末社之繪圖、其外公家・武家ゟの書物已下、殊天下之御祈禱之御祭礼、年中ニ九十余ケ度相勤申中にも、宮中へ出入仕、御調物を備へ申事ハ、私先祖ゟ之役ニ而御座候、就中天下樣ゟ御造營なと被　仰付時、下遷宮・上遷宮神之御守り仕事ハ、拙者之職役ニ御座候、因玆神道傳受之作法御坐〔座〕候、拙者他所ニ而相果候ハヽ、往古ゟ之神道傳受退轉《テン》迷惑ニ存、御訴訟申上候、全利欲を以申上候ハ無之候、哀御慈悲

を以、御赦免被下之上、せかれに唯受一人をも申つたへ度
存、御訴訟申上候、
右、大形此通り口上ニ而申上候、後々のため二印置也、
「正保二『二百四十』」
正保貳年乙酉六月廿二日　　生年六十才 貴宗（大中臣實應）

三〇四　千葉定胤證狀〈二〇〉　三一・五 三九・八

思召者急々世ニ出樣
神慮所奉仰也、於拙者、身上相應之知行、可令寄附也、
無念野心之處、不思議之感應、無二無三、仍狀如件、
慶安元年
十一月吉日　　千葉介 定胤（花押）
「慶安元『二百卅一』十一月」
香取大明神申上

三〇五　金子借用證文〈二一〉　二七・九 三五・五

借用申金子手形之事

（割印）合金子壹兩三分者、但小つふ也、
右、金子壹兩三分之子錢（割印）ニ、かなくぼの畑二まい渡しおき
申候處実正也、何時ニても、本金有合ニ請申候者、九月ゟ
十月之内請可申候、其間天下一同之はた返（割印）シ、如何樣之儀
御座候共、右之本金壹兩三分不相濟うちは、其方ニ而御て
さく可成候、本金有合相濟申候者、右ノ畑無相音〔違〕御かへし
可被下候、爲後日一札如件、
（割印）「慶安三（割印）『二百卅二』」
慶安三年霜月廿七日　フノ　賣主吉原村　撿非違使（黑印）
口入　市兵衞（略押）
同　与七郎（黑印）
宮中清右衞門樣

三〇六　御觸書案〈二二〉　三四・五 四九・二

覺

一、年頭幷御祝儀ホ之節、關東中此書立十ケ國寺社之輩、前
々より參來候とも、寺社領貳拾石以下者、自今以後、不
及參府、たとひ貳十石以上たりといふとも、此跡より不
參來輩者、可爲無用、但子細於有之ハ、寺社奉行所へ申

伺之可有參上事、
一、寺社領貳十石以下、又者領知無之候共、由緒有之候而、
例年參府候へて不叶分者、寺社奉行へ相伺之、〔其〕可受差圖、
縱只今迄毎年參來候共、由緒無之寺社之輩者、或二年或
三年ニ一度宛參上可然事、

慶安五年正月七日

「慶安五
『二百卅三』」

三〇七　正月元三祭頭番之差定〈二三〉　三四・五　四九・四

差定
今年正月元三御祭頭番之叓
右、自今日始、明年五月五日至、於祭祀門內、万雜公叓令
傳〔停〕止上者、重服・輕服・月水・血走・乱行不善輩不可乱
入、若尚不隨制止者、以
脇鷹天神爲大行叓、可令糺定給之狀如件、

羕應三年甲午正月七日　〔案〕安主
田所
祿司代
行事祢宜
物申祝
權祢宜
大祢宜散位大中臣〔實富〕
大宮司散位大中臣〔範房〕

「承應三
『二百卅四』」

三〇八　大宮司大中臣範房訴狀寫〈二四〉　二八・四　四二・〇

〔端裏書〕
「御用木御訴訟狀写」
乍恐以書付御訴詔〔訟、下同ジ〕申上候
一、此度　御城御門之御材木御請負申候助左衛門と申者、香
取社內ニ而、大木之松五本見立申之由申上候付而、右之
松木相對にてきらせ可申旨、　御書被成下候、任御意松
之木指上可申候へとも、香取御笠の內少之所ニ而御座候
へハ、大木數多無御座候之故、往古ゟ御笠ニ而、　御用
木御伐取被爲成候之儀、終無御座候、願者此度も御赦免
被遊可被下候、併　御用木之儀ニ御座候間、菟も角も
御意次第ニ御座候へとも、神木同樣ニ奉存候大木ニ而御

座候間、被　聞召分、御免許被遊候ハヽ、難有可奉存候、
以上、

明暦三年
　　酉霜月日　　　　　　　　　　香取大宮司（大中臣範房）

御奉行所

御用木を御請負候とて、助左衛門と申者ノ手代神主方へ断候へと
も、此方ゟ神主御公儀江御訴詔申候へハ、被召聞〔聞召〕分御赦免被下候、
助左衛門をおさへ置、御公儀樣へ御披露申候故、御聞分被成候、
爲後代之如此写置者也、

　　　　　　　　　　　　　　　　香取大祢宜實富
「明暦三『二百卅五』」　　　　　如此写置申候

三〇九　椎名惣兵衛證文〈二五〉　三一・四　三五・三

指上申一札之事

一、此度神宮寺住持之儀、拙者內〻申上候之通、能化宗仁房
御移被下候之儀、難有奉存候、以來如何樣之於逆心之宗
企ニ者、拙者ニ可被　仰付候、疎意仕間敷候、仍如件、

万治貳歳
　己亥二月廿三日

　　　　　　　　　　　　　　　　椎名惣兵衛（黑印）

香取（大中臣範房）大宮司樣

「万治二『二百卅六』」

三一〇　小林玄蕃等連署契状〈二六〉　二六・四　三五・二

證文之事

一、今度大祢宜殿（大中臣實富）死去被成候ニ付而、跡式之儀、従　御公儀
樣、大宮司（大中臣範房）子神〔甚〕平（同由房）ニ被仰付下候、就其かうしつ（後室）　御公儀
樣へ御目安之目安被指上、院〔隠、下同ジ〕居免其外、家諸道具取被申、
院居可被成と被申上候、尤神〔甚〕平大祢宜職相つき申上ハ、
親子ニ罷成候間、少も此方ゟ不及吴儀ニ候条、相談致無
事申候、去なから當分甚平若背〔輩〕ニ御座候間、二・三年も
只今之通ニ御座可被成候事、
一、大祢宜殿知行物成取申候時分ハ、双方より壹人つゝ出し
候而、とらセ可申候事、
一、院居被成候時分ハ、御望之ことく、院居免ニ地かた仁十
石之わりニて、表ニてまいねん（毎年）相渡し可申候事、
一、院居所之事も、只今御座候家之内ニて、二ツも三ツも引

こわし、作り進可申候、御一代御如在申間敷候事、
一、諸道具之事も、此方より、少もかまい無之候事、
仍如件、

寛文四年　辰ノ十二月八日

大宮司内　玄　蕃（黑印）
同　太左衛門（黑印）
同　物　申（黑印）
江戸宿　八郎左衛門（黑印）
同　市郎左衛門（黑印）

「寛文四『二百卌七』」
かうしつ殿

二九・五
①三〇・七
②四二・五
③四二・三

三一一　香取大禰宜家文書目錄〈二七〉

及寛文八年、

(藤原忠通)
關白家政所下、本書、　自保元元年　五百拾參年、

(藤原忠通)
前太政大臣家政、本書、（所下脫、下同ジ）　自應保貳年　五百七年、

(近衛基實)〔大〕
關白左太臣家政、本書、　自長寛貳年　五百五年、

(源)
賴朝心願成就、本書、　自治承五年　四百八十八年、

同安堵事、本書、治承七年ト在之、年代記ニ不見、

(九條兼實)
關白前太政大臣家政、本書、　自建久七年　四百七拾參年、

(近衛家實)
關白前左大臣家政、写、　自建永貳年　四百六十貳年、

「寛文八『二百四十八』」　兼元三年之年写、本書無之、集書也、四百六十年、」

(北條義時)
陸奥守平、本書、　自兼久三年　四百四十八年、

(近衛家實)
關白前太政大臣家政、本書、　自嘉祿二年　四百四十年、（紙繼目）

(鷹司基忠)〔大〕
關白前左太臣家政、本書、　自文永八年　參百九十八年、

(北條時宗)
相摸守平、
(北條政村)
左京權大夫平、兩判、　自文永九年　三百九十七年、

相摸守、　自弘安四年　三百八十八年、

(北條時宗)
(大中臣)
實政讓状、僞写書、　自永仁元年　三百七十六年、

(多田)
有時、判在、　自正安元年　三百七十年、

(近衛家基)
關白前右大臣家政、本書、　自永仁參年　三百七十四年、

(二條兼基)
關白前太政大臣家政、本書、　自正安參年　三百六十八年、

(大中臣)
（實長舘へ當状、本書、
同造營注進上之書一通有リ、　自正和四年　三百五十四年、

伊豫守、在判、本書、　千葉新左衛門尉へ當状、　自元應貳年　三百四十九年、

(北條高時)
相摸守、
(北條顯時)
修理權大夫、兩判、本書、　自元亨三年　三百四十六年、

沙弥道寂、在判、本書、　自嘉曆貳年　三百四十貳年、

藤原末眞、在判、　自康永四年三百廿四年、

正二位源朝臣、本書、　自觀應參年三百十七年、

平、在判、　自延文貳年三百十二年、

假殿催促ノ書、

（大中臣）長房謹言上、写、　自貞治五年三百參年、

貞治七年之書、写一巻有、帋數五枚、」（紙繼目）

三百一年、

平長徹、本書一枚、又写一枚、　同年

（細川頼之）武藏守、在判、　自應安五年貳百九十七年、

（中御門宣方）左中辨、在判、　同年

（安富）沙弥道轍、在判、　同七年

同、　写三枚、　同七年

同、兩判在、横帋、　同七年

但馬守、在判、　自永和四年貳百九十一年、

前伊豫守、在判、制書、　自至德參年二百八十三年、

（千葉）平滿胤、在判、　同年

同、　在判二枚、　自嘉慶二年貳百八十二年、

同、　在判六枚、　自應永五年貳百七十一年、

在判計、三枚、　自文明參年百九十八年、

（大中臣）大祢宜實隆、在判、　自永祿十年一百貳年、

小原院薄墨、在判、　自元龜參年九十七年、

（正澄）石田木工頭殿、在御狀一通、

（吉隆）木下半介殿、在御狀一通、

三一二　香取神領役人等連署訴狀案〈二八〉

二八・九
①四一・七
②四二・〇
③一二・七

乍恐以書付御訴詔〔訟、下同ジ〕申上候叓

一、下總香取先大祢宜悴齋宮之助と申者、大祢宜家之文書ニ付、同社宮之助と出入御座候而、當三年以前之戌ノ三月九日之御寄合ニて、齋宮之助御追放被爲仰付候、彼齋宮之助大祢宜家之唯受壹人之神道、其外數通之文書、于今所持仕候、然ルニ齋宮儀、老後と申、遠方ニ而相果申候而ハ、大祢宜家之文書紛失仕候儀、當大祢宜在々氏子とも迄、迷惑仕候間、去ル四月十八日之御寄合江罷出、歸參之御訴詔申上候得ハ、齋宮方ゟ大祢宜方へ文書相渡シ候樣ニと　御意御座候間、則罷歸、御意之段齋宮ニ爲申

聞候得ハ、前〻ゟ傳受之書ニ御座候故、三ケ年以前も相
渡シ不申、　御意遠背仕候所ニ、此度又
御公儀様御意御座候上ハ、大祢宜方へ文書」不殘相渡シ
（紙繼目）
可申候間、我才御赦免之御訴詔頼入之段申候御叓、
一、宮之助儀も、大祢宜方へ文書於相渡申ニ者、齋宮儀山中
歸參之御訴詔ニ罷登り候間、希ハ御赦免被爲　仰付被下
候ハヽ、判形之銘〻難有可奉存候、以上、

寛文十二年
子ノ十一月廿七日

津之宮村 惣右衛門
篠原村 藤左衛門
左原村 茂左衛門
新邊村 清右衛門
新市場村 新左衛門
かま塚村 傳四郎
（返田）かやた村 勘解由
小野村 三左衛門
（織幡）おりはた村 右京
（多田）たゝ村 傳右衛門

「寛文十二 三枚『二百卅九』」

吉原村 弥五右衛門
丁子村 源兵衛
山崎村 次左衛門」
（紙繼目）
大倉村 主税
香取 惣持院（黒印）
同 新福寺（黒印）

寺社御奉行所

三一三　田所某契狀〈二九〉

二四・六
二八・七

手形之事

一、狐座山明神之御祭、先年より拙者ニ被仰付候に付而、御
恩三□□之御田地、今ニおいて給候所、難有奉存候、此
上大祢宜殿家□〔にカ〕たいし御如在之儀御座候ハヽ、右之御祭
ハ不及申ニ、役田共に、余人へ被仰付候共、少も㒵儀申
間敷候、爲後證之仍而如件、

（割印）延寶二年きのへとら極月十二日

田所（黒印）

「延宝二 『二百五十ノ上』」

請人
大　祝

香取大祢宜様（大中臣勝房）

三一四　大禰宜大中臣勝房訴狀案〈三〇〉　三一・五　四三・〇

（端裏書）
「夘二月九日訴狀之扣」

乍恐書付を以御訴詔〔訟、下同ジ〕申上候事

一、香取三笠山之松杦風折之儀、御　公儀様江當正月大宮司御披露仕候儀、尤ニ奉存候、乍去我ホ共社中共にも、一圓相談無御座候儀、當大宮司若背〔輩〕故、家來之者共我まゝと奉存候、然ハ彼風折拂木ニ被仰付候由承候、左候へ者、當社明神末社ハ不及申ニ、本社迄大破仕候間、右之風折幷ニ修理領〔料〕之金子・米も御座候間、社中致談合、相應ニ本社之修理、末社之造宮仕度奉存候事、

一、狐座山明神と申末社ハ、三笠之外、大祢宜領地之内にて、先年ゟ支配致來候、彼山ニも風折御座候ニ▨▨付而、早ゝ御披露可申上之所ニ、旧冬中者、拙者相煩罷有候間、餘延引ニ罷成候ニ付而、乍恐先名代を以申上候所ニ、拙者同公不仕候得ハ、御取上御座有間敷由、小笠原山城〔長矩〕之守様御家來衆被仰候間、御帳ニ計付候而歸り申候、彼狐座山之社靈〔零〕落仕候間、右之風折を以、造宮仕度奉存候所ニ、大宮司三笠之風折と一所ニ、木數ニ入申上候故、賣木ニ被仰付候間、御訴詔申上候事、

（以下、本紙末裏ニアリ）
「右之趣、社家頭を被　召出、御吟味之上、願之通ニ被爲仰付被下候ハ者、難在〔有〕可奉存候、已上、

延宝三年二月九日
香取（大中臣勝房）大祢宜

御奉行所様　」

三一五　大禰宜大中臣勝房充行狀寫〈三一〉　二三・〇　三〇・五

一、構草《カヤテ》手觮知行分大坂畠百廿目之所三歩〔分〕一四十目分、手前知行之内香梅脇畑三畝貳拾參歩之所取替、宇兵衞屋敷処ニ充行者也、

延寶三乙夘年極月廿九日
大祢宜大中臣
勝房判

「延宝三
『二百五十一』」

清右衞門方へ

三一六　大宮司大中臣由房等連署起請文案〈三二〉　三〇・八　四一・九

「(端裏書)巳ノ六月九日ニ被仰付候神文安(案)紙」

起請文前書之事

一、大宮司(大中臣由房)・大祢宜(大中臣勝房)・宮之助・物申、何茂諸事申合可相勤候、只今迄ハ不和ニ而候共、私之遺恨不立、和睦仕、一同ニ可相計事、

一、今度就宮破損、修覆入目之儀、一同ニ吟味仕、面々存寄候ハヽ、互ニ無遠慮申談、遂僉議、目録仕立可差上事、

附、入札才之吟味之砌、職人共無依怙贔負(屓)有躰ニ可仕事、

一、修理料納拂、無私曲、何茂申合、年々遂勘定、四人之者共相封(對イ)ニ而可納置事、

「(後筆)右之條々於相背者、
式目之罰文 式目之罰 罰文」罰

延寶五丁巳年八月十四日

「延宝五
『二百五十二』」

大宮司
大祢宜
宮之助
物申

三一七 鐵砲渡狀寫〈三三〉

三一・四
一八・二

覺

一、先年從御 公儀樣御改御座候ニ付、所ニ御座候鐵炮三挺、美作(大中臣由房)預り置申候處ニ、拙者共失念仕、七月中迄指置申候、丹波(大中臣勝房)樣御吟味被成候故、卽相渡申候、爲念如此御座候、

以上、

元祿十一寅年八月廿一日　儀左衛門
所左衛門

「元祿十一
『二百五十三』」

御役人衆中

三一八 社殿等修理目録〈三四〉

二六・三
①三〇・八
②二八・〇
③三一・九
④二八・八

指上ケ申目録之事　唐 唐 唐

一、中殿萱替、八尺五寸間貳間、妻壹丈七尺、十九坪、但シから(唐)破風、

一、拜殿萱替、六尺三寸間・五間、妻三間、三十坪、

右ハ吉羅萱のき口、萱地之厚〻七寸、板之長壹尺、萱足七分、但シ壹寸十貳枚つゝ、

代金廿壹兩、從 御當地香取之路錢共ニ、

一、中殿・拜殿箱棟、修覆、

一、廊下萱替、五尺三寸間・貳間、

一、小宮六ケ所、向三尺、　新きヱ小萱下地
一、同壹社、修覆、　小萱下地
一、瑞垣八尺間五十四間、修覆、
『一』（紙繼目）
一、中殿葺替、八尺五寸間・貳間、妻壹丈七尺、坪數十九坪、但シ唐破風、
一、拜殿葺替、六尺三寸間・五間、妻三間、三十五坪、
右ハ吉羅替のき口、葺地之厚七寸、板長壹尺▒▒▒、葺足七分、但シ壹寸十枚つゝ、
代金〆廿壹兩、才〔材〕木手間釘▒ヱ飯米、從御當地香取迄之路錢共ヱ、
一、中殿・拜殿之箱棟之修覆
一、廊下貳間、葺五尺三寸間、
一、小社六ケ所、向三尺、新きヱ、小宣〔萱〕下地、
一、同壹社修覆、小萱下地、
『二』（紙繼目）
一、瑞垣八尺間・五十四間之修覆
一、米藏貳間・三間、桁行三間・妻貳間、新所藏、小萱下地、
右之分大工入札ニ而廿八兩貳分・錢八百文、但シ釘飯▒杣取之手間共、
一、大小宮五ケ所、

一、小宮壹社葺替、但シ小萱葺、
一、參籠所替、葺桁行五間・妻三間、但シ小萱葺、
大小宮八ケ所、參籠所之葺萱竹共ヱ、金子四兩貳分
一、六ケ所之新きヱ致候小宮、幷ヱ米藏之敷共ヱ六十貳枚、
代金參分
「元祿中　四枚
『二百五十四』」
『三』（紙繼目）
一、米藏、桁行三間・妻貳間、新きヱ小萱下地、
右之分ハ大工入札ニ而、代金貳拾八兩貳分・丁目八百文、
但シ釘・飯米・大工手間・杣取之手間共ヱ、
一、小宮壹社葺替、小萱葺、
一、參籠所葺替、桁行五間・妻三間、小萱葺、
右之小宮八社・參籠所葺萱竹共ヱ代六兩
一、右新きヱ致候六ケ所之小宮、幷ヱ米藏之敷石代金參分
惣〆金▒五十六兩壹分・丁目八百文

三一九　返田社修理料請取狀寫〈三五〉　二八・二　三八・〇

覺

金子八兩三分

右者、返田之社玉垣・同拜殿之格子・鳥居破損ニ付、修覆之入用金也、勘定仕立、御修理料金之内、慥ニ受取、無出入相濟申候、爲念如此御座候、以上、

正德五乙未年六月日

返田神主
椎名周防印

下小野村
大工渡部主水印

御修理料役人
(伊藤)求馬殿
(小林)玄蕃殿
主計殿
(國分)宮之介殿

「正德五
『二百五十五』」

〔香取大禰宜家文書寫　第一巻〕

(題簽、外題)
「香取古文書寫」

三二〇　關白藤原忠通家政所下文案〈一〉　二七・〇 三六・〇

○本文書ハ二號文書ノ寫、端裏書アリ、附箋ニ「保元元 二 一 写」トアリ、省略ス、

三二一　(1)關白左大臣近衛家實家政所下文案并 (2)關白左大臣近衛基實家政所下文案〈二〉　二七・六 三九・五

(1)　關白左大臣近衛家實家政所下文案

(端裏書)
「長寛二年・建永元年御下知案文」

(近衛家實)
關白左大臣家政所下　下總國在廳官人并香取社司等

可早任法家勘狀并嫡流相傳證文、停止他人濫妨、以大中臣實員爲大祢宜職、令知行小野(香取郡)・織幡・金丸・犬丸名田畠等、專礼奠事

右、件名田畠村〻等內、停止金丸・犬丸諸人妨、以大祢宜實員令知行、恒例祭祀無懈怠可勤行之狀、所仰如件、神官等宜承知不可違失、故下、

建永元年七月　日　案主中原

別當式部大輔菅原朝臣(在高)在御判　(附箋)「建永元十一」

(2)　關白左大臣近衛基實家政所下文案

○本文書ハ三號文書ノ寫、附箋ニ「建永八長寛之後也」「長寛二写四 二」トアリ、省略ス、

三二二　大禰宜大中臣眞房讓狀案〈三〉　二八・八 四〇・二

○本文書ハ二〇號文書ノ寫、附箋ニ「仁安三写六 三」トアリ、省略ス、

三二三　關白前太政大臣九條兼實家政所下文案 (續紙)〈四〉　三一・七 ①四六・九 ②四七・五 ③一一・六

○本文書ハ一〇號文書ノ寫、附箋ニ「建久新写 四」トアリ、省略ス、

三二四　關白前太政大臣九條兼實家政所下文案〈五〉二七・九 三九・〇

○本文書ハ一一〇號文書ノ寫、端裏書ニ「建久本一　御下文」、附箋ニ「建久七写八五」トアリ、省略ス、

三二五　(1)關東下知狀寫幷(2)關白前左大臣近衛家實家政所下文寫(續紙)〈六〉 二八・一 三二九・八 九紙

(1)關東下知狀寫

(附箋)「校正『(朱書、下同ジ)右大臣家御下知狀、先地頭國分五郎胤通非法張行之時、彼惟房代簡(官)二男神主廣房給之、今胤宗条〻違背之』」

(朱書、下同ジ)『∴』『・』(朱書、下同ジ)下總國香取社地頭神官ホ

・仰下條〻

(朱書、下同ジ)『一』
一、・可停止以相根村爲地頭堀內事

・右、件村依神主廣房(大中臣)訴、令召決地頭代信廣之處、廣房申狀非無其謂、加之可令停止地頭押領之由、殿下政所下文明白也、早於自今以後者、爲神主之沙汰、可令徵納有限所當官物ホ矣、

一、『二』『胤宗違背之』・可停止以神官ホ令召仕京都・鎌倉夫役事

・右、同令召決彼此之處、神主幷神官ホ申狀非無其謂、早任先例於神官ホ夫役者可停止矣、

一、『三』『同前』・可令停止以神官迯亡跡田畠・在家次(恣)押領事

・右、同召決彼此之處、神主廣房申狀有其謂之上、以神官・迯亡・死亡之跡、爲・地頭令押領事、可令停止之由、殿下所(政脫)下文明白也、早於自今以後者、可令停止地頭之押領矣、

一、『四』∴可令停止地頭押領、爲神主沙汰・大神田幷上分田叓

・右、同召決之之(衍カ)處、神主廣房申狀非無謂、早停止地頭之・押領、可爲神主之進止矣、

一、『五』∴可任先例爲神主沙汰渡田事

・右、同召決之處、神主廣房申狀非無其謂、早停止地頭之押領、任先例可令致沙汰矣、

一、『六』『同前』・可令停止切取御寶殿四面八町大竹事

・右、同召決左右之處、号國行事、任自由令切取件竹之条、地頭(國分)胤通之所行甚以非穩便、隨則於國行事者、可爲神主廣房沙汰之由、國司廳宣明白也、而胤通不𠔥引餘、令切

取之条、可令停止之旨、國同所被成下　殿下政所下文也、
早任彼狀、停止地頭之沙汰、・以神主廣房、可致國行事
之沙汰矣、
一、『七』・可令停止爲地頭紏定神官ホ座席事
・右、同召决之處、神主廣房訴申之旨、非無其謂、早於・自
今以後者、且任先例、且任　殿下政所下文、停止地頭之
成敗、可爲神主之沙汰矣、
一、『八』『同前』可令早弁濟所當・官物、・柴崎幷神(宮)廣寺ホ事
・右、同召决之處、可令停止件・押領之由、・殿下政所下
文明白也、早任先例、且任彼狀、可令弁濟有限所當・官
物矣、
一、『九』『同前』・可同進濟燈油田ゝ(田)俣村所當事
・右、同召决之處、神主廣房申狀非無謂、耕作有限燈油田、
爭不致其勤代(哉)、任殿下政所下文、可令奉備燈油矣、
以前條ゝ、依鎌倉殿(源實朝)仰下知如件、以下、
兼元三年三月十七日　・惟・『コレ』　宗在判
・前圖書・允清原(清定)・在判
・散位中原(仲業)・朝臣・在判
「承元三『十二』」

・散位・藤原(行政)・朝臣・在判
・書博士中原(師俊)・朝臣・在判」
〇本文書ハ三四號文書ノ寫、「　」ハ三二六―(4)號文書ニヨリ
補フ、

(2)　關白前左大臣近衞家實家政所下文寫

『・・』(朱書)關白前左大臣家政所下『・』(朱書、下同ジ)下總國香取社神官ホ、
・仰下　・當社地頭平胤通(國分)條ゝ濫妨事
一、『一』・可往早停止(古)右神領相根鄉号地頭堀內、打止撿注便(使)令抑
留有限所當・官物已下、苧・桒・麦地子ホ事、右彼社神
主廣房解狀云、件鄉者往(古)昔神領也、而前神主周房之時、
地頭蔑尒、不限當鄉一所始押領神領內三分二畢、仍周房
雖致訴詔(訟)、御裁許遲ゝ、又其職令得替畢、其後神主國房
之時、同以押領之間、國房言上子細之日、賜政所下文幷
鎌《クラ》倉家副下文雖令付地頭、尙依不兼引、重申賜鎌倉家御
使、且被紏返所當・官物、且被停止押領畢云ゝ、爰廣房去
年六月補任當職、同年十二月致撿注之處、以彼押領之例、
又号堀內止撿注、令押取所當・官物已下苧・桒・麦地子
ホ畢、前神主國房之時申(賜脫カ)御下文幷鎌倉家御使ホ、被停止

彼妨す畢、何可稱流例前〔哉〕、無道之至、言語道斷事也、早
任先例被糺返所當・〔官脱〕物、永被停止件押領者、
『二』
一、•可同停止責亡神官す、押領其跡田畠・在家、•押取所
當・官物、不勤•神役事
•右、同前解狀云、巧新儀責亡神官す、不顧神慮宛雜役於
神官す、張行非法之上、責取絹・牛馬す不留跡、且迯行
他國、且不勤神事之條、自由所行、未曾有事也、加之神
官以籠居之時者、号迯亡之跡、稱地領分、令押領田〇〔畠〕・
在家す、所私用地利物也、縱《タトヒ》雖有子孫令安堵、難勤神役
者也、所行之旨無物取喩、凡大明神御垂跡之後、數百歲
之間、何時無神官死亡之事哉、新儀非法尤可被停止者、
『三』
一、•可同停止令押作•大神田并上分田、抑留所當、不備御
供事
•右、同前解狀云、於彼•大神田并上分田者、以所當米、
相宛年中九十餘度之神事用途也、而令耕作有限神田、不
弁所當之間、御供已令懈」怠也、適又雖有其勤、三石三斗
之粁米纔不過七・八斗、已是有名無實事也、任先例停止
地頭押領、如元調供祭粁、欲勤行神役者、「〇六續き前」

『五』
『四』
一、可同停止不宛付渡田於神主押領事
•右、同前解狀云、件渡田者、代〻神主合〔令〕耕作、所令宛衣
食二筆〔事〕也、而地頭之郎從す併令押作、一切不隨神主之命、
無極新儀也、同任先例、被停止彼押作、如本欲爲神主之
沙汰者、「〇六續後」
『五』
一、•可同停止切取御寶殿四面八町內大竹事
•右、同前解狀云、四面八町內者、往昔〔古〕大竹林也、而云〔土カ〕俗
曰、大明神者每竹付名日夜垂知見云〻、所謂神林者遁父斤〔斧カ〕
云〻、爰地頭恣切取件大竹、又取笋之間、所殘僅十分一
也、此條爭無神慮之恐哉、同欲被停止者、
『六』
一、•可同停止背神主、任自由定神官す座藉〔籍〕事
•右、同前解狀云、當社神官者、是大明神御垂跡以降、爲
神主沙汰、尋重代相傳、撰其器量所補來也、而地頭閣神
主、耽任粁賄賂、不顧重代、不知本座藉〔籍〕高下、恣令押補
之間、於新任之輩者、依背神慮令滅亡、至于前任之輩者、
依被超越、成愁望不出《シュツ》仕之間、又以無神事參勤之神官、
然者如元爲神主沙汰、令計補其職、欲令勤仕神事者、
『七』
一、•可國〔同〕停止令•押作當社大神官〔宮〕寺佛聖燈油修理粁田す、

不致其勤事

•右、同前解狀云、自大明神御垂跡之始、被安置神宮寺之後、所被宛置修正佛聖燈油修理《リ》粁田才也、仍代〻地頭敢不致妨、而當地頭或号便田、或稱能田、恣令押作、不弁所當之間、有限修理ｏ（修）正•月次講演•二季彼岸才無其勤之條、無道之至、同欲被停止者、

一、•可同停止押取新寺觀音堂佛聖燈油已下ｏ（粁田所當事）『八』

•右、同前解狀云、件觀音堂者、本是•廣房•曾祖父眞平之建立也、尋其濫觴、則自先祖至眞平四代之間、氏人一人之外依不成長、眞平可令成長氏人筆紙《ツウ》（等給）之由、致祈請於大明神、發可造立十一面觀音之願矣、〔奉脱〕而忽有夢想之告、早可奉《タテマツル》造立之由也、爰一人下人本（才）出來申、可奉造立由之間、尋材木之處、當社湊俄有大寄木、卽取宛于一間四面之云材木、奉造立之後、彼工同奉造立十一面觀音、奉安置以來、氏人其員所出來也、隨則境四至宛置佛聖燈油已下粁田等、永久四年之比、得當社神官之連暑〔署〕、寬治四年之比、賜國司免判之後、二百餘歲之間、代〻國司幷地頭無段歩之妨、而當地始〔頭脱カ〕、自去〻年押取件新寺粁田之間、修正幷毎月十八日二季彼岸筆（等）之勤、皆以陵遲之至、不可稱計、同欲〔被脱カ〕停止彼押領者、

一、•可同停止押領•神宮寺•柴崎兩浦田畠、不弁所當、不隨神主所勘事『九』

•右、同前前解狀云、•彼兩浦有限神領也、而前神主之時、聊有由緣之間、令預件兩浦於地頭云〻、仍以彼時之例、當地頭稱先例、令押領、不弁濟所當米、不隨神主所勘之條、以外濫妨也、就中謂神主者、以六箇年爲任限補來者也、然者前神主爭輙有限神領永可令与地頭哉、理不可然事也、同欲被停止者、

一、•可同停止押領御燈油田ｏ（田）保村、不進御燈事『十』

•右、同前解狀云、彼田保村者、往古神領也、而前神主友房以件村申立御燈田、賜•殿下政所御下文畢、爰稱不進御燈之由、當地頭令押領件村、一切不備燈油役也、同被止、〔停脱カ〕爲神主沙汰勤〔欲脱カ〕燈油役者、

以前條〻雜事、早停止彼地頭胤〔國分〕通無道云〔之カ〕押領、如元爲社家進止、且爲宗神事、且致御祈禱、可令安堵之狀、所仰如件、神官才宜兼知不可違失、故下、

・建永二年十月　・日　　案主中原在判

・別當式部大輔兼周防權守菅原朝臣(在高)・在御判・大從左衞門志・惟宗判

(附箋)(朱書)「建永二『十一』」

・修理左宮城使左中弁藤原朝臣(清長)判　・小從(マヽ)・惟宗判

・修理右宮城使右中弁兼春宮亮藤原朝臣(範朝)判　大書吏惟宗判

・散位・平・朝臣・判

・宮內・大輔・藤原朝臣・判

・散位・平・朝臣・判

・大外記兼博士清原眞人・判

以下略之、

三二六　香取社重書案(續紙)〈七〉

二九・三
一七九・七
四紙

(1)　源頼朝下文案

○本文書ハ四號文書ノ寫、省略ス、

(2)　關東下知狀案

○本文書ハ一三號文書ノ寫、附箋ニ「校正『二位家御下文、同實員給之金丸・犬丸名田畠等、爲私領三十七代事見此狀』」トアリ、省略ス、

(3)　關東下知狀案

○本文書ハ一四號文書ノ寫、附箋ニ「校正『當御時御下文　同實政給之、件名田畠等事同前』」トアリ、省略ス、

(4)　關東下知狀案

○本文書ハ三四號文書ノ寫、附箋ニ「校正『右大臣家御下知狀、先地頭國分五郎胤通非法張行之時、彼惟房代同二男神主廣房給之、今胤宗条〻違背之』」トアリ、紙繼目ニ裏判アリ、省略ス、

三二七　香取社重書案(續紙)〈八〉

三一・〇
九二・八
二紙
①四一・五
②五一・〇

(1)　關東下知狀案

○本文書ハ三四號文書ノ寫、附箋ニ「校正『社家補任狀　神官田所吉繩所職給之』」トアリ、省略ス、

(2)　源頼朝下文案

○本文書ハ四號文書ノ寫、附箋ニ「古写殘闕」トアリ、省略ス、

(3)　關東下知狀案

○本文書ハ一三號文書ノ寫、省略ス、

(4)　關東下知狀案

○本文書ハ一四號文書ノ寫、省略ス、

三二八　大禰宜大中臣眞平讓狀寫〈九〉

二八・八
四一・〇

○本文書ハ一九號文書ノ寫、省略ス、

三二九　娍殿指圖次第案（切續紙）〈一〇〉

二一・八
①二九・〇
②二九・四
③二八・五

（端裏ウハ書）
「□娍殿指圖次第」

一、娍殿一宇　葺萱三間

八尺四寸　間妻七尺　間後一面　日隱アリ、

柱十本　口一尺二寸　長一丈八尺

梁四支　口七・八寸　長一丈七尺

桁棟三支　口六・七寸　長三丈五尺　曾利二寸一分

破風四支　弘一尺　厚四寸　長一丈四尺　曾利一尺八寸

長押八支　口八・九寸　四支ハ長一丈五尺六寸、四支ハ長二丈七尺、

肬木十二支　口七・八寸　長四尺二寸

垂木六十四支　口四・五寸　上曾利二寸七分　木鼻定尺

斗二タケ　七寸　厚七寸　長一丈三寸四分

宇立四支　弘七寸三分　厚三寸　長四尺六寸　棟迄茱ヨリ、

叉差八丈　弘五寸二分　厚三寸　長七尺

萱屓四支　口四・五寸　長二丈一尺　上曾利三寸八分

板百六十六枚　厚一寸五分　長八尺四寸

足堅下桁廿二内　六支口四・五寸　十支口四・五寸　長一丈四尺

短柱二本　口一尺　長三尺

妻戸一本　戸板二枚　弘三尺　厚二寸長七尺五寸

冠木一支　八・九寸　長一丈二尺

敷居《シキイ》一支　弘八寸　厚三寸　長一丈二尺

疊木一支　弘六寸　厚三寸　長七尺五寸

端入四支　弘四寸　厚三寸　長三尺

眉草鼠口三寸　長一丈

梓立板二枚　弘一尺　厚三寸　長九尺

沓拔二枚　弘一尺五寸　厚三寸　長一丈五尺

短木四本　口一尺　長三尺
横桁二支　口五・六〔尺〕　五長三尺五寸
瓦木一支　踏張三尺　タケ二尺　厚五寸　長三丈五尺
鞆木四支　口一尺二寸　長六尺
鞍懸一支　口五・六〔尺〕　五長八尺四寸
金物
花釘四十枚　弘五寸四分井戸金物　蔘釘
「文永写七年十壹十九」
日隱寄古材木員數事
長垂木三十二支　柱四本　肬木二支
桁一支　梁一支　麦入二間　板敷三間
下桁七支　半足堅三支　寄敷居
二支　長破風二枚　長押一枝
文永七年十二月四日甲〔庚〕午
注進　大中臣實政

三三〇　阿闍梨行宣置文寫〈一一〉　三〇・五　四一・六

敬白　新福寺
右、堂舍建立・佛像安置以降、氏人繁昌・一家平安也、依
之限四至奉免、經數百歲之間、雖有國司免判・同公家御下
文・關東御執行符、未被額下、然而文永八年大歲辛未二月日當
社御造營之額、行能子息經朝被書下刻、當寺額始被下處也、
仍爲後代所記之狀如件、
文永九年大歲壬午〔申〕三月十五日癸酉
「文永九廿二」　別當金剛佛子阿闍梨行宣
大檀那大祢宜室町院藏人散位大中臣
朝臣實政
香取新福寺　ホンハコモンジ字也、

三三一　香取社重書寫（竪切紙）〈一二〉　二八・二　二七・七

(1) 關東下知狀寫
○本文書ハ一三號文書ノ寫、省略ス、

(2) 關東下知狀寫
○本文書ハ一四號文書ノ寫、省略ス、

三三二　(1)關白左大臣鷹司兼忠家政所下文案并
(2)藤氏長者鷹司兼忠下知状案〈一三〉　二九・二　二六・八

(1) 關白左大臣鷹司兼忠家政所下文案

○本文書ハ九四號文書ノ寫、省略ス、

(2) 藤氏長者鷹司兼忠下知状案　「永仁五 十四 廿八」

當社領大祢宜管領所々葛原(香取郡)・小野・織幡・金丸・犬丸、屋
敷・田畠・散在神田ホ、如元令知行領掌、可勤仕神事之由、
依長者殿下仰下知如件、

永仁五年四月十二日　左衛門佐在判

香取大祢宜實親館

三三三　關東下知状案〈一四〉　二五・六　三四・七

○本文書ハ九五號文書ノ寫、附箋ニ「元亨三 十五 廿一 写」トアリ、省
略ス、

三三四　沙彌聖應等總州一揆連署願文案〈一五〉　二九・八　二三・六

○本文書ハ一一八號文書ノ寫、附箋ニ「貞治七 十 写 本書アリ」ト
アリ、省略ス、

三三五　香取神領相論文書等案(續紙)〈一六〉　三一・〇　九二・七

(1) 沙彌聖應等總州一揆連署願文案

○本文書ハ一一八號文書ノ寫、附箋ニ「貞治七写 十七」トアリ、
省略ス、

(2) 平長胤施行状案

○本文書ハ一二一號文書ノ寫、附箋ニ「貞治写 十八」トアリ、
中央ニ中御門宣方ノ繼目裏花押アリ、省略ス、

(3) 沙彌聖應等總州一揆連署願文案

任代々御下知之旨、長房(大中臣)所領小野(香取郡)・織□(幡イ)・□□(葛原イ)、□(次イ)十二ケ
村散在・犬丸・金丸以下村々、□(或イ)云下地、或云所務、并屋
敷・田畠ホ事、□(依爲御神イ)領、悉可被還付長房之由、總州方

〔江 可イ〕□口入申候、仍總州以下一揆爲所願成就、□〔立願状如件イ〕、

貞治七年三月　日　　沙弥誓阿判

沙弥宏覺判

（イ本ニヨリ補フ）「沙弥禪慶判

沙弥壽歡判

沙弥聖應判」

○本文書ハ三四〇—⑴號文書ニヨリ補フ、紙繼目ニ裏判アリ、

三三六　平長胤施行狀案（竪切紙）〈一七〉

三〇・〇
二〇・一

○本文書ハ一二一號文書ノ寫、省略ス、

三三七　⑴平長胤寄進狀案幷⑵圓城寺氏政書狀案（續紙）〈一八〉

三〇・五
①四八・八
②四二・八

⑴平長胤寄進狀案

○本文書ハ一二二號文書ノ寫、附箋ニ「貞治七写十九下」トアリ、省略ス、

⑵圓城寺氏政書狀案

昨日八日、御狀委細承候了、抑中村きんきのよし申候程に、かのさしあい七日すき候ハてハ、御さたあるましく候、七日すき候ハゝ、かの仁をめされ候て、いさいおほせつけられ候へく候、なを〳〵御さたの御さ□〔うカ〕をまち申され候へく候、身ニおき候ても、とうかん（等閑）のきあるましく候、実持・実秋ホからうせき（狼藉）の事もたいなく候、其段を可申遣候、なを〳〵せひの御さたの御さうをまち申され候へく候、そこつの事ハ、返〳〵あるましく候、恐々謹言、

五月九日　　圖書允（圓城寺）氏政判

謹上　大祢宜殿

三三八　香取神領相論文書等案（續紙）〈一九〉

三〇・六
①五〇・〇
②四九・〇
③二〇・九
④五一・六

⑴平長胤寄進狀案

○本文書ハ一二二號文書ノ寫、下部ニ松田貞秀ノ繼目裏花押アリ、省略ス、

⑵圓城寺氏政書狀案

○本文書ハ三三七—⑵號文書ノ寫、附箋ニ「貞治写」トアリ、

省略ス、

(3) 藤氏長者(二條師良)宣案

○本文書ハ一二九號文書ノ寫、裏書ニ「『家奉行人松田左衛門尉貞秀應安五年封裏了、』」トアリ、省略ス、

(4) 沙彌聖應等總州一揆連署願文案

○本文書ハ三三五―(3)號文書ノ寫、省略ス、

(5) 平長胤安堵狀案

○本文書ハ一二五號文書ノ寫、附箋ニ「貞治写二十一下」トアリ、省略ス、

(6) 某寄進狀案(斷簡)

奉寄進　香取社

下總國千田庄田部鄉內田地壹町事

○後缺ク、

三三九　平長胤安堵狀案〈二〇〉　二六・九／三八・〇

○本文書ハ一二五號文書ノ寫、端裏書ニ「貞治七年別駕御判案」、附箋ニ「貞治七六十七　二十一上」トアリ、省略ス、

三四〇　(1) 沙彌聖應等總州一揆連署願文案幷 (2) 平長胤安堵狀案〈二一〉　三〇・八／四三・三

(1) 沙彌聖應等總州一揆連署願文案

○本文書ハ三三五―(3)號文書ノ寫、省略ス、

(2) 平長胤安堵狀案

○本文書ハ一二五號文書ノ寫、本紙ノ端、紙繼目ニ裏判アリ、附箋ニ「貞治七写二三」トアリ、省略ス、

〔香取大禰宜家文書寫　第二巻〕

（題簽、外題）
「香取古文書寫」

三四一　香取社重書案〈一〉

二七・八
二五九・二
六紙

(1) 關白二條師良家御教書案（斷簡）

○前缺ク、

輿、致害神人、社頭放火以下惡行・狼籍（藉）事、申狀副具書、如此、
子細見狀候歟、可令計成敗給之由、關白（二條師良）殿御氣色所候也、
仍執達如件、

十一月十二日　左中弁宣方（中御門）

謹上　武藏守（細川頼之）殿

(2) 管領細川頼之奉書案

○本文書ハ一三二號文書ノ寫、省略ス、

(3) 關東管領上杉道諲奉書案

○本文書ハ九二—(8)號文書ノ寫、省略ス、

(4) 關東管領上杉道諲奉書案

○本文書ハ一三八號文書ノ寫、省略ス、

(5) 鎌倉府條々事書案（斷簡）

○本文書ハ一三四號文書ノ寫、省略ス、

(6) 關東管領上杉道諲奉書案

○本文書ハ九二—(13)號文書ノ寫、省略ス、

(7) 鎌倉府條々事書案

○本文書ハ九二—(17)號文書ノ寫、省略ス、

(8) 山名智兼打渡狀案

○本文書ハ九二—(26)號文書ノ寫、「二通同文章、沙弥道轍在判」、
附箋ニ「應安四写二三」トアリ、省略ス、

三四二　大禰宜大中臣長房置文案〈二〉　二五・九　三一・八

（大中臣）實秀あとの田畠・さいけ・屋敷《やしき》ヰにおいて、應安五年に、
（公家）くけ・武家《ぶけ》ニてあん（安堵）とせしむといへ共、香取五郎四郎の分
にあひわたる所ニおいてハ、忠節《ちうせつ》をいたさるゝ間、彼状を
さきとして、しゝそんくにいたるまて、ちきやう（知行）さをい（相違）
あるへからす候、きやうこう（向後）においても、ちうせつをいた
さしめ給へく候、仍爲後日狀如件、

（應）广安七年二月廿二日　　大中臣散位長房在判

「應安七七十六二四」

三四三　御輿動座之覺〈三〉　二七・一　一八・七

應安七年甲寅三月八日仁鎌倉江御輿御動座、同五月八日仁
御歸座、

「二一五」

三四四　關東管領上杉道譓奉書案〈四〉　二七・九　三一・九

○本文書ハ一三八號文書ノ寫、附箋ニ「應安写二六」トアリ、
省略ス、

三四五　鎌倉公方足利氏滿御教書寫〈五〉　二七・七　三九・二

○本文書ハ一八四號文書ノ寫、省略ス、

三四六　鎌倉公方足利滿兼御教書寫〈六〉　二七・六　三九・四

下總國香取社造替事、多年無沙汰云々、甚不可然、神慮叵
測、所詮早速可終造作之功狀如件、

應永十二年十一月廿五日
（足利滿兼）在御判

千葉介入道殿

三四七　香取社重書案〈七〉　二八・〇　一五七・一

(1)　大禰宜大中臣長房申狀寫

香取大神宮大祢宜長房（大中臣）謹言上、

欲早任重代相傳道理、下賜安堵御長者宣、弥全神役、致
御祈禱〔丹脫カ〕誠、下總國香取社御神祭物等、常陸・下總兩國海
夫等事

副進

一卷　長者宣正文幷御下文等案文

右、於彼海夫者、長房譜代相傳進止之条、達上覽者欤、而
應保・長寬・治兼以來至于長房、管領無相違之上者、早被
成進安堵之　御長者宣於關東、弥爲抽御祈禱之丹誠、粗言
上如件、

貞治五年四月　日

(2)　關白二條良基家御教書寫

香取社大祢宜長房（大中臣）申常陸・下總兩國海夫事、申狀如此、子
細見狀候欤、可令計成敗給之由、　關白殿（二條良基）御氣色所候也、
仍執達如件、

（貞治五年）五月八日　　右衛門佐俊任（坊城）

謹上　上椙民部大輔入道（道譓）殿

(3)　藤氏長者二條良基宣寫

「二六續き」

常陸・下總海夫事、任先例可被管領由、　長者宣所候也、
悉之、以狀、

貞治五年八月八日　　右衛門佐（坊城俊任）御判

大祢宜長房（大中臣）舘

(4)　安富道轍等連署奉書案

○本文書ハ九二—(19)號文書ノ寫、省略ス、

(5)　安富道轍等連署奉書案

○本文書ハ一三九號文書ノ寫、省略ス、

(6)　安富道轍等連署奉書案

○本文書ハ九二—(24)號文書ノ寫、省略ス、

(7)　安富道轍等連署奉書案

○本文書ハ九二—(19)號文書ノ寫、省略ス、

(8)　安富道轍等連署奉書案

○本文書ハ一三九號文書ノ寫、省略ス、

三四八　關東管領上杉道誼奉書案〈八〉　二六・九　三八・三

○本文書ハ一三八號文書ノ寫、裏ニ「爲後證封裏了、大禰宜散位長房（花押影）」、及ビ、端裏書ニ「□□かし文書」、附箋ニ「應安写」「應安七、其後廿五六」トアリ、省略ス、

三四九　關東管領上杉道誼奉書案〈九〉　二四・七　三一・五

○本文書ハ一三八號文書ノ寫、裏ニ「爲後證封裏了、大祢宜散位長房在判」、附箋ニ「應安写二八」トアリ、省略ス、

三五〇　香取社重書寫〈一〇〉　二八・〇　三三・五　二枚

(1)　關東管領上杉道誼奉書寫

○本文書ハ九二—(8)號文書ノ寫、端裏書ニ「以下總國香取正教狀、神三郎殿」トアリ、省略ス、

(2)　關東管領上杉道誼奉書寫

○本文書ハ一三八號文書ノ寫、附箋ニ「二九」トアリ、省略ス、

三五一　香取社重書案〈一一〉　三〇・〇　二三・八

(1)　鎌倉府條々事書案（斷簡）

○本文書ハ一三四號文書ノ寫、但シ後缺ク、附箋ニ「三〇」、紙繼目裏ニ安富道轍・山名智兼ノ花押影アリ、省略ス、

(2)　關東管領上杉道誼奉書案

○本文書ハ九二—(8)號文書ノ寫、省略ス、

(3)　關東管領上杉道誼奉書案

○本文書ハ一三八號文書ノ寫、紙繼目裏ニ安富道轍・山名智兼ノ花押影アリ、省略ス、

(4)　關東管領上杉道誼奉書案

下總國香取社造替幷相傳知行神領事、任手繼證文朩、可致沙汰之旨、所被仰安富大藏入道（道轍）・山名兵庫大夫入道（智兼）朩也、

可存知其旨之狀、依仰執達如件、　「應安写三二」

應安七年四月廿五日　沙弥有御判

神主殿

⑸　關東管領上杉道譓奉書案

下總國香取神輿御歸座事、可致警固之狀、依仰執達（マヽ）
歸座之由相觸之、若尚令違引者、爲有殊沙汰、載起請詞可
注申之狀、依仰執達如件、

應安七年六月五日　沙弥在御判

安富大藏入道殿（道轍）

○紙繼目裏ニ安富道轍・山名智兼ノ花押影アリ、

⑹　關東管領上杉道譓奉書案

○本文書ハ九二―⒃號文書ノ寫、省略ス、

⑺　鎌倉府條々事書案

○本文書ハ九二―⒄號文書ノ寫、省略ス、

⑻　關東管領上杉道譓奉書寫

「五〇⑵」

下總國香取社人長房（大中臣）才申神領才事、退千葉介押領、可沙汰
付長房才之由、所被仰兩使也、早相催一族、可加合力、若
無沙汰者、可有其咎之狀、依仰執達如件、

應安七年八月九日　沙弥在判

大須賀左馬助殿　一族十一方同文章十一通、

○紙繼目裏ニ安富道轍・山名智兼ノ花押影アリ、

三五二　圓城寺政氏避狀案〈一二〉　二七・四　三八・〇

○本文書ハ一四三號文書ノ寫、附箋ニ「應安七年六」「應安七写三二」トアリ、省略ス、

三五三　香取社重書案〈一三〉　三〇・五　四四・二

⑴　安富道轍打渡狀案

○本文書ハ九二―(27)號文書ノ寫、附箋ニ「同文章十二通」トアリ、省略ス、

(2) 圓城寺政氏避狀案

○本文書ハ一四三號文書ノ寫、附箋ニ「此避狀兩使封裏書銘了」トアリ、省略ス、

三五四　圓城寺政氏避狀案〈一四〉　三〇・六　三二・六

○本文書ハ一四三號文書ノ寫、附箋ニ「應安写三四上」トアリ、省略ス、

三五五　大禰宜大中臣長房等連署證文寫〈一五〉　二七・〇　三五・〇

―二郎神主之内畠大事

―恩〔惠カ〕性房迯亡跡、爲社家之―惣領二郎神主令案〔安堵〕諸所也、

永德元年十月廿四日　案主

田所（花押影）

録司代

「永德元九十一　三四下」

行事祢宜（花押影）

物申祝

権祢宜（花押影）

大宮司兼大祢宜長房（花押影）

以本文写之、

三五六　大禰宜大中臣長房等連署證文寫〈一六〉　二六・八　三八・〇

惠性房之跡分田山崎壹段事

右、依爲迯亡之跡而、任仰下知并□〔千カ〕葉之渡狀旨、惣領次郎

神主所沙□〔汰カ〕付也、於社役者、任先例可致沙汰狀如件、

永德元年十二月廿五日　安〔案〕主

田所（花押影）

録司代

「永德元三五　九十二」

行事祢宜（花押影）

物申祝

権祢宜（花押影）

大宮司兼大祢宜散位長房〔大中臣〕（花押影）

以本文写之、

三五七　千葉滿胤遵行狀案〈一七〉　三一・〇　四一・九

○本文書ハ一六八號文書ノ寫、附箋ニ「嘉慶二写三六上 百六」トアリ、省略ス、

三五八　大禰宜大中臣胤房等連署補任狀寫〈一八〉　二七・四　三四・一

補任
香取社孫太夫職之事
右、於彼所職・屋敷・田畠者、以六郎三郎令安堵處也、於社役者、守先例可勤仕狀如件、
文明七年乙未十月八日　案主
田所
錄司代
行事祢宜
物申祝
權祢宜
「文明七三六中 百六十七上」
大祢宜大中臣散位胤房（花押影）

三五九　大宮司大中臣直房等連署補任狀寫〈一九〉　二八・二　三九・〇

補任
香取社孫大夫職之事
右、於彼所職・屋敷・田畠者、以六郎三郎令安堵處也、於社役者、守先例可勤仕狀如件、
文明七年乙未十月八日　案主
田所
錄司代
行事祢宜
物申祝
權祢宜
「文明七写三六下 百六十七下」
大祢宜大中臣散位胤房判
大宮司大中臣散位直房判

三六〇　國分胤盛安堵狀寫〈二〇〉　二八・二　三六・四

○本文書ハ二三七號文書ノ寫、附箋ニ「明應九三七上 百七十三」トアリ、省略ス、

三六一　大禰宜大中臣眞之等連署目錄案（斷簡）〈二一〉　二三・七　三〇・〇

〇前缺ク、

一、當日之共奉〔供〕之事次第者、堅任此圖籍、。莫及後日之異論云云、

至于永徳年中者、如此御神事無退轉者也、

右、件於目錄者、以建仁二年帳・至德三季改誌者也、。然

者又依虫食損、以至德三年之帳、當時任其旨。改錄之處也、

尤可爲後代之證據故也、仍如件、

永正十三年八月廿一日　寫之畢。

「永正十三　殘闕　三七下　百八十二」

〔案〕
。安主

田所

錄司代

大祢宜散位大中臣眞之

三六二　大禰宜大中臣實之補任狀寫〈二二〉　二八・二　三八・三

（端裏書）
「寶光院安堵　大祢宜實之」

補任

香取寶光院住持安堵事

右、當寺住持之事者、以大僧都神職御房所補之趣實正也、

此上者不可有一塵も異儀候、兼亦附弟之事者、可爲神識之

掟候、肝要者、檀那大祢宜之祈願、朝暮無怠慢御執行專一

候、於社役者、守先例可有懃行之狀如件、

永正十五年戊寅三月十四日

大祢宜散位大中臣實之（有判）

金剛寶寺住持

神識　拜上

「永正十五　三八　百七十九」

三六三　大宮司大中臣國房等連署補任狀寫〈二三〉　二七・四　三九・七

補任

香取社吉原撿抆職之事

合所職・屋敷・田畠・山野等者、

右、彼至于所職・屋敷・田畠・山野等者、以小太郎令安堵

處也、於社役者、守先例嚴密可懃仕之狀如件、

大永八年戊子九月廿九日　案主

「大永八三九百八十五」

田所

錄司代

行事祢宜

物申祝

權祢宜

大祢宜散位大中臣實之

大宮司散位大中臣國房

以本文写之、

三六四　國分勝盛等連署寄進狀寫〈二四〉　二八・七 三五・二

○本文書ハ二五三號文書ノ寫、附箋ニ「天文十四写四〇百九十二」トアリ、省略ス、

三六五　御教書之覺〈二五〉　二〇・四 三九・〇

此三枚之御教書ハ、

文明三年辛卯八月六日 十八日 十九日

至寛文八戊申百九十八年か、

三六六　某起請文案〈二六〉　二九・三 三九・四

一、今度之一儀□□事□□ニおゐて、万一神主社□与

□〻候て大祢宜と同心いたすへき事

一、去年申定候迯亡、所〻事進置候、任判形旨、以代官可申

付候、

一、大祢宜与守□□人之方へ不計、雑意不可申付候、□身

□免角之時迄仰候共、堅侘言申候、

一、社家進上候事ニ付、往古の殿下之〔綸〕倫旨まかセへき事

一、退轉之社人之事申合之上者、神慮にまかセ以時節可有

其沙汰事

右条〻、申定候上者、一應不可存余儀候、若偽候者、

香取大明神□□妙見も御罰可蒙罷候、仍注具□□

一筆如件、

二月八日　胤□（花押影）

香取大祢宜殿

三六七　文書寫（斷簡）〈二七〉　二六・八　八・二

○前缺ク、

勝隆（花押影）如此候、

香取
大祢宜殿
進見

三六八　香取社神官連署文書案（斷簡）〈二八〉　二四・三　三六・三

祢宜祝（花押影）
權祝（花押影）
押領使（花押影）
四郎神主（花押影）
鍛〔冶脫〕屋撿校
塙祝（花押影）
文神司〔分飯〕（花押影）
中平〔幣〕神主（花押影）
大細工（花押影）

雉判官代（花押影）

三六九　香取社重書寫〈二九〉　二六・九　三八・〇

(1)　關東下知狀寫

○本文書ハ一三號文書ノ寫、省略ス、

(2)　關東下知狀寫

○本文書ハ一四號文書ノ寫、省略ス、

(3)　鎌倉府條々事書寫（斷簡）

○本文書ハ九二―(17)號文書ノ寫、附箋ニ「應永七年有前後」トアリ、省略ス、

三七〇　某書狀寫（斷簡）〈三〇〉　二八・七　四二・二

乍恐書付を以申上候事

一、下總國香取之大祢宜　權現樣〔徳川家康〕御代ニ神木を盜〻伐取申ニ付而、訴人罷出候へハ、御せんさくの上、六年籠舍被

仰付候、私親大宮司駿河へ罷出候、久〻相詰、御訴詔（訟、下同ジ）申
上候儀ニ、大祢宜命御助、私親ニ被　仰付、香取へ帰参
仕候、然所ニ又　台徳院様（徳川秀忠）御代ニ、神木を盗〻伐採中ニ
付而、又訴人罷出、籠舎被　仰付候、其後　崇源院様（徳川秀忠室）御
吊の時分、御訴詔申上候へハ、命御助籠舎御赦免被　仰
付候へとも、大祢宜儀、香取領之内をハ、永代御拂被成
候旨被　仰付候、其後度〻御訴詔申上候とも、相叶不申
罷在候、　大猷院様（徳川家光）御代ニ、天下之寺社へ御朱印被下候
時分、幸と奉存御訴詔申上候へハ、大祢宜香取へ帰参、
御赦免被爲成間敷候也、大祢宜孫御座候間、此者を大祢
宜ニ被　仰付被下候様ニと、御訴詔申上候所ニ、御三人
之寺社御奉行御評定所ニ而被　仰渡候ハ、大祢き事ハ御
三代之御勘氣を蒙候徒者ニ候間、其身ハ不及申ニ、大祢
きか孫ニ而も、大祢宜ニ御立被成間敷候間、重而大祢宜
一類之内、大祢きニ仕間敷と手形指上候様ニと、御案書
被下候間、則手形差上申候、誰ニ而も見立候ハヽ、別家
を大祢宜ニ仕候様ニと被　仰付候、然者大祢き職と御座
候ハて不叶、神職ニて御座候間、見立申候所ニ、社中何
れも私方へ申候ハ、幸貴殿弟与市郎無役ニて被罷在候間、
大祢きニ仕候様ニと一山ニ候、其上先大祢きを初、一類
之者とも拙者弟を大祢宜ニ仕候様ニと書付を以、拙者
方へ申候、両寺社　御奉行様へ一山連判を以、御訴詔申
上候ハ、香取大祢宜職無御座候間、大宮司弟与市郎を大
祢宜ニ被　仰付、被下候様ニと申上候ニ付而、一山同心
之上ハ、大祢宜ニ可被　仰付之旨、　大猷院様御代之内
被　仰付、大祢宜役仕罷在候所ニ、先大祢き孫三左門と
申者、拾年計以前ゟ御當地へ罷越、何方へ可奉公仕罷在
候、

三七一　鎌倉府條々事書寫（斷簡）〈三一〉　二七・六　八・三

○本文書九二―⒄號文書ノ寫、省略ス、

三七二　關白前左大臣近衛家實家政所下文寫（斷簡）〈三二〉　二六・七　三六・八

○前缺ク、

別當式部大輔兼周防權守菅原朝臣（在高）在御判
大從左衞門忠（志）惟宗判

小（マヽ）従　惟宗判
大書吏　惟宗判
修理左宮城使左中弁藤原（清長）朝臣判
修理右宮城使右中弁兼春宮亮藤原（範朝）朝臣判
宮内大輔藤原朝臣判
散位平朝臣判
散位平朝臣判
大外記兼博士清原（良業）朝眞人判
大炊頭兼大外記主計權助教（マヽ）但馬權守中原（師重）朝臣判
修理東大寺大佛長官主殿左（頭左）頭大夫（マヽ）但馬權守小槻宿祢判
勘解由次官平朝臣判
散位藤原朝臣判
修理右宮城使判官管（マヽ）博士小槻二（マヽ）宿判
勘解由次官藤原朝臣判
掃部頭兼講長門介原（藤脱）朝臣判
散位小槻宿祢判
兵部權大輔兼武藏權介藤原朝臣判
前伊豆守平朝臣判
前山城守大中臣朝臣判

○本文書ハ三二五—(2)號文書ノ署名斷簡カ、

三七三　田畠檢注帳寫（斷簡）〈三三〉

二六・〇
二六・一

王神敷 上畑　七畝廿八歩　篠原三郎左衞門今又次郎
王神敷 中畑　三畝十七歩　大炊之者
同所 上畑　五セ六歩　同人
王神敷 下畑　貳セ廿一歩　大草　今新左衞門
王神敷 中畑　九セ歩　源十郎　今平右衞門
同所 下畑　壹反五歩　同人　今平右衞門
王神の敷 上畑　五セ三歩　德右衞門　今平左衞門
王神の敷 下畑　二セ廿歩　小一郎　今新左衞門
同 當作 一、七セ三歩　兵三郎　今又次郎

三七四　鎌倉府條々事書案（斷簡）〈三四〉

三〇・五
四四・一

○本文書ハ一三四號文書ノ寫、紙背左右ニ安富道轍・山名智兼ノ花押影アリ、省略ス、

三七五　某書状案（断簡）〈三五〉

二三・九
二九・四

○前欠ク、

原佐左衛門（原田種雄）（花押影）
大十兵衛（大久保長安）（花押影）
□□（花押影）
□□（花押影）

大久保十兵衛（長安）様・原佐左衛門様神領不入之訳之御状、
右ハ、鳥居伊賀守（忠恒）様御先祖岩ヶ崎御在城被成時分、家老
高須弥助江参り候、

三七六　香取御神領檢田取帳(冊子)〈一〉　二八・二　二〇・三

（1オ）
注進　香取御神領撿田取帳事
大祢宜帳ハ建長、錄司代帳ハ弘安、田所帳ハ文保、案主
帳ハ弘安、合彼四帳、應永六年己社家・地頭・公人寄合、
爲後證所注置也、敢勿疑矣、
一坪、司神拜田五反内 二反五藤三郎、 二反目代、 一反大祝、　二坪、吉次私二反
　手
三坪、金丸二反内 一反小神ソハタカ祝、(脇鷹) 大 藤太太郎、　四坪、吉清私一反
小　撿挍
五坪、利助二反　同人　六坪、司一反小□〔神イ〕
　有吉
七坪、吉千代私二反内 大 一反小撿非違使 六次　八坪、有吉私大
「　」
（1ウ）
九坪、吉千代私一反小 八人女名、 藤太太郎、　十ヽ、夜中神司大
十一ヽ、大八人女名　藤太太郎　十二ヽ、良二反内
一反□三郎入道、 一反法願、

十三ヽ、良一反　六郎太郎　十四ヽ、良三反
　撿挍
十五ヽ、司大夜中神、　平太郎《ヱノキヨ》入道　十六ヽ、司二反ハツ
タカノ神、　大祝
十七ヽ、吉清私二反大藤四郎、　十八ヽ、吉千代私
五反内　一反金丸御手
十九ヽ、司大夜中神　廿ヽ、細工分田五
反内 司三反御手 金丸二反内一反土器、
廿一ヽ、司次良丸二反大 一ツホタ 小平太作　廿二ヽ、吉千代私
三反大内大ハ神手、
廿三ヽ、良四反　藤平次入道　廿四ヽ、吉次私一
反小　阿僧祇　」
（2オ）
廿五ヽ、眞吉私五反内 一反大祝 三反六郎太郎 一反牛若子　廿六ヽ、御名六反
　同人
廿七ヽ、行事祢宜私三反　手　廿八ヽ、行事祢宜
私二反　同人
廿九ヽ、田所三郎私七反《ヌマ》五藤左衞門尉　卅ヽ、今吉御名吉
清三反
卅一ヽ、清里御名吉清四反　卅二ヽ、行事祢宜

私三反千田　手
卅三ゝ、金丸一反小　弥三郎入道　　卅四ゝ、金丸二反
小　丹次郎入道
卅五ゝ、吉千代私一反小内大六郎二郎 大大六四郎　　卅六ゝ、吉千代私
二反サカタ　妙願
卅七ゝ、吉千代私三反講田　手
二里　」

（2ウ）
一坪、實命私一反大　大ツカハノイケ 藤平次入道　　二坪、寺別□□反
小□□
三坪、六反内御燈油田五反、藤平次入道 一反安久　　四ゝ、良一町
丁古殿
五ゝ、重枝手一町内二反神擬祝 八反丁古地乃分　　六ゝ、利助八反
七ゝ、行事祢宜私二反小下イナケ　手　　八ゝ、清里私吉安
私一反小　六郎次郎
九ゝ、二反内一反マホリヲノ神田所 一反　　十ゝ、金丸一反小
法忍
十一ゝ、金丸三反大内一反大民ア房 二反神加賀房　　十二ゝ、行事祢宜
私二反半　手
十三ゝ、吉安私韓綱二反大内大ハ神、　手　　十四ゝ、金丸三反

小　左入道
十五ゝ、金丸二反内一反酒司 一反女子　　十六ゝ、清里私二
反　大神主　」

（3オ）
十七ゝ、金丸二反内一反行事祢宜 一反次郎太郎　　十八ゝ、清里私三
反内一反民ア房 二反ソハタカノ燈油祭新田、
十九ゝ、金丸分田二反　民ア房　　廿ゝ、司調用田三
反一反加賀房 二反撿校
廿一ゝ、安久二反小エコタ　又五郎入道　　廿二ゝ、利助祭
新田一反小　民ア房
廿三ゝ、師松三反　いや三郎入道　　廿四ゝ、吉千代私
五反　五郎三郎 五郎四郎
廿五ゝ、清里私一反　三郎次郎　　廿六ゝ、有吉私二
反小　手
廿七ゝ、有吉私二反　手　　廿八ゝ、金丸二反
藤四郎
廿九ゝ、金丸八反内六反中四郎 二反丁古殿　　卅ゝ、寂女作祭新
田二反大　いや三郎入道
卅一ゝ、金丸三反　手　　卅二ゝ、重枝□□〔御名カ〕

二反　田所　」
(3ウ)
卅三ゝ、重枝御名二反小　丁古殿　卅四ゝ、良二反□
御手
卅五ゝ、空追御名三反大　山田大神主　卅六ゝ、金丸三反
小　左入道
三里
一坪、金丸一町五反　手　二坪、安久三反内
一反神　手
三ゝ、安久御名八反　手　四ゝ、合力二反
法忍房
五ゝ、眞延私五反　丁古殿　六ゝ、中四郎私三
反カタシホ　手
七ゝ、安久二反　平六入道　八ゝ、安久御名二
反　いや三郎入道
九ゝ、中四郎私一反　擬祝　十ゝ、金丸五反
手　」
(4オ)
十一ゝ、安久四反内二反新平六 二反平三郎　十二ゝ、司半
平六
十三ゝ、寺實命四反　手　十四ゝ、司大

四郎三郎
十五ゝ、安久一反小　いや四郎　十六ゝ、師松四反
内一反　金丸　擬祝
十七ゝ、安久三反内一反孫次郎 二反キ(擬)祝　十八ゝ、安久三反
一反　物申五郎　手
十九ゝ、司一反　新三郎入道　廿ゝ、中四郎私三
反　權守
廿一ゝ、金丸三反　中三郎入道　廿二ゝ、金丸八反
手
廿三ゝ、金丸三反内一反平六 二反新藤　廿四ゝ、利助三反
手
廿五ゝ、今吉四反　吉宗　廿六ゝ、眞吉合力
經田二反三郎次郎　」
(4ウ)
廿七ゝ、司合力大　丹次郎入道　廿八ゝ、吉宗私大
廿九ゝ、司合力大　別當六　卅ゝ、吉清私三反
田中内　六次
卅一ゝ、吉清私二反　後家尼　卅二ゝ、中四郎私
三反　權守
卅二〔三〕ゝ、安久三反　撿挍四郎　卅四ゝ、金丸二反

手
卅五ゝ、師松御名三反　赤馬四郎三郎作　卅六ゝ、金丸二反
撿挍四郎
卅七ゝ、御名二反　次郎太郎
四里
一坪、眞吉御名四反　手　二坪、金丸大
平次郎　」
（5オ）
三ゝ、吉清三反内司二反大神田一反　四ゝ、今吉御名二反
四郎次郎
五ゝ、司半　撿挍　六ゝ、金丸三反
手
七ゝ、金丸三反　八郎《ヲイノ》太郎　八ゝ、吉千代私《カイタ》五反
内三反二反　大祝田所
九ゝ、司乙金大　神主殿　十ゝ、司大
御手
十一ゝ、金丸二反　いや次郎　十二ゝ、吉千代私二
反内一反　神
十三ゝ、犬丸二反　後家　十四ゝ、良吉次大
十五ゝ、良二反吉千代神　十六ゝ、五藤祢宜作

吉宗《ホソタ》一反
十七ゝ、惣神ゝ田大　出羽殿　十八ゝ、良二反神
開戸入道　」
（5ウ）
十九ゝ、司寺《サヽハラ》三反　開戸入道　廿ゝ、犬丸三反
行事祢宜
廿一ゝ、金丸一反小　手　廿二ゝ、金丸一反大
長次郎神夫
廿三ゝ、金丸一反半　手　廿四ゝ、金丸一反
小　弥平太作　手
廿五ゝ、寺一反大　成道尼　廿六ゝ、司一反小
長次郎神夫
廿七ゝ、上分大正月ノ御コワモノ　同人　廿八ゝ、安久二反
小トマキ　手
廿九ゝ、今吉二反　手　卅ゝ、司大
御手
卅一ゝ、金丸二反　手　卅二ゝ、上分四反
内大ハ開戸入道、
卅三ゝ、上分大　開戸入道　卅四ゝ、吉清私一
反小　豊前房　」

（6オ）
卅五〻、安久一反小　同人　卅六〻、安久大
源二郎作
卅七〻、實命私三反　藤平次入道
五里
一坪、上分大　荒次郎源次郎作　二坪、上分三反
同人
三〻、良大　別當三郎　四〻、上分大
同人
五〻、金丸四反荒二郎　手　六〻、金丸二反
同人
七〻、司一反小　御手　八〻、七郎作御手
三反
九〻、乙金二反　三郎太郎　十〻、御名三反
岩見公」
（6ウ）
十一〻、七郎私二反小又乙金二反大、大祢宜四郎　十二〻、犬丸三反
手
十三〻、乙金三反　神主殿　十四〻、上分四反
堀口神主
十五〔〻脱〕、有木三反　手　十六〻、合力二反

撿抆四郎
十七〻、岩同大一反御名　撿抆　十八〻、安久三反
大内福田作
十九〻、寺四反内二反寺二反開田入道　手　廿〻、安久二反
油井撿抆
廿一〻、安久二反　手　廿二〻、司一反
四郎太郎入道
廿三〻、吉清私一反　同人　廿四〻、實命一反
大　藤平次入道
廿五〻、合力大　同人　廿六〻、寺實命大
四郎太郎」
（7オ）
廿七〻、安久寺三反　後家　廿八〻、有木五反
内二反ハ大神田、
廿九〻、安久二反　手　卅〻、安久一反小
手
卅一〻、安久一反小　同人　卅二〻、安久六反
手
卅三〻、良四反　手　卅四〻、良四反
六郎三郎入道

卅五ゝ、金丸大　同人　卅六ゝ、良一反大
三郎作手
六里
一坪、眞吉一反小内　小ハ御名、中五郎　二坪、金丸一反
中五郎
三坪、節戸四反　同人　四ゝ、師松四反
手　」
（7ウ）
五ゝ、實命三反　兵ア　六ゝ、藤次郎私大
七ゝ、重枝手大　八ゝ、師松手二反
九ゝ、吉清私御名三反　手　十ゝ、良一反小
中五郎
十一ゝ、良大　新平作　十二、〔ゝ脱〕良小
平六
十三ゝ、良大　権守入道　十四ゝ、良大
四郎三郎
十五ゝ、吉清私御名二反小六郎入道殿　十六ゝ、吉清私小
六郎次郎
十七ゝ、眞吉私御名二反大内一反ハ御名、　十八ゝ、御名三反
閑田殿

十九ゝ、實命私一反半　廿、〔ゝ脱〕師松三反
権守三郎　」
（8オ）
廿一ゝ、師松二反半　平六入道　廿二、〔ゝ脱〕実命私大
彦四郎
廿三ゝ、吉清私二反　三郎太郎　廿四、〔ゝ脱〕安久二反
六郎二郎
廿五ゝ、藤四郎私一反　平太番匠　廿六ゝ、実命三反
一反小吉清
小内
廿七ゝ、金丸三反　立三郎入道　廿八ゝ、司小
四郎三郎
廿九ゝ、司一反小　大井土平六入道　卅ゝ、司御名五反
藤四郎
卅一ゝ、司大御ハライ　権守入道　卅二、〔ゝ脱〕司神二反
御ハライ
卅三ゝ、司御名半　立三郎　卅四ゝ、御名一反
小　中五郎
卅五ゝ、司半　藤次郎　卅六ゝ、司大
平六　」
（8ウ）
七里

一坪、実命私二反　藤三三郎　二坪、実命一反
藤平次
三坪、安久三反　手　四ゝ、司一反　吉
清神
五ゝ、御名一反小　大輔房　六ゝ、御名一反半
文次郎入道
佐原
一坪、師松五反　四郎神主《丁古殿》　二坪、司二反半
佐原祢宜
三坪、司二反　四郎三郎　四ゝ、安久一反大
新三郎
五ゝ、金丸三反　開□〔田カ〕殿　六ゝ、重枝御名二
反小　平次郎　」
（9オ）
七ゝ、良二反　新次郎　八ゝ、司一反
平次郎
九ゝ、安久大　いや太郎　十ゝ、御名三反
三郎太郎入道
十一ゝ、司小早田　四郎太郎　十二ゝ、御名岩同
二反　大輔房

十三ゝ、岩同二反　六郎四郎　十四ゝ、安久御名
二反　大輔房
十五ゝ、御名一反《井析》　錄司代　十六ゝ、安久三反
同人
十七、〔ゝ脱〕司三反　大輔房　十八、〔ゝ脱〕司三反
撿抆
十九ゝ、良二反大　次郎太郎　廿ゝ、司二反内一
反神　大輔房
廿一ゝ、司一反　平次郎　廿二、〔ゝ脱〕司二反
源太祝　」
（9ウ）
廿三ゝ、司三反　文三郎祝　廿四ゝ、合力一反
半　権太
廿五ゝ、合力一反半　源太祝　廿六、〔ゝ脱〕金丸一反
撿抆《カラス》
廿七ゝ、合力二反　四郎太郎　廿八ゝ、岩同二反
大輔房
廿九ゝ、司二反　いや次郎　卅ゝ、司一反
大輔房
卅一ゝ、司吉宗私一反　四郎太郎　卅二ゝ、金丸二反

一反ハ井粁、内　大輔房
卅三ゝ、金丸二反　平太郎　卅四ゝ、金丸一反
三郎太郎
卅五ゝ、金丸二反　六郎太郎《ケンチヤウ》神　卅六ゝ、金丸三反
中四郎
二里　」

（10オ）
一坪、吉宗一反内小ハ御名、　二ゝ、御名二反
一反ハ井粁、内　大輔房
三ゝ、御名二反　撿扗　四ゝ、御名一反
四郎太郎《ケンチヤウ》
五ゝ、御名三反　四郎太郎　六ゝ、御名五反内
二反　若狭
三反　大輔房
七ゝ、御名二反　大輔房　八ゝ、御名二反
にしとう
九ゝ、司一反小　いや二郎　十ゝ、司三反小
四郎太郎
十一ゝ、司三反　又次郎　十二〔ゝ脱〕、司一反
同人
十三ゝ、合力一反半　撿挍太郎　十四ゝ、金丸三反

又次郎《ヲイノ》
十五ゝ、司二反　中太作　十六ゝ、金丸二反
又次郎《サワラ》　」

（10ウ）
十七ゝ、岩同二反　同人　十八ゝ、金丸二反
同人
十九ゝ、司二反　權三郎　廿ゝ、合力三反
又次郎
廿一ゝ、御名四反　藤九郎入道　廿二ゝ、御名六反
藤九郎
廿三ゝ、司二反　若狭房　廿四ゝ、安久一反
小　藤四郎
廿五ゝ、安久二反　權三郎　廿六ゝ、吉千代私
二反　藤四郎
廿七ゝ、師松二反小　三郎太郎　廿八ゝ、安久二反
小　安平次作
廿九ゝ、安久吉清三反　卅ゝ、安久吉清一
反　同人
卅一ゝ、司二反　大輔房　卅二ゝ、吉千代私
二反小　大輔房　」

（11オ）
卅三ゝ、御名二反　七郎三郎　卅四ゝ、司三反
ナスヒ　三郎太郎入道
卅五ゝ、司三反　中三郎　卅六ゝ、司二反
同人
三里
一坪、司經田三反　別當　二坪、司三反
同人
三ゝ、司岩同大　若狭　四ゝ、司大
同人
五ゝ、司一反　彦次郎　六ゝ、師松七反
手
七ゝ、司小　源太祝　八ゝ、有木三反大
内合力一反
九ゝ、司經田三反　越後房　十ゝ、司經田大
平次郎　」
（11ウ）
十一ゝ、司合力大　弥太郎　十二、〔ゝ脱〕司小
若狭
十三ゝ、司小　中三郎　十四、〔ゝ脱〕司一反
福田作平三

十五ゝ、司小　大輔房　十六ゝ、司小
若狭
十七ゝ、司大　大輔房　十八ゝ、司半
平次郎
十九ゝ、司二反小　中三郎　廿ゝ、司大
五郎四郎
廿一ゝ、司小　円智作七郎太郎　廿二ゝ、御名三反
半　權太
廿三ゝ、司小　福田作又次郎　廿四ゝ、合力大
若狭
廿五ゝ、良大　七郎三郎　廿六ゝ、寺実命七
反三百歩三百歩ハ源太祝、　手　」
（12オ）
廿七ゝ、司合力一反大　弥太郎　廿八ゝ、安久御名
一反大　手
廿九ゝ、乙金御名二反小　八郎太郎　卅ゝ、師松四反
平太三郎
卅一ゝ、司合力一反小　又次郎　卅二、〔ゝ脱〕合力小
いや太郎
卅三、〔ゝ脱〕司半　中太　卅四ゝ、司半

大輔房
卅五ゝ、合力六反半　別當　　卅六ゝ、司合力大
若狭
四里
一坪、合力一反半　別當作　　二坪、司合力小
若狭
三ゝ、合力小　七郎太郎　　四ゝ、司一反小
次郎太郎　」
（12ウ）
五ゝ、司大吉宗　平次郎　　六ゝ、司吉宗一反
小　次郎太郎
七ゝ、司一反吉宗　平八　　八ゝ、金丸二反内
一反ハ合力、　法明房
九ゝ、金丸半　中太　　十ゝ、寺二反
三郎五郎
十一ゝ、司寺大　大和房　　十二ゝ、金丸二反
神　中祝
十三ゝ、司二反小内二反小　越後若狭　　十四ゝ、司二反神
撿挍
十五ゝ、司一反同神　藤作入道作

新部
一坪、良中五良私二反小　　二坪、御名三反
手　」
（13オ）
三ゝ、良三反　大和房　　四ゝ、寺二反
別當六
五ゝ、寺一反小　大和房　　六ゝ、寺一反小
大和房
七ゝ、寺二反《コシキタ》　六郎太郎　　八ゝ、寺二反小
唯智房
九ゝ、寺一反小　唯智房　　十ゝ、寺御名二反
小　大輔房
十一ゝ、一反小内大ハ合力、大ハ寺、　　十二ゝ、寺一反小
手
神一反撿挍次
十三ゝ、大内小ハ寺、小ハ合力、　越後房　　十四ゝ、合力寺一
反内半合力、半寺、
十五ゝ、寺一反小　平八　　十六ゝ、寺四反
同人
十七ゝ、司末千代二反　　十八ゝ、司經田一

反　大和房　」
(13ウ)十九〻、良一反小　五郎太郎神　廿〻、司一反惣神
〻　同人
廿一〻、御名四反　若狭　廿二〻、録司代私
二反小　藤四郎
廿三〻、良四反　祢宜四郎　廿四〻、御名三反
同人
廿五〻、爲里御名三反　平四郎入道　廿六〻、金丸一反
小　同人
廿七〻、良二反　同人　廿八〻、司一反小
周防房
廿九〻、司一反　同人　卅〔〻脱〕、良三反
同人
卅一〻、司一反半　大神主　卅二〻、司大
平五郎
卅三〻、司二反半　祝五郎　卅四〻、司小
いや七　」
(14オ)卅五〻、司三反半　又三郎祝　卅六、〔〻脱〕司三反半
撿挍平四郎

卅七、〔〻脱〕司二反半
二里
一坪、司半　矢田部作弥太郎　二坪、司二反
五郎太郎神主
三〻、司一反　中野作源平太　四〻、司三反神
平所
五〻、司半　大井土三郎太郎　六〻、司二反
大夫次郎
七〻、合力一反　撿抆太郎　八〻、司一反六十
歩　新平
九〻、司一反小　權祝　十〻、司一反小
丹次郎　」
(14ウ)十一〻、司一反八郎王子神　四郎太郎　十二〻、司一反小
同神　孫次郎
十三〻、利助二反　權三郎　十四〻、司半
大井土藤四郎
十五〻、良二反小　撿挍入道　十六〻、良三反
四郎神主大神主
十七〻、良三反　小長手　十八〻、司小

大工作四郎太郎
十九〻、司一反小　田冷私丹次郎　　廿〻、金丸一反小
大〳〵神、長次郎
廿一〻、司三反大　三郎太郎　　廿二〻、司金丸二　カネノ修理
新
反小　大神主
廿三〻、司一反小　平六　　廿四〻、司一反小
神拜田　酒司
廿五〻、司一反六十歩　大井土　次郎太郎　　廿六〻、司小
中野作平太郎　」
(15オ)
廿七〻、司大　平所作　　廿八〻、司二反
大夫次郎
廿九〻、司一反小神　酒司　　卅〻、司一反半
中祝
卅一〻、司半神　中平神　　卅二〻、司一反八郎
王子神　塙四郎作　四郎太郎
卅三〻、司一反　惣神〻　荒野祝同人　　卅四〻、司一反小
新三郎
卅五〻、司一反小　田冷《トシタテ》　　卅六〻、司一反小《カサノ》

神子別當《カッテ》
三里
一坪、司小　丹次郎　　二〻、司小
雉判官代
三坪、司一反小　六郎太郎神　　四〻、司小　新
三郎　」
(15ウ)
五〻、金丸一丁三反　手　　六、〔〻脱〕吉直二反内一反
小吉直
大御名　手
七〻、良四反小内小〳〵吉直、御手　　八〻、司半
いや七
九〻、司一反　淨円房　　十〻、司二反小
次郎太郎
十一〻、司二反　祝四郎　　十二〻、司二反
長作平六
十三〻、司一反　中次郎　　十四〻、司二反
平太郎
十五〻、司一反　三郎祝　　十六〻、利助二反
三郎祝
十七〻、司小吉宗　いや三郎　　十八〻、司大吉宗

次郎太郎
十九ゝ、司二反小吉宗　四郎神　廿ゝ、乙金二反
閑田入道　」
(16オ)
廿一ゝ、爲里三反小　七郎太郎　廿二ゝ、司三反
同人
廿三ゝ、司大　判官代　廿四ゝ、良二反小
長
廿五ゝ、良二反　藤四郎　廿六ゝ、良二反大
太郎房作
廿七ゝ、助直二反小　撿校　廿八ゝ、良五反
大神主
廿九ゝ、利助一反　大神主　卅ゝ、吉千代私二
反　同人
苅馬
一坪、合力一反小　手　二坪、合力二反
三郎太郎作
三坪、合力二反大　平太郎　四ゝ、寺大　別
當六作　」
(16ウ)
五ゝ、寺二反　別當　六ゝ、寺二反半

同人
七ゝ、合力手三反　八ゝ、燈油田三反
弥三郎
九ゝ、良二反　又次郎　十ゝ、寺五反
手
十一ゝ、安久三反　蓮実坊　十二ゝ、寺一反
篠本作
十三ゝ、安久一反半　法明房　十四ゝ、安久三反
内小八神、　平太郎
十五ゝ、安久二反半　松山《ヤマ》命婦　十六ゝ、今吉一反
小　平太郎
十七ゝ、爲里御名一反小　四郎三郎　十八ゝ、合力四反
手
十九ゝ、寺御名一反小　次郎太郎　廿ゝ、寺二反
三郎太郎　」
(17オ)
廿一ゝ、司一反半　手　廿二ゝ、司二反
手
廿三ゝ、司三反半　手　廿四ゝ、良二反小
四郎三郎入道

廿五ヽ、良二反〔八郎王子神〕　平太郎　　廿六ヽ、良三反半
馬場殿神　追野殿
廿七ヽ、良三反大　副祝　　廿八ヽ、金丸二反
田冷中四郎
廿九ヽ、富長御名三反半　　卅ヽ、良大
たなかし
卅一ヽ、富長〔永〕私一反小　手　　卅二ヽ、富長〔永〕私二
反半　二仲作手
卅三〔ヽ脱〕、富永私一反半〔ツヽミ六十歩〕　案主　　卅四ヽ、富永私三
反　文三郎祝
卅五ヽ、富永御名三反　三郎太郎」
鍬山
(17ウ)
一坪、金丸七反　手　　二坪、利助五反
手
三坪、助直二反小　権次郎祝　　四ヽ、利助私二反
手
五ヽ、上分三反半　平三郎　　六ヽ、犬丸大
源三郎
七ヽ、金丸一反　勢次郎　　八ヽ、司一反小
手
九ヽ、犬丸一反小　小次郎　　十ヽ、金丸三反
藤次郎
十一ヽ、安久一反大　権次郎祝　　十二ヽ、金丸一反
小　手
十三ヽ、犬丸一反大　手　　十四ヽ、良一反小」
中三郎
(18オ)
十五ヽ、金丸三反　平三太郎　　十六ヽ、上分二反
大　権次郎祝
十七ヽ、〔四月五日神〕上分四反　おけはた（桶端）　　十八ヽ、司一反小
手
十九ヽ、甲丸二反小　いや四郎　　廿ヽ、司二反
手
廿一ヽ、司三反　手　　廿二ヽ、吉千代經
田二反　法忍房
廿三〔ヽ脱〕、利助二反大　手　　廿四ヽ、犬丸一反
大　小藤神夫作
廿五ヽ、金丸一反小　別當三郎　　廿六ヽ、利助一反
半　手

廿七ゝ、甲丸私一反小　愛鶴　　廿八ゝ、甲丸私三
反　手
廿九ゝ、司吉宗一反小　左入道　　卅ゝ、利助三反半
手　」
(18ウ)
卅一、〔ゝ脱〕良二反　撿非違使　　卅二ゝ、吉千代私
二反　法忍房
卅三ゝ、甲丸一反　平太次郎　　卅四ゝ、利助一反
小　平太次郎
卅五ゝ、利助二反小　六郎祝　　卅六ゝ、眞吉五藤
次神夫一反小
二里
一坪、二藤祝私一反半　中三郎　　二ゝ、今吉四反小
中平神
三ゝ、成吉私二反　五藤四郎　　四ゝ、良二反
十郎
五ゝ、吉千代私七反　　六ゝ、犬丸四反
五藤四郎
七ゝ、中平神私二反小　手　　八ゝ、成吉私三反」
(19オ)
九ゝ、金丸二反　手　　十ゝ、分田二反

小長手
十一ゝ、二反内　こもしきの分一反　五郎四郎神夫
一反　こものおさ（薦長）　　十二ゝ、犬丸二反
手
十三ゝ、金丸一反半　弥中太　　十四ゝ、金丸一反
小　手
十五ゝ、金丸三反　神藤神夫　　十六、〔ゝ脱〕金丸二反
平次郎
十七ゝ、金丸二反　若狭　　十八ゝ、利助二反
手
十九ゝ、金丸二反小　中太　　廿ゝ、金丸一反
藤次郎
廿一ゝ、良利助一反　手　　廿二、〔ゝ脱〕犬丸二反小
手
廿三ゝ、司小　手　　廿四ゝ、良二反小
今ハ五郎祝、六郎祝　」
(19ウ)
廿五ゝ、永吉二反小《イワイシリ》　権次郎祝　　廿六ゝ、犬丸一反
中次郎
上相根
一坪、今吉五反　権三郎　　二坪、司大

同人
三坪、今吉二反小　二仲太　　四ゝ、司小石丸一
反小　弥二郎
五ゝ、司一反小　平太　　六ゝ、司小石丸一
反大　同人
七ゝ、司小石丸二反　同人　　八ゝ、司二反
六郎二郎
九ゝ、司二反大（今宮神）　同人　　十ゝ、司半　い
や四郎
十一ゝ、司大　平四郎　　十二ゝ、司小石丸
三反　中四郎入道　　」
(20オ)
十三ゝ、司二反（返田神）　中次郎入道　　十四ゝ、司御名一
反半　又五郎
十五ゝ、司三反　平四郎入道　　十六ゝ、司小石丸
二反大　三郎太郎
十七ゝ、御名四反　平次郎　　十八ゝ、司一反小
同人
十九ゝ、司御名一反半　同人　　廿ゝ、司二反小
孫次郎

廿一ゝ、司方丸一反半　中次郎入道　　廿二ゝ、司三反
六郎太郎入道
廿三、〔ゝ脱〕司一反大　辻弥三郎　　廿四ゝ、安久六反
大夫三郎入道
廿五、〔ゝ脱〕司一反　辻弥三郎　　廿六ゝ、小石丸二
反　弥五郎
廿七ゝ、司一反半　中次郎入道　　廿八ゝ、司小石丸
三反　紀平四郎　　」
(20ウ)
廿九ゝ、司御名三反小　又五郎　　卅、〔ゝ脱〕司小石丸四反
手
卅一ゝ、司大　平三太郎　　卅二、〔ゝ脱〕御名五反
手
卅三ゝ、小石丸一反大　紀平次郎　　卅四ゝ、録司代私
二反小　又五郎
卅五ゝ、司半　三郎次郎　　卅六ゝ、司御名二
反　いや四郎
二里
一坪、司御名三反　浄願房　　二坪、司小石丸四
反大　山中平次太郎

三坪、司一反大　六五又太郎　四ゝ、司二反小
又五郎
五ゝ、司御名一反半　いや四郎　六ゝ、司小石丸七
反　手」
(21オ)
七ゝ、三月舞田一反司小石丸三反　藤三郎　八ゝ、司小石丸二
反　十郎入道
九ゝ、司一反　六郎二郎　十ゝ、司一反
同人
十一ゝ、司二反　孫次郎　十二ゝ、司小石丸
三反　平次郎
十三ゝ、司小石丸大　前歳
大相根
一坪、なからみしり小石丸七反　手　二坪、司小石丸一
反　同人
三ゝ、司小　中次郎入道　四ゝ、司小石丸二
反　手
五ゝ、司小　辻いや三郎　六ゝ、司大　辻
弥三郎」
(21ウ)
七ゝ、司小石丸三反　前歳　八ゝ、司半

辻いや三郎
九ゝ、司小　平太太郎　十ゝ、司四反
中次郎入道
十一ゝ、司一反　いや三郎　十二ゝ、司小石丸
二反　黒田四郎入道
十三ゝ、司小石丸三反　前歳　十四ゝ、司小石丸
二反　丹次郎入道
十五ゝ、司一反大　六五又太郎　十六ゝ、司一反大
同人
十七ゝ、司二反　民ア　十八ゝ、司小石丸
二反　弥五郎
十九ゝ、司小　六郎次郎　廿ゝ、司小石丸一
反　又五郎
廿一ゝ、司小石丸吉次二反小　中五郎　廿二ゝ、司一反小
大夫五郎入道」
(22オ)
廿三ゝ、司小石丸四反　三郎太郎入道　廿四ゝ、司一反
大夫五郎入道
廿五、〔ゝ脱〕司小石丸三反　手　廿六ゝ、司一反小
いや四郎

廿七ゝ、司次郎丸六反内三反山中 三反平五郎　廿八ゝ、司一反半
黑田四郎入道
廿九ゝ、司一反大　山中　卅ゝ、司小石丸一
反大　実樂
卅一ゝ、司二反　山中次郎　卅二ゝ、司三反
六五又太郎
卅三ゝ、司小石丸一反　淨観房　卅四ゝ、司一反小
丹次郎入道
卅五ゝ、司一反小　丹次郎　卅六ゝ、司一反
三郎太郎入道
二里」
(22ウ)
一坪、司一反　三郎太郎　二坪、司二反
孫太郎
三坪、司小石丸小　平次太郎　四ゝ、司二反
四郎太郎
五ゝ、司一反　いや三郎　六ゝ、司一反
五郎四郎入道
七ゝ、司一反　大夫五郎入道　八ゝ、司一反
次郎太郎入道

九ゝ、司二反　大夫五郎入道　十ゝ、司半
黑田入道
十一ゝ、司小石丸一反六十歩　黑田入道　十二ゝ、司小石丸
三反　同人
十三ゝ、天宮神 司三反　同人　十四ゝ、司一反小
同人
十五ゝ、司二反　同人　十六ゝ、司一反小
彦太郎入道」
(23オ)
十七ゝ、司二反小　黑田三郎　十八ゝ、司二反
いや太郎入道
十九ゝ、司小石丸二反小　彦太郎　廿ゝ、司小石丸二
反　三郎太郎
廿一ゝ、酒司私二反　実樂　廿二、〔ゝ脱〕司寺小
実樂
廿三ゝ、司小石丸二反　彦太郎　廿四ゝ、金丸二反
小　いや四郎
廿五ゝ、司小石丸一反小　中次郎入道　廿六ゝ、司小石丸
一反半　三郎太郎入道
廿七ゝ、司一反小　同人　廿八ゝ、実樂私三

反小　三郎太郎入道
廿九〻、実樂私二反小　三郎太郎入道　卅〻、司小石丸一
反半　又次郎
卅一〻、司実樂二反大　民ア　卅二〻、金丸二反
三郎太郎」
(23ウ)
卅三〻、安久実樂三反　越後阿　卅四〻、司小
中次郎入道
卅五、[〻脱]司一反半　六五又太郎　卅六〻、司大吉次
私　中三郎入道
三里
一坪、司三反大　御手　二坪、司大　六
郎二郎
三〻、司一反　丹次郎入道　四〻、金丸三反
六郎二郎
五〻、金丸二反　丹次郎入道　六〻、司小石丸大
丹次郎入道
七〻、金丸二反　中次郎入道　八〻、金丸一反半
又次郎
九〻、金丸二反　いや三郎　十〻、金丸二反

丹二郎」
(24オ)
十一〻、司小石丸二反　山中　十二〻、司一反
いや三郎
十三〻、司一反小　平三三郎入道　十四〻、金丸一反
いや三郎
十五〻、司三反八人女　黒田四郎入道　十六〻、司一反小
彦太郎
十七〻、司二反　平五郎　十八〻、司二反
山中平二郎
十九〻、司一反　彦太郎　廿〻、司大
いや太郎入道
廿一〻、司大　三郎太郎　廿二〻、司小
いや三郎
返田
一坪、司三反内 一反半 弥平太 一反半 新平三　二坪、金丸一反
中六」
(24ウ)
三〻、司小　源平太　四〻、金丸大
いや三郎
五〻、司二反神　中六　六〻、司一反小

いや三郎
七〻、司一反神　中六　　八〻、金丸一反小
六郎二郎
九〻、金丸分田三反　次郎神　　十〻、司一反若宮神
祝四郎
十一〻、金丸三反《ニツシヤウタ》　田冷　　十二〻、爲里御名神
二反半　田次郎
十三〻、司大神　中五郎　　十四〻、司半
七郎次郎
十五〻、小石丸一反半　平四郎入道　　十六〻、司小石丸
一反半　平四郎入道
十七〻、司大　七郎次郎　　十八〻、司二反
蓮道弥三郎　」
(25オ)
十九〻、御名一反小　三郎祝　　廿〻、司分田三反
たなかし
廿一〻、司小石丸三反　いや三郎　　廿二〻、大細工分
神田一丁三反　大細工
廿三、〔〻脱〕司二反　辻いや三郎　　廿四〻、御名二反
黒田三郎

廿五〻、金丸三反　同人　　廿六〻、司二反半
又五郎
廿七〻、金丸四反　次郎神《シホカヘ》　　廿八〻、司方丸二
反　いや六作
廿九〻、金丸二反小　手　　卅〻、次郎神分田
四反　次郎神主
卅一〻、今吉御名一反大　平次郎神　　卅二〻、二月一日祭新田利助三反
次郎神
卅三〻、助直方丸二反小　手　　卅四、〔〻脱〕司方丸一反
半　四郎入道　」
(25ウ)
卅五〻、金丸方丸三反　源三郎入道　　卅六〻、合力三反
手
二里
一坪、犬丸二反《さうほく田》　小長手　　二〻、金丸三反
撿挍三郎入道
三〻、吉直方丸三反　さハら　　四〻、吉直三反
同人
五〻、吉直三反　又太郎　　六〻、富永二反大
返田神主

七ヽ、吉安二反祭新

此外可有注漏候、追可注進候、

右、爲後證、社家・地乃・公人同心、更不存私、應永
六年注置處也、若此之條僞申候者、
(26オ)
當社大明神御罰お各ゝ身上可罷蒙候、仍所定如件、

應永六年己卯五月　日　　案主(花押)

田所(花押)

錄司代(花押)

宮介代紀右近三郎左衞門尉(花押)

大祢宜兼大宮司散位(大中臣)長房(花押)

三七七　香取御神畠檢注取帳(冊子)〈二〉　二八・四 二〇・三

(1オ)
注進　香取御神畠撿注取帳事

大祢宜帳ハ永仁、錄司代帳ハ文保、田所帳ハ建武、案
主帳ハ正慶、合彼四帳、應永六年ニ社家・地乃・公人
寄合、爲後證注置處也、

合

一坪、吉千代私五反内 豊前房 次郎三郎　五郎四郎 女子二人

二坪、吉千代私二反　同人

三坪、行事祢宜私二反小　手

四坪、吉安私二反　靜覺法橋

(1ウ)
五坪、寺大　六郎次郎

六ヽ、利助御名一反　民ア大夫

七ヽ、甲丸御名四反内二反 二反　次郎大郎 民ア大夫

八ヽ、甲丸御名一反内半 半　六郎次郎 大六四郎入道

九ヽ、甲丸御名二反内一反 一反　別當 藤三郎入道

十ヽ、目代私五反　手

十一ヽ、司 脇鷹神三反　ふくわう殿

十二ヽ、吉安私二反内一反 一反　次郎太郎 民ア大夫

(2オ)
十三ヽ、行事祢宜私一反小　家内　手

十四ヽ、同人私二反　手

十五ヽ、吉安私三反　家内　手

十六ヽ、脇鷹神一反　家内　五藤左衞門

十七ヽ、司神二反　家内　大祝

十八ヽ、犬丸大　十郎殿

十九ヽ、司二反　孫太郎

廿ヽ、金丸大　同人」

（2ウ）

廿一ヽ、吉安私二反小　孫太郎

廿二ヽ、司一反大寺丁古地藏堂免　平太四郎入道

廿三ヽ、司寺一反『大應寺』（朱書、下同ジ）　同人

廿四ヽ、金丸一反小　同人

廿五ヽ、金丸四反やもとのやしき　わういぬ殿

廿六ヽ、司三反カイタノ田ノハタ　行事祢宜

廿七ヽ、寺サヽハラノ寺一反内『大應寺』　ひやうへ入道 又六

廿八ヽ、寺吉安私三反松山　五藤左衞門」

（3オ）

廿九ヽ、脇鷹神三反内　三川殿 さへもん三郎入道

卅ヽ、同脇鷹神三反　西藤四郎

卅一ヽ、御名二反　撿挍

卅二ヽ、脇鷹神一反小　民ア房

卅三ヽ、司二反　ふくわう殿 塙欤、

卅四ヽ、司二反　彥三郎 ホツコメ

卅五ヽ、上分三反　中四郎

卅六ヽ、上分二反小　加賀房」

（3ウ）

卅七ヽ、司二反　藤次三郎

二里

一坪、御名二反　藤次三郎

二坪、良二反トタサク　彥三郎

三坪、御名一反小　民ア次郎太郎

四ヽ、司一反神　孫次郎マシキ

五ヽ、司三反内一反 二反　六郎次郎 大六入道

六ヽ、司三反　法願房」

（4オ）

七ヽ、司一反内　平四郎 しもつけ房

吉原

一坪、御名三反　わういぬ殿

二坪、御名二反大内大ハ神、　同人

三坪、御名三反　十郎入道

四ヽ、御名一反　同人

五ヽ、司寺大　同人」

（4ウ）

六ヽ、吉安私二反　同人

七ヽ、司三反　撿非違使いや三郎入道

八ヽ、司一反　同人

九ゝ、甲丸五反　けんひいし（検非違使）
十ゝ、甲丸一反小　六郎祝
十一ゝ、吉千代私五反　同人
十二ゝ、利助大　同人
十三ゝ、吉安私二反　彦三郎　」
（5オ）十四ゝ、御名一反半　八郎次郎作
十五ゝ、御名一反半　三郎次郎
十六ゝ、司大　宮前二郎太郎
十七ゝ、御名三反　六郎祝
十八ゝ、司一反　物忌
十九ゝ、今吉小　六郎祝
廿ゝ、今吉六十歩　六次作
廿一ゝ、今吉一反小　六郎祝　」
（5ウ）廿二ゝ、今吉半　手
廿三ゝ、今吉一反　手
廿四ゝ、今吉二反半　中次郎作
廿五ゝ、司三反内一反半 一反半　彦三郎 物忌
廿六ゝ、司大　六郎祝

廿七ゝ、司二反　小三郎
廿八ゝ、司一反　權次郎入道
廿九ゝ、御名三反　丁古殿 けん丈〔杖〕　」
（6オ）卅ゝ、司二反　彦三郎
卅一ゝ、御名二反　同人
卅二ゝ、司二反　同人
卅三ゝ、利助一反小　同人
卅四ゝ、金丸二反　けんひいし いや三郎入道
卅五ゝ、利助一反小　同人
卅六ゝ、良一反　同人

二里　」

（6ウ）一坪、甲丸三反　又四郎
二坪、甲丸二反　次郎太郎
三坪、甲丸二反　家内　けんひいし
四ゝ、御名大　同人
五ゝ、御名三反　彦四郎殿
六ゝ、甲丸一反大　坪なしと申、
七ゝ、良一反　二郎太郎

八〻、御名私三反　六郎祝」
（7オ）
九〻、良二反　同人
十〻、御名二反大　けんちやう（検杖）
十一〻、御名一丁　ふくわう殿
十二〻、御名三反　権祢宜
十三〻、御名一反　利助　同人
十四〻、御名二反　又五郎入道
十五〻、御名一反小　小中太作
十六〻、御名一反　権祢宜」
（7ウ）
十七〻、良一反　権祢宜四郎

大畠村

一坪、上分四反御ハライ、　権次郎祝
二坪、金丸二反　右馬允入道
三坪、司一反　同人
四〻、御名二反　五郎撿挍
五〻、良大　同人
六〻、金丸三反　文三郎祝」
（8オ）
七〻、金丸二反　いや三郎

○八〻、在坪金丸一反　五郎撿挍
八〻、（マヽ）司上分二反　法連作、いひさゝ
九〻、吉氏私七反内五反二反　神子別当たなかし平次郎作
十〻、御名大　神子別当
十一〻、司小内六十歩六十歩　神子別当たなかし平次郎作
十二〻、金《カネ》丸三反　たなかし平次郎作
十三〻、司大　同人」
（8ウ）
十四〻、金丸一反　たなかし平二郎作
十五〻、金丸一反　同人
十六〻、司神二反　たなかし
十七〻、司神三反　七郎殿
十八〻、金丸一反　神子別当
十九〻、金丸三反　大長手
廿〻、節戸大　同人
廿一〻、節戸大　三郎太郎作」
（9オ）
廿二〻、上分三反　四郎神主
廿三〻、四郎神私五反　同人
廿四〻、良二反　案主

廿五ゝ、金丸三反神　同人
廿六ゝ、御名三反　同人
廿七ゝ、中長手私三反内二反小 大　小長手 判官代
廿八ゝ、司神四反五月五日御菜田　小長手　判官代
廿九ゝ、良一反大内　小長手　判官代　五郎 三郎入道　四郎三郎 次郎太郎入道　」
（９ウ）
卅ゝ、司半ツホアリ、司小　次郎太郎入道　次郎太郎入道
卅一ゝ、司一反五月五□〔日カ〕アフラメン　小長手
卅二ゝ、司一反　次郎太郎入道
卅三ゝ、金丸二反内一反 一反　いや五郎 判官代
卅四ゝ、司一反　判官代
司大ゝ大　六郎二郎
卅五ゝ、錄司代私一反小
卅六ゝ、御名三反　土器　」
（10オ）
二里
一坪、良一反小内大 大　六郎神 さはら三郎入道
二坪、司小　平太太郎大夫
三ゝ、司一反　同人
四ゝ、司神二反　同人

五ゝ、司二反内一反 一反　平太太郎大夫 神四郎
六ゝ、司一反小　平太郎
七ゝ、司神二反　五郎二郎入道　」
（10ウ）
八ゝ、司三反　唯願作
九ゝ、御名三反　権祝
十ゝ、御名二反　神二郎
十一ゝ、金丸三反内小 二反大　権祝 彦さへもん
十二ゝ、司小　同人
十三ゝ、金丸五反内二反 三反　小井土神 中祝
十四ゝ、御名大　中祝
十五ゝ、七郎私三反　大和四郎さへもん殿　」
（11オ）
十六ゝ、金丸六反内二反神 一反　又五郎　三反　大神主 いや太郎
十七ゝ、金丸二反内一反 一反　いや太郎 平所
十八ゝ、金丸大　藤四郎後家
十九ゝ、司上分二反内一反 一反　平所 四郎太郎
廿ゝ、司上分一反小　四郎大夫
廿一ゝ、御名大　平所
廿二ゝ、司二反　四郎太郎

廿三ゝ、司二反　かち三郎太郎入道　」
(11ウ)
廿四ゝ、司二反小内一反 一反　文八作 尼御前手　小　文三郎祝
廿五ゝ、司一反　小太郎入道
廿六ゝ、司半　同人
廿七ゝ、司三反日御子神　文三郎祝
廿八ゝ、御名二反　式ア房
廿九ゝ、良大　同人
卅ゝ、金丸大　同人
卅一ゝ、司一反　平次郎　」
(12オ)
卅二ゝ、司三反　唯心房
卅三ゝ、司二反　同人
卅四ゝ、金丸四反　三郎祝
卅五ゝ、金丸二反　同人
卅六ゝ、金丸二反　〔幣〕蔽所

三里

一坪、司一反半　七郎太郎入道
二坪、司三反　かめわう　」
(12ウ)
三ゝ、司二反　七郎太郎入道

四ゝ、良二反　大神主
五ゝ、御名二反内一反神、　又四郎　アウネ
六ゝ、五郎丸六反　彦四郎殿
七ゝ、御名二反　細工作
八ゝ、良四反　中平神
九ゝ、御名三反　祢宜四郎太郎
十ゝ、御名四反　彦四郎　」
(13オ)
十一ゝ、御名五反　さこんの次郎
十二ゝ、御名長内三反　ひやうへ二郎
十三ゝ、吉安司大私一反小　同人 同人　むかへのきし
十四ゝ、御名二反　ひやうへ二郎
十五ゝ、御名小　四郎神
十六ゝ、司一反大　同人
十七ゝ、司三反小内一反大 一反大　七郎二郎入道 民ア房
十八ゝ、御名一反半　四郎神　」
(13ウ)
十九ゝ、中平神私一丁内三反 七反　四郎神 中平神
廿ゝ、司三反内一反 二反　孫太郎ツヽミ 彦三郎殿
廿一ゝ、司一反内小 大　孫太郎 内紀二郎

廿二〻、司一反　同人
廿三〻、御名三反　彦三郎
廿四〻、司一反内半孫太郎　半かめわう 司五反周防房跡　源二郎
廿五〻、司四反内二反半 一反半　祢宜五郎祝 七郎二郎
廿六〻、司二反小内一反六十歩 一反六十歩　大夫房 御手」
(14オ)
廿七〻、司合力一反　五郎二郎
廿八〻、司大　是心房
廿九〻、司一反　祢宜五郎祝
卅〻、祢宜四郎私三反内一反半 一反半　四郎二郎 飯竹又二郎
卅一〻、司四反内三反 一反　大夫房 はなわ祝 （墒）
卅二〻、司大 司一反　かう四郎入道　大夫房家内
卅三〻、司一反　同人
卅四〻、司二反内半神　いや五郎」
(14ウ)
卅五〻、司三反大　孫太郎ッヽミ
卅六〻、五郎丸五反内三反 二反　大夫房 はなわはうり （墒祝）

四里

一坪、司一反小内　又二郎 二郎太郎

二坪、司一反小内小 一反　いや太郎入道 かめわう太郎
三坪、司一反大内大 半　二郎太郎 半 いや太郎入道　いや三郎入道
四〻、御名二反　大夫二郎
五〻、司御名二反　三郎二郎」
(15オ)
六〻、御名二反　四郎神
七〻、御名大　祢宜五郎祝
八〻、御名三反内大 一反六十歩　いや四郎　一反六十歩　平四郎入道
九〻、司大　五郎三郎
十〻、司一反六〔錄〕司代私
十一〻、司二反　四郎五郎
十二〻、司一反　かう四郎入道
十三〻、司一反　四郎五郎」
(15ウ)
十四〻、司二反　同人
十五〻、御名二反　同人
十六〻、御名二反　彦さへもん入道
十七〻、御名二反　同人
十八〻、御名二反　同人
十九〻、御名二反　同人

廿ゝ、御名二反　同人

（16オ）

廿一ゝ、司一反　同人」

廿二ゝ、司二反　四郎五郎

廿三ゝ、御名二反　平次五郎

廿四ゝ、司一反　八郎次郎

廿五ゝ、司二反　中平神

新部

一坪、金丸四反　乗蓮坊　式ア房

二坪、司二反　いや三郎」

（16ウ）

三坪、司小 良五郎丸三反内 七郎太郎入道一反半 一反半　弥平太　いや三郎

四ゝ、錄司代私三反　七郎太郎入道

五坪、司三反 司小 新三郎　乗連〔蓮〕房

六坪、金丸二反　権介

七ゝ、司一反　飯竹又二郎

八ゝ、司小　三郎太郎

九ゝ、司二反　内記兵衛二郎

十ゝ、司小　同人」

（17オ）

十一ゝ、御名二反　同人

十二ゝ、御名三反　同人

十三ゝ、金丸二反　平五二郎入道

十四ゝ、御名三反　平次太郎

十五ゝ、金丸二反　平五二郎入道

十六ゝ、司二反　ねき四郎作

十七ゝ、司大　平五二郎入道

十八ゝ、御名小　同人」

津宮

（17ウ）

一坪《ホツカヘ》、御名五反　平太さへもん入道

二ゝ、司御名二反　同人

三ゝ、司御名二反　同人

四ゝ、御名二反ツノミヤヨコスカ（津宮横須賀）　撿挍五郎

五ゝ、御名二反　き〔擬〕祝

六ゝ、司三反内 二反 一反　五郎二郎　かう四郎

七ゝ、良三反　かう四郎」

（18オ）

八ゝ、良二反　同人

九ゝ、良二反　正月入道

十ゝ、御名三反　孫四郎
十一ゝ、良二反　きへうり
十二ゝ、御名二反　同人
十三ゝ、御名三反　同人
十四ゝ、良三反　四郎太郎
十五ゝ、司二反　きへうり　」
(18ウ)十六ゝ、御名三反　孫四郎
十七ゝ、御名二反　あち内
十八ゝ、司小　五郎二郎
十九ゝ、良小　同人
廿ゝ、御名二反　彦二郎
廿一ゝ、良一反　同人
廿二ゝ、司一反　岩井口飯竹又二郎
廿三ゝ、司二反　三郎太郎　」
(19オ)廿四ゝ、司一反半　小二郎
廿五ゝ、司一反　性嚴房
廿六ゝ、司大　同人
廿七ゝ、安久三反　同人

廿八ゝ、安久一反　三郎太郎
廿九ゝ、司一反小　同人
卅ゝ、司二反神　御手
卅一ゝ、司大　同人　」
(19ウ)卅二ゝ、良二反　平次五郎入道
卅三ゝ、御名二反　同人
卅四ゝ、御名二反　新三郎
卅五ゝ、良大　同人
卅六ゝ、司小　同人

二里

一坪、司一反　孫四郎
二ゝ、良二反大　平太さへもん入道　」
(20オ)三ゝ、司大　同人
四ゝ、司大　同人
五ゝ、安久三反内大二反小　民ｱアサリ(跡)新三郎入道アト
六ゝ、司小　新三郎入道
七ゝ、司大　平次五郎入道
八ゝ、金丸二反　四郎三郎

九ゝ、金丸二反　四郎太郎《わたくし》

十ゝ、司一反小　八郎四郎」

（20ウ）

十一ゝ、寺薬師堂三反　はなハ平次五郎入道

十二ゝ、司大　同人

十三ゝ、司一反　四郎三郎

十四ゝ、実命二反古新堂サクシリ　平三太郎入道

十五ゝ、実命二反　民アアサリ

十六ゝ、寺大　新三郎入道

十七ゝ、実命三反　手

十八ゝ、寺大　新三郎入道」

（21オ）

十九ゝ、司大　同人

廿ゝ、安久三反　民ア阿サリ

廿一ゝ、実命二反　同人

廿二ゝ、撿非違使私一反半 ○三反内 一反半　けんひいし いひさゝの又二郎

廿三ゝ、撿非違使私二反　手

廿四ゝ、藤四郎私一反　式ア阿サリ

廿五ゝ、安久三反　けんひいし

廿六ゝ、撿非違使私二反　手」

（21ウ）

廿七ゝ、司大　同人

廿八ゝ、実命二反　小二郎

廿九ゝ、実命五反　四郎太郎

卅ゝ、司一反　同人

卅一ゝ、実命一反　平太さへもん入道

卅二ゝ、司一反　四郎三郎

卅三ゝ、安久二反赤馬　三郎太郎

卅四ゝ、司二反　平次四郎」

三里

（22オ）

一坪、実命四反　平次四郎

二ゝ、司大　平次三郎入道

三ゝ、司一反　民ア阿サリ

四ゝ、司一反司小 平次三郎入道　平次四郎

佐原村

一坪、司二反　彦太郎入道

二ゝ、司二反　同人」

（22ウ）

三ゝ、司二反　彦太郎入道

四ゝ、司二反　次郎三郎入道

五ゝ、司大　五郎大夫
六ゝ、御名大ヒサ（毘沙）門堂免　二郎三郎入道
七ゝ、司三反　同人
八ゝ、司二反　彦太郎入道
九ゝ、司二反　平次太郎
十ゝ、司三反　さたし　」
（23オ）十一ゝ、御名二反　平次郎入道
十二ゝ（御）、御名二反　又四郎
十三ゝ、御名一反小　平次太郎
十四ゝ、御名二反内一反 一反　いや次郎 平次太郎
十五ゝ、御名一反 司大　さこんの次郎　六郎太郎
十六ゝ、司一反　さこんの次郎
十七ゝ、司二反　六司代〔錄、下同ジ〕
十八ゝ、御名大　同人　」
（23ウ）十九ゝ、司三反　次郎太郎
廿ゝ、司三反　六郎三郎入道
廿一ゝ、司一反　平太郎
廿二ゝ、司二反　同人

廿三ゝ、司大内小 小　平太郎 次郎太郎
廿四ゝ、岩同一反小　円明房
廿五ゝ、岩同一反小　平太郎
廿六ゝ、司一反大　同人　」
（24オ）廿七ゝ、司大神　六司代
廿八ゝ、司二反　平太郎
廿九ゝ、司二反　家内　平太郎
卅ゝ、司小　又太郎かに
卅一ゝ、岩同大 司一反大内　大へ　ねき　六司代
卅二ゝ、御名二反　同人
卅三ゝ、司二反　同人
卅四ゝ、合力四反　佐原祢宜　」
（24ウ）卅五ゝ、司小　佐原祢宜

二里

一坪、司四反内二反 二反　いや二郎 案主　井土乙へ（庭）
二ゝ、司一反　孫六
三ゝ、合力二反　案主
四ゝ、御名二反　民ア房

五ゝ、御名二反　手平太二郎
六ゝ、司一反　又五郎《タウシ》」
(25オ)
七ゝ、御名二反　民ア房
八ゝ、御名二反　平次太郎
九ゝ、御名二反　教道房
十ゝ、御名二反　六司代
十一ゝ、司二反　平太郎
十二ゝ、御名三反　又太郎
十三ゝ、司一反内半ハ御名、半ハ司、　又太郎　けんへい四郎
十四ゝ、司小　彦四郎」
(25ウ)
十五ゝ、御名大　別当三郎
十六ゝ、司三反　案主
十七ゝ、司四反　同人
十八ゝ、司四反　佐原祢宜
十九ゝ、司三反　七郎五郎　案主
廿ゝ、御名四反　司一反　同人孫四郎　いや太郎入道
廿一ゝ、司一反ゝ　同人
廿二ゝ、司二反　法仏作」

(26オ)
廿三ゝ、司二反　雑二郎作　けんちやう作
廿四ゝ、司二反　同人
廿五ゝ、司二反　中ねき
廿六ゝ、司一反　ゝあゝ

返田村

一坪、司一反大　孫三郎久方
二ゝ、司御名二反　同人
三ゝ、司三反内二反一反　平三次郎　孫三郎」
(26ウ)
四ゝ、司一反　平三次郎
五ゝ、司一反　次郎三郎
六ゝ、司一反内半ハ半ハ　孫二郎　三郎五郎入道
七ゝ、御名方丸一反　司　いや四郎　手
八ゝ、司神ゝゝ二反一反半　藤次郎　同人ゝゝ
九ゝ、司神二反　同人
十ゝ、方丸二反　西願
十一ゝ、方丸二反　同人」
(27オ)
十二ゝ、方丸二反　小平太入道
十三ゝ、司小　手

十四ゝ、御名一反大　同人
十五ゝ、方丸一反　手
十六ゝ、方丸一反大　西願
十七ゝ、司一反サクカシラ　平次郎
十八ゝ、方丸大　いや三郎
十九ゝ、司二反　いや三郎」
(27ウ)
廿ゝ、司二反内一反 一反　六郎太郎入道 七郎三郎入道
廿一ゝ、御名二反　七郎三郎入道
廿二ゝ、司大　同人
廿三ゝ、司二反大内　七郎三郎入道 いや三郎
廿四ゝ、方丸大　西願跡
廿五ゝ、司二反　七郎三郎入道
廿六ゝ、御名四反　浄教房あふねのうち

返田新畠」
(28オ)
司一反　カマカへ　酒司
新一反　いや太郎　同　孫次郎
司　孫三郎　新司　いや太郎
司半　いや三郎　御名一反　小長手

司一反　六郎太郎　新御名　中四郎
新御名　小平太入道　御名　二郎太郎
新司　孫二郎　司　いや三郎入道
司一反　番匠作　新司　源三郎作」
(28ウ)
追野村
一坪、六郎私三反　二ゝ、良二反　新平入道作
三ゝ、司大　同人　四ゝ、良一反　彦太郎
五ゝ、良一反大　平太郎　六ゝ、御名四反　同人
七ゝ、安久九五反　新藤三尼　八ゝ、安久二反　手
九ゝ、安久二反　中四郎　十ゝ、安久御名二反　撿
挍四郎
十一ゝ、御名三反　油井撿挍五郎　十二ゝ、御名一反
半　同人
十三ゝ、御名一反　同人　十四ゝ、良二反　福田殿」
(29オ)
十五ゝ、司大　新藤三尼　十六ゝ、司半　彦太郎

宮本
一坪、有木一反小　小次郎　二ゝ、司小　同人
三ゝ、司半　四郎太跡　四ゝ、司大花ヲリハタケ　性

明房
五ゝ、司半　浄道尼《アマ》　六ゝ、司小　蓮門房
七ゝ、司一反　同人　八ゝ、司一反　新藤次神夫
九ゝ、司一反　得善　十ゝ、司三反　中太郎」
（29ウ）
十一ゝ、司一反小　新藤次神夫　十二ゝ、司一反小　同
人せい宮
十三ゝ、司一反　長次郎神夫　十四ゝ、司一反半　中
三郎跡
十五ゝ、一反小　きくわう房　十六ゝ、司二反　長
太郎入道
十七ゝ、司一反　小藤次神夫跡　十八ゝ、司一反小
新藤神夫
十九ゝ、司一反小　せい二郎作 いや平兵衛　廿ゝ、司小　い
や五郎
廿一ゝ、司一反小　宮次郎跡 長次郎神夫　廿二ゝ、司一反半　正
判官代
廿三ゝ、司大　同人　廿四ゝ、犬丸一反小　牛若子
廿五ゝ、犬丸二反　両家欤、　廿六ゝ、犬丸大　源二
郎」

（30オ）
廿七ゝ、金丸二反小　別當作 平次太郎　廿八ゝ、金丸三反　別當
三郎
廿九ゝ、金丸二反　同人　卅ゝ、犬丸三反　次郎太郎
卅一ゝ、犬丸二反　いや源太　卅二ゝ、節戸二反　平次
郎
卅三〔ゝ脱〕、節戸二反　四郎次判官代　卅四ゝ、御名二反半
大井土
四郎大夫
卅五ゝ、犬丸四反　伊与房　卅六ゝ、犬丸一反　源太
二里
一坪、司一反　源太　二ゝ、司小　同人
三ゝ、司一反　小平次　四ゝ、犬丸一反　同人」
（30ウ）
五ゝ、犬丸四反　平次五郎　六ゝ、金丸一反小　物忌四
郎太郎
七ゝ、犬丸三反　平三郎　八ゝ、犬丸二反　同人
九ゝ、利助五反　手　十ゝ、司二反　源大夫入道
十一ゝ、司二反　同人　十二ゝ、司半　案主次作
十三ゝ、司半　小藤次神夫　十四ゝ、司小　せい三
十五ゝ、司四舛　孫七郎　十六ゝ、司小　孫太郎
十七ゝ、司二反　彦四郎　十八ゝ、司一反　同人

（31オ）
十九〻、司三反　彦七郎　廿〻、司一反　孫太郎」
此外可有注漏候、追可注進候、
右、爲後證、社家・地乃・公人同心、更不存私、應永
六年注置處也、若此之條僞申候者、
當社大明神御罰お各〻身上可罷蒙候、仍所定如件、
應永六年己卯五月　日　案　主（花押）
田　所（花押）
錄　司　代（花押）」
（31ウ）
宮介紀右近三郎左衞門尉（花押）
大祢宜兼大宮司散位長房（大中臣）（花押）
已上卅一丁、」

三七八　香取御神領寺社配當帳（冊子）〈三〉　三二・四　二三・七

（1オ）
□〔下〕總國香取御神領寺社配當帳
廿石三斗　未〔末〕社修造免也、
百四十石　神主
社役之分ハ、元三御内へ御そなへ、おして（押手）大明神
へ正月十五日之間御供物、同七日あふ（白）馬の神事、

同十一日修正、同大般若、同十六日まと（的）、　一、三
月巳□□〔午ノ〕御神事、　一、四月五日御田植ノ御神事、
一、五月五日やぶさめ（流鏑馬）ノ御神事、　一、七月七日ノ御
神事、　一、八月丑ノ日新飯ノ御神事、　一、九月九
日の御神事、同霜月□〔二カ〕日御酒・ほかい（行器）の御神事、
□□□□〔同廿日馬〕場殿□□□□〔ノ御神事〕、」
（1ウ）
□□□〔百四十〕石　大祢宜
社役ノ分、元三御社内へ御そなへ幷ニ御酒・ほか
い御供物、　一、七日あふ馬の御神事、　一、十四日
修正、　一、十六日まと、　一、貳月一日大般若、
一、三月巳午ノ御神事、　一、四月五日御田うへ（植）の御
神事、同五月五日やふさめ（流鏑馬）、　一、八月丑ノ日新飯
の御神事、同九月九日の御神事、　一、十一月二日
御酒・ほかい、同四日御戸ひらき（開）の御神事、同五
日御戸ひらき《しつめ》、　一、十七日ノ御神事、　一、十八日
又見大明神の御神事、　一、節分ノ御神事、
卅五石貳斗　宮之介」
（2オ）
社役、元三の大まつり、十年まわりニつとめ申
候、一、正月二日又見大明神の御神事、但年役也、

一、三日やまあの御神事、　一、七日あふ馬の御神
事、　一、四月五日御田植ノ御神事、　一、五月五日
やふさめの御神事、　一、十一月六日にし（西）の宮の御
神事、同十九日又見大明神の御神事、これとし（年）役
也、
十三石四斗　　　　　　　　　権ねき〔禰宜〕
社役ハ、元日の大まつり、十年まわり、同十二日
修正、　一、四月五日御田うへの御神事、
十四石七斗　　　　　　　　　物申祝
社役、元三の大まつり、十年ニ一度、同おこわも

（2ウ）

のノ神事」　一、七日あふ馬の御神事、同十三日修
正、　一、四月五日御田うへの御神事、同五月五日
やふさめノ神事、　一、十一月五日にしの宮の御神
事、　一、十八日又見の御神事、但としやく也、
五石　　　　　　　　　　　　大祝
社役、元三ノ大まつり、十年ニ一度、同おこわも
のノ神事、　一、七日あふ馬の神事、　一、十一日修
正、但年役、
四石八斗　　　　　　　　　　副祝

一、社役、元三ノ大まつり、十年まわり、同おこわ
もの、
廿五石八斗　　　　　　　　　國行司〔事〕」

（3オ）

社役、十年まわり元三の大まつり、同七日あふ馬
ノ神事、　一、四月五日御田うへの神事、　一、五月
五日やふさめ、　一、霜月十七日又見大明神ニて、
内神樂の御神事、但とし役也、
十六石貳斗　　　　　　　　　権之介
社役、十年まわり元三の大まつり、同四日やまの〔あ脱カ〕
神事、
六石貳斗　　　　　　　　　　孫大夫
一、八月子ノ日ふる（古）飯の御神事、
十四石　　　　　　　　　　　六司〔録〕代
社役、十年まわりニ大まつり、　一、正月二日ノ御
神事、」

（3ウ）

十一石九斗　　　　　　　　　田ところ（所）
社役、元三の大まつり十年ニ一度、　一、霜月四日
駄天の御つとめ、
五石八斗　　　　　　　　　　安主〔案〕

一、正月三日おほたれ、同やまあノ御神事、
四石七斗　正撿非違使
社役、元三ノ大まつり、十年まわりニ有、
四石貳斗　秀屋長
社役、七年まわりニ大まつり有、」
四石九斗　吉原撿抆
社役、元三の大まつり、十年まわりニ有、同四月
（4オ）
五日御田うへの御神事、
四石七斗　酒司
社役、七年まわりニ大まつり、一、八月そはたか（脇鷹）
大明神ニて初酉ノ日御神事、
三石八斗　鍛冶屋撿抆
大まつり七年まわり、一、十一月十六日神事、但
とし役也、」
（4ウ）
五石一斗　四郎神主
社役、大まつり十年まわりニ有、正月八日修正、
十三石五斗　惣撿挍
社役、元三ノ大まつり、十年まわりニつとむ、
一、手力王の御まつり、惡王子の御まつり、

四石九斗　目代
大まつり十年まわり、一、正月二日おほたれ、
三石八斗　丁古撿挍〔杖〕
社役、大まつり七年まわり、」
五石一斗　行司〔事〕祢宜
十年まわりの大まつり有、一、正月二日おほたれ、
（5オ）
五石七斗　分〔文〕三郎祝
大まつり七〔十カ〕年まわりニ有、
四石七斗　擬祝
大まつり十年まわりニつとむ、
三石六斗　五郎祝
七年まわりの大まつり、同霜月四日ノ御神事、と
しやく也、」
九石五斗　權撿非違使
大まつり十年まわりニつとむ、十一月五日にしの
宮の御神事、
（5ウ）
四石五斗　中平〔幣〕神主
大まつり七年まわり、一、霜月四日こりとり（垢離取）の御
神事、

（6オ）

三石七斗
社役、七年まわりニつとむ、　油井撿杖
三石八斗　織幡長
大まつり七年まわり、正月十三日修正、たゝし年
役也、」
三石七斗　小井土神主
大まつり七年まわり、同正月十一日修正、
六石四斗　近藤太夫
八月丑ノ日ノ御神事、五年まわり、同正月二日さ
つさとのゝ御神事、但としやく也、
十八石　大長手
社役、十月御まつり十年まわりニつとむ、同正月
九日修正、十一月十七日ノ御まつり、十九日又見
大明神ノ御神事、」

（6ウ）

六石貳斗　大長手分　大床八乙女
社役、八月子丑ノ御神事、正月十九日弁才天の御
つとめ、但とし役也、
十石貳斗　大細工
大まつり七年まわり、一、霜月十六日の御神事、

（7オ）

十月十日ひの御子ノ神事、
十五石貳斗　分飯司
此役、大まつり七年まわり、十一月十二日日の王
子の御まつり、一、十月晦日おして大明神のうち
かくら（神樂）ノ御神事、但としやく也、」
五石三斗　土器判官
大まつり七年まわりニつとむ、但毎日の御まつり
ニかわらけ（土器）いたし申候役人ホ也、
一石　大宮
此役、大この御役人ホ也、
三石七斗　祢宜祝
此社役、大まつり七年まへり、おなしく年やくあ
り、」
○7ウ裏白、」

（8オ）（7ウ）

三石八斗　堀口神主
大御神事七年まへり、
三石七斗　廻田けんしやう（檢杖）
大まつり七年まへりつとむ、一、二月中ノむまニ御神
事あり

九石八斗　　田なかし（冷）
大まつり七年まへり、　一、貳月中ノむまー一まん灯
ノ御神事、
七石一斗　　おけはた（桶端）
大まつり七年まへりニつとむ、
一、正月七日かれいの御神事、　」

（8ウ）

四石五斗　　御物いゝ（忌）
一、八月うしの日ノ御神事、ふる飯の御神事、　一、
元三ニ御社内へ御そなへ、　一、正月十三日修正、
一、四月御田うへノ御神事、但シ年役也、
四石七斗　　蔽〔幣〕所〔祝脱〕
大まつり七年まへり、　一、御へいの御やく者也、
御まつり年役也、
七石壹斗　　次郎神主
大まつり七年まへりニつとむ、　一、霜月十七日御
まつり、　一、八月一日酒まつり、但シ年役也、
四石七斗　　大神主　」

（9オ）

大まつり七年まへり、　一、正月十六日御神事、同
十五日かい（粥）の御神事、

五石七斗　　〔文脱〕三郎祝
一、大まつり七年まわり、　一、正月十六日の御神事、
但シとし役なり、
三石七斗　　中祝
大まつり七ねんまへり、　一、霜月十二日つくえの
御神事、但シとし役なり、
三石八斗　　雉子判官
大まつり七年まへり、　一、霜月四日御供ノ御神事、
三石七斗　　権次郎祝　」

（9ウ）

大まつり七年まへり、　一、三月二日天の宮の御神
事、
十五石　　源太祝
大まつり七年まへり、　一、三月二日つとむ　一、霜
月十七日ぜにつくへ（銭机）の御神事、　一、正月二日つく
へノ御神事、
十三石　　佐原祢宜
大まつり七年まへり、　一、正月二日ニおほたれの
御神事、　一、六月御ゝそき（祓）の御神事、　一、霜月廿
日御神事、　一、五月五日のくりう、

（10オ）

十壹石　　　　権祝
大まつり七ねんまいり、　一、霜月十九日の御まつ
り、とし役なり、
」
八石五斗　　　六郎祝
大まつり七年まわり、　一、霜月初酉ニそはたか（脇鷹）大
明神ニて御まつり、　一、正月十六日まとの御神事、
但シとしやくなり、
十壹石九斗　　六郎神主
大まつり七年まいり、　一、六月ミそきの御神事ニ
くりう、　一、正月廿三日聖天の御供物、但シ年役
也、
四石五斗　　　小なかて（長手）
大まつり七年まいり、としやく有り、
九石　　　　　返田神主
大まつり七年まいり、　一、霜月十三日かや（返）田悪王
神□□まつり、
」

（10ウ）

四石七斗　　　脇鷹祝
一、八月新飯の御神事、五年まいり、同正月初酉の
御神事、たゝしとし役なり、
四石九斗　　　梶取
一、正月八日根本寺薬師宝前ニて修正、　一、霜月六
日にしのミやの御神事、
八石五斗　　　西光地
此役分、霜月七日八石八斗のだこまつり、たゝし
とし役なり、
六石三斗　　　天道命婦
八月うしの日ふる飯の御神事、五年まいり、
」

（11オ）

四石七斗　　　三守
此役、御かくら（神樂）毎日とうミやう（燈明）定、香の御やく者、
壹石　　　　　大命婦
八月御まつり、
壹石三斗　　　庭はき（掃）
三石四斗　　　かやて（萱手）
六斗　　　　　御さきはらゐ（先拂）大夫
貳石　　　　　鏡命婦
九月月日の御神事、但シ年役也、
三斗　　　　　こものおさ（薦長）
」

（11ウ）

六石　　　　　角安（案）主

大まつり七年まわり、三郎天神の御まつり、十壹
月四日あさきやまつり、但シ年役也、
六石八斗　　塙祝
大まつり七年まへり、二月九日天照太神の御まつ
り、但シとし役也、
壹石三斗　　正判官
八月ふる飯の御神事、
六石八斗　　堀河〻《カハ》やうふ(命婦)
霜月七日そはたか(脇鷹)大明神の御神事としやく也、」

三七九　香取郷宮中屋敷検地水帳寫(冊子)〈四〉二七・三　一九・六

(表紙)
「天正十九夘年貳月廿七日　　久ゝ次在判
三十六帖之内　　高又左在判

香取之郷宮中之屋敷水帳写

かゝかす合貳拾五まい、但上かゝ共、

宮中
十二帳之内

分飯司
玄番〔蕃〕
縫右衞門」

(1オ)

五間　六間　下屋敷　壹セ十八歩　三十歩　壹斗七舛六合　原丁　圓壽院居

三間　七間　下屋敷　但外やしき　壹セ三歩　廿壹歩　壹斗二舛一合　同分

五間　八間　下屋敷　貳セ四歩　四十歩　貳斗三舛四合　同所　三郎右衞門居」

(1ウ)

四間　五間三尺　下屋敷　壹セ五歩　二十二歩　壹斗二舛九合　原丁　新二郎居

四間　七間　下屋敷　壹セ十五歩　二十八歩　壹斗六舛五合　同所　甚三郎居

四間三尺　五間　下屋敷　但外屋しき　壹セ五歩　二十二歩　壹斗二舛八合　同所　六郎左衞門尉」

(2オ)

五間　六間　下ゝ屋敷　壹セ十八歩　三十歩　壹斗七舛六合　同所　清左衞門尉居

六間　八間　下ゝ屋敷　貳セ十六歩　四十八歩　貳斗七舛九合　同所　はやと居

（2ウ）

三間 五間 下ゝ屋敷 廿四歩 十五歩 八舛八合 同所 來神居」

五間三尺 八間 下ゝ屋敷 二セ十歩 四十四歩 二斗五舛六合 原丁 二郎左衞門尉居

三間 四間三尺 下ゝ屋敷 廿壹歩 十三歩 七舛七合 同分
但外やしき

四間 十間 下屋敷 貳セ四歩 四十歩 貳斗三舛五合 同所 たなかし」
但外やしき

（3オ）

四間 十四間三尺 下屋敷 貳セ七歩 四十二歩 二斗五舛三合 同人居

三間 四間 下屋敷 十九歩 十二歩 七舛 同所 江戸再居

四間 五間 下屋敷 壹セ貳歩 二十歩 壹斗一舛七合 同所 四郎左衞門尉居」

（3ウ）

四間 十間三尺 下ゝ屋敷 貳セ七歩 四十二歩 貳斗四舛六合 原丁 平衞門尉居

五間三尺 十間 下ゝ屋敷 貳セ廿七歩 五十五歩 三斗壹舛九合 同所 清左衞門尉居

四間 七間 下屋敷 壹セ十五歩 二十八歩 壹斗六舛五合 同所 二郎左衞門尉居」

（4オ）

六間 七間三尺 下屋敷 貳セ十一歩 四十五歩 二斗六舛四合 同所 孫七居

八間 九間 下屋敷 三セ廿九歩 七十五歩 四斗三舛六合 若久 与四郎居
三歩可入、

七間 十貳間 下屋敷 四セ十三歩 八十四歩 四斗八舛八合 同所 彦五郎居」

（4ウ）

四間 七間 下ゝ屋敷 壹セ十八歩 卅歩 壹斗七舛六合 若久 玄八居
貳歩可入、

十壹間 十五間 下屋敷 八セ廿二歩 半拾五歩 九斗六舛 同所 大なかて（長手）居

三間三尺 七間三尺 下ゝ屋敷 壹セ十一歩 貳十六歩 壹斗五舛四合 同所 甚四郎居」

（5オ）

五間三尺 九間三尺 下ゝ屋敷 貳畝廿三歩 五十貳歩 三斗五合 同所 次郎三郎居

五間三尺 七間 下屋敷 貳畝歩 三十八歩 貳斗二舛 同所 彦八居

（5ウ）

四間三尺 六間 下ゝ屋敷 壹畝十三歩 貳十七歩 壹斗五舛七合 またひ 松山寺居」

四間 五間 下屋敷 壹セ貳歩 貳十歩 壹斗壹舛四合 またひ 四郎左衞門尉居

五間 五間 下屋敷 壹セ十歩 貳十五歩 壹斗四舛六合 同所 新右衛門尉居

四間 四間 下ゝ屋敷 壹セ歩 十九歩 壹斗壹舛 三歩可入、 同所 勘三郎居 」

（6オ）

四間 八間三尺 下ゝ屋敷 壹畝廿四歩 三十四歩 壹斗九舛八合 同所 藤左衛門居

四間三尺 四間 下ゝ屋敷 廿九歩 拾八歩 壹斗七合 同所 甚左衛門尉居

四間 五間 下ゝ屋敷 壹セ貳歩 貳十歩 壹斗一舛七合 同所 平右衛門尉居 」

（6ウ）

四間 八間 下ゝ屋敷 壹畝廿壹歩 卅貳歩 壹斗七（八）舛七合 またひ 小四郎居

五間 六間 下ゝ屋敷 壹セ十八歩 卅歩 壹斗七舛六合 同所 縫右衛門居

六間 八間 中屋敷 貳セ十六歩 四十八歩 貳斗七舛九合 同所 またひ坊居 」

（7オ）

五間 六間 中屋敷 壹セ十八歩 卅歩 壹斗七舛六合 但外やしき 同分

貳間 六間 下屋敷 十九歩 拾貳歩 六舛九合 但外やしき 同分

六間 十間 下屋敷 三セ五歩 六十歩 三斗四舛九合 同所 いぬた居 」

（7ウ）

六間三尺 十間三尺 中屋敷 三畝拾八歩 六十八歩 三斗九舛六合 またひ 藤さへもん居

四間 六間三尺 中屋敷 壹セ十一歩 貳十六歩 壹斗五舛壹合 同所 孫六居

七間 九間三尺 中屋敷 三セ十五歩 六十六歩 三斗八舛五合 引地 弥五郎居 」

（8オ）

五間三尺 八間 中屋敷 二セ十歩 四十四歩 二斗五舛六合 引地坊居

十間貳尺 十五間三尺 下屋敷 八畝六歩 半五歩 九斗六合 但外やしき 同分

四間 五間 下ゝ屋敷 壹セ貳歩 貳十歩 壹斗壹舛七合 但外やしき 同分 」

（8ウ）

四間 七間 下屋敷 壹セ十五歩 貳十八歩 壹斗六舛五合 引地坊

四間 五間 下ゝ屋敷 壹セ貳歩 貳十歩 壹斗壹舛八合 引地 城吉居

四間三尺 八間 下ゝ屋敷 壹セ廿七歩 卅六歩 貳斗九合 同所 源七居 」

（9オ）

四間 六間 下〻屋敷 壹セ八歩 壹斗三舛九合 貳十四歩 同所 源三郎居

十貳間 八歩可入、中屋敷 九セ十歩 壹石貳舛七合 半廿六歩 十四間 但外やしき 同分

五間三尺 八間 下〻屋敷 二セ十歩 二斗五舛六合 四十四歩 同所 ほり口（堀）神主居」

（9ウ）

四間三尺 十間 下〻屋敷 貳セ十一歩 二斗六舛壹合 四十五歩 引地妙とう 風動院居

五間 五間 下〻屋敷 壹畝拾歩 壹斗四舛六合 貳十五歩 但外やしき 同分

三間 四間 下〻屋敷 十九歩 七舛 拾貳歩 同所 松はう居」

（10オ）

四間三尺 五間 下〻屋敷 壹セ五歩 壹斗二舛八合 貳十二歩 但外やしき 同所 兵衛四郎

四間 六間 下〻屋敷 壹畝八歩 壹斗四舛 貳十四歩 同所 右馬八郎居

三間三尺 五間 下〻屋敷 廿七歩 九舛九合 拾七歩 同所 甚左衛門尉居」

（10ウ）

五間三尺 十壹間三尺 下〻屋敷 三畝拾歩 三斗六舛六合 六十三歩 引地 大藏居

五間三尺 八間 下〻屋敷 貳セ十歩 二斗五舛七合 四十四歩 同所 二郎左衛門尉居

十三間三尺 十六間 中屋敷 壹反壹畝十八歩 壹石貳斗七舛六合 三歩可入、大拾九歩 同所 はうとういん居」

（11オ）

五間 十三間 下屋敷 三畝十三歩 三斗七舛八合 六十五歩 同所 右馬三郎居

五間 八間 下〻屋敷 貳セ四歩 貳斗三舛四合 四十歩 同所 不斷所居

四間 七間 下屋敷 壹セ十五歩 壹斗六舛五合 貳十八歩 同所 物申居」

（11ウ）

貳間三尺 七間 下屋敷 廿七歩 九舛九合 拾七歩 但外やしき 物申

八間 十貳間 下屋敷 五畝貳歩 五斗五舛八合 九十六歩 しんとう しやうかく居

五間 十間三尺 下屋敷 貳畝廿三歩 三斗四合 五十貳歩 同所 ほたきり 源五郎居」

（12オ）

四間 五間 下〻屋敷 壹セ貳歩 壹斗一舛七合 貳十歩 同所ノ 弥三郎居

四間 五間三尺 中屋敷 壹セ五歩（反） 壹斗仁舛九合 貳十貳歩 同所 けん物居

九間 十間　北まち 中屋敷　四セ廿三歩 九十歩　五斗仁舛四合　まち 孫右衞門尉居」

（12ウ）

三間 十間　北まち 中屋敷　壹畝拾八歩 廿歩　壹斗七舛六合　まち（飯司）分かいち

三間 七間　同 中屋敷　壹畝三歩 貳十一歩　壹斗二舛壹合　はんちやう 内記居

三間 九間　同 中屋敷　壹畝十三歩 貳十七歩　壹斗五舛八合　かやて 清右衞門居」

（13オ）

七間 十貳間　同 下屋敷　四セ十三歩 八十四歩　四斗八舛七合　四郎右《さ》衞門尉居

五間三尺 十五間　ひむろ 下屋敷　四セ十一歩 八十貳歩　四斗八舛壹合　三郎右衞門尉居

六間 十一間　同 下屋敷　三セ十五歩 六十六歩　三斗八舛五合　梶原平助居」

（13ウ）

六間 十五間　宮下 下ゝ屋敷　四畝廿三歩 九十歩　五斗仁舛四合　源藏居

貳間 五間　同 下ゝ屋敷　拾六歩 拾歩　五舛九合　同人

七間 九間　同 下屋敷　三セ十歩 六十三歩　三斗六舛七合　たいさへもん」

（14オ）

五間 十三間　同 下屋敷　三セ十三歩 六十五歩　三斗七舛七合　与五衞門尉居

四間 十一間　ひむろ 下屋敷　貳セ十歩 四十四歩　貳斗五舛七合　上条三左衞門居

六間 九間　同 下ゝ屋敷　貳セ廿六歩 五十四歩　三斗壹舛五合　藤三郎居」

（14ウ）

四間 八間　ひむろ 下ゝ屋敷　壹畝廿壹歩 三十二歩　壹斗八舛七合　慶ごん坊居

貳間 五間　同所 下ゝ屋敷　拾六歩 拾歩　五舛九合　同人

三間 七間　同所 下ゝ屋敷　壹畝三歩 廿壹歩　壹斗貳舛壹合　与四郎居」

（15オ）

五間 六間　下ゝ屋敷　壹セ十八歩 卅歩　壹斗七舛六合　藤藏居

六間 十一間　（御手洗）ミたらし 下ゝ屋敷　三畝十五歩 六十六歩　三斗八舛五合　市藏居

六間 九間　北之内 下屋敷　貳セ廿六歩 五十四歩　三斗壹舛五合　松平武左居」

（15ウ）

十貳間 廿間　北之内 下ゝ屋敷 但かた屋しき　壹反貳畝廿壹歩 大四十歩　壹石三〔斗脱〕九舛七合　同人

六間 十三間 とまき 下屋敷 四セ四歩 四斗五舛五合 七十八歩 とまき坊居

十間 十間 同所 下屋敷 但前屋しき 五セ九歩 五斗八舛三合 小歩 同人 」

（16オ）

貳間 五間 同所 中屋敷 拾六歩 五舛八合 拾歩 同人

三間三尺 十貳間 同 中屋敷 貳セ七歩 仁斗四舛六合 四十貳歩 まんたう 滿たう居

三間三尺 八間 同 中外屋敷 壹セ十五歩 壹斗六舛五合 貳十八歩 同人 」

（16ウ）

三間三尺 六間 北まち 中屋敷 壹畝三歩 壹斗二舛壹合 貳十一歩 五郎兵衛居

四間 五間 同 中屋敷 壹セ貳歩 壹斗一舛七合 貳十歩 同人

貳間 七間 同 中屋敷 廿貳歩 八舛一合 拾四歩 あつかり 新次郎居 」

（17オ）

貳間 六間 同 中外屋敷 十九歩 七舛 十貳歩 同人

四間 十一間 同 中屋敷 貳セ十歩 貳斗五舛七合 四十四歩 さへもん二郎居

四間 五間 同 中と(外)屋敷 壹セ貳歩 壹斗壹舛七合 貳十歩 同人 」

（17ウ）

三間三尺 九間 北まち 中屋敷 壹畝十九歩 壹斗八舛 卅壹歩 源六居

三間 五間 同 中屋敷 廿四歩 八舛八合 拾五歩 同人

四間 九間 同 中屋敷 壹畝廿七歩 貳斗九合 卅六歩 こいとかう居 」

（18オ）

三間三尺 五間 同 中屋敷 廿七歩 九舛九合 拾七歩 同人

三間三尺 十六間 同 中屋敷 貳畝廿九歩 三斗貳舛六合 五十六歩 内藏之助居

五間 六間 同 下屋敷 壹セ十八歩 壹斗七舛六合 三十歩 どき居 」

（18ウ）

五間 五間 南まち 下屋敷 壹畝拾歩 壹斗四舛七合 貳十五歩 清五郎居

五間 七間 同 下屋敷 壹畝廿六歩 貳斗五合 卅五歩 分飯司居

貳間 五間 同 下ゝ屋敷 拾六歩 五舛九合 拾歩 馬ノ四郎居 」

（19オ）
三間三尺　九間　同　下ゝ屋敷　壹畝十九歩　壹斗七升九合　卅壹歩　太郎兵へ居
貳間　十貳間　おして（押手）　下屋敷　壹畝八歩　壹斗四升　貳十四歩　清左衛門尉居
四間　六間　同所　下屋敷　壹畝八歩　壹斗三升九合　貳十四歩　助三郎居　└

（19ウ）
五間　七間　おして　下屋敷　壹畝廿六歩　貳斗五合　卅五歩　一の次ア居
六間　十四間　同所　下屋敷　四セ十三歩　四斗八升八合　八十四歩　土屋勘四居
四間　六間　同所　下ゝ屋敷　壹畝八歩　壹斗三升九合　貳十四歩　但にきやしき　勘助分居　└

（20オ）
六間三尺　八間　おして　下屋敷　貳畝廿三歩　三斗四合　五十貳歩　馬ノ助居
四間　七間　同所　下屋敷　壹セ十五歩　壹斗六升五合　貳十八歩　但と屋しき　弥七分
三間　六間　同所　下屋敷　廿九歩　壹斗七合　拾八歩　二郎四郎居　└

（20ウ）
四間　八間　をして　下屋敷　壹畝廿壹歩　壹斗八升七合　卅貳歩　源三郎居

四間　五間　同所　下外屋敷　壹セ貳歩　壹斗一升七合　貳十歩　五郎兵へ分
六間　九間　宮下　中屋敷　貳セ廿六歩　三斗壹升五合　五十四歩　清右衛門居　└

（21オ）
四間　十一間　同所　中屋敷　貳セ十歩　貳斗五升七合　四十四歩　但と屋しき　同人
三間　五間　同所　下ゝ屋敷　廿四歩　八升八合　拾五歩　又四郎居
四間　六間　同所　下ゝ外屋敷　壹畝八歩　壹斗三升九合　貳十四歩　同人　└

（21ウ）
四間　十一間　宮下　下ゝ屋敷　二セ十歩　貳斗五升七合　四十四歩　源六居
十三間　廿間　同所　中屋敷　壹反三セ廿三歩　壹石五斗壹升四合　大六十歩　但と屋しき　同人
五間　九間　松もと　下ゝ屋敷　貳セ十一歩　貳斗六升壹合　四十五歩　新五郎居　└

（22オ）
三間　十五間　ぬくい（温井）　下ゝ屋敷　貳セ十一歩　貳斗六升　四十五歩　行司〔事〕祢宜居
四間　三間　同所　下ゝと屋しき　十九歩　七升　十貳歩　同人

（22ウ）
貳間四間　かうしやく下ゝ屋敷　八歩　十二歩　四舛四合　知光居」
四間十間　同所下ゝ屋敷　四十歩　貳セ四歩　貳斗三舛五合　玄番〔蕃〕居
五間六間　なかつへ下ゝ屋敷　五十歩　貳セ十九歩　貳斗八舛九合　廿歩可入、　小太郎居
三間四間　同所下ゝ屋敷　拾貳歩　十九歩　七舛　与二郎居」
（23オ）
三間四間　さく下ゝ屋　拾貳歩　十九歩　七舛　はち居分
四間七間　同所下屋敷　貳十八歩　壹セ十五歩　壹斗六舛五合　ぢげん居分
貳間三間　同所下ゝ屋敷　六歩　九歩　三舛三合　八反四セ九歩　同人分
中五反九十壹歩」
（23ウ）
下壹町四反六十三歩
屋敷入而壹町九反半四歩　ウシ
三町壹反七歩」

三八〇　香取御神領配當帳（冊子）〈五〉

三四・六
二三・〇

（表紙）「
天正十九年辛卯十月　日
香取御神領之配當帳
但シ帋數十まい上かゝ共、」

（1オ）
下總國香取御神領寺社配當之帳　㊞
三貫文　修理方
貳拾壹貫仁百文　神主
貳拾壹貫貳百文　大祢宜
五貫百八拾文　宮介
壹貫九百七拾文　權祢き〔宜〕
貳貫百七十文　物申祝
七百三拾文　大はうり（祝）
（1ウ）
七百文　副祝
三貫七百八十文　國行司〔事〕
貳貫三百九拾文　權之介」

（２オ）

仁貫五十文　祿司代
壹貫七百五十文　田ところ（所）
八百六拾文　安〔案〕主　」

印

（２ウ）

七百文　正撿非違使
壹貫四百文　權撿非違使
七百三拾文　目代
九百貳拾文　孫太夫
六百三十文　秀屋長
七百仁十文　吉原撿拔
七百文　酒司　」
五百六拾文　鍛冶屋撿拔
七百五十文　行〔事〕司祢宜
八百七拾文　分〔文〕三郎祝
五百六拾文　丁古撿挍〔杖〕
七百文　擬はうり（祝）
五百三拾文　五郎はうり　」
六百五十文　祢き（宜）祝
二貫四十文　權撿非違使　」

印

（３オ）

六百六拾文　中弊〔幣〕神主
五百五十文　油井撿拔
五百六拾文　織綿〔幡〕長
五百五十文　小井土神主
七百八拾文　土器判官
九百五十文　近藤太夫
百五十文　大ゝや
壹貫七百五十文　六郎神主　」

（３ウ）

五百六拾文　堀口神主
五百六十文　迫田撿拔
壹貫三百五十文　田冷
貳貫六百五十文　大長手
九百拾文　大床八乙女
壹貫五十文　大細工
壹貫八百四拾文　分飯司　」

印

（４オ）

四百文　三郎太夫
壹貫五十文　おけはた（桶端）
六百六拾文　御物いゝ（忌）

（4ウ）

七百文　弊〔幣〕所
壹貫五十文　次郎神主
七百文　大神主
八百五十文　三郎はうり（祝）
五百五十文　中はうり
五百六拾文　雉子判官
五百五十文　權次郎祝
貳貫三百五十文　源太はうり
仁貫文　佐原祢宜
壹貫六百八十文　權はうり
壹貫貳百六十文　六郎祝」

㊞

（5オ）

五百六拾文　小長手
壹貫四百廿文　返田神主
七百文　膀〔脇〕鷹祝
七百貳拾文　梶取
壹貫貳百五十文　西光内
九百三拾文　天道命婦
六百三十文　御神樂太夫」

（5ウ）

百五十文　大〻やうふ（命婦）
貳百文　庭はき（掃）
貳拾文　御秘祝
五百文　かやて（×御さきはらゐ太夫）・・・
百文　御さきはらゐ太夫
三百文　九日まつり
五拾文　こものおさ（薦長）」

㊞

（6オ）

貳貫文　惣撿挍
壹貫文　角〔案〕安主
壹貫文　塙はうり（祝）
貳百文　正判官
壹貫文霜月七日、　堀川〻やうふ（命婦）
壹貫六百文　別當
壹貫八百卅文　又見坊」

（6ウ）

四百廿文　根本寺
三百文　不斷所
三百文　圓壽院
八百文　護广〔摩〕堂

五貫貳百六拾文　新福寺
貳貫三百七拾文　金剛宝寺
已上
惣合百三拾貳貫四百七拾文欤、」
㊞

○白紙一丁、裏表紙綴目ニ「㊞」二箇所アリ、」

三八一　香取御神領配當帳寫（冊子）〈六〉　二八・〇／二〇・二

（表紙）「
是ハ宮下新六書候帳ノ写
香取御神領之帳幷社役之事
」

（1オ）
下總國香取御神領寺社配當帳
三貫文　未〔末〕社爲修造、
廿壹貫貳百文　神主
一、神主社役之分、　一、正月元日御內へ御そな（供）へ、

（1ウ）
一、おして（押手）大明神へ正月十五日之間御供物、　一、七日
あふま（白馬）の御神事、　一、十一日大はんにや（般若）・同修正、
一、十六日まと（的）、　一、三月巳午の御神事、　一、四月五
日御田うへ（植）ノ御神事、　一、五月五日やふさめ（流鏑馬）の御神
事、　一、七月七日ノ御神事、　一、八月子丑新飯の御
神事、　一、九月九日ノ御神事、　一、霜月三日おさか・
ほかい（行器）ノ御神事、同廿日馬場殿ノ御神事、」
廿壹貫貳百文　大祢宜
一、大祢宜社役之分、　一、正月元日社內へ御そなへ幷
ニ御酒・御供物、　一、七日あふ（白）馬の御神事、　一、十
四日修正、　一、十六日まと、　一、二月一日大はんに
や、　一、三月巳午ノ御神事、　一、四月御田うへの御
神事、　一、五月やふさめ、　一、八月子丑新飯ノ御神
事、　一、九月九日ノ御神事、　一、霜月二日御酒・ほ
かい、　一、四日御戸ひらき（開）ノ御神事、　一、五日御戸
しつめ（鎮）ノ御神事、　一、十七日ノ御神事、　一、十八日
又見大明神ノ御神事、　一、節分ノ御神事、
五貫百八十文　宮之助
一、宮之助社役分、　一、正月元日ノ御神事、十年まハ

（2オ）

りニつとめ、」　一、二日又見大明神御神事、とし役、
一、三日やまの〔あ脱カ〕御神事、　一、七日あふ馬の御神事、
一、四月五日御田うへの御神事、　一、五月五日やふさ
め、　一、霜月六日にしの宮の御神事、　一、十九日又
見ノ御神事、
壹貫九百七十文　　権ねき（禰宜）
一、権祢宜社役ノ分、　一、正月元日大まつり、十年ま
へり、　一、十二日修正、　一、四月五日御田うへノ御
神事、

（2ウ）

貳貫百七十文　　物申祝
物申社役ノ分、　一、正月元三、十年まへり大まつり、
同おこわ物ノ御神事、」　一、七日あふま（白馬）の御神事、
一、十三日修正、　一、四月そうとめ（早乙女）、　一、五月やふさ
め、　一、霜月五日にしの宮の御神事、　一、十八日又
見の御神事、但年役、
七百三十文　　大ほうり（祝）
此社役、元三ノ大まつり、十年ニ一度ツヽ、同元三
おこわ物、　一、七日あふまの御神事、　一、十一日修
正、但とし役也、

（3オ）

七百文　　そいのほうり（副祝）
此社役之分、十年まへりニ元三大まつり、同おこわ
もの、
三貫七百八十文　　國行事」
一、國行司（事）社役、十年まわりニ元日大まつり、　一、正
月七日あふ馬の御神事、　一、四月御田ノ御神事、
一、五月やふさめ、　一、霜月十七日又見大明神ニて、
うちかくら御神事、
貳貫三百九十文　　権之助
此社役、十年まへりニ大まつり、　一、四日やまあノ
御神事、

（3ウ）

九百文　　孫大夫
一、八月ふる（古）飯の御神事、
貳貫五十文　　禄司代」
此社役、十年まへりニ御神前ニ而大まつり有、　一、
正月二日ノ御神事、
壹貫七百五十文　　田ところ（所）
社役、十年まへりニ大まつりあり、　一、霜月四日こ（孤）
さやま（座山）の明神御神事、

八百六十文　あんす（案主）
一、正月三日おほたれ、同やま（あ脱カ）ノ御神事、
七百文　正撿非遠使
此社役分、十年まへりニ大まつり有、
六百三十文　ひちやおさ（秀屋長）
此社役分、七年まへりニ大まつりあり、」

（4オ）

七百廿文　吉原撿抆
此役分、元日大まつり、十年まへり有、　一、四月五
日御内ノ御神事、
七百文　酒司
此社役分、大まつり七年まへりニ有、　一、八月そは（脇）
たか（鷹）大明神初酉の御神事、
五百六拾文　鍛冶屋撿抆
此役、御神前ニて大まつり七年まへり、　一、霜月十
六日御神事、但年役、」

（4ウ）

七百五十文　四郎神主
此役、大まつり十年まへりニつとめ、　一、正月八日
修正、
七百廿文　目代

大まつり十年まへりニ有り、　一、正月二日おほたれ、
五百六十文　丁子けんちやう（検校）
大まつり七年まへり、
七百五十文　行事祢宜
此社役、大まつり十年まへりニ有、　一、正月二日お
ほたれ、」

（5オ）

八百五拾文　文三郎祝
此役、大まつり十年まへりニつとめ、
七百文　擬祝
此役、大まつり十年まへりニつとめ、
五百三十文　五郎祝
此社役、大まつり七年まへりニつとめ、　一、霜月四
日ノ御神事、但年役、
壹貫四百文　権撿非遠使
大まつり十年まへりニつとむ、　一、霜月五日西ノ宮
ノ御神事、」

（5ウ）

六百六拾文　中幣神主
此社役、七年まへりニ大まつりつとめ、　一、霜月四
日こりとり（垢離取）の御神事、

（6オ）

五百五十文　　油井けんしやう（検杖）
此社役之分、七年まへりニ大まつり、
五百六十文　　織幡長
大まつり七年まへり、正月十三日修正ノつとめ、
五百五十文　　小井土神主　」
大まつり七年まへり、正月十一日修正ノつとめ、
九百五十文　　近藤大夫
八月子丑ノ御神事、五年まへりニつとむ、　正月十
二日さつさ殿の御神事、但シとし役、
貳貫六百五十文　　大長手
一、此社役分、十月神まねき（招）の御神事、十年まへりニ
つとむ、　一、正月九日修正、霜月十七日の御まつり、
十九日又見明神ノ御神事、

（6ウ）

九百十文　　大床八乙女　」
八月子丑ノ御神事、正月十九日弁才天ノ御神事、但
とし役、
壹貫五十文　　大細工
大まつり七年まへりニつとむ、　一、霜月十六日の御
神事、十月十日ひノ御子ノ御神事、

（7オ）

壹貫八百四十文　　分飯事〔司〕
此役ノ分、大まつり七年まへりニつとむ、　霜月十
二日日ノ王子ノ御まつり、　一、十月晦日おしての大
明神うちかくらの御神事、但年役、　」
四百文　　三郎太夫
八月子丑ノ御神事、五年まへりニつとむ、　九月十
九日天ノ御まつり、
七百八十文　　土器判官
大まつり七年まへりニつとむ、但毎月御まつりニ
かわらけ（土器）いたす、
百五十文　　大宮
此役、大この役、

（7ウ）

五百六十文　　堀口神主　」
大まつり御神事七年まわり、
五百五十文　　はさまた（迫田）けんしやう（検杖）
大まつり七年まわりニつとむ、
壹貫三百五十文　　田冷
大祭七年まへり、　一、二月中ノ午ニ一万灯ノ御神事、
壹貫五十文　　桶はた（端）

大まつり七年ニつとむ、　一、正月七日かれいの御神
事、
六百六十文　　物忌 」
（8オ）
八月丑ノ日ノ御神事、ふる（古）飯の御神事、　一、元三ニ
御社内へ御そなへ、　一、正月十三日修正、　一、四月
御田うへ御神事、但としやく、
七百文　　幣所
大まつり七年まへり、御幣ノ御役者也、
壹貫五十文　　次郎神主
大まつり七年まへりニつとむ、　一、霜月十七日御祭
り、　一、八月朔日酒まつり、但とし役、
七百文　　大神主 」
（8ウ）
大まつり七年まへり、　一、正月十六日ニ御神事、同
十五日かいの（粥）御神事、
八百五十文　　三郎祝
大まつり七年まへり、　一、正月十六日ノ御神事、但
とし役、
五百五十文　　中ほうり（祝）
大まつり七年まへり、　一、霜月十二日つくへ（机）の御神

事、とし役、
五百六十文　　きし（雉）〔判官代脱〕
大まつり七年まへり、　一、霜月四日御供ノ御神事、」
（9オ）
五百五十文　　権次郎祝
大まつり七年まへり、　一、三月二日天ノ宮ノ御神事、
貳貫三百五十文　　源太祝
此社役分、大まつり七年まへりニつとむ、　一、霜月
十七日錢つくへの御神事、　一、正月二日つくへの御
神事、
貳貫文　　佐原祢き（宜）
大まつり七年まへり、　一、正月二日ニおほたれの
御神事、　一、六月御祓の御神事、　一、霜月廿日御神
事、　一、五月五日くりう、 」
（9ウ）
壹貫六百八十文　　こんほうり（権祝）
大まつり七年まわり、　一、霜月十九日ノ御まつり、
壹貫貳百六十文　　六郎祝
大まつり七年まへり、　一、霜月初酉ニそはたか（脇鷹）大明
神ニて御まつり、　一、正月十六日まとの御神事、但
とし役、

（10オ）

壹貫七百五十文　六郎神主
大まつり七年まへり、　一、六月御祓ノ御神事ニくり
う、　一、正月廿三日聖天の御供物、但としやく、」
六百六十文　小長手
大まつり七年まへり、
壹貫四百廿文　返田神主
大まつり七年まわり、　一、霜月十三日返田惡王子ノ
御まつり、
七百文　脇たか（鷹）祝
八月新飯の御神事、五年まわりニ同正月初酉ノ御神
事、但とし役、
七百廿文　かいとり（梶取）」

（10ウ）

一、正月修正、　一、霜月六日にしの宮ノ御神事、
壹貫貳百五十文　西光地
此役分、霜月七日八石八斗ノだこまつり、但とし役、
九百三十文　天道命婦
八月丑ノ日ふる（古）飯の御神事、五年まへり、
六百廿文　三守
此役、御かくら毎日とうミやう（燈明）定、香の御役者、

（11オ）

百五十文八月御まつり、　もりこ」
貳百文　庭はき（掃）
五百文　かやて（萱手）
百文　御さきはらい（先拂）大夫
三百文　かゝミ（鏡）命婦
九月九日月日ノ御神事、但とし役、
五十文　こもの（薦）長
貳貫文　惣撿挍
大まつり十年まへり、　一、九月十日手力王ノ御神
事、　霜月十五日ニひとよ山どす神の御まつり、但
とし役、」

（11ウ）

壹貫文　角案主
大まつり七年まへり、三郎天神の御まつり、霜月四
日あさきやまつり、但とし役、
壹貫文　堝祝
大まつり七年まへり、二月九日天照大神の御祭、但
とし役、
貳百文　正判官
八月古飯の御神事、

壹貫文　　堀川命婦
霜月七日そはたか（脇鷹）大明神の御神事、但とし役、」
（12オ）壹貫文六百文（衍カ）　別當
壹貫八百文三十文（衍カ）　又見
四百廿文　根本寺
三百文　不斷所
三百文　圓壽院
八百文　こまとう（護摩堂）
五貫貳百六十文　新福寺
貳貫三百七十文　金剛寶寺」
（12ウ）惣合百三拾貳貫四百七十文歟、
右、任先例、天下安全・御武運爲長久、御祭礼、以衆口
如此相勤者也、」

三八二　香取大禰宜上給目錄（冊子）〈七〉

二九・六
二〇・六

「（表紙）
大祢宜上給目錄事
未ノ年より（寛永八年）」

未ノ年分
（1オ）一、米貳百三拾五俵　但三斗七舛入、貳舛ハ出目共、
一、米三拾八俵三斗貳舛貳合　大宮司樣渡、
是ハ前ゝより社役大祢宜勤御神事拾一ケ度ノ入目、
但社家百性立合、小日記別帋ニ有之、
一、米三拾壹俵六舛八合　寺社へ渡、
是ハ前ゝより大祢宜へ勤ル社役御座候、寺社へ渡、
但手形有之、引小以七十表貳舛、
一、殘米百六十四俵三斗五舛　但三斗七舛入
此石六十壹石三舛
右ノ金子貳拾六兩三分、京貳百四拾四文」
（1ウ）壹兩ニ付貳石貳斗七舛五合、代物壹分ニ付八百文勘定、
（附箋カ）「此内廿六石八斗、寛文年中訳御座候而、
御修理料江入申候、」

申ノ年分（寛永九年）
（2オ）一、米百五拾俵　但三斗七舛入外、貳舛出目共、
一、米三拾七俵壹舛二合　大宮司樣渡、
右ノ同理（斷）、

一、米拾九俵三斗三舛五合　　寺社渡ル、
　右ノ同断、
　引小以五拾六俵三斗四舛八合

（2ウ）
殘米九拾三俵貳舛貳合　　但三斗七舛入
　此石三拾四石四斗三舛貳合」
右ノ金子拾六兩、京四十六文、但壹兩ニ付貳石壹斗五舛
かい、
右通りあき（商）人衆ニ入札させ候へハ、つの〻や（津宮）彦六札
ニおち申候間、社家・百性立合祢（値）段仕、米相渡し、
金子請取、大宮司様へ別（則カ）相渡し如此候、」

（3オ）
一、米貳百貳拾三俵　　但三斗七舛入、貳舛ハ出目共、
　（寛永十年）酉ノ年御年具（貢）分
一、米三拾八俵九舛　　大宮司様渡、
　右ノ同断、
一、米貳拾九俵貳斗貳舛　　寺社へ渡、
　右同断、
　引小以六十七表（俵）三斗壹舛」

（3ウ）
一、殘米百五拾五俵六舛　　三斗七舛入
　此石五拾七石四斗壹舛」

右ノ金子三拾壹兩、京百四文
　但壹兩ニ付壹石八斗五舛ね也、」

（4オ）
一、米貳百俵　　但三斗七舛入、貳舛出目共、
　（寛永十一年）戌年御年具（貢）分
一、米三拾五俵貳斗五合　　大宮司様渡、
　右ノ同断、
一、米貳拾六俵貳斗　　寺社へ渡、
　右同断、
　引小以六拾貳俵三舛五合　　三斗七舛入
一、殘米百三十七表（俵）三斗三舛五合、此石五十壹石貳舛五合
右ノ金（子脱カ）三拾兩貳分、京百六十八文
　但壹兩ニ付壹石六斗七舛ね也、」

○4ウ裏白、

（5オ）
一、貳百拾五俵　　但本石三斗五舛、外貳舛出目共、
　（寛永十二年）亥ノ御年具（貢）分
一、米四拾壹俵三舛五合　　大宮司様渡、
　是ハ前〻より大祢宜社役御神事十一ケ度ノ入目、社家・百性立合、小日記別帋ニ有之、毎年ノ外ニ新飯之御神事、十四年まわりニて、當年つとめ申ニ付少入目

御座候、

一、米貳拾八俵壹斗九舛八合　寺社渡ル、

前ゝより大祢宜つとむる社役御座候ニ付、寺社へ渡

ル手形有之、」

（5ウ）

殘米百四十五俵壹斗三舛七合

此石五十三石七斗八舛七合

右ノ金三拾〔子脱カ〕三両三分、京九十文

但壹両ニ付米壹石五斗九舛三合ノね也、

右ノ通り憐〔隣〕郷あき（商）人衆入札仕候へハ、左原藤右エ門札ニ

おち申候間、社家・百性立合、藤（左原）へもん方へ相渡し、金

子請取、大宮司様相渡し申候、爲後日仍如件、

宮中

四郎兵衛

寛永十三年子ノ六月十六日　作右衛門

清左衛門

大宮司様　三郎兵衛

南条

惣右衛門様

代間〔官、下同ジ〕杁九兵へ殿

子ノ御年具〔貢〕分　」

（6オ）

一、米貳百廿五俵　但本石三斗五舛入、外貳舛出目共、

一、米三拾四俵三舛五合　大宮司様渡、

是前ゝより大祢宜社役・御神事入目十一ケ度御座候、

社家・百性立合、小日記有之、

一、米貳拾九俵三斗壹舛八合　寺社へ渡、

是ハ前ゝより大祢宜つとむる社役御座候ニ付、寺社へ

渡、手形有之、

小以六拾三俵三斗五舛三合

一、殘米百六拾壹俵三斗五舛三合《壹舛七合》　但三斗七舛入　」

（6ウ）

此石五拾九石五斗八舛七合

右ノ金四拾〔子脱カ〕三両三分、五百廿八文

但壹両ニ付壹石三斗五舛八合

右通り、憐〔隣〕郷あき（商）人衆ニ入札仕候へハ、左原源二郎札ニ

おち申候間、宮中社家・百性立合、源二（左原）郎方へ米相渡し、

金子請取、大宮司様へ相渡し申候、爲後日仍如件、

宮中

四郎兵衛

寛永十四年丑七月廿五日　作右衛門

清左衛門

三郎兵衛

大宮司様

（7オ）

南条
惣右衛門様
代間〔官〕枚九兵へ殿」

（寛永十四年）丑ノ御年具〔貢〕納分

一、米貳百三拾俵　　但三斗七舛入

一、米三拾七俵壹斗五舛貳合　　大宮司様渡ル、

是ハ前ゝより大祢宜社役・御神事十一ケ度入目、社家・百性立合、小日記別帋ニ有之、毎年ノ外、新飯之御神事十四年廻りニ而、大道（天カ）ゝやうふ（命婦）ノ祭り、前ゝより大祢宜手前ニ祭り來る之間、右ノ内にて勤申候付、御神事ノ入目多く御座候、

一、米三拾俵壹斗九舛三合

是ハ前ゝより大祢宜へつとむる社役御座候ニ付て、寺社へ渡ル、但手形有之、」

（7ウ）

小以六十七俵三斗四舛五合、

殘米百六拾貳俵貳舛五合

此石五拾九石九斗六舛五合

右ノ金〔子脱カ〕三拾七兩貳分、京三百八十四文

但壹兩ニ付壹石五斗九舛五合祢也、

右通り、鱗〔隣〕郷あき（商）人衆入札仕候へハ、左原助右衛門札ニおち申候間、宮中社家・百性立合、（左原）助右衛門方へ米〔相脱カ〕渡し、

金子請取、別〔則〕大宮司様へ相渡し申候、爲後日仍如件、

寛永十五年刁ノ八月十九日　　四郎兵へ
三郎兵へ
清左衛門
作右衛門

大宮司様

南条
惣右衛門様
代間〔官〕枚九兵へ殿

（8オ）

（寛永十五年）刁ノ御年具〔貢〕納分

一、米貳百三拾俵　　但三斗七舛入

一、米三拾六俵八舛貳合　　大宮司様渡ル、

是ハ前ゝより大祢宜社役・御神事拾一ケ度之入目、社家・百性立相〔合〕、小日記別帋ニ有之、

一、米三拾俵壹斗九舛三合　　寺社へ渡ル、

是ハ前ゝより大祢宜つとむる社役御座候ニ付、寺社へ渡ル手形有之、

〔殘脱、下同ジ〕一、米百六拾三俵九舛五合　　但三斗七舛入

此石六拾石四斗五合

（8ウ）

右ノ金子貳拾八兩、京四百文」

但壹両ニ付貳石壹斗五舛かい

右通り、憐〔隣〕郷あき（商）人衆入札仕候へハ、宮下源は札ニおち申候間、宮中社家・百性立合、源は方へ米渡シ、金子請取、別〔則〕大宮司様相渡し如此相極申候、為後日仍如件、

寛永拾六年卯六月十四日　三郎兵衛

四郎兵衛

清左衛門

作右衛門

大宮司様

南条

惣右衛門様

〔官〕代間杦九兵衛殿

」

（9オ）

卯（寛永十六年）ノ御年具〔貢〕納

一、米貳百三拾三俵　但三斗七舛入

一、米三拾五表〔俵〕壹斗八舛貳合　大宮司様渡ル、

是ハ前々より大祢宜社役・御神事十一ケ度之入目、社家・百性立相〔合〕、小日記有之、

一、米三拾俵三斗三舛六合　寺社へ渡ル、

右同断、

一、米百六拾六俵貳斗貳舛貳合　但三斗七舛入

此石六十壹石六斗四舛二合

」

（9ウ）

右ノ金〔子脱カ〕貳拾九両貳分、京三百三十五文

但壹両ニ付貳石八舛五合祢也、

右通り、近郷商人衆入札させ候へハ、篠原内藏助札ニおち申候間、宮中社家・百性立合、右（篠原）内藏助方へ米相渡し、金子之儀ハ、辰ノ年之拂之時分まて御延被下候、其節大宮司様へ急度金子相渡し可申候、為後日仍如件、

寛永十七年辰ノ九月廿四日　三郎兵衛

四郎兵へ

清左衛門

作右衛門

大宮司様

南条

惣右衛門様

〔官脱カ〕代藤枝五郎右衛門

」

（10オ）

辰（寛永十七年）ノ御年具〔貢〕納

一、米貳百三拾俵　但三斗七舛入

一、米三拾八俵八舛　大宮司様渡、

右之理、

一、米三拾俵壹斗九舛三合　寺社渡ル、

同断、

小以六拾八俵貳斗七舛三合　但三斗七舛入

一、米百六拾壹俵九舛七合
此石五十九石六斗二舛七合
」
（10ウ）
右ノ金貳拾九兩三分、三百三十四文
但壹兩ニ付貳石かい
右ノ通り、近郷あき（商）人衆入札いたさせ候へハ、左原二郎
右衛門札ニおち申候間、宮中社家・百性立合、二郎（左原）右衛
門方へ米渡し（相脱カ）、金子請取、大宮司殿相渡し申候、爲後日
仍如件、
寛永十八年巳七月廿日　三郎兵へ
四郎兵へ
作右衛門
清左衛門
大宮司様
惣右衛門（南條）様
代間〔官〕枚九兵へ殿
」
（11オ）
一、米貳百三拾俵　但三斗七舛入
巳（寛永十八年）ノ御年具〔貢〕納
一、米三拾六俵貳舛　大宮司様渡、
右之理、
一、米三拾俵壹斗九舛　寺社へ渡ル、

同理、
一、米百六拾三俵壹斗六舛　但三斗七舛入
此石六拾石四斗八舛
此金五拾八兩、六百十六文
但壹兩ニ付壹石四舛かい
」
（11ウ）
右ノ米、毎年之儀ハ入札ニ御させ被成候へ共、當年之儀
ハ、かつねんニ及申候間、惣百性御わひ言（詫言）申、右ノ米請
取、別〔則〕金子指上申候、爲後日仍如件、
寛永拾九年午七月十一日　三郎兵へ
四郎兵へ
清左衛門
作右衛門
大宮司様
」
（12オ）
一、米百五拾俵　但三斗七舛入、午ノ御年具〔貢〕納、
午（寛永十九年）ノ御年具〔貢〕納
一、米三拾四俵貳斗八舛　大宮司様渡、
是ハ前〻より大祢宜社役・御神事十一ケ度之入目、社
家・百性立合、小日記別帋ニ有之、

一、米拾九俵三斗三舛五合　　寺社渡、
是ハ前〻より大祢宜勤ル社役御座候ニ付、寺社へ渡ル
手形有之、
（12ウ）
一、米九拾五俵壹斗貳舛五合　　但三斗七舛入
此石三拾五石貳斗七舛
此金三拾五兩壹分・百文
但壹兩ニ付壹石かい
右ノ米、毎年之儀ハ入札ニ御させ被成候へ共、午ノ年ニ
相替かつねんニ御座候間、惣百性わひと（詫言）申、右ノ米請取、
別〔則〕金子指上申候、爲後日仍如件、
寛永廿年未四月二日
三郎兵衞
四郎兵へ
清左衞門
作右衞門
大宮司様
」
（13オ）
一、貳百三拾五俵　　但三斗七舛入
未（寛永二十年）ノ御年具〔貢〕納分
一、米四拾壹俵壹斗六舛　　大宮司様渡、

是ハ前〻より大祢宜社役・御神事拾一ケ度入目、社
家・百性立合、小日記別帋有之、毎年之外ニ新飯之御
神事十四年まわりニ而、四郎太夫祭り、前〻より大祢
宜手前ニまつり來り候間、右之内にて勤申候ニ付、御
神事入目多く御座候、
一、米三拾壹俵三舛五合九夕七才　　寺社渡、
是ハ前〻より大祢宜つとむる社役御座候ニ付而、寺社
へ渡、但手形有之、
」
（13ウ）
一、殘米百六拾貳俵壹斗七舛四合
此石六拾石壹斗壹舛四合
（印）
此金廿五兩貳百四十五文、但壹兩ニ付貳石四斗かい、
右通り、憐〔隣〕郷あき人（商）衆ニ入札仕候へハ、左原助四郎札ニ
おち申候間、社家・百性立合、（左原）助四郎方へ米渡し、金子
請取、別〔則〕大宮司様へ相渡し申候、爲後日仍如件、
寛永廿一年甲申八月十五日
清左衞門
四郎兵へ
三郎兵へ
清　三　郎
大宮司様
」

（14オ）

〔別筆〕
「申ノ御年具分」〔貢〕
（寛永二十一年）

一、米貳百廿五表〔俵、下同ジ〕　但本石三斗五升入、外貳升出目共、

一、米四拾三表壹升　大宮司様渡ル、

是前〻よりノ大祢宜社役・御神事入目十一ケ度御座

候、社家・百性立合、小日記有之、

一、米貳拾九表三斗壹升八合　寺社渡ル、

是前〻より大祢宜つとむる社役御座候ニ付而、寺社

へ渡ル手形有之、」

小以六拾三表〔七カ〕三斗〔二カ〕五升〔二カ〕三合〔八カ〕

（14ウ）

一、殘米百五拾貳表四升貳合　但三斗七升入

此石五拾六石貳斗八升貳合

右金拾七兩貳分〔子脱カ〕、五百廿貳文〔三カ〕〔五十カ〕

但壹兩ニ付而三石貳斗かい

右通り、憐〔隣〕郷あき人衆人入札仕候へ者、左原助四郎札ニ〔入脱カ〕

おち申候間、宮中社家・百性立合、助四郎〔左原〕かたへ米相渡

し、金子請取、大宮司様へ相渡シ申候、以上爲後日仍如

件、

宮中
清三郎

（15オ）

正保二年酉九月十五日　長次郎」

与十郎

大宮司様　勘三郎」

○15ウ裏白、」

解　題

香取大禰宜家文書の伝来と内容

「香取文書」調査の沿革

関東平野の東端、利根川下流右岸に位置する香取神宮は、古代以来の大社として、篤い信仰を集めてきた。天孫降臨神話に登場する祭神　経津主神は、軍神としての性格も併せ持っていたことから、平安時代初期の蝦夷征討事業の拠点となり、また武家政権を樹立した源頼朝・足利尊氏らの崇敬も篤かった。

香取神宮の組織は、大宮司・大禰宜を筆頭に、数多くの社家、及び関係寺院などによって構成されていたが、そのなかで祭祀を主導してきたのは、太古より続く大禰宜家であった。そして今日、香取神宮の大宮司家・大禰宜家をはじめとする社家、新福寺など関係寺院などに伝来してきている古文書群を「香取文書」と総称している。(1)古代・中世の文字史料の乏しい東国にあって、「香取文書」は質・量ともに有数のものであり、この文書群の中核をなしているのが「香取大禰宜家文書」である。「香取大禰宜家文書」は現在、十五本の巻子本と七冊の冊子本として伝来している。

今回『香取群書集成』第九巻に収録するにあたり、御所蔵者（香取一郎氏）の快諾を得て、つとめて現状のありようを紹介するという方針のもと、翻刻・校訂した。「香取大禰宜家文書」の調査・研究は、江戸時代以来、多くの人々によってなされてきた。「香取文書」の調査の沿革については、すでに中井信彦氏『色川三中の研究』（学問と思想篇）や鈴木哲雄氏『香取文書と中世の東国』に詳細に記されている。ここではそれらの諸業績に導かれながら、「香取大禰宜家文書」

を含めた「香取文書」の、文書調査の沿革についてその大筋をみていきたい。

古代以来の古文書を伝える「香取文書」を、最初に調査したのは、貞享元年（一六八四）水戸藩の徳川光圀によるものであった。香取神宮には、貞享元年三月に光圀が参詣した際に植えたという「黄門桜」が伝えられている。(2)水戸藩には、のちに触れる色川三中が「水戸彰考館の御蔵の香取文書十壱巻」と記しているように、彰考館所蔵本があり、「官本」と通称されている。(3)また水戸彰考館で『大日本史』の編纂にあたっていた小宮山昌秀（楓軒）が収集した『楓軒文書纂』（全九十五冊）がある。この書の第一冊から第十二冊までが「香取文書」であり、そのうちの第一冊から第六冊目までが「香取大禰宜家文書」である。そして「香取大禰宜家文書」を含む七冊目の最後に「香取文書七冊写畢、文政元年戊寅八月廿四日装訂、楓軒小宮山昌秀識」(4)の奥書が記されている。

その少し前、文化十二年（一八一五）和学講談所（塙忠宝・中山信名・岡野勘助ら）によって、「香取文書」の調査が行なわれた。この時に調査された「香取文書」は、大宮司家・大禰宜家・録司代家・分飯司家・田所家・西光司家のものであり、それが東京大学史料編纂所所蔵の八巻本と『続群書類従』に収録されたものであるという。(5)

つぎに「香取文書」の調査に入ったのが、土浦の人・色川三中であった。中井氏によれば、三中の「香取文書」調査は弘化二年（一八四五）から、嘉永元年（一八四八）の四度に及ぶものであり、その目的は天保十三年（一八四二）に、農政学者の長嶋尉信が水戸彰考館本を書写した「官本香取文書」十一冊を原本と校合すること、「官本香取文書」につながる太閤検地に関する史料を発掘することにあった。(6)三中は自己の写本を手にして、文書所蔵の各社家を回り、原本と校合し、未収のものは新たに書写していったのである。そして「香取文書纂惣目録」の作成、「香取文書纂」（色川本）へと結実していった。

明治に入り、明治三十九年（一九〇六）より『香取神宮古文書纂』（通称『香取文書纂』）和装本十六冊が、印刷・刊行された。『香取神宮古文書纂』の巻首は、「香取神宮古文書纂総目」と題する各冊の文書目録であり、「色川三中原輯　伊藤泰歳・志水文雄補訂」となっている。また最終冊には、「邨岡良弼校点　伊藤泰歳繕写　志水文雄対字」とあり、奥付には「編纂者　香取神宮社務所　右代表伊藤泰歳」「発行兼印刷所　朝野利兵衛」と識されており、この出版の中心には旧分飯司家の伊藤泰歳が事にあたっていた。

その内容は神庫所蔵・大宮司家蔵・大禰宜家蔵・録司代家蔵・田所家蔵・案主家蔵・分飯司家蔵・物忌家蔵・源太祝家蔵・要害家蔵・諸家雑輯・新福寺蔵の各古文書であり、それは「香取文書纂」（色川本）をもとにしながら、伊藤泰歳らによって増補補訂されたものであった。

戦後の混乱がようやく収まりつつあった昭和三十二年（一九五七）、『千葉県史料』中世篇　香取文書、が刊行された。本書の調査編集には、千葉県史編さん審議会の高橋隆三特別委員があたり、「香取神宮所蔵文書」「旧大禰宜家文書」「旧録司代家文書」「旧案主家文書」「旧源太祝家文書」「旧要害家文書」「旧新福寺文書」「香取区有文書」「越川八寿六氏所蔵文書」が収録された。このとき「旧大禰宜家文書」は、文書を編年体で編集している。

昭和六十年（一九八五）には、文化庁文化財保護部美術工芸課による調査が行なわれ、「香取大禰宜家文書目録」が作成された。それに基づいて、昭和六十年六月六日、「香取大禰宜家文書」十五巻・七冊は一括して国の重要文化財に指定された。

平成九年（一九九七）には、新しい千葉県史編纂事業として『千葉県の歴史』資料編・中世2（県内文書1）が旧の『千葉県史料』中世篇　香取文書を補足するという形で刊行された。本書には、「香取大宮司家文書」「香取田所家文書」「香取分飯司家文書」「香取物忌家文書」「香取要害家文書」「香取神宮所蔵文書」「香取大禰宜家文書」「香取録司代家文書」「香取案主家文書」「香取源太祝家文書」「新福寺文書」「香取西光司家文書」「香取文書諸家雑集」「香取文書写本類」の十四種が収録されている。

このように「香取文書」は明治以来の印刷・刊行によって広く紹介されたこともあり、早くから研究者の注目するところとなり、数多くの研究論文が発表されてきた。そのテーマはさまざまな分野に及んでおり、今日なお研究の深化が図られている。

「香取大禰宜家文書」の内容

本書の「香取大禰宜家文書」は十五巻・七冊であり、巻之一より巻之十三までの題簽は「香取古文書」とあり、巻之十四と巻之十五は「香取古文書写」とあるように、こちらは写を巻子仕立てにしたものである。鈴木哲雄氏も指摘しているように、現状の巻子仕立てにされたのは、明治中期以降、『香取神宮古文書纂』が出版された後のことであろう。(7) 各巻は概ね年代順に文書は配列されており、巻之一の最初は、平安後期の長治三年（一一〇六）四月九日付の大禰宜大中臣真平寄進状案からはじまり、巻之十三の最後は、江戸中期の三一九号文書・正徳五年（一七一五）六月日付、返田社修理料請取状写に至る。

巻之一は、一号文書・長治三年四月九日付、大禰宜大中臣真平寄進状案から、藤原摂関家の政所下文、源頼朝下文・関東下知状などの鎌倉幕府文書で構成されている。その主な内容は、大禰宜家の所職・所領相伝に関わる文書である。元来、香取大宮司職は、六年を任期とする「遷替の職」であったのに対し、大禰宜職は香取大中臣氏によって受け継がれる「相伝の職」であった。摂関家政所下文や鎌倉幕府からの文書は、大禰宜家の権利関係を保証する文書類である。

巻之二は、一八号文書・応保二年（一一六二）六月三日付、大禰宜大中臣実房譲状写（断簡）をはじめとして、平安末期より鎌倉後期に至る譲状群である。大禰宜家一族における所領譲与の様子を窺い知ることができる。また、この大禰宜大中臣実房譲状写（断簡）には、平安末期の条里制的土地区画が記されており、東国としては珍しいものである。

巻之三は、断簡のため年月日が不明な文書、あるは書状類のため年欠のものが多数集められており、概ね鎌倉後期から室町・戦国期にわたっている。無年号文書を年代順に並べようとする跡がみられ、そのために四一号文書・（年欠）六月廿三日付、山城権守某奉書より漢数字を記した紙片が附箋として付されている。

巻之四は、香取社の遷宮関係文書類が収められている。なかでも九一号文書・（年月日欠）、香取社遷宮用途料注進状案は、前後が欠けているものの二十六紙に及ぶ長大なものであり、造営に関わる殿舎をはじめとする用途・用途料、さらに作料所課の国内の公領・荘園の一覧と、その負担する額が書き上げられている。また九二号文書・香取社重書案は三十三通もの文書案を含むものであり、文化庁作成の「香取大禰宜家文書目録」には「南北朝期書続案文」とあり、十七ヶ所にわたって安富道轍と山名智兼の継目裏判があり、最後にこの重書案作成の来由を記した跋文が付されている。(8)

巻之五は、鎌倉時代の寛喜元年（一二二九）・永仁四年（一二九六）の藤原摂関家の政所下文二通で構成されている。いずれも大禰宜への神領小野・織幡などの所領安堵の文書であり、大禰宜家と藤原摂関家との関係性を示す文書である。この他にも藤原摂関家による大禰宜職の補任状・所領の安堵状がみられる。

巻之六は、九五号文書・元亨三年（一三二三）十月廿七日付、関東下知状をはじめとして、鎌倉後期～南北朝期に至る文書群である。その主な内容は、鎌倉幕府による香取郡金丸・犬丸両名の安堵から大禰宜職・所務の安堵、所領の譲状など多岐にわたっている。これらの安堵には、鎌倉幕府をはじめ藤原摂関家の藤氏長者宣・千葉氏によるものがある。

巻之七は、南北朝期の貞治・応安年間の文書群によって構成されている。それは一一七号文書・「貞治五残簡」、大禰宜大中臣長房申状案（断簡）からはじまり、平長胤・関東管領上杉道誓奉書・藤氏長者〈二条師良〉宣・管領細川頼之奉書など多岐にわたっている。ところで先に触れた成巻にあたって編年順に並べるために付けられたと思われる番号札の附箋であるが、一一七号文書・「貞治五残簡」、大禰宜大中臣長房申状案には「貞治五残簡『六十一』」とあるように、発給年が記されていない文書でも、断簡で発給年が欠けている文書でも、積極的に年号の推定が試みられている。

巻之八は、八通の「海夫注文」と南北朝期の永和～康応年間の大禰宜大中臣長房の安堵状や譲状、千葉満胤・円城寺常義等の打渡状などが収められている。なかでも「海夫注文」は、中世香取社に関係する著名な文書であり、「香取大禰宜家文書」の一つの特徴を示すものである。中世の時代、利根川下流は霞ヶ浦とをあわせて「香取の海」という内海を形成していた。八通の「海夫注文」は下総国側のもの四通と、常陸国側のもの四通とが存在し、応安七年（一三七四）に鎌倉府の両使安富道轍・山名智兼が海夫の打渡しを命じたときの連署奉書に添えられた注文である。[9] この注文には海夫の拠点となる「香取の海」に面した津の地名が書き上げられている。香取大禰宜家による海夫の管理、海夫から香取社への神祭料供進などの関係性などが推測される。また香取社は、「香取の海」を舞台にした「楫取神」として、舟運・漁業の神としての信仰圏をもっていた。[10]

巻之九は、室町時代の明徳年間から正長年間までの文書が収載されている。大禰宜・大宮司を兼務し、香取社の体制の樹立に尽力した大中臣長房の譲状や置文、領内の社職の補任など、在地関係の諸文書がまとめられている。

巻之十は、正長三年（一四三〇）から天文十八年（一五四九）までの文書が収められている。この巻も在地での譲状・充行状をはじめ、千葉氏一族の国分氏からの安堵状などが散見される。また古河公方・足利成氏の書状がみられ、香取社との関係が窺われる。

巻之十一は、戦国期の天文二十一年（一五五二）のものから、桃山期の文禄五年（一五九六）までの文書が収められている。ここでも在地関係の文書が多いが、二六八号文書・永禄十一年戊辰（一五六八）三月付、香取社三月御神事注文案などのように、香取社の神事の様子を記した文書などが注目される。中央との関係では、二七三号文書・（天正十八年）六月廿八日付、豊臣秀吉朱印状で、香取社は秀吉へ巻数・蝋燭を送付し、関係を持っていたことが判る。

巻之十二は、二八四号文書・元亀三年（一五七二）三月吉日付、小原院院宣写の一通のみである。皇族からの文書ということで、一巻として成巻したのであろうか。様式・内容ともに異例であり、今後の更なる検討が必要である。なおこの小原院院宣は「香取大宮司家文書」「香取源太祝家文書」にも元亀三年（一五七二）正月吉日付のものが、写しとして伝来している。[11]

巻之十三は、江戸前期、慶長三年（一五九八）から正徳五年（一七一五）までの文書が集められている。ここも充行状や安堵状・書状・証文など在地で交わされた文書が多数ある。また二九三号文書・「慶長」寅ノ拾一月廿五日付、大禰宜大中臣実満陳状をはじめとして、江戸幕府との関わりを示す文書が見られてくる。

次いで、「香取古文書写」との題簽をもつ巻子が二巻ある。すべて写しであり、巻之一から巻之十三までに収録されている文書が大部分であるが、なかにはこの巻子でしか見られない文書も存在する。配列順は三二〇号文書・保元元年（一一五六）十月日付、関白藤原忠通家政所下文案以下、おおむね年代順であり、一巻目は南北朝期までで、二巻目は南北朝期から戦国期まで、そして年月日欠の文書で終わる。

次に冊子が七冊ある。三七六号文書・応永六年己卯（一三九九）五月日付、香取御神領検田取帳と三七七号文書・応永六年己卯五月日付、香取御神畠検注取帳は、中世の香取社の神領支配の根幹に関わる重要な帳簿である。香取御神領検田取帳・香取御神畠検注取帳ともに、この大禰宜家本の他に、録司代家・田所家・案主家に伝来しており、「応永六年ニ社家・地頭・公人寄合、為後証所注置也」というものであった。中世の香取社では、神領を「田地」と「畠地」とに分けて掌握していたことが判る。

これらの帳簿類は前記のように、他の社家にも伝来しており、それぞれ比較しながら検討していく必要がある。(12)

後北条氏滅亡後、関東へ入部してきた徳川氏による支配が始まっていく。三七九号文書・天正十九卯年（一五九一）弐月廿七日付、香取郷宮中屋敷検地水帳写は、徳川氏による屋敷地のみの検地帳である。なお『千葉県史料』中世篇 香取文書には、「香取区有文書」として「香取郷宮中検地帳写」八冊が掲載されており、こちらは「田地」「畠地」「屋敷地」がそれぞれまとめて書き上げられている。

この検地を踏まえて、天正十九年十一月、徳川家康によって「下総国香取郡香取郷之内千石」が「神主・大禰宜」の連名の充名でもって安堵された。(13)そしてこの神領千石に基づいて大宮司・大禰宜以下の社家に持分が配当された。その内訳として作成されたのが、三七八号文書・（年月日欠）、香取御神領寺社配当帳、三八〇号文書・天正十九年辛卯十月日付、香取御神領配当帳、三八一号文書・（年月日欠）、香取御神領配当帳写である。三七八号文書は、諸神官の持分は石高で表示され、各社家が担当する祭儀が併記されている。三八〇号文書は、持分を貫高で一覧として書き上げており、三八一号文書は、貫高表記と、各社家の担当祭儀が書き加えられている。これら一連の帳簿作成でもって、中世的神領が解体され、香取社の新しい近世的秩序が樹立されていった。

三八二号文書・（年月日欠）、香取大禰宜上給目録は、寛永から正保に至るまでの大禰宜家の収支を記した文書類である。

「香取大禰宜家文書」は、以上のように極めて多様な内容をもった魅力ある文書群である。また大禰宜家のみならず、他の諸社家の伝来文書をも併せ検討することによって、香取神宮及びその周辺の多様な歴史像が紡ぎ出される。先人が伝えてきた諸史料は重要な研究資源であるとともに、われわれはこの貴重な文化財を後世へ伝えていかねばならない。

〔註〕

（1）中井信彦氏『色川三中の研究』（学問と思想篇）、第四章『香取文書纂』の編纂について。なお、神社文書は、基本的には社家相伝文書である。

（2）香取神宮社務所編『新修香取神宮小史』。

（3）鈴木哲雄氏『香取文書と中世の東国』、第二章　香取文書調査の概要と色川本「香取文書纂」。

（4）『楓軒文書纂』上（内閣文庫影印叢刊）。

（5）鈴木哲雄氏、前掲『香取文書と中世の東国』、第二章　香取文書調査の概要と色川本「香取文書纂」。

（6）中井信彦氏、前掲『色川三中の研究』（学問と思想篇）、第四章『香取文書纂』の編纂について。

（7）鈴木氏、前掲『香取文書と中世の東国』、第四章　大禰宜家文書のなかの重書案。

（8）これら「香取大禰宜家文書」に含まれている「香取社重書案」については、鈴木氏、前掲『香取文書と中世の東国』、第四章　大禰宜家文書のなかの重書案、参照。

（9）鈴木氏、前掲『香取文書と中世の東国』、第五章　海夫注文の史料的性格。

（10）豊田武氏「香取社の海夫」（『豊田武著作集』第七巻、所収）。

（11）『千葉県の歴史』資料編・中世2（県内文書1）。
（12）鈴木氏、前掲『香取文書と中世の東国』、第七章　香取社領の検注帳。
（13）「香取源太祝家文書」、天正十九年十一月日、徳川家康判物写（『千葉県の歴史』資料編・中世2〈県内文書1〉）。

跋

本巻をもって、旧大禰宜家に伝来する『香取大禰宜家日記』の刊行は完結することとなった。この間の関係者各位のご協力、とりわけ旧大禰宜家香取一郎氏の全面的なご協力に深甚の謝意を表するところである。

予定を遥かに超える年月を費やしてしまったが、それは、新たな史料の発見や編纂委員会の委員の交代などに起因するものであり、ぜひご寛恕を賜りたい。

解題でも触れたように、本巻の詳細な記録によって明らかとなった、江戸時代の境内の繁栄は我々の想像をはるかに超えるものである。ぜひ、具体的な記事に触れていただきたい。明治の御一新を経て形成された現在の香取神宮とその周辺の佇まいとはまったく違う世界が広がっていたことが、本巻の記事から浮かび上がってくるであろう。神木をめぐる様々な問題を知ることによって、現在の神林を仰ぎ見る目も違ったものとなるであろう。

多くの社殿を維持していくことが、重要な務めであったことは今も昔も変わらないが、それを具体的に理解することは本巻の記事によらねばならない。木材のもつ意味がいかに重かったか。近世史の一般的な課題に応えるための史料ともなっている。また、財政難に悩む徳川幕府による宗教行政、幕府の巡検使の扱い、水戸の徳川家との関係など、広く近世社会を知るための記事も豊富である。文字・書物が溢れる現代社会にあって、それを遥かに超える未刊行の古文書・古記録が存在する。本書は、そのような学問上の弱点を補っていくためのささやかな作業でもある。

香取神宮に関する史料の刊行も本巻をもって完結するわけではない。今後発見される史料もあろう。その意味で、史誌編纂委員会は香取神宮に関わる史料の収集、編纂事業を継続していきたい。そのためには、諸賢が実際に本巻の記事に触れていただくことが前提となる。崇敬者各位に重ねて謝意を表し、更なるご助力をお願いするところである。

平成二十九年四月例祭の日

香取神宮宮司　香取　武

香取群書集成第九巻

平成二十九年四月 六 日 印刷
平成二十九年四月十四日 発行

編纂兼発行者 香取神宮社務所
右代表 香取 武
千葉県香取市香取
電話 〇四七八―五七―三二一一

製作兼発売者 ㈱八木書店 古書出版部
東京都千代田区神田小川町三―八
電話 〇三―三二九一―二九六九